[MIRROR]
imaginist
038

为了人与书的相遇

M 译丛序

“如果没有翻译，”批评家乔治·斯坦纳（George Steiner）曾写道，“我们无异于住在彼此沉默、言语不通的省份。”而作家安东尼·伯吉斯（Anthony Burgess）回应说，“翻译不仅仅是言词之事，它让整个文化变得可以理解。”

这两句话或许比任何复杂的阐述都更清晰地定义了理想国译丛的初衷。

自从严复与林琴南缔造中国近代翻译传统以来，译介就被两种趋势支配。

它是开放的，中国必须向外部学习；它又有某种封闭性，被一种强烈的功利主义所影响。严复期望赫伯特·斯宾塞、孟德斯鸠的思想能帮助中国获得富强之道，林琴南则希望茶花女的故事能改变国人的情感世界。他人的思想与故事，必须以我们期待的视角来呈现。

在很大程度上，这套译丛仍延续着这个传统。此刻的中国与一个世纪前不同，但她仍面临诸多崭新的挑战。我们迫切需要他人的经验来帮助我们应对难题，保持思想的开放性是面对复杂与高速变化的时代的唯一方案。但更重要的是，我们希望保持一种非功利的兴趣：对世界的丰富性、复杂性本身充满兴趣，真诚地渴望理解他人的经验。

M译丛主编

梁文道　刘瑜　熊培云　许知远

[英] 理查德 · J.埃文斯 著　赖丽薇 译

第三帝国的到来

RICHARD J. EVANS

THE COMING OF THE THIRD REICH

九 州 出 版 社

图书在版编目(CIP)数据

第三帝国的到来 / (英) 理查德 · J. 埃文斯著 ; 赖丽薇译 . -- 北京 : 九州出版社 , 2019.11 (2024.11 重印)

ISBN 978-7-5108-8676-8

Ⅰ . ①第… Ⅱ . ①理… ②赖… Ⅲ . ①德意志第三帝国—研究 Ⅳ . ① K516.44

中国版本图书馆 CIP 数据核字 (2019) 第 293386 号

著作权合同登记号：图字01-2019-7159
地图审图号：GS（2019）1526号

第三帝国的到来

作　　者	［英］理查德 · J. 埃文斯 著；赖丽薇 译
出版发行	九州出版社
地　　址	北京市西城区阜外大街甲35号（100037）
发行电话	（010）68992190/3/5/6
网　　址	www.jiuzhoupress.com
电子信箱	jiuzhou@jiuzhoupress.com
印　　刷	山东临沂新华印刷物流集团有限责任公司
开　　本	965毫米 × 635毫米　16开
印　　张	45.5
字　　数	598千
版　　次	2020年2月第1版
印　　次	2024年11月第9次印刷
书　　号	ISBN 978-7-5108-8676-8
定　　价	145.00元

献给马修和尼古拉斯

目 录

第三章　纳粹主义的兴起

第四章　通往权力之路

第五章　建立第三帝国

第六章　希特勒的文化革命

图片列表

感谢图片的版权所有者，见括号中所列。

1. 汉堡的俾斯麦纪念塔（版权 © 乌尔施泰因报团图片库，柏林［Ullstein Bilderdienst, Berlin］）。

2. 寄自“法兰克福唯一一家不许犹太人入住的饭店”的反犹明信片。

3. 德军于1914年在比利时境内推进（版权 © 帝国战争博物馆［Imperial War Museum］，Q 53446）。

4. 1918年8月在亚眠战役中被协约国俘获的德国战俘（版权 © 帝国战争博物馆，Q 9271）。

5. 因履行1919年《凡尔赛和约》而废弃的德国战斗机的骨架（版权 © 西蒙 · 泰勒［Simon Taylor］）。

6. 1919年1月“斯巴达克同盟暴动”期间柏林街头的一场战斗（版权 © 赫尔顿档案馆格蒂图片社［Hulton Getty］）。

7. 1919年5月镇压慕尼黑苏维埃期间，自由军团与他们将要处决的“赤卫队员”（版权 © 玛丽 · 埃文斯图片图书馆［Mary

Evans Picture Library])。

8. 德国漫画醒目地列出1923年法国占领鲁尔区期间据说法国殖民军所犯罪行的数量（版权 © 巴伐利亚州立图书馆，慕尼黑 [Bavarian State Library, Munich]）。

9. 1923年的恶性通货膨胀："这么多千元面额的马克只值一美元！"（版权 © 贝特曼 / 科比斯图片社 [Bettmann/Corbis]）。

10. 德国一份讽刺杂志的封面描绘出《凡尔赛和约》加诸德国的经济困境（版权 © 巴伐利亚州立图书馆，慕尼黑）。

11. 奥托·迪克斯，《大都会》，1927—1928年（图片来自布里奇曼艺术图书馆 [Bridgeman Art Library]，版权 © DACS, 2003）。

12. 1923年11月啤酒馆暴动时的纳粹冲锋队员（版权 © 赫尔顿档案馆格蒂图片社）。

13. 1929年希特勒与友人在慕尼黑的啤酒馆休闲（版权 © 巴伐利亚州立图书馆，慕尼黑）。

14. 1926年，在纳粹党早期于魏玛举行的集会上，希特勒领导的一次街头游行（版权 © 南德出版社，慕尼黑 [Süddeutscher Verlag, Munich]）。

15. 1930年一次露天集会上的冲锋队员（版权 © 赫尔顿档案馆格蒂图片社）。

16. 1932年选战期间汉堡一个共产党员聚居的贫民区（版权 © 西蒙·泰勒）。

17. 换上白衬衫的褐衫军在游行，可见布吕宁1930年12月颁布的制服禁令徒劳无功（版权 © 玛丽·埃文斯图片图书馆）。

18. 1930年一张和平主义海报提醒人们：投票给右翼政党，无异于投票支持发动战争。

19. 暴力的视觉形象：(a) 纳粹党1928年的竞选海报（版权 ©

31. 一张 1933 年的纳粹明信片，画面上连成一排的是普鲁士的腓特烈大帝到俾斯麦再到希特勒。

出版方已尽最大努力搜集图片版权持有者信息，但并非所有信息都能查到。如有疏漏，请与出版方联系，我们会在第一时间进行更正。

地图与图表目录

序言

一

本书是第三帝国史三部曲的第一卷。它从 19 世纪的俾斯麦帝国*、第一次世界大战，以及处在战后苦涩年代的魏玛共和国（Weimar Republic）着手，追溯了第三帝国的起源；继而讲述了 1929—1933 年经济大萧条期间，纳粹党徒通过赢得选举并结合大规模政治暴力手段上台掌权的过程。本卷的核心主题是，纳粹党徒是如何在很短时间内在德国建立起一党独裁统治的，而且似乎没有受到德国民众实质上的抵抗。第二卷讲述第三帝国在 1933—1939 年的发展，分析其各个核心机构，描述其运作方式及其治下民众的生活状况，讲述它为恢复德国在欧洲的霸主地位而对国民进行的战争

---

* 俾斯麦帝国（Bismarckian Empire），即普鲁士王国在奥托·冯·俾斯麦（Otto von Bismarck, 1815—1898）主导下，于欧洲中部德语区建立的统一的德意志民族国家“德意志帝国”。本书把俾斯麦主政期间的德意志帝国（1871—1890）称为“俾斯麦帝国”，而把 1890 年威廉二世（Wilhelm Ⅱ）迫使俾斯麦辞职至 1918 年威廉二世退位期间的德意志帝国称为“威廉帝国”（Wilhelmine Empire）。——除特别说明，本书脚注均为译者注

动员。最后一卷的主题是战争始末，讲述了第三帝国的军事征服政策、社会和文化领域的动员与镇压政策，以及种族灭绝政策的迅速极端化，一直写到它最终在 1945 年全面崩溃与覆灭。结尾一章将剖析第三帝国在其短短 12 年的历史中所造成的后果及其遗留给现在与未来的问题。

这三部曲主要是为那些对第三帝国一无所知，或者略知一二并想要了解更多的人而写的。我希望专家们可以从中发现一些他们感兴趣的东西，但这套书的主要目标读者并不是他们。近年来，第三帝国的遗留问题在媒体上被广泛讨论，一如既往地吸引着普遍的关注，
xvi 归还与赔偿、罪责与道歉已成为敏感的政治问题和道德问题。虽然随处可见第三帝国的影像，以及提醒我们注意纳粹德国在 1933—1945 年间影响的博物馆和纪念碑，但这一切的产生背景在第三帝国史的相关撰述中尚付阙如，那恰恰是这三部曲旨在提供的内容。

任何要开始这样一项工程的人必定首先自问：是否真的有必要另写一部纳粹德国史。我们确实已经写尽了吗？确实已经书写到几乎无可增补的程度了吗？毋庸置疑，极少有哪个历史课题曾受到过如此密集的研究。由勤勉的迈克尔·鲁克（Michael Ruck）出版的关于纳粹主义的标准参考文献，在 2000 年最新版中列出了 37 000 多个条目；而 1995 年第一版中所列的条目仅有 25 000 个。标题数量的惊人增长，雄辩地证明了有关此一课题的出版物持续涌现、从未断绝。[1] 没有哪位历史学家有望通晓如此之多的文献，哪怕只是其中的主要部分。确实，有些研究者面对如此卷帙浩繁、几乎不可能整合在一起的参考资料，就已经望而却步，绝望地放弃努力了。结果就是，书写第三帝国全史的作品实际上出乎意料地少之又少。近年来确实出版了一些精彩的概括式简史，尤其是诺伯特·弗赖（Norbert Frei）和卢多尔夫·赫布斯特（Ludolf Herbst）的著作[2]；出版了一些有启发性的分析性史论，特别是德特勒夫·波

伊克特（Detlev Peukert）所著的《纳粹德国内幕》(*Inside Nazi Germany*)[3]；也出版过一些实用的文件汇编，其中由杰里米·诺克斯（Jeremy Noakes）编选并详细评注的 4 卷英文版文选相当出色。[4]

然而，为普通读者撰写的有关纳粹德国史的全景式鸿篇巨制屈指可数。其中首推的，也是迄今为止最受欢迎的作品，是威廉·L. 夏伊勒（William L. Shirer）的《第三帝国的兴亡》(*The Rise and Fall of the Third Reich*)，出版于 1960 年。自问世以来，夏伊勒的著作在 40 年间*可能已售出数百万册，或者更多；它从未断版，对于许多需要一部通俗易懂的纳粹德国全史的人来说，它一直是首选读物。该书的成功自有充分的理由：夏伊勒是位美国记者，在 1941 年 12 月美国参战之前，一直从纳粹德国发回报道。凭借记者所特有的观察力，他擅长捕捉生动的细节和富有启示性的事件。该书充满人情味，引用了许多绝妙的戏剧对白，而且文笔尽显一位老 xvii
练的记者从前线发回新闻报道时所展露的那种才华与风格。但它受到了历史专业人士的一致抨击。流亡的德国学者克劳斯·爱泼斯坦（Klaus Epstein）道出了许多人的看法，他指出，夏伊勒作品所呈现的德国历史，是一种“粗糙得令人难以置信”的叙述，似乎在说纳粹攫取政权完全是历史的必然。其报道存在“明显的缺陷”，过分侧重高层政治、外交政策和军事行动，即使在 1960 年，它也“根本无法与当今学界对纳粹时期的研究相提并论”。近半个世纪之后，这一评语比爱泼斯坦当时更加令人信服。因此，尽管优点很多，但夏伊勒所呈现的纳粹德国史无法真正满足 21 世纪初读者的需要。[5]

德国政治学家卡尔·迪特里希·布拉赫尔（Karl Dietrich Bracher）的研究与夏伊勒的作品截然不同，他在 1969 年出版的《德

---

* 本书原著出版于 2003 年。

国的独裁政府》(*The German Dictatorship*)中，总结了自己对魏玛共和国倒台以及纳粹攫取政权所做的开创性研究，他的研究至今依然具有价值，其中最精彩之处是纳粹主义的起源与发展及其与德国历史的关系，这恰恰是夏伊勒作品最薄弱的地方。布拉赫尔用将近半部书的篇幅论述这些专题，其余部分则略论了第三帝国的政治结构、外交政策、经济与社会、文化与艺术、战时政权以及纳粹体制的崩溃。尽管存在这种不平衡，但其论述既精辟又权威，至今仍是一部经典作品。布拉赫尔著述的突出优点，在于其分析的清晰，以及他对书中所涵盖的一切内容寻根究底式的说明、叙述和阐释。它是一部可以一读再读、常读常新的作品。不过，该书不仅在论述专题时用力不均，而且行文方式显然是学术性的，往往令人难以卒读。在过去的35年间，它已不可避免地被许多领域的研究所超越。[6]

关于纳粹德国的著述，如果说夏伊勒呈现了通俗的一面、布拉赫尔呈现了学术的一面，那么最近，有位作者则成功地弥合了二者之间的鸿沟。英国历史学家伊恩·克肖(Ian Kershaw)的两卷本《希特勒》(*Hitler*)成功地将希特勒的人生嵌入德国现代史，展示了他
xviii 的个人兴衰与宏观的历史因素有着怎样的关联。但克肖所著《希特勒》并非一部纳粹德国史。实际上，随着希特勒本人在战争期间日渐孤立，该书的关注范围也不可避免地随着叙述的推进而渐趋狭窄。它着重探讨了希特勒最为关注的领域，即外交政策、战争和种族事务，而显然无法采用普通人的视角，或大量着墨于希特勒并不直接关注的诸多领域。[7] 因此，我写作这三部曲的主要目的，一是涵盖第三帝国史所涉及的范围广阔的主要方面，不仅包括政治、外交和军事事务，还包括社会、经济、种族政策、警察与司法、文学、文化与艺术，这样的广度是以往著述出于各种原因而缺失的；二是将这些方面整合起来，展示它们之间有着怎样的关联。

克肖所著传记的成功，表明对纳粹德国的研究是一项不分国界

的事业。最新出版的关于此专题的全景式大部头，也是由一位英国历史学家撰写的——迈克尔·伯利（Michael Burleigh）的《第三帝国史新编》（*The Third Reich: A New History*）。该书以其他著作不曾达到的广度和深度，使读者从一开始就清楚地认识到纳粹政权的暴力本质。伯利的抱怨没错：学院派作者描绘的纳粹党徒形象，往往显得苍白、近乎抽象，似乎有关纳粹党徒的理论和辩论比他们本身更加重要。他的著作极大地修正了这种平衡。伯利的主要目的是从道德的角度书写一部第三帝国史。《第三帝国史新编》侧重于大屠杀、抵抗与合作、政治暴力与政治胁迫、罪恶与暴行，从而有力地重申了一个近年常常被淡化的观点：纳粹德国属于极权独裁政体。然而该书没有详细探讨近年来人们一直在研究的有关纳粹德国的专题——外交政策、军事战略、经济状况、社会变迁、文化与艺术、宣传、妇女与家庭等等。而且，由于优先考虑的是价值判断，因此该书在解释和分析时往往失之草率。例如，将纳粹意识形态斥为“歪理”、“自负的谬论”等等，以此强调德国人的道德堕落——抛弃了对于道义的思考。但是人们有理由采用与伯利不同的处理方式，比如像布拉赫尔那样，认真地对待纳粹的思想观点，无论它们在现代读者看来多么令人厌恶或感到荒谬，并对那么多德国民众如何以及 xix
为何相信它们做出解释。[8]

本书尽量博采如上述作品等以往著述之所长。像夏伊勒的作品一样，本书首先是叙述式的，旨在按时间顺序讲述第三帝国的历史，并展示事件之间的因果关系。叙述史在 20 世纪七八十年代时有好多年不再流行，因为各地的历史学家普遍侧重于使用社会科学领域的分析方法。但是近年出版的各种大部头叙述史著作表明，史家能够做到用叙述体书写历史，同时又不牺牲分析的严谨或解释的力度。[9] 与夏伊勒一样，本书也试图展现那些生活在书中所述岁月里的个人。纳粹党对德国历史的歪曲、个人崇拜，以及第三帝国历史书写者对领袖的尊崇，导致二战后的德国史学家走向另一面，在修史时完全不述及个体人物的性格。20 世纪七八十年代，在现代社会史研究的影响下，史学家最感兴趣的是宏观的结构与进程[10]，这一时期所产生的作品极大地推进了我们对纳粹德国的认识。然而在追求知性解读的过程中，有血有肉的个人几乎从史家视野中消失了。因此本书的写作目的之一，就是将个人放回到历史图景中去。我在书中自始至终尽量引述当时人物的文字和言论，并将宏观叙述和分析性梳理与卷入历史事件中的真实男女的故事并置呈现，涉及的人物上自政府高层，下至普通公民。[11]

没有什么比个体经历的叙述更能使今人深切地体会到，时人不得不做出的抉择是多么复杂，其面临的处境是多么困难，常常令人迷惘。时人判断事情，不像今人有后见之明的优势：他们无法在 1930 年知道 1933 年将发生什么，无法在 1933 年知道 1939 年或 1942 年或 1945 年将发生什么。如果能有先见之明，时人无疑会做出不同的选择。历史写作最重要的一个问题是，想象自己置身昔日世界，怀着时人在面对未来（对历史学家来说那已成为过去）何去
xx 何从时的全部疑虑与彷徨。今人回顾历史时觉得似乎不可避免的发展进程，在当时则绝非如此。我在本书中一再提醒读者，在 19 世纪下半叶和 20 世纪上半叶德国历史的许多节点，事态的发展本可以轻易地走到截然不同的方向。马克思说过一句令人难忘的话：人们自己创造自己的历史，但是他们并不是随心所欲地创造，并不是在他们自己选定的条件下创造。那些条件不仅包括他们所处的历史环境，还包括他们的思维方式、他们行动依据的基本假定，以及影响其行为的原则与信念。[12] 本书的主要目的之一，是为当今读者还原上述所有条件，并且，借用另一句关于历史的名言，提醒读者："往昔犹如异乡，那里的人们做事都和今天不一样。"[13]

基于以下原因，我认为历史著作如果津津乐道于道德判断是不

恰当的。其一，那样做罔顾历史情境；其二，那样做失之傲慢自负。我无法知道如果自己生活在第三帝国治下会如何行事，因为，如果生活在当时，我也许是一个不同于今日之我的人。自 1990 年代初以来，道德、宗教和法律领域的概念与方法，不断被用于有关纳粹德国以及越来越多其他专题的历史研究。做出评判有时是恰当的，比如判断某些个人或群体是否应该因其在纳粹治下所遭受的苦难而获得赔偿，或者相反，判断是否应该强制某些个人或群体以这样或者那样的形式为他们施加给他人的苦难做出赔偿。在这种情况下，评判不仅正当，而且重要。然而评判并不属于历史著作的范畴。[14] 正如伊恩 · 克肖所说：“对于一个局外人，一个未曾亲历纳粹统治的外国人来说，批评亲历者、指望他们秉持在当时环境下几乎难以达到的行为准则，未免过于轻率。”[15] 反思那个已经远去的年代时，克肖所说的道理同样适用于当今的绝大多数德国人。因此，我尽量避免使用那些背负着道德、宗教或者伦理包袱的语言。本书旨在理解那段历史，评判则留给读者。

搞清楚纳粹是如何以及为何上台的，在今天与在过去一样重要，或许随着记忆的消退，**甚至**更为重要。我们需要探究纳粹党徒的心理；需要揭示纳粹的反对者为何未能阻止他们；需要明白纳粹所建 xxi
立的独裁政权的本质和运作方式；需要了解第三帝国将欧洲和世界拖入一场空前残酷的战争的过程，那场战争以帝国自身灾难性的覆灭而告终。20 世纪上半叶还发生了其他几场浩劫，然而没有哪场浩劫具有像纳粹统治这样深远或持久的影响力。从种族歧视和种族仇恨被奉为其意识形态的核心思想，到发动一场残酷的毁灭性征服战争，第三帝国在现代世界的思想中留下了深刻的烙印，这是其他政权未曾做到的——或许我们该为此感到庆幸。德国这样一个稳定的现代国家，如何在不到一个世代里将欧洲引入道德、物质和文化的废墟与绝望之中，这段历史对世人来说蕴含着发人深省的教训；重申一下，这些教训有待读者从本书中汲取，而不是由作者直接提供。

二

从第三帝国登场伊始，各类历史学家和评论家就致力于解释这是如何发生的。持不同政见的流亡知识分子，比如康拉德·海登（Konrad Heiden）*、恩斯特·弗伦克尔（Ernst Fraenkel）†和弗朗茨·诺伊曼（Franz Neumann）‡，在 20 世纪三四十年代发表了对纳粹党和第三帝国的分析，这些文本至今仍值得一读，它们在指引研究方向上有着持久的影响力。[16] 然而在事后，第一次真正试图把第三帝国置于其历史语境中思考的，是当时杰出的德国历史学家弗里德里希·迈内克（Friedrich Meinecke）于二战刚结束时的著述。迈内克将第三帝国的兴起主要归咎于德国自 19 世纪末以降对世界霸权的日益痴迷，这种痴迷始于俾斯麦，并在德国皇帝威廉二世在位和第一次世界大战期间日益加深。他认为，军国主义精神弥漫德国，使军队对政治局势拥有了遗患无穷的决定性影响力。德国取得了令人赞叹的工业实力，但这一成就是以牺牲更广的德育和文化教
xxii 育、过分注重狭隘的技术教育为代价的。“我们当时在希特勒的工作中寻找‘积极因素’，”中上层阶级智识精英迈内克如是写道，然后又老老实实地加上一句，人们找到了他们认为满足时代需要的东西。但结果证明那完全是错觉。长寿的一生足以使他在回首过去时，

---

* 康拉德·海登（1901—1966），德裔美国记者、历史学家，1936 年在流亡期间出版《希特勒传》（*Hitler: A Biography*）。——编注

† 恩斯特·弗伦克尔（1898—1975），德国政治学者，1941 年出版《双重国家》（*The Dual State*），对纳粹国家的政治体系进行了分析。——编注

‡ 弗朗茨·诺伊曼（1900—1954），德国犹太政治活动家、西方马克思主义理论家，1944 年出版《巨兽：国家社会主义的结构与实践，1933—1944》（*Behemoth: The Structure and Practice of National Socialism, 1933—1944*）。——编注

想起 1871 年俾斯麦领导下的德国统一，以及统一后至第三帝国覆灭之间所发生的一切。迈内克得出的初步结论是，德意志民族国家自 1871 年成立之时起就存在某种缺陷。

出版于 1946 年的迈内克回忆录 * 具有重要价值，既在于他勇敢地反思了一生的政治信仰与抱负，也在于其反思的局限性。第三帝国期间，这位年迈的历史学家一直待在德国，然而不同于其他许多历史学家，他从未加入纳粹党，也不曾为它写作或工作过。但他还是受到了自己在成长过程中所形成的自由民族主义视角的局限。这场浩劫在他看来，正如其 1946 年回忆录的书名所称，是**德国的**浩劫，而不是犹太民族的浩劫、欧洲的浩劫或者世界的浩劫。同时，像德国历史学家长期所做的那样，他认为引起浩劫的主因在于外交和国际关系，而不在于社会、文化或经济因素。在迈内克看来，问题实质上不在于他一带而过的纳粹统治下笼罩德国的“种族狂热”，而在于第三帝国马基雅维利式（Machiavelli）的强权政治，及其所发动的谋求世界霸权的战争，这最终导致了帝国的覆灭。[17]

尽管存在种种不足，但迈内克的反思提出了一系列关键问题，如他所料，这些问题此后一直萦绕在人们的心头：像德国这样一个先进的、极有教养的民族，怎么会如此迅速、如此轻易地屈从于国家社会主义的野蛮力量？纳粹攫取政权过程中所受到的认真抵制为何如此之少？一个无足轻重的极右翼政党怎会如此戏剧性地突然上台掌权？为什么如此多的德国人没能意识到无视纳粹运动的暴力、种族主义和杀戮天性，有可能带来灾难性后果？[18] 随着时间的推移，不同国籍的历史学家和评论家、不同政治立场的人，对这些问题的
回答呈现出极大的差异。[19] 20 世纪上半叶，欧洲多个国家都建立 xxiii
了残暴的独裁体制，德国的纳粹政府只是其中之一，这种趋势蔓延

* 书名是《德国的浩劫：反思与回忆》（*The German Catastrophe: Reflections and Recollections*）。

甚广，以致一位历史学家将当时的欧洲称为“黑暗大陆”。[20] 这种现象转而引出了新的问题：纳粹主义在多大程度上植根于德国历史？另一方面，纳粹主义在多大程度上是广义的欧洲发展的产物？就其起源与统治的核心特征而言，纳粹与当时欧洲的其他独裁政权有多大程度的共性？

上述比较思考显示，认为与经济和文化落后的社会相比，经济发达、文化先进的社会似乎不那么容易坠入暴力与毁灭的深渊，这样的假设是有问题的。德国孕育了贝多芬，俄国孕育了托尔斯泰，意大利孕育了威尔第，西班牙孕育了塞万提斯，而这几个国家在 20 世纪都经历了残暴的独裁统治，两者之间毫无关联。拥有数世纪高度文明的社会坠入政治野蛮主义，并不比文化成就乏善可陈的社会的堕落更令人费解；文化与政治根本不是以如此简单和直接的方式相互作用的。如果说第三帝国的经验使我们得到了什么教训的话，那就是：对伟大的音乐、伟大的艺术和伟大的文学之热爱，并没有赋予人们任何道德的或政治的免疫力，从而拒绝暴力和暴行、免于听命独裁统治。实际上，1930 年代以来的许多左翼评论家认为，德国文化和社会的先进性本身就是纳粹主义胜利的主要原因。德国经济是欧洲最强劲的，德国社会是发展最完善的；在德国，资本主义企业已经达到前所未有的规模和组织化程度。马克思主义者认为，这意味着资本家与他们的剥削对象之间的阶级矛盾不断加剧，直至濒临崩溃的边缘。不顾一切地渴望维系其权力和利益的大企业主及其依附者，利用他们的全部影响力以及任其支配的全部宣传工具，创造出一种专门服务于其利益的群众运动——纳粹党，然后操纵它攫取权力，并在纳粹掌权之后，靠它谋取利益。[21]

这种观点在 1920 年代至 1980 年代被各派马克思主义学者进行了相当精妙的阐述，不应仅被当作宣传而草率否定。在 1945 年至
xxiv 1990 年冷战期间，分裂欧洲的“铁幕”两边都有数量可观的学术著

作受到这种观点的启发。然而，作为一种宽泛的概括性解释，它也受到了不少质疑。它几乎忽略了纳粹主义的种族理论，全然没有解释纳粹党徒为什么不仅在言论上，而且在现实中对犹太人倾注了如此恶毒的仇恨。鉴于第三帝国投入了可观的人力物力来迫害和消灭数以百万计的生命，包括许多无疑属于中产阶级的人，他们富有创造力、生活优裕，而且其中为数不少的人本身就是资本家，因此很难理解纳粹主义的现象怎能归结为针对无产者的阶级斗争，或者归结为企图维护资本主义制度——这个制度恰恰是许许多多德国犹太人尽力维护的。而且，如果说纳粹主义是随着帝国垄断资本主义的来临而不可避免的结果，那么如何解释纳粹仅仅出现在德国，而没有出现于其他同等发达的资本主义经济体，比如英国、比利时或美国？[22]

这个问题正是许多非德国人在二战期间所提出的，也是至少一部分德国人在战争结束后立刻问自己的。尤其是在那些已于1914—1918年经历过一次对德战争的国家中，许多评论家认为，纳粹主义的崛起与得势是几个世纪以来的德国历史不可避免的产物。持此观点的作者来自不同的背景，包括美国记者威廉 · L. 夏伊勒、英国历史学家 A.J.P. 泰勒（A. J. P. Taylor）和法国学者埃德蒙 · 韦尔梅伊（Edmond Vermeil），他们认为，德国人一直排斥民主制度和人权，臣服于强人领袖，拒绝接受“积极公民”（active citizen）这一理念，沉迷于模糊但危险的世界霸权之梦。[23] 奇怪的是，这附和了纳粹版本的德国历史，即认为德国人也一直将上述基本特征作为自己的种族天性加以固守，却因受到外来影响——比如法国大革命——而偏离了它们。[24] 然而正如许多批评家所指出的，这种简单化的观点立刻引出一个疑问：为什么德国人在1933年之前未曾屈从于纳粹式的独裁统治。该观点忽略了一个事实，即在德国历史中存在着根深蒂固的自由和民主传统，这些传统在政治动荡中得到表达，比如1848年革命，当时德国境内的专制政权全部被推翻。而且该观

xxv 点增加——而非减轻——了解释“纳粹如何上台与为何上台”的难度，因为它忽略了甚至在1933年也曾普遍存在于德国的反纳粹声音，从而妨碍了我们提出这一至关重要的问题：那种反对声音为什么被压制住了？如果认识不到德国内部这种反纳粹力量的存在，纳粹主义从崛起到称霸的戏剧性故事也就毫无戏剧性可言，而仅仅是不可避免之事的实现。

历史学家总是很容易从1933年这个制高点来回顾德国历史，将历史进程中所发生的几乎任何事情都解读为纳粹主义崛起与得势的夙因。这导致了各种各样的曲解，有些历史学家从德国思想家——比如18世纪末的民族主义鼓吹者约翰·戈特弗里德·冯·赫尔德（Johann Gottfried von Herder）* 或者16世纪基督教新教创始人马丁·路德（Martin Luther）——的言论中断章取义，用以阐释他们的论点，即蔑视其他民族、盲从本国权威深植于德意志民族性当中。[25] 然而，更加仔细地阅读上述那些思想家的著作就会发现，赫尔德宣扬以宽容的态度和同理心对待其他民族，路德的著名主张则是坚守个人良知，捍卫反抗精神权威和知识权威的权利。[26] 而且，尽管思想确实自有其力量，但不管如何迂回，那力量总是受到社会环境和政治环境的制约，这一点往往被那些笼统地谈论“德意志性格”或“德意志心灵”的历史学家所遗忘。[27]

另一种思潮所强调的，不是意识形态和信仰在德国历史中的重要性，而是它们的无足轻重，持此论者与上文提到的那些历史学家有时竟是同一批人。德国人有时候被说成对政治缺乏真正的兴趣、从未适应平等交换意见的民主式政治辩论；然而在所有被用来解释1933年第三帝国登场的关于德国历史的错误观念中，没有比“不关心政治的德国人”更缺乏说服力的了。这个概念多半出自小说家托

---

* 约翰·戈特弗里德·冯·赫尔德（1744—1803），德国哲学家、诗人、神学家和文艺评论家。

马斯·曼（Thomas Mann）在第一次世界大战期间的创作*，德国中产阶级智识人士后来将它当作遁词，即接受自己“不曾反对纳粹主义”这个不那么严重的罪名的批评，以免遭“支持纳粹主义”的谴责。许多来自不同背景的历史学家断言，德国中产阶级在 1848 年革命失败后即从政治活动中退出，转而在赚钱生财或者文学、文化与艺 xxvi
术中寻求慰藉。他们还断言，德国智识人士把效率与成功看得比道义与意识形态更重要。[28] 然而如我们在本书后面将会看到的，有大量证据表明，实际情况恰恰相反。无论 1920 年代德国的问题出在哪里，都一定不是缺乏政治责任感和政治信仰，情形甚至刚好相反。

毫不奇怪的是，德国历史学家极其反感对德国人的性格做如此笼统而不怀好意的概括。第二次世界大战之后，他们通过指出纳粹意识形态的欧洲根源，尽其所能地引开批评的矛头。他们让人们注意这一事实：希特勒本人不是德国人，而是奥地利人。他们引证纳粹与当时欧洲其他独裁政府的相似之处，从墨索里尼的意大利，到斯大林的苏俄。无疑，他们认为，鉴于欧洲民主政治在 1917—1933 年间的全面崩溃，纳粹的上台不应被视为悠久而独特的德国历史发展的高潮，而应该被视为德国的既有秩序像其他国家一样在第一次世界大战的灾难性冲击下崩溃。[29] 这种观点认为，工业社会的兴起，第一次将大众推上了政治的舞台；战争摧毁了整个欧洲的社会等级、价值观以及经济稳定；奥匈帝国的哈布斯堡王朝（Habsburg）、德意志帝国的霍亨索伦王朝（Hohenzollern monarchy）、俄国的罗曼诺夫王朝（Romanov dynasty）以及奥斯曼土耳其帝国全部垮台，继之而起的各个新的民主国家很快沦为不择手段的煽动蛊惑的牺牲

* 托马斯·曼（1875—1955）在发表于 1918 年的文章《一位非政治人物的反思》中写道：“我坚信，德国人永远不可能爱上民主政治，原因很简单，他们对政治根本不感兴趣；备受谴责的‘独裁国家’现在是、并将永远是适合德国人民的体制，也是他们最需要的体制。”他后来放弃了此立场。

品，煽动家们诱骗民众投票同意自己的奴隶地位。20 世纪变成了极权主义的时代，高潮是希特勒和斯大林试图建立起一种新的政治秩序，其统治的基础一方面是实行全面的警察控制和恐怖政策，并残酷镇压和杀戮数百万真正的或凭空臆断的反对者，另一方面以巧妙的宣传手法不断动员群众、激发群众的热情。[30]

不难看出，这些论据符合 20 世纪五六十年代冷战中的西方拥护者的利益，他们或含蓄或明确地将斯大林的苏联与希特勒的德国等同起来，认为二者都是同一种现象的变体，近年来又有人重提此观点。[31] 将这两个政权进行类比当然并无不妥。[32] 极权主义思想
xxvii 作为一种普遍的政治现象，可以追溯到 1920 年代初。它被墨索里尼作为一个褒义词加以利用，墨索里尼与斯大林和希特勒一道，宣称要控制整个社会，包括对人性进行有效的改造，塑造出“新”型人类。然而，无论这几个不同的政权之间有什么共性，促成纳粹主义与斯大林主义的兴起、盛行以及最终掌权的两种力量之间的差异依然极其明显，以至于很难用极权主义概念解释清楚这个问题。因此，极权主义更适合被用来描述而不是解释，也许它更有助于我们理解 20 世纪的独裁政权在上台后是如何运作的，而不是解释独裁政权是如何上台的。

当然，第一次世界大战之前的俄国与德国之间具有某些相似性。两国的政体都是君主专制，以强大的官僚机构和强悍的军事精英为后盾，都面临着工业化所带来的急剧的社会变化。两种政治制度都被由一战挫败引发的深刻危机所摧毁，取代它们的都是短命且矛盾重重的民主政体，这些矛盾不久又被独裁体制的出现所解决。但二者也存在许多关键性差异，其中的主要差异是，布尔什维克在自由选举中完全没有赢得基本的民意支持，而自由选举则为纳粹的上台提供了重要基础。俄罗斯是个落后国家，绝大多数人口是农民，缺乏公民社会的基本功能和代议制政治传统。它与德国这个发达的、

人民受教育程度很高的工业国家截然不同，德国拥有长期孕育的代议制政治传统、法治传统以及积极参与政治事务的公民。第一次世界大战摧毁了全欧洲的旧秩序，这是确切无疑的；然而各国的旧秩序之间存在着很大差异，被摧毁的方式以及产生的后果也各不相同。如果我们想寻找一个在发展进程方面与德国具有可比性的国家，那么正如我们将会看到的，与德国一样在 19 世纪刚刚实现统一的欧洲国家意大利，远比俄国更加适合作为参照系。

从德国历史中为纳粹主义的起源与崛起寻找一种解释，无疑存在着这样的风险，即可能将整个过程视为不可避免的。然而，几乎在每一个转折点，事情都有可能发展到另一个方向。纳粹主义的胜 xxviii
利，直到 1933 年最初的几个月，都还远远不是必然的结果；但那也绝非历史的偶然。[33] 有人认为，纳粹的上台在本质上属于欧洲发展格局的一部分，持此观点者在某种程度上是正确的。但他们甚少注意到这一事实，即纳粹主义虽然远不是德国历史发展过程中不可避免的结果，然而它的成功确实得益于特别符合德国人天性的政治传统、意识形态传统以及发展方式。这些传统也许追溯不到马丁·路德那么远，但肯定可以溯源到德国历史在 19 世纪的发展方式，尤其可以溯源到 1871 年俾斯麦领导德国实现统一的过程。因此，从这个时间点切入是合理的，正如弗里德里希 · 迈内克在其 1946 年回忆录中所做的那样，寻找理由来解释纳粹为什么在德国统一 60 多年后得以上台，给德国、欧洲以及世界造成如此巨大的破坏，而在大多数德国人那里遇到的反对却如此之少。我们将从本书以及后面的两卷中看到，对这些问题有着许多不同的回答，涵盖了从 1930 年代初压垮德国的那场危机 * 的本质，到纳粹攫取权力之后建立并巩固其统治的方式，在所有这些答案中斟酌取舍绝非易事。然而德国

* 指 1930 年代的经济危机，导致魏玛共和国失业率飙升，政治转向极端主义。——编注

的历史包袱不可否认地在纳粹的上台过程中发挥了作用，因此，本书必须从德国历史说起。

三

21 世纪初是启动这个写作项目的绝佳时机。自 1945 年以来，关于第三帝国的历史研究主要经历了三个阶段。在第一阶段，即二战结束至 1960 年代中期，史学界高度专注于回答我在本卷中主要探讨的问题。卡尔 · 迪特里希 · 布拉赫尔等政治学家和历史学家出版了关于魏玛共和国的垮台和纳粹攫取权力的几部重要著作。[34]第二阶段是 20 世纪七八十年代，盟军缴获并保管的海量文件被归
xxix 还给德国档案馆，借助这些文件，研究焦点转向 1933—1939 年间的历史（我所著三部曲第二卷的主题）。特别地，马丁 · 布罗萨特（Martin Broszat）和汉斯 · 莫姆森（Hans Mommsen）发表了一系列关于第三帝国内部结构的开创性研究成果，反驳了流行观点所认为的，纳粹政权是决策由最高层——希特勒——做出，然后自上而下逐级执行的独裁体制；并且剖析了各个相互竞争的权力中心的复杂性，他们认为，各中心之间的相互较量，驱使纳粹政权逐步采取越来越激进的政策。他们的作品又得到大量新研究成果的补充，这些新成果探究了纳粹治下的日常生活，尤其侧重于第二次世界大战爆发之前的那几年。[35]从 1990 年代开始，研究进入第三阶段，尤其侧重于 1939—1945 年间的历史（三部曲第三卷的主题）。人们在苏联集团的档案中发现了新的史料，公众也越来越关注纳粹对犹太人，以及对从同性恋者到“离群索居者”，从奴隶劳工到残疾人等其他群体的迫害与灭绝，这一切促成了大量重要研究成果的出现。[36]因此，撰写一部综合作品的时机已经成熟，本书将整合上述三个阶段的研究成果，并充分利用最近可资参考的大量新材

料——从约瑟夫·戈培尔（Joseph Goebbels）和维克托·克伦佩雷尔（Victor Klemperer）* 的日记，到德国内阁会议的记录和海因里希·希姆莱（Heinrich Himmler）的预约簿。

对任何一位历史学家来说，这样的任务即使算不上轻率甚至莽撞，也可谓大胆，对于一位非德裔的历史学家来说更是如此；但我对本书中所探讨的历史问题已经思考了很多年。我对德国历史最早的兴趣，是弗里茨·菲舍尔（Fritz Fischer）真正唤起的，他在牛津大学的客座讲座使当时在那里读本科的我有如醍醐灌顶。后来在汉堡（Hamburg）做博士研究期间，我对菲舍尔及其团队所掀起的学术热潮略有与闻，菲舍尔提出的德国现代史的连续性问题，在追随他的年轻一代德国历史学者中激起了真正的骚动，甚至革命。在当时，即 1970 年代初，我感兴趣的主要是从魏玛共和国和威廉帝国着手，追溯第三帝国的起源；只是到了后来，我才开始写作在
现代的德国史研究者中间引起激烈论战的纳粹德国相关问题，并 xxx
自己做些 1933—1945 年间的档案研究，为关于德国现代史中死刑问题的更大研究项目的部分内容做准备。[37] 那些年里，我非常幸运地得到了众多德国朋友和同事的各种帮助，特别是于尔根·科卡（Jürgen Kocka）和沃尔夫冈·莫姆森（Wolfgang Mommsen）、福尔克尔·乌尔里希（Volker Ullrich）和汉斯-乌尔里希·韦勒（Hans-Ulrich Wehler）。在亚历山大·冯·洪堡基金会（Alexander von Humboldt Foundation）和德意志学术交流中心（German Academic Exchange Service）等机构的慷慨资助下，我多次、往往是长时间地驻留德国，我希望这些留德经历令我学有进境，使我对德国历史和文化的理解，比我在 1970 年代初刚起步时更加透

* 维克托·克伦佩雷尔（1881—1960），德国学者，犹太人。其日记详细记录了他在德意志帝国、魏玛共和国、第三帝国和德意志民主共和国治下的生活。其中第三帝国时期的日记自 1995 年在德国出版以来，已成为历史学家经常引用的史料。

彻。对于想要研究其问题重重且令人不安的历史的外国人，几乎没有哪个国家能够比德国更加慷慨或开放。英国的德国史专家共同体也自始至终支持着我；早年在牛津大学期间，蒂姆·梅森（Tim Mason）对我来说是个独特的灵感来源，安东尼·尼科尔斯（Anthony Nicholls）则老练地指导着我的研究工作。当然，这一切终究无法弥补我并非德裔的事实，但是身为外国人而难免存在的距离感，也许还能赋予我某种超然的视角，或者至少赋予我一种不同的视角，从而在某种程度上弥补这个明显的劣势。

在 20 多年的时间里，虽然我书写过关于第三帝国的起源和影响，编纂过第三帝国的史料，从档案中研究过第三帝国的部分历史，为本科生讲授过一门徐缓渐进的、基于文献的第三帝国史课程，但是直到 1990 年代，我才被驱动着全身心地投入第三帝国史的研究。为此我将永远感谢安东尼·朱利叶斯（Anthony Julius）邀请我在“戴维·欧文（David Irving）诉德博拉·利普施塔德（Deborah Lipstadt）及其出版商”的诽谤案中担任专家证人，也将永远感谢整个辩护团队，特别是首席法律顾问理查德·兰普顿皇家大律师（Richard Rampton QC），以及我的研究助手尼克·瓦克斯曼（Nik Wachsmann）和托马斯·斯凯尔顿–鲁宾逊（Thomas Skelton-Robinson），他们投入了大量时间，对诉讼期间浮出水面的第三帝国史诸多方面的问题进行了激烈的、富有成果的讨论。[38] 该案的重要性最后超出了我们每个人的预料，我为能参与其中感到荣幸。此外，为此案工作时我们还惊讶地发现，我们所处理的问题在许多方面都欠缺文献资料。[39] 另一个同等重要的发现是，尽管已有许多优
xxxi 秀作品以较小的框架分析了纳粹对犹太人的政策，但在第三帝国全史中，关于这些的更大历史背景尚无真正全面而详细的著述。不久之后，我应邀参加英国政府设立的掠夺品咨询委员会（Spoliation Advisory Panel），筹备有关 1933—1945 年间被非法与原主分离的

文物的索还事务，在此期间，我越发强烈地感到纳粹德国的相关知识是如此支离破碎。在这个领域，与在诽谤案所涉及的领域一样，回答专业问题同样往往需要依赖更广阔背景下的历史知识，但我却找不到可以在此方面指导委员会其他成员的纳粹德国通史。同时，在这两个截然不同的情境中，直面法律和道德这两个纳粹经验的重要维度，使我比任何时候都更加确信，我们需要一部不以道德判断或法律判断为参照系的第三帝国史。

以上就是我撰写本书的部分原因，它们也许有助于解释本书的某些显著特征。首先，在这种以大众为目标读者的历史书中，重要的是避免使用专业术语。本书是为英语读者而写的，因此我已将几乎每一处德文术语译为对等的英语词汇。保留德文是一种故弄玄虚，甚至浪漫化的做法,应予避免。只有三个词例外。第一个是“Reich”（帝国），正如我在第一章中所解释的，这个德文单词所引发的不可翻译的独特联想，远远超出了它所对应的英语单词“empire”。还有与之相关的德文称谓“Reichstag”，指的是帝国国会。这个词想必是每位说英语的读者所熟悉的，不用它反倒显得做作——比如提到“第三帝国”时不称“Third Reich”，而称为“Third Empire”；或者提到“国会纵火案”时不称“Reichstag fire”,而称为“Parliament fire”。提到皇帝时，保留了德文“Kaiser”，因为此词也承载着具体而深刻的历史记忆，所以没有使用不够精准的英文对应词“Emperor”。其他一些与第三帝国有关的德文单词或术语也已在英语中通用,但在使用过程中渐渐脱离了原意,例如德文“Gauleiter”，专指“大区长官”，因此为了赋予它更加确切的含义，我在本书英文版中全部译为“Regional Leader”。同理，书中没有称希特勒为“Führer”，而是使用了这个德文称谓的对等英文单词“Leader”。而 xxxii
且，虽然人人熟知希特勒写过一本名为《我的奋斗》的书，但是除非看得懂德文，否则极少有人知道“*Mein Kampf*”的意思是“My

Struggle”（我的奋斗）。

翻译的目的之一，是让说英语的读者明白这些词语的实际含义。它们不仅仅是称谓或者词语，还承载着意识形态的重负。有些德文词汇并无确切的对等英文，因此我在翻译时的选词也随语境而变，把“national”译为“民族的”或者“民族主义的”（它兼具这两种意味），把同样多义的术语“Volk”根据上下文译作“人民”或者“种族”。翻译的内容并非全部出自我手，凡是采用现有英语版本之处，我均已对照原文校对过，并在有些地方做了相应的修改。懂德文的专业人士读到这些译文也许会感到恼火，我建议他们去读与本书英文版同步发行的德文版 *Das Dritte Reich*, I: *Aufstieg*, 由德意志出版社（Deutsche Verlags-Anstalt）出版。

其次，本书尽最大可能限制尾注的篇幅，这同样是因为我始终不忘它并非写给专业人士的学术专著。尾注的主要目的是便于读者查阅正文中的内容，而无意为本书所探讨的问题提供全部的参考书目，除了极个别的例外，也无意包罗对于详尽的派生题目之探讨。但是，我尽量为感兴趣的读者列出相关的延伸阅读资料，使其可以就某一题目进行比本书更加深入的探究。对于已有英文译本的德语书，我在本书中尽量优先引用英文版，而不是德文原版。为限定尾注的篇幅，我只提供了锁定资料来源的必要信息——作者、标题与副标题、出版地与出版日期。现代出版是一项全球业务，各大出版社均在不同国家设有发行机构，因此尾注中仅标明首要出版地。

正如维克托·克伦佩雷尔很久以前在其经典论著《第三帝国的语言》（*Lingua tertii Imperii*）中所指出的，书写纳粹德国的最大难题之一，来自纳粹用语对当时语言的渗透。[40] 有些历史学家为了拉
xxxiii 开自己与之的距离，将所有纳粹用语打上引号，或者加上表示贬义的修饰语，就像这样：“第三帝国”，甚或“所谓的‘第三帝国’”。然而，在一部本书这样的作品中采用这两种处理方式的任何一种，

都会严重损害阅读的流畅性。有句话虽然不是非说不可，但在此处加个按语也无妨：本书中所采用的纳粹语言，仅仅表示它在当时的用法，而不应被理解为认同——更不用说是赞同——文中的纳粹用语是正当的表达方式。在提到“纳粹党”（Nazi Party）的地方，我使用首字母大写的“Party”，而提到其他政党时则不大写。同理，大写的“Church”（教会）表示基督徒的正式组织，而小写的“church”（教堂）则表示建筑物；“Fascism”表示墨索里尼领导的意大利法西斯运动，而“fascism”则泛指作为政治现象的法西斯主义。

如果这种处理方式使后面的文本更加清晰易读，其目的也就达到了。此外，如果本书如我所希望的那样流畅，那么大部分功劳需归我的朋友和同事们，他们善良友好，爽快地同意阅读初稿，并且消灭了许多不恰当和错误之处，特别是克里斯·克拉克（Chris Clark）、克里斯蒂娜·L. 科顿（Christine L. Corton）、伯恩哈德·富尔达（Bernhard Fulda）、伊恩·克肖爵士、克里斯廷·塞门斯（Kristin Semmens）、亚当·图兹（Adam Tooze）、尼克·瓦克斯曼、西蒙·温德尔（Simon Winder）和埃玛·温特（Emma Winter）。伯恩哈德·富尔达、克里斯蒂安·格舍尔（Christian Goeschel）和马克斯·霍斯特（Max Horster）核对了注释并确认了原文出处；凯特琳·默多克（Caitlin Murdock）核对了保存在胡佛研究所（Hoover Institution）的纳粹冲锋队员的自传并确认了文件的出处。伯恩哈德·富尔达、利兹·哈维（Liz Harvey）和戴维·韦尔奇（David Welch）慷慨地提供了一些关键文献。我由衷感谢他们每个人对我的帮助。安德鲁·怀利（Andrew Wylie）是位出色的经纪人，其说服能力确保了本书找到最好的出版商；企鹅出版社的西蒙·温德尔是我在伦敦的坚实后盾，与他密切合作出版此书是一次愉快的经历。在纽约，斯科特·莫耶斯（Scott Moyers）用他的热情激励着我，并对书稿做出精辟的评论，令我获益匪浅；在德国，迈克尔·内尔（Michael

Neher）以惊人的组织才华迅速推出德文版。再次与译者霍尔格·弗利斯巴赫（Holger Fliessbach）和乌多·伦纳特（Udo Rennert），以及绘制地图的安德拉什·拜赖兹瑙伊（András Bereznáy）合作，我感到非常愉快。我还要感谢企鹅出版社的克洛艾·坎贝尔（Chloe Campbell），她为书中的插图投入了大量精力，帮助我做图片研究、
xxxiv 获取使用许可并查找原件；感谢西蒙·泰勒（Simon Taylor）的慷慨帮助，他为本书提供了一些图片；感谢伊丽莎白·斯特拉特福德（Elizabeth Stratford），她一丝不苟地为终稿文本做了文字编辑；感谢英文版与德文版的制作和设计团队为本书的同步发行所做的工作。

最后，感谢我的家人，他们永远是我最依赖的人：感谢克里斯蒂娜·L. 科顿的务实支持以及她在出版事务上给予我的专业意见；感谢她与我们的儿子马修（Matthew）和尼古拉斯（Nicholas），这部三卷本著作献给他们，是他们在项目期间支撑着我去书写那些费解的、往往令人恐怖的史事，幸运的是我们在人生中都不曾经历过那样的事情。

2003 年 7 月于剑桥

第一章

历史遗产

第一节

德意志的独特性

一

从俾斯麦说起，难道不对吗？从好几个层面说，他都是导致 2
第三帝国登场的关键人物。一方面，在俾斯麦去世后的岁月里，对他的缅怀和崇拜促使许多德国人期盼他所代表的强人领袖能够再现；另一方面，他在 19 世纪中后期的行动和政策，为德国的未来留下了一份不祥的遗产。然而在许多方面，俾斯麦是一位有争议的复杂人物，他既属于欧洲又属于德国，既现代又传统；他的这种复杂性同样传承了下去——第三帝国也明显带有新与旧错综交融的特征。值得注意的是，俾斯麦于 1871 年建立德意志帝国（German Empire），与 1930—1932 年纳粹在选举中获胜，仅仅相隔了 50 年。二者之间存在的关联似乎无法否认。我们发现，德国历史上第一个可能真正与 1933 年第三帝国的登场直接相关的时刻，正是 1871 年德意志帝国的建立，而不是久远的宗教改革中的宗教文化和等级制度，也不是18世纪的“开明专制”*。[1]

奥托·冯·俾斯麦生于1815年，以“德国保守主义的野蛮人”著称，他惯于采用冷酷的言辞和暴力行动，从不惮于强硬而明确地表明谨慎之人不敢大声说出的话。俾斯麦生长于传统的贵族家庭，既属于容克†地主阶级，也属于文官贵族。许多人觉得他代表了普鲁士主义的极致，集它的美德和劣根于一身。19世纪后半叶他对德
3 国的统治残酷、专横、全面。他毫不掩饰自己对自由主义、社会主义、议会政治、平等主义，以及现代世界的其他许多方面的蔑视，但这似乎无损于他身后所获得的神话般的名声——德意志帝国的缔造者。1915年，在他的百年诞辰，德国正忙于打第一次世界大战，秉持人道立场的自由派可以从作为武力与强权之化身的“铁血宰相”这一形象中得到安慰，乃至受到激励，比如历史学家弗里德里希·迈内克就写道：“正是俾斯麦的精神阻止了我们牺牲自己的根本利益，并驱使我们做出英勇的决定，去与东方和西方进行殊死较量，用俾斯麦的话来说就是，‘像个强者，握有两只凌厉的拳头，一只打击一个对手’。”[2]这种有魄力的伟大领袖，正是许多德国人在此国运攸关之际深感缺失的。在一战结束后的岁月里，他们这种缺少强人领袖的感觉甚至会更加强烈。

然而，现实中的俾斯麦远比其追随者在他死后所塑造的这种粗糙形象要复杂得多。他并非后来传说中无所顾忌、喜欢冒险的赌徒。极少有德国人后来还记得，将政治定义为“可能性的艺术”的，恰

---

* 开明专制（Enlightened Absolutism），受法国启蒙运动思想家伏尔泰的开明君主制理论影响，普鲁士国王腓特烈二世（Friedrich II, 1712—1786）在位期间（1740—1786）执行的一种政策，包括奉行法律面前人人平等的原则，以宽容开放的态度对待移民和宗教少数派等。

† 容克（Junker），普鲁士贵族地主阶级，德文本意为“贵族之子”，中文通常译作“容克地主”。起源于12世纪；自16世纪起有权向领地内的农民征收劳役地租、行使警察权和审判权，并长期垄断军政要职；19世纪中叶开始成为资本主义化的半封建性贵族地主；二战后逐渐不再作为一个阶级而存在。

恰是俾斯麦。[3] 他始终坚称，他所擅长的是审时度势，然后利用时势达到自己的目的。他本人对此的描述更富有诗意：“政治家自己无法创造任何事物。他必须等待，直至听到上帝的脚步穿过重重事件，然后一跃而起，抓住上帝的衣角。”[4] 俾斯麦知道，他无法强行把局势变成他想要的样子，用他所喜欢的另一个比喻来说就是，政治的艺术在于引领国家之船行驶在时间之河。那么在 19 世纪的德国，河流是朝哪个方向流动的呢？在 19 世纪之前的一千多年里，中欧分裂成了无数自治的邦国，其中一些实力强大、组织完善，比如萨克森（Saxony）和巴伐利亚（Bavaria）；有些是中小规模的“自由市”；还有一些小公国和骑士领地，其领土只不过是一座城堡加一小块田庄。它们全部被所谓的德意志民族神圣罗马帝国（Holy Roman Reich of the German Nation）整合为一体，该帝国于公元 800 年由查理曼（Charlemagne）建立，1806 年在拿破仑的逼迫下解散，这个著名的“千年帝国”最终成为纳粹野心的效仿对象。在 4
受到拿破仑入侵的压力而解体之前，帝国危机四伏，建立名副其实的中央集权统治的努力已告失败，于是奥地利和普鲁士等实力强大、野心勃勃的成员国越来越飞扬跋扈，无视帝国的存在。

1815 年拿破仑兵败滑铁卢之后，等到尘埃落定，欧洲各邦国组建了德意志邦联（German Confederation），作为神圣罗马帝国的后继。邦联的疆界大致如旧，与从前一样包括德国以及奥地利的捷克语地区。由奥地利首相梅特涅亲王（Prince Metternich）在中欧全境建立的警察制度，不久就成功地压制住了 1815 年以前受法国大革命影响、在少数活跃的智识人士中间燃起的自由运动与革命活动的熊熊烈火。然而到 1840 年代中期，新一代的知识分子、律师、学生和地方政客对现状日益不满，他们开始相信，让德国摆脱遍地大大小小的专制政府的最便捷方法，是取消邦联的各成员国，代之以单一的德意志政府，政府建立在代议制基础之上，保障基本的人权与自由——言论自由、出版自由等等，这些基本权利当时在德国的很多地方依然不被承认。“饥饿的四十年代”* 由贫困和饥饿所激起的民怨为他们提供了机会。1848 年，革命在巴黎爆发，随后在欧洲全境呈燎原之势。德意志邦联各成员国的政府纷纷被推翻，自由派上台执政。[5]

革命者很快在邦联（包括奥地利）组织了选举，国民议会在法兰克福（Frankfurt）正式组成。经过审慎考虑，代表们表决通过了一系列基本权利，遵循典型的自由派立场制定了德国宪法。但他们未能取得两个主要邦国奥地利和普鲁士的军队控制权，这后来被证明是决定性的错误。1848 年秋天，这两个邦国的君主和将军们缓过神来，拒绝接受新宪法，在来年春天一波席卷德国的激进民主革命运动之后，他们强行解散了法兰克福议会，将议会代表遣散回家。
5 革命失败了。德意志邦联重新建立，革命领导人被逮捕、监禁或者被迫流亡。接下来的 10 年被历史学家普遍视为极度反动的年代，自由主义价值观和公民自由被德国极权主义的铁蹄踏成了碎片。

许多历史学家将 1848 年革命的失败视为德国现代史上的关键事件，用历史学家 A.J.P. 泰勒的名言来说，当时“德国历史发展到了转折点，却没能实现转折”[6]。然而德国在 1848 年之后并不是坚定不移地径直走上了侵略性民族主义和政治独裁的“特殊道路”。[7] 这一路波诡云谲，有许多可以避免走向独裁的机缘。首先，1860 年代初，自由派的命运又一次出现戏剧性的转机。革命后的政治和解远远不是全盘恢复旧秩序，而是在否决国家统一和议会主权 † 的同

---

* 饥饿的四十年代（Hungry Forties），1840 年代中期欧洲因马铃薯歉收而导致的大饥荒。

† 议会主权（parliamentary sovereignty），亦称议会至上原则（parliamentary supremacy）或立法至上原则（legislative supremacy），是一些议会民主制国家（如英国）宪法中规定的原则——作为立法机构的议会拥有最高的国家权力，高于行政机构和司法机构，议会有权修改或废除任何成文法，其他机构无权废除议会制定的法律或者宣布其无效。这有别于另一些民主制国家（如美国）所遵循的立法、行政和司法机构互相制衡的三权分立原则。

时，设法满足自由派的许多要求。到1860年代末，德国几乎每个地方都实现了由陪审团公开审理案件、法律面前人人平等、企业自由、集会和结社自由、废除最令人反感的文学和新闻审查制度，以及其他许多权利。而且，至关重要的是，许多邦国已经设立代议制议会，在议会中，民选的代表有辩论的自由，并且至少享有某种程度的立法权和增税权。

后者恰恰是东山再起的自由派于1862年在普鲁士行使的权利，他们阻止增税法案的通过，以此施压，要求把军队收归立法机构管辖，此事是他们在1848年不幸未能办成的。这对普鲁士军队筹措经费构成了严重的威胁。为应对危机，普鲁士国王起用了那位后来主宰德国政坛30年的人物——奥托·冯·俾斯麦。在此之前，自由派曾做出正确的判断：与1848年一样，将奥地利的德语地区纳入德意志民族国家的时机尚未到来；德意志的统一将意味着哈布斯堡王朝所统治的奥地利帝国的分裂。奥地利帝国涵盖德意志邦联之外的广阔疆域，从匈牙利（Hungary）一直延伸至意大利北部，有数百万非德语人口。然而随着1859—1860年意大利的统一，自由派认为德国统一的时机也已到来：既然意大利人做到了缔造他们自 6
己的民族国家，那么德国人当然也能这样做。

俾斯麦与英国的本杰明·迪斯雷利（Benjamin Disraeli）[*]、法国的拿破仑三世（Napoleon III）[†]和意大利的加富尔（Cavour）伯爵[‡]属于同一代欧洲政客，他们乐于使用激进的，甚至革命的手段，来实现本质上是保守主义的目标。俾斯麦意识到，民族主义的力量是

---

* 本杰明·迪斯雷利（1804—1881），英国首相（1868；1874—1880）。

† 拿破仑三世（1808—1873），即路易-拿破仑·波拿巴，拿破仑之侄，1848年当选法兰西第二共和国总统，1851年发动政变，成为法国皇帝（1852—1870）。

‡ 加富尔伯爵（1810—1861），即卡米洛·奔索（Camilo Benso），意大利王国的首任首相兼外交大臣（1861）。

不可否认的。但他也看到，许多自由派在 1848 年受挫之后，开始愿意在国家统一的祭坛上牺牲至少一些自由主义的原则，以换取他们想要的东西。俾斯麦采取一系列迅猛而冷酷的行动，先与奥地利结成同盟，从丹麦王国掠夺了石勒苏益格—荷尔斯泰因（Schleswig-Holstein）两个有争议的公国；然后策动了普鲁士与奥地利之间争夺领导权的战争*，战争以普鲁士军队的完胜而告终。德意志邦联解体，取而代之的新邦联将奥地利及其在南德的诸盟友排除在外，俾斯麦为新政权取了个缺乏想象力的名字——北德意志邦联。感到德意志民族国家的建立指日可待，大多数普鲁士自由派立即原谅了俾斯麦的税收政策以及不经国会同意就为军队拨款的做法（俾斯麦在主政的前 4 年里，以极端藐视国会权利的做派执行他的政策），他们在俾斯麦策动另一场对法国的战争时为他加油鼓劲。法国有理由担心，德国的统一将终结过去 15 年间法国在欧洲的强权政治中所享有的主导地位。[8]

法国军队在色当（Sedan）† 等地被击溃，一个新的德意志帝国随之在从前的法国皇宫凡尔赛宫的镜厅宣告成立。大约 200 年前由“太阳王”路易十四（Louis XIV）在其权力巅峰期所建的凡尔赛宫，竟变成了法国无能与失败的耻辱象征。这是德国现代史，其实也是欧洲现代史上的关键时刻。对自由派来说，这似乎实现了他们的梦想，然而他们将为此付出沉重的代价。俾斯麦建立的帝国所具有的几个特征为未来留下了隐患。首先，将新帝国称为“德意志帝国”的决定，不可避免地令人想起其前身——主宰了欧洲千年的神圣罗马帝国。事实上，有人将俾斯麦建立的帝国称为“第二帝国”（Second
7 Reich），词语的使用也暗示，第一帝国败于法国的入侵，在它失败

---

* 即 1866 年的普奥战争（Austro-Prussian War）。

† 色当，位于法国东北部，1870 年普军在此打败拿破仑三世率领的法军，为进军巴黎开辟了道路。

的地方，第二帝国成功 * 了。俾斯麦建立的德意志帝国于 1918 年垮台，但帝国的许多方面延续了下去，其中，魏玛共和国的正式国名沿用“德意志国”（Deutsches Reich），全部建制名称均冠以“帝国”字样，这绝非微不足道之事。“帝国”一词在德国智识阶层中间所激发的联想，远远超越了俾斯麦所创建的体制：它是罗马帝国的继承者；是对尘世中“上帝之国”的想象；宣示了其宗主国地位的普适性；用一个虽然没什么诗意但却颇有气势的概念来说，德意志国家将包括中欧所有说德语的人口——正如纳粹口号所说的“同一个民族，同一个帝国，同一个领袖”。[9] 在德国，始终有人认为，俾斯麦建立的帝国只是部分地实现了真正德意志帝国的构想。他们的声音起初被胜利的喜悦淹没了，然而随着时间的推移，持这种观点的人数逐渐增多。[10]

俾斯麦 1871 年为新建立的德意志帝国制定的宪法，在许多方面都远未达到自由派在 1848 年所追求的理想。在现代德国的所有宪法中，它是唯一一部没有表达任何有关人权和公民自由原则的。严格说来，新建立的帝国是由独立的邦国组成的松散邦联，很像其前身。它名义上的首脑是“Kaiser”（皇帝），此头衔沿用自神圣罗马帝国对领袖的称呼，最早可溯源到拉丁文名字“Caesar”（恺撒）。皇帝大权在握，有权宣战和停战。帝国的机构比以前的强大，包括全国选举出的帝国国会（Reichstag），其名称源自神圣罗马帝国，是又一个越过 1918 年这道革命性分水岭的旧帝国之遗绪；以及许多中央行政机构，尤其是外交部，机构的数量随着时间的推移而不断增加。但是宪法并未授予国会选举或者解散政府、解除政府大臣职务的权力，而且政治决策的关键部分，特别是宣战与停战以及军队的管理事务，仍保留在君主及其亲信手中。政府各部大臣，包括

---

* 原文“succeed”在此为双关语，既指“成功”，也有“继承”神圣罗马帝国之意。

由俾斯麦设立,并由他任职约20年的文官政府最高首脑“帝国宰相”,
8 均属于公务员，而不是为党派服务的政客，并且其效忠的对象是皇帝，而不是人民或者国会议员。国会的影响力随着时间的推移而逐渐增强，尽管增幅不是很大。伟大的革命家、思想家卡尔·马克思（Karl Marx）描述俾斯麦帝国时略带夸张、用词晦涩，但他捕捉到了其许多内在的矛盾：“以议会形式粉饰门面、混杂着封建残余、已经受到资产阶级影响、按官僚制度组织起来的军事专制制度。”[11]

二

军队的实力，尤其是普鲁士军官团（Prussian officer corps）的实力，并非仅仅是历次战争的产物，而是源自悠久的历史传统。在 17 和 18 世纪，扩张中的普鲁士王国已经在沿着主要军事防线进行组织，由著名的容克地主阶级与农奴构成的新型封建制度，严丝合缝地同军队的募兵制度相协调，为军队输送军官与士兵。[12] 这种募兵制度随着农奴制的结束而废除，普鲁士军队的传统威望因其在拿破仑战争（Napoleonic wars）* 中节节惨败而严重受损。1848 年和 1862 年，普鲁士自由派两度差点把军队收归国会管辖。俾斯麦于 1862 年被起用，主要是受命维护普鲁士军官团的自主权，使之免受自由派的干涉。他上台后立即宣布：“解决当前的种种重大问题，靠的不是演说以及多数票通过的决议——那正是 1848 年和 1849 年的重大失误——而是靠铁与血。”[13] 俾斯麦说到做到，他策动的 1866 年战争摧毁了汉诺威王国（Kingdom of Hanover），使之并入普鲁士；又把奥地利和波希米亚（Bohemia）逐出德意志邦联，

---

* 拿破仑战争（1803—1815），法国在拿破仑率领下，与奥地利、俄国、普鲁士、英国、葡萄牙等欧洲国家组成的反法联盟之间进行的一系列战争，以法军在滑铁卢战败而告终。

过去数世纪里，这两个邦国在塑造德国命运方面扮演了重要角色；同时通过1870—1871年的普法战争，从法国手中掠夺了阿尔萨斯—洛林（Alsace-Lorraine），使之直接处于德意志帝国管辖之下。俾斯麦被称为“白色革命家”（white revolutionary）* 是不无道理的。[14] 他凭借军事实力和军事行动缔造了德意志帝国。在此过程中，他无视法统，重新划定国界，推翻了根深蒂固的传统，其激进态度与铁血手段给德国后来的发展之路投下了绵长的阴影。德国从此将武力 9
作为实现政治目标的合法手段，其黩武程度远远超出了其他大多数国家的通行做法，除非那些国家有开疆拓土、称霸世界的打算。政府里和社会上的黩武风气，在1920年代侵蚀德国的民主制度以及第三帝国登场的过程中，将起到重要作用。

俾斯麦确保了军队实质上成为国中之国，拥有可以即时面见皇帝的渠道以及自治权。国会仅仅有权每7年批准一下军队的预算†，陆军大臣对军队负责，而不是对立法机构负责。军官享有许多社会特权和其他特权，在街上与平民相遇时，会受到对方的尊重。毫不奇怪，许多资产阶级专业人士的志向就是被接纳为陆军预备役军官；同时，由于实行义务兵役制，民众对于军队的行为规范以及军人的理想与价值观已经耳熟能详。[15] 在紧急情况下，军队有权颁布戒严令、中止公民自由权，威廉二世统治时期曾相当频繁地考虑采取此措施，难怪有些历史学家夸张地描述道，当时的政客和议员们生活在高层政变的永久威胁之下。[16]

军队通过各种方式对社会施加影响，其中对普鲁士的影响最为深刻。1871年之后，又通过普鲁士的示范作用，间接地影响到德

---

* 白色革命家，指俾斯麦以革命的手段实现保守主义（即“白色”）的目标。

† 1874年德意志帝国国会批准俾斯麦提出的“七年期限法”，规定常备军兵员和军费7年不变，国会由此丧失了审批军事预算的权力。1880年和1887年俾斯麦又提出第二和第三个“七年期限法”，均得到国会批准。

意志帝国的其他邦国。统一战争中的辉煌战绩为军队赢得了崇高威
望。士官——那些服满义务兵役之后留在军中，继续服务数年的士
兵——最终离开军队时，自动获得在政府机构就业的权利，这意味
着绝大多数警察、邮递员、铁路员工以及其他基层公务员都是退伍
兵，这些人已在军队中被社会化，举手投足都显示出习以为常的军
人姿态。警察机关之类的政府机构的规章手册注重体现军队的行为
规范，坚决要与公众保持一定距离，并保证在街头游行和大规模示
威活动中尽可能把人群当作敌军而不是集会的公民对待。[17] 军队的
12 荣誉观已深入人心，足以保证平民，乃至中产阶级始终斗志不衰，
尽管俄国和法国的情形也普遍如此。[18]

随着时间的推移，军官团与普鲁士贵族阶层之间的身份同一性逐渐减弱，军事贵族集团吸纳了草根军国主义的各种新组织，包括 20 世纪初的海军联盟（Navy League）以及退伍兵俱乐部。[19] 到第一次世界大战前夕，军官团的大部分关键职位均由专业人士担任，而贵族阶层控制的主要是那些社会地位优越、能满足虚荣心的传统领域，比如骑兵和近卫军；在欧洲其他国家，情形也大致如此。从机枪和带刺铁丝网到飞机和坦克，这些军事新技术的出现推动了军官团的专业化，但是专业化并未使其更具民主意识。相反，在德军对殖民地原住民的反抗进行残酷镇压的过程中，其殖民经验助长了军官团的军事自负。[20] 比如，1904 年至 1907 年，在一场蓄意灭绝德属西南非（今纳米比亚［Namibia］）的赫雷罗族（Hereros）的行动中，德军屠杀了数千名成人和儿童，又将更多数量的人赶入沙漠，任其饿毙于大漠之中。结果是，赫雷罗族人口由交战前的大约 8 万人，锐减至 1911 年的 1.5 万人。[21] 在德意志帝国的占领区，比如 1871 年从法国手中强占的阿尔萨斯—洛林，德军的表现常常如同征服者，似乎面对的是一个心怀敌意、难以驾驭的群体。这类行为中最骇人听闻的几例，于 1913 年在国会引发了激烈的辩论，议

员们投票通过对政府的不信任案。此举当然没能迫使政府下台，但依然表明了德国社会对于军队作用的看法越来越两极分化。[22]

在一连串军事胜利之后，俾斯麦曾经极力控制军队更加狂野的冲动，抑制其大规模吞并领土的欲望，但当时很多人都没有注意到俾斯麦的这种努力；甚至在他 1890 年被迫辞职之后，还出现了俾斯麦神话——愤愤不平的前宰相及其追随者也大力为之推波助澜——说他是一位魅力超凡的领袖，快刀斩断政治的乱麻，用武力解决了当时的种种重大问题。留在德国公共记忆里的，是俾斯麦于 1860 年代发动的几场革命性战争，而不是他为了让德意志帝国站稳脚跟，在随后 20 年里极力维持欧洲和平的努力。正如 1944 年抵制 13
希特勒的保守派领袖、外交官乌尔里希·冯·哈塞尔（Ulrich von Hassell）在造访位于腓特烈斯鲁厄（Friedrichsruh）的俾斯麦故居后，于日记中所言：

> 令人遗憾的是，德国人自己所创造的俾斯麦形象竟然最为错谬，我们把他描绘成崇尚暴力的专制政客，幼稚地为终于有人把德国重新推上举足轻重的地位而欣喜。其实，他的卓越天赋在于高超的外交技巧和克制持中的气度。他对于如何赢得世界的信任有独特的理解，而当今之德国恰恰在背其道而驰。[23]

独裁领袖的神话并不是德意志性格中某个古老的、根深蒂固的方面的表达，而是一种近代产物。

此神话在 20 世纪初又被这样一种公共记忆所强化：俾斯麦对待那些他所认为的帝国内部的敌人毫不手软。教宗为了加强对天主教教区的控制，分别于 1864 年和 1871 年颁布《谬论举要》（Syllabus of Errors）和《教宗无误论宣言》（Declaration of Papal Infallibility）。俾斯麦在 1870 年代对此予以反击，启动了被自由派

地图1　德国的统一，1864—1871 年

瑞典
波罗的海
尼曼河
柯尼斯堡
但泽
斯德丁
梅克伦堡—施特雷利茨
柏林
波森
维斯瓦河
俄罗斯帝国
（波兰）
奥得河
布雷斯劳
德累斯顿
易北河
布拉格
克尼格雷茨
加利西亚
波希米亚
摩拉维亚
奥地利帝国
（奥匈帝国）
匈牙利
多瑙河
奥地利
维也纳
萨尔茨堡
奥地利（从1867年起
普鲁士王国，1864
丹麦统治至1864年，1864年奥地利—普鲁士共同统治，
1865/1866年交由普鲁士统治
普鲁士兼并的德意志邦国，1866
北德意志邦联的其他成员国，1867
南德意志诸国，1870
德意志帝国从法国手中吞并地区，1871
德意志邦联边界，1866
国界，1866
德意志帝国国界，1871

称为“文化斗争”的一系列法律和警察措施，旨在将天主教会置于普鲁士政府的控制之下。新法律要求天主教教士在国有机构接受培训，并申请由政府颁发的圣职委任书，但天主教教士拒绝遵从这样的法律。不久，那些违反新法律者遭到了警察的跟踪、逮捕和监禁。到 1870 年代中期，989 个教区无人主持，225 位牧师被监禁，除了与护理有关的修会之外，所有其他天主教修会均遭查禁，2 位大主教和 3 位主教被免职，被监禁 9 个月的特里尔主教（Bishop of Trier）在获释后不久死去。[24] 更加令人不安的是，这种针对帝国大约 40% 人口的对公民自由权的大规模侵犯，受到了德国自由派的欢呼，他们认为天主教对文明的威胁，已经严重到应被施以上述极端手段的程度。

斗争终于平息，天主教教会自此成了自由主义和现代思想的怨
14 敌；它决心证明自己对国家的忠诚，主要是通过当初为保护自己免受迫害而组建的政党，即所谓的中央党（Centre Party）。但是输诚尚未完成，俾斯麦就以《反社会党人法》（Anti-Socialist Law）再次向公民自由权出击，该法于 1878 年在老皇帝威廉一世（ Wilhelm I）两度遇刺之后由帝国国会通过。实际上，羽翼未丰的德国社会党人运动与暗杀未遂的刺客毫无关系，它是守法组织，主张通过议会道路掌握政权。然而，当被晓以国家利益的大义时，自由派再一次被说服，抛弃了自由主义的原则。于是社会党人的集会被取缔，社会党人的报刊被查禁，社会主义政党被定为非法。原先在普鲁士以及德意志的其他主要邦国暂停使用的死刑被恢复。对社会党人的大规模逮捕和监禁随之而来。[25]

如果说《反社会党人法》产生了什么后果的话，那就是它比与天主教会做斗争的法律具有更加深远的影响。与后者一样，它也根本未能实现其直接目的——镇压假想的“帝国的敌人”。法律不能禁止社会党人以个人身份参加国会选举，而且由于德国工业化

步伐的加快以及产业工人阶级人数空前迅速的增长，参加竞选的社会党人赢得的选票份额日益增多。《反社会党人法》于 1890 年期满失效之后，社会党人重新组织起来，借德国社会民主党（Social Democratic Party of Germany）重整旗鼓，到第一次世界大战前夕，党员人数已超过 100 万，成为当时世界上最大的政治组织。尽管选举制度使保守的乡村选区具有先天优势，但在 1912 年的选举中，社会民主党赢得的席位超过中央党，成为国会中的第一大党。《反社会党人法》的镇压，促成了社会民主党的左倾，从 1890 年代初开始，该党坚持一种僵化的马克思主义教条，认为现有的教会制度、国家制度和社会制度，从君主制和军官团到大企业和证券市场，都将在一场缔造社会主义共和国的无产阶级革命中被推翻。自由派对《反社会党人法》的支持，导致社会民主党不信任一切“资产阶级”政党，拒绝与资本主义的政治支持者合作，拒绝与被他们视为
只想治标不治本地改良现有政治制度的人合作。[26] 社会民主党发动 15
的运动声势浩大、纪律严明、不容异见，而且似乎势不可挡地朝着赢得大选的目标挺进，这让温文尔雅的中产阶级和上层人士胆战心惊。社会民主党与一切“资产阶级”政党之间裂开一道鸿沟，这种无法弥合的政治分歧将一直持续到 1920 年代，并在那场最终导致纳粹掌权的危机中发挥至关重要的作用。

但同时，社会民主党决定尽其所能始终在法律许可范围内活动，不给常常威胁要恢复取缔令的官方提供任何口实。据说列宁曾经以他罕有的、一闪而逝的幽默口吻评论道，德国社会民主党人永远不可能在德国发动一场成功的革命，因为他们去袭击火车站时，首先会秩序井然地排队购买站台票。该党已养成习惯坐等时机出现，而不是采取行动去制造机会。其包括文化机关、报刊、酒馆食肆、体育俱乐部以及教育机构的庞大而精密的组织结构适时出现，既为党员提供了一整套生活方式，也构成了党内极少有人愿意打破的一套

既得利益。作为一个守法组织，社会民主党相信法庭可以阻止政治迫害，但即使是在1890年之后，始终守法也不易做到，因为警察的小花招受到保守派法官和检察官以及法庭的支持，法庭依然视社会民主党人为危险的革命者。到1914年，社会民主党的发言人或党报编辑几乎没有谁没坐过几次牢，罪名是冒犯君主或者侮辱政府官员；根据法律，批评君主或警察属于犯罪，就连批评那些维持国家运行的公务员也算犯罪。在1914年之前，打击社会民主党人成了整整一代法官、州检察官、警察头子和政府官员的事业。这些人，以及支持他们的中产阶级和上层人士中的大多数，从未承认社会民主党的活动为合法的政治运动。在他们眼中，法律的作用是维护现有的国家制度和社会制度，而不是在对立的政治派别之间担当中立的裁判者。[27]

16 自由派对此当然无能为力，他们自身就在19世纪八九十年代失去了大量选票和议席，虽然他们设法在德国的乡镇和城市中留住了许多支持者。自由派的主要问题在于，他们在19世纪晚期一再分裂，甚至在更为左倾的派别于1910年再次联合之后，自由派依然分属两个主流政党——民族自由党（National Liberals）和进步党（Progressives），二者的分歧可追溯到后者不肯原谅俾斯麦在1860年代不经国会批准就在普鲁士征税的做法。不过，政治光谱中的右翼也同样呈分裂状态。保守党（Conservative Party）不是一个，而是有两个，因为那些在1871年支持俾斯麦把普鲁士的各种自主特权收归帝国相关机构的人，一直保留着所谓“自由保守党”的独立身份，而极端保守的普鲁士贵族（容克阶级）对俾斯麦的这一做法则深恶痛绝。而且，这两个德意志北方政党的多数党员信奉基督教新教，他们还不得不与一个更大的右翼政党中央党相抗衡。中央党对社会福利的倡导以及对德国在非洲的殖民统治所持的批评态度，冲淡了它反对现代主义以及支持德意志帝国的立场。因此在1914

年之前，德国的主流政党不是两个，而是六个，即社会民主党、两个自由派政党、保守党的两个派别，以及中央党，这与其他现象共同反映了德国社会由地域、宗教和社会等级所造成的多重分裂。[28]德意志帝国的行政机构大权在握，并且不直接对立法机构负责，在这种国情下，政党的分裂状态削弱了政党政治在国家中起决定性作用的可能性。

三

上述对立政党之间的竞争，不但没有引起普遍的政治幻灭感，反而促使政治气氛逐渐升温，直至 1914 年达到极其狂热的程度。在国会选举中，男性普选权以不记名投票和严格规定的选举程序为后盾，这使选民对选举制度产生了信心。在 1912 年的国会选举中，具备选民资格者的投票率达到了惊人的 85%。[29] 全部证据都显示，选民对待其义务是严肃的。德意志帝国宪法规定，国会选举采用比 17
例代表制，因此经常需要进行二次投票以决胜负，遇到这种情况时，选民们会慎重考虑如何兼顾自己的思想立场与政治大局。在法律的规定与保障下，选举制度为民主辩论开辟了空间，让数百万持不同政治立场的德国人相信，政治属于人民。[30] 而且德意志帝国的日报几乎全部带有政治色彩，各家报纸都毫不隐讳地与某个党派紧密关联，把该党派的观点放进所发表的几乎每篇文章里。[31] 政治不仅是精英阶层和中产阶级的主要谈资，也是工人阶级出没的酒馆食肆里的重点话题，甚至支配着民众对消遣活动的选择。[32]

进入 20 世纪之后，政治讨论与政治辩论的题目逐渐转入德国在欧洲和世界的地位。德国人越来越意识到，俾斯麦所创建的帝国在很多方面还未完成。首先，帝国境内存在大量的少数族裔和非主流文化群体，这是过去数世纪里国家扩张和民族冲突的遗留问题。

北方有丹麦人，阿尔萨斯—洛林有法语人口，德国中部有一小支属于斯拉夫语族的索布人（Sorbs），但最重要的是，有数百万波兰人居住在18世纪被普鲁士吞并的波兰王国（Kingdom of Poland）的部分旧地。在俾斯麦主政期间，德国就已经不断设法让这些少数族裔归化德意志民族——禁止他们在学校使用本民族语言，积极鼓励德意志族裔到那些地区定居。到第一次世界大战前夕，德语已在帝国全境成为公共会议的法定语言，政府还以剥夺波兰人基本经济权利的方式修改了土地法。[33] 仅有极少数的德意志人认为，少数民族理应受到与多数民族同等的尊重，而且持此观点者的数量也在逐渐减少。在1914年以前，甚至社会民主党人也认为俄国和斯拉夫语族的东部地区是落后野蛮之地，他们对德国境内讲波兰语的工人组织起来的维权行动几乎一点也不同情。[34]

18 放眼德国和欧洲以外的广阔世界时，俾斯麦之后的历任帝国宰相都将本国视为逊于英国和法国的二流国家，因为英法两国均拥有分布在全球各地的大片海外帝国。作为海外殖民的迟到者，德国只能拣拾那些占得先机的欧洲殖民列强留下的残羹剩饭。坦噶尼喀（Tanganyika）*、纳米比亚、多哥兰（Togoland）†、喀麦隆（Cameroon）、新几内亚（New Guinea）、太平洋诸岛和中国的通商口岸胶州湾，几乎构成了第一次世界大战前夕德意志海外帝国的全部版图。俾斯麦曾认为它们无足轻重，极其勉强地同意接收这些地方。但其继任者却另有见解，他们认为德国在世界上的声望与地位需要1890年代末担任外交大臣，后来出任帝国宰相至1909年的伯恩哈德·冯·比洛（Bernhard von Bülow）所说的一个“太阳下的位置”。此构想的执行，是以组建一支大型舰队为开端的，舰队的长期目标是从坐

* 坦噶尼喀，位于东非，是现在坦桑尼亚（Tanzania）的一部分。

† 多哥兰，位于西非，东部为现在的多哥（Togo），西部为现在加纳（Ghana）的一部分。

拥世界最大海外帝国的英国手中夺取租界地，方法是恫吓对方，甚至在北海（North Sea）发动一场大规模海战，重创或摧毁英国海军的主力。[35]

阐述这些越来越野心勃勃的世界强权之梦的，主要是那位夸夸其谈、自命不凡、喋喋不休的德皇威廉二世，他几乎不放过任何机会来表达自己对民主和人权之蔑视、对他人观点之不屑，以及对德意志大国地位之信心。像他的许多崇拜者一样，威廉二世成长于德国统一之后的年代，不甚了解俾斯麦在 1871 年实现统一之前所走过的动荡不安、充满危险的道路。受与他同时代的普鲁士历史学家的影响，威廉二世以为整个统一进程是历史的必然，而根本不明白俾斯麦在 19 世纪七八十年代之所以采取极其谨慎的外交政策，正是出于对德国未来的深切忧虑。不可否认，威廉二世的脾气秉性过于反复无常、变幻莫测，以致处理国家事务时无法保持真正的连贯性；政府各部门的大臣常常发现，他们所做的工作是在消解他的影响，而不是在执行他的意志。威廉二世常常自诩为德国所需要的伟大领袖，结果反而让人们注意到了他在这方面的缺陷。他的自我标榜还起到了另外一个作用——人们对俾斯麦式魄力与诡道的追慕， 19
营造了俾斯麦神话。许多德国人开始将二者做对比：俾斯麦无视道德标准、冷酷无情，完全是政治家做派，为达目的不择手段，说一套做一套，或者准备做一套；而威廉二世则鲁莽冲动、夸夸其谈、思虑欠周、有勇无谋。[36]

除了人物性格以外，俾斯麦缔造的德意志帝国所具有的全部特征，或多或少也可见于其他国家。在意大利，魅力型领袖的典范加里波第（Garibaldi）* 领导民间力量帮助国家于 1859 年实现统一，为

---

* 朱塞佩 · 加里波第（1807—1882），意大利统一运动领导人之一。1860—1861 年，他领导由志愿者组成的“红衫军”从西班牙手中收复西西里岛和意大利南部，对意大利的统一起了关键作用。

后来的独裁者墨索里尼树立了榜样。在西班牙，军队受政治操控的程度不亚于德国。在意大利，军队与德国一样听命于最高统治者，而不受议会控制。在奥匈帝国（Austria-Hungary），行政部门与德国的一样强大，而立法机构的权力甚至比德国的更有限。在法国，教会与政府之间冲突的激烈程度，并不比德国政教冲突在“文化斗争”中的狂暴表现逊色多少。在俄国，与“帝国”等同的理念也被运用于处理国内政治以及与邻国的关系中。[37]俄国的沙皇政权镇压社会主义者的手段甚至比德国当局更加严厉，强迫其统治下数百万波兰人归化的力度也丝毫不逊于德国当局。无论自由主义的定义是什么，它在 1914 年之前的东欧和中欧各主要国家都是弱势的，而不是仅仅在德意志帝国如此。意大利政坛比德国政坛更加四分五裂。欧洲列强普遍认为，战争是实现政治目标，尤其是缔造一个陆上帝国的正当途径，1914 年 8 月第一次世界大战的爆发异常清晰地展示了这种逻辑。在整个欧洲大陆，方兴未艾的民主力量威胁着保守派精英的统治地位。19 世纪末 20 世纪初是民族主义的时代，不仅在德国如此，在欧洲全境也是一样，“群众性民族主义运动”同样发生在其他许多国家。[38]

不过，没有哪个欧洲国家能像德国那样同时具备上述所有条件，并且达到同等程度。而且德国并不是一个普通的欧洲国家，历史学家已有许多著述，描述了德国当时各种所谓的落后方面——公
20 民价值观的缺失、过时的社会结构、懦弱的中产阶级，以及新型的封建贵族。但当时大多数人并不这样看。第一次世界大战爆发之前，德国早已是欧洲大陆最富裕、最强大、最先进的经济体。在战前的最后几年和平岁月里，德国的钢产量占欧陆的三分之二，煤炭和褐煤占欧陆的二分之一，电力比英国、法国和意大利加起来还多 20%。[39]截至 1914 年，德意志帝国拥有大约 6 700 万人口，它所掌控的人力资源远远超过除俄国之外的任何欧洲强国；与之相比，英国、

法国和奥匈帝国当时各自拥有 4 000 万至 5 000 万人口。在诸如化工、制药和电力等最现代的产业中，德国均居于世界领先水平。在农业领域，1914 年之前，人工化肥和农用机械的大规模使用，改善了德国北部和东部的土地利用率。举例来说，当时德国出产的土豆占全球产量的三分之一。进入 20 世纪之际，德国人的生活水平飞速提高——假如不是在 20 世纪之前就已如此的话。德国的大型工业企业均以产品质量享誉全球，比如克虏伯（Krupp）和蒂森（Thyssen）、西门子（Siemens）和 AEG、赫斯特（Hoechst）和巴斯夫（BASF）等。[40]

一战结束之际，很多人心怀眷恋地回顾往昔岁月，觉得 1914 年之前的德国犹如一个和平、繁荣、社会和谐的安乐之乡。然而在繁荣与自信的外表下，它其实紧张不安、前途未卜，饱受内部矛盾的困扰。[41] 经济发展与社会变迁的快节奏，令许多人感到恐惧和困惑。旧有的价值观似乎正在消逝，让位于实利主义与狂妄野心的大杂烩。现代主义文化，从抽象画到无调性音乐，加深了某些社会领域中的迷失感。[42] 德国社会遽然进入现代时期，普鲁士土地贵族世代承袭的统治地位被削弱，而那曾是俾斯麦极力维护的传统。到 1914 年之前，资产阶级的价值观、习惯和行为模式已赢得上流社会和中产阶级的认同，但却遭到越来越自负的产业工人阶级的抵制，这些产业工人已在社会民主党发动的大规模劳工运动中被组织起来。不同于其他欧洲国家，德意志民族国家的建立时间，不是在工 21
业革命之前，而是在工业革命的巅峰期；德意志帝国不是建基于单一国家之上，而是由许多不同邦国组成的邦联，各邦国中的德意志公民主要因为共同的语言、文化和民族而维系在一起。关于德意志邦国和国家的性质，以及它们在更广阔的欧洲和世界中的位置，存在着各种互相冲突的观点，这些观点与高速工业化所引起的压力和紧张感交织在一起，因此德国社会并不是在一种完全稳定的条件下于 1871 年进入民族国家的。迅速加剧的内部冲突日益蔓延，与俾斯麦所创政治制度中不曾解决的矛盾交汇到一起，造成了德国社会的四分五裂。[43] 上述矛盾在甚嚣尘上的民族主义里找到了释放的渠道，这种民族主义混杂着立场强硬得令人惊骇的种族主义和反犹主义，给德国的未来埋下了隐患。

第二节

宣扬仇恨

一

1889 年岁末，柏林（Berlin）的一位小学校长赫尔曼·阿尔瓦 22
特（Hermann Ahlwardt）陷入了财务窘境。1846 年生于波美拉尼亚（Pomerania）一个贫困家庭的阿尔瓦特，发现自己在普鲁士教育系统底层任职所挣到的薪水过于微薄，不够支付他那高昂的日常花销。情急之下，他犯罪了，从学校为孩子们募集的圣诞晚会经费中偷了钱，干这种勾当简直是故意要让他的上司们难堪。劣迹很快败露，他被解雇，失去了最后的收入来源。出了这种丑闻，很多人会崩溃，会内疚悔恨得无地自容，可是赫尔曼·阿尔瓦特不会。“校长”——不久他就以此称号被公众所知——决定主动出击，四处为自己的不幸寻找罪魁祸首，很快他就盯上了犹太人。[44]

当时的德国犹太人是文化高度适应的成功群体，与其他德国人的区别主要在于宗教信仰。[45] 在 19 世纪，针对非基督徒实行的“褫夺公权”（civil disabilities）法规在德意志各邦国里逐渐被废除，其他国家也取消了正式的宗教歧视，例如英国是通过 1829 年的“天主教解放”*实现的。最后的法律障碍也随着1871年的德国统一而被扫除，非基督徒充分获得了平等的法律权利。由于德国全境已用公证结婚†取代了宗教仪式，犹太人与基督徒通婚的人数开始迅速
23 增加。以布雷斯劳市（Breslau，今波兰城市弗罗茨瓦夫［Wrocław］的德语名称）为例，到1915年，每100对夫妻双方都是犹太人的婚姻，相应就有35对犹太人与基督徒的婚姻，与之形成对照的是，在1870年代末，犹太人与基督徒通婚只占9对。在犹太人与基督徒缔结的婚姻中，基督徒伴侣极少出身于改信基督教的犹太家庭，而且这种婚姻存在于社会各阶层。1914年，柏林有19%的犹太男性和13%的犹太女性与基督徒伴侣结婚。1905年前后，杜塞尔多夫市（Düsseldorf）所有已婚犹太人中，有四分之一伴侣是基督徒，至1914年这个比例增加到三分之一。到第一次世界大战前夕，每100对纯犹太人婚姻，就相应有38对犹太人与基督徒缔结的婚姻；汉堡市的数字高达73对。转信基督教的犹太人也越来越多，在19世纪前70年里有11 000位，后30年里有11 500位。1880年至1919年，大约2万德国犹太人受过洗礼。上述成果逐渐消解了犹太群体作为一个封闭宗教团体的身份特征。[46]

约有60万虔诚的犹太教徒生活在德意志帝国，在以基督徒为主的社会中，他们是一个极小的宗教少数派群体，占总人口的1%左右。犹太人被排除在拥有土地等传统的财富来源之外已达数世纪之久，始终不属于帝国体制内的任何阶层，因为无形的社会歧视依然拒绝他们在重要机构里占有一席之地，比如军队、大学和行政部门的高层；事实上，在1890年代和1900年代，这些机构中的犹

---

* 天主教解放（Catholic Emancipation），英国国王乔治四世（George IV）颁布《1829年罗马天主教解放法》（Roman Catholic Relief Act 1829），宣布废除“禁止天主教徒担任公职”等限制性法律，给予英国和爱尔兰的罗马天主教徒以充分的政治权利和公民自由。

† 公证结婚（civil marriage），不举行宗教仪式而由民事官员证婚。

太人比例是下降的。[47] 改信基督教的犹太人在日常生活中吃尽了反犹主义的苦头，于是他们中的许多人改用更像基督徒的名字。[48] 在 19 世纪，多达 10 万的德国犹太人为摆脱歧视而选择了移民，主要是去美国；但多数人选择留了下来，尤其是鉴于 19 世纪末德国经济开始蓬勃发展。留在德国的犹太人聚居在较大的乡镇和城市，1910 年时，其中四分之一住在柏林，而到 1933 年，德国将近三分之一的犹太人都在柏林。他们在这些城市里聚居于特定的区域：1885 年，近半数的汉堡犹太人住在中产阶级聚居的两个区——哈维斯特胡德（Harvestehude）和罗森伯姆（Rotherbaum）；1900 年，近三分之二的法兰克福犹太人住在 14 个行政区中的 4 个区里；到 1925 年，70% 的柏林犹太人住在市中心和西部的 5 个区，其中绝大多数是中产阶级。1871 年，即使在犹太人口最多的城市——柏林、布雷斯劳和法兰克福，他们也只是极少数群体，占当地人口的比例 24
分别不超过 4.3%、6.4% 和 7.1%。[49]

许多犹太人都在商界以及各个专业领域找到了立足之地。除了银行业巨头罗斯柴尔德家族（Rothschilds）之外，犹太人开办的重要金融机构还有很多，比如布莱希罗德（Bleichröder）的银行，俾斯麦就是委托这家银行为自己管理私人财务的。[50] 一战前夕德国约有 200 家百货商店，这种新型零售业的业主通常是犹太人，比如蒂茨（Tietz）家族或者韦特海姆（Wertheim）兄弟。[51] 犹太男性在医学、法律、科学研究、高等教育、新闻和艺术等领域，均有出类拔萃的代表人物。[52] 犹太族裔由原先受排斥的少数派宗教群体，慢慢融入了一个文化日趋多元的社会，与许多其他少数族群，比如波兰人、丹麦人、阿尔萨斯人、索布人等等一起，成为少数民族的一员。像其他族群一样，犹太人也有自己的越来越世俗化的代表机构，特别是创立于 1893 年的犹太教德国公民中央协会（Central Association of German Citizens of the Jewish Faith）。然而不同于大多数其他族群，犹太人普遍是经济上的成功者，他们不组建自己的政党，而倾向于加入主流政党，尤其是政治光谱中的左翼和中间派政党，有时还在其中担任领导职务。大多数犹太人强烈认同德意志民族主义，如果说自由派政党对他们特别有吸引力的话，其中一个重要原因就是，这些政党毫不含糊地支持建立统一的德意志民族国家。[53] 因此，总体来说，犹太人在 19 世纪晚期所走的道路是成功的，而且犹太人与社会、文化和经济领域中最现代、最前沿的发展有着最为紧密的关联。[54]

正是由于上述发展，犹太人成了赫尔曼 · 阿尔瓦特那类心怀不满的无良煽动家的攻击目标。在那些失意者和失败者看来，犹太人代表着文化、经济和社会的现代性，而他们自己则被工业化巨轮推到了边缘；他们一心向往更加简单、更有秩序、更有保障、更加等级分明的社会——那种他们以为在并不遥远的往昔曾经存在过的社会。最能体现这种心态的，恰恰是阿尔瓦特所居住的城市——柏林。
25 伴随帝国建立时的狂喜氛围而来的那轮消费与投资热潮于 1873 年骤然停止，重创了柏林的经济。美国的铁路投资失败所引发的一场全球性经济萧条，在德国造成了大量破产和企业倒闭，小企业和小作坊受到的打击尤为严重。那些损失惨重的人并不明白，破坏其生计的是更大范围的力量，于是轻信了天主教和保守派记者的说法，认为犹太金融家是罪魁祸首。

随着萧条的继续，法庭牧师阿道夫 · 施托克尔（Adolf Stöcker）加入了记者们的口诛笔伐。出身寒微的施托克尔，以从社会民主思潮的影响下赢回工人阶级为使命，组建了基督教社会党（Christian Social Party），直截了当地以反犹主义政纲参加 1880 年代的竞选。这项新事业得到了马克斯 · 利伯曼 · 冯 · 松嫩贝格（Max Liebermann von Sonnenberg）的支持，他在 1880 年协助组织了一次全国范围的请愿，要求免除犹太人的公职。尤为极端的是恩斯特 · 亨里齐（Ernst Henrici），他激烈的言辞在波美拉尼亚地区的新斯德丁镇（Neustettin）* 引起了骚乱，最终导致当地的犹太会堂被焚烧。赫尔曼·阿尔瓦特在1880年代末受到吸引而投身其中的正是这场运动，他写了一本书洗刷自己的耻辱，将财运不济归咎于犹太放贷者的诡计，并暗示说犹太人在德国社会中无所不能。不走运的是，阿尔瓦特用作证据来指控犹太银行家格尔松·冯·布莱希罗德（Gerson von Bleichröder）收买德国政府的文件，被发现是阿尔瓦特自己伪造的，他因此被判4个月徒刑。刚一获释，阿尔瓦特就再次无中生有地炮制出一套耸人听闻的指控，这次他宣称，一家犹太军火制造商故意为德军供应有缺陷的步枪，目的是进一步实施法国与犹太人之间的阴谋，削弱德国军队的作战效力。可想而知，这些指控又为阿尔瓦特换来了刑期，这一次是5个月。[55]

但阿尔瓦特并未入狱服刑。因为与此同时，他成功地说服了勃兰登堡（Brandenburg）某个偏远乡村选区的农民将他选为国会 † 议员。阿尔瓦特奔走于田间地头，告诉农民，导致他们不幸的是犹太人，
就是那个他们所知甚少、住在遥远的大城镇以及欧洲和帝国的金融 26
中心的宗教少数派；尽管事实上，农民的经济损失是由全球性的农产品价格低迷造成的。位列国会使阿尔瓦特享有了议员豁免权 ‡。他的成功证明了这种煽动对于吸引农村选民是有效的，确实，其他一些反犹主义者也成功当选，比如黑森（Hessen）的图书管理员奥托·伯克尔（Otto Böckel），他主要靠的是为农民提出具体办法，例如成立合作组织帮他们克服经济困难。到1890年代初，德国保守党认为，反犹主义者已对保守党在农村地区的竞选支配权构成严

* 今波兰什切齐内克（Szczecinek）的德语名称。——编注

† 指帝国议会（Reichstag）。——编注

‡ 议员豁免权（parliamentary immunity），议会民主制国家的法律为保障议员有效履行其职能而赋予议员的不受国王、法院和议会之外的机构以及公众干涉的特权之一，即在法院或议会剥夺其议员豁免权之前，议员享有免受民事拘禁的特权。

重威胁，因此当他们惊觉政府的某项政策有可能进一步损害农民的利益时，即在 1893 年该党的蒂沃利（Tivoli）会议上投票通过在党章中增加了一项要求——为抗击“犹太影响力对德国民生的广泛干扰与侵蚀”而战。[56]

这后来被证明是德国形形色色政治反犹主义的一个命运转折点。虽然另一位反犹主义煽动家特奥多尔·弗里奇（Theodor Fritsch）曾认真地尝试各股反犹主义政治势力整合起来，并且把不满意经济状况的城市中下阶层吸引到这场运动中来，然而伯克尔那类以自我为中心的人妨碍了任何真正联合的实现，反犹主义阵营因内讧而四分五裂。弗里奇转而以另一种方式发挥其影响力，他继续发表大量反犹主义的通俗读物，直到他 1933 年 9 月去世以后，这些小册子还被广泛阅读。弗里奇去世前是国会中的纳粹党议员，但在一战前的几年里，他始终属于边缘型政治人物。到 20 世纪初，柏林基督教社会党与保守党的实际结盟，遏制了反犹主义阵营的势头；而且中央党自发地操起与之类似的反犹论调，也妨碍了反犹主义阵营在天主教地区的发展。伯克尔和阿尔瓦特这类非常规上位者失去了国会席位，他们的党也渐渐淡出政坛、归于乌有，随之而散的还有弗里奇那样的反犹主义者以城市为基础建立的组织。阿尔瓦特本人言语凶横，甚至与其他反犹主义者也格格不入。他去美国待了一段时间，回国后即致力于与共济会（Freemasonry）之邪恶做斗争。1909 年他再次入狱，这一次是因为敲诈勒索。显然，持续的
27 财务困境已经迫使他尝试比以前更直接的犯罪手法了。最终，有点儿虎头蛇尾的是，阿尔瓦特于 1914 年死于交通事故。[57]

二

阿尔瓦特是个偏执的人，然而在某些方面，他可谓一种新式反

犹主义的典型代表，代表了19世纪行将结束之际出现于德国以及欧洲其他地方的那种反犹主义。传统的反犹主义针对的是犹太人的非基督宗教，这种观点的政治权力来源于圣经的支持。《新约》将基督之死归咎于犹太人，宣判他们永世遭受谴责，因为他们心甘情愿让基督的血归到他们和他们的子孙身上。* 在一个由基督教信条和基督教机构统治的社会中，作为非基督徒的犹太人属于少数派，在出现危机时显然易于成为民众的泄愤对象。比如14世纪中期黑死病† 肆虐之时，全欧洲狂怒的暴民将如此之多的人口死亡归咎于犹太人，并采取了无数充满暴力与破坏力的报复行动。德国现代反犹主义的历史始于法庭牧师阿道夫·施托克尔，这绝非偶然的现象。基督徒对犹太人的敌意，为现代反犹主义提供了一个至关重要的平台，主要因为基督教本身常常带有强烈的种族偏见成分，并被以各种方式纳入种族反犹主义。然而到19世纪晚期，基督宗教相关的反犹主义变得越来越过时——至少在以最纯粹、最传统的形式出现时如此。尤其因为犹太人不再是一个易于辨识的宗教少数派，并且开始通过改信基督教以及与基督徒通婚而加快步伐融入基督徒的社会。1870年代，当中下阶层的煽动家和蹩脚文人为自己的经济困境寻找替罪羊、把矛头转向犹太人时，他们是将犹太人当作种族少数派，而不是宗教少数派的；他们开始主张将犹太人全面排除在德国社会之外，而不是让犹太人全面归化德国社会。[58]

这种从宗教反犹到种族反犹的转变，大体上要归功于——如果"功"是恰当字眼的话——默默无闻的作家威廉·马尔（Wilhelm

---

* 语出《圣经·马太福音》27: 25。犹太人的祭司长和长老把耶稣押解到罗马总督彼拉多（Pilate）面前，要求"把他钉十字架"。彼拉多找不到定他死罪的证据，本应释放耶稣，却担心犹太人生乱，就拿水在众人面前洗手，说："流这义人的血，罪不在我，你们承担吧！"众犹太人答道："他的血归到我们和我们的子孙身上。"于是彼拉多把耶稣鞭打了，交给人钉十字架。

† 黑死病（Black Death），14世纪造成30%～60%欧洲人口死亡的鼠疫。

Marr)，他在 1873 年的小册子《犹太势力战胜德意志势力：无教派者的观点》(*The Victory of Jewdom over Germandom: Viewed from a Non-confessional Standpoint*) 最早提出种族反犹主义，正
28 如他后来在一部作品中所言："我绝不会在此大谈宗教偏见，因为这是种族问题，因为差异在于'血统'。"[59] 借用了法国种族主义者约瑟夫·阿瑟·德·戈比诺伯爵 (Count Joseph Arthur de Gobineau) 的时髦理论，马尔没有把犹太人与基督徒做对比，而是与日耳曼人做对比，坚称二者是截然不同的种族。他宣称，犹太人在种族较量中已占上风，并实际上管理着德国，因此难怪诚实的日耳曼手艺人和小企业主正在遭受痛苦。马尔进而创造出"反犹主义"(antisemitism) 这个词，并在 1879 年组建反犹主义者同盟 (League of Antisemites)，它是世界上首个在名称中使用"反犹"一词的组织。按照他的说法，该组织的宗旨是减少犹太人对日耳曼人生活的影响。马尔的作品表达了末世般的悲观情绪，他在自撰的"新约"中宣称："犹太问题是轴心，世界历史的车轮围绕着它转动，"接着，他沮丧地写下自己的观点，"我们在社会、商业和工业领域的发展，全部建立在犹太世界观之上。"[60]

马尔的绝望，其实源自他个人的境况。长期处于财务窘境的他，在 1870 年代的金融危机中雪上加霜。他的第二任妻子是位犹太人，她一直在经济上支持着他，直到 1874 年去世。他的第三任妻子有一半犹太血统，他们的婚姻短暂而糟糕，后来以离婚收场。马尔认为自己之所以缺钱，某种程度上要归咎于她，因为他不得不付给她一大笔钱抚养孩子。马尔大胆地从私人体验中提炼出世界历史的一般规律：种族纯净是可贵的，而种族融合则注定造成灾难。考虑到马尔的反犹主义这些非常私人化的缘起，也就不难理解他为什么没有深入、活跃地投身政治了。反犹主义者同盟以失败收场，马尔拒不支持各种反犹主义政党，认为它们过于保守。[61] 然而他所鼓吹的

新型种族反犹主义，很快得到其他许多作家的响应。比如，革命者欧根·杜林（Eugen Dühring）将资本主义与犹太人画等号，认为社会主义必须致力于清除犹太人在金融和政治领域的影响力。民族主义历史学家海因里希·冯·特赖奇克（Heinrich von Treitschke）认为犹太人正在破坏德国文化，他到处散布“犹太人是我们的不幸”，这句话在随后几年里成了许多反犹主义者的口号，包括纳粹党徒。这些作家远不是赫尔曼·阿尔瓦特所代表的那类边缘人物。比如， 29 欧根·杜林对社会主义运动产生了相当强大的影响，导致弗里德里希·恩格斯（Friedrich Engels）在1878年写下了那本著名的《反杜林论》（*Anti-Dühring*），成功地压制了杜林在社会主义工人运动中的影响力。在19世纪出版的所有德国历史著作中，海因里希·冯·特赖奇克的作品是读者最多的书之一。特赖奇克对他眼中犹太人的实利主义与不诚实所做的抨击，引起了他在柏林的教授同事们的大规模反击，包括古典学者特奥多尔·莫姆森（Theodor Mommsen）、病理学家鲁道夫·菲尔绍（Rudolf Virchow）和历史学家古斯塔夫·冯·德罗伊森（Gustav von Droysen）在内的许多德国学者直言不讳地谴责特赖奇克的“种族仇恨与狂热”。[62]

这样的反击提醒我们，虽然反犹主义作家的影响力迅速提升，但在德国不论左翼右翼、中产阶级还是工人阶级，绝大多数受人尊重的观点依然反对这类种族主义。试图让德国人不加思考地全盘接受反犹主义观点而做出的各种努力，均收效甚微。尤其是德国工人阶级及其主要政治代表社会民主党（德国最大的政治组织，早在1912年之前就已是全国选举中得票最多的政党，1912年之后成为国会中席位最多的第一大党），都坚决反对反犹主义，视之为落后的、反民主的。就连普通基层党员也反对反犹主义那些宣扬仇恨的口号。1898年，一位负责在汉堡的酒馆食肆偷听政治议论的警探听到一位工人评论道：

> 民族感情不应该堕落到一个民族凌驾于另一个民族之上。如果把犹太人看作劣等种族，并为此向他们开战，就更糟糕了。犹太人有办法改变血统吗？他们一直是被压迫民族，因此流散（在世界）各地。社会民主党当然希望人人平等。犹太人远远不是最坏的。[63]

还有人在别的场合听到其他工人十分鄙夷地谈论反犹主义者，谴责反犹主义的暴力行为，支持犹太人对公民平等权的向往。这些是1914 年以前的劳工运动环境中工人的典型观点。[64]

若要指责社会民主党人，至多只能说他们对于反犹主义所构成
30 的威胁没有给予足够的重视，纵容了反犹主义的某些陈词滥调悄悄出现在他们发行的娱乐杂志上的一小部分漫画里。[65] 在某些地区，社会民主党人与反犹主义者在决胜选举中互相支持，但这并不表示他们赞同彼此的原则，而仅仅表示两党希望暂时结成同盟，对抗根基深厚的精英阶层。[66] 在一些落后的小镇和乡村，主要是偏远的东部乡村，中世纪那些关于犹太人活人祭祀的指控，有时会被用来控告当地犹太人，并且赢得了一些民众的支持，有时甚至引发抗议示威活动；然而这些指控没有一宗被法庭裁定为有罪。相比之下，小企业主、店主、手工业者和农夫更倾向于接受公开的反犹主义，这是一种有组织的群众反犹主义传统的延续，在某些地区至少可以溯源到 1848 年革命，尽管那时它并不是以现代的、种族主义的反犹形式出现的。[67] 但大多数教养良好的中产阶级、非犹太企业主和专业人士都与犹太同事合作得相当愉快，他们在自由派政党中有强大的话语权，足以防止这些政党采取反犹主义者的任何核心观点或者态度。各反犹主义政党一直作为一种边缘的抗议现象存在，并大多在 20 世纪初销声匿迹。

不过，反犹主义政党的式微与消亡，在某种程度上是个假象。

其消失的原因之一是它们已与主流政党合流，即它们的反犹主义观点被保守党和中央党采纳，这些主流政党的选民包括陷入经济困境的中低阶层群体，他们正是反犹主义者最初吸引到的群体。保守党依托 1893 年蒂沃利会议上制定的反犹主义政策，继续主张削弱其臆想中的“犹太人在公共生活中的颠覆性影响力”。保守党的反犹主义偏见不仅吸引了德国北部乡村信奉基督教新教的各主要社会团体，还吸引了保守党中基督教社会阵营所代表的手工业者、店主和小企业主。对于规模比保守党大得多，但在帝国治下影响力相对较小的中央党而言，犹太人代表了自由主义、社会主义和现代性，即教会所反对的一切事物。这与其说是犹太人形象，毋宁说是一种被歪曲的、有争议的犹太人形象。这种观点吸引了党内大量的农民和手工业者，并被天主教农民中的抗议团体自发传播，他们的想法与奥托·伯克尔的观点并无不同。出于同样的原因，这种观点也得到 31
了教会系统中多数教士的认同。在梵蒂冈，一些发表在持强硬教宗至上论立场的报纸上、由教士作家撰写的抨击犹太人的文章，融合了宗教反犹主义与种族反犹主义的观点。[68]

而且，在法庭、政府部门、军队和大学等社会地位较高的领域，反犹主义偏见之强烈，足以构成对犹太人的持久提醒：他们是德意志国家的下等成员。[69] 反犹主义者成功地将“犹太人问题”提上政治议程，因此凡有犹太人进入重要社会机构任职，必会引起议论和论战。但即使按照当时的标准衡量，这种偏见相对而言也不算严重。有位历史学家曾经设想过，假如一位时光旅人从 1945 年穿越回第一次世界大战前夕的欧洲，告诉一位聪慧博识的时人，在 30 年之内，将有一个欧洲国家试图系统性地灭绝欧洲的所有犹太人，并且在此过程中屠杀了近 600 万人，对方会做何反应。假如时光旅人请那人猜猜这发生在哪个国家，对方很有可能猜是法国，因为德雷福斯事件（Dreyfus affair）* 不久前在心怀仇恨的民众中引发了大规模反犹浪潮；他也有可能猜是俄国，因为沙皇的“黑色百人团”（Black Hundreds）† 在 1905 年革命失败之后屠杀了大量的犹太人。[70] 他几乎不会想到，德国这个拥有高度同化的犹太族群、相对而言并无公开或暴力的政治反犹主义的国家，竟会发动这场种族灭绝运动。反犹主义政治当时依然明显处于边缘地位，但反犹主义者的某些宣传言论已开始在政治主流中传播——比如，某种叫作“犹太精神”的东西颇具“颠覆性”，或者犹太人在新闻和法律等社会领域具有“过分的”影响力。此外，反犹主义政党开创了一种挑动暴民、蛊惑人心的政治新风格，将自己从政治礼仪的传统束缚中解放出来。同样，这种政治风格依然是边缘性的，但此时在国会会议和竞选集会上宣讲仇恨与偏见已成为可能，而在公共演说中发表这样的言论在 19 世纪中叶还被视为完全不成体统。[71]

32 从本质上说，1880 年代和 1890 年代初期既见证了这种反犹主义被逐渐接受，也见证了五花八门的思想在政治生活和精神生活边缘的积聚，这些原料后来被混合勾兑成了“国家社会主义”（National Socialism）的烈酒。在此过程中起关键作用的是反犹主义作家，比如通俗小说家尤利乌斯 · 朗本（Julius Langbehn），他的作品《作为教育家的伦勃朗》（*Rembrandt as Educator*，出版于 1890 年）宣称，荷兰画家伦勃朗是北日耳曼人的典范，并呼吁德国艺术回归其种族之根，这个文化使命后来被纳粹党徒以极大的热情予以执行。这些作家在谩骂犹太人的过程中形成了一种充满愤怒与暴力的新式

---

* 德雷福斯事件，1894 年，法国陆军参谋部犹太裔军官阿尔弗雷德 · 德雷福斯（Alfred Dreyfus, 1859—1935）被诬陷犯有叛国罪，被判终身监禁，法国右翼势力乘机掀起反犹浪潮。德雷福斯后来被证明是无辜的，并于 1899 年获释；但直到 1906 年，法国最高法院才裁定他无罪并恢复军籍。

† 黑色百人团（1905—1917），以保皇、反犹为宗旨的俄罗斯极端民族主义团体。

语言。在朗本笔下，犹太人是“我们的毒药，我们也必将像对待毒药一样对待他们”；“犹太人只是一场短暂的瘟疫和霍乱”，他于1892年如是写道。朗本的书出版刚满一年就已加印40次，并持续畅销了很长时间，他在书中恶语谩骂“犹太人与白痴、犹太人与恶棍、犹太人与娼妓、犹太人与教授、犹太人与柏林人”，同时呼吁恢复等级社会，由一位“秘密皇帝”领导，这位皇帝终有一天会从阴影中现身，恢复德意志昔日的荣耀。[72]

以居住在拜罗伊特（Bayreuth）的作曲家理查德·瓦格纳（Richard Wagner）* 的遗孀为核心的圈子继承并发展了上述观点。瓦格纳在1883年去世前定居在这个巴伐利亚北部城市，并专门建造了音乐厅，用于每年上演自己的史诗音乐剧。这些音乐剧旨在宣扬经过改编的日耳曼民族神话，剧中的英雄人物源自北欧神话，为德国未来的领袖树立了典范。瓦格纳本人在1850年代初就已经成为文化反犹主义者，他在那部风评不佳的著作《音乐中的犹太教义》（*Judaism in Music*）中指出，“犹太精神”有损于音乐的深度。瓦格纳对此提出的解决之道是，使犹太人完全归化日耳曼文化，并用他在自己的音乐剧中倾注的那种世俗美学冲动取代犹太教，确切地说是取代所有宗教。然而到了晚年，在他的第二任妻子、作曲家弗朗茨·李斯特（Franz Liszt）的女儿科西玛（Cosima）影响下，瓦格纳的观点越来越呈现出种族主义的调子。1870年代末时，瓦格纳对文明的前景显然是悲观的，科西玛在日记中写道，他阅读了威廉·马尔1873年发表的反犹主义小册子，并在很大程度上表示赞同。 33
转变立场之后的瓦格纳不再渴望犹太人归化德国社会，而是渴望将犹太人排除在德国社会之外。1881年，在谈论莱辛（Lessing）† 的经

* 理查德·瓦格纳（1813—1883），德国作曲家，创造了被他称为“音乐剧”的歌剧形式——集音乐、戏剧、诗歌、传奇和表演于一体。

† 莱辛（1729—1781），德国剧作家和评论家。

典剧作《智者纳坦》(*Nathan the Wise*)与维也纳环形剧场(Vienna Ring Theatre)的火灾惨剧——400多人在火灾中丧生，其中许多是犹太人——时，科西玛记录她的丈夫说道："说句狠话，所有犹太人都该烧死在《纳坦》的演出中。"[73]

瓦格纳死后，他的遗孀把拜罗伊特变成一处纪念圣地，吸引了一群忠实的追随者在此缅怀已故的大师。这个以科西玛为核心、位于拜罗伊特的圈子，所持观点是极端反犹主义的。他们尽其所能地将瓦格纳的歌剧解读为北欧英雄与犹太恶棍之间的较量，尽管他的音乐当然还可以用其他很多方式来解读。这个圈子的领军人物包括独立学者路德维希·舍曼(Ludwig Schemann)，他于1898年把戈比诺论述种族不平等的专著翻译成德文；以及英国人休斯顿·斯图尔特·张伯伦(Houston Stewart Chamberlain)，他生于1855年，是瓦格纳的女婿，后来为这位音乐大师出版了一部充满仰慕之情的传记。科西玛和她的朋友们通过期刊《拜罗伊特文献》(*Bayreuth Papers*)传播他们的观点；与此同时，舍曼周游全国，在反犹主义会议上发表演讲，并成立了各种激进的种族主义组织，最著名的是1894年创建的戈比诺学会(Gobineau Society)。这些组织都不很成功，但舍曼对戈比诺观点的传播还是很有效果的，使这位法国种族主义理论家的术语"雅利安人"(Aryan)在德国种族主义者中间流行起来。这个词最初用于表示讲英语、德语等日耳曼语支的人的共同祖先，但很快就获得了当代的用法，戈比诺提出：只有血统的纯正才能保障种族存续，据说在日耳曼——即"雅利安"——农民阶层中就保留了这样的纯正血统；而种族融合则导致文化和政治的衰落。[74]

然而影响力最大的，是张伯伦及其出版于1900年的著作《十九世纪的根基》(*The Foundations of the Nineteenth Century*)。在这部全凭臆想、神秘莫测的作品中，张伯伦把日耳曼人种与犹太人种之间争夺主宰权的较量作为讲述历史的脉络，认为它们是这个种族融合的世界上仅存的、保留着最初纯正血统的两个族群。与英勇、文明的日耳曼人一争高下的，是冷酷、刻板的犹太人，张伯伦 34
因此将犹太人升格为对人类社会的巨大威胁，而不是仅仅将其当作一个边缘的或劣等的族群加以摒弃。与种族较量相关联的是一种宗教的较量，张伯伦煞费苦心地试图证明，基督教在本质上是日耳曼人的宗教，且不顾所有证据，坚称耶稣根本不是犹太人。张伯伦的作品诉诸科学支持其论点，令许多读者印象深刻。他在这方面最重要的贡献是将反犹主义和种族主义与社会达尔文主义（Social Darwinism）融为一体。英国科学家查尔斯·达尔文（Charles Darwin）认为，动物王国与植物王国遵循着优胜劣汰的自然选择法则，从而保证了物种的进化。社会达尔文者将这一模型也应用于人种。[75]因此，这里已经汇集了一些后来被纳粹党徒采纳的主要观点。

三

张伯伦并不是唯一提出上述观点的人。许多作家、科学家和其他人等都促成了 1890 年代一种强硬的、自然选择论的社会达尔文主义新变体的出现，它强调的不是和平进化，而是生存竞争。这个思想流派的代表人物是人类学家路德维希·沃尔特曼（Ludwig Woltmann），他在 1900 年提出，雅利安或日耳曼人种代表了人类进化的高度，因此优越于其他一切种族。于是他声称，“日耳曼人种是被选择出来统治地球的”[76]，但其他种族要阻止这种情况的发生。在一些人看来，日耳曼人需要更多的“生存空间”（德文为 Lebensraum），生存空间的获得将不得不以牺牲他人的生存空间为代价，最有可能的是斯拉夫人（Slav）的生存空间。这并不是因为德国真的已经人满为患——没有证据可以证明这一点——而是因为提出这种观点的人把动物王国中领地的概念运用到了人类社会。他们为德国城市的蓬勃发展感到不安，希望恢复理想的田园生活，在那里德国定居者是“劣等的”斯拉夫农民的主人。历史学家开始告
35 诉他们，中世纪时人们在东中欧就是那样做的。[77] 这种把国际政治想象为不同种族之间争夺统治权或生存权之较量的看法，在第一次世界大战前夕已成为德国政治精英阶层的流行观点。陆军大臣埃里希·冯·法金汉（Erich von Falkenhayn）、海军大臣阿尔弗雷德·冯·提尔皮茨（Alfred von Tirpitz）、帝国宰相贝特曼·霍尔维格（Bethmann Hollweg）* 的顾问库尔特 · 里茨勒（Kurt Riezler）和帝国海军参谋长格奥尔格 · 亚历山大 · 冯 · 米勒（Georg Alexander von Müller）等人都把战争视为维护日耳曼人种优越于拉丁人（Latin）和斯拉夫人的一种手段。正如弗里德里希 · 冯 · 伯恩哈迪将军（General Friedrich von Bernhardi）在 1912 年出版的著作中写下的名言，战争是一种“生物必然性”：“如果没有战争，劣等或腐朽的种族就会轻易扼杀新兴的健康因素的成长，随之而来的将是普遍的衰落。”外交政策将不再用于国与国之间，而是种族与种族之间。不以国别为重的观念正是由此滥觞，后来成为纳粹外交政策的核心原则。[78]

打赢战争，是德国领导人以及中间派和右翼政客在 20 世纪之初越来越关心的问题，为此（在一些人看来）也需要采取积极的步骤实行人种优化。1890 年代，社会达尔文主义转向自然选择论的一个方面是比以往更加强调“负选择”理论。尽管有些人主张，当时也在通过改善住房、营养保健、个人清洁和卫生设施，以及类似政策有效地改进人种，但这几乎无法抵消社会抛弃扶弱济困原则所产生的影响。一些医学家认为，扶弱济困的政策导致了人种的退化，

---

* 特奥巴登 · 冯 · 贝特曼 · 霍尔维格（1856—1921），德意志帝国宰相（1909—1917）。下文有时称之为贝特曼。

而新兴的遗传学为他们的观点提供了更多证据，必须通过一种科学的繁育方法来抵消其影响，即通过减少或者消除弱者、优化并繁殖强者。持此观点者包括威廉·沙尔迈耶（Wilhelm Schallmayer），他主张将优生学方法运用于社会政策的文章，在由实业家阿尔弗雷德·克虏伯（Alfred Krupp）于1900年组织的全国性竞赛中获得一等奖。另一位医学专业人士阿尔弗雷德·普勒茨（Alfred Ploetz）也认为，目前日耳曼人已达到人类进化最高水平。他建议，如果战争来临，应该把劣等人种送往前线，于是不合适者将首先被消灭。在所有自然选择论作家中，读者最多的是恩斯特·海克尔（Ernst Haeckel），他通俗化阐述达尔文观点的著作《世界之谜》（*The* 36
Riddle of the World）在1899年刚一出版即成为抢手的畅销书。[79]

然而，如果以为上述观点形成了一种连贯或统一的思想体系，却是一种误判；说它直接演变成了纳粹主义，则属于更大的误判。举例来说，沙尔迈耶并非反犹主义者，他强烈反对“雅利安”人种优越论。沃尔特曼也并不敌视犹太人，他对法国大革命基本上持肯定态度，此立场与纳粹党徒极不投契。不过有点儿匪夷所思的是，他声称正如所有伟大的历史人物一样，法国大革命的领导人都属于日耳曼人种。而海克尔确实主张应该大范围使用死刑，以将罪犯清除出遗传链；他还提倡用注射化学药剂和电刑的方式杀死精神病患者。海克尔也是种族主义者，他曾下定论，满头羊毛状小卷发的人种从未取得任何具有重要历史意义的成就。但另一方面，他认为战争是优生学的灾难，因为战争会牺牲国内最优秀、最勇敢的青年。因此，海克尔的信徒——他们组织起来，自称“一元论联盟”（Monist League）——成了和平主义者，全盘否定战争思维，这种信条不可能受到纳粹党徒的青睐。1914年，当战争终于来临的时候，他们中的很多人为其信奉的原则付出了高昂的代价。[80]

这其中最接近于纳粹意识形态之发端的，见于普勒茨的著述，他在自己的理论中掺入了浓重的反犹主义味道，还曾与日耳曼种族至上主义团体合作。但在第一次世界大战之前，似乎并无证据显示普勒茨本人认为“雅利安”人种优越于其他种族，尽管与他合作最密切的弗里茨·伦茨（Fritz Lenz）确实那样认为。普勒茨在优生规划问题上持一种冷酷无情的精英主义立场，比如他主张，每逢接生都应该有一个医生小组在场，由他们判断婴儿是适合生存，还是应该作为体弱和先天不足者而被杀掉。达尔文主义者亚历山大·蒂尔（Alexander Tille）公开主张处死精神和身体不健康的人，并且赞同普勒茨和沙尔迈耶的主张，即对于患病幼儿应当不予治疗，以便将弱者淘汰出遗传链。普勒茨与他的前妻舅、志趣相投的恩斯特·吕丁（Ernst Rüdin）于 1905 年组建了种族卫生协会（Racial Hygiene Society），用以传播他们的观点，协会很快在医疗和福利行
37 业赢得了威望。戈比诺在很多方面一直属于保守派，认为贵族阶层体现了优生学的理想；而上述德国思想家所持的则是一种更加强硬，可能也更为革命的立场，他们通常认为遗传特征在很大程度上与社会阶层无关。[81]

到第一次世界大战前夕，他们的观点已经以各种形式传播到医学、社会服务、犯罪学和法律等领域。妓女、酒鬼、小偷、流浪者之类的社会边缘人越来越被视为带有遗传瑕疵者。有些专家呼吁强制这些人做绝育手术，其呼声甚高，很难不引起人们的注意。这些观点对福利制度产生了巨大影响，就连社会民主党也开始认真考虑阿尔弗雷德·格罗特雅恩（Alfred Grotjahn）的提案，把住房和福利条件的改善与强制精神失常者、不愿工作者和酒鬼做绝育手术联系起来。[82] 这些进展反映了医疗行业对犯罪学和社会服务等迅速发展的专业领域的影响与日俱增。德国医学界在 19 世纪发现了引起霍乱和肺结核等疾病的杆菌，这些成就为医学界赢得了无与伦比的威望，也无意中为反犹主义者提供了一种全新的语言，用以表达他

们对犹太人的仇恨与恐惧。这促使德国社会普遍在日常生活中采用医学方法，普通人，包括比例越来越高的工人阶级，也开始采取清洁措施，比如定期洗澡、给卧室消毒、煮沸饮用水等等。清洁观开始从医学扩展到生活的其他领域，其中不仅包括“社会卫生”，关键是还包括“种族卫生”。

虽然关于这些问题存在着各种讨论与辩论，但上述观点其实并未对 1914 年以前政府政策的制定与执行产生很大影响。除了科学界的权威人士，那些鼓吹繁育一个白肤金发碧眼的雅利安超级种族的人，比如自称兰茨·冯·利本菲尔斯（Lanz von Liebenfels）的《奥斯塔拉：白肤金发碧眼者的报纸》（*Ostara: Newspaper for Blond People*）的编辑，其号召力仅限于由极端分子构成的一个政治黑社会以及几个规模极小的非主流政治派别。[83] 尽管具有上述特性，但这些观点的出现，连同它们在公共讨论中日益增强的影响力，却是纳粹意识形态诸种起源之中的一个重要因素。使包括科学家、医生和种族卫生学鼓吹者在内的各色人等团结在一起的，是几条基本原则。其一，遗传特征对于决定人的性格和行为有着重要的作用。其 38
二，由第一条引申出来，为了提高国民效率，由国家引导的社会应该对人口进行管理——必须说服或者强制“适者”多生育、“不适者”少生育。其三，无论对这些术语如何理解，种族卫生运动采用的是一种给人以不祥之感的理性而科学的分类方法——把人分成对国家“有价值的”和“无价值的”。“低素质”（德文为 minderwertig，字面意思是“无价值的”）在第一次世界大战之前成了常用术语，被社会工作者和医务人员用来称呼各种社会边缘人。通过这种给人贴标签的方式，种族卫生学者开辟了通过强制绝育，甚至处决等手段来实现由国家控制、虐待并最终灭绝“无价值”者的道路，其中一些手段至少在 1914 年之前就已经有人在提倡了。最后，用这种技术专家式的理性主义方法进行人口管理，意味着以一种完全世俗的、工具主义的方式处理道德问题，而把婚姻神圣、父母神圣、被赋予不朽灵魂的个体具有平等价值等基督教义抛诸脑后。无论以上 4 条原则还有什么别的特征，它们都不是传统的或保守的。事实上，一些提倡者，比如沃尔特曼和沙尔迈耶，甚至认为自己属于政治光谱中的左翼而非右翼，尽管他们的观点只得到了极少数社会民主党人的认同。从根本上说，促使种族卫生学出世的，是一种新的构想——用科学原理管理社会，而不考虑任何其他原则。种族卫生学代表了德意志民族主义的新变种，它永远不可能得到保守派或守旧派的认同，也永远不可能得到基督教教会的支持，或者更确切地说，不可能得到任何形式的宗教组织或者官定宗教的支持。[84]

反犹主义和种族卫生学后来都成了纳粹意识形态的关键元素。二者同为 19 世纪晚期普遍的思想世俗化的组成部分，是一种更大范围的反叛的两个方面，反叛的是 19 世纪中期支配着德国的自由主义的资产阶级态度，即那种被越来越多的作家和思想家视为冷漠与乏味的自满。众多德国中产阶级智识人士因 1870 年代德意志民
39 族国家之实现而产生的陶醉感，正让位于各种不满情绪，因为他们觉得德国的精神成长与政治发展已趋于停滞，需要推动它再次前行。社会学家马克斯·韦伯（Max Weber）在入职演讲* 中尖锐地表达了这些不满，他把 1871 年德国的统一称为德意志民族的一桩“青春闹剧”。[85] 在持此观点的人当中，最有影响力的先知是哲学家弗里德里希·尼采（Friedrich Nietzsche），他以雄辩而简洁的散文体怒斥当时的道德保守主义。尼采在很多方面都是一位堪与瓦格纳比肩的人物，他在大部分时间里都对后者推崇备至。像瓦格纳一样，尼采也是个复杂的人物，他的作品可以在各种意义上进行解读。尼采

* 指马克斯·韦伯（1864—1920）于 1895 年 5 月就任德国弗赖堡大学（Universität Freiburg）国民经济学教授时发表的演讲，同年 7 月以《民族国家与经济政策》为题出版。

的著作为个人摆脱传统的道德约束而辩，在 1914 年以前通常被解读为呼唤个人解放，对包括女权主义运动在内的形形色色的自由派和激进派团体产生了深刻的影响。女权主义运动中一位最富创造力的人物是海伦妮 · 斯托克尔（Helene Stöcker），她模仿尼采的散文体撰写了大量文章，宣称大师的意思是，在机械避孕和私生子平等权利的帮助下，女性可以自由建立婚外性关系。[86]

然而其他人从这位哲学巨子的著作中所吸收的，则完全是另一种经验。尼采是反犹主义的激烈反对者，他深刻地批判了对权力与成功的庸俗崇拜，这种崇拜在他看来源自 1871 年以武力实现的德国统一；他最著名的那些概念，比如“权力意志”和“超人”，本来只是用于思想和观念范畴，而不是政治或行动。但尼采语言的力量让这些词汇很容易被简化为口号，脱离原来的哲学语境，以他也许极不赞同的方式使用。尼采的“理想人”概念，即摆脱了道德约束、凭借权力意志战胜弱者的人，可以轻易被挪用，那些挪用者所信奉的，是根据种族与优生的标准来繁育人种，但尼采并无此信念。这种解读主要是受尼采的妹妹伊丽莎白 · 弗尔斯特（Elisabeth Förster）的影响，她编注尼采作品时将其思想做了庸俗化和通俗化的处理，强调其冷酷的、精英主义的方面，迎合了极右翼民族主义者的口味。恩斯特 · 贝尔特拉姆（Ernst Bertram）、阿尔弗雷德 · 博伊姆勒（Alfred Bäumler）和汉斯 · 金特（Hans Günther）等作家将尼采简化为权力的先知，将他的超人概念简化为祈盼一位摆脱了 40
道德约束或者基督教神学羁绊的德意志伟大领袖的降临。[87]

还有一些人则借鉴了对新几内亚等德国殖民地的原住民社会所做的人类学研究，将尼采的心灵精英主义（spiritual elitism）推进了一步，呼吁建立一个由一群朝气蓬勃的青年精英统治的新社会——他们将像一帮有着兄弟情谊的中世纪骑士那样治理国家。以这种重度歧视女性的世界观，女人除了生育未来的精英之外没有任何作用，许多优生学家和种族卫生学者也以不那么激进的态度持此观点。学者型作家，比如海因里希·舒尔茨（Heinrich Schurtz），则通过各种出版物传播青年精英统治的思想，然而其理论只在诸如青年运动等领域发挥了最大影响力，参加青年运动的年轻人大多是中产阶级男性，热衷远足、亲近大自然、围着篝火大唱民族主义歌曲，他们肆意奚落成人世界里乏味的政治、虚伪的道德和装腔作势的社交。汉斯·布吕厄（Hans Blüher）这类作家深受青年运动的影响，以更加极端的姿态呼吁：国家应按照反民主的路线进行重组，并由一群志同道合、以同性恋式的爱与温情凝聚在一起的英雄男子来领导。这些理念的鼓吹者在一战前就已经开始建立伪装成隐修会的秘密组织，尤其是组建于 1912 年的日耳曼隐修会（Germanic Order）。在这种小型世俗宗派中，“雅利安人”的符号和仪式扮演着主要角色，组织成员以复古的如尼字母（rune）* 和太阳崇拜作为日耳曼民族的重要标志，并采用印度的卐字符作为“雅利安人”的徽章，这是受到慕尼黑诗人阿尔弗雷德·舒勒（Alfred Schuler）和种族理论家兰茨·冯·利本菲尔斯的影响，后者于 1907 年在奥地利自家城堡上悬挂了一面卐字旗。上述观点虽然怪异，但不应低估它们对于许多在一战前参加过各种青年运动组织的中产阶级青年男子所产生的影响。就算没有起到别的作用，它们也是 1890—1910 年之间出生的那代人普遍反叛资产阶级传统的原因之一。[88]

这些思潮所强调的东西，既与资产阶级清醒稳重、自我克制的美德形成了鲜明对照，也迥异于自由民族主义所倚赖的原则，比
41 如思想自由、代议制政府、容忍异见，以及基本人权。绝大多数德国人在进入 20 世纪之际，依然很可能相信这些原则。德国最大的政党社会民主党自诩为那些原则的守护者，在他们看来，自由派显

---

* 如尼字母，一种已灭绝的字母，在中世纪欧洲用来书写某些北欧日耳曼语支的语言。

然未能捍卫这些原则。自由派本身依然是一支不可小视的力量，在1914年一战爆发前最后几年的和平日子里，自由派甚至显示出些许复兴的迹象。[89] 然而在此时，已经有人开始认真地尝试将极端民族主义、反犹主义以及对传统的反叛整合成一个新的综合体，并赋予其某种组织形式。早在一战之前，各种激进思想激荡而成的政治漩涡就已经强力旋转起来，纳粹主义终将从中浮现。[90]

第三节

1914年的精神

一

42 在国境线另一边的德语国家奥地利，格奥尔格·里特尔·冯·舍纳勒尔（Georg Ritter von Schönerer）提供了激进反犹主义的另一个版本。舍纳勒尔的父亲是一位铁路工程师，曾被哈布斯堡皇帝授予贵族头衔，以奖励他对国家的服务。1866 年，奥地利在普奥战争中战败；第二年，哈布斯堡王朝重组为由奥地利和匈牙利两个平等国家组成的邦联，以皇帝弗朗茨·约瑟夫（Franz Josef）为共主，中央政府设在维也纳。在中央政府内任职的绝大多数是说德语的人，奥地利境内大约 600 万德语人口接受了被逐出德意志邦联的命运，转而强烈认同哈布斯堡家族，将自己视为奥地利帝国的统治集团。但舍纳勒尔对此不以为然，他在 1878 年的奥地利议会上喊道：“要是我们属于德意志帝国该多好！”作为一位激进的改良地主，舍纳勒尔倡导成年男性普选权、完全世俗化的教育、铁路国有化——这一点或许体现了他父亲的职业——以及国家扶持小农和手工业者。他将哈布斯堡王朝中的匈牙利裔和其他民族视为德语人口进步的障碍，认为奥地利的德语人口如果与德意志帝国统一起来，将能够在经济与社会方面取得长足的发展。[91]

随着时间的推移，舍纳勒尔所信仰的德意志种族优越论，开始与越来越强烈的反犹主义结合在一起。1885 年，他在自己于 1879 年提出的 11 条《德意志民族主义者林茨计划》(Germannationalist Linz Programme) 中增加了第十二条，要求“在公共生活的所有部门清除犹太人的影响”，以此作为他所希望实现的改革的前提条件。舍纳勒尔在奥地利议会的席位，使他不但能够反抗犹太人在诸 43
如铁路公司等领域的影响力，而且可以免于因言辞过激地谴责犹太人而受到控告。他创建了一系列组织，用以宣传自己的观点，其中的泛日耳曼协会 (Pan-German Association) 在 1901 年的议会选举中成功获得了 21 个席位。该协会不久即在领导层的私人交恶中散伙，但是以它为榜样的其他反犹组织纷纷出现。泛日耳曼协会喋喋不休地谈论臆想中的犹太人的邪恶影响力，使愤世嫉俗的地方政客更容易获得支持。比如基督教社会党保守派卡尔 · 卢埃格尔 (Karl Lueger)，他通过煽动反犹情绪赢得了足够的选票，于 1897 年代表崛起的右翼政党基督教社会党出任维也纳市长。卢埃格尔担任此职一直到 1910 年，他在任时混合了蛊惑人心的民粹主义与富于想象力的、促进社会进步的市政改革，对这座城市产生了深远的影响。[92]

舍纳勒尔从未像卢埃格尔那样得到过广泛支持。但卢埃格尔的反犹主义虽有影响力，其本质却是机会主义的。他因为与维也纳的犹太名人一起进餐而招致批评，对此他曾说过一句名言 :“谁是犹太佬，由我说了算。”而舍纳勒尔的反犹主义则是发自内心、坚定不移的。舍纳勒尔宣称，反犹主义确实是“本世纪最伟大的成就”。[93] 随着时间的推移，他的想法甚至越来越极端。自称“异教徒”的舍纳勒尔发起了一场反对罗马天主教的运动，其口号是“远离罗马”。他还杜撰了假装成中世纪词汇的问候语“Heil!”(万岁！)。1902 年舍纳勒尔在议会里使用此问候语，引起了议员们的普遍愤慨，因为他那次演讲的结束语是：“起立，祝霍亨索伦（Hohenzollern）家族*万岁！”以此表达他对德意志皇室而非奥地利皇室的忠诚。舍纳勒尔的追随者称他为“Führer”（元首），这可能是那场运动给极右翼政治词汇表增加的另一个术语。他提议用日耳曼名称重新命名每年的节日和月份，比如称“圣诞节”为“Yulefest”，称“六月”为“Haymoon”。更古怪的是，他提议使用新的纪年，将元年定在公元前 118 年，即日耳曼族的辛布里人（Cimbri）在诺里亚战役（battle of Noreia）中打败罗马军队的那一年。舍纳勒尔真的举办了一次（不太成功的）庆典，迎接新千年 2001 n.N.（n.N. 为“nach Noreia”的首字母缩写，意思是“诺里亚战役之后”）。[94]

44 舍纳勒尔是毫不妥协的种族反犹主义者，“宗教无高下，种族有优劣”是他特有的那些朗朗上口的口号之一。舍纳勒尔的极端言行使他与当局多有抵牾，尤其是在 1888 年，一家报纸误发了德皇威廉一世的死讯，结果他怒闯出错的报社，殴打了该报的几位员工。在舍纳勒尔公开宣扬威廉为“光荣的吾皇”后，被激怒的哈布斯堡王朝皇帝弗朗茨·约瑟夫褫夺了他的贵族头衔，议会也剥夺了他的议员豁免权，以便让他入狱服 4 个月的刑期。但这也没能阻止他在获释之后宣称，他“期待着德军开进奥地利并摧毁它的那一天”。如此极端的言行，表明舍纳勒尔从未真正离开政治的边缘地带。的确，在 1907 年的奥地利议会选举中，他没能保住连任，其追随者赢得的席位也缩减至三个。与赢得权力相比，舍纳勒尔也许更热衷于传播思想。然而正是在这样的幌子下，他后来对纳粹主义产生了相当大的影响。[95]

---

* 勃兰登堡—普鲁士（1415—1918）和德意志帝国（1871—1918）的主要统治家族。——编注

奥地利的反犹主义，远不是独立于德国反犹主义的现象。奥地利与德国有着共同的语言和共同的文化，而且奥地利曾在1000多年里属于“德意志民族神圣罗马帝国”的一部分，后来又归属于德意志邦联，直至1866年被俾斯麦粗暴地逐出邦联，这意味着思想影响与政治影响可以不费力地跨越国境。例如，舍纳勒尔自称是德国反犹主义者欧根·杜林的信徒。那些从维也纳寻求灵感的德意志帝国公民，尤其是居住在信奉天主教的南部地区者，肯定能注意到卢埃格尔将社会改革、天主教忠诚和反犹主义论调融为一体的理论。舍纳勒尔从种族主义角度为犹太人下的定义、对“雅利安人”神话的崇拜、公开承认不信仰并且厌恶基督教、笃信日耳曼民族的优越性，以及对其他种族——尤其是斯拉夫人——的蔑视，在某种程度上也是德意志帝国境内更加极端的反犹主义者的共识。他的观点无一与德国反犹主义相悖，二者在本质上属于同一种极端主义思潮。只要哈布斯堡王朝继续存在，舍纳勒尔的泛日耳曼主义就注定会失败。但是，如果奥地利有朝一日灭亡了，那么它境内的少数德语人口将面临一个亟待回答的问题：他们是希望加入德意志帝国，还是 45
单独组建自己的国家？假如出现这种情况，泛日耳曼主义的时机就可能到来。

二

在德意志帝国内部，德皇威廉二世于1888年即位，导致俾斯麦帝国宰相的地位被迅速削弱。《反社会党人法》含有对公民自由的诸多限制，对于是恢复还是废除该法，二人意见相左，俾斯麦被迫辞职。随着该法的废除，各式各样新型社会运动和政治运动乘势兴起，所有政治派别都参与其中。如今，各种鲜活有趣的新人物登上历史舞台，与接替俾斯麦相继出任宰相的卡普里维（Caprivi）* 和霍恩洛厄（Hohenlohe）† 的沉闷乏味恰成反差。其中至少有一位是备受敬慕的人物，因为他刚好是德国民族主义者所寻找的那种英雄。卡尔 · 彼得斯（Carl Peters）是19世纪末典型的殖民冒险家，其拓殖事迹很快成为传奇。在俾斯麦于1884年很不情愿地接收了几块名义上的德国殖民地之后，彼得斯立即出发，把纸上的征服变为真正的征服。到达东非海岸后，他组建了一支远征队，向内陆进发，与各地的原住民首领签署了许多条约。按照其一贯作风，他事先并未与德国政府商量此事，俾斯麦得知后拒绝承认这些条约。随后，彼得斯陷入了更多的麻烦，因为有消息透露说，他不仅苛待男仆，还与多位非洲女子有染。关于其不端行为的报道震惊了资产阶级舆论界，但这并没有妨碍彼得斯为在非洲建立一个伟大的德意志帝国而继续求索。[96]

丰富的想象力和旺盛的精力促使彼得斯创建了各种组织，包括1884年组建的德意志拓殖学会（Society for German Colonization），它于1887年与一个有同样目标的团体合并为德意志殖民学会（German Colonial Society）。由于彼得斯本人声望卓著，加之他的支持者也颇有影响力，俾斯麦只好承认他的东非冒险，宣布他已经拓殖的地区为德国的保护领地，这是建立德属坦噶尼喀殖民地的第一步。然而在1890年，俾斯麦的继任者列奥 · 冯 · 卡普
46 里维同意把彼得斯已宣示主权之领土的某些部分，尤其是桑给巴尔岛（Zanzibar）割让给英国，以换取英国将北海的黑尔戈兰岛（Helgoland）出让给德国。怒火中烧的彼得斯于1891年初主持了

* 列奥 · 冯 · 卡普里维（1831—1899），普鲁士王国首相（1890—1892）和德意志帝国宰相（1890—1894）。

† 霍恩洛厄–席林斯菲尔斯特亲王（Prince of Hohenlohe-Schillingsfürst, 1819—1901），普鲁士王国首相和德意志帝国宰相（1894—1900）。

一次会议，会议的组织者是一群民族主义者，其中包括年轻的公务员阿尔弗雷德·胡根贝格（Alfred Hugenberg），此人后来在纳粹的崛起与掌权过程中起了至关重要的作用。他们组建了德意志总同盟（General German League），1894年更名为泛日耳曼联盟(Pan-German League)。这个组织的宗旨是大力推动德国在海外开疆拓土，在国内德意志化少数族群。受这一宗旨的吸引，东部边区学会（Society for the Eastern Marches）于1894年加入联盟。该学会致力于在德国东部省份摧毁波兰人的身份认同感。相对于泛日耳曼联盟而言，它拥有更为密切的政府关系。彼得斯创建的另一个组织与联盟并无二致，即1881年因参与哈布斯堡王朝官方语言之争而组建的德语学派协会（German School Association），该协会致力于在德意志帝国境外的德语人口聚居地保留德语。它后来更名为境外德语区协会（Association for Germandom Abroad），以此表示协会的影响范围正在极大地扩展，涵盖了德国以外世界各地德意志文化的所有方面。[97]

更多的民族主义协会随之兴起，其中最重要的大概要算1898年由军火商克虏伯出资组建的海军联盟，当时帝国国会批准组建一支规模庞大的德意志海军，克虏伯对此有明显的兴趣。不到十年，海军联盟就在各种民族主义组织中独占鳌头。如果分支机构也计算在内的话，其会员总数已远超30万。相比之下，其他民族主义压力团体的会员人数极少能够超过5万，泛日耳曼联盟的人数似乎始终卡在2万以下。[98]这些压力团体的领导人多为职业煽动家，比如因从事新闻活动而升迁受阻的军官奥古斯特·凯姆（August Keim）。这些人是众多民族主义协会中的重要人物，通常起着激进的推动作用。以凯姆为例，他是海军联盟和国防联盟（Defence League）的领军人物，还创建了另外一些名气不大的协会，比如组建于1912年的防止妇女解放之德意志联盟（German League for the Prevention of the Emancipation of Women），旨在让女性回归家庭，为帝国繁育更多后代。[99]

47 除了这些边缘人物，还有各类心怀不满的显要人物，他们正在为施展政治抱负而在日趋民主的世界里寻找新的出路，因为在这个世界里，对有产者和智识阶层的尊重已不再发挥作用，而在 1860 年代至 1880 年代，那种尊重曾使民族自由党和其他更加偏向右翼的政党在选举中保持了好运气。这些煽动家中的许多人通过刻苦攻读取得了大学学位，然后在不太热门的部门里沿着公务员序列缓慢上升，谋得了一定的社会地位。此外，相当程度的社会焦虑也是一个重要的驱动力。对德意志民族的认同，或许是过分的认同，赋予了各种民族主义协会中的所有领军人物一种自豪感与归属感，以及一种奉献和动员的目标，而不论他们的背景为何。[100] 而且常常有人同时加入不同的组织；在特定的政治斗争中，几个人抛开个人恩怨和政治分歧为共同的事业而联手合作，也不是什么不同寻常之事。

暂不谈困扰着它们的频繁内斗，各种民族主义协会除了追求各自的具体目标之外，还普遍认为俾斯麦建立德意志民族国家的工作远未完成，而亟须促成它的完善；他们也越来越觉得帝国领袖在此方面未尽其责。1912 年，民族主义者的信仰以一种极为戏剧性的方式大白于天下，泛日耳曼联盟的主席、律师海因里希 · 克拉斯（Heinrich Class）用笔名发表了标题醒目的宣言：《假如我是皇帝》（*If I Were the Kaiser*）。他的目标毫不谦虚。克拉斯昭告世人，假如他握有威廉二世手中的权柄，则首先要对付帝国内部的敌人——社会民主党和犹太人。他怒斥，社会民主党年初在国会选举中的胜利是犹太人阴谋损害国家的结果；犹太人正在颠覆德国的艺术、破坏德国的创造力、腐蚀德国的民众。克拉斯写道，假如他是皇帝，他将立即褫夺犹太人的公民权，将其列为异类；取缔社会民主党，将其领导层、议员、报纸主编和工会书记驱逐出德国；重新制定议会普选权，给予智识阶层和有产者更多投票权，只允许最优秀的成

年男子担任公职；利用全国性集会和爱国庆典号召人民群众投身 48
民族事业。[101]

民族主义者主张，国内绥靖政策将包括压制少数民族的文化，比如普鲁士东部省份波兰人的文化——把波兰人从自己的土地上赶走，禁止他们使用自己的语言，必要时使用武力逼迫这些被认为劣等、蒙昧的“斯拉夫人”就范。在克拉斯的领导下，泛日耳曼联盟及其盟友力主大规模扩充军备，甚至要超过1898年以来遵照《海军法》（Navy Laws）已经启动的扩军规模；扩军之后要打一场战争，德国将征服欧洲，吞并德语地区，比如瑞士、荷兰、比利时、卢森堡和奥地利。他们毫不顾及居住在这些地区的其他民族的感受，也无视语言和文化的差异，这种差异使得甚至比利时境内的佛兰德分离主义者（Flemish separatists）都不太可能支持他们，更别提其他各种持不同政见者了。出于战略考虑，他们把罗马尼亚（Romania）包括了进来，并且强调，可以在比利时和荷兰的海外领地——比如刚果——的基础上，建立一个规模远超英国殖民地的殖民新帝国。泛日耳曼联盟及其民族主义者盟友有选择地借用尼采、朗本、达尔文、特赖奇克等作家的作品，而且在借用过程中屡屡将他们的思想进行庸俗化解读、断章取义或者简化到不可辨识的程度，然后将自己的意识形态建立在这样一种世界观之上：以斗争、冲突、“雅利安”种族优越论、反犹主义和权力意志作为其核心信仰。[102]

然而，在他们怀有这些几乎毫无节制的野心要谋求德国的世界霸权的同时，泛日耳曼联盟和其他民族主义协会也对德国的现状与前途提出了强烈警告，甚至表达了失望情绪。他们认为，德意志人民受到了敌人的内外夹击——“斯拉夫人”和“拉丁人”从外部包围，犹太人、耶稣会士（Jesuit）*、社会主义者和形形色色颠覆性的煽动

* 耶稣会士，创建于1534年的罗马天主教修道会“耶稣会”（Society of Jesus）的成员，强烈反对宗教改革。

家和阴谋家从内部搞破坏。泛日耳曼的种族主义是通过语言的使用表达出来的，他们将各民族简化为一个简单的、行为一致的种族实体——“日耳曼势力”(Germandom)、“斯拉夫势力”(Slavdom)、“盎格鲁—撒克逊势力”(Anglo-Saxondom)或者“犹太势力”(Jewdom)。他们认为，其他种族的繁殖率已超过日耳曼人，有“淹没”日耳曼
49 人的危险；或者说，其他种族像法国人一样正在堕落，于是通过自身的衰落对日耳曼人施加腐蚀性的影响。极端民族主义者将自己描绘成“旷野里呼喊者的声音”*，除非有人听到这呼喊，否则日耳曼民族将无药可救。重症需下猛药：只有通过在农民阶层、个体经营的手艺人和小企业主，以及传统的核心家庭†中恢复日耳曼民族的种族之根，才能够挽回局面。大城市已成为非日耳曼种族道德败坏与混乱无序的渊薮，需要采取强硬措施恢复秩序、礼节以及一种正确的日耳曼文化概念。德国需要一个新的俾斯麦——他应该强硬、冷酷，在国家需要拯救时，不惮于对内施以铁腕政策、对外奉行侵略政策。[103]

随着时间的推移，民族主义协会批评德国政府对内、对外的软弱时越来越直言不讳。社会民主党在 1912 年大选中的胜利，以及被民族主义者视为德国耻辱的 1911 年摩洛哥危机解决方案，惊醒了动辄争吵不休的各民族主义协会，他们开始采取激进行动，联合加入新组建的国防联盟——该联盟旨在为陆军提供像海军联盟对海军舰队那样的支持。合并后的新组织与政府的关系，比海军联盟与政府的关系独立得多。它完全认同泛日耳曼联盟的观点，会员人数在 1912 年组建之后的两年内达到 9 万，为泛日耳曼联盟提供了广

---

* 旷野里呼喊者的声音（voices in the wilderness），语出《圣经 · 约翰福音》1:23。犹太人从耶路撒冷差遣祭司和利未人来见约翰，问他：“你是谁？”约翰答道：“我是旷野里呼喊者的声音，说：‘修直主的道路’。”

† 核心家庭（nuclear family），由一对夫妻及其子女组成的小家庭。

大的群众基础，这是后者靠自身力量一直未能做到的。与此同时，泛日耳曼联盟与殖民学会联手发起了一场运动，游说政府停止承认殖民地的德国居民与非洲黑人之间婚姻的合法性。保守党中的知名人士开始与泛日耳曼联盟合作。农业主同盟（Agrarian League），一个由大、小地主组成的与保守党关系密切的大型压力团体，于 1913 年 8 月与德意志工业家中央同盟（Central Association of German Industrialists）以及手工艺匠人和手工业工人的全国性组织合并，组建了“生产型产业卡特尔”（Cartel of Productive Estates）。卡特尔不仅会员人数高达数百万，而且采纳了泛日耳曼联盟的许多主要目标与信念，包括排挤或解散国会，压制社会民主党，以及奉行侵 50
略性外交政策，乃至发动一场大规模的征服战争。[104]

这些极端民族主义压力团体，并非威廉二世统治集团的任何一种操纵策略的产物，而是通过在底层进行政治动员所产生的真正民粹主义运动。但这些团体在工人阶级中根本得不到选票；在社会各等级中，它们最底层的票仓是白领工人和职员阶层，此阶层的工会之一、与犹太人不共戴天的德意志国家商业雇员工会（German-National Commercial Employees' Union），怒斥犹太人的商业利润造成了工会会员的工资下降，并攻击说女性进入秘书和行政岗位是犹太人企图破坏德国家庭的产物。[105] 然而，各种民族主义协会自 1912 年以来赢得的声望已使德国政府倍感压力；随着泛日耳曼联盟在右翼新闻媒体中结交了一些新朋友，政府感受到的压力就更大了。泛日耳曼联盟的支持者之一、退休将军康斯坦丁 · 冯 · 格布萨特尔（Konstantin von Gebsattel）被《假如我是皇帝》打动，写下一份备忘录。他在这篇长文中呼唤一场斗争，抗击“犹太人的阴谋诡计和社会民主党领导人的煽动”；呼唤一个“没有议员的”帝国；呼唤一个并非仅为傀儡，而是真正统治国家的、挥动“全副武装的拳头”、奉行侵略性外交政策的皇帝；以及呼唤一种最大程度限制民众影响力的选举制度。

他在备忘录中提议把犹太人当作异类对待：禁止他们购买土地，如果他们移居国外就没收其财产；禁止他们在国立机构任职，比如政府行政部门、法律界、大学和军队。在格布萨特尔看来，接受洗礼当然改变不了一个人是犹太人的事实，任何人只要有四分之一以上的“犹太血统”就应该被当作犹太人而非日耳曼人对待。“犹太出版机构”应予取缔。格布萨特尔说，这样做是完全必要的，因为德国的全部生活已被“犹太精神”主宰，这种精神浅薄、消极、具有破坏性的批评欲，是实利主义的。是回归真正的德意志精神的时候了——回归深刻的、积极的、理想主义的精神。这一切将由一场上层发动的有效政变来实现，并通过宣布军事管制、颁布戒严令来提供保障。格布萨特尔及其朋友、泛日耳曼联盟领导人海因里希·克
51 拉斯认为，备忘录的基调是温和的。之所以表现出这种所谓的温和，是因为考虑到这份备忘录将呈送给以同情民族主义事业著称的皇储弗里德里希·威廉（Friedrich Wilhelm）。皇储随即满怀热情地将备忘录转呈他的父亲，以及当时接替俾斯麦担任帝国宰相的特奥巴登·冯·贝特曼·霍尔维格。[106]

宰相贝特曼和皇帝礼貌但坚决地否决了格布萨特尔的提议，认为它们不切实际，甚至会危及王朝的稳定。帝国宰相承认，“犹太问题”是“德国未来发展的巨大隐患”；但他又说，格布萨特尔的严苛方案不能当真。皇帝对提案泼了更多冷水，他告诫儿子，格布萨特尔是个“古怪的热心人”，很多想法都“幼稚透顶”。然而他也承认，尽管把犹太人逐出德国在经济上是不明智的，但确实有必要“将犹太影响力排除在军队和行政部门之外，并且尽最大可能限制犹太人对艺术与文学的影响”。他认为，在新闻界也是如此，“犹太势力已经建立起了最危险的舆论阵地”，但是像格布萨特尔所倡导的那样全面限制新闻自由，将会适得其反。反犹主义的成见就这样

渗透进了政权的最高层，皇帝读了休斯顿·斯图尔特·张伯伦的《十九世纪的根基》之后成见愈益加深，他将此书誉为德意志民族的警钟。加之不屈不挠的泛日耳曼联盟在公开场合和暗地里对宰相的批评不断升级，贝特曼越来越感到必须在外交政策上采取强硬路线，而这种强硬路线在危机处理时造成了灾难性后果——导致 1914 年 8 月第一次世界大战的爆发。[107]

三

与其他欧洲国家一样，德国参加第一次世界大战时心态乐观，满以为胜利在望，极有可能在较短的时间内凯旋。陆军大臣埃里希·冯·法金汉等军界人士则预测冲突将持续较长时间，并且担心德国最终有可能战败。然而他们的专业意见未能使民众信服，确切 54
地说是未能使许多掌握着德国命运的政客信服。[108] 此前几十年间经济的大幅增长，在民众心中催生了德国不可战胜之感，1914—1915 年德军在东线的几次大捷又助长了这种情绪。俄国提前入侵东普鲁士，促使德国总参谋长起用退休将军保罗·冯·兴登堡（Paul von Hindenburg），一位生于 1847 年、参加过 1870—1871 年战争的老将接手战事，其得力助手、参谋长埃里希·鲁登道夫（Erich Ludendorff）是一位非贵族出身的技术专家和军事工程师，他在战争初期攻打列日（Liege）的战役中为自己赢得了声誉。两位将军诱敌入彀，歼灭了入侵的俄军，随后又取得一连串胜利。到 1915 年 9 月底，德军占领波兰，重创了俄军，致使敌军由上一年占领的阵地后退了 250 英里*。

这些战绩使兴登堡声誉卓著，被视若无敌战将。英雄崇拜很快

---

* 约 402 公里。——编注

围绕他建立起来，他那厚重结实的体态似乎为瞬息万变的战局带来了一种稳定因素。但实际上，兴登堡的政治远见和能力都相当有限，在很多方面，他只是充当着其精力充沛的下属鲁登道夫的门面，而鲁登道夫的作战思路远比兴登堡的想法更加激进和无情。这对搭档在东线的胜利与在西线的僵局形成了鲜明对比：西线战场在战争爆发后几个月内，沿着从北海至瑞士边境的 450 英里[*] 战壕，双方大约 800 万部队面对面地相持着，均无法有效突入敌军防线。松软的土地使他们可以修建一条又一条深深的防御战壕；带刺铁丝网阻碍了敌人的推进；防线上密布的机关枪火力点，能够射杀从对面阵地成功突入射程的任何部队。双方都为这种徒劳的较量投入了越来越多的资源。到 1916 年，压力开始让双方吃不消了。

在战争中期，主要参战国全部更换了领导层，反映出各国都意识到需要以更大的力量、更无情的手段动员国民、调动资源。在法国和英国，上台的分别是克列孟梭（Clemenceau）[†] 和劳合·乔治
55 （Lloyd George）[‡]。德国别具一格，上台的不是激进的文官，而是两位功勋卓著的将军——兴登堡和鲁登道夫于 1916 年接掌政权。“兴登堡计划”（Hindenburg Programme）[§] 旨在振兴并重组德国经济，使之服务于那个压倒一切的目标——赢得战争。在另一位中产阶级将军[¶] 威廉·格勒纳（Wilhelm Groener）的管理下，战争办公室拉拢工会和平民政客承担动员任务；但这引起了企业主和其他将军的

---

* 约 724 公里。——编注

† 乔治·克列孟梭（1841—1929），法国总理兼内政部长（1906—1909），总理兼陆军部长（1917—1920）。

‡ 劳合·乔治（1863—1945），英国首相（1916—1922）。

§ 兴登堡计划，由鲁登道夫于 1916 年 8 月制定，其目标是到 1917 年春，弹药供应量增加一倍、机枪供应量增加两倍。但由于原料供应不足而无法实现。1916 年 10 月，在国防部内成立战争办公室（War Office），由威廉·格勒纳（1867—1939）负责，统一指导军需供应与人力动员。

¶ 意思是格勒纳与鲁登道夫一样，都不是贵族出身。

反感，格勒纳很快被调离。兴登堡和鲁登道夫甩开平民政客，在德国建立起一种“幕后独裁统治”（silent dictatorship）：在幕后实行军事管制，严格限制公民自由，中央调控经济，将军们对战争目标与外交政策的制定发号施令。上述发展为十几年之后德国民主政治和公民自由所遭遇的更加惨烈的命运提供了重要先例。[109]

德国转向实行更加残酷的战争政策，它所产生的反作用表现在不止一个方面。鲁登道夫下令对德军占领的法国、比利时和东中欧地区实行系统性的经济剥削，被占领国对此的记忆，让德国人在战争结束时付出了高昂的代价。将军们那些野心勃勃、不容变更的战争目标，使国内的许多自由主义中间派和左翼人士与他们逐渐疏远。1917 年初，为了切断美国对英国的物资供应，德国决定在大西洋实行无限制潜艇战（unrestricted submarine warfare）*，结果却激起美国参战，加入协约国。自 1917 年起，对世界上最富裕经济体的动员使协约国实力大增，当年年底，美军开始源源不断地开进西线战场。在德国人看来，战争中唯一真正的亮点，是他们在东线战场的节节胜利。

但东线的胜利也有其代价。德军及其盟友在东线不断施加的军事压力，在 1917 年初有了结果——效率低下、不得人心的俄国沙皇尼古拉二世（Nicholas II）政府垮台，被俄国自由派执掌的临时政府所取代。然而事实证明，自由派并不比沙皇更有能力调动俄国巨大的资源以赢得战争。国内濒临饥荒状态；政府陷入混乱；前线节节败退，绝望情绪日甚一日；莫斯科和圣彼得堡的气氛越来越转 56
向反战；临时政府的合法性原本已经摇摇欲坠，此时开始彻底消失。这种局面的最大受益者是俄国唯一自始至终持反战立场的政党：布

* 德国海军部于 1917 年 2 月宣布，德国潜艇可以事先不发警告，击沉开往英国海域的任何商船。

地图 2　德国在第一次世界大战期间的扩张

德意志帝国，1914
被德国直接按计划吞并（最大程度上）
成为德意志帝国的附庸国
泛德意志联盟要求额外吞并的地区
在经济上和行政管理上都依附于德国
德国人定居区
与德国有经济联系，尤其是作为主要产品供应方
处于德国影响之下
与德国有经济和政治联系
与同盟国紧密联合
德国军事扩张的最远范围，标注有日期
同盟国（截至1915年10月）
国界，1914年
圣彼得堡
伏尔加河
莫斯科
罗
斯
帝
国
1918年6月
顿河
基辅
乌克兰
罗斯托夫
伏尔加河
哥萨克
敖德萨
克里米亚
1918年6月
里海
黑海
格鲁吉亚
第比利斯
巴库
阿塞拜疆
亚美尼亚
斯
曼
帝
国
波斯

尔什维克党（Bolshevik Party）。它是一个组织严密的、以马克思主义为唯一信仰的政党，其领导人弗拉基米尔·伊里奇·列宁（Vladimir Ilyich Lenin）始终认为，战败是引发革命的最快捷方式。他抓住时机，在1917年秋突如其来地发动政变，几乎没有遭到直接的抵抗。

“十月革命”很快沦为血腥的乱局。当布尔什维克的反对者企图发动一场反政变时，新政权则应对以暴力的“红色恐怖”，镇压了其他一切政党，建立起以列宁为首的中央集权式专政统治。新组建的红军由列夫·托洛茨基（Leon Trotsky）领导，与志在恢复沙皇统治的“白军”（Whites）进行了一场残酷的内战。“白军”的努力未能帮到沙皇本人，他很快就与家人一起被布尔什维克处死。布尔什维克党的政治警察组织契卡（Cheka）无情地镇压了政权的反对者，各政治派别无一幸免——从左翼阵营中的改良社会主义者孟什维克（Mensheviks）、无政府主义者和农民社会革命党人，到右翼阵营中的自由派、保守派和保皇党。数千人遭到折磨、杀害，或者被野蛮地关押在第一批劳改营，到1930年代，劳改营开始成为一种规模庞大的拘禁系统。[110]

列宁的政权最终获胜，打败了“白军”及其支持者，控制了前沙俄帝国的大部分地区。布尔什维克党领导人列宁及其继任者将精力转入建设苏俄版本的共产主义国家和社会：至少在理论上体现了经济社会化的财产公有制；取缔宗教，以确保一种世俗的社会主义觉悟；没收私有财产，建立没有阶级的社会；建立“民主集中制”和计划经济，赋予设在莫斯科的中央政府前所未有的独裁权力。但列宁也知道，这一切将要建立在一个经济落后、缺乏现代资源的国家和社会。在他看来，像德国那类比较先进的经济体拥有更加完善
57 的社会制度，爆发革命的可能性甚至大于俄国。事实上，列宁认为，除非其他国家也成功地发生同类型的革命，否则俄国革命可能难以为继。[111]

于是布尔什维克组建共产国际（Comintern），向全世界输出苏俄版本的革命。在此过程中可资利用的是，许多国家的社会主义运动已经因战争引起的问题而发生分裂。尤其是在德国，社会民主党起初支持以战争为主要防御手段抵抗来自东方的威胁，但随着政府大规模吞并领土的要求日益明显，曾经铁板一块的社会民主党对于政府的疑虑越来越深，从而备受困扰。1916 年，该党分裂为主战与反战的两派。多数派有所保留地继续支持战争，他们倡导的是温和改良，而不是大规模革命。少数派独立社会民主党（Independent Social Democrats）中的一些人，在卡尔·李卜克内西（Karl Liebknecht）和罗莎·卢森堡（Rosa Luxemburg）的领导下，于 1918 年 12 月组建了德国共产党（German Communist Party）。最终，大部分少数派的支持者都于 1920 年代初加入了德共。[112]

上述事件在西欧和中欧许多地区的民众中间传播时所引起的不安和恐惧，无论怎样形容都不过分。听到共产党的激进言论，看到俄国中上层人士失去财产、消失在契卡的刑讯室和劳改营，德国的中产阶级和上层人士警觉起来，社会民主党人担心，如果共产党在德国掌权，他们也将面临改良社会主义者孟什维克以及为农民发声的社会革命党人在莫斯科和圣彼得堡所遭受的厄运。各国的民主派从一开始就意识到，共产主义意在压制人权、废除代议制、废止公民自由。恐惧感驱使他们相信，应该不惜一切代价在本国制止共产主义，甚至通过暴力手段、通过中止那些他们承诺要捍卫的公民自由权。在右翼人士看来，共产主义和社会民主理论相当于同一枚硬币的两面，威胁性似乎不分伯仲。1918 年，匈牙利共产党在库恩·贝拉（Béla Kun）* 的领导下上台执政，这个短命的政权试图取缔教会，但很快被霍尔蒂·米克洛什海军上将（Admiral Miklós Horthy）领

* 匈牙利语为 Kun Béla，匈牙利人名的书写顺序是姓在前、名在后，中文译名从匈牙利语。

58 导的君主主义者推翻。反革命的政权继而实行了“白色恐怖”，数千布尔什维克和社会主义者遭到逮捕、残酷虐待、监禁和杀害。匈牙利变局第一次让中欧人感到，从战争造成的紧张局势中滋生出的政治暴力与政治冲突可以达到怎样的新水平。[113]

在 1918 年初的德国本土，共产主义的威胁似乎还比较遥远。为了获得巩固新政权所需的喘息机会，列宁和布尔什维克党很快开始与德国谈判，以谋求其迫切需要的和平解决方案。德国漫天要价，凭借 1918 年初签订的《布列斯特—立陶夫斯克和约》（Treaty of Brest-Litovsk）吞并了大片俄国领土。当大量德军从已经停战的东线被调往西线去增援一场春季新攻势时，最后的胜利似乎指日可待。在 1918 年 8 月对德国民众发布的年度公告中，皇帝向所有人保证，战争最糟糕的阶段已经结束。局面确实如此，但趋向并不如他所愿[114]，因为鲁登道夫的春季攻势让德军伤亡惨重，协约国在美国大规模输送的新兵和物资的增援下，在德军防线上撕开缺口，从西线长驱直入。德军士气开始瓦解，越来越多的士兵开小差或者向协约国部队投降。最后的打击随之而来，德国的盟友保加利亚（Bulgaria）求和了，南线的奥匈帝国军队在意大利新一轮进攻面前一触即溃。[115] 兴登堡和鲁登道夫不得不在 9 月底告诉皇帝，败局已定。在胜利的希望实际已经破灭之后的很长一段时间里，严苛的新闻审查制度确保了报纸还在继续展望最后的胜利，因此德国战败的消息所造成的冲击波特别强烈。[116] 后来的事实证明，战败对于俾斯麦 1871 年所建帝国的残存政治制度造成了过于沉重的打击。

正是在战争与革命的烈焰中，炼成了纳粹主义。1918 年德国战败与 1933 年第三帝国来临之间，仅仅相隔 15 年，但这一路波诡云谲、充满变数。希特勒的上台绝非在 1918 年就已注定，也绝非由此前的德国历史进程所预设。德意志帝国的建立，及其经济实力

的提升和强国地位的确立，使许多民众心生希望，然而在一战结束 59
时，人们清楚地看到，帝国及其各级机构无法实现他们的希望。在许多人心目中，俾斯麦冷酷、强硬，为达目的不惮于使用暴力和诡计，是领袖人物的典范；采取行动抑制政治天主教运动（political Catholicism）的民主化威胁，以及抑制社会主义劳工运动时，俾斯麦所显示出的魄力，使他在信奉新教的中产阶级中赢得了广泛爱戴。1916 年在民族危机最严重的时刻，兴登堡和鲁登道夫的“幕后独裁”把残酷的专制统治准则付诸实践，为德国的未来开创了一个不祥的先例。

德国的历史遗产，从很多方面看都是一份沉重的负担，但它并没有使纳粹主义的兴起与得势成为必然。俾斯麦投下的那些阴影本来有可能最终被驱散，然而到第一次世界大战行将结束时，它们却几乎无限地加深了。俾斯麦及其继任者遗留给德国政治制度的问题，因战争的影响而无尽地恶化下去，而且在这些问题之上，又添加了其他后患无穷的问题。如果没有战争，纳粹主义可能不会崛起为一支值得重视的政治力量，可能也不会有那么多德国人不顾一切地寻求一位独裁者，来取代在国运攸关之际看起来显然有负众望的文官政治。1914—1918 年，每个人所下的赌注都如此之高，以至于右翼和左翼都准备采取某种极端主义的措施，这在战前只有处于边缘的政治人物才敢想。讨论德国战败之责应由谁承担时，各派相互攻讦，其结果只是加深了政治冲突。面对巨大的牺牲、极度的物资匮乏和奇高的死亡人数，德国所有政治派别都在苦苦寻找原因。超乎想象的战争开支给世界经济造成的巨大负担，再花 30 年也无法摆脱，而其中负担最重的是德国。所有参战国在战争期间尽情发泄民族仇恨，给未来留下了一种可怕的后遗症——宿怨。不过，当德军逐渐回国，德皇心有不甘地准备将政权移交给民主派时，一切似乎仍有希望。

第四节

陷入混乱

一

60 在 1918 年 11 月，大多数德国人预计，由于战争结束之时协约国尚未踏足德国本土，所以停战协议的条款可能会相对公平合理。而此前 4 年里德国人激烈辩论的，却是取得胜利之后应该吞并多少领土，就连官方战争目标中的帝国任务也包括吞并西欧和东欧的大片领土，确立德意志帝国在全欧洲的霸主地位；右翼压力团体则走得更远。[117] 鉴于德国人曾期待在战胜时大肆侵占，那么他们理应可以想见战败时将要承担多大的损失。然而 1918 年 11 月 11 日德国被迫同意的停战协议条款，却出乎所有德国人的意料：德军必须全部撤到莱茵河东岸，德国舰队应向协约国投降，大量军事装备必须移交，废除《布列斯特–立陶夫斯克和约》，德意志公海舰队及其潜艇必须向协约国投降。与此同时，为确保德国遵守约定，协约国继续对德国实行经济封锁，使本已极度糟糕的食品供应状况进一步恶化。直到第二年 7 月，经济封锁才被解除。[118]

几乎所有德国人都觉得这些条款不合理，视之为国耻。条款的执行，尤其是法国的行动，又极大地加深了德国人的怨恨情绪。许多德国人不肯相信他们的军队真的战败了，以这种心态看待停战 61
协议，其条款之苛刻也就愈加明显。在高级军官的协助和怂恿下，一种引起致命后果的说法很快在中间和右翼政治派别的广阔舆论阵地流传开来——很多人从瓦格纳的音乐剧《众神的黄昏》(*The Twilight of the Gods*)得到灵感，开始相信军队之所以战败，完全是因为国内的敌人从背后捅了刀子，就像瓦格纳剧中勇敢的主人公齐格弗里德(Siegfried)所遭遇的那样。德国的军事领导人兴登堡和鲁登道夫在战争结束后不久宣称，军队是一场“秘密的、有计划的蛊惑运动”的受害者，这场运动注定了德军的全部英雄壮举以失败告终，“一位英国将军说得对：德军被人从背后捅了一刀”[119]。德皇威廉二世在1920年代撰写的回忆录中重复了这个说法：“在30年里，我为军队而自豪。我为之而生、为之操劳，可是如今，在辉煌的、取得空前胜利的四年半战争岁月之后，在和平唾手可得的时刻，革命者的匕首从背后捅了一刀，瓦解了我军！”[120]甚至社会民主党也参与制造了这个自我安慰的说法。1918年12月10日，社会民主党领导人弗里德里希·艾伯特(Friedrich Ebert)对陆续进入柏林的归国部队说：“你们没有被任何敌人打败过！”[121]

战败直接导致了俾斯麦在近半个世纪之前所创造的政治制度的崩溃。1917年俄国二月革命加速了沙皇专制制度的终结，伍德罗·威尔逊(Woodrow Wilson)以及西方协约国随后宣布，战争的主要目标是为民主制度提供安全的世界环境。鲁登道夫以及帝国的领导层在断定战败已无可挽回之后，转而主张对德意志帝国的政体进行民主化改革，希望协约国有可能因此而议定出合理的，甚至有利于德国的停战条款。政治民主化还有一个副产品，它绝非偶然所得，而是出自鲁登道夫的盘算：如果停战条款不被德国民众接受，那么媾和不利的责任自然会落到德国的民主派政客身上，而与德皇或者军队领导层无关。新组建的政府由自由派的巴登亲王马克斯(Prince Max of Baden)领导，但事实证明，它控制不住海军，军官们为捍卫海军的荣誉，打算启航出海，去进行最后一场毫无希望的战斗——抗击英国舰队。毫不奇怪的，水兵哗变*了。暴动在几天之内蔓延
62 到平民阶层，德皇以及包括巴伐利亚国王和巴登公爵在内的所有王公贵族全部被迫退位。11月11日停战协议签字时，德军就地解散，民主派政党留下来——如鲁登道夫所愿——为《凡尔赛和约》(Treaty of Versailles)的条款进行谈判，如果那算得上谈判的话。[122]

《凡尔赛和约》生效后，德国失去了十分之一的人口，以及13%的领土，其中包括阿尔萨斯—洛林，在德国统治了近半个世纪之后被归还法国，此外还包括边境领土奥伊彭(Eupen)、马尔梅迪(Malmédy)和莫雷斯内(Moresnet)。萨尔兰(Saarland)脱离德国，由战胜国托管，《和约》承诺最终将由当地居民决定是否愿意归属法国，这显然是期望他们最终能同意并入法国，起码法国人可以从中施加影响。为了确保德国的武装力量不进入莱茵兰(Rhineland)，1920年代的大部分时间里，英国、法国以及美国在那里派驻了大量部队，其中美国驻军时间较短。北石勒苏益格(Northern Schleswig)割让给丹麦，梅梅尔(Memel)于1920年割让给立陶宛(Lithuania)。18世纪被奥地利、普鲁士和俄国瓜分的波兰重新建国，这意味着德国失去了波森(Posen)、西普鲁士的大部分以及上西里西亚(Upper Silesia)。但泽(Danzig)成为“自由市”，名义上由新建立的国际联盟(League of Nations)控制，它是二战后建立的联合国的前身。为了让刚独立的波兰得到出海口，《和约》给波兰划出一条“走廊”，将东普鲁士与德国其余部分的领

* 即“基尔水兵起义”。1918年10月29日，德国海军统帅部下令集结在基尔港的远洋舰队出海同英国决战，几百名水兵因拒绝执行命令而遭逮捕；11月3日，基尔港水兵举行示威游行，并发展成武装起义，是德国十一月革命的开端。

土分隔开。德国的海外殖民地被没收，在国际联盟的托管下被重新瓜分。[123]

同样影响深远、同样令人震惊的是，战胜国不允许德国与讲德语的奥地利合并。德奥如能合并，将意味着 1848 年激进派梦想的实现。随着奥匈帝国在一战结束时分崩离析，其成员国有的建立了民族国家，比如匈牙利、捷克斯洛伐克（Czechoslovakia）和南斯拉夫（Yugoslavia）；有的加入了相邻的、或新或旧的民族国家，比如波兰和罗马尼亚；大约 600 万德语人口则留在了奥地利，被夹在德国和意大利之间的阿尔卑斯山脉及其附近地区，其中绝大多数人都认为最好的出路是加入德意志帝国，几乎无人认为残存的奥地利在政治上或经济上能独立生存。在过去的几十年里，这些德语人口 63
中的绝大多数将自己视为多民族的奥匈帝国的主体民族。那些倡导 1848 年解决方案，即德语人口脱离奥匈帝国，加入德意志帝国的人，比如舍纳勒尔，过去只是被人看作极端分子。而现在，奥地利突然间被从它以前在经济上极为倚赖的内陆，尤其是匈牙利，切割出来；突然间从哈布斯堡王朝政府机构和军队裁撤下来的官员，造成首都维也纳人口激增，人口所占比例超过这个新国家居民总人口的三分之一，成为奥地利的沉重负担。于是，从前被视为奇谈怪论的政治观点现在似乎有了政治上的合理性。甚至奥地利的社会主义者也认为，如果奥地利加入较为先进的德意志帝国，将会比独自努力更快地实现社会主义。[124]

此外，美国总统伍德罗·威尔逊在其著名的“十四点计划”（Fourteen Points）* 中列出了他希望协约国致力于实现的目标，其

---

* 威尔逊于 1918 年 1 月发表的和平原则，主张实现民族自决，倡导建立公正而持久的和平；提出成立国际联盟，以维护各国的领土完整和政治独立。8 月，德国提出愿意在“十四点计划”的基础上和谈。10 月，协约国同意以“十四点计划”作为议和的指导纲领。但最后议定的《凡尔赛和约》条款大多不符合“十四点计划”的初衷。

中就有：让各民族都能够决定自己的未来，不受他国干涉。[125] 如果这个原则适用于波兰人、捷克人和南斯拉夫人，那么它当然也应该适用于德国人，对不对？但答案是否定的。协约国自问：我们为何而战，难道是为了在战争结束时坐视德意志帝国增加 600 万人口，并且大面积扩张领土，包括将欧洲最大的城市之一纳入囊中吗？于是德奥合并被否决。在《凡尔赛和约》有关领土的全部条款中，这一条似乎是最不公平的。协约国立场的支持者与批评者可以讨论其他条款的利弊，可以辩论为解决上西里西亚等地的领土纠纷而进行的全民公决是否公平，但奥地利问题则根本没有争论的余地。奥地利人希望合并，德国人愿意接受合并，民族自决的原则也支持合并；因此，协约国对德奥合并的否决，一直是德国人心怀怨恨的根源，同时也使新建立的“德意志–奥地利共和国”（Republic of German-Austria）*（当时的国名）陷入了 20 年的频繁冲突、危机四伏，该国公民几乎无人承认这一否决的合法性。[126]

许多德国人意识到，协约国禁止德奥合并，就像《凡尔赛和约》中的其他条款一样，其合理性都来自《和约》第二百三十一条——
65 强制德国为 1914 年爆发的战争承担“全部罪责”。同样令德国人感到冒犯的条款还有：授权以战争罪审判德皇等人。1914 年德军入侵比利时和法国北部期间，确实犯下了极其残暴的罪行。然而在莱比锡（Leipzig）一家德国法院进行的寥寥几次审判几乎均告失败，因为德国法官裁定，多数指控都不成立。在最初甄选出接受审判的 900 名战犯中，最终仅有 7 人被认定有罪，10 人被宣告无罪，余者

---

* 德意志–奥地利共和国（1918—1919），奥匈帝国解体后，地位未定的德语地区使用的国名，以此表达与德国合并的意向。1919 年 9 月，协约国与之签署《圣日耳曼昂莱条约》（Treaty of Saint-Germain-en-Laye），禁止奥地利与德国合并。“德意志—奥地利共和国”遂改称“奥地利第一共和国”（First Austrian Republic）。在 1919 年 6 月协约国与德国签署的《凡尔赛和约》中，也禁止德国与奥地利合并。

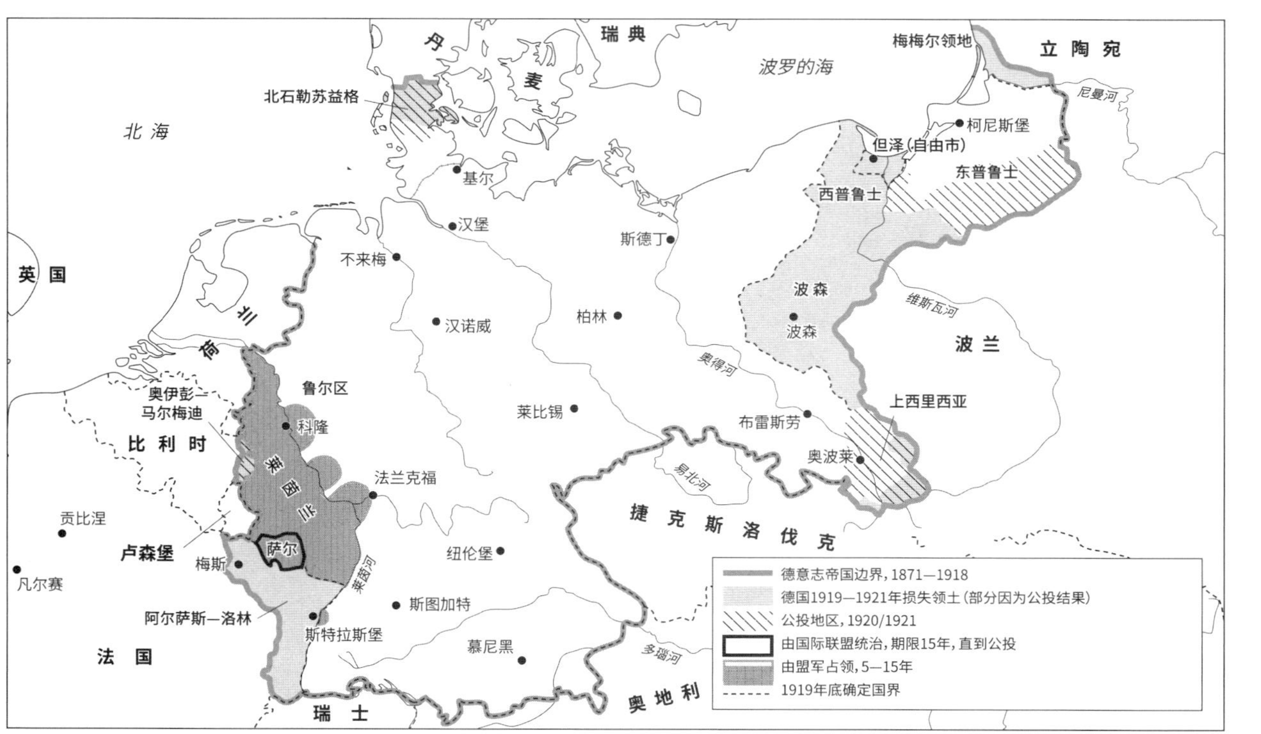
北海
北石勒苏益格
丹麦
瑞典
波罗的海
梅梅尔领地
立陶宛
尼曼河
柯尼斯堡
但泽(自由市)
东普鲁士
西普鲁士
英国
基尔
汉堡
斯德丁
不来梅
荷兰
汉诺威
柏林
波森
波森
维斯瓦河
波兰
奥得河
鲁尔区
奥伊彭—马尔梅迪
科隆
比利时
莱比锡
布雷斯劳
上西里西亚
莱茵兰
奥波莱
易北河
法兰克福
贡比涅
卢森堡
萨尔
梅斯
凡尔赛
纽伦堡
捷克斯洛伐克
莱茵河
阿尔萨斯—洛林
斯图加特
斯特拉斯堡
法国
慕尼黑
多瑙河
奥地利
瑞士
德意志帝国边界，1871—1918
德国1919—1921年损失领土(部分因为公投结果)
公投地区，1920/1921
由国际联盟统治，期限15年，直到公投
由盟军占领，5—15年
1919年底确定国界

地图 3　凡尔赛和约

则从未经历过一次完整的庭审。长留于德国公共记忆中的想法是，战争罪的全部概念，确切地说是战争法的全部理念，是战胜的协约国根据虚假宣传中的虚构暴行，凭诡辩而捏造出来的。这种观点对于德军在二战期间的心态与行为有着致命的影响。[127]

其实第二百三十一条的真正意图，是为协约国向德国征收惩罚性战争赔款提供法律依据，尤其是赔偿法国和比利时在被德国占领的 4 年零 3 个月时间里所蒙受的损失。德国掠夺了 200 多万吨商船、5000 个火车头和 136 000 节车厢、2400 万吨煤炭和其他大量物资。战争赔款将在未来很多年里以黄金支付。[128] 为防止战争赔款仍无法阻止德国筹资重建武装力量，《和约》还限定德国军队的规模最高不得超过 10 万人，禁止使用坦克和重型火炮，禁止征兵；600 万支德国步枪、15 000 多架飞机、超过 13 万挺机关枪以及大量其他军事装备必须销毁；德国海军实际上已被解散，并被禁止建造任何大型新舰只；根本不允许德国拥有空中力量。这些条款就是 1918—1919 年西方协约国摆在德国人面前的和平条件。[129]

二

66 大多数德国人对这些条款深恶痛绝。[130] 愤怒与不信任感如冲击波般蔓延到德国上层和中产阶级的几乎每个角落，也对工人阶级中许多支持社会民主党温和派的人产生了极大影响。自 1871 年统一以来，德国的国际实力与威望一直处于上升阶段，所以此时多数德国人突然间感到，德国已被野蛮地逐出强国之列，并蒙受了他们认为不应得的耻辱。《凡尔赛和约》被谴责为一方强加给另一方的、没有谈判余地的、强行规定的和约。众多德国中产阶级人士在 1914 年显示出的战争热情，4 年后转为对停战条款的痛恨。

实际上，停战协议为德国在东中欧的外交政策创造了新的机会，盛极一时的哈布斯堡和罗曼诺夫王朝被一堆争执不休、不稳定的小国所取代，比如奥地利、捷克斯洛伐克、匈牙利、波兰、罗马尼亚和南斯拉夫。《凡尔赛和约》的领土条款相对而言是温和的，因为如果德国战胜，它施于欧洲其他国家的条约会更加强硬；这种强硬，原则上的明确表述见于德国宰相贝特曼·霍尔维格在 1914 年 9 月制定的计划，实践上的生动表现见于 1918 年春德国与战败的俄国所订立的《布列斯特–立陶夫斯克和约》。假如德国战胜，也会有一张巨额的赔款账单送达战败的协约国，其数额无疑会比俾斯麦在 1870—1871 年战争之后送交法国的账单高出很多倍。德国从 1919 年开始实际支付的战争赔款，并未超出国内资源的承担能力；而且考虑到德国占领军对比利时和法国的肆意破坏，赔款数额也并非不合理。从很多方面看，1918—1919 年的停战协议都是在已经急剧变化了的世界里，将原则与实用主义相结合的一次大胆尝试。这在其他环境下也许有成功的机会，但在 1919 年的环境下则不行，当时几乎任何和约条款都会遭到德国民族主义者的谴责，因为他们认为对方不公正地窃取了胜利。[131] 从战争结束直到大约 1920 年代 67
末，协约国沿着莱茵河谷对德国西部地区实施的长期军事占领，也引起了民众的普遍怨恨，并使当地的德意志民族主义情绪日益高涨。有一位生于 1888 年的社会民主党人，原先持反战立场，后来却写道："我渐渐感觉到法国兵枪托的存在，又变得爱国了。"[132] 尽管英国和美国驻军遍布莱茵兰的广大地区，但在莱茵兰和萨尔兰，最招人憎恨的是法军。尤其令人愤怒的是，法国人取缔了德国的爱国主义歌曲和节日，在当地鼓励分离主义运动，宣布激进的民族主义团体为非法。萨尔兰有位矿工说，新接管国有矿山的法国人以苛待工人的方式表达他们对德国的仇视。[133] 消极抵抗——特别是在爱国的基层公务员中间，比如拒绝为新上台的法国当局服务的铁路职员——激励着人们仇视那些接受现状的柏林政客，反对无力改变现状的德国民主政府。[134]

虽说停战协议和《凡尔赛和约》激怒了大多数德国普通民众，但与它们对极端民族主义的鼓吹者所造成的影响，尤其是对泛日耳曼联盟成员所造成的影响相比，那根本算不了什么。泛日耳曼联盟在 1914 年对战争的爆发表现出了无限的热情，近乎狂喜。对于海因里希 · 克拉斯那类人来说，这是实现毕生梦想的契机，事情似乎终于要按他们的想法发展了。泛日耳曼联盟曾在战前为吞并领土和称霸欧洲拟定了雄心万丈的计划，此时似乎有了实现的机会，由贝特曼 · 霍尔维格领导的政府制定的一套战争目标，在范围和规模上非常接近于他们的计划。工业家中央同盟等压力团体和保守党等政党众声喧哗，强烈要求德意志帝国在战胜后兼并广阔的领土。[135]但胜利并未降临，且反对领土兼并的呼声渐高。在此形势下，克拉斯和泛日耳曼联盟开始意识到，他们应该另想良策扩大支持基础，以便再次向政府施压。然而正当他们为了实现这一目标千方百计与其他团体结盟时，却突然被一场新兴的运动抢占了先机，该运动的
68 发起人沃尔夫冈 · 卡普（Wolfgang Kapp）曾为公务员，拥有不动产，是商业巨头以及泛日耳曼联盟创始人之一阿尔弗雷德 · 胡根贝格的合伙人。在卡普看来，没有群众基础的民族主义运动是不可能成功的。1917 年 9 月，他创建德意志祖国党（German Fatherland Party），党纲的核心内容包括兼并主义者的战争目标、独裁式修宪，以及泛日耳曼联盟的其他政纲。在克拉斯、工业家中央同盟、前海军大臣阿尔弗雷德 · 冯 · 提尔皮茨，以及实际上包括保守党在内的所有兼并主义者团体的支持下，祖国党展示出一种超越党派之争，只以德意志民族为重，而不纠结于抽象意识形态的形象。教师、新教牧师、军官等各界人士纷纷加入。在一年之内，祖国党声称其党员人数不下 125 万。[136]

但实际情况与表象并不相符。首先，党员人数被夸大了，许多

人既作为入党的个人又作为合并进来的团体成员而被重复计数，因此根据该党1918年9月的一份内部备忘录，真正的党员人数不超过44.5万。其次，克拉斯和泛日耳曼联盟不久即遭冷落，因为祖国党领导层认为，与之结盟会使政治立场不那么极端的潜在支持者望而却步。祖国党遭到自由派的极力反对，并引起政府的高度警惕，禁止军队官兵加入，还通知公务员不得以任何方式帮助祖国党。祖国党吸纳工人阶级入党的雄心被两股力量挫败：一股来自社会民主党，他们尖锐抨击祖国党的意识形态是在制造分裂；另一股来自战争伤残人员，他们于1918年1月（应邀）参加祖国党在柏林召开的会议，与发言者激烈地争吵起来，结果被听众中的超级爱国者赶出会场，还招来警察制止他们斗殴。这一切表明，祖国党实际上是以往各种极端民族主义运动的又一个版本，甚至比那些运动更被中产阶级名流所左右。祖国党既无争取工人阶级支持的新举措，也无工人阶级的代言人；它虽然大力宣传鼓动，却全无平易近人之风；它在政治活动中言行得体、坚不逾矩，避免使用暴力；最重要的是，它显示了传统的泛日耳曼政治野心的破产，当泛日耳曼联盟无力应 69
对战后德国的政治新局面，在1918年之后渐渐淡出政坛时，这种破产即得到了证明。[137]

三

改变极端民族主义格局的不是战争本身，而是战败的经历、革命以及战争结束时的武装冲突。在其中起重要作用的，是1914—1918年“前线一代”(front generation)的传奇。“前线一代”指的是，在超越了一切政治分歧、地域界限、社会地位和宗教差异的英雄事业中，以袍泽之谊和自我牺牲精神为纽带凝聚在一起的军人。作家们著书赞美将士们的事迹，比如恩斯特·容格尔（Ernst Jünger）

的畅销书《钢铁风暴》(*Storm of Steel*)，在这些作品的熏陶下，人们很快就怀念起战争年代的团结精神。[138] 中产阶级尤为迷恋这种传奇，战争期间他们在战壕里与工人和农民共同承担的现实困难和精神痛苦，为他们在战后岁月里的怀旧文学盛宴提供了素材。[139] 许多战士极度厌恶 1918 年爆发的革命，从前线归来的部队有时候会解除途经地区的工人与士兵委员会(Soldiers' and Workers' Council)的武装，或者逮捕他们。[140] 有些参战人员转而信奉激进的民族主义，因为革命者迎接他们的是侮辱而不是赞扬，强迫他们摘掉肩章、放弃对帝国黑白红旗(black-white-red Imperial flag)* 的忠诚。一位老兵后来这样回忆道：

> 1918 年 11 月 15 日，我从巴特瑙海姆(Bad Nauheim)的医院返回勃兰登堡的军营。我正拄着拐杖、蹒跚地走在柏林的波茨坦(Potsdam)车站，一伙身穿制服、故意晃着红袖章的人拦住了我，要求我交出肩章和徽章。我举起拐杖作为答复，但我的反抗很快被制服。我被打倒在地，直到车站的一位工作人员出面干涉，我才得救，摆脱了受辱的处境。从那一刻起，我的心中就燃起了对十一月罪人† 的仇恨。等健康状况稍有起色，我就加入了那些致力于推翻叛乱势力的团体。[141]

70 德国已经推翻了将士们为之而战的体制，有些士兵在归国时受到了“可耻的”、“羞辱人的”迎接。他们之中后来有人发问：“朝气蓬勃的德国青年在数百场战斗中捐躯，难道就是为了这个？”[142] 有位在战斗中失去了一条腿的老兵，1918 年 11 月 9 日正住在一家

---

* 黑白红旗，1871—1918 年德意志帝国国旗。

† 指《凡尔赛和约》的签订者，被指为出卖民族的罪人。——编注

军队医院，他写道：

> 我永远忘不了那一幕：有位失去一条胳膊的战友走进病房，扑到自己的床上大哭起来。那帮没听过一声子弹呼啸的红色暴民殴打了他，扯掉了他所有的徽章和勋章。我们愤怒地大吼。几年来，我们献出鲜血、牺牲健康，勇敢地面对地狱般的煎熬和无数的敌人，竟然是为了这样的德国。[143]

“是谁出卖了我们？”有人问道。答案不久就出现了：“是那些想把德国毁为废墟的歹徒……邪恶的异类。”[144]

这种情绪在部队中并不普遍，战败的经历并没有把所有老兵变成极右势力的政治炮灰。面对协约国敌人的大军压境，许多德军无心恋战，开了小差。[145]数百万工人阶级出身的士兵回归他们原先的政治阵营，加入社会民主党，或者被吸引到共产党的旗下。[146]一些由老兵组成的压力团体坚定地表示，他们希望任何人都永远不再经历他们在1914—1918年所遭受一切。然而，对于战后的暴力与不满氛围的最终形成，老兵和他们的怨气确实起到了至关重要的作用，并且在从战争状态调整到和平环境的过程中，许多人因为受到刺激而趋向极右翼立场。那些已经在政治上融入保守和民族主义传统的人，发现自己的思想在1920年代的政治新语境中变得激进了。左翼阵营亦然，亲身经历或间接感受的战争痛苦，使他们开始乐于使用暴力。[147]随着战争的远去，“前线一代”的传奇逐渐使人们普遍感到，在战争期间为国家做出巨大牺牲的老兵们，理应得到比实际得到的好得多的待遇，许多老兵当然认同这种观点。[148]

最重要的几个老兵协会都对这些不满情绪深有感触，极力呼 71
吁恢复那个曾经领导他们战斗的旧帝国体制。“钢盔前线士兵联盟”（Steel Helmet: League of Front-Soldiers）成立于1918年11月13日，创始人弗朗茨·泽尔特（Franz Seldte）是马格德堡（Magdeburg）一家小型汽水厂的厂长。生于1882年的泽尔特曾是学生决斗队（student duelling corps）的活跃分子，后来赴西线作战，并因作战英勇而被授予勋章。在“钢盔”成立之初的一次公开集会上，听众中有人质疑他对民族主义事业的贡献，泽尔特便挥挥左臂残肢，向他们展示自己在索姆河战役（Battle of the Somme）* 中失去的手臂。出于本能的谨慎与保守，他更愿意强调“钢盔”的主要功能是为陷入困境的老兵提供经济援助。泽尔特容易受强势人物的影响，尤其是那些比他立场更强硬的人，其中之一是同为“钢盔”领导人的特奥多尔·杜斯特伯格（Theodor Duesterberg），此人也是曾在西线作战的军官，后来在参谋部的一系列岗位任职，主要负责与土耳其和匈牙利等盟国的联络事务。杜斯特伯格生于1875年，曾就读于陆军士官学校，属于典型的普鲁士军官，迷恋纪律与秩序，政治立场顽固僵化，而且像泽尔特一样，完全无法适应一个没有皇帝的世界。因此，二人都认为“钢盔”应该“超越政治”，但这意味着他们在实践中需要克服党派分歧，恢复1914年的爱国主义精神。该组织在1927年的柏林宣言中宣称：“钢盔”向一切软弱和怯懦的行为宣战，这些行为试图通过放弃防御权与防御意志，来削弱和破坏德意志人民的荣誉意识。宣言谴责并要求废除《凡尔赛和约》，希望恢复俾斯麦时期德意志帝国的黑白红国旗，并且将德国的经济困难归因于“缺少能够施展拳脚的生存空间和领土”。要执行这个计划，需要强有力的领导人。在战争中结成的袍泽之谊，必须为民族团结提供基础，从而克服当前的党派分歧。到1920年代中期，“钢盔”号称拥有大约30万团员。在街头游行和集会时，他们是一支

* 索姆河战役，一战期间英法联军与德军在西线的一次重要战役，1916年7月至11月发生于法国北部索姆河区域，双方伤亡超过百万。

令人生畏的、坚定的军国主义力量。确实，至少 13.2 万身穿军装的
“钢盔”成员参加了 1927 年在柏林举行的阅兵式，以示对旧秩序的 72
忠诚。[149]

与“钢盔”一样，多数德国人认为，第一次世界大战的创伤，尤其是意料之外的战败所带来的打击，是无法愈合的。1918 年之后，当德国人说起“和平时期”，指的不是他们当下实际生活的年代，而是大战开始之前的岁月。德国在 1918 年之后未能实现从战时到和平年代的过渡，而是一直处于战斗状态：与国内对手战斗，与全世界战斗，因为《凡尔赛和约》使政治光谱中的几乎所有派别都下定决心，力图废除和约的核心条款、收回失去的领土、停止支付赔款、恢复德国在中欧的霸权。[150]1914 年以前，军队的行为规范已广泛地影响着德国的社会与文化；到了战后，它们更是变得无处不在。政治语言弥漫着火药味，其他党派成了应被打倒的敌人，斗争、恐怖和暴力已经普遍被接受为政治斗争的合法武器，到处都是穿制服的人。可以把 19 世纪早期军事理论家卡尔·冯·克劳塞维茨（Carl von Clausewitz）的名言*倒过来说：政治成了战争通过另一种手段的继续（Politics became war pursued by other means）。[151]

第一次世界大战将暴力合法化的程度，甚至超过了俾斯麦在 1864—1870 年统一战争中所达到的程度。一战前，就连彼此政治信仰南辕北辙、针锋相对的德国人，也能够不诉诸暴力地讨论彼此的分歧。[152]然而到了 1918 年之后，风气彻底改变。气氛的变化已经可以从国会的议事过程中观察到：在帝国时代，国会议事一向比较稳重得体；但 1918 年之后却频频沦为不体面的吼叫比赛，一方公开表示对另一方的鄙视，议长无法维持秩序。不过，街上的情

---

* 卡尔·冯·克劳塞维茨的那句名言是：“战争是政治通过另一种手段的继续。”（War is the continuation of politics by other means）

形远比国会糟糕，各派别组织了流氓别动队，打架和骂战已成家常便饭，痛殴与暗杀是常见手段。采取这些暴力行动的，不仅有以前的军人，还包括十八九岁和二十多岁的男子，他们之前因年幼而
73 无法上战场，此时平民暴力成了他们证明自己有资格与传奇中的老一代前线战士相提并论的一种方式。[153] 青年雷蒙德·普雷策尔（Raimund Pretzel）的经历比较有代表性，这位富裕的高级公务员之子后来在 1930 年代回忆说，1914—1918 年，他和同学们一直在玩战争游戏，热切地关注战报，他们那一整代人都“觉得战争是伟大的、激动人心的、迷人的国与国之间的游戏，它带给人的兴奋与情感满足远远超出和平所能给予的一切；而那种体验现在成了纳粹主义的根本看法”[154]。战争、武装冲突、暴力和死亡对他们来说往往是抽象的概念，他们从中读取到的信息是杀戮，然后在青春期的头脑中进行信息处理时又受到宣传的影响——这种宣传将杀戮描绘成英勇的、必要的爱国主义行为。[155]

不久之后，各政党开始与穿军装的武装别动队合作，这种准军事组织的任务包括：在集会上担任警卫；整齐划一地列队行进在街道上，吸引公众的注意；恫吓、殴打，并在必要时刺杀与其他政党合作的准军事组织成员。政客与准军事组织的关系往往矛盾重重，准军事组织一直保持着或多或少的自治，但它们的政治色彩通常相当明显。“钢盔”表面上只是个老兵协会，但当他们列队走在街上或者与敌对团体发生冲突时，他们的准军事功能一览无遗。从 1920 年代中期开始，“钢盔”与极右翼的关系日渐密切，立场也愈加激进，它拒绝犹太人加入，尽管其宗旨是扶助所有上过前线的老兵，而且有大量犹太老兵像其他老兵一样需要它的帮助。民族党（Nationalists）* 也组建了自己的“斗争同盟”（Fighting Leagues），

* 即德意志民族人民党（German National People's Party），是魏玛共和国时期主要的保守和民族主义政党。——编注

这使他们可以专心追求自己的目标，有了比与混乱、分裂的“钢盔”合作时更好的发展机会。1924 年，社会民主党领衔组建了“黑红金帝国国旗团”（Reichsbanner Black-Red-Gold），他们用魏玛共和国国旗的颜色为自己的组织命名，以示对共和国的忠诚，但名称中的“帝国”又表达了与共和国遥遥相悖的理念。共产党组建“红色阵线战士同盟”（Red Front-Fighters’ League），其中“红色阵线”一词本身就明显地把军事隐喻纳入了政治斗争。[156] 极右翼阵 74
营也有一些规模较小的“战斗同盟”（Combat Leagues），它们逐渐沦为非法的阴谋团体，比如与“钢盔”密切合作的“埃舍里希团”（Organization Escherich），以及从事政治暗杀与仇杀的黑社会组织“执政官组织”（Organization Consul）。成群结伙身穿制服的人在街道上穿行，互相冲撞、野蛮地大打出手，在魏玛共和国成了司空见惯之事，使政治生活中的暴力与攻击性气息更加浓重了。[157]

1918—1919 年的德国革命并未解决战争最后阶段不断加剧的国内矛盾，极少有人对革命的结果感到完全满意。在极左阵营，卡尔 · 李卜克内西和罗莎 · 卢森堡领导下的革命者认为，1918 年十一月革命是建立社会主义国家的契机，那些随着帝国旧体制的瓦解而雨后春笋般出现在全国各地的“工人和士兵委员会”，将成为新国家的管理者。他们以列宁的布尔什维克革命为榜样，加紧执行二次革命的计划。对他们而言，社会民主党的主流派害怕革命者会重蹈当时俄国的覆辙。他们为自己的生命担心，认为有必要防止国家陷入全面的无政府状态，于是批准招募全副武装的准军事组织，即由一战老兵和青年男子混编而成的“自由军团”（Free Corps），用以镇压继起的革命暴动。

1919 年最初的几个月里，极左阵营在柏林发动了一次组织松散的暴动，自由军团在社会民主党内主流派的怂恿下，做出空前暴虐与野蛮的回击。李卜克内西和卢森堡被杀害，革命者在许多他们曾经控制或者似有夺权威胁的德国城市被击毙或者草草处决。这些事件给左翼政党留下了永久的痛苦与仇恨，1920 年春爆发的另一场大规模政治暴力又加深了他们的创伤。为了应对右翼势力在柏林发动的一次未遂政变、保卫鲁尔（Ruhr）工业区公民的自由，社会民主党内的左翼和共产党组建了一支工人“红军”（Red Army），并开始提出更加激进的政治要求。右翼政变被一场总罢工挫败之后，自由
75 军团就在社会民主党主流派的支持以及正规军的协助下镇压了“红军”。这场政治暴力的规模相当于一场局部内战，被屠杀的“红军”成员逾千人，其中多数是“企图逃跑时被击毙”的俘虏。[158]

这些事件注定了社会民主党与共产党之间的任何合作，从一开始就必然失败。两党间相互的恐惧、指责和仇恨，远远多于他们之间可能存在的任何共同目标。1918 年革命留给右翼阵营的后遗症，并不少于留给左翼的创伤。社会民主党内的温和派即使没有鼓励以极端暴力的手段对付左翼人士，也促成了这种做法的合法化；但这丝毫没能使他们自己免于被反噬，自由军团现在突然开始对自己的主人下手了。自由军团的许多领导人都曾经是军官，对“背后一刀”的说法坚信不疑。军团对革命及其支持者痛恨之深，几乎没有限度。他们的宣传语言、回忆录、对自己参加过的军事行动的虚构式描述，都显示出疯狂的攻击意识和报复心理，往往近乎病态。他们认为，“赤色分子”是没有人性的群体，如同一群老鼠，带着毒素，洪水般漫过德国。如果想控制住他们，就需要使用极端暴力的手段。[159]

自由军团的情绪，在不同程度上得到大量正规军军官和绝大多数右翼政客的认同，许多未能参加一战的青年学生和其他人士如今麇聚到右翼政客旗下。在这些人看来，任何政治阵营中的社会主义者和民主派都堪比卖国贼——他们不久即被称为“十一月罪人”或“十一月卖国贼”，意思是他们先在背后捅了军队一刀，然后又在 1918 年 11 月犯下推翻皇帝和签署停战协定的双重罪行。对某些民

主派政客而言，签署《凡尔赛和约》其实就等于签署了自己的死刑执行令，因为自由军团的成员组建了暗杀队，意在清除和刺杀那些被他们视为卖国贼的人，包括民主派政客瓦尔特·拉特瑙（Walther Rathenau）、社会主义者领军人物胡戈·哈塞（Hugo Haase）和著名的中央党议员马蒂亚斯·埃茨贝尔格（Matthias Erzberger）。[160]政治暴力在 1923 年达到了新的高度，当年的标志性事件不仅包括共产党在汉堡的未遂起义遭到血腥镇压，还有慕尼黑敌对政治团体之间的枪战，以及有法国支持的分离主义者参与的莱茵兰武装冲突。 76
1920 年代初，极左人士，比如卡尔·普拉特纳（Karl Plättner）和马克斯·赫尔茨（Max Hölz），从事武装抢劫与“征用”活动，直到他们被逮捕并被判处长期徒刑才告收场。[161]

正是在这种民族创伤、政治极端主义、暴力冲突和革命暴动的氛围中，纳粹主义诞生了。其意识形态中杂糅的大多数元素，在 1914 年之前就已经流行于德国，并在战争期间更加为公众所熟知。德国在 1918 年底骤然陷入政治乱局，这种混乱状态在战后又持续了数年，刺激了极端思想向暴力行动的转化。曾经令少数泛日耳曼极端主义者兴奋沉迷的仇恨、恐惧和野心的大杂烩，突然间获得了一个至关重要的元素：使用武力的意愿，乃至决心。国耻、俾斯麦帝国的崩溃、社会民主党的上台、共产主义的威胁，这一切在某些人看来似乎提供了正当的理由，可以使用暴力和谋杀的手段，去执行泛日耳曼论者、反犹主义者、优生学家和极端民族主义者在即将进入 20 世纪时就已开始鼓吹的，德意志民族如欲复兴所需要采取的措施。

然而即使在 1918 年之后，持上述观点者也依然是少数，使用武力将其付诸实施者更是仅限于个别的极端分子。德国社会和德国政治都因 1918—1919 年帝国的崩溃而呈现出两极分化，但并未转入对极端民族主义的普遍热衷。而且至关重要的是，占据政治中心地带的依然是这样的人物和政党：致力于建立一个稳定的、功能正常的议会民主制度，致力于社会改革，致力于让所有人都享有文化自由和经济机会。威廉帝国的垮台为这样的人物和政党提供了机会，他们也欣然抓住了机会。因此，极端民族主义要想闯入政治主流，必须先扫除由德国的第一个民主政体——魏玛共和国所制造的障碍。

第二章

民主之殇

第一节

魏玛的弱点

一

第一次世界大战结束之际，恐惧与仇恨笼罩德国。枪战、暗杀、骚乱、屠戮和社会动荡，使德国的民主新秩序无法获得生存繁荣所需的稳定环境。然而，皇帝退位以及俾斯麦建立的帝国解体之后，政权必须有人接管。社会民主党填补了权力的真空。在 1918 年 11 月初的乱局中，劳工运动的一群领军人物出面组建革命的"人民全权代表委员会"（Council of People's Delegates）*，它至少在短时期内将社会民主运动的两翼（支持战争的多数派与反战的独立社会民主党）联合了起来，委员会由长期在社会民主党内任职的弗里德里希·艾伯特领导。艾伯特生于 1871 年，是裁缝之子，后来成为马具匠。他通过参与工会活动步入政界，先是在不来梅（Bremen）的社会民主党党报当编辑，后来于 1893 年在该市开了一家酒馆，其功能与 78

* 人民全权代表委员会，1918 年 11 月 10 日由社会民主党和独立社会民主党分别派出三位代表组建的德国临时政府。独立社会民主党的三位代表于 12 月 29 日退出。1919 年 2 月 10 日，委员会将权力移交给国会。

许多同类机构一样，是当地劳工组织的活动中心。到 1900 年，艾伯特已是不来梅市政坛的活跃人物，作为当地的社会民主党领导人，他为提高党的效力做了大量工作。1905 年，艾伯特当选设在柏林的社会民主党中央委员会书记，并于 1912 年进入帝国国会。

艾伯特不是作为伟大的演说家或者魅力超凡的领袖，而是作为冷静、耐心和机敏的谈判者，赢得了党内的尊重，他似乎总能把劳工运动的不同派别凝聚在一起。艾伯特是社会民主党第二代领导人中典型的实干家，他认同该党的马克思主义意识形态，但致力于运
79 用自己在劳动法和社会保险等领域的专长，逐步改善工人阶级的生活。党的管理机构和竞选机构在战前实现改组、提高了效率，主要得益于艾伯特的辛勤工作，他对于社会民主党在 1912 年国会选举中那次著名的大胜可谓厥功至伟。1913 年，长期担任党魁的奥古斯特 · 倍倍尔（August Bebel）去世，艾伯特与更加激进的胡戈 · 哈塞同时当选为党的联合领导人。像许多社会民主党组织者一样，艾伯特把对党的忠诚看得几乎高于一切，他对哈塞等反战人士拒绝服从党内多数人的决议感到愤慨，这是促使他将他们开除出党的主要因素。这些异见人士在哈塞的领导下于 1917 年组建独立社会民主党，他们从各种角度入手，努力推动停战。艾伯特相信纪律与秩序、折中与改革，在战争期间努力促成社民党与中央党和左翼自由派的合作，以便推动皇帝的行政机构接受议会制度。出于清醒的执政者所特有的务实态度，他把 1918—1919 年的主要目标设定为：维持基本的公共服务正常运行，阻止经济崩溃，恢复法律与秩序。他之所以转而赞同敦促皇帝退位，仅仅是因为意识到如果不这样做，社会革命就会一触即发。在与皇帝的末任宰相巴登亲王马克斯谈话时，艾伯特说：“我不想这样，事实上我讨厌这样，就像讨厌罪恶。”[1]

艾伯特想要的不是革命，而是议会民主制度。激进派希望以工人与士兵委员会为基础组建某种苏维埃式政府，艾伯特及其在人民

全权代表委员会的同仁为了抵制这种做法，与中央党和当时已更名为民主党的左翼自由派合作，于 1919 年初为制宪会议组织了全国选举。许多德国普通选民，无论有着怎样的个人政见，都认为防止德国建立苏维埃式政权、抵御布尔什维克革命威胁的最好办法，是投票给这三个民主政党。因此，社会民主党、左翼自由派民主党和中央党在制宪会议的选举中毫无悬念地赢得了绝对多数票。制宪会议于 1919 年初在德国中部小镇魏玛召开，那里是 18 世纪和 19 世 80
纪初的德国诗人、小说家和戏剧家约翰·沃尔夫冈·冯·歌德（Johann Wolfgang von Goethe）长期生活和工作过的地方。[2]1919 年 7 月 31 日通过的宪法，基本上是俾斯麦在近半个世纪之前为德意志帝国制定的宪法的修订版。[3] 其中规定，由帝国总统取代皇帝，总统将像美国总统那样通过普选产生。宪法不仅从法律上赋予总统独立于立法机构的地位，还支持总统行使宪法第四十八条所授予的宽泛的紧急处置权。在危机期间，只要总统认为哪个州受到了威胁，就可以通过总统令的形式行使专制权，动用军队恢复那里的法律与秩序。

设计这项专制权的初衷仅仅是针对非常紧急的状况，然而艾伯特作为共和国的首任总统，却非常广泛地行使着这一权力，在不少于 136 种情况下使用过。他解散了萨克森州和图林根州（Thuringen）由民选产生的合法政府，因为觉得它们有挑动骚乱的危险。更加危险的是，在 1920 年鲁尔区内战期间，他颁布法令，宣布死刑适用于扰乱公共秩序罪，并且具有追溯力，因此自由军团和正规军分队此前草率处决许多红军成员的行为属于合法。[4] 值得注意的是，上述两种情形中，专制权都被用于镇压所谓左翼对共和国的威胁，而几乎未被用于应对在很多人看来严重得多的、右翼对共和国的威胁。实际上并无有效措施可以防范第四十八条被滥用，因为假如国会否决总统令，那么总统可以行使宪法第二十五条赋予他的权力解散国会。而且无论在何种情况下，总统令都可以用于制造既成事实，即造成国会除了批准总统令之外别无选择的局面（例如，总统令有可能被用来恐吓和镇压现任政府的反对者，尽管艾伯特从未如此行事）。诚然，在有些状况下，除了某种形式的专制统治，也许没有其他选择。但是第四十八条并未包含适当条款，用以约定立法机构最终有权在总统专制权被滥用时收回此项权力。艾伯特不仅将专制权施用于紧急状态，而且施用于形势并不紧急，但提案可
81 能难以获得国会同意的情形。结果，艾伯特对第四十八条的过度使用以及偶尔的滥用，致使专制权的行使范围扩大到了成为民主制度之潜在威胁的程度。[5]

艾伯特领导了魏玛共和国的创建，功不可没。然而他也做了许多轻率的妥协，这些折中之策后来转而以不同形式困扰着共和国。他注重从战争到和平的平稳过渡，因此与军队紧密合作，但却没有要求军中强硬的君主主义者和极端保守的军官团做出任何改变，而他在1918—1919年完全有资格那样要求。可是艾伯特与旧秩序妥协的意愿，根本未能取悦那些痛惜旧秩序之逝去的人。担任总统期间，他始终是右翼媒体无情诋毁、肆意讨伐的对象。在一张广为传播的报纸照片上，又矮又胖的帝国总统与几位友人在海边度假，身上只穿了条泳裤，这让他招致那些觉得国家元首应该超然绝俗、天神般高贵的人的嘲笑和鄙视。另一些反对者供职于揭露黑幕的右翼媒体，企图把他与金融丑闻扯在一起，以此诽谤他。艾伯特的反应也许傻气，他以诽谤罪起诉那些造谣者，接连兴讼不少于173宗，无一得到满意的结果。[6] 在1924年审理的一宗刑事案中，被告因称艾伯特为叛国者而受到指控。法庭对被告象征性地罚款10马克，裁决的理由是，艾伯特确实显示自己是个叛国者，因为他在战争的最后一年与柏林罢工的兵工厂工人保持联系（但实际上他这样做是为了通过谈判尽快结束罢工）。[7] 极右翼源源不断倾泻到艾伯特身上的仇恨见效了，不仅动摇了他的地位，也令他身心俱疲。艾伯特

执着于辩诬、自证清白，忽视了阑尾穿孔这种以当时的医疗技术本可轻松治愈的疾病，于 1925 年 2 月 28 日病逝，终年 54 岁。[8]

随后的总统选举对魏玛共和国的民主前景来说是一场灾难。魏
玛的政治分裂和法统欠缺所产生的致命影响，于此时显现出来。因
为在第一轮投票中，各位候选人均无获胜的迹象，于是右翼阵营把
不愿参选的陆军元帅保罗·冯·兴登堡推到前台，用他的号召力来 82
聚拢四分五裂的支持者。在接下来的决胜投票中，假如共产党或者
中央党内独立自主的巴伐利亚派投票给兴登堡最强劲的对手、天主
教政客威廉·马克思（Wilhelm Marx），那么陆军元帅就有可能败
下阵来。不过，主要拜巴伐利亚派的自大自私之所赐，兴登堡以明
显的多数票当选。壮硕魁梧的兴登堡是昔日的军事秩序和帝国秩
序的卓越象征，他仪表堂堂，一身戎装，勋章累累，因坦嫩贝格
（Tannenberg）大捷以及此后主宰了德国的军事命运而获得传奇般
的声望——多半是徒负虚名，这一切使他成了备受尊崇的首脑，尤
其是对右翼而言。兴登堡的当选受到右翼势力的欢迎，被他们视为
复辟的象征。对此不以为然、充满忧虑的保守派学者维克托·克伦
佩雷尔在日记中记录下他的观察：“5 月 12 日，兴登堡宣誓就职，
到处是黑白红旗，只有政府大楼挂着帝国国旗*。”克伦佩雷尔说，
他那天看到的黑白红旗中有五分之四是儿童用的那种小旗子。[9] 对
许多人来说，兴登堡的当选是背离魏玛民主制度、朝着恢复君主制
旧秩序迈出的一大步。有个应景的谣言不胫而走，说兴登堡觉得应
该在就任总统之前征得当时流亡荷兰的前皇帝威廉的同意。这个传
闻并不属实，但它的流传很能说明兴登堡功高望重的程度。[10]

出乎多数人意料的是，兴登堡就职之后，受强烈的责任感驱使，不折不扣地遵照宪法行事；但是，随着 7 年任期逐渐耗尽，加之年

---

* 此处指的是魏玛共和国的黑红金国旗。

已八旬，他对于政局的错综复杂越来越没有耐心，也越来越容易受
亲信幕僚的影响，这些人都对他直觉认为君主制是德国唯一合法的
政体表示赞同。前任艾伯特的例子，让兴登堡相信行使总统的紧急
处置权是正确之举，他开始认为要想摆脱共和国在1930年代初面
临的危机，唯一的出路是以他的名义实行保守的独裁统治。因此，
不论兴登堡的当选在短期内怎样有助于共和国的反对者接受它的存
83 在，从长远看，他的当选对于魏玛民主制度完全是一场灾难。最迟
至1930年，人们已经可以清楚地看出，这个掌握着总统权力的人
并不信仰民主制度，也无意在民主政体的敌人面前捍卫它。[11]

二

国家的立法机构与从前一样称作“帝国国会”。除了“帝国总统”职位，按照魏玛宪法的规定，帝国国会也由选举产生，但此时的选民既包括所有成年男子，也包括所有成年女子，选举所采用的比例代表制形式比1918年以前的更加直接。在实际操作中，选民投票给他们选择的政党，各政党在国会中的席位数精确地按照各党所得选票的比例进行分配。也就是说，获得30%选票的政党将分到30%的席位，而颇令人担心的是，获得1%选票的政党也将分到1%的席位。常有人说这是一种有利于小党派和边缘团体的制度，此言无疑是事实。不过，各边缘型政党所获得的票数加起来从未超过15%，因此，大党组建政府时实际上很少需要考虑它们。比例代表制的真正作用，在于平均分配大党竞争选票的机会，所以如果采用得票最多者当选的选举制度，大党可能会做得更好，并且有可能与数量较少的合作伙伴建立较为稳定的联合政府，从而让更多的人相信议会制度的好处。[12]

事实上，魏玛共和国的政府更迭非常频繁。在1919年2月13

日至 1933 年 1 月 30 日期间，至少有过 20 个内阁，平均当政 239 天，即每届内阁不到 8 个月就倒台。有人说，联合政府导致不稳定的政府，因为不同政党之间经常为人事和政策争吵不休；联合政府还导致软弱的政府，因为它们能够商定的仅仅是最简单的事情和阻力最小的路线。然而，魏玛的联合政府不仅是比例代表制的产物，它也 84
源于德国政治体系内长期存在的深深裂痕。曾经主宰帝国政坛的政党全部保留下来，继续存在于魏玛共和国。民族党由原先的保守党与其他小型团体合并而成。自由派未能弥合分歧，依然分裂为左翼（民主党）和右翼（人民党*）。中央党几乎保持不变，虽然党内的巴伐利亚派分裂出去，组建了巴伐利亚人民党（Bavarian People's Party）。在左翼阵营，社会民主党不得不面对一个新对手：共产党。但比例代表制并不是造成党派林立的唯一原因，甚至不是主要原因。促成上述各种政党出现的政治环境，自俾斯麦帝国初期起就一直存在。[13]

这种政治环境，以及存在于其中的各种党报、俱乐部和学会，都出奇地僵化和同质化。1914 年之前，德国社会生活诸领域已经全面政治化，但其他国家的社会生活则远未如此具有意识形态上的身份认同。比如说，一位普通德国人如果想参加一个男声合唱团，那么在有些地区，他必须选择是加入天主教还是新教唱诗班，在另一些地区，他必须选择是加入社会主义还是民族主义合唱团；参加体育俱乐部、自行车俱乐部、足球俱乐部等社团时也是如此。在战前，社会民主党党员的全部生活几乎由党及其机关包办了：他可以阅读社会民主党的报纸，在社会民主党的酒馆食肆进餐，加入社会民主党的工会，从社会民主党的图书馆借书，参加社会民主党的节日和演出，娶社会民主党的妇女组织成员为妻，让子女加入社会民

* 指德国人民党（German People's Party），前身是民族自由党。——编注

主党的青年运动，死后也用社会民主党资助的丧葬费入土为安。[14]类似的描述还可以用于中央党（它可以依赖由天主教德国人民联盟[People's Association for a Catholic Germany]的支持者组成的群众组织、天主教工会运动、天主教休闲俱乐部以及各种学会），在某种程度上也可以用于其他政党。[15]这些界限分明的政治—文化环境并没有随着魏玛共和国的到来而消失。[16]然而商业化大众休闲方式的出现，即主要发布耸人听闻的消息和丑闻的“林荫道小报”、电
85 影院、廉价小说、舞厅以及各种各样的娱乐活动，在1920年代开始为年轻人提供身份认同的替代来源，因此年轻人不像他们的长辈那样与政党关系密切。[17]老一辈政治活动家过分依附于某种政治思想，所以不太容易与其他政客和政党达成妥协和合作。与1945年后的形势截然不同之处在于，当时的主要政党没有合并成更大、更有效率的组织。[18]因此，正如在其他许多方面一样，1920年代和1930年代初的政治动荡，主要是因为对俾斯麦和威廉二世时代政治结构的承袭，而不是因为魏玛宪法的新条文。[19]

比例代表制并不像有些人说的那样，鼓励政治无政府状态，从而助长了极右翼的兴起。假如采用得票最多者当选的选举制度，各选区中得票最多的候选人自动赢得议席，纳粹党在魏玛共和国最后几次选举中得到的席位，甚至有可能会多于该党的实际所得。但不能下此定论，因为各党在这种选举制度下可能会采取不同的竞选策略，而且此制度在共和国初期可能发挥的有益作用，也许可以减少纳粹党后来的总得票数。[20]同样，宪法中全民公决条款所具有的引发动荡的效果，也经常被夸大。拥有这种宪法条文的其他政治制度都安然无恙地存在着，况且全民公决的实际发生率实在少之又少。与全民公决有关的宣传活动确实有助于魏玛共和国过热的政治气氛保持在沸点，不过全民公决几乎没有直接的政治作用，尽管1932年举行的一次省级公投确实成功地推翻了奥尔登堡市（Oldenburg）

的民主政府。[21]

总之，魏玛共和国政府的不稳定往往被夸大了，政府的频繁更迭掩盖了某些部门长期保持的连续性。有些职位，尤其是司法部长，在党际联合的谈判中被用作讨价还价的筹码，因此频频更换，这无疑让部门内始终留任的高级公务员掌握了比往常更多的权力，尽管他们的职权范围由于许多司法行政功能被分权给联邦中的各州而有所削减。然而在联合政府变幻莫测的重组过程中，其他一 87
些部长职位则基本上成了某个政客的禁脔，因此制定和执行强硬的关键政策也就更加容易。例如，人民党的领军人物古斯塔夫·施特雷泽曼（Gustav Stresemann）连续在 9 届政府中担任外交部长，不间断地留任了 6 年多。中央党议员海因里希·布劳恩斯（Heinrich Brauns）连续在 12 届内阁中担任劳工部长，任期从 1920 年 6 月至 1928 年 6 月。民主党的奥托·格斯勒（Otto Gessler）连续在 13 届政府中担任陆军部长，任期从 1920 年 3 月至 1928 年 1 月。这些部长能够制定和执行长期政策，而不受政府首脑频繁更替的影响。另一些部门的部长职位也在两届、三届或四届不同的政府中由某位政客连续占据。[22] 并非出于偶然的是，正是在这些领域，共和国能够制定最强硬、最有连续性的政策，尤其是在外交、劳工与福利领域。

然而，魏玛共和国政府坚决、果断地采取行动的能力，总是受制于宪法的另一个条文，即宪法规定共和国沿用德意志帝国的联邦结构。这是俾斯麦于 1871 年为德国统一的苦药裹上的一层糖衣，用以安抚德意志王公贵族，比如巴伐利亚国王和巴登公爵。这些王公贵族已在 1918 年革命中被毫不客气地赶下台，然而他们的邦国以州的形式继续存在，这些州此时已建立议会民主制度，但在州内政策的关键领域依然保留了许多自治权。有些州，比如巴伐利亚，其历史与身份认同可以追溯好几个世纪，因此有足够的底气去抵制它们所不喜欢的共和国政府的政策。另一方面，直接税当时掌握在

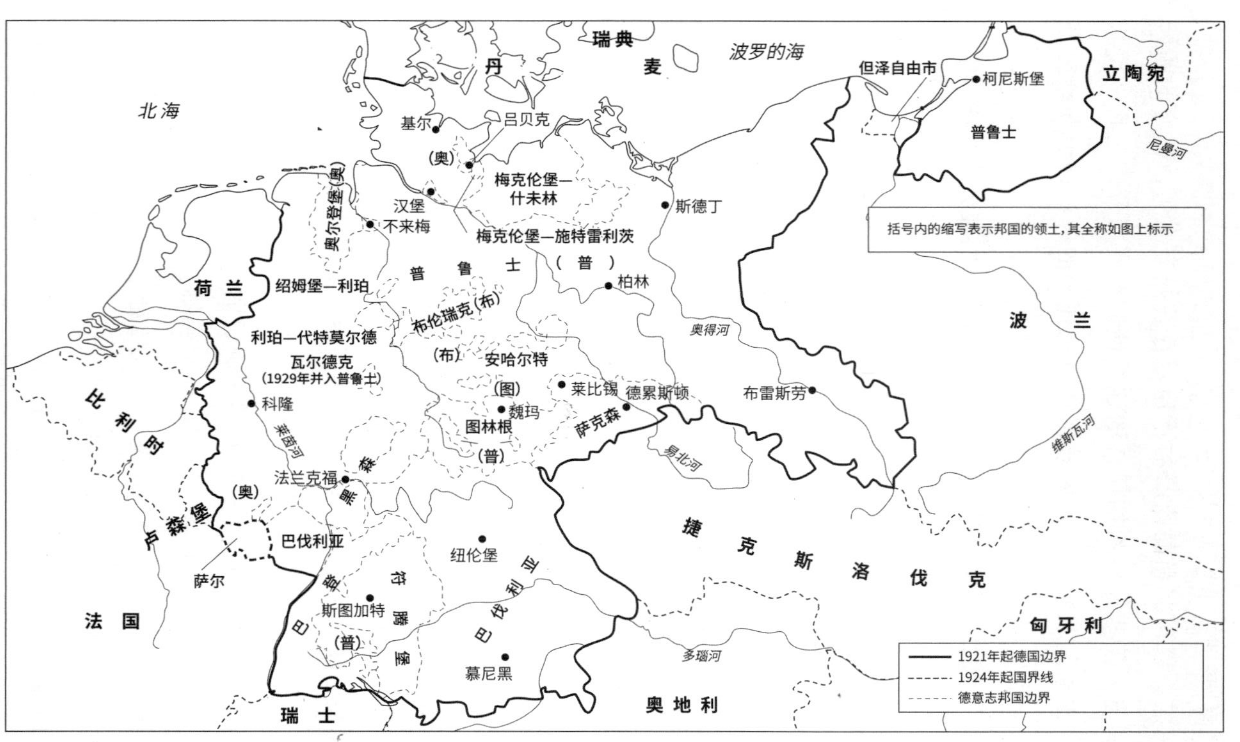
瑞典
丹
麦
波罗的海
北海
但泽自由市
柯尼斯堡
立陶宛
普鲁士
尼曼河
基尔
吕贝克
(奥)
梅克伦堡—什未林
汉堡
不来梅
梅克伦堡—施特雷利茨
斯德丁
括号内的缩写表示邦国的领土，其全称如图上标示
奥尔登堡(奥)
普鲁士
(普)
柏林
荷兰
绍姆堡—利珀
布伦瑞克(布)
波兰
奥得河
利珀—代特莫尔德
瓦尔德克
(1929年并入普鲁士)
(布)
安哈尔特
(图)
莱比锡
德累斯顿
布雷斯劳
比利时
科隆
魏玛
图林根
萨克森
莱茵河
易北河
维斯瓦河
(普)
黑森
法兰克福
(奥)
卢森堡
巴伐利亚
萨尔
纽伦堡
捷克斯洛伐克
符腾堡
斯图加特
巴登
(普)
巴伐利亚
法国
匈牙利
多瑙河
慕尼黑
瑞士
奥地利
1921年起德国边界
1924年起国界线
德意志邦国边界

地图 4　魏玛共和国

共和国政府手中，许多小州在陷入财政困境时依赖于柏林的救济。各州脱离德国的企图看似危险，尤其是在共和国初期的艰难岁月里，但情况从未严重到需要认真对待的程度。[23] 如果普鲁士州与共和国之间出现矛盾，所引发的问题会棘手得多，因为普鲁士州的面积大于其余各州面积的总和；但是整个 1920 年代和 1930 年代初，普鲁
士都由温和的、亲共和国的政府领导，是抗衡巴伐利亚等州的极端 88
主义和动荡的一支重要力量。因此，综合考虑上述因素之后可知，尽管共和国与各州之间存在种种尚未解决的矛盾，但联邦制度似乎并不是破坏魏玛共和国稳定与合法性的主要因素。[24]

三

总体而言，魏玛时期的德国宪法并不逊色于 1920 年代大多数国家的宪法，它远比许多国家的宪法更加民主。假如处在不同的环境下，它那些有瑕疵的条文也许不会如此事关重大。然而，共和政体在德国缺乏法统，这个致命缺陷把宪法的瑕疵放大了许多倍。有三个政党支持新政体——社会民主党、自由的德意志民主党（German Democratic Party），以及中央党。在 1919 年 1 月赢得 76.2% 的明显多数选票之后，三党在 1920 年 6 月的总得票率仅为 48%，1924 年 5 月为 43%，1924 年 12 月为 49.6%，1928 年为 49.9%，1930 年 9 月为 43%。因此从 1920 年起，它们一直属于国会中的少数派，人数少于共和国的左派敌人和右派敌人。而且，这三党组成的“魏玛联盟”（Weimar coalition）对共和国的支持，往好里说，经常是言胜于行，往坏里说，则是模棱两可、妥协，或者在政治上毫无用处。[25]

社会民主党被很多人视为共和国的缔造者，他们也常以此自诩。然而作为一个执政党，他们一直不太如意，在魏玛的 20 届内阁中，

他们参加组阁的只有 8 届，仅在其中的 4 届出任总理。[26] 他们继续固守战前的马克思主义教条，依然期待推翻资本主义制度，由无产阶级取代资产阶级的统治地位。无论 1920 年代的德国还有什么别的特征，不可否认它是一个资本主义社会，对于许多社会民主党人来说，在政府中担任领导者，似乎与其意识形态的激进论调格格不
89 入。社会民主党人在战前的两个世代里一直受到排斥、无缘参政，因此缺乏执政经验，他们觉得与“资产阶级”政客合作是一种痛苦的体验。如果摆脱马克思主义思想，他们必然会失去大量的工人阶级选票；但另一方面，如果采取更加激进的政策，比如建立一支由工人组成的红军民兵组织，而不依赖自由军团，他们肯定不但无法加入资产阶级联合政府，还会招致军队的愤恨。

社会民主党的主力在普鲁士州，该州占魏玛共和国领土面积的一半以上，拥有柏林等大城市以及鲁尔等工业区，容纳着全国 57% 的人口，主要信奉新教。在此主政的是社会民主党人，其政策是使该州成为魏玛民主制度的堡垒。尽管他们并没有不遗余力、持续不断地谋求改革，但把他们从德国的第一大州赶下台，成为魏玛民主制度的敌人在 1930 年代初以前的主要目标。[27] 然而在全国范围，社会民主党远未取得主导地位。他们在共和国初期的优势很大程度上得益于中产阶级选民的支持，因为中产阶级认为，一个强大的社会民主党将能够实现向议会民主制的迅速过渡，从而最有效地保护国家免受布尔什维主义的控制。随着威胁的逐渐消除，社会民主党在国会中的席位也减少了，从 1919 年的 163* 席降至 1920 年的 102 席。尽管后来曾有大幅度的恢复——1928 年的 153 席，以及 1930 年的 143 席——但社会民主党永久失去了将近 250 万张选票。而且

* 社会民主党在 1919 年 1 月的选举中获得 163 个席位，2 月在东部军队举行的补选中增加 2 席，实际获得 165 个席位。——编注

该党于 1919 年获得 38% 选票之后，在 1920 年代以及 1930 年代初，其选票一直徘徊在 25% 左右。尽管如此，社会民主党依然是一个极其强大、组织良好的政党，赢得了全国数百万产业工人的忠诚与奉献。如果说有个政党值得被称为魏玛共和国民主制度的保护者，那就是社会民主党。

“魏玛联盟”中的第二支力量是德意志民主党，它有着更高的参政热情，效力于 1920 年代的几乎每一届内阁。毕竟，那部饱受诟病的魏玛宪法的主要起草人胡戈 · 普罗伊斯（Hugo Preuss）就是民主党人。尽管该党在 1919 年 1 月的选举中赢得了 75 席，但在 1920 年 6 月的下一次选举中失去了 36 席，在 1924 年 5 月的选举中 90
仅剩下 28 席。中产阶级选民向右转，民主党深受其害，再也没有恢复。[28] 该党对 1928 年选举失利做出的反应是灾难性的。在埃里克 · 科赫—韦泽（Erich Koch-Weser）的领导下，民主党的几位领军人物联合了青年运动的准军事分支“青年德意志骑士团”（Young German Order）和几位来自其他中产阶级政党的政客，于 1930 年 7 月将民主党改组为德国国家党（German State Party），旨在创建一个强大的中间派集团，以阻止资产阶级选民流向纳粹党。但此次合并是草率的，而且阻断了与其他较大的中间派政治团体联合的可能性。有些人反对此举并辞职，主要是左翼民主党人。在右翼，青年德意志骑士团的举动使其失去了许多内部成员的支持。合并后的新党在选举中运气未见好转，1930 年 9 月的选举之后，该党在国会中仅占 14 席。合并实际上意味着一次急剧右转。青年德意志骑士团和许多青年运动一样对议会制度持怀疑态度，而且其意识形态颇具反犹主义色彩。新建立的国家党继续维持社会民主联合政府在普鲁士的运转，直至 1932 年 4 月的州议会选举。然而按照历史学家弗里德里希 · 迈内克的说法，它的目标是实现政治权力均衡的转移，实现权力从国会和各州转移到强大的、中央集权的帝国政府。因此，支持者的日渐流失也促使该党向右转；但这样做的唯一作用是消除了该党与其他那些提出同样主张的、更有效的政治组织之间的区别。国家党晦涩费解的党章不仅表明该党缺乏政治上的务实精神，也表明它对魏玛民主制度的承诺在减弱。[29]

“魏玛联盟”的三个政党之中，只有中央党留住了选民的支持，始终保持着大约 500 万选票，即国会中有 85 至 90 个议席，其中包括巴伐利亚人民党的席位。中央党也是自 1919 年 6 月至魏玛共和国结束期间每一届联合政府的主要成员，而且它极其关注社会立法，是创建魏玛福利制度的驱动力，它在这方面的功绩也许与社会民主党不相上下。中央党在社会事务上持保守立场，投入大量时间抵制
91 色情读物、避孕以及其他现代世界的罪恶事物，在学校系统内维护天主教的利益。其致命弱点是不可避免地受到罗马教宗的影响。作为天主教会的领袖，教宗庇护十一世（Pope Pius XI）对持无神论的共产党人和社会主义者在 1920 年代取得的进展感到越来越不安。与后来成为教宗庇护十二世的驻德国教廷大使欧金尼奥 · 帕切利（Eugenio Pacelli）一样，他极其不信任许多天主教政客的政治自由主义，认为要想保护教会利益免受迫在眉睫的、来自不信上帝的左翼的威胁，最安全的办法是转向一个更独裁的政体。基于这种想法，他在 1929 年与墨索里尼的意大利法西斯政权签署政教协定*，后来，教会在 1934 年奥地利内战中支持恩格尔伯特·陶尔斐斯（Engelbert Dollfuss）的“教权法西斯主义”独裁政权，在始于 1936 年的西班牙内战中支持佛朗哥将军（General Franco）领导的民族主义者。[30]

梵蒂冈在 1920 年代已然发出这种信号，因此政治天主教运动

* 指庇护十一世与墨索里尼为解决“罗马问题”于 1929 年 2 月 11 日签订的《拉特兰条约》。条约规定意大利政府承认圣座在梵蒂冈城的完整主权，梵蒂冈由此成为主权独立的国家；但意大利境内的其他主教必须报意大利政府批准，而且必须具有意大利国籍，必须宣誓效忠国家。——编注

在德国的前景不容乐观。1928 年 12 月，它的前景显然更加不妙。当时中央党党魁威廉·马克思退休，左右两派为继任人选争执不下。教廷大使帕切利的密友、高级教士路德维希·卡斯（Ludwig Kaas）同时也是德国国会的议员，作为折中人选接任。然而，受帕切利的影响，卡斯越来越转向右翼，带动许多天主教政客步其后尘。1930 年和 1931 年，德国开始陷入日益无序的动荡局面，已是梵蒂冈常客的卡斯按照不久前与墨索里尼所签协定的思路，与帕切利合作筹划教廷与德国之间的政教协定。确保教会在未来的生存，是这种局面下的首要目标。像其他许多主要天主教政客一样，卡斯认为，此目标只有在独裁国家才可能真正实现，因为可以通过警察镇压消除来自左翼的威胁。卡斯在 1929 年宣称：“祖国及其文化已陷入危机，人人倍感压抑，对领袖的强烈呼唤，从未如此时此刻清晰而急切地回荡在德国人民的心头。”[31] 卡斯提出的许多要求中包括，德国的行政机构更加独立于立法机构。中央党的另一位政治领袖、符腾堡州（Württemberg）部长会议主席欧根·博尔茨（Eugen Bolz）在 93
1930 年初对他的妻子说得更加直白：“长久以来我的看法是，国会无法解决严重的国内政治问题。假如有可能设立任期十年的独裁官，我乐见其成。”[32] 在 1933 年 1 月 30 日之前的很长时间里，中央党就已不再像曾经那样是魏玛民主制度的捍卫者了。[33]

因此，到 1920 年代末，就连魏玛共和国民主制度的主要政治支柱也在坍塌。在“魏玛联盟”以外的地界，民主的田园更加荒芜。其他政党都不曾为共和国及其机构提供过实实在在的支持。在左翼，共和国面对的是共产党的群众现象。1918 至 1921 年革命期间，共产党是个紧密团结的精英团体，支持它的选民寥寥无几；然而，以反对一战为共同事业而组建的独立社会民主党，在战后失去了奋斗的目标，于 1922 年解体，其中大部分人加入共产党，使后者成为群众性政党。独立社会民主党与共产党在 1920 年就已经联手赢得

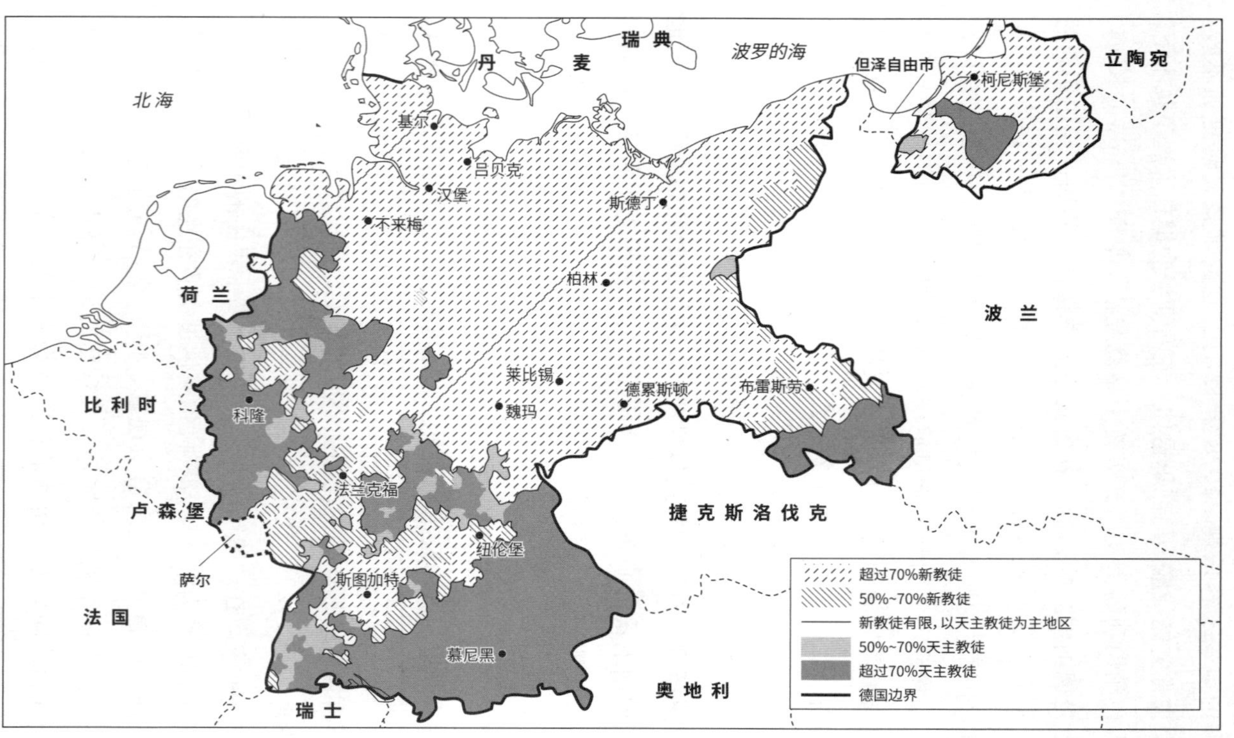

地图 5　新教与天主教徒的分布

了 88 个议席。1924 年 5 月，共产党赢得 62 席，其议席数在当年年底小幅下降之后，于 1928 年恢复到 54 席，并在 1930 年赢得 77 席。1924 年 5 月投票给共产党的选民有 325 万，到 1930 年 9 月达 450 多万。这些选票都是赞同魏玛共和国倒台的。

德国共产党在 1920 年代虽然反复调整政策，但始终坚信，共和国是资产阶级政权，其首要目标是保护资本主义经济秩序、剥削工人阶级。共产党期盼的是，资本主义必然崩溃，“资产阶级”共和国将由一个按照俄国路线建立的苏维埃国家取而代之。尽快实现这一目标是共产党的责任。在共和国初期的几年里，这意味着准备在德国发动一场以武装暴动为手段的“十月革命”。然而在 1919 年 1 月的起义失败以及 1923 年更加惨烈的未遂起义之后，这个设想被暂时搁置。斯大林（Stalin）日益专权，受其影响，苏联政权在 1920 年代后期从经济和思想上加强了对各国共产党的控制。面对莫斯科越来越旺盛的操纵欲，德国共产党别无选择，只好在 1920 年代中期转向较为温和的道路，不料又在 1920 年代末回归激进的“左倾”立场。这意味着该党不仅拒绝与社会民主党联手保卫共和国， 94
甚至还积极地与共和国的敌人合作，意图推翻共和国。[34] 实际上，出于对共和国及其制度的敌视，共产党甚至反对改良，因为那也许会使共和国在工人阶级中更受欢迎。[35]

左派坚决反对共和国，右派对共和国的疯狂仇恨比左派更甚。魏玛共和国面临的最大，也是最重要的右翼挑战来自民族党，该党在 1919 年 1 月赢得 44 个议席，1920 年 6 月 71 席，1924 年 5 月 95 席，1924 年 12 月 103 席，从而成为国会中仅次于社会民主党的第二大党。在 1924 年的两次选举中，民族党都赢得了大约 20% 的选票。也就是说，这两次选举中有五分之一的选民投票给这样一个政党：从一开始就明确表示它认为魏玛共和国根本不具备合法性，呼吁恢复俾斯麦帝国、让皇帝复辟。这种立场以多种方式表达出来，从民族党人极力争取用旧帝国的黑白红国旗取代新建立的共和国的黑红金旗，到默许，有时明目张胆地纵容与自由军团有关的武装阴谋团体暗杀共和国政要。民族党通过其宣传和政策，在1920年代大力向选民传播激进的右翼思想，为纳粹主义铺设了道路。

1920年代，民族党加入了两届联合政府，但合作经历并不愉快。他们在一届政府中任职十个月后退出；而中途加入另一届内阁时，他们不得不做出妥协，这让许多党员深感不满。民族党在1928年10月选举中的重大失利（议席从103席降至73席）使党内的右翼分子确信，是时候开始采取不妥协的立场了。因循守旧的党主席韦斯塔普伯爵（Count Westarp）被罢免，由报业巨头、实业家和激进的民族主义者阿尔弗雷德·胡根贝格取代，从1890年代泛日耳曼运动兴起以来，胡根贝格就一直是其中的领军人物。受胡根贝格的影响，起草于1931年的民族党纲领，明显比以往的党纲更加
95 偏向右翼。它提出的要求包括：霍亨索伦王朝复辟；恢复义务兵役制；指向修改《凡尔赛和约》的强硬外交政策；收回失去的海外殖民地；与居住在欧洲其他地区，尤其是奥地利的德语人口加强联系。国会仅保留立法机构的监督职能和作为一种“批评的声音”，议员的构成根据经济领域和文化界的职业等级设置，遵循当时法西斯意大利创造的社团国家（corporate state）路线。党纲还说：“我们抵制任何形式的、颠覆性的非日耳曼精神，无论它源自犹太族群还是其他族群。我们坚决反对犹太势力在政府和公共生活中的盛行，其盛行始于十一月革命，此后不曾中断。”[36]

在胡根贝格的领导下，民族党人还偏离了党内民主，而趋向“领袖原则”（leadership principle）。民族党的新领袖想方设法按照自己的意图制定党的政策，指示该党的议员在国会表决时如何投票。许多议员反对这种做法，有十几人于1929年12月脱党，1930年又有更多议员脱党，加入右翼的边缘团体以示抗议。胡根贝格促使民

族党与极右翼结盟，试图搞一次反对杨格计划（Young Plan）*的全民公决，杨格计划是 1929 年由美国主导、经国际会议通过的、重新安排战争赔款事宜的计划。一番苦斗之后，运动失败，这让胡根贝格愈加确信，有必要采取更加极端的手段反对魏玛共和国，代之以独裁的民族主义国家，重温俾斯麦帝国的光辉岁月。但这根本行不通。民族党人的优越感和精英意识妨碍了他们赢得大众的真心追随，使他们的支持者很容易被纳粹党采用的真正民粹主义的花言巧语所蛊惑。[37]

不那么极端的，是规模较小的德国人民党，但它只不过是略微不那么激烈地反对共和国而已，它继承了原先那个支持俾斯麦的民族自由党的衣钵。该党在 1920 年选举中赢得 65 个议席，在 1920 年代余下的时间里保持着 45 至 50 席，吸引了大约 270 万至 300 万张选票。该党对共和国的敌视，部分被其领军人物古斯塔夫·施特雷泽曼的决策所掩盖了。他决定正视当时的政治现实、承认共和国 96
的合法性，这与其说是出于信念，不如说是权宜之计。尽管施特雷泽曼从未得到党的充分信任，然而他的说服能力相当强。主要得益于其高超的谈判技巧，人民党在共和国大多数内阁中都占有一席之地，而不像民族党那样在 1920 年代的大部分时间里都处于反对党的地位。但这也意味着在共和国初期之后的多数内阁中，都存在着对共和国的合法性至少有所怀疑的部长。而且，在人民党中本已举步维艰的施特雷泽曼又病倒了，于 1929 年 10 月去世，该党领导层中的主要温和力量随之而逝。[38]在此之后，人民党也迅速向极右翼倾斜。

---

* 1929 年英法美日比意德 7 国重新审议德国赔款问题，由美国代表欧文·扬（Owen Young）提出的报告书。主要内容包括，德国赔款总额确定为 1139.5 亿马克，赔偿期限为 58 年 7 个月；取消对德国财政经济的一切国际监督，交由新成立的国际清算银行处理赔款事宜。1931 年德国停付赔款，1932 年协约国在洛桑会议上同意停止索取赔款，杨格计划中止。

因此，即使到了 1920 年代中期，民主政体看起来依然极度脆弱。在其他环境中，它或许可以存在下去。回过头来看，确实，1924—1928 年一直被许多人描述为“魏玛的黄金时代”。然而那种认为民主制度当时在德国正处于自我实现阶段的观点，是一种因事后聪明而产生的错觉。实际上，没有迹象表明民主制度正在变得越来越稳健；相反，两个主要的资产阶级政党，中央党和民族党，很快落入民主制度公开的敌人之手，这预示了未来的厄运，厄运的到来甚至并不令人震惊。人民党对共和国不过如此的忠诚完全归功于古斯塔夫·施特雷泽曼一个人的锲而不舍和睿智领导，这是共和国之脆弱性的又一个标志。即使在 1928 年相对有利的环境下，“魏玛联盟”的各政党也未能成功赢得国会中的多数席位。1923 年之后，人们普遍感到布尔什维克革命的威胁已经消退，这意味着资产阶级政党不再那么愿意为了保留共和国作为反共堡垒而同社会民主党妥协。[39] 更为不祥的是，“钢盔”之类的准军事组织开始将斗争从街头扩展到竞选活动，试图使其反共和国的观点发挥更大的影响力。同时，尽管尚未发生共和国初期大部分时间里所特有的那种公开内战，但政治暴力在 1920 年代中期依然处于令人担忧的高水平。[40] 残酷的事实是，即使到了 1928 年，共和国依然像以往一样，远远未能实现稳定、取得合法性。

四

97 魏玛共和国根基不稳的另一个原因是未能赢得军队和公务员全心全意的支持，这两个群体都感觉极其难以适应 1918 年从专制帝国向民主共和国的转型。尤其对于军队领导层来说，1918 年的战败构成了一种令人担忧的威胁。在机智敏锐的威廉·格勒纳将军主导下，总参谋部与弗里德里希·艾伯特领导的多数派社会民主党达成共识：如果他们同心协力实现一种稳定的议会民主制度，就可以最有效地抵御革命的工人与士兵委员会的威胁。在格勒纳看来，此举属于权宜之计，无关信仰。社会民主党保证，《凡尔赛和约》生效后，在被裁减的军队中保留旧有的军官团；军方同意《和约》所要求的军队规模限制在 10 万，禁止使用坦克之类的现代装备，大规模招募的军事武装必须由小规模的职业军人所取代。格勒纳与社会民主党的妥协遭到军队顽固派的激烈反对；同样，格勒纳的谈判对手、社会民主党军事专家古斯塔夫 · 诺斯克（Gustav Noske）也遭到党内同志的猛烈抨击，因为他同意原封不动地保留军官团，而不是用一种更加民主的编制取代它。[41] 但在 1918—1919 年的绝境中，他们商定的路线最终得以通过。

然而不久之后，工人与士兵委员会淡出政治舞台，于是在许多高级将领看来，与民主力量妥协的需要似乎不再那么迫切了。这在 1920 年 3 月已十分明显，当时自由军团各分队为了抗议即将来临的裁撤而进军柏林，推翻民选政府，试图按照旧王朝的运转方式恢复专制政体。在泛日耳曼联盟成员、前公务员、原祖国党核心人物沃尔夫冈 · 卡普的领导下，暴动者还得到许多地区军方人士的支持。陆军总司令瓦尔特 · 赖因哈特（Walther Reinhardt）将军由于尽力确保军队效忠政府而遭到驱逐，由偏右翼的汉斯 · 冯 · 泽克特（Hans
von Seeckt）将军接替。泽克特随即禁止所有部队抗击暴动者，对 98
政变的支持者听之任之；然后又命令军队协同血腥镇压鲁尔区反对政变的工人武装起义。实际上，从共和国建立伊始，泽克特就对它充满敌意。他高傲、专断、难以接近，戴在左眼上的单片眼镜标示着其显赫的社会地位，在泽克特的身上，体现着普鲁士军官阶层的传统风格。但他又是一个政治现实主义者，知道武力推翻共和国的可能性有限，因此尽力维持军队的统一，使之免受国会控制，以待更好的时机。为此他得到了军官阶层的全力支持。[42]

在泽克特的领导下，军队在“军旗”上保留了旧帝国国旗的颜色——黑白红。泽克特认为，德意志国家与共和国根本不是一回事，前者蕴含着抽象的帝国理想，后者则只是暂时的反常现象。他的良师益友威廉·格勒纳将军曾在1928年把军队描述为“无上权力”和“国家内部无人可以轻视的权力要素”。[43] 无论泽克特嘴上如何宣称，他领导下的军队，远非超越党派政治之争的中立组织。[44] 当他认为民选政府违背了帝国利益时，就会毫不犹豫地加以干涉。泽克特甚至一度考虑过由自己接掌总理之职，其施政构想是，建立中央集权的帝国，约束普鲁士的自主权；取缔工会，代之以“行业协会”（很像墨索里尼后来在意大利设立的职团）；总之，“动用帝国的强力措施，镇压一切反对帝国之存在、反对帝国和各州之合法当局的倾向”。[45] 最后，他成功地推翻了政府，但是没能当上总理；这个职位留给了其继任者之一库尔特·冯·施莱谢尔（Kurt von Schleicher）将军，此人在泽克特执掌陆军司令部那几年位列他的亲信幕僚。

1920年代，一向自行其是的军方尽其所能地规避《凡尔赛和约》对它施加的限制。军队领导层暗中与苏联这个同样遭到削弱、同样
99 心怀怨恨的大国共谋，在俄罗斯为那些渴望学习如何使用坦克和飞机、愿意从事毒气实验的德军军官安排秘密培训课程。[46] 军方还秘密安排训练后备部队，以规避《和约》所设定的十万兵力上限，并一直把民兵视为军队的预备役。[47] 上述掩人耳目的手段，以及包括坦克模拟训练在内的其他做法，清楚地表明军方无意遵守1919年《和约》的条款，只要条件允许，就会挣脱它的束缚。这些规避《和约》的秘密行动，远非仅仅由彻头彻尾的普鲁士保守派领导，而主要是由具有现代思维的技术人员组织的，他们没有耐心领受民主政治和国际协定的约束。[48] 军队的不忠，加之高级将领一再施展诡计反对文官政府，预示着在真正的危机到来时，共和国的存续能

力不容乐观。[49]

如果德国首个民主政体指望不上军事人员的大力支持，那么它也无望获得文职人员的有力襄助，后者同样是共和国从原德意志帝国继承而来的。文职人员举足轻重，因为它覆盖了非常广阔的社会领域，不仅包括在中央政府工作的公务员，还包括所有已经取得稳定的任期、地位和薪酬的州政府雇员，这种待遇最初是为资深管理人员设计的。他们包括各州政府、铁路和邮局等国有企业，以及各级院校等州立机构中的工作人员，因此大学教授和高中教师也属于此类别。按照这样宽泛的归类，文职人员数量庞大。上述显贵级别往下，还有数百万公职人员，靠政府机构支付的月薪或周薪生活。例如，德国国有铁路当时是魏玛共和国境内最大的雇主，在 1920 年代末拥有 70 万雇员；其次是邮局，有 38 万雇员。如果算上家庭成员、受赡养者和领养老金的人，单是铁路部门就要供养大约 300 万人。[50] 到 1920 年代末，德国共有 160 万公务员，其中约一半为政府机构工作，另一半为铁路等公用事业服务。政府雇员的人数如 100
此庞大，其政治立场必然是极为多元的，成千上万的人属于社会主义者工会、自由派政党或者政治倾向迥异的各种压力团体。1919 年有 100 万公务员属于自由派的德意志公务员联盟（German Civil Servants’ League），但其中 6 万人于 1921 年分裂出去，组建了一个偏右翼的团体，翌年又有 35 万人退出并组建了一个工会。因此，公务员群体绝不是从共和国建立之初就一致地敌视它，尽管他们受到的训练和社会化过程都发生于威廉帝国时期。[51]

作为革命的过渡政府中的领军人物，弗里德里希 · 艾伯特于 1918 年 11 月 9 日呼吁全体公务员和政府雇员继续工作，以避免出现无政府状态。[52] 绝大多数人留了下来，公务员的职业结构和职责保持不变。不管理论上如何，但在实践中，魏玛宪法中的相关条文使得解雇公务员几乎成为不可能之事，因为极难在法律上证明他们违反了效忠誓词。[53] 这个体制来源于 18 世纪末 19 世纪初专制的官僚政府，远远早于议会和政党的出现，因此高层公务员早就习惯于将自己视为真正的统治阶层，在普鲁士尤其如此。例如，直到 1918 年，政府各部的部长全是公务员，由君主任命，而不是由国会或者联邦各州的立法机构任命。在共和国治下，某些政府部门的部长频繁更替，因此高级公务员大权在握。比如，司法部的库尔特 · 约埃尔（Curt Joel）的在职时间几乎贯穿了共和国始终，而在他最终于 1930 年成为部长之前，至少有 17 位司法部长来而复去。对于这些人来说，行政的连续性是职责的最高要求，压倒一切政治考量。因此，无论他们私下里如何看待 1920 年 3 月的卡普暴动，柏林的高级公务员，包括财政官员，依然继续工作，无视暴动者要求他们离职的命令。[54]

公务员对此事持中立态度，很大程度上是由于他们素来履行誓
101 言、恪尽职守。后来，政府于 1922 年颁布一项新法律，旨在让公务员对共和国承担更加具体的义务，并对那些与共和国的敌人沆瀣一气者施以纪律处分。然而此措施作用不大。只有普鲁士，在相继担任内政部长的社会民主党人卡尔 · 泽韦林（Carl Severing）和阿尔贝特 · 格热辛斯基（Albert Grzesinski）领导下，尽心尽力地裁汰旧帝国的行政人员，主要是在省级机构，而代之以社会民主党人和其他忠于共和国的人士。[55] 然而，就连普鲁士建立一个忠于民主原则、满怀责任感地服务于现政府的公务员群体的努力最后也被证明是不够的。因为泽韦林和格热辛斯基认为，各党在高级公务员中的比例，应该与它们在普鲁士联合内阁中的席位比例大致相同，这意味着许多要职把持在某些政党手中，比如中央党和人民党，在一定程度上还包括国家党，这些政党从 1920 年代末开始，对共和国若即若离，忠诚度锐减。在德国的其他地方，包括国家公务员阶层，就连这种程度的改革也鲜有尝试，更别提实现了，况且公务员群体

非常保守，有些甚至极度敌视共和国。[56]

然而，问题不在于高级公务员阶层积极削弱魏玛共和国，而在于共和国在确保各级公务员主动维护民主政治秩序、抵制颠覆民主企图等方面做得太少。而那些积极反对共和国的公务员——就整体而言，他们可能属于少数——能够安然免于相应的惩处。例如，有位生于1885年，在1918年之后加入民族党的普鲁士高级公务员，在公务员以及其他群体中创建了各种各样的边缘团体，目的是直言不讳地抨击“国会，即红色司令部”，挫败“叛国的、无宗教信仰的社会民主党人”的政策，反对天主教会的“帝国主义世界霸权”，最终打击“所有犹太人”。他的反犹立场在1918年之前相当含蓄，十一月革命之后变得清晰明确。他后来回忆道，从此，“只要在高架铁路或者火车上遇到言语无礼、不听我的教训、继续犯浑的犹太人，我就吓唬说，再不住嘴，我就把他从开着的火车上扔出去……”他有一次拿枪威胁过“马克思主义”工人。在反对共和国 102
的公务员中，他显然是个极端的例子。尽管一度因扰乱治安而受审，但他并未遭到开除，仅被处分过两次，不得晋升。“我在行政部门里的政敌每次都如此轻易地让我脱身，”他写道，“我一直把这看作他们的弱点。”在共和国治下，他遭遇的最糟糕的事情是升迁之路受阻。[57]

毋庸置疑，即使在共和国的堡垒普鲁士，绝大多数公务员对于他们宣誓效忠的宪法都没有几分真正的忠诚。假如共和国面临被毁灭的危险，他们当中甚至绝少有人会想到去提供支援。敬业精神不仅使他们在国家面临挑战时继续工作，就像1920年卡普暴动时那样，而且让他们在政府被推翻时也继续工作。因此，公务员这个重要群体所忠于的也是帝国的抽象概念，而不是具体的民主原则。在这方面，与在其他方面一样，魏玛共和国的政治合法性从一开始就脆弱不堪。[58] 共和国被政治暴力、暗杀和关于其存续权的不可调和的冲突等无解难题所困扰，军人和文职人员既不爱它也不保护它，许多人将《凡尔赛和约》的国耻归咎于它。共和国还不得不面对严重的经济问题，问题始于大规模通货膨胀，它使许许多多的人在共和国试图站稳脚跟的岁月里生活得如此艰难。

第二节

大通胀

一

假如共和国为其公民提供了合理水平的经济稳定，以及体面的固定收入，那么就连最顽固的反革命人士最终也可能会接纳它。但是自建立伊始，共和国就受困于德国历史上规模空前的经济败局。第一次世界大战战端一启，德意志政府就开始借钱打仗。从 1916 年起，军费远远超出贷款，乃至远远超出政府能够从任何来源获得的财政收入。显然，德国原指望通过以下方式弥补其损失：吞并西面和东面的富庶工业区，强迫战败国支付巨额战争赔款，并把德国主宰的经济新秩序强加于被征服的欧洲国家。[59] 然而这些期望全部落空，到头来战败国是德国，不得不付账的也是德国。这简直是雪上加霜。政府此前已经在没有经济资源支撑的情况下大印钞票了。战前，按照柏林的汇率，1 美元可兑换 4 马克多一点。到 1918 年 12 月，1 美元兑换的马克数几乎翻倍。1919 年 4 月，汇率继续降至 1 美元兑换 12 马克多一点，到当年年底，兑换 47 马克。[60]

魏玛共和国的历届政府都落入了一个政治陷阱，这陷阱至少有一部分是它们自己导致的。政府必须将财政收入以战争赔款的形式输送给别的国家，这意味着资源的加倍流失，因为德国当时仍须偿还战时债务，其经济资源和国内市场也已萎缩。人口密集的工业区
104 洛林和西里西亚已遵照《和约》条款被割让出去。1919 年德国的工业产量只有 1913 年的 42%，粮食产量不到战前的一半。把经济调整到和平时期的水平、给找工作或者因战争伤残而找不到工作的退伍兵提供福利措施，都需要大笔资金。然而如果任何一届政府打算通过稍稍提高税额的办法来填补资金缺口，那么它在民族主义右翼阵营的政敌就会立即指责说，征税是为了向协约国支付战争赔款。共和国历届政府大多认为，在政治上更精明的做法不是加税，而是告诉外国列强，要想解决德国的货币问题，只能废止赔款，或至少应按照可接受的额度重新设定赔款方案。历届政府走这步险棋时投入的精力和表现出的冒险性各有不同，1920—1921 年，马克对美元汇率的下滑不止一次得到了遏制。然而，到 1921 年 11 月，德国人要想买进 1 美元，须支付 263 马克；到 1922 年 7 月，价格又翻了将近一倍，达到 493 马克。[61]

这种规模的通胀对经济游戏中的不同玩家有着不同的影响。有的玩家贷款购买商品、设备、工业厂房之类的东西，然后在币值仅为原先价值的一小部分时偿还贷款，这种本事帮助刺激了战后的工业复苏。在临近 1922 年年中的那段时间，德国的经济增长率达到高点，失业率降至低点，接近充分就业的水平。假如没有这个背景，发动总罢工就会困难得多，很难出现像 1920 年 3 月挫败卡普暴动那样的罢工。实际税率也低得足以刺激需求。德国为经济恢复到和平年代的基本水平所做的努力，比有些通胀没那么明显的欧洲经济体更见成效。[62]

然而经济复苏却建立在不牢固的基础之上。因为尽管在此过程中通胀曾得到短暂缓解，但事实证明它是不可停止的。在 1922

年兑换 1 美元，8 月需花费 1000 多马克，10 月 3000 马克，12 月
7000 马克。货币贬值应劫而生、愈演愈烈，导致了灾难性的政治后
果。德国政府再也拿不出约定的赔款，因为赔款必须用黄金支付，
而它已无力承受国际市场上的黄金价格。不仅如此，到 1922 年底， 105
德国已严重滞后履行赔偿方案的另一部分——向法国交付煤炭。于是法国和比利时军队在 1923 年 1 月占领了德国的主要工业区鲁尔，目的是夺回损失的煤炭，迫使德国人履行《和约》规定的义务。柏林政府几乎立即宣布采取消极抵抗、不与法国合作的政策，从而使占领军当局难以拿走鲁尔区的工业生产成果。临近 9 月底斗争才停止。消极抵抗导致经济形势恶化。1923 年兑换 1 美元，1 月需花费 17 000 多马克，4 月 24 000 马克，7 月 353 000 马克。这种程度的恶性通货膨胀实在是触目惊心，在当年余下的时间里，美元对马克的汇率，其数字很快就涨得比电话簿上的号码还要长：8 月为 4 621 000，9 月 98 860 000，10 月 25 260 000 000，11 月 2 193 600 000 000，12 月 4 200 000 000 000。[63] 不久，报纸开始向读者介绍大数字的命名法，各国的名称都有所不同，易于混淆。某专栏作家写道：法国人把 100 万乘 100 万称为 1 兆，而“在我国，1 兆等于 100 万乘 10 000 亿（1 000 000 000 000 000 000），我们只能祈求上帝，保佑我们每天的通货不要膨胀到如此之高，乃至更高的数值，否则会搞得疯人院人满为患”。[64]

达到最高点时的恶性通货膨胀可谓恐怖，货币几乎完全失去了意义。纸币面值如同天文数字，印钞机已跟不上越来越大的货币需要量，地方政府开始印刷各自的应急货币，只在纸的单面印刷。雇员用购物篮或手推车领取工资，因为付给他们的工资是数不清的纸钞；拿到工资后立即冲到商店，赶在持续贬值的货币失去眼下的购买力之前买进物资。在校生雷蒙德·普雷策尔后来回忆道，他那身为高级公务员的父亲每个月底领到工资后，就赶紧买一张火车季票

106 以便下个月能乘车上班，寄出支票为日常花销付账，带全家去理发，然后把剩下的钱交给妻子，她会带着孩子们到当地的批发市场，买许多不易腐烂的食品，全家靠这些东西撑到下一个发薪日。在这个月余下的日子里，家中根本没有现金。寄信必须在信封上贴最新面值的纸币，因为价格上涨的速度太快，来不及印刷面值适用的邮票。英国《每日邮报》（*Daily Mail*）驻德国记者在 1923 年 7 月 29 日报道："商店里每小时打印一次价签。例如，留声机上午 10 点的售价是 5 000 000 马克，下午 3 点则是 12 000 000 马克。在街上买一份《每日邮报》，昨天花 35 000 马克，今天则要花 60 000 马克。"[65]

波动最剧烈、影响最严重的，是食品价格。一位女士在咖啡馆落座点餐时，一杯咖啡的价格可能是 5000 马克，一小时后起身结账，要付给侍者的价格却变成了 8000 马克。德国人作为日常主食的黑麦面包在 1923 年 1 月 3 日价值每公斤 163 马克，在 7 月价格翻了 10 倍多，在 10 月 1 日为 900 万马克，在 11 月 5 日为 78 万亿马克，两星期后的 11 月 19 日为 233 万亿马克。[66] 恶性通货膨胀达最高点时，普通家庭 90% 以上的花销都用于食品。[67] 靠固定收入生活的家庭为了得到食物，开始变卖家产。商店开始囤积食品，因为预料到价格会随时上涨。[68] 买不起最基本生活必需品的人们开始闹事、抢劫食品店。农民不愿意出售粮食以换取毫无价值的钞票，矿工拉帮结伙冲进乡村，把田地洗劫一空，与试图保护庄稼的农民爆发枪战。由于马克暴跌，从国外进口物资即使不是完全不可能，也变得十分困难。饥饿的威胁触手可及，尤其是在法国占领区，那里的运输系统因消极抵抗而陷于瘫痪。[69] 营养不良直接导致了结核病死亡率的上升。[70]

学者维克托 · 克伦佩雷尔的经历代表了当时的普遍现象，他的日记为这一时期的德国历史全景提供了个人观察。他是签临时合同的教师，收入仅能勉强糊口。作为一战老兵，克伦佩雷尔在 1920

年 2 月收到一小笔额外退伍金。他当时很高兴，但后来抱怨说："原先的一小笔收入如今只够付一次小费。"[71] 随后的几个月里，随着 107
通货膨胀步伐的加快，克伦佩雷尔的日记里记下了越来越多的财务计算。1920 年 3 月，他就已经在慕尼黑郊外的火车上遇到过"背着背包捡剩饭的小孩儿"。[72] 随着时间的推移，克伦佩雷尔"以一种麻木的宿命心态"支付数额越来越荒唐的账单。[73]1920 年，他终于在德累斯顿工业大学（Dresden University of Technology）谋得永久教席。但这并未带来经济保障，他每个月收到一笔数额越来越庞大的工资和通胀补助。1923 年 5 月底，尽管工资收入将近 100 万马克，但他仍然无法支付煤气和税务账单。他认识的每个人都想方设法在股票市场投机赚钱。克伦佩雷尔也试了试手气，但他的第一笔收益 23 万马克，与同事弗尔斯特（Förster）教授的收益相比就微不足道了，弗尔斯特是"大学里最激烈的反犹主义者、日耳曼煽动家和爱国主义者之一"，据说他炒股可以日赚 50 万马克。[74]

克伦佩雷尔是咖啡馆的常客，他记录自己 7 月 24 日消费一杯咖啡和一块蛋糕花了 12 000 马克，8 月 3 日一杯咖啡和三块蛋糕花了 104 000 马克。[75] 看电影是克伦佩雷尔生活中的主要消遣之一，8 月 28 日星期一，他写道，几星期前他花 100 000 马克买了 10 张电影票。"然后票价立即飞涨，我们花 10 000 马克买的票最近已涨到 200 000 马克。昨天下午我想再买几张电影票，池座的中间几排已涨到 300 000 马克了，"这是电影院中第二便宜的座位；剧院已经宣布，下周四，也就是三天后，票价又要上涨。[76] 他在 10 月 9 日记下："我们昨天去看电影花了 1.04 亿马克，包括车费。"[77] 和许多人一样，他被这种形势推到了绝望的边缘：

> 德国正在以一种骇人的方式一步一步走向崩溃……今天 1 美元的汇价是 8 亿多马克，每天都比前一天上涨 3 亿马克。这

> 一切不仅仅是从报纸上读来的东西，而是直接影响到人的生活。我们有东西可吃的日子还能维持多久？下一回我们该把腰带勒紧到什么程度？[78]

108 克伦佩雷尔消耗在金钱问题上的时间越来越多，他在 11 月 2 日写道：

> 昨天我去领钱，在学校的出纳室等了整整一上午，一直待到快两点，结果一分钱也没拿到，连 10 月份工资的尾款也没取出来。因为美元昨天从 65 万亿涨到 130 万亿马克，所以我今天付煤气费和其他费用必须花比昨天多一倍的价钱。单说煤气，差价很可能高达 150 万亿马克。[79]

克伦佩雷尔在日记中写道，德累斯顿爆发了食品骚乱，其中一些带有反犹色彩，他开始担心疯狂觅食的人会闯进自己的家。他已无心工作。“钱粮之事耗掉了大量时间，把人磨得心力交瘁。”[80]

德国渐渐陷入瘫痪。企业已付不起工人的工资，市政当局也已买不起公用设施所需的补给。到 9 月 7 日，柏林 90 条有轨电车线路中的 60 条已停止运营。[81] 显然不能任由局面恶化下去，有位政治人物凭借精明的政治手段与明智的金融改革，把国家从崩溃的边缘拉了回来。从 1923 年 8 月开始，古斯塔夫 · 施特雷泽曼长期担任德国外交部长，在任期的前几个月里还兼任总理，他启动“履约”政策，在 9 月展开谈判，要求法国撤出鲁尔区，交换条件是，德国保证无论遇到什么困难都会履行赔款义务。结果国际社会同意重新审议赔款方案，在 1924 年谈判并接受了由美国金融专家查尔斯 · 道威斯（Charles Dawes）担任主席的委员会所拟定的计划。

道威斯计划（Dawes Plan）并未让人看到任何终止赔款的前景，但至少做出了一系列安排，以确保支付方案的切实可行，在随后的5年里，赔款的支付确实没遇到太多问题。[82]施特雷泽曼的政策没有为他赢得民族主义右翼的任何褒扬，他们抵制对赔款原则所做的任何让步。不过，当时通货膨胀的严重程度使多数人相信这是唯一现实可行的政策，大约一年以前人们还不太可能这样想。[83]在金融方面，施特雷泽曼政府于1923年12月22日任命亚尔马·沙赫特（Hjalmar Schacht）执掌德国的中央银行——帝国银 109
行（Reichsbank），沙赫特是位精明的金融家，在政界拥有强大的人脉。一种新货币“地产抵押马克”（Rentenmark）已于11月15日发行，其价值与黄金价格挂钩。[84]沙赫特采取了许多措施防范对地产抵押马克的投机，而且随着新货币——不久被改名为帝国马克（Reichsmark）——的流通范围越来越广，它取代了旧货币，被普遍接受。[85]恶性通货膨胀结束。

其他国家也受到战后通货膨胀的影响，但无一像德国这样严重。各国恶性通胀的最高点各不相同，奥地利为战前水平的14 000倍，匈牙利23 000倍，波兰250万倍，苏俄40亿倍。不过严格说来，苏俄的通胀率与其他欧洲国家没有可比性，因为布尔什维克党基本上使苏维埃经济退出了世界市场。这些国家的通胀率已经够糟糕了，但在德国，物价高达战前水平的10 000亿倍，其萧条程度前所未有，已作为最严重的恶性通货膨胀被写入经济史。显然，上述国家均不是一战的胜方。各国最终都稳定了其货币，而没有过多参照别国的经验。1920年代并未出现切实可行的新国际金融体系，不像二战后那样，产生了一套精心设计、用于维护国际金融秩序的机构和协议。[86]

二

恶性通货膨胀及其结束方式所产生的后果可谓巨大，但其对德国民众的经济状况的长期影响却难以衡量。人们过去常常认为它破坏了中产阶级在经济上的兴旺富足，但中产阶级群体的经济状况和理财方式是非常多元的。投资于战争债券或其他国债的人全都赔了本，而用一大笔按揭贷款购买房子或公寓的人，最后可能花不了几文钱就得到房产，这两种情况往往不同程度地发生在同一个人的身
110 上。然而对于那些靠固定收入生活的人，后果则是毁灭性的。债权人苦不堪言。当赢家与输家隔着新划分的社会界限彼此对立的时候，中产阶级的经济向心力与社会凝聚力随之瓦解，结果导致中产阶级政党在 1920 年代后半叶日益四分五裂，在极右翼的煽动性攻击面前束手无策。而且至关重要的是，当货币稳定政策产生的紧缩效应开始反噬时，所有社会群体都感到手头拮据。大众记忆把通货膨胀、恶性通货膨胀和货币稳定政策的影响混同为单一的经济灾难，德国社会的几乎每个群体在其中都是输家。[87] 维克托 · 克伦佩雷尔是这个过程中的典型人物。当稳定到来时，“对货币骤然贬值的恐惧，以及疯狂的抢购”结束了，但取而代之的是“贫困”，因为按照新的币制，克伦佩雷尔几乎既无值钱的东西也无现金。一番估算之后，他沮丧地得出结论 :“我的股票勉强值 100 马克，家里的现金也是这个数，全部财产就这些了 ; 我的人寿保险已蒸发净尽，保险单上的 1.5 亿芬尼如今只值 0.015 芬尼 *。”[88]

金钱失去了价值，因此实物成为唯一值得持有的东西，大规模犯罪浪潮席卷全国。被裁定犯有盗窃罪的人数，在 1913 年为 115 000，1923 年达到峰值 365 000。1923 年窝藏赃物的罪犯比 1913 年多 7 倍。穷人在 1921 年就已陷入绝境，以至于社会民主党的报纸报道说，在 100 名被送往柏林普洛岑湖（Plötzensee）监狱的男性中，80 人没有袜子，60 人没鞋穿，50 人甚至衣不蔽体。[89] 汉堡码头的工人以前通常在受雇装货和卸货的过程中顺手牵羊，此

* 芬尼，德国辅币，100 芬尼为 1 马克。

时小偷小摸达到了前所未有的水平。据说有工人拒绝装某些货物，理由是他们用不上那些东西。工会报告说，许多工人去码头只是为了偷东西，谁敢阻拦就揍谁。咖啡、面粉、熏肉和糖是称心如意的赃物。工人们实际上是用这种方式强行给自己发放实物工资，因为拿到工资时钱已经贬值了。这种现象变得非常普遍，以至于有些外国航运公司在1922—1923年开始到别的地方卸货。[90]类似的盗窃经济和以物易物，也开始在其他行业和商业中心取代货币交易。

暴力或者暴力威胁，有时以惊人的方式显现出来。有人看见多 111
达200名全副武装的小混混席卷了乡间谷仓，抢走农产品。不过，尽管犯罪行为几乎已无法控制，但裁定犯有伤害罪的人数从1913年的113 000下降到1923年的仅仅35 000人，与盗窃无直接关联的其他罪种的犯罪率也相应下降。为了维持生命，几乎人人都把精力用于小偷小摸地弄些食品和生活必需品。据报道，有些姑娘为几小袋黄油而卖身。这种局面引起的痛苦和怨恨越来越强烈，因为大家觉得有人通过非法货币交易、跨境走私、囤积居奇以及非法货运从中牟取了巨额利润。早在急速的通货膨胀演化为恶性通胀之前，黑市商人与奸商就已成为民粹主义煽动家的谴责目标，此时更是成了众矢之的。人们普遍认为，奸商夜夜笙歌，而诚实的店主和手艺人却不得不变卖家具以换取一块面包。在很多人看来，传统的道德价值随着传统的货币价值一路下滑。[91]德国似乎全方位陷入了混乱——经济领域、社会领域、政治领域、道德层面，乱象纷呈。[92]

货币、收益、金融稳定性、经济秩序、规律性和可预测性，战前一直是资产阶级价值观和资产阶级生存条件的核心，此时，这一切似乎已随着看似同样稳固的威廉帝国的政治体制一起被清除了。俯拾皆是的讽世作品开始在魏玛文化中崭露锋芒，从《赌徒马布斯博士》（*Dr Mabuse the Gambler*）等电影，到托马斯·曼的《骗子费利克斯·克鲁尔的自白》（*Confessions of the Swindler Felix*

Krull，1922 年开始写作，但后来搁置，直到 30 年后才完成）。主要由于通货膨胀的影响，魏玛文化日益痴迷于刻画各种各样的罪犯、贪污者、赌徒、幕后黑手、窃贼和骗子，似乎生活是一场碰运气的游戏，幸存与否完全听凭不可思议的经济力量肆意决断。在这种环境下，阴谋论开始盛行。赌博，无论是在牌桌上还是在证券交易所，成了用来比拟生活的一个喻体。1920 年代中期使魏玛文化犀利前卫，让许多人最终渴望回归理想主义、自我牺牲和爱国奉献精神的讽世
112 作品，大多来源于恶性通货膨胀所造成的迷失感。[93] 恶性通货膨胀成了一道创伤，后来长久地影响着德国各阶层人士的行为方式。它强化了保守派人士先后由于战败、革命、经济困境而产生的天翻地覆之感；破坏了法律的公信力，使人们不再像以前那样相信法律作为债务人与债权人、富人与穷人之间的社会规范所具有的中立性，不再像以前那样信奉法律所应维护的公正与平等原则；它解构了那些受 1918—1919 年时势所驱而被过分强调的、夸大其词的政治语言；它激发了新的灵感，虚构出一个又一个邪恶的形象，不仅有罪犯和赌徒，还有投机者，以及操纵金融的犹太人——这种犹太人形象后来产生了致命的影响。[94]

三

大实业家和金融家被德国公众归入了 1920 年代初经济动荡中的赢家之列，这是德国许多社会阶层普遍憎恨“资本家”和“奸商”的原因。但德国商界人士并不认为自己像人们言之凿凿的那样获利丰厚，他们中的许多人眷恋着旧日的威廉帝国——在那个时代，国家、警察和法庭遏制了劳工运动的发展，企业可以对经济和社会政策的关键事务向政府进行游说。虽然这种乐观的追忆也许属于错觉，但大企业在战前确实具有特权地位，尽管他们有时候会反感政府对

经济的干预。[95] 德国工业化的速度之快和规模之巨，不仅使它在 1914 年跻身欧陆的主要经济强国，并且造就了因拥有大型企业以及声名显赫的经理人和企业家而令世人瞩目的德国企业界。军火制造商克虏伯、钢铁巨头施图姆（Stumm）和蒂森、船东巴林（Ballin）、电力公司老板拉特瑙和西门子等许多名字都家喻户晓，他们富裕、显赫、有政治影响力。

这些人通常反对工人组织工会，抵制劳资谈判，其态度的强硬程度因人而异。然而在战争期间，由于政府加强了对劳资关系的干预，资方的对立情绪有所缓和。1918 年 11 月 15 日，胡戈 · 施廷 113
内斯（Hugo Stinnes）与卡尔 · 莱吉恩（Carl Legien）分别代表企业与工会签署协议，设立了劳资谈判的新机制，包括确定八小时工作制。双方都想要抵御来自极左阵营的全面社会主义化的威胁；双方同意，既保留现有的大企业结构，又在全国性的劳资谈判联合委员会中给予工会平等的代表权。与威廉帝国的其他阶层一样，大企业之所以接受共和政体，是因为觉得走这条路最有可能避免更坏的制度。[96]

因此，在共和国的最初几年里，企业界的日子不算太糟。等到发觉通胀将继续下去，许多实业家就贷款购买大量机器设备，到还贷的时候，他们所借的钱已经贬值。但这并不像有些人所说的那样，意味着他们因为觉得有利可图而对通胀推波助澜。相反，他们中的许多人颇为困惑、无所适从，尤其在 1923 年恶性通货膨胀期间，而且他们在整个通胀过程中的收益也不像人们常说的那样巨大。[97] 此外，货币稳定措施不可避免地导致急剧的通货紧缩，给过度投资的企业带来了严重问题。破产企业成倍增加，庞大的工业与金融帝国胡戈 · 施廷内斯家族垮掉了，大型企业纷纷寻找避难所，引发了一波合并与联合浪潮，其中最著名的是由几家重工业公司于 1924 年合并而成的联合钢铁公司（United Steelworks），以及同年创建的大型企业法本公司（I.G. Farben），即德国染料托拉斯（German Dye Trust），它是由化工企业爱克发（Agfa）、巴斯夫、拜耳（Bayer）、格里斯海姆（Griesheim）、赫斯特和韦勒（Weiler-ter-Meer）合并而成的欧洲最大的集团公司，也是世界第四大公司，仅次于通用汽车（General Motors）、美国钢铁（United States Steel）和标准石油（Standard Oil）三大公司。[98]

合并与联盟的目的在于既要主导市场，又要降低成本、提高效率。新企业十分重视按照超级高效的美国福特汽车公司（Ford Motor Company）的生产模式，对生产进行合理化安排。这种被称为“福特制”（Fordism）的模式以提高效率为目的，尽可能实行自动化和机械化生产。德国企业还热衷按照美国“工时与动作”研
114 究的新成果——“泰勒制”（Taylorism）重新设置工作定额，泰勒制在 1920 年代后半段的德国引发了不少争论。[99] 采用这两种模式后，鲁尔区煤炭开采业的变化达到了令人惊叹的程度，人工开采的煤炭在战前占 98%，而 1929 年只占 13%。使用风钻挖煤，以机械传送带输送到装载点，再结合重新设计的作业方法，使每名矿工每年的产煤量从 1925 年的 255 吨提高到 1932 年的 386 吨。如此大幅度的效率提升，使矿业公司能够迅速削减劳动力规模，从 1922 的 545 000 人减少到 1925 的 409 000 人和 1929 年的 353 000 人。类似的合理化和机械化进程也发生在其他经济领域，尤其是在高速发展的汽车业。[100] 然而在另一些领域，比如钢铁制造业，效率的提高主要得益于企业合并与垄断，而非机械化和现代化。尽管“福特制”、“泰勒制”以及类似的生产模式引起了各种讨论与辩论，但在 1920 年代末，德国工业界中的大部分依然保持着传统样貌。[101]

要适应货币稳定之后的新经济形势，无论如何都意味着紧缩开支、削减成本和裁员。战前几年里出生的人此时进入了就业市场，他们的数量较为庞大，在替代了那些死于战争或者死于战争刚结束

时席卷全球的毁灭性流感的劳动力之后，仍有剩余，这使就业形势变得更加糟糕。1925 年的劳动人口普查显示，劳动力人口比 1907 年多 500 万；1931 年进行的下一次普查显示，劳动力人口又增加了 100 万或者更多。在生产合理化和新一代人口增长的双重作用下，到 1925 年底，失业人口达到了 100 万；1926 年 3 月超过 300 万。[102] 面对新的形势，企业失去了与工会妥协的意愿，因为货币稳定意味着雇主不再能够把加薪的成本转嫁到产品价格。资方与工会在一战期间同意设立的劳资谈判机制解体了，取而代之的是日益紧张的劳资关系，劳工的回旋余地越来越有限。然而雇主在努力降低成本和提高生产效率时，仍然感到受挫于工会的力量以及国家从法律和制度上为他们设置的障碍。魏玛共和国实行的仲裁制度在处理劳资纠 115
纷时偏袒工会，或者说资方是这么觉得的。1928 年，鲁尔区钢铁企业由工资引起的激烈冲突通过强制仲裁得到平息之后，雇主拒不支付裁定的小额加薪，并且关闭工厂，把 20 多万金属加工工人拒之门外达 4 星期之久。工人们不仅得到德国政府的支持，还拿到了政府发放的救济金，当时主政的是由社会民主党领导、于 1928 年初组建的大联合政府（Grand Coalition）。资方开始感到，魏玛共和国的整个体制都是用来对付他们的。[103]

在资方看来，政府要求他们承担的财政义务使情况变得更糟了。为了尽量缓解货币稳定对工人的不利影响，也为了防止再度出现恶性通货膨胀期间福利供给难以为继的局面，政府在 1926 年和 1927 年分阶段向国会提交了精心制定的失业保险方案。方案中最重要的法律于 1927 年获得通过，其设计初衷是为大约 1700 万工人提供保障，以缓冲失业造成的影响。它要求雇主缴纳与雇员所交保险费数额相同的资金，并设立一个政府基金，用以处理因失业人数超出保险方案解决能力的上限而出现的重大危机。 由于这个上限仅为 80 万，因此一旦失业人数有所增加，保险方案必然捉襟见肘。实际上，在方案生效之前，失业人数就已超出上限。[104] 该福利制度无疑意味着政府加强了对经济的干预，而这正是企业所反感的。它强制雇主为工人的福利方案出资，从而进一步增加了资方的成本，并且把越来越沉重的税务负担强加给企业，其实也就是直接加诸富裕的企业主。最强烈的敌意来自鲁尔区的重工业企业家，由于法律规定了工作时间的上限，所以他们在很多情况下无法昼夜不停地使用工厂设备。在他们看来，给 1927 年实施的失业福利方案出资，导致了他们的实力严重受损。1929 年，工业家的全国组织发表意见，认为国家再也无法负担这样的福利方案，呼吁大幅削减政府开支，并且正式停止与劳工的谈判，而正是这种劳资谈判，曾在 1918 年革命
116 期间保全了大企业。有人说是福利制度而不是国际经济状况造成了他们的困境，这不可不谓言过其实；然而，许多雇主在 1925—1930 年间对工会和社会民主党生出了新的敌意，却是毋庸置疑的。[105]

因此到 1920 年代末，大企业对魏玛共和国已经不再抱有幻想。它在 1914 年之前所拥有的影响力、在战争期间和战后的通胀岁月里所发挥的更大影响力，如今似乎急剧减弱。而且，它曾在公众中享有的极高声望，也由于通胀期间浮出水面的财务等方面的丑闻而受到重创。在不靠谱的投资中失去财富的人要寻找罪魁祸首。在 1924—1925 年，这个替罪羊锁定为俄国裔犹太企业家朱利叶斯 · 巴尔马特（Julius Barmat），他在战争刚结束时曾与社会民主党领导层合作从事食品进口业务，后来又在通胀期间把从普鲁士国家银行（Prussian State Bank）和邮政局取得的贷款用于金融投机。1924 年临近年底时，他的公司倒闭，留下 1000 万帝国马克的债务。极右翼抓住机会发动了一场舆论战，他们恶语诽谤社会民主党领导层，例如指控前总理古斯塔夫 · 鲍尔（Gustav Bauer）收受贿赂。此类财务丑闻经常被极右翼用来支持这样的说法：犹太式腐败正在对魏玛政府施加不正当的影响，导致许多普通中产阶级德国人走向破产。[106]

企业界对此局面可以做何补救？政治运作的空间是有限的。自共和国建立伊始，企业界就力图使其既免于政治干涉，又拥有政治影响力，至少得到善意的对待。其方法是捐款给“资产阶级”政党，尤其是给民族党和人民党。大企业通常以投资的方式，从财务上控制各大报纸，但很少直接植入其政治立场。有的报纸老板确实经常插手编辑政策，就像阿尔弗雷德·胡根贝格所做的那样（他的出版与传媒帝国在魏玛共和国期间迅速发展壮大），但这往往与企业自身的具体利益没什么关系。实际上，到 1930 年代初，商界领袖们被胡根贝格的极右翼立场激怒，谋划将他逐出民族党领导层。企业界对于那些影响到自己的事务远没有统一口径，它自上而下都呈分 117
裂状态——不仅存在胡根贝格的例子所显示的那种政治分歧，也存在经济利益的分歧。因此，尽管鲁尔区的钢铁和矿业公司激烈反对魏玛共和国的福利制度和劳资谈判制度，但是经济领域中前沿产业的巨头，比如西门子或者法本公司，则更愿意妥协。有些利益冲突也存在于出口型企业与主要面向国内市场的企业之间，前者在货币稳定和开支紧缩的那几年间业绩较好，后者则包括鲁尔区的钢铁巨头。然而即使在后者当中，也存在严重的意见分歧，例如克虏伯实际上就反对 1928 年把工人锁在工厂门外的那些雇主所持的强硬立场。[107] 到 1920 年代末，企业界在政治上呈分裂状态，并且受制于魏玛政府为其设置的种种限制，它在通胀期间享有的政治影响力已所剩无几。企业界对共和国的失望，很快将由其最有影响力的代表发泄出来，表现为对共和国的公开敌视。

第三节

文化战争

一

118 导致魏玛共和国分崩离析的各种冲突，超出了政治或经济范畴，不仅贯穿于议会斗争和竞选，也渗透到生活的各个方面，由此大致可以判断出这些冲突源自内在因素。在走向第三帝国的那几年里，德国民众的特点并不是不关心政治，甚至可以说人们表现出了过高的政治参与度和过多的政治责任感，这从竞选中极高的投票率可见一斑——在多数选战中，选民的投票率不下 80%。[108] 据说成熟民主制度的标志是视选举为平常之事，但这种情形在魏玛共和国的历次选举中从未出现过。相反，选战期间在德国的许多地方，外墙和广告栏的每一处空隙似乎都贴满了海报，每扇窗户都挂着标语，每栋建筑都涂上了此政党或彼政党的标志色。这远远超出了有些人所说的在战争以前的岁月里促使选民去投票的那种责任感，社会或政治领域似乎无处免于政治化。

这在新闻界最为明显。1932 年，德国至少有 4700 家报纸，其中 70% 是日报。许多报纸是地区性的，发行量较小；有些则是享誉国际的大报，比如自由派的《法兰克福报》(*Frankfurter Zeitung*)。这类机关报在有政治倾向的报纸中仅占一小部分，有政治倾向的报纸总共占全部报纸的大约四分之一。将近四分之三的有政治倾向的报纸效忠于中央党或与之类似的南方政党巴伐利亚人民党，或者效 119
忠于社会民主党。[109]各政党非常重视自己的日报，社会民主党的《前进报》(*Vorwärts*)和共产党的《红旗报》(*Rote Fahne*)分别是两党的主要宣传工具，统领着由周刊、本地报纸、时尚画报和专业刊物构成的精密网络。报纸的宣传组织者能够博得神话般的名望，例如共产党的报刊主管维利·明岑贝格(Willi Münzenberg)被视为媒体的开创者和驾驭者。[110]在政治光谱的另一端，拥有同样传奇般地位的是阿尔弗雷德·胡根贝格。作为军火制造商克虏伯公司的董事会主席，胡根贝格于1916年买下谢尔报团(Scherl newspaper firm)；两年后又收购了一家大型新闻机构，该机构在魏玛时期为报纸的许多专栏提供新闻稿和社论；1920年代末，胡根贝格又成为规模庞大的电影制作公司UFA的老板。胡根贝格利用他的媒体帝国，把自己恶毒的日耳曼民族主义观点传播到全国各地，还四处宣扬说恢复君主制的时候到了。到1920年代末，他已声名显赫，被称为德国的“无冕之王”和全国“最有权力的人之一”。[111]

然而，无论人们如何看待，这种媒体力量并没有直接转化成政治权力。胡根贝格在传媒界的主导地位，根本无力阻止民族党在1924年之后的不断衰落。党报的发行量通常较小，以1929年为例，《红旗报》的日销量为28 000份，《前进报》74 000份，胡根贝格的《昼报》(*Der Tag*)70 000份出头。这些数字无论如何也算不上可观。不仅如此，1930年代初，正当共产党的选票开始增加时，《红旗报》的销量降至15 000份。总之，带有明显政治色彩的报刊在1925—1932年间发行量下降了近三分之一。销量下降的还包括那些散发着人文气息的高端日报。[112]《法兰克福报》也许是最负盛名的人文报纸，其销量从 1915 年的 100 000 份滑落到 1928 年的 71 000 份。报纸编辑清楚地意识到，支持共和国的自由派报纸的许多读者都把选票投给了反对魏玛的政党。这样看来，媒体编辑及老板的政治影响力似乎也是有限的。[113]

120 在 1920 年代消解政治报刊影响力的，主要是新兴的所谓“林荫道小报”，即刊登耸人听闻消息的廉价小报，它们不依赖稳定的订户，而是兜售于街头，尤其是在下午和黄昏时分销售。这些报纸配有大量插图，刊登关于体育、电影、本地新闻、犯罪、丑闻和轰动事件的广泛报道，注重娱乐甚于信息。不过，小报也可能有政治倾向，比如胡根贝格的《夜报》（*Nachtausgabe*），其发行量从 1925 年的 38 000 份增长到 1930 年的 202 000 份；再比如明岑贝格的《晚间世界》（*Welt am Abend*），其销量从 1925 年的 12 000 份增长到 1930 年的 220 000 份。总的说来，支持共和国的报纸难以跟上这样的竞争节奏，尽管自由派新闻帝国乌尔施泰因报团（Ullstein press）确实成功发行了《速报》（*Tempo*）和《正午商报》（*BZ am Mittag*），二者在 1930 年的销量分别为 145 000 和 175 000 份。社会民主党没有能力参与小报市场的竞争。[114] 正是在这个层次的市场，媒体政治发挥了真正的威力。八卦小报用耸人听闻的报道挖了共和国的墙脚，它们曝光那些支持共和国的政客在财务上的舞弊行为，有的属实，有的则属臆造；还配图呈现共和国与帝国时代的对比。通俗小报上充斥着关于凶杀案庭审和警方调查的报道，给人的印象是社会正在被暴力犯罪的浪潮所吞没。在外省，表面上不关心政治的本地报纸经常采用右翼新闻机构提供的消息，它们起到了与小报相似的作用，尽管效果没那么显著。胡根贝格的媒体帝国也许未能挽回民族党的颓势，但它喋喋不休地谈论共和国的不公正，以另一种方式动摇了魏玛共和国的合法性，使人们相信有必要改换一下政体。因此，媒体最终确实对改变选民想法产生了作用，尤其是以一种通俗的方式引导他们反对魏玛民主制度。[115]

1920年代和1930年代初，媒体和文化界出现了许多让一些人感到不安的新进展，耸人听闻的通俗小报只是其中之一。实验文学、达达主义的“具象诗”、阿尔弗雷德·德布林（Alfred Döblin）的现代派小说、贝尔托特·布莱希特（Bertolt Brecht）的社会批判剧、库尔特·图霍尔斯基（Kurt Tucholsky）和卡尔·冯·奥西茨基（Carl von Ossietzky）犀利的时事评论，全都把读者分化成了两派，其中的少数派挺身接受新事物的挑战，而多数派则将上述作品视为“文化布尔什维主义”。与柏林文化界生机勃勃的激进文学并存的，是 121
吸引着中产阶级内的保守派民族主义者的另一个文学世界，它根植于对逝去的俾斯麦时代的缅怀，并且预言魏玛共和国终将崩溃、俾斯麦时代终将回归。尤其受欢迎的是奥斯瓦尔德·斯宾格勒（Oswald Spengler）的《西方的没落》（*The Fall of the West*），它把人类历史分为春夏秋冬的四季循环，将20世纪初的德国归入冬季——以“没有宗教信仰、没有智性的世界主义倾向”为特征，其艺术“被外国的艺术形式占了上风”。

斯宾格勒认为，在政治学领域，辨别其为冬季的依据是，社会是由许多都市大众组成的无机体，传统的城邦形态已然瓦解。斯宾格勒赢得了许多追随者，因为他宣称，冬季预示着社会即将转型到新一轮的春天，即“具有农业直觉的”、由一个“有机的政治体制”管理的社会，从而“造就觉醒的、充满理想的强者”。[116]另有一些作家给即将来临的复兴时期取了个新名字，此名不久就被极端右翼阵营热情采纳：第三帝国。使这个名称家喻户晓的，是新保守主义作家阿瑟·默勒·凡登布鲁克（Arthur Moeller van den Bruck）于1923年出版的作品《第三帝国》（*Das Dritte Reich*）。他宣称，帝国理想发轫于查理曼时代，复兴于俾斯麦治下，它与魏玛共和国所特有的政党政治恰好相反。凡登布鲁克写道，第三帝国目前还是个梦想，需要进行一场民族主义革命来实现它。届时，那些分裂德国的政党将被清除。当第三帝国最终来临时，它将把所有的政治团体和社会团体汇拢到民族复兴的事业中。它将恢复德国历史的连续性，再现帝国在中世纪的荣耀；它将是“终极的帝国”。[117] 其他一些作家，比如法学家埃德加 · 容（Edgar Jung），接受了此观点，主张发动一场“保守的革命”，从而在不久的将来建立起“第三帝国”。[118]

上述观点高深抽象，有点儿曲高和寡，在此之下的许多作家，以各种方式颂扬帝国的优点，在他们看来，那些优点都是魏玛共和国所不具备的。退伍军官恩斯特 · 容格尔鼓吹 1914 年的奇迹，在他的畅销书《钢铁风暴》中拔高了前线部队的形象，其实那些人只有在行使暴力、遭受痛苦和制造痛苦时才找得到存在感。[119] 自由
122 军团催生出了一整套小说，赞颂老兵对革命者的仇恨，其措辞常常令人毛骨悚然，将杀戮和混乱描绘成愤懑不平的男子汉在寻机复仇时的终极表达，他们要报复 1918 年的战败以及随之而来的革命和民主制度。[120] 上述这类作家以及许多其他人士宣称，取代议会民主制的软弱妥协，需要的是强人领袖——冷酷强硬、毫不妥协，愿意无所顾忌地打倒国家的敌人。[121] 另外一些作家则眷恋着往日田园诗般的乡村世界，那里完全没有现代都市生活的复杂与“堕落”，比如阿道夫·巴特尔斯（Adolf Bartels）的小说《迪特马尔森人》（*The Dithmarshers*）里的世界，截至 1928 年，此书卖出了 20 多万册。[122]

所有这些都表达了一种普遍的文化危机感，它不仅存在于保守派精英中间。当然，现代主义文化和媒体的许多方面在战前就已经引人注目了。前卫艺术对公共意识有着明显的影响，比如表现主义画家恩斯特 · 路德维希 · 基希纳（Ernst Ludwig Kirchner）、奥古斯特 · 马克（August Macke）或埃米尔 · 诺尔德（Emil Nolde）以及旅居慕尼黑的俄裔抽象派画家瓦西里 · 康定斯基（Wassily Kandinsky）等人的作品。 无调性音乐和表现主义音乐起源于勋伯

格（Schoenberg）、韦伯恩（Webern）、贝尔格（Berg）和策姆林斯基（Zemlinsky）的第二维也纳乐派（Second Viennese school）；而以戏剧形式出现的色情剧已经引起群情激愤，比如弗兰克·韦德金德（Frank Wedekind）编剧的《春之觉醒》（*Spring's Awakening*）。在威廉帝国治下，关于文学是否得体的边界，以及所谓不爱国和颠覆性文学或者色情和淫秽图书造成的威胁经常引发争议，许多此类图书都遭到警方的查禁。[123]

进入 20 世纪，现代派艺术和文化的出现给中产阶级带来的文化危机感在威廉帝国时期得到了控制，以极端形式表达危机感的仅限于少数人。然而 1918 年之后，危机感四处弥漫。威廉二世时期一直起作用，且在一战期间非常严苛的审查制度之终结，或者至少是范围的缩小，鼓励媒体涉足从前的禁忌领域。戏剧成了激进实验和左翼宣传鼓动的载体。[124] 复制成本的降低和印刷技术的进步，使得为大众市场出版廉价的配图报刊变得越来越容易。在魏玛，建筑师瓦尔特·格罗皮乌斯（Walter Gropius）把魏玛艺术学院（Weimar Art Academy）和魏玛工艺美术学校（Weimar School of Arts and 123
Crafts）合并起来，创建了包豪斯（Bauhaus），这个教育中心旨在把高雅艺术与实用设计结合起来，其教师包括瓦西里·康定斯基、奥斯卡·施莱默（Oskar Schlemmer）、保罗·克利（Paul Klee）、特奥·凡杜斯堡（Theo van Doesburg）和拉兹洛·莫霍利-纳吉（László Moholy-Nagy）。包豪斯备受争议，市民不欢迎该校那些放浪形骸的男生女生，当地政客贬斥包豪斯那种极其简洁的超现代设计，说它来自原始种族的艺术形式，而不是源于德国艺术。1924 年，国家不再为包豪斯拨款，学校迁往德绍（Dessau），但它依然饱受争议，尤其是在新校长汉内斯·迈尔（Hannes Meyer）任内。迈尔由于同情共产主义而在 1930 年去职，由建筑师密斯·凡·德·罗（Mies van der Rohe）接替。密斯驱逐了学生中的共产党员，用等级式，乃至独裁式的管理制度取代了包豪斯原先的社群氛围。然而，1931 年 11 月，赢得德绍市议会多数席位的纳粹党派出《艺术与人种》（*Art and Race*）一书的作者、极端保守派保罗·舒尔策—瑙姆堡（Paul Schulze-Naumburg）对包豪斯进行了官方审查，随后关闭该校。学校遂迁至柏林的一个工厂旧址，但自此以后，它仅仅是包豪斯从前的影子而已。包豪斯的命运显示，即使是在文化氛围宽松的魏玛共和国，前卫艺术也多么难以获得官方认可。[125]

新的通讯手段愈发使人感觉传统的文化价值受到了威胁。在这个时期，广播电台开始取得真正的成功，成为广受欢迎的文化机构：1926 年听众为 100 万，到 1932 年又增加了 300 万，电波传送着各种各样的观点，包括左翼思想。大城镇在 1914 年以前已经开设了电影院；到 1920 年代后期，电影吸引了大量观众；1920 年代结束之际出现有声电影，又吸引了更多的观影者。在许多文化保守人士中间催生出审美迷失的，有表现主义电影，比如《卡里加里博士的小屋》（*The Cabinet of Dr Caligari*），以扭曲变形的布景著称；也有色情电影，比如美国女演员露易丝·布鲁克斯（Louise Brooks）主演的《潘多拉的盒子》（*Pandora's Box*）。辛辣讽刺资产阶级生活方式的电影《蓝天使》（*The Blue Angel*）改编自海因里希·曼（Heinrich Mann）的小说，由埃米尔·强宁斯（Emil Jannings）和玛琳·黛德丽（Marlene Dietrich）主演，该片的创作团队与制片方——胡根贝格的 UFA 电影公司发生龃龉，主要是因为影片把女主人公塑造成了玩世不恭、惯于挑逗的色情形象。[126] 改编自埃里希·玛丽亚·雷马克（Erich Maria Remarque）小说的电影《西
124 线无战事》（*All Quiet on the Western Front*），受到了极端民族主义者的猛烈抨击，他们认为该片的反战立场是不爱国的。[127]

达达主义的各种表现形式所嘲讽的美、心灵的提升、艺术的纯粹性，是资产阶级文化所崇尚的恬淡理想，而“新即物主义”（Neue

Sachlichkeit, 字面意思是"新写实主义")则把日常事物置于作品的中心，试图呈现现代都市生活的美感。这并不符合所有人的口味。瓦格纳作品《尼伯龙根的指环》(*Der Ring Des Nibelungen*)中的神话世界或者宗教仪式音乐剧《帕西法尔》(*Parsifal*)所唤起的不祥之感，不曾让身穿燕尾服来听歌剧的资产阶级绅士们感到迷失；令他们尴尬的，反倒是克罗尔歌剧院(Kroll Opera)当时上演的保罗·欣德米特(Paul Hindemith)的作品《今日新闻》(*News of the Day*)中，女主角裸坐在浴缸里演唱咏叹调的场景。作品甜美流畅的理查德·施特劳斯(Richard Strauss)是德国浪漫主义晚期的代表作曲家，他少年成名，但此时专门谱写情绪平和的轻歌剧，比如《间奏曲》(*Intermezzo*)和《埃及的海伦》(*The Egyptian Helena*)；与他同时期，观众还能欣赏到阿尔班·贝尔格(Alban Berg)的表现主义杰作《沃采克》(*Wozzeck*)，它以19世纪初的穷人和受压迫者为背景，将无调性音乐和日常的言谈方式融入歌剧。保守派作曲家汉斯·普菲茨纳(Hans Pfitzner)把上述趋势斥为民族退化的征兆，将其归咎于犹太人的影响力和文化布尔什维主义，他的话引起了人们的共鸣。他疾呼，必须保护德国的音乐传统免受这些威胁。普鲁士州政府于1925年聘请奥地利裔犹太人、无调性音乐家阿诺尔德·勋伯格到柏林的国立音乐学院讲授作曲，普菲茨纳认为此举加剧了德国音乐所受的威胁。音乐生活是德国资产阶级认同感的核心，甚于在其他任何欧洲国家，因此上述发展动态直接击中了德国资产阶级的要害。[128]

按照这种思路，更大的威胁来自美国爵士乐的影响。爵士乐进入了德国音乐，比如库尔特·魏尔(Kurt Weill)作曲、贝尔托特·布莱希特作词的《三分钱歌剧》(*The Threepenny Opera*)，该剧以盗贼和罪犯的世界为背景，尖刻地谴责了人与人之间的互相利用，1928年首演时震撼了整个文化界；产生同样效果的还有恩斯特·克热内克（Ernst Krenek）的《容尼奏乐》（*Jonny Strikes Up*），该剧于 1927 年 2 月首演，特色是以一位黑人音乐家担当主角。许多现代主义作曲家从爵士乐中发现了新的艺术灵感。当然，爵士乐主要
125 是一种通俗的艺术形式，以各种风格在无数夜总会和酒吧中演奏，尤其是在柏林，逐渐进入舞厅、时俗讽刺剧*剧场和饭店。大乐团以及踢乐女郎（Tiller Girls）等歌舞剧团的访问演出，为柏林的舞台注入了活力；而更大胆的人可以一晚上待在俱乐部，比如待在被当红作曲家弗里德里希·霍伦德（Friedrich Hollaender）称为“色情超级市场”的埃尔多拉多（Eldorado）俱乐部，坐在有不少异装癖和同性恋的观众中间，观看安妮塔·贝尔贝（Anita Berber）表演色情舞蹈，比如《可卡因》（‘Cocaine’）和《吗啡》（‘Morphium’）。她于 1928 年因吸毒过量而早逝。卡巴莱†为这些晚间表演添加了一种辛辣的、反独裁的政治讽刺元素，表演者讲的笑话激怒了自负的保守派，有一位愤怒地抱怨说，他们嘲笑了“基督徒和德国人的民族感情、宗教情感和行为方式”。卫道士们被探戈、狐步和查理斯顿（charleston）之类的舞蹈激怒，种族主义言论则直接指向了黑人音乐家（虽然当时他们人数极少，而且大多担任鼓手或舞者，主要是为表演增添一股异域风情）。

权威的音乐评论家阿尔弗雷德·爱因斯坦（Alfred Einstein）把爵士乐称为“对一切文明的西方音乐最令人作呕的背叛”，汉斯·普菲茨纳也言语尖刻地反对法兰克福音乐学院（Frankfurt Conservatory）把爵士乐纳入教学内容，痛诋爵士乐的所谓原始风格为“黑鬼血统”的产物，是“崇美主义的音乐表现”。[129] 爵士乐和摇摆乐可以说是文化美国化浪潮中的翘楚，浪潮中那些迥然不

---

* 时俗讽刺剧（revue），一种轻松的娱乐性戏剧，以讽刺时事、风俗、人物为主要内容，由歌舞、滑稽短剧和讽刺模仿独角表演组成。

† 卡巴莱（Cabaret），餐馆或夜总会在晚间提供的歌舞表演。

同的现象，比如查理·卓别林（Charlie Chaplin）的电影以及现代工业方法“福特制”和“泰勒制”，在有些人看来已威胁到了德国的所谓历史认同。大规模生产使大规模消费成为可能，大型百货商店供应的国际商品琳琅满目，品种多得惊人，在沃尔沃斯超市（Woolworth's）等外资连锁店里出售的，至少有一部分是普通工人阶级家庭买得起的商品。大众住宅规划与现代家居设计挑战了保守派理想的乡居风格，引发了激烈的辩论。在右翼阵营的文化评论家看来，美国作为现代性的卓越代表所展现的影响力，意味着德国迫切需要恢复德意志生活方式、德意志传统、德意志人的血统传承和德意志人与土地之间的纽带。[130]

随着官方审查制度和警察控制在1918年的终结，出现了文化
自由和性自由的新氛围，在很多人看来，其缩影就是柏林的夜总会。 126
对此，老一辈德国人深感与时代格格不入。一位生于1878年的军官后来回忆道：

> 回国后，我们看到的不再是诚实的德国民众，而是被最下作的本能挑动起来的暴民。德国人曾经拥有的美德，似乎已经彻底陷入泥淖……淫乱、无耻和腐败大行其道。德国女人似乎已忘记她们的德国式教养，德国男人似乎也已忘记他们的幽默感和诚实。犹太作家和犹太媒体可以“为所欲为”而不受惩罚，把一切搅成浑水。[131]

无论右翼还是左翼阵营，都有人感到秩序与纪律已被革命扫除殆尽，道德沦丧与性变态充斥社会。社会民主党和共产党往往以清教徒式的态度看待人际关系，将政治责任感和自我牺牲精神置于自我实现之上，其中不少人都对“咆哮的二十年代”（Roaring Twenties）里柏林等地许多青年公然崇尚享乐主义文化感到震惊。在电影院、八

卦小报、舞厅和电台，休闲娱乐的商业化导致很多年轻人日益远离劳工运动文化中那种较为严肃和传统的价值观。[132]

大城市里的青年公然享受着性自由，这是上一代人对他们不以为然的具体原因之一。这也是在战前就有先兆的。女权运动的风起云涌，让公众和媒体习惯了妇女对各种事务发表意见、占据至少某些管理岗位、在社会上闯出自己的道路。1910 年以来，每年 3 月 8 日“国际妇女节”（International Women’s Day）这一天，各大城市都有女性为争取选举权而举行的街头示威，就连中产阶级女权运动者也在 1912 年游行过一次，尽管是坐在马车里。除了最终取得成功的女性选举权运动，当时一起出现的还有这样一些要求：性满足、未婚母亲的平等权利和免费的避孕指导，虽然只是少数女权主义者提出的。弗洛伊德（Freud）倾向于认为人类的行为和欲望具有性动机的观点在一战前就已经有人在讨论了。[133] 尤其是柏林，随着城市规模的迅速扩展以及地位向国际大都市的跃升，它已成为
127 社会学和性学领域各种亚文化的中心，包括生机勃勃的男同性恋和女同性恋圈子。[134]

批评者认为，上述趋势意味着家庭有日益式微之虞，主要是因为女性在经济上越来越独立。服务业在经济领域的勃兴，为女性带来了新的就业机会，包括大型百货商场的销售岗位，以及蓬勃发展的白领世界里的秘书职位（由于打字机女性化的强大影响），这不但创造了新的剥削形式，也让越来越多的年轻单身女性在经济上和社会上取得前所未有的独立地位。这在 1918 年之后愈益明显，当时有 1150 万女性在职，占工作人口的 36%。虽然与战前状况相比，这根本算不上大幅变化，但她们中的许多人此时从事着在公共场合随处可见的工作，比如电车售票员、百货商场的店员，或者——虽然寥寥可数——成为法律、大学和医学领域的专业人士。[135] 越来越多的女性与男性竞争工作，民族主义者越来越担心出生率在世纪

之交的下降将削弱德国的实力，加之日益蔓延的文化焦虑感，共同引发了对于女性就业的抵制，这样的抵制在1914年以前就已日渐明显。[136]战前，德国有一场显而易见的男性危机，民族主义者和泛日耳曼联盟开始疾呼，号召女性回归家庭、履行她们的天职——为国家生养和教育更多的子女。人们对于来自女权的挑战所做出的强烈反应，致使女权主义者被迫转入防守，开始排挤那些比较激进的支持者，更多强调自己无可挑剔地具有民族主义者的资格，强调自己无意要求过多的变革。[137]

1918年之后，女性获得选举权，从地方议会到帝国国会的各级选举，她们都有权参与投票和担任候选人。她们正式获得在主要专业领域工作的权利，在公共生活中扮演的角色也远比战前重要。相应地，男性至上论者的观点也越来越有市场，他们反对女性就业，认为女性的归宿是家庭。在大城市的自由氛围中，人们的性观念远比战前开放，这加深了男性至上论者的不满。令保守人士更为震惊的是，有些人公开争取同性恋权利，例如，马格努斯·希施费尔 128
德（Magnus Hirschfeld）于1897年创建了听起来无伤大雅的“科学人道主义委员会”（Scientific-Humanitarian Committee）。实际上，希施费尔德是公开的同性恋者，他在许多出版物中宣传自己备受争议的观点：同性恋者是“第三性”，其性取向是天生的，而不是环境因素的产物。他的委员会致力于废除《德意志帝国刑法典》（Reich Criminal Code）第一百七十五条，该条规定成年男性之间“有伤风化的行为”为非法。令保守人士震怒的是，1919年在社会民主党主政的普鲁士州，政府拨给希施费尔德大笔资金，把他的非正式的科学人道主义委员会转为州立的性科学研究所（Institute for Sexual Science），办公场所设在首府的中心大蒂尔加滕区（grand Tiergarten district）。研究所提供性咨询，举办科普式答疑会，回答诸如“做爱而不怀孕的最好办法是什么？”之类的问题，呼吁修改管制性行为的所有法律。希施费尔德很快建立起广阔的国际交流网络，组成性改革国际联盟（World League for Sexual Reform），其研究所是联盟在1920年代的实际总部。他推动了公立和私立的避孕与性咨询诊所在魏玛共和国的普及。毫不奇怪，他一再受到民族党和纳粹党的诋毁，两党与中央党联手，试图制定更加严苛的法律，但在1929年国会刑法改革委员会（Criminal Law Reform Committee）的表决中,它们的提案以微弱劣势被共产党、社会民主党和民主党否决。[138]

民族主义者的反对立场，不仅仅是出于天然的道德保守主义。德国已在战争中失去200万成年男性，而出生率还在迅速下降。1900—1925年间，每千名45岁以下已婚妇女的活产数急剧降低，从280例降至146例。法律对避孕套的销售限制于1927年被放宽；到1930年代初，在公共场所有1600多部自动贩卖机，仅柏林的一家公司每年就生产2500万个避孕套。提供避孕指导的性咨询中心相继开业，其中许多家和希施费尔德的研究所一样，出资者或实际运营者都是普鲁士州政府和其他地方政府，这激怒了道德保守派。堕胎饱受争议，主要是因为它存在严重的医疗风险，但这方面的法
129 律也放宽了。1927年，堕胎由重罪改为轻罪；1930年12月的教宗通谕《圣洁婚姻》（*Casti Connubii*）猛烈抨击堕胎行为，为争论推波助澜；1931年，共产党发起一场大规模的反对非法堕胎运动，在此期间举行了大约1500场集会和示威活动。[139]

在许多人看来，上述社会运动似乎是阴谋的一部分，蓄意要破坏日耳曼人种的生育率和繁殖力。保守派和极端民族主义者发问：这一切后果难道不是来自妇女解放、来自道德败坏地倡导不受繁衍欲望约束的性行为吗？在民族主义者看来，女权主义者似乎比叛国者好不了多少，因为这些人鼓励女性离家工作。然而，女权主义者自身对于性解放的新氛围几乎同样感到恐慌。多数女权主义者都抨击战前关于性道德的双重标准——自由归男性、贞洁归女性，而提

倡对两性实行同一标准的性约束。她们开展运动反对色情图书以及包含性暴露画面的电影和绘画，谴责那些喜爱舞厅甚于读书小组的年轻女子，她们在此过程中表现出来的清教徒做派，让许多年轻女性感到可笑。到 1920 年代末，由于女性选举权的实现，传统女权主义者组织的主要奋斗目标已经过时，正苦于组织成员日渐老去，又吸引不到年轻人。[140] 女权主义运动处于守势，曾经的主要支柱中产阶级女性抛弃了以往所属的自由派阵营，转而支持右翼政党。面对损害了日耳曼人种的指责，女权主义运动感觉有必要为自己辩护，于是强调自己支持民族主义者关于修改《凡尔赛和约》的提议，支持重新武装德军，支持家庭价值观，支持克制性欲。后来的事实证明，右翼极端主义对女性的吸引力，丝毫不逊于对男性。[141]

二

年轻人，尤其是青春期男孩，已在一战前形成了他们自己独特 130
的文化风格。其中起关键作用的是“青年运动”，它是由五花八门而又发展迅猛的各种非正式俱乐部和协会组成的集合体，主要活动包括远足、亲近大自然、围坐在篝火旁高唱民歌和爱国歌曲。当然，所有政党都极力通过为青年人提供他们自己的组织招募年轻人，尤其是在 1918 年之后，比如民族党设立的俾斯麦青年团（Bismarck Youth）、中央党的温特霍斯特同盟（Windthorst League）；但是总体而言，青年运动最引人注目之处在于它独立于正式的政治机构，其领军人物往往蔑视成年人的政治生活，视之为道德妥协和不诚实。运动助长了人们对现代文化、城市生活和正式政治机构的不信任感。即使不是大多数，也有许多青年团体的服装是男童子军式的准军事制服。这些团体颇有反犹主义色彩，常常拒绝犹太人加入它们的行列。有些团体强调道德纯洁的必要性，反对吸烟、饮酒或者滥交女友。

另一些团体，如上文所述，持男性至上论立场。尽管认为青年运动为纳粹主义铺设了道路、应该对此承担责任是历史学家的夸大之辞，但独立青年组织的绝大多数成员确实敌视共和国及其政客，他们在世界观上是民族主义者，性格和抱负则是军国主义的。[142]

青年运动的影响力并没有受到学校教育的消解，且对信奉新教的中产阶级影响最大。“全体高中生都信奉民族主义，”维克托·克伦佩雷尔在 1925 年记录道，“这是他们从老师那里学来的。”[143] 不过，实际情况也许比他想象的要复杂一点儿。在威廉帝国治下，皇帝运用个人影响力，主张改革德国教育，用侧重于德国史和德语的爱国主义课程取代基于经典教学模式的自由主义传统。到 1914 年，许多教师在世界观上都是民族主义者、保守派和君主主义者，教科
131 书和课程也极力秉承同样的政治立场。不过，还有人数相当多的少数派持有各种自由主义中间派和左派立场。而且，1920 年代，在社会民主党主政的那些州，尤其是普鲁士，政府竭力劝说学校把学生教育成忠于新建立的共和国民主制度的模范公民，教育系统的氛围随之而变。完成学业、走出校门的青年，除了有数百万坚持保守派立场或者极端右翼政见之外，还有数百万成为有坚定信仰的共产党人或社会民主党人，或者忠于中央党。最终，无论是自由派和社会民主党教师，还是保守派和君主主义者教师，似乎都没能对学生的政治立场施加多少影响，学生们不接受老师的许多政治观点，认为它们与魏玛共和国治下的现实生活毫无关联。就那些后来成为纳粹党徒的年轻人而言，政治忠诚往往发端于从政治上反叛学校教育的刻板僵化，其次才是受到了纳粹党徒或者亲纳粹的教师的启发。一位生于 1908 年、持民族主义立场的学生回忆说，他总是与老师发生冲突，“因为我从小就讨厌盲目的服从”。他承认自己受到一位民族主义教师的政治影响，但同时又评论道，其偶像的教诲“与学校所教的其他一切内容形成了强烈的反差”。另一位学生对自己从前

的学校心怀旧怨——学校因他侮辱犹太同学而一再处罚他。[144]

年轻人对极右翼的政治忠诚，最明显地表现在德国的大学，其中许多是传统可追溯至中世纪的著名学府。在魏玛共和国治下，的确有一些左派教授设法保住了职位，但为数不多。大学在一战后依然是精英机构，录取的学生几乎全部出身中产阶级。特别有战斗力的是各校的学生决斗队，他们无一例外地是保守派、君主主义者和民族主义者，其中有些人积极参与了镇压1919—1921年的几次革命的暴力行动。为了抵消他们的影响力，1919年初，各高校的学生组建了与新共和国相适应的那种民主代议机构——学生联合会
(General Student Unions)。所有学生都必须加入，并且有权投票 132
选举他们在这些学生管理机构中的代表。[145]

学生联合会组成了一个全国协会，开始在学生福利和大学改革等领域发挥一些影响力。但这些领域也受到了极右翼的影响。从1919年最终接受《凡尔赛和约》到1923年法国占领鲁尔区，这期间的各种政治事件促使一届又一届学生源源不断地加入各个民族主义协会，聚集到传统的学生决斗队旗下。不久，各高校都有右翼候选人被选入学生会，同时，学生们对德国新建立的民主政体越来越不抱幻想，因为通货膨胀把他们的收入变得一文不值，拥挤的校园环境也令人越来越难以忍受。学生人数迅速增长，从1914年的6万增加到1931年的10.4万，这主要是受人口结构变化的影响。政府投入大笔资金扩大招生，大学成了基层公务员、小企业主，乃至某些体力劳动者的孩子改变社会地位、实现向上流动的重要路径。共和国的财政困难迫使许多学生靠勤工俭学读完大学，这让他们心里更加不满。然而，数量不断增多的大学毕业生找到工作的可能性在1924年就已开始减少，1930年之后几乎机会全无。[146]

绝大多数教授也具有浓厚的民族主义思想，正如他们曾经集体公开宣布支持德国1914—1918年的战争目标时所表现的那样。许

多教授在课堂上谴责1919年的《和约》，从而促成了右倾思想氛围的形成。此外，他们还反对来自东部的犹太学生进入大学，将这看作“种族异类”的威胁，并对此提出行政解决方案和决策。许多人用危言耸听的字眼书写即将到来的境况（这基本上是出自他们的想象）：大学的全部学科都由犹太教授主导，聘任政策也由他们来定。1923年法国占领鲁尔区，民族主义怒潮席卷德国大学，学生团体积极参与鼓动人们进行抵抗。1920年代尚未结束，大学就已成为极右翼势力的政治温床。即将毕业的一代大学生自认为是社会
133 精英，在一个仅有少部分人有能力上大学的社会中，大学毕业生往往会有这种感觉；但是这代精英在一战后重视行动甚于思想，重视民族自豪感甚于抽象知识，种族主义、反犹主义和日耳曼人种优越论几乎是这代精英的第二天性。这代精英决心用前辈们在一战中所展示的那种强硬态度，来攻击过分宽容的自由民主制度所表现出的软弱妥协。[147]在这些青年看来，暴力似乎是对德国所遭受的灾难的合理回应。对于聪明绝顶、教养良好的学生来说，前辈老兵们似乎受到了过多的感情创伤，过分混乱无序。在民族复兴的事业中，需要的是冷静、计划和冷酷绝情。[148]

对这些学生的多数同代人来说，上述影响终究是次要的。比它们重要得多的，是政治混乱、经济匮乏、战争、破坏、内乱、通货膨胀、国家战败以及部分领土被外国占领，这就是出生于一战前十年左右的年轻人的共同经历。一位生于1911年的年轻职员后来写道：

> 我们什么事情都遇上了。我们知道并感觉到了家人的焦虑。缺乏生活必需品的阴影从未离开我们的餐桌，它使我们变得沉默。**我们被粗暴地赶出了童年，没人给我们指出正确的道路。**我们过早地挣扎求生。苦难、羞耻、仇恨、谎言和内战在我们的心灵上留下了印记，让我们早早成熟。[149]

出生于20世纪初至一战爆发之间的人，确实是无条件地随时准备应对任何状况的一代人，他们将从不止一个方面在第三帝国起到决定性的作用。

三

魏玛时期激进的现代主义文化痴迷于变态、谋杀、暴行和犯罪，想必在许多中产阶级人士看来，已到了不健康的程度。艺术家乔治·格罗兹（George Grosz）的漫画充满了强奸和色情连环杀手的暴力场面，这种主题也可见于同时期其他艺术家的作品。凶手成了故事的中心人物，比如弗里茨·朗（Fritz Lang）的电影《凶手M》（*M:* 134
Murderer Amongst Us），贝尔托特·布莱希特的戏剧《三分钱歌剧》以及阿尔弗雷德·德布林的现代派小说杰作《柏林亚历山大广场》（*Berlin Alexanderplatz*）。对弗里茨·哈尔曼（Fritz Haarmann）或者“杜塞尔多夫吸血鬼”彼得·屈滕（Peter Kürten）等真正连环杀手的审判，是全国媒体大肆渲染的题材，报刊上登载着绘声绘色的报道，以迎合追看案件曲折进展的大众读者。腐败甚至成了外国访客写作的柏林有关小说的一个主题，比如克里斯托弗·伊舍伍德（Christopher Isherwood）的《诺里斯先生换火车》（*Mr Norris Changes Trains*）。罪犯成了令人既恐惧又着迷的对象，这加深了正派人士对社会秩序的担忧，使中产阶级更加反感价值观的扭曲，而扭曲的价值观似乎已成为现代主义文化的核心。连环杀手获得的极大关注使许多人相信，不仅必须严厉地对这些“兽性”之人处以极刑，还应该重新实行新闻审查制度，不让他们成为流行文化和每天的林荫道小报上的名人。[150]同时，战后岁月的通货膨胀和混乱无序催生了有组织的犯罪，其规模几乎与当时的芝加哥黑帮不相上下，尤其是柏林，发展迅猛的黑社会组织“指环联盟”（ring associations）

在《凶手 M》等电影中受到赞美。[151]

许多人认为法律与秩序正在受到威胁，而那些本职工作就是维护法律与秩序的人，则普遍认为犯罪活动已无法控制。威廉时期的整套司法制度原封不动地传到魏玛时期，《民法》和《刑法》几乎丝毫未做修改，为放宽法律限制所做的努力，比如废除死刑，均徒劳无功。[152] 与从前一样，法官群体从一开始就是作为法官人选而受到培训的，而不是（像英国那样）选任资深的执业律师为法官。因此 1920 年代在职的许多法官已经在司法系统任职几十年了，他们的基本价值观和态度都形成于威廉二世时代。在共和国治下，他们的地位更稳固了，因为像其他民主国家一样，魏玛民主政体的一个基本政治原则是，司法不受政治操控，此原则很快毫无争议地被写入宪法第一百零二和一百零四条。因此，就像军队一样，司法机构得以不受任何实质政治干涉地运行了很长时间。[153]

135 法官比以往更加独立，因为绝大多数法官认为，由立法机构，而不是由神圣君主颁布的法律，已经不再中立，而是像德意志法官联合会（German Judges’ Confederation，联合会的 8 位法官代表着大约 1 万名德国法官）主席所说的那样：“政党、阶级和杂种法律……一部写满谎言的法律”。“多党执政的结果是，”他抱怨道，“制定的法律都是经过妥协的。这些拼凑起来的法律大杂烩，表达了各执政党南辕北辙的目标，成了杂种法律。一切庄严的事物都已坍塌。法律也不再庄严。”[154] 他的抱怨也许有些道理：政党利用司法制度为各自的目标服务，按照各自特有的政治偏见来制定新的法律。极右翼和极左翼政党都设有专门钻法律空子的部门，利用法庭审判捞取政治资本，并且聘用了一群训练有素的政治律师，他们老于世故、不择手段，有本事把庭审程序变成轰动的政治事件。[155] 这无疑进一步导致许多人不信任魏玛的司法制度。然而在环境发生变化、出现了议会民主制之后，法官本身也可以被看作是在利用审判以达到自己的政治目的。多年来，实际上是几十年来，法官们一直把批评皇帝政府的社会民主党和左翼自由派当作罪犯，在政治形势发生变化之后，他们仍然不愿意转变态度。法官们的忠诚不是献给了新建立的共和国，而是献给了他们在军官团中的同道之人继续服务着的那个抽象的帝国理想，一个主要建立在对俾斯麦帝国独裁体制的回忆之上的理想。[156] 也许不可避免的是，在大量因魏玛时期深刻的政治冲突而引起的政治审判中，法官们一边倒地偏袒那些也在以帝国理想的名义行事的右翼被告，而当那些无此理想的左翼人士被起诉时，他们则喝彩加油。

左翼统计学家埃米尔·尤利乌斯·贡贝尔（Emil Julius Gumbel）在1920年代中期发表的数据显示，1919年底至1922年中，左翼被告犯下的22宗政治谋杀案中，有38人被定罪，其中10人被执行死刑，余者平均每人服刑15年。与此形成对照的是，在同时期由右翼犯下的354宗政治谋杀案中，只有24人被定罪，根 136
本无人被执行死刑，平均每人的刑期只有4个月；23名已认罪的右翼凶手竟然被法庭宣判无罪。[157] 当然，这些统计也许不完全准确。而且经常有针对“政治犯”的特赦，特赦由国会中的极端政党共同商定，并获得其他政治团体的足够支持而通过，所以许多出于政治动机的刑事犯仅服刑较短时间就被释放了。但是法官行为的重要之处在于它向公众传递的信息，在整个魏玛时期对和平主义者、共产党人和其他左翼人士提起的无数宗叛国罪指控又强化了这个信息。据贡贝尔统计，在俾斯麦帝国最后30年的和平时期里，只有32人被裁定犯有叛国罪，而在同样相对和平的1924年初至1927年末这4年里，法庭签发了1万多份叛国罪逮捕令，最终有1071人被定罪。[158]

法庭案件所审理的很大一部分，是那些胆大到在报刊中泄露军队的秘密装备和军事演习的人。也许最著名的是和平主义者、左翼编辑卡尔·冯·奥西茨基的案子，他于1931年被判18个月监禁，因为发表在其杂志《世界舞台》（*Die Weltbuhne*）上的一篇文章透露了德军正在苏俄进行战斗机训练，而那是违反《凡尔赛和约》的非法行为。[159] 另一个同样著名的案子牵涉左翼记者费利克斯·费申巴赫（Felix Fechenbach）。费申巴赫的罪名是他在 1919 年发表了 1914 年的巴伐利亚文件，因为法庭认定，这些与一战爆发有关的文件暗示了德国负有一部分战争责任，从而在和约谈判中损害了德国的利益。费申巴赫在慕尼黑被所谓的人民法庭（People's Court）判处 11 年徒刑。人民法庭是 1918 年巴伐利亚革命期间，为了对抢劫犯和杀人犯进行即决审判而设立的应急机构。[160] 在随后一年的反革命期间，这些法庭被改用来审理“叛国”案件。人民法庭直到 1924 年才停摆，尽管它们在 5 年之前就已被魏玛宪法认定为非法。设立人民法庭，绕开正常的司法系统，比如对它们定罪
137 的案子没有上诉权，以及暗示正义属于“人民”而不是法律，这一切都为未来开创了恶例，并将在 1933 年被纳粹党重新采用。[161]

为了尽力抵消这些影响，在社会民主党的努力推动下，《保卫共和国法》（Law for the Protection of the Republic）于 1922 年获得通过，据此设立的州法院有义务将右翼政治犯的案子从亲右翼的法官手中撤出，移交给总统任命的法官。司法界很快就设法让这个条款形同虚设，因此它对审判的总体模式几乎没有影响。[162] 弗里德里希·艾伯特和社会民主党据说曾承诺把反对死刑作为自己的政治原则，但他们却将死刑写入《保卫共和国法》，并追溯核准了战争刚结束时的内乱期里所执行的即决处决（summary execution）。这种做法，不但为以后的政府打开了方便之门，使之可以采用类似的严刑峻法保卫政府，而且推翻了司法的一个核心原则：任何刑罚均不应追溯施用于该法实施以前所犯罪行。[163] 这也为未来开了一个危险的先例。

基层法院无暇顾及《保卫共和国法》所阐述的原则。法官几

乎始终如一地从宽处理那些自称出于爱国动机而犯罪的被告，无论他所犯何罪。[164] 例如，1920 年的卡普暴动试图武装推翻合法的民选政府，结果参与者中只有一人被裁定有罪，即使这个人也仅仅被判处在某座城堡中禁闭一小段时间，因为法官把他“无私的爱国主义精神”算作减刑理由。[165]1923 年，有 4 位原先各被判处三个月徒刑的人在上诉至历史悠久的德国最高司法机关帝国法院（Reich Court）后胜诉，他们被判刑是因为在哥达（Gotha）召开的右翼青年团体“青年德意志骑士团”的一次会议上高喊：“我们不需要犹太共和国，犹太共和国滚蛋！”在裁决书中，帝国法院不那么令人信服地认定，被告的言辞语义不明：

> 这些言辞可能指的是德国的法律和社会新秩序，参与建立新秩序的德国犹太人和外来犹太人作用突出。这些言辞的意思
> 也可能是，在大多数人看来，占总人口很小比例的犹太人实际 138
> 上却拥有过多的权力、发挥着过大的影响力……仅仅因为被告辱骂帝国的现有体制，就认定他们辱骂的是宪法所规定的政体，如此判决并非无懈可击。因此不排除本案存在适用法律错误的可能性。[166]

帝国法院把两种体制区别开来，并暗示魏玛共和国只是某种暂时的反常现象，而不是“宪法所规定的政体”，这无比清晰地展示了法官真正的效忠对象是谁。这种裁决必然会产生影响。政治案件，乃至一切案件的庭审，都是魏玛共和国的大事——大批民众聚到公众旁听席；媒体进行详尽报道，有些段落逐字记录法庭实况；在立法会议上、各种俱乐部和社团里，人们热烈地对案件展开辩论。像上文那类的裁决，只会让反对共和国的极右翼人士感到满足，并且为动摇共和国的合法性推波助澜。

法官偏袒右翼和反对共和国的人，州检察官也是如此。在考虑以何种罪名起诉右翼被告时，在起草诉状时，在询问证人时，甚至在构思开场陈述和结案陈词时，检察官总是将民族主义的信仰和意图当作减刑理由。法官和检察官、警察、监狱长和狱警、各种司法行政人员和执法人员，就是这样通过各种方式偏袒共和国的敌人，动摇了共和国的合法性。尽管他们并不是蓄意破坏新建立的民主政体，尽管他们视共和国为不可避免的权宜之计而暂时加以接受，但他们的做法却让越来越多的人产生这样的臆断：在某种程度上，共和国并不代表德意志帝国的真正精髓。他们之中几乎无人信任民主派，也几乎无人努力推动共和国走上正轨。如果法律及其执行者都反对共和国，那么它还有什么机会呢？

第四节

适者与不适者

一

如果说魏玛共和国有一个可以为它赢得大众的忠心与感恩的贡 139
献，那就是建立了一个新的福利国家。当然，在 1914 年以前，德国并不缺少福利机构，特别是在俾斯麦为了切断工人阶级对社会民主党的依赖而开创性地设立健康保险、意外保险和养老金等制度以后。俾斯麦的方案在当时属于创举，不应简单地将其视为政府威权统治的遮羞布而予以否定，这些制度在他离任后的数年里又得到了详尽的阐释和扩充。其中有些制度，尤其是健康保险制度，到 1914 年已覆盖数百万工人，并包含一个真正自治的部门，给予许多工人参与选举的机会 。但这些制度无一覆盖到社会底层，到威廉时期结束之前，底层的常态是警察管理贫民的救济事务，同时剥夺了他们的民权，包括选举权。即使如此，福利制度的运作在 1914 年以前还是处于不断改良和标准化的进程，随着俾斯麦改革而出现的社会工作这一新行业，除了负责普通工人的福利事务，还忙于评估并管理贫民、失业者和赤贫者。[167]

俾斯麦的福利制度是普鲁士官僚家长制的现代版本，然而在此基础上，魏玛共和国建立了一个更加精密而全面的结构，把社会天主教主义和新教慈善事业的双重影响力，与社会民主党的平均主义结合起来，尽管两方面的结合并非毫无抵触。[168]魏玛宪法的文本
140 中满是影响深远的宣言：家庭生活重要性之原则，国家为家庭提供支持之必要性；政府保护未成年人免受伤害之责任；公民之工作权；国家为每位国民提供适当居所之义务。[169]以这些原则为基础制定的一整套法规获得了国会的批准，包括关于青年福利（1922年）和未成年人法庭（1923年）的法律，为战争伤残人士提供救济和职业培训（1920年）的条例，以公共福利制度取代济贫措施（1924年）的政令，以及，如我们所知最重要的，1927年有关失业津贴的法律条文。既有的健康保险、养老金等方案得到了更加详尽的解释，并覆盖全体国民。启动了大规模的安居项目，其中许多是社会福利住房的翻新，仅1927—1930年间就提供了30多万套新建或者翻新的住房。医院床位的数量比战前增加了50%，医疗从业人员也随之同步增加。传染病锐减，由诊所和社会福利机构组成的网络为社会弱势群体提供支持，包括单身母亲以及有违法行为的青年。[170]

建立免费的全面福利制度，把它当作全体公民应得的权利，这是魏玛共和国的主要成就之一，回过头来看也许算是它最重要的成就。然而，尽管制定了详尽的实施细则，它最终却未能兑现1919年魏玛宪法中那些华而不实的承诺；承诺与履约之间的鸿沟造成的一个主要后果是动摇了魏玛共和国在很多人心目中的合法性。首先，共和国几乎从建立之初就经历的经济困难，给它的福利制度增加了沉重的负担，使之根本难以为继。战争导致许许多多的人需要帮助。1914—1918年间，大约有1300万德国成年男子在军队服役，其中200多万阵亡。有人估算，这相当于每35位德国居民中就有1人阵亡，这个阵亡比例几乎是英国的两倍（每66位英国居民中有1位阵亡

军人）、俄国的三倍（每 111 位俄国居民中有 1 位阵亡军人）。到战争结束时，50 多万德国妇女失去了丈夫，100 万德国儿童没有了父亲。从战场回来的男人中，约有 270 万伤员、截肢者和残疾人，这 141
些人构成了社会不满情绪的一个长期来源，因为政客曾经许诺要奖赏他们对国家的服务，却未能令人满意地予以兑现。

政府的应对之策是提高富人的纳税额，直至实际税负几乎翻倍，据一份有明显偏差的估计，税负占国民实际收入的比例从 1913 年的 9% 增加到 1925 年的 17%。[171] 然而这根本不足以支付开销，政府不敢再加税，因为担心被指责靠增税来支付战争赔款，担心导致纳税最多的人与之更加疏远。除了原有的国家养老制度之外，德国经济在 1927 年之后不仅必须承受失业保险的负担，到 1926 年依然还要继续给将近 80 万残疾退伍军人和 36 万战争寡妇发放抚恤金，并且继续抚养 90 多万失去父亲的儿童或孤儿。抚恤金支出占政府开支的比例，高于战争赔款以外的任何开销。[172] 最后，福利制度导致中央和联邦各州政府中已嫌臃肿的官僚队伍愈加壮大，1914—1923 年增员 40%，在此过程中，德国的人均公共管理成本几乎翻倍。[173] 如此庞大的开支在一个繁荣的经济体中也许可行，但在魏玛共和国危机重重的经济形势下根本做不到，除非像 1919—1923 年那样印钞票、加剧通胀，或者像从 1924 年开始的那样削减支出、减少国家福利机构的人员编制、对福利申请人实行更加严格的审核。

因此，许多申请人很快发觉，福利机构发的钱不足他们所需。福利开支中相当大比例的资金由地方政府负担，因此地方管理人员特别吝啬，他们通常要求申请人交出存款或房产作为受助的交换条件。福利密探不但举报被隐瞒的收入来源，还鼓励邻居揭发那些拒不透露收入来源的人。此外，由于福利机构缺少必要的人手来快速处理大量请求，结果总是迟迟不回复那些要求资助的申请，因为它

142 们要与其他机构通信，查明申请人以前是否已获得福利，或者试图把资助申请人的负担转给别的地方。就这样，魏玛福利机构很快成为歧视与控制的工具，因为官员们清楚地告诉申请人，他们只能得到最低额度的救济，并且用侵犯隐私的方式打探申请人的个人情况，以确保申请人所述属实。

上述做法没有一样赢得了共和国打算救助的那些人的好感。投诉、争吵、斗殴甚至示威，都是福利局内外的常见景象。关于福利制度所面临的问题，及其处理问题的方式，鞍匠兼座套工阿道夫·G.（Adolf G.）的例子为我们提供了深入的观察。[174] 阿道夫生于 1892 年，曾参加第一次世界大战，身受重伤，但不是在英勇抗敌的战斗中受伤，而是被一匹马踢到了肚子，这种伤在 1920 年代初至少需要做 6 次肠道手术。除了战伤，他先前还受过工伤，加上家中有 6 个孩子需要抚养，因此他有资格领取多种救济金。战后，由于找不到工作，他转而全力争取政府救济。但斯图加特（Stuttgart）地方政府提出的条件是，要想在 1921 年之后继续享受伤残补助，他必须上交家中的收音机和天线，因为他所居住的市政福利房禁止使用这些东西。阿道夫拒绝交出，结果他和家人遭到驱逐，他对此做出的反应是斗志旺盛地不断写信给政府机构，包括柏林的劳工部。他买了一台打字机，以让信上的字迹更加清晰，他还尽力申请作为战争伤残人士和一大群孩子的父亲而应得到的其他几种补助。冲突升级了。1924 年他由于协助堕胎未遂被判一个半月监禁，他和妻子之所以想要堕胎，大概是觉得在这种境况下 6 个孩子已经够多了；1927 年他因为侮辱行为而被罚款；1930 年他的救济金被削减并且限于某些用途，比如买衣服，同时他的住房津贴被直接付给房东；1931 年他被指控福利欺诈，因为他一直偷偷当收废品的小贩，努力挣点儿钱；1933 年因在街头卖艺又一次被起诉。他找过右翼和左翼的政治组织寻求帮助。他试图让政府相信，由于胃伤，他吃下去的

多数东西都无法消化，所以需要比普通男人多三倍的食物，但他的 143
要求遭到了生硬的拒绝。1931 年，走投无路的阿道夫写信给柏林的劳工部，把斯图加特的福利官员比作中世纪的强盗贵族。[175]

他与家人不得不过穷日子，这让有点儿偏执的阿道夫 · G. 感到气恼，而让他更加愤怒的是福利机构对其名誉的羞辱和对其身份的怀疑——他本已处在德国社会的底层，正在寻求自认为应得的帮助，但福利机构似乎决意要质疑他的动机和资格。不具名的、循规蹈矩的福利官僚侮辱了他的人格，这种感觉在福利申请人中间并不罕见，尤其是那些因为在战时做出牺牲而申请救助的人。魏玛共和国曾经高调承诺并且庄严载入宪法的是，根据需求与资格实行真正覆盖全体国民的福利制度，而无情的现实却是申请人遭到福利机构小气的歧视、侵扰和羞辱，承诺与现实之间的巨大鸿沟无助于加强宪法的合法地位。[176]

然而最让人感觉不妙的是，医疗和福利机构决心创造出理性的、有科学依据的方法，来处理社会剥夺*、偏常行为和犯罪，终极目标是在未来的几个世代里将它们清除出德国社会，这鼓励了侵蚀穷人和残疾人公民自由权的新政策。由于社会福利机构迅速发展为庞大的官僚机构，所以战前已广泛流传于福利专业人员中间的种族优生和社会生物学理论，开始发挥更大的影响力。有一种观点被强化成了信条，认为遗传因素在多种社会偏常行为中起了某种作用，不仅包括智力缺陷和身体残疾，也包括长期酗酒和持续轻微犯罪，甚至包括妓女等群体的“悖德癖”（实际上许多妓女是迫于生计才从事性工作的）。医学家和社会工作者开始编纂详细的卡片索引，用以登记“反社会的人”——用我们现在对偏常人士的称呼。自由派刑

* 社会剥夺（social deprivation），由精神疾病、贫困、缺乏教养和低下的社会地位等因素导致的个人与社会的隔离，难以或者无法与他人进行文化上的正常互动。

法改革者认为，州监狱的囚犯中虽然有些可以通过正确的教育项目
144 得到改造、回归社会，但多数根本无可救药，主要是因为他们的人格具有遗传缺陷。[177] 警察也推波助澜，鉴别出大量“职业罪犯”和“惯犯”，予以严密监视。这经常成为一种自我应验的预言，刑满释放者由于受到监视以及身份被锁定为罪犯，因此没有机会从事正当职业。截至 1930 年，仅在柏林，警察就采集了 50 多万份十指指纹卡片。[178]

这些观点通过医学、执法、刑事管理和社会工作等专业领域得到了广泛传播，并产生了十分真切的影响。受邀为已经定罪的罪犯做心理评估的心理学家开始采用生物学标准，比如在 1922 年于巴伐利亚被判持械抢劫罪和谋杀罪的无业游民弗洛里安 · 胡贝尔（Florian Huber）一案中，对这位在战争中受过重伤、被授予铁十字勋章的年轻人做的心理评估得出结论，胡贝尔

> 尽管在其他方面无法被证明具有遗传缺陷，但他显示出了某些生理退化的证据：面相呈不对称结构，右眼的位置明显低于左眼；动辄大吵大闹；耳垂细长；最重要的是，他自幼就是个结巴。[179]

这份心理评估被当作证据，不是证明他不具备刑事责任能力，而是证明他已无可救药，应予处决，而他也确实被处决了。德国许多地方的司法官员当时大量使用“寄生虫”或“害虫”之类的词语描述罪犯，以一种新的、生物学的方式，把社会秩序的概念表达为一种生物体，它如果想茁壮成长，就必须把有害寄生虫和外来微生物从身上清除掉。为了寻找更精确、更全面的方法来定义和运用这些概念，医学专家特奥多尔 · 菲恩施泰因（Theodor Viernstein）于 1923 年在巴伐利亚创建了“罪犯生物学信息中心”（Criminal-Biological Information Centre），收集所有已知罪犯、他们的家人

和背景的信息，从中鉴别出偏常人格的遗传链。到 1920 年代末，
菲恩施泰因及其合作者已经收集到大量案件索引，正在有条不紊地
实现他们的梦想。不久，图林根、符腾堡和普鲁士也建立了类似的
信息中心。许多专家认为，甄别出这种世代相传的“劣等”人之后， 145
防止他们继续繁衍下去的唯一办法就是强制绝育。[180]

这类专家中的两位，律师卡尔 · 宾丁（Karl Binding）和法医心理学家阿尔弗雷德 · 霍赫（Alfred Hoche），于 1920 年迈出了超越上述观点的关键一步，他们在一本薄薄的、创造了“不值得过的生活”这个短语的书中提出，那些被他们称为“压舱物式的存在者”，即毫无价值、只会给社会增加负担的人，应该一杀了之。他们认为，无法治愈的病患和智障者正在消耗数百万马克、占用数千张人们迫切需要的医院床位，所以应该允许医生杀死他们。这是关于如何对待精神病患者、残疾人、罪犯和行为偏常者的论辩中令人不安的新动向。在魏玛时期，这样做依然遭到多数医学人士的强烈反对。共和国的基本原则是坚决捍卫人权，因此就连强制绝育的理论也无法得到任何形式的官方认可，许多医生和福利官员依然质疑这种措施的伦理正当性或社会作用。天主教会及其开设的福利机构拥有强大影响力，它们也坚决反对这种措施。只要经济状况还允许人们想象共和国的社会理想有朝一日可以实现，强制绝育和非自愿的“安乐死”的持续争论就依然不会有结果。[181]

二

德国中产阶级对 1918 年革命和魏玛共和国的反应各不相同。我们已知的关于个人回应的最详细记录，也许来自维克托 · 克伦佩雷尔的日记，他在通胀期间的经历我们已经看到了。从很多方面看，克伦佩雷尔都是教养良好的德国中产阶级的典型，他只想好好

生活，政治在其生活中所占比重相对较小，尽管他也在选举中参与投票，并且始终关心政坛的动向。克伦佩雷尔的事业既不是全然墨守成规，也不是极其成功。他曾靠给报纸写稿谋生，然后转行到大
146 学教书，在一战快爆发时，他按照规定提交了两篇论文，一篇论德语，另一篇论法国文学，凭这两篇文章取得了任教资格。作为学术圈的新手和外来者，他只能在意大利的那不勒斯大学（University of Naples）开始其学术生涯。从那里，他忧虑地观察着1914年之前国际局势的恶化。他支持1914年德国的宣战，认为德国的事业是正义的，于是回国参战，在西线服役，1916年因伤病退役，在军队的新闻审查处工作到战争结束。

克伦佩雷尔希望有一个稳定的职业，但像其他德国中产阶级人士一样，他发现自己的希望随着德国的战败破灭了。对这样的人来说，只有回归到秩序井然的政治环境，才有可能在德国学术机构得到稳定的收入和固定工作。[182]1918年最后两个月发生的事件，在不止一个方面使他感到难过。他在日记中写道：

> 报纸带来了太多的耻辱、灾难、垮台，这些事情从前觉得不可能发生，现在却多得让人受不了，我只是木然地收下报纸，基本上不再去读……根据我的所见所闻，我认为如果不把工人与士兵委员会这个毫无意义、愚昧无知的专制组织尽快清除掉，整个德国就要完蛋了。我把希望寄托于从战场上回来的随便哪一位将军。[183]

革命政府1919年初的荒唐行为，让暂时在慕尼黑工作的克伦佩雷尔感到惊恐——“他们热烈地谈论自由，行为却越来越专制残暴”。他还记录了自己在图书馆做学术研究的几个小时，当时闯入市区的自由军团射出的子弹就在外面呼啸而过。[184]克伦佩雷尔盼望的是

正常与稳定，却无法得到。1920 年，如我们已在上文读到的，他设法在德累斯顿工业大学谋得了教授职位，在那里讲授法国文学、做研究和写作，还主编一份期刊。看到比自己年轻的人在更好的机构里得到了高级职位，他感到越来越沮丧。从很多方面看，克伦佩雷尔都是那个时代中典型的温和保守派，在文化态度和身份认同上，他彻头彻尾地属于爱国的、中产阶级的德国人；而且他相信民族性格的概念，并在自己所著的 18 世纪法国文学史中做了详尽阐述。

但在一个至关重要的方面，他又与典型的德国中产阶级人士有
所不同。维克托 · 克伦佩雷尔是犹太人，他的父亲在极其支持犹太 147
教改革的柏林犹太会堂担任牧师。他接受了洗礼成为基督教新教徒，是越来越多以这种方式归化的德国犹太人之一。这个决定与其说是出于信仰，不如说是出于社交考虑，因为他对任何一种宗教似乎都没有特别虔诚的信仰。1906 年，他与非犹太裔的德国女子、钢琴家埃娃 · 施莱默（Eva Schlemmer）结婚，进一步证明了自己的归化。他与妻子在思想上和文化上有许多共同的兴趣，最契合之处也许是两人都爱看电影。他们一直没有孩子。然而，历经 1920 年代的人世沧桑，正是婚姻给克伦佩雷尔的人生带来了稳定，尽管夫妇二人越来越频繁地感到身体不适，这或许是日益严重的疑病症的夸张反应。[185] 整个 1920 年代，他的生活虽说不上尽如人意，但还算稳定。1920 年代初他因担心内战而备受困扰，但内战并未到来，而且 1923 年之后看起来更不太可能发生了。[186] 克伦佩雷尔在日记中写满了他的工作、假期和消遣，他与家人、朋友和同事的关系，以及日常生活的其他方面。“我常常问自己，”他在 1927 年 9 月 10 日写道，“我为什么要写如此庞杂的日记”，对此他并无真正的答案：这只是强烈的冲动使然——“我就是停不下笔。”[187] 日记不见得会出版，那么他的目的是什么呢？“只是记录人生。一直记录。印象、知识、阅读、活动，什么都记。别问为什么或有什么目的。”[188]

克伦佩雷尔有时不经意地写道，他觉得自己职业前途受阻，原因在于他是犹太人。尽管他出版了一部又一部关于法国文学史的著作，但也只能待在德累斯顿工业大学，无望在名校谋得教职。“有的大学特别保守，有的大学比较开明，”他在 1926 年 12 月 26 日记录道，“特别保守的大学不要犹太人，开明的大学总是已经有了两个犹太人，不肯再要第三个。”[189] 反犹主义在魏玛共和国的升温，也给克伦佩雷尔的政治立场带来了麻烦。他在 1919 年 9 月写道：“我渐渐明白了，反犹主义这个新障碍对我来说是多么的不可逾越。我曾经自愿参战！而现在，作为受洗的基督徒和民族主义者，我却没有立足之地。”[190] 克伦佩雷尔持保守派政治立场，这在犹太裔中产阶级专业人士中间颇为罕见。他相当认同德意志民族党的基本政纲，但该党越来越狂热的反犹主义论调却使他不可能支持它，尽管他对
148 战前俾斯麦帝国和威廉帝国的岁月无比眷恋。像许多德国人一样，克伦佩雷尔发现自己在想到魏玛共和国时期政党之间的暴力冲突时，“无动于衷、漠不关心”。[191] 克伦佩雷尔本能地敌视左翼，但 1920 年 3 月当他听到卡普在柏林发动政变的消息时，又忍不住写道：

> 我的右翼倾向大大减弱……因为发现了右翼的永久反犹立场。我非常乐于看到目前的政变者碰壁，我对于违背誓言的军队实在没什么热情，对于幼稚、混乱的学生更是毫无兴趣；但我不会因此去支持“合法的”艾伯特政府，更不会去支持左翼激进派。它们都令我厌恶。

“简直是一出悲剧与闹剧的合体，真让人难受，”他写道，“5000 至 8000 个大兵竟能颠覆整个德国。”[192]

也许令人奇怪的是，这位终生从事法国文学研究的人，却非常支持再次对法国发动一场战争——大概是因为他一战期间在西线的

经历，更因为他对《凡尔赛和约》的明显愤慨。但在魏玛共和国治下，发动反法战争几乎是不可能的。1921 年 4 月 20 日他写道：

> 我支持君主制，我渴望恢复往日的德意志强国，我总盼着再和法国打一仗。不过，与日耳曼种族主义者为伍真是太恶心了！如果奥地利与我们合并就更恶心了。我们现在的一切感觉，差不多也是法国人在 1870 年之后应有的感受。如果在威廉二世治下，我有可能当不上教授，可是……[193]

早在 1925 年，他就已经预见到选兴登堡当总统可能是一场灾难，堪比 1914 年弗朗茨·斐迪南大公（Archduke Franz Ferdinand）的被刺。“法西斯主义无处不在。战争的恐怖已被遗忘，苏俄发生的事情正在驱使欧洲做出反应。”[194] 随着时间的推移，克伦佩雷尔对持续不断的政治热潮渐生厌倦。1932 年 8 月，就在魏玛共和国进入最后的动荡期时，他写道：

> 而且，我没必要书写我这个时代的历史。我提供的信息是
> 枯燥的，我对这个时代半是厌恶、半是恐惧，我不想任人摆布，
> 对任何政党都全无热情。一切都毫无意义、不成体统、令人不 149
> 快——没人敢作敢当，个个皆是傀儡……希特勒即将上位，还
> 能有谁呢？我这个犹太教授的出路在哪里？

克伦佩雷尔反而更愿意写那只游荡到他家里的小黑猫，它立刻成了他们夫妇的宠物。[195] 政治形势险恶，妻子又患上了严重的临床抑郁症且频繁生病，受这两个因素影响，克伦佩雷尔写得越来越少，到 1932 年底几乎快要放弃写日记了。

克伦佩雷尔对政治的悲观态度，在很大程度上源于他当时正经

历着的个人困境。然而与他持同样态度的，还有许多爱国的开明保守派德国犹太人，他们在魏玛共和国的各种冲突中不知所措。除此之外，他厌恶政治的极端表现，对身边的暴力与狂热感到忧虑，这些无疑是许多德国中产阶级人士的特征，无论他们来自什么背景。克伦佩雷尔的犹太血统，既让他遭受了一些不利的种族歧视，也赋予了他敏锐的眼光，以嘲讽的态度旁观那些为未来留下隐患的政治动向，他的猜测往往是对的。不过他并没有受到反犹主义的过度伤害，未曾经历过任何暴力，实际上，他当时的日记中一例个人的受辱经历都没有记录过。正式的说法是，克伦佩雷尔这样的犹太人在魏玛共和国治下享有的自由和平等，远远多于以往任何时候。共和国为犹太人提供了新的机会，既可以当公务员、从政、从事专业工作，也可以进入内阁，例如犹太人瓦尔特·拉特瑙出任外交部长，这在威廉帝国时期是不可想象的。犹太人拥有的部分媒体，特别是由两家自由派犹太企业掌控的莫斯报团（Mosse）和乌尔施泰因报团，合计发行的报纸占1920年代柏林报纸销量的一半以上，有力地支持了共和国的自由制度。艺术不再受限于审查制度和官方禁令，这刚刚获得的自由，使许多犹太裔作家、画家和音乐家作为现代派文化的倡导者崭露头角，与那些非犹太裔的现代派艺术家轻松交往，比如作曲家保罗·欣德米特、诗人和剧作家贝尔托特·布莱希特、艺术家马克斯·贝克曼（Max Beckmann）和乔治·格罗兹。犹太人支持
150 共和国，其表达方式是把选票主要投给民主党，其次投给左翼政党。[196]

另一方面，部分是出于对上述发展进程的抗拒，1920年代也见证了反犹主义思潮在德国政界和社会的蔓延与深化。甚至在战前，泛日耳曼联盟和其他右翼团体就已经大肆宣传，指责犹太人暗中损害德国。这类种族主义阴谋论得到了鲁登道夫等军事将领的高调认同，战争期间其臭名昭著的表现是所谓的1916年10月犹太人口普查，做此决策的高级将领希望普查结果有助于他们在战后拒绝犹太

人进入军官团。普查的目的是揭露犹太人既怯懦又不忠的天性，方法是用统计数据展示参军的犹太人比例较低、参军的犹太人从事文书工作的比例过高。普查的实际结果显示了相反的情况：许多犹太裔德国人，比如维克托·克伦佩雷尔，是彻底的民族主义者，强烈认同德意志帝国；在军队中和前线的犹太裔德国人比例过高，而不是较低。这雄辩地驳斥了反犹军官的预判，导致普查结果被禁止公布。然而，得知军队下令做这样的普查之后，德国犹太人非常愤怒，尽管大多数普通士兵并不认同普查所显露的态度。[197]

一战后，右翼普遍相信的关于德军在 1918 年被革命者“从背后捅了一刀”的说法，很容易地转化为反犹主义的煽动。鲁登道夫这类人显然认为，在背后捅刀子、领导德国共产党等颠覆性组织、赞同《凡尔赛和约》、建立魏玛共和国的，正是“犹太人”。实际上，德军 1918 年显然是败在了军事上。正如我们所知，并没有人在背后捅刀子。签署《和约》的政界要人，比如马蒂亚斯·埃茨贝尔格，根本不是犹太人。虽然像罗莎·卢森堡等犹太人在共产党领导层中所占比例过高，虽然欧根·莱文（Eugen Levine）等犹太人在 1919 年初发动慕尼黑起义的革命者中所占比例过高，但他们代表的并不是犹太人，而是与许多非犹太裔人士（比如卡尔·李卜克内西，很多右翼人士根据他的极左政治立场想当然地断定他是犹太人）一起，代表着革命者。多数德国犹太人支持稳重、开明的中间派政党，其
次支持社会民主党，而不支持革命的左翼政党，因为它们暴力的激 151
进主义让克伦佩雷尔这样的体面公民既震惊又胆寒。然而，1918—1919 年的局势助了右翼反犹主义一臂之力，使许多犹豫不决的人相信，种族主义者关于犹太人的阴谋理论终究是对的。[198]

除了极右翼宣传把犹太人当作 1918—1919 年变故的替罪羊，还出现了一种更受欢迎的反犹主义形式——专门针对发战争财的人，以及在通货膨胀中趁乱暴富的少数金融家。反犹主义总是在发

生经济危机的时候大行其道，而魏玛共和国的经济危机又是德国有史以来最严重的。俄国境内那些躲避反犹主义暴力和内战的犹太贫困难民加快步伐移民德国，成了冲突的一个新来源。一战前德国大约有 8 万“东欧犹太人”，他们的到来，加上来自波兰等地的数量更多的移民工人，导致德意志帝国政府于 1913 年实施了一种几乎独一无二的国籍法，只允许那些能证明自己的祖先是日耳曼人的人获得德国国籍。[199] 一战后，由于布尔什维克革命席卷俄国，反革命的沙皇支持者乘势对犹太人进行集体屠杀和大规模杀戮，引发了新一轮涌入德国的难民潮。尽管移民迅速适应了新的文化，且人数不多，但他们很容易成为民众泄愤的对象。1923 年 11 月 6 日，恶性通货膨胀最严重的时候，有位新闻记者在柏林一个东欧犹太移民占很高比例的区看到几次严重骚乱：

> 小巷里到处是咆哮的暴徒，他们在夜色的掩护下抢劫。龙骑兵大街街角的一家鞋店被洗劫一空，窗玻璃的碎片散落在街面上。哨声突然响起。长长的一队人马占据了整个街道，这是警察封锁线在推进。一位警官高叫：“清空街道！各回各家！”人群慢慢散去。到处是同样的喊声：“揍死犹太人！”长久以来，煽动家一直在操纵饥饿的民众，挑动他们去袭击那些在龙骑兵大街地下室里惨淡经营着物资交易的可怜人……驱使他们抢劫
> 152 的，不是饥饿，而是怒火升腾的种族仇恨。年轻小伙子只要见到外表像犹太人的过路者，就立即尾随，以便瞅准时机揍他一顿。[200]

如此公开地诉诸暴力，表明反犹主义者准备像德国政坛的众多其他边缘型团体一样，为了达到目的，挑起或者积极采取暴力和恐怖行动，而不再像 1914 年之前一样仅仅满足于言论反犹。结果是发生了一波针对犹太人及其财产的个人暴力、对犹太会堂的攻击、亵渎

犹太墓地的行为，这些事件一直缺乏完整的文献记录。[201]

1918 年后的反犹主义与战前的反犹主义的明显不同，不仅仅表现在它前所未有地致力于把强烈的偏见转化为暴力行动。尽管魏玛共和国时期绝大多数德国人依然反对使用武力对付犹太人，但反犹主义的语言却前所未有地嵌入了主流政治话语之中，损害德国的“背后一刀”、“十一月卖国贼”、“犹太共和国”和“犹太—布尔什维克阴谋”，这些以及类似的许多煽动性口号经常可以在报纸上读到——无论是作为社论的表达，还是出现在政治事件、演讲和审判的报道中。它们日复一日地回响在立法会议上：共和国中期的国会里仅次于社会民主党的第二大党民族党的言论中充斥着这类反犹主义的言辞。保守党对这类反犹语言的使用比在战前更加极端、更加频繁，右翼小团体则对其予以阐发，此类小团体所得到的支持，总体上远远多于阿尔瓦特、伯克尔之流的反犹主义政党。与许多此类小团体紧密结盟的是德国新教教会，它抱持极其保守的民族主义立场，并且倾向于迸发反犹情绪；而天主教的反犹主义也在 1920 年代重新抬头，唤醒它的是对于布尔什维主义威胁的恐惧，因为布尔什维克已在一战结束时对匈牙利和俄国的基督教实施了暴力打击。1918 年之后，许多右翼和中间派的德国选民都热切期盼德意志民族自豪感与荣耀的复兴，因此他们或多或少地相信，德意志的复兴必须通过击败“犹太”颠覆精神来实现，正是这种犹太精神被认为在一战结 153
束时摧毁了德国。[202] 在这股反犹主义的言论浪潮的洗礼下，许多德国人的感情变得非常麻木，以至于当一个把反犹主义置于其狂热信仰核心的新政党——纳粹党——在战后出现时，人们并没有意识到其中有什么特别之处。

第三章

纳粹主义的兴起

第一节

波希米亚式革命者

一

1918 年 10 月，德国宣布大赦，当库尔特 · 艾斯纳（Kurt 156
Eisner）从慕尼黑的施塔德尔海姆（Stadelheim）监狱 70 号牢房获释时，没有什么迹象表明他很快将成为德国革命者的领军人物之一。艾斯纳是著名的戏剧评论家，过着慕尼黑市中心附近施瓦宾格区（Schwabing district）艺术家那种波希米亚式的生活。[1] 他的外表张扬着他的波希米亚风格：小个子、大胡子，外出时身披黑斗篷、戴着大大的黑色宽边帽，鼻梁上架着一副钢框小眼镜。艾斯纳不是土生土长的巴伐利亚人，他来自柏林，1867 年生于一个中产阶级犹太家庭。他认同社会民主党内的右派，20 世纪初时因为支持那些主张社民党放弃马克思主义的“修正主义者”而丢掉了在当地社民党党报的工作。然而，像许多“修正主义者”一样，艾斯纳反对战争。他参与领导组建了反战的独立社会民主党，后来在 1918 年 1 月组织了一系列罢工，试图结束冲突。[2]

1918 年 11 月，当帝国开始分崩离析的时候，是艾斯纳凭借他的口才以及对政治会议的不屑，挺身而出领导了慕尼黑。当时多数派社会民主党提议在巴伐利亚首府举行传统的政治游行，就在人们跟着一支铜管乐队、手持标语、井然有序地进行和平示威时，艾斯纳跳上讲台，号召民众占领军营、控制城市。艾斯纳说做就做，率
157 领一群追随者直奔军营，没有遇到士兵的抵抗。获得当地革命的工人与士兵委员会的批准，艾斯纳宣布巴伐利亚为共和国，成立了由多数派社会民主党和独立社会民主党组成的革命政府，他本人出任总理。但是他领导的政府连维持食品供应、提供工作机会、遣散军队和保持运输系统正常运转等基本任务都没有做到。保守的巴伐利亚农民阶级被慕尼黑的局面激怒，拒绝供应食品，而大多数火车头又已被协约国征用。工人们开始在各种会议上诘问艾斯纳，给他喝倒彩。在内阁会议上，一位成员愤怒地对艾斯纳说："你是个无政府主义者……你根本不是政治家，你是个傻瓜……我们被无能的管理给毁了。"[3] 因此，在 1 月 12 日的选举中，多数派社会民主党毫无悬念地取得了压倒性的胜利，艾斯纳领导的独立社会民主党惨败。

艾斯纳代表了巴伐利亚极右翼所仇恨的一切：波希米亚式人物、柏林人、犹太人、记者、战争期间倡导和平的活动家、因组织 1918 年 1 月的罢工而被捕的煽动家。事实上，与他的秘书、记者费利克斯 · 费申巴赫一起，艾斯纳甚至还公布了巴伐利亚档案馆中有关一战爆发的秘密文件，这些文件可以证明德国的战争罪责。总之，他是承担传说中"背后一刀"之责的理想对象。1919 年 2 月 21 日，极右翼一劳永逸地表达了对他的痛恨：在艾斯纳步行前往巴伐利亚州议会的路上，贵族青年学生安东 · 冯 · 阿尔科–瓦利伯爵（Count Anton von Arco-Valley）近距离朝他射出两枪，当场杀死了他。[4] 暗杀在巴伐利亚首府引发了暴力风潮。艾斯纳的保镖立即开枪打伤阿尔科–瓦利，后者被愤怒的人群包围起来，幸亏费申巴赫及时干

涉，他才没有就地被私刑处死。受伤的刺客被押送到施塔德尔海姆监狱，关进艾斯纳一年前住过的那间牢房。不久，独立社会民主党内一位艾斯纳的崇拜者走进议会，拔出枪，在议事厅中所有议员的面前，朝艾斯纳最激烈的批评者、多数派社会民主党领袖埃哈德·奥尔（Erhard Auer）开了两枪，奥尔差点儿伤重不治。与此同时，具有讽刺意味的是，在艾斯纳的口袋里发现了辞呈的草稿，这场暗杀毫无意义。

然而，由于担心再次发生暴力事件，巴伐利亚州议会暂时休会，158
多数派社会民主党不经投票就宣布自己为合法政府。由名气不大的多数派社会民主党人约翰内斯·霍夫曼（Johannes Hoffmann）领导的联合内阁成立了，但它没能恢复秩序，因为艾斯纳葬礼之后，出现了大规模街头示威。在随后的权力真空期，武器和弹药被发放给工人与士兵委员会。匈牙利爆发共产主义革命的消息，使巴伐利亚的极左翼受到激励，立即宣布成立“委员会共和国”（Council Republic），准备以苏维埃式政权取代议会。[5] 然而，巴伐利亚新的委员会共和国的领导人不是列宁式人物。波希米亚式文人再次走到前台，这一次不是剧评家，而是剧作家——年仅 25 岁的诗人、剧作家恩斯特·托勒（Ernst Toller）。与其说托勒是社会主义者，不如说他是无政府主义者，他延揽与自己志趣相投的人进入政府，包括同为剧作家的埃里希·米萨姆（Erich Mühsam）和著名的无政府主义作家古斯塔夫·兰道尔（Gustav Landauer）。施瓦宾格区的才子们组成的政府不久被戏称为“咖啡馆无政府主义者政权”，它得到了慕尼黑工人与士兵委员会的公开支持。面对这种形势，霍夫曼领导的多数派社会民主党内阁逃往巴伐利亚北部的班贝格（Bamberg）。与此同时，托勒宣布进行全面的艺术改革，他领导的政府也宣布，慕尼黑大学（Munich University）对所有的申请者开放，但不招收想学历史的人，因为历史学已被作为反文明的学科取消。另一位部长宣布，将通过发行免费货币的办法终结资本主义。外交人民委员弗朗茨·利普（Franz Lipp）发电报到莫斯科发牢骚：“逃犯霍夫曼带走了外交部卫生间的钥匙”，并且对符腾堡和瑞士宣战，“因为这两条狗不肯爽爽快快地借给我60个火车头。”他还说，“我有把握，我们会打赢的。”[6]

霍夫曼政府试图用一支临时拼凑的志愿者武装去推翻委员会共和国，却被从工人与士兵委员会的武装人员中招募的“红军”轻易地镇压下去。有20人在交火中丧生，形势显然越来越险恶。战斗发生那天，由俄共党员马克斯·莱温（Max Levien）和欧根·莱文
159 组织起来的共产党员，粗暴地把“咖啡馆无政府主义者”排挤出局。不等德国共产党批准，他们就在慕尼黑建立了一个布尔什维克政权，并开始与列宁通信，列宁礼貌地询问他们是否已设法把银行收归国有。1914年战争爆发时莱温碰巧待在德国，并应征加入德军。根据列宁的指示，他开始逮捕贵族和中产阶级上层人士作为人质。慕尼黑的主要教堂被改成革命圣殿，由“理性女神”（Goddess Reason）接管。与此同时，共产党开始扩充和训练红军，红军人数不久就达到2万，个个装备精良、津贴丰厚。布尔什维克政权发布一系列公告，宣布巴伐利亚将成为实现欧洲布尔什维克化的先锋；工人必须接受军事训练，私人手中的一切武器都必须上交，违者处死。[7]

这一切都远比当政一星期的咖啡馆无政府主义者的所作所为更让霍夫曼政府害怕，担心在布达佩斯、慕尼黑，可能还有维也纳，形成一个布尔什维克革命政权轴心。流亡班贝格的多数派社会民主党显然需要一支可靠的武装供其调遣。霍夫曼签约聘请了一支35 000人的“自由军团”战斗队，由巴伐利亚上校弗朗茨·里特尔·冯·埃普（Franz Ritter von Epp）领导，以包括一列装甲火车在内的正规军部队为后援，并配备了机关枪等重要军事装备。慕尼黑已陷入混乱，一场总罢工导致生产瘫痪、公共服务停顿。抢劫

和盗窃蔓延全城，城市此时也被自由军团封锁。自由军团宣布不放过任何一个角落，在慕尼黑只要发现有人携带武器，就会被立即枪毙。被吓坏了的慕尼黑工人与士兵委员会投票通过了对共产党的不信任案，共产党被迫下台，城市处于无政府状态。在这种形势下，一队惊慌失措的红军开始对关押在当地卢伊特波尔德文理中学（Luitpold Gymnasium）的人质进行报复。人质中有 6 名图勒学会（Thule Society）的成员，该学会是泛日耳曼联盟的一个反犹派别，创建于一战快结束时。它以纯种“雅利安人”的发源地——冰岛（“图勒”）为名，并使用“雅利安人”的卐字符号表示自己的人种优越性。图勒学会起源于战前的“日耳曼隐修会”，该隐修会也是一个极右翼秘密组织，由自封的冯 · 塞博腾朵夫男爵（Baron von Sebottendorf）领导，据警察所知，此人的真名是亚当·格劳尔（Adam 160
Glauer），曾被判犯有伪造罪。图勒学会中的许多成员后来成了第三帝国的名人。[8] 据说暗杀库尔特 · 艾斯纳的刺客阿尔科–瓦利一直试图加入图勒学会。出于报复欲和绝望心理，红军让人质中的 10 个人一字排开，站在行刑队面前，然后枪毙了他们。被处决者包括图尔恩—塔克西斯亲王（Prince of Thurn and Taxis）、年轻的冯·韦斯塔普伯爵夫人和另外两位贵族，以及一位由于当众讥评一张革命海报而被逮捕的老教授，其余 5 位俘虏是从攻打本市的自由军团那里抓来的。

听到这些人被枪毙的消息，自由军团的士兵怒不可遏。他们开进慕尼黑，基本上没有遭到反抗，他们的胜利变成了一场屠杀。欧根 · 莱文等革命领袖被逮捕并被草草枪毙。无政府主义者古斯塔夫 · 兰道尔被带到施塔德尔海姆监狱，士兵们在监狱的院子里用步枪枪托打烂了他的脸，对他开了两枪，再把他踢死，陈尸两天任他腐烂，然后才把尸体移走。5 月 6 日恰逢一个天主教工匠协会开会，一队喝醉的自由军团从举报者那里听说集会的工匠是革命者，于是逮捕了他们，把他们带到附近的一间地下室，殴打他们，把这21位无辜者全部杀死，然后洗劫了尸体身上的财物。还有许多人在“企图逃跑时被击毙”，因被举报曾加入共产党而被杀害，因被告发私藏武器而被射杀，或者因为据说有人从屋里向外开枪而被拉出家门、当场处决。总之，就连官方估计死于进城部队之手的，也有大约600人；非官方的观察者认为死亡总数高达这个的两倍。[9] 大屠杀之后，霍夫曼的社会民主党等温和派在慕尼黑并没有得到很多机会，尽管自由军团的行动是受他们委托的。“白色的”反革命政府最终接管了政权，开始迫害剩下的革命者，而从轻处理自由军团，其中有些成员因残暴的杀戮行为被定罪，但仅被处以最轻的刑罚。慕尼黑成了极端主义政治派别的游乐场，城内几乎每个社会团体和政治
161 团体成员的心头，都燃烧着仇恨、恐惧和复仇的欲望。[10] 公共秩序差不多消失了。

这一切深深地困扰着那些受命在旧军队的废墟上重建一支正规军的军官们。鉴于工人与士兵委员会在部队中具有相当大的影响力，新军队的管理者不出意料地注重确保士兵受到正确的政治教导，确保慕尼黑大量涌现的政治小团体不会威胁到革命后的政治新秩序。在1919年6月被送去接受政治教导的士兵中，有一位30岁的下士，他从战争开始起就一直在巴伐利亚军队服役，经历了社会民主思潮、无政府主义和共产主义的所有兴衰沉浮，参加过示威游行，与他的同志们一起戴过红袖标，在受命保卫慕尼黑、抵抗几星期前攻入城市的自由军团时，与他的多数同志一起不见了踪影。他的名字是阿道夫·希特勒（Adolf Hitler）。[11]

二

造就希特勒的，主要是环境。假如在另一个环境中，他也许永

远不会在政坛崭露头角。巴伐利亚革命期间，他是个默默无闻的普通士兵，从未在任何政治事务中发挥过作用。希特勒生于 1889 年 4 月 20 日，在他身上生动地体现了泛日耳曼联盟关于民族认同的民族和文化理念，因为就出身或国籍而言，他并不是德国人，而是奥地利人。关于他的童年、青年时代和教养状况，人们知之甚少，很多——即使不是大多数——关于其早年生活的撰述，在很大程度上都属于猜测、歪曲或者捕风捉影。但我们确切地知道，他的父亲阿洛伊斯（Alois）是私生子，生于 1837 年，随母亲玛丽亚 · 席克尔格鲁贝（Maria Schicklgruber）的姓氏，1876 年阿洛伊斯改用继父约翰 · 格奥尔格 · 希德勒（Johann Georg Hiedler）的姓氏，也写作希特勒（Hitler）。没有证据显示阿道夫 · 希特勒的祖先中有过犹太人。约翰 · 格奥尔格爽快地承认自己是阿道夫之父的亲生父亲。阿洛伊斯在因河（Inn）畔的布劳瑙（Braunau）担任海关稽查员，级别虽低，却是受人尊敬的奥地利公务员。他结过三次婚，第三次 163
婚姻中所生的孩子只有阿道夫和妹妹葆拉（Paula）没有夭折。“心理历史学家”分析阿道夫后来的性格时，大量提及他那冷漠、严厉、刻板、时而暴戾的父亲，以及他深爱的温良的母亲，但他们的结论充其量只是猜测罢了。[12]

确凿无疑的一点是，希特勒一家经常迁居，在 1898 年定居林茨（Linz）郊区之前搬了好几次家，阿道夫后来一直把林茨当作自己的家乡。青年希特勒在学校成绩颇为糟糕，也不喜欢自己的老师，但在别的方面似乎并没有异于同学之处。他父亲曾打算让他当公务员，但他显然不适合循规蹈矩的平凡生活和公务员的勤奋工作。父亲于 1903 年初去世之后，希特勒住在林茨的一套公寓里，由母亲、姨妈和妹妹照料。他梦想着未来以艺术家为职业，把时间都花在了画画、与朋友聊天、听歌剧和阅读上。然而 1907 年发生了两件事，终结了这种充满幻想的闲散生活。一是母亲死于乳腺癌；二是

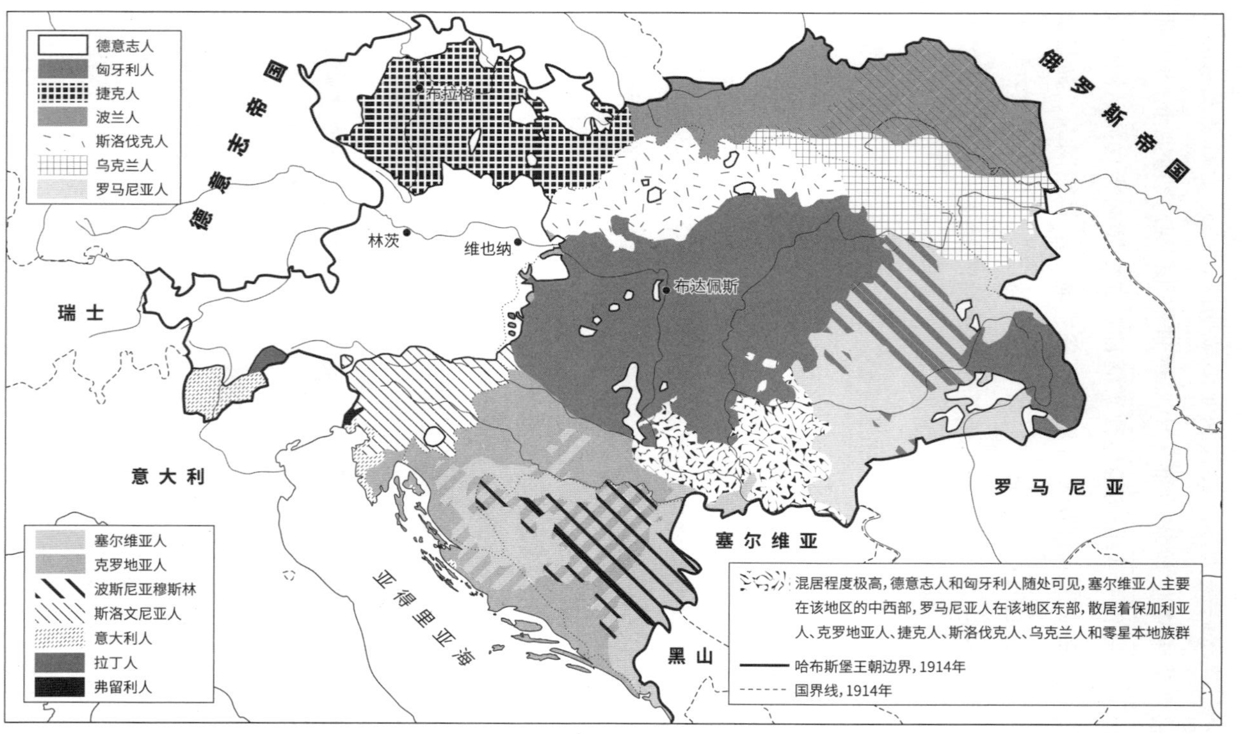

地图 6　哈布斯堡帝国版图内的民族，1910 年

他申请入读维也纳艺术学院（Viennese Academy of Art）被拒，理由是他的油画和素描不够好，校方说他更适合做建筑师。当然，他的强项是建筑绘画与绘图。尤其令他印象深刻的是维也纳环城大道（Ringstrasse）上那些历史悠久、雄浑凝重的公共建筑，它们被塑造成权力与稳固的象征，建于哈布斯堡王朝真正的政治基础开始崩溃之时。[13] 从一开始，建筑就主要作为权力的昭示吸引着希特勒。他终生保持了这种兴趣。但希特勒缺乏成为建筑师所需的勤奋。他又一次申请进入艺术学院，再次被拒。由于失意以及丧亲之痛，他动身去了维也纳。希特勒一起带走的，很可能是他在林茨所接受的两种政治影响。其一是格奥尔格 · 里特尔 · 冯 · 舍纳勒尔的泛日耳曼主义，舍纳勒尔在林茨的拥趸似乎大多集中在希特勒就读的学校。其二是对理查德 · 瓦格纳音乐难以遏制的热情，他在林茨时经常去听瓦格纳的音乐剧，迷恋剧中对日耳曼神话和传说的浪漫呈现，以及对无所畏惧的英雄人物的刻画。在这两种信仰的武装下，怀着终将成为伟大艺术家的信心，希特勒在随后的 5 年都待在奥地利 164
首都。[14]

希特勒后来对这段经历的叙述，虽然是逻辑连贯的回忆，但似乎并不属实。同样，似乎也没有可靠的独立证据可以证明他做过或者想过什么。但是有些事情似乎相当明显。首先，大学申请被拒，让希特勒难以释怀，从而对资产阶级的传统、体制、规范和管理产生了强烈的仇恨。他没有参加培训或者申请一份固定工作，而是过着懒散、混乱的波希米亚式生活，把积蓄用于听瓦格纳的音乐剧。钱花光之后，就只好露宿街头，或者在廉价旅馆过夜。只有在收到姨妈寄的钱和开始卖出一些小画——多数是临摹作品——时，他的境况才有所好转，有能力在男子公寓租个便宜房间，可以使用图书馆和阅览室。他在那里住了三年，生活在波希米亚文化圈的最外围。

舍纳勒尔的泛日耳曼主义在林茨极有影响力，希特勒在林茨接受的政治观点后来因在维也纳接触到了该主义的更加直接的形式而得以强化。无疑，希特勒厌恶哈布斯堡王朝及其首都，那里的大学不肯给他实现艺术野心的机会。因此，舍纳勒尔关于奥地利的德语地区并入德意志帝国的主张，对希特勒产生了不可抗拒的吸引力。他反感维也纳的种族融合，认为只有种族同一的国家才可能取得成功。但他意识到，舍纳勒尔无法赢得民众的支持。能够赢得民众支持的，是维也纳市长卡尔·卢埃格尔，希特勒认为，卢埃格尔的反犹主义煽动宣传显示出对大众真正的理解。希特勒很少漏掉男子公寓阅览室的报纸上每天刊载的反犹主义文章，后来他在书中描述的几种廉价反犹主义刊物也阅读于这一时期。希特勒在这一时期听了几百场瓦格纳的音乐剧，对瓦格纳的热爱更加强化了他的政治立场。当时追随舍纳勒尔、瓦格纳和卢埃格尔的几乎全是反犹主义者，其中许多是极端反犹的，希特勒没有理由成为例外。他把自己的画卖
165 给犹太商人，从男子公寓的犹太寓友那里借钱，这些并不表示他不是反犹主义者。不过，他当时的反犹立场很可能属于一种抽象的、近乎理论的性质；他对犹太人的仇恨，直到一战结束时才变成发自内心的、极端的个人仇恨。[15]

在希特勒后来的自传《我的奋斗》里，有几页特别有趣，描述了他在维也纳观看社会民主党大规模示威活动时感到的激动。他厌恶社会民主党所信奉的马克思主义，认为他们的宣传充满了讨厌的、恶毒的诽谤和谎言。那么民众为什么相信它，而不相信舍纳勒尔那些人的理论呢？他的答案是，社会民主党不容异见，在工人阶级内部尽其所能地压制异见，简单而强硬地树立自己的形象，用暴力争取民众。“大众的心理，”他写道，“不愿意接受任何不全力以赴的、软弱的东西……民众热爱指挥者甚于恳求者。”他继续写道，“我还领悟到针对个人和群众发动恐怖袭击的重要性……在工作场所、在工厂、在会议厅、在群众示威的场合实施恐怖行动，总是能够成功的，

除非对方施以同等恐怖的反击。”他总结道，社会民主党“控制了精神和体力上的弱者。他们知道如何制造假象，让人误以为这是维护和平的唯一办法，与此同时，他们悄无声息但却稳稳当当地赢得了一个又一个职位，有时是通过无声的敲诈，有时是通过真正的窃取……”这些文字在某种程度上出于人在回忆时的文饰心理，希特勒把自己的感受和意图投射到了他年轻时奥地利最成功的群众运动上。但是，任何 1914 年以前生活在维也纳的人，肯定都躲不开社会民主党对群众的影响力，我们有理由认为希特勒对此印象深刻，并且从中学到了东西，尽管他反对社会民主党提出的信条。[16]

然而希特勒在维也纳期间学到的最重要的政治经验，也许是对政府和法律的极度藐视。没有理由不相信他后来所说的，作为舍纳勒尔的追随者，他认为哈布斯堡王朝是日耳曼人种的压迫者，它强迫奥地利的日耳曼人与其他种族杂居，不让他们有机会与德意志帝
国的日耳曼人实现统一。他写道：“如果人种本身处于被压迫或被 166
彻底灭绝的危险之中，法律问题就降至从属地位。”种族的自我保全是高于法律的原则，法律往往只是暴政的幌子。在这场斗争中，任何手段都是正当的。况且哈布斯堡王朝的“腐朽政府”完全受制于议会制度，希特勒花了大量时间待在奥地利议会的公众席旁听，看到敌对民族的政党在议会里用本民族的语言互相大喊大叫，彼此拆台、难有建树，遂对这种政治制度生出了持久的鄙视之心。他尤其仇视捷克人，觉得他们特别能制造混乱。他认为舍纳勒尔的失误在于试图通过议会斗争达到目的。希特勒的结论是，只有直接由人民选举出来的强人领袖才能够实现任何目标。[17]

但是没有迹象显示希特勒在 1914 年之前想过自己当领袖，甚至根本没有迹象表明他打算进入政坛。相反，他仍然一心想当艺术家。由于无法实现这一抱负，他陷入穷困潦倒的财务窘境。1913 年 4 月 20 日，希特勒收到了父亲的遗产，困境才有所缓解，这年他 24 岁。

他迅速了结了在维也纳的事情，前往德国，此举对他从舍纳勒尔那里吸收的泛日耳曼思想做出了实际的表达。他后来描述了搬到慕尼黑时发自内心的幸福感，被他抛在身后的是多姿多彩但令他反感的多种族共存的奥地利首都，以及哈布斯堡政治制度所特有的政治乱象和衰亡之势。他在将届服兵役年龄时离开奥地利，其原因根本不是为了逃避服役，而是觉得不值得为这种制度奋斗。此时他身在德国，感觉像回到了家。

希特勒在施瓦宾格区的边缘租了个房间，继续他在维也纳的那种生活——用水彩临摹明信片上的慕尼黑著名建筑，卖画的钱仅够维持生活。像施瓦宾格区的其他波希米亚式艺术家一样，他在咖啡馆和啤酒馆消磨了大把时间，但是他不曾进入真正的波希米亚文化圈，与那些令人尊敬的艺术家也没有交往，因为在艾斯纳、托
167 勒、兰道尔和米萨姆这类人活跃于戏剧界、讨论无政府主义乌托邦，或者成为著名诗人和作家时，希特勒一直过着他从前那种漫无目标的生活，并没有像在维也纳那样申请进入慕尼黑的艺术院校。学院派艺术的学府依然对他关闭着大门，与此同时，在施瓦宾格区的时尚咖啡馆里引得人们兴奋不已的非学院派前卫艺术，却突破传统，随着瓦西里·康定斯基、保罗·克利、弗朗兹·马尔克（Franz Marc）、奥古斯特·马克等画家，以及“蓝骑士”（Blue Rider）团体，发展进入了表现主义和抽象画。希特勒看不懂前卫艺术，只觉得厌恶。他自己的艺术实践局限于辛苦细致地再现毫无生气的建筑。他的艺术品位从未脱离传统的、受古典艺术启发的表现形式，这也正是他渴望进入的那家维也纳艺术学院的看家本领。[18] 不过，希特勒与施瓦宾格区的波希米亚式艺术家确实存在共同点，他们都内心蔑视资产阶级的传统与规范，相信艺术能够改变世界。

第一次世界大战的爆发，解救了游离于波希米亚文化圈边缘的希特勒。有一张照片留下了 8 月 2 日他与一群人聚在慕尼黑市中心

庆祝宣战时的样子，他的脸上闪着兴奋的光彩。三天后，他志愿加入巴伐利亚军队。刚开战的那段日子混乱不堪，很多人都是志愿参战，似乎没人想到要核实他是不是德国公民。他于 8 月 16 日入伍，随即被送往西线。他后来写道，这“把我从青春期的苦闷中解放了出来”。人生中第一次，他有了一个可以去相信、去追随的使命，有了一群休戚与共、志同道合的同志。他的内心“充溢着自豪的喜悦”，因为自己正在为德国而战。[19] 在接下来的 4 年里，他一直在团内担任通讯员，晋升为下士，由于勇敢而两次获得勋章，其中第二次获得的是一级铁十字勋章，具有讽刺意味的是，推荐他的是一位犹太军官。此后不久，他在一次毒气战中负伤，在战争末期，双方都经常发动毒气战。暂时失明的希特勒被送往德国东北部波美拉尼亚的帕瑟瓦尔克（Pasewalk）战地医院休养。在那里他陆续听到了德国战败、签订停战协定和十一月革命的消息。[20]

在《我的奋斗》中，希特勒把这称为“本世纪最大的罪恶”， 168
他的希望全部落空，他的牺牲全都成了徒劳。听到消息时，“我的眼前一片漆黑”，他踉踉跄跄回到房间，哭了起来。这无疑为他留下了可怕的心理创伤，1918 年的记忆在他后来的思想和行动中将发挥关键作用。灾难是如何发生的？要寻求一个解释，希特勒急切地抓住了迅速传播开来的“背后一刀”的说法。他原先就怀疑和厌恶犹太人，此时更觉得他们肯定是罪魁祸首。他从舍纳勒尔、卢埃格尔、瓦格纳等人那里汲取的不成熟的、混乱的观点和偏见，此时突然间形成了一种条理清晰、极度偏执的思维模式。他再一次认识到宣传是最佳的政治发动机：敌人的战争宣传，从外部瓦解了德国的意志；犹太人的社会主义宣传，从内部散布了怀疑和失败主义情绪。在思考这场灾难的过程中他所学到的是，宣传必须始终面向大众：

> 一切宣传都必须通俗易懂，其知识水平必须要适应宣传对

> 象中知识最有限的人。因此，想要发动的群众越广大，宣传中纯知识的水平就必须越低……广大人民群众的理解力非常有限，他们知识不多，但忘性极大。因此，一切有效的宣传，必须限定于极少的几个要点，还必须在口号中反复强调它们，直至每一位听众都理解了你想要借助口号让他理解的东西。

而且宣传必须激发情绪，而不是理性，因为“绝大多数人民群众的性情和态度都过于女性化，以至于冷静的说理对其思想和行动的影响，远远小于情绪和感情的作用”。最后，宣传中的观点必须是持续不变的，决不允许对己方的主张有一丝的怀疑，也不能承认对手的主张有一毫的合理之处。[21]

具备了这些思想——或许应该说是这些思想的雏形——之后，希特勒遵从上司的调遣，于 1919 年 6 月参加了政治教育培训班，这成为他政治生涯的起点。他来得正是时候。此时的慕尼黑，在许
169 多保守人士看来，已成了一个颠倒的世界，该是拨乱反正的时候了。普鲁士虽然失败了，但巴伐利亚可以指出明路。共产党政权被推翻之后，慕尼黑的政治语言充斥着民族主义口号、反犹言论，以及简直是在怂恿人们偏激地表达反革命情绪的反动关键词。后来的事实证明，希特勒是罕见的演说高手，他精通抑扬顿挫之道，善于借用“秩序的敌人”这种形象，把陈词滥调发挥成慷慨激昂的极端主义语言。[22]

三

希特勒参加的培训课程，其设置目的是清除巴伐利亚正规军中残留的社会主义思想，并向他们灌输极右翼信仰。讲师中包括慕尼黑的保守派历史学教授卡尔·亚历山大·冯·米勒（Karl Alexander von Müller）和泛日耳曼经济理论家戈特弗里德·弗德尔

(Gottfried Feder)，后者使用反犹语言解释经济现象——指责犹太人把资本用于非生产型领域，从而破坏了勤劳的“雅利安人”的生计。希特勒毫无困难地吸收了这些人的观点，因此在 1919 年 8 月被上司选派到一个类似的培训班当教员。在那里，他头一回发现了自己在大庭广众面前讲话的天赋。听过他讲课的人在评价时，都会钦佩地提到他的激情和使命感，以及他与心思简单的普通人沟通的能力。他们还注意到了他激烈的反犹立场。在一封写于 9 月 16 日的信中，希特勒阐述了自己在犹太问题上的观点。他写道，犹太人会带来“人种肺结核病”，类似这样的生物学比喻在他后来的许多演讲和写作中一再出现。他反对“纯粹从感情角度的反犹主义”，这种反犹主义将导致大屠杀；而赞成“理性的反犹主义”，这种反犹主义必须把目标设定为“有计划地通过立法来打击并取消犹太人的特权”。“其终极目标必须是清除全部犹太人，这个目标不可动摇。”[23]

自由军团残酷镇压慕尼黑革命之后的几个月里，在疯狂报复、极端民族主义的氛围中，这样的思想并不鲜见。此时的希特勒深受军队的信任，已成为它的政治掮客。他以这种身份被派去考察当时在慕尼黑大量涌现的政治团体之一，看它是否危险，是否可以被招募到反革命的事业中。它就是成立于 1919 年 1 月 5 日的德国工 170
人党（German Workers' Party），创始人是锁匠安东 · 德莱克斯勒(Anton Drexler)，他曾经是德意志祖国党的成员。德莱克斯勒坚称，自己是社会主义者、是工人，他反对不义之财、剥削和牟取暴利。但他信奉的社会主义是带有民族主义偏见的。德莱克斯勒把他所反对的那些邪恶行为归罪于犹太人的诡计，认为发明布尔什维主义这种有害思想的也是犹太人。他争取的对象不是产业工人，而是“从事生产的各阶层人士”，即一切靠诚实劳动谋生的人。[24]在短时间内，这是指中下阶层；但追随 1880 年代阿道夫 · 施托克尔的基督教社会运动的传统，并且回应德国和奥地利以前尤其是一战刚结束时出现的许多类似民族主义倡议，工人党的长期目标是把工人阶级从马克思主义的影响下争取过来，为泛日耳曼事业服务。

这个羽翼未丰的政党实际上是极度活跃的图勒学会的另一个产物。德莱克斯勒和他的小党在慕尼黑出现绝非不同寻常之事，因为革命失败之后，该市已成为极右翼的温床。不同寻常的是希特勒参加该党 1919 年 9 月 12 日的会议时所引发的关注，他在听众席上充满激情地发言，反驳前面的发言者关于巴伐利亚从德国分离出去的倡议。德莱克斯勒对他印象深刻，当希特勒再次遵照军中上司的命令，申请加入工人党时，德莱克斯勒欣然同意。尽管希特勒后来说自己是第七个入党的，但实际上他在党员名册上是第 555 号。这其实没有听起来那么唬人，德国工人党党员的计数起点，按照边缘型政党的惯例，不是 1，而是 501，为的是让人觉得它已拥有几百名党员，而不是只有几十个人。[25]

还是在军中上司的鼓励下，希特勒很快成为工人党的明星发言人。他再接再厉，推动该党举办人数越来越多的公共集会，多数是在啤酒馆，事先用醒目的海报造势，会场经常闹出乱子。到 1920 年 3 月底，希特勒已成为该党不可或缺的一员，他显然认定这里就是他的归宿。煽动演说让希特勒找回了他随着德国战败而失去的归
171 属感。他离开军队，成为职业政治煽动家。激进反犹主义的号召力在反革命的慕尼黑是显而易见的，并且已被日耳曼种族防御与反抗同盟（German-Racial Defence and Defiance League）加以利用，这是一个与工人党立场相近但比工人党庞大得多的组织，是又一个以卐字符作为主要政治标志的极右翼团体。同盟的总部设在汉堡，自称在德国全境拥有 20 万成员，其中包括祖国党的前成员、心怀不满的退伍兵，以及有民族主义倾向的学生、教师和白领职员。它开动着精密复杂的宣传机器，制造出数百万传单，发放到有数千人参加的公众集会上，而德莱克斯勒的组织只能吸引到几百人。[26] 该

同盟绝不是此类极右翼组织的孤例；另一个比它小得多的德意志社会主义党（German-Socialist Party）由工程师阿尔弗雷德·布伦纳（Alfred Brunner）领导，也在德国的许多城市设有支部，尽管其党员人数仅有同盟的十分之一。然而就魅力而言，这两个组织的发言人无一能与希特勒相提并论。[27]

传统右翼政客讲课或演讲的风格，有的浮华夸张，有的平淡乏味，有的粗鲁野蛮，而希特勒效仿的榜样是社会民主党演说家，比如艾斯纳，或者他后来说自己在维也纳学习过的那些左翼煽动家。希特勒的演说之所以成功，主要因为他告诉听众的是他们想听的东西。他使用普罗大众能够理解的简单直白的语言——短句子、有力而动人的口号。他的演讲常常平稳地开场，先抓住听众的注意力，然后逐渐推向高潮，当他调动听众的情绪进入癫狂状态时，他那深沉的、有点儿沙哑的嗓音就会提高语调，越来越高地爬升至咆哮和嘶吼的结语，并伴以精心排练过的戏剧性手势，他的脸上汗光闪烁，平直的黑发朝前垂到脸上。他的话是不容置疑的，每一句都是绝对的、毫不妥协的、不可撤销的、始终如一的、不可更改的最终定论。许多听过希特勒早期演讲的人印证，他的话简直是发自肺腑，说出了他们内心深处的担忧与期望。他还显露出了越来越强的自信心、 172
攻击性、对工人党终将胜利的信心，乃至天命所归之感。他的演讲常常从自己早年的贫困生活说起，不动声色地将其与德国一战后的沮丧、被践踏和绝望状态联系起来。然后，他提高声音，描述自己的政治觉醒，并指出德国也应在政治上觉醒，从而在未来恢复国力、回归往日荣耀。无须使用带有明显宗教色彩的语言，希特勒就能激发出听者灵魂深处潜藏的典型的宗教意识：受难、忍辱、救赎和重生。在巴伐利亚战后和革命之后的环境中，他得到了人们的欣然响应。[28]

希特勒的演讲，把德国复杂的社会、政治和经济问题简化成一个共同症结：犹太人的邪恶诡计。在《我的奋斗》中，他描述了自己认为犹太颠覆分子在1918年是如何瓦解德国的战斗力的，希特勒宣称：

> 假如在战争开始时和战争期间，把12 000或15 000个希伯来腐败分子送去闻毒气，就像成千上万奔赴战场的最优秀的德国工人的遭遇一样，那么数百万战士在前线的牺牲就没有白费。及时清除12 000个恶棍，也许可以挽救数百万真正的日耳曼人的生命，他们是未来的宝贵财富。可是实际情况恰恰相反，德国碰巧由资产阶级“政治家”领导，于是眼皮也不眨就让数百万人血染沙场，却把10 000或12 000个叛国者、奸商、高利贷者和骗子当作神圣的国宝，公然宣称他们是不可侵犯的。[29]

这种毫不妥协的激进立场，为希特勒的公共集会平添了一股复兴运动的狂热，那些煽动性不强的政客对此望尘莫及。希特勒用红色海报吸引左翼人士参加集会，引来集会上社会主义者的抗议，结果常常演变成斗殴和骂战，希特勒就是利用这种策略提高了自己的知名度。

在战后的反革命氛围中，德国人对“背后一刀”念念不忘，对发战争财的奸商和在迅猛加剧的恶性通货膨胀中获利的商人耿耿于怀，希特勒趁机大肆煽动，专门攻击那些据说推高了物价的“犹太”商人，“他们都该被绞死，”希特勒在听众的叫好声中如是说道。[30]也许是为了强调它侧重于反对资本主义，并且与奥地利和捷克斯洛
173 伐克的同类团体保持一致，工人党于1920年2月改名为国家社会主义德国工人党*（National Socialist German Workers' Party）；反对该党的评论员不久把它缩写为“纳粹”（Nazi），就像社会民主党的政敌早年将它的名字缩写成“索粹”（Sozi）一样。名字虽然带有

---

* 亦有译作“民族社会主义德意志工人党”。——编注

“社会主义”，但是如果把纳粹主义看作社会主义的一种形式或产物，那就错了。诚然，正如有些人指出的那样，纳粹党总是把人人平等挂在嘴上，强调集体利益高于个人利益，常常自称反对大企业和国际金融资本。还曾有一句名言，把反犹主义称为“傻瓜的社会主义”。但是从一开始，希特勒就声称自己既坚决反对社会民主思想，也反对共产主义，不过起初反对共产主义的程度远小于反对前者，毕竟签署停战协定以及后来签订《凡尔赛和约》的“十一月卖国贼”根本不是共产党，而是社会民主党及其盟友。[31]

“国家社会主义者”想让左、右两个政治阵营团结起来，他们宣称，是犹太人的操控，造成了德意志民族内的这种对立。实现联合的基础将是种族观念。这种思想与以阶级为出发点的社会主义意识形态之间，相距不止一个光年。纳粹主义在某些方面是一种极端反对社会主义的意识形态，而在反社会主义的过程中又大量借用了它的语言，包括自我标榜为一场运动而不仅仅是一个政党，以及大肆吹嘘自己如何蔑视资产阶级传统和保守派的怯懦。“政党”的概念意味着忠实于议会民主制度，在已确立的民主政体内稳健运作。然而在演讲和宣传中，希特勒及其追随者基本上更愿意使用“国家社会主义运动”这个称谓，正如社会民主党曾自称“工人运动”，再比如女权主义者自称“妇女运动”，战前叛逆的青少年团体自称“青年运动”。“运动”一词不仅表示活力和永不停息地向前运动，还暗示了一个终极目标，即一个确定无疑的努力方向，它比传统政治那种没完没了的妥协更加宏大、更加完美。像劳工运动一样，国家社会主义通过自诩为一场“运动”，高调地宣称反对传统政治，鼓吹颠覆并最终推翻它最初被迫为之效力的体制。

以“种族”替换“阶级”，以“领袖独裁”替换“无产阶级专政”，
纳粹主义就这样把社会主义意识形态的常用术语改头换面了。希特 174
勒于1920年年中亲自选定的纳粹党旗，简明地表达了右翼与左翼

的结合：鲜红的底色代表社会主义，激进民族主义的徽章卐字符被涂成黑色，置于旗子正中的白色圆圈之内，因此整面旗子呈黑白红三色，正是俾斯麦帝国国旗的颜色。在 1918 年革命之后，这三种颜色象征反对魏玛共和国及其所代表的一切，然而纳粹党通过改变设计、添加在战后已经被形形色色的极右翼种族主义运动和自由军团各分队采用的卐字符，同时宣告了它想取代魏玛共和国的，是一个新的、泛日耳曼的民族国家，而不是原先那个威廉帝国。[32]

希特勒原先重点攻击犹太资本主义，到 1920 年底，其攻击目标已加上了“马克思主义”——或者换句话说，“社会民主思想”——以及布尔什维主义。希特勒可以利用俄国内战中的暴行来强调常见的极右翼观点：犹太人在背后挑起了 1918—1919 年发生在慕尼黑的革命暴动。但即使没有共产主义的威胁，纳粹主义也有可能出现。希特勒的反布尔什维主义是其反犹思想的产物，而不是成因。[33] 他的首要政治靶子依然是社会民主党，以及模糊的“犹太资本主义”幽灵。希特勒重弹战前的反犹主义老调，无数次在演讲中宣称，犹太人是寄生的种族，只能靠颠覆其他种族而生存，尤其是破坏最高贵、最优秀的种族——雅利安人。因此，他们分化雅利安人、使之内斗，一方面组织资本家进行剥削，另一方面又领导被剥削者与资本家斗争。[34] 希特勒在 1920 年 4 月 6 日的一次演讲中说，犹太人将“被灭绝”；同年 8 月 7 日，他告诉听众：“别指望不清除病因、不杀死病菌，就可以战胜疾病；也别以为不必坚持人们远离种族结核病菌，就可以战胜种族结核病。”清除意味着不择手段地用暴力把犹太人移出德国。1921 年 4 月，他告诉听众：“犹太问题”只能
175 通过“蛮力”来解决。他在 1923 年 1 月说：“我们知道，如果他们上台掌权，我们就会人头落地；但我们也知道，如果我们掌握政权，‘那么让上帝怜悯你们吧！’”[35]

第二节

啤酒馆暴动

一

一战快结束时，已独揽军权两年时间的埃里希·鲁登道夫将军 176
认为，为谨慎起见，他应该离开政坛一段时间。与皇帝刚任命的最后一届自由派政府发生激烈争吵之后，鲁登道夫于 1918 年 10 月 25 日被解职。他在柏林逗留了一段时间，然后戴上墨镜和假胡子，悄悄渡过波罗的海到达瑞典，冷眼旁观革命。到 1919 年 2 月，他显然认为最糟糕的情形已经过去，于是返回德国。由于在战争中赢得了崇高声望，他很快成为极右翼的首脑。作为 1914—1918 年的泛日耳曼兼并主义者、停战协定的激烈反对者，他立刻开始阴谋推翻共和国的新秩序。鲁登道夫将一群从前的幕僚召集在身边，支持沃尔夫冈·卡普和自由军团为推翻共和国于 1920 年 3 月在柏林发动的短命政变。政变失败后，他离开柏林，前往环境与他更相宜的慕尼黑。鲁登道夫很快与那里的极端民族主义阵营取得了联系，该阵营当时聚集在以前无籍籍名的阿道夫·希特勒周围。[36]

到两人终于会面的时候，希特勒已经拥有了第一批忠心耿耿的狂热分子，他们将在纳粹党的发展以及第三帝国的建立过程中发挥这样或那样的作用。其中最忠心的是在校生鲁道夫·赫斯（Rudolf Hess），他是慕尼黑大学地缘政治理论家卡尔·豪斯霍费尔（Karl Haushofer）的门生。他的父亲是商人，非常专制，一战前不许儿
177 子学这个专业，赫斯似乎正在寻找一位自己可以无条件地追随的强人领袖。像后来许多著名的纳粹党徒一样，他也来自德意志帝国境外：赫斯于 1894 年生于亚历山大（Alexandria）*。一战期间赫斯在军中服役，退役时是空军中尉，军队使他有了一种可以服从的权威；师从豪斯霍费尔，让他有了另一个可以服从的权威。然而二者都不是他真正想要的那种，赫斯还是自由军团和图勒学会的成员，但它们同样不是他真正需要的权威。1920 年他遇到了希特勒，终于如愿。他有着与希特勒一样的反犹激情：他谴责“犹太团伙”，认为他们在 1918 年背叛了德国，甚至在见到希特勒之前，赫斯就曾率队前往慕尼黑的工人阶级聚居区，把几千张反犹传单塞进工人公寓的门缝。[37] 此后，他把自己全部的英雄崇拜都投向了希特勒。天真、理想主义、毫无个人野心和贪欲，而且据豪斯霍费尔说，也不太聪明，这样的赫斯倾向于相信非理性的、神秘的教条，比如占星术。他忠犬般地追随希特勒，带着近乎宗教式的狂热，把希特勒看作救世主。从此，他成为希特勒安静、顺从的奴仆，平时随主人泡黑克咖啡馆（Café Heck）时凝神倾听主人的教诲，还逐渐把希特勒厌烦至极的许多日常工作承担下来。此外，他向希特勒介绍了常见的泛日耳曼理论中一个详尽阐述“生存空间”（Lebensraum）的版本，豪斯霍费尔曾运用它论证德国征服东欧之主张的合理性，小说家汉斯·格林（Hans Grimm）1926 年的畅销书《没有空间的民族》（*Volk ohne Raum*）使之流行起来。[38]

---

* 亚历山大，埃及的港口城市。

以另一种方式辅佐希特勒的，是学医出身、失败的种族主义诗人和剧作家迪特里希·埃卡特（Dietrich Eckart）。活跃于极右翼阵营的埃卡特于 1918 年 12 月创办了一份政治周刊《良言》（*Auf gut deutsch*），资金来源于许多巴伐利亚商人的赞助以及军队的政治资助。埃卡特认为，他的剧本无法上演，这要归咎于犹太人对文化的主导。他与其他种族主义者和“雅利安”种族至上论者保持着私人联系，比如休斯顿·斯图尔特·张伯伦，并且大力推介张伯伦的作品。像许多反犹主义者一样，他把任何“颠覆者”或“唯物主义者”都归为“犹太人”，所以他认为列宁和德皇威廉二世都在此列。埃卡特人脉广阔、生活富裕，像赫斯一样也是图勒学会的会员。他从
朋友和军队那里筹集资金，于 1920 年 12 月为纳粹党收购了图勒学 178
会经营不善的报纸《人民观察家报》（*Völkischer Beobachter*）。他亲自担任主编，为这份每周两期的报纸提供了它迫切需要的新闻经验，又在 1923 年初将其拓展为日报。然而，埃卡特较为独立的作风，以及他对希特勒有点儿居高临下的态度，最终导致两人的关系逐渐转淡，他在 1923 年 3 月被解除报纸主编之职，当年年底去世。[39]

但是埃卡特从图勒学会带进纳粹党的两个伙伴，却比他更受希特勒倚重，为希特勒效力的时间也比他长得多。第一个是波罗的海日耳曼建筑师阿尔弗雷德·罗森贝格（Alfred Rosenberg），这位纳粹头目也来自德国境外——1893 年生于爱沙尼亚（Estonia）的雷瓦尔（Reval）*。罗森贝格痛恨布尔什维主义，他逃离俄国革命，在一战结束时来到慕尼黑，成为埃卡特那份小杂志的撰稿人。他 16 岁时读了休斯顿·斯图尔特·张伯伦的著作，因此在 1914 年以前就已经成了反犹主义者。罗森贝格对《锡安长老会纪要》（*The Protocols of the Elders of Zion*）兴趣浓厚，这份文件据说提供了

---

* 今塔林（Tallinn），爱沙尼亚首都，也是爱沙尼亚最大的城市。——编注

犹太人密谋颠覆世界文明的证据，但其实它是沙俄警察伪造的。他还读过戈比诺和尼采的著作，并在战后撰写了一系列挑起论战的小册子，攻击犹太人和共济会。他最大的愿望是被人们当作知识分子和文化理论家而认真对待。罗森贝格于 1930 年出版了他的大部头著作，取名《二十世纪的迷思》(*The Myth of the Twentieth Century*)，以此向他的偶像休斯顿·斯图尔特·张伯伦的代表作致敬。[*]此书旨在为纳粹党提供一部主要的理论著作。截至 1945 年，它已售出 100 多万册，而且书中的某些观点并非没有影响力，但是希特勒说自己只看过一小部分，不喜欢它的伪宗教论调，觉得大概只有少数最专注的读者才做得到从头至尾啃完书中大段大段冗长晦涩的文字。不过，在他们惯常的咖啡馆聊天中，罗森贝格比任何人都更有能耐把希特勒的注意力转向共产主义的威胁，以及所谓的共产主义是犹太人阴谋的产物，并且提醒希特勒注意他所认为的苏俄政体的脆弱本质。通过罗森贝格的推介，俄国的反犹主义及其偏执的阴谋理论和灭绝欲在 1920 年代进入了纳粹意识形态。“犹太–布尔什维主义”(Jewish-Bolshevism)此时成了希特勒的主要仇恨对象。[40]

179 另一个由埃卡特带进纳粹党的人是汉斯·弗兰克(Hans Frank)。他 1900 年出生于卡尔斯鲁厄(Karlsruhe)，是律师之子，一开始追随父亲的脚步。1919 年，还在法学院读书的弗兰克加入图勒学会，并且参与了埃普的自由军团对慕尼黑的突袭。虽然从未成为希特勒的亲信，但弗兰克很快折服于他的魅力。听了希特勒 1920 年 1 月的演说，弗兰克和许多人一样，觉得希特勒的话完全发自肺腑，“他说出了在场群众的心声，”他后来这样回忆道。终其一生，弗兰克都迷恋暴力色情片，他欣赏心狠手辣的动作明星，为了让自己看起来像他们一样，他经常使用暴力语言，其直截了当和攻击性在纳

* 书名模仿张伯伦的著作《十九世纪的根基》。

粹头目中几乎无人能及。然而接受的法学训练和法学背景让他心中还残留着对法律的信仰，所以在说粗话和在为谋杀行为辩护时，偶尔会感到不自在。1924 年，弗兰克获得博士学位，并取得律师资格，他的法律专业知识尽管有限，但后来证明对纳粹党极有帮助。截至 1933 年，他代理了 2400 多件以纳粹党徒为被告的案子，他们所犯的通常是各种暴力罪。弗兰克第一次为几个纳粹暴徒出庭辩护之后不久，一位资深律师，也是他曾经的老师说 :“拜托你别理这些人！不会有好结果的！在刑事法庭开始的政治运动，也会在刑事法庭结束！”[41]

等到这两人以及更多像他们一样的人加入纳粹党时，这场新兴的运动已经有了正式纲领，由希特勒和德莱克斯勒撰写，“种族经济学家”戈特弗里德 · 弗德尔也略有帮助，并于 1920 年 2 月 24 日获得通过。它的 25 点内容包括，要求“将全体德意志人统一为一个大德意志国家（Greater Germany）”; 废除 1919 年的和约 * ; 要求获得“国土与领地（殖民地）以养活我们的人民”; 防止“非德意志人移民到德国”; 对“普通罪犯、高利贷者、奸商等”处以死刑 ; 剥夺犹太人的公民权，将他们登记为异族，禁止他们办报或者为德国报纸撰稿 ; 要求没收不劳而获的收入和战争财，企业托拉斯收归国有，实行利润分配制度，这似乎带有伪社会主义色彩 ; 政纲的结尾要求“建立一个强大的中央集权帝国”，并且“用根据社会阶层和职业遴选出的法人（corporations）有效地取代联邦各州的议会”。[42] 180
这是一份那个时代典型的极右翼文件。它的实际意义并不大，就像社会民主党 1891 年的《爱尔福特纲领》（Erfurt Programme）一样，它在平常的政治斗争中总是被绕开或者忽略，尽管这份纲领很快被宣布为“不可更改的”，为的是避免它成为党内讨论的焦点。[43]

---

* 即 1919 年分别于 6 月和 9 月签署的《凡尔赛和约》和《圣日耳曼和约》。

尽管也有其他原因，但引起党内意见分歧的主因是，德莱克斯勒极力推动纳粹党与慕尼黑的其他极右翼组织合并。德莱克斯勒主要想拉拢“德意志社会主义党”，该党与纳粹党规模相近，目标一致。与纳粹党不同的是，它在德国北部拥有支持者。那些像弗德尔一样不赞成希特勒总用粗野不堪的语言进行煽动演说的人，将会因为两党的合并而拥有更大的影响力。希特勒担心自己可能被新的运动所淹没，以辞职相要挟，阻止了 1921 年 4 月的谈判。另一场危机爆发于希特勒与埃卡特在柏林为《人民观察家报》筹款的时候。希特勒不在慕尼黑期间，谈判重启，这次讨论的是三党合并，比上次多了一个小型反犹政党，该党总部设在奥格斯堡（Augsburg），领导人是奥托 · 迪克尔（Otto Dickel），有人认为他与希特勒的公共演说能力不相上下。纳粹党同意迪克尔关于合并组建一个“西方同盟”（Western League）的计划，此名称取自他那带点儿神秘色彩的种族主义小册子《西方的复兴》（*The Resurrection of the West*）。由于无法阻止这一计划，希特勒大发雷霆，干脆退了党。事关紧要，德莱克斯勒让步了，他请希特勒开出重新入党的条件。最终，因为党内几乎没人愿意失去希特勒，他的煽动力是纳粹党在此前的几个月里不断壮大的唯一原因，合并计划被放弃。希特勒绝不妥协的态度在 7 月 29 日的一次全体特别会议上受到赞誉：大家在会议结束时要求，应该让希特勒担任党主席，赋予他“独裁权”，并且肃清“已经渗透进党内的外国势力”。[44]

取得对纳粹党的绝对控制权之后，希特勒在全党的支持下很快展开了宣传攻势，不久就从挑衅沦为暴力。1921 年 9 月 14 日，
181 一群年轻的纳粹党徒随同希特勒参加分离主义组织巴伐利亚同盟（Bavarian League）的会议，他们齐步走上讲台，打算把发言人奥托 · 巴勒施泰特（Otto Ballerstedt）的声音压下去。有人关掉了所有的灯，当灯再次亮起时，他们反复呼喊“希特勒”，阻止巴勒施

泰特继续发言。当观众提出抗议时，希特勒的青年暴徒袭击了那位分离主义领导人，痛殴他，粗暴地把他推下讲台，致其头部受伤，躺在地上血流如注。不久，警察到场，中止了会议。巴勒施泰特坚持起诉希特勒，后者为此在慕尼黑的施塔德尔海姆监狱服了整整一个月刑期。警察警告希特勒，如果再犯，他将作为外侨被遣返奥地利。警告几乎不起作用。1921 年 11 月初，获释不久的希特勒又带头在啤酒馆闹事，纳粹党徒与社会民主党人大打出手，啤酒杯在屋内横飞。不久，纳粹党徒为自己装备了指节金属套、橡皮棍、手枪，甚至手榴弹。1922 年夏，德国总统艾伯特走访慕尼黑时，一群纳粹党徒对着他大喊大叫、吹口哨、吐唾沫。1922 年 10 月，纳粹党徒前往科堡（Coburg）参加民族主义者集会时，与社会民主党人发生激战，纳粹党徒最终用橡皮棍把对手从街头赶走。[45] 毫不奇怪，纳粹党不久即在德国大多数州被取缔，尤其是在 1922 年 6 月外交部长拉特瑙被刺之后，柏林政府试图镇压极右翼极端主义者，无论他们是否参与了暗杀。但在右翼的巴伐利亚州，纳粹党未被取缔。[46]

纳粹运动中肢体暴力的新特征，尤其反映了纳粹党内准军事组织——创立于 1920 年初的“会堂保卫”组的迅速发展，不久改称“体操与运动部”（Gymnastics and Sports Section）。这些人穿着褐色衬衫和马裤，脚蹬长筒靴，头戴褐色帽子——这套制服到 1924 年才有了最终版[47]，人们常在慕尼黑街头看到他们痛殴对手、袭击任何他们觉得像犹太人的人。使他们从一小群欺负人的小混混发展成一场大型准军事运动的，是一系列与希特勒没什么关系的事件。他们所享有的不受警察干涉的相对豁免权，首先反映了古斯塔夫 · 里特尔 · 冯 · 卡尔领导的巴伐利亚政府长期同情作为 1919—1920 年反革命“白色恐怖”一部分的极右翼准军事运动。在这种
氛围中，曾担任自由军团旅指挥官的赫尔曼 · 埃尔哈特（Hermann 182
Ehrhardt）上尉建立了一个精密的暗杀队网络，在德国全境执行

政治谋杀，被他们刺杀的包括共和国的几位主要政客，以及党内许多被他们怀疑为双重间谍的党员。[48] 卡尔认为，共和国是普鲁士的创造物，如欲抵制它，就要维持巴伐利亚作为反共和国“秩序”的中心，为了这个目的，他维持了一支被称为“居民国防军”（Denizens’ Defence Force）的大规模武力。它组建于 1919 年春共产党的“委员会共和国”刚刚倒台不久，装备齐全，明显违反了《凡尔赛和约》的条款，1921 年初被强制解散。它的解体是巴伐利亚极右翼重组以及暴力发生率激增的信号，因为其成员改编成了种类繁多的武装小队，全部持反犹立场，其中很多是巴伐利亚分离主义者。[49]

1921 年 8 月，埃尔哈特把他的自由军团老兵带进纳粹党的“体操与运动部”。他们曾在西里西亚暴力对抗波兰人和其他种族，在此过程中已磨炼得冷酷无情，西里西亚的德国人普遍反感《凡尔赛和约》，因为它把战前属于德国的领土划给了刚刚建国的波兰。促成埃尔哈特加入纳粹党的是恩斯特 · 罗姆（Ernst Röhm），他也是自由军团的老兵，参加过 1919 年初春攻打慕尼黑的行动。罗姆生于 1887 年，是巴伐利亚铁路官员之子，1906 年参军，两年后成为军官。一战时在前线作战，但因伤撤离——被炸弹碎片打烂了部分鼻子，导致严重毁容，又在凡尔登（Verdun）战役身负重伤。此后，罗姆在巴伐利亚州的战争部工作，负责调拨武器装备，起初是供应给卡尔的居民国防军，后来供应给它改编后的各个小股队伍。这些人都知道罗姆是“机关枪大王”，他在极右翼阵营中人脉广阔。除了其他事务，他还担任参谋，在军中享有盛名，并充当军队与准军事组织之间的联络官。罗姆显然具有组织天赋，但他真正感兴趣的不是政治。恩斯特 · 罗姆属于典型的前线一代，这代人逐渐相信了关于他们自己的传说。[50]

183 罗姆喜好的是盲目的暴力，而不是政治阴谋。有人对他做过文本分析,发现他几乎一成不变地把“谨慎”、“折中”、“知识分子”、“资产阶级”或“中产阶级”之类的词用作贬义,他用来表达肯定、欣赏的词包括“魁梧”、“大胆”、“无情”和“忠诚”。其1928年在慕尼黑出版的自传的开场白是:“我是一个军人。”他把自己描述为“逆反的”,并抱怨说:“德国人已经忘记了怎样去恨。娘娘腔的牢骚已经取代了男子汉的仇恨。”[51]“我是个幼稚的恶人,”他以其特有的坦率写道,“所以战争和动乱比温文尔雅的资产阶级秩序对我更有吸引力。”[52]罗姆对思想毫无兴趣,在行为和信念上,他都崇尚军人那种粗糙而残酷的生活方式。他对平民除了蔑视别无感觉,他陶醉于无法无天的战时生活。痛饮和狂欢、吵架和斗殴,加深了他与一帮兄弟的感情,与他们在一起,他找到了自己的位置。他鄙视女性,不熟悉军旅生活的人在他的世界里没有位置。

罗姆看中希特勒,是把他当作满足自己的暴力欲的天然工具,因为希特勒使用暴力推进其目标的倾向已经非常明显。罗姆负责扩充纳粹党的准军事组织,1921年10月将其改名为“冲锋队”(Sturmabteilung,简称SA)。他在军界高层、巴伐利亚政界上层,以及准军事团体中的人脉,对羽翼未丰的组织来说极其宝贵。但与此同时,罗姆始终保持了一定程度的独立性,从未真正拜倒在希特勒脚下;他一心把冲锋队当作工具,用来无休止地执行自己所醉心的暴力活动,而不是让冲锋队无条件地供党差遣。因此,冲锋队在形式上一直是独立于党的组织,而且罗姆与纳粹党领袖的关系始终不够和谐。在罗姆的领导下,冲锋队的人数很快开始增加。但截至1922年8月,他们的队伍依然不到800人;而其他那些被遗忘已久的准军事团体则远比它引人瞩目,比如帝国战旗团(Reich War Flag)或者巴伐利亚与帝国同盟(Bavaria and Reich League),它们的成员人数都不少于3万,全部配有武器。纳粹党及其准军事组织要想在巴伐利亚政坛掌握主动权,所需的远远不止是埃尔哈特和罗姆的影响力以及希特勒的煽动力。[53]

二

184 1922 年，纳粹党信心骤增，因为有消息传来，法西斯领袖贝尼托·墨索里尼（Benito Mussolini）于 10 月 28 日“进军罗马”，结果立即被任命为意大利总理。意大利人成功了，他们的德国同志当然也不能太落后吧？墨索里尼一直是形象胜于实质。他生于1883年，早年是一位信仰社会主义的著名记者，在呼吁意大利参战的过程中，墨索里尼彻底改变了政治立场。战争结束时，意大利人因和平条约未能给予他们所期待的收益而感到自尊心受损，墨索里尼成了意大利人表达情绪的代言人。1919 年，他发起法西斯运动，以暴力手段、恐怖行动和恐吓威胁打击左翼对手。当时左翼为了实现生产资料的公有而执行占领工厂等政策，这引起了企业家、雇主和商人的恐慌。乡村的动荡促使地主也投入法西斯行动队的怀抱，而且随着局势在 1920 年和 1921 年恶化，墨索里尼被他所发起的法西斯运动的势头一路推进。他的上台，表明战后的冲突、内乱、谋杀和战争并不仅限于德国，而是遍布东欧、中欧和南欧，其中包括 1921 年刚结束的苏波战争，哈布斯堡帝国解体后多个国家为收复领土而引发的武装冲突，以及西班牙和希腊短命的独裁政权之建立。

墨索里尼的例子在许多方面对纳粹党产生了影响，尤其是纳粹党在 1922 年末、1923 年初采用“元首”（意大利语为 Duce、德语为 Führer）的称呼，以表示党魁拥有不容置疑的权威。在意大利先例的刺激下，纳粹党内对希特勒的个人崇拜与日俱增，这也促使希特勒相信，注定要领导德国未来走向民族新生的人是他，而不是尚未出现的某个人物，1923 年秋的一系列事件又使之永久地成为他固守的信念。[54] 当时，纳粹党已经开始借用意大利法西斯分子的敬礼方式，即直挺挺地伸出右臂向领袖致敬，这模仿自罗马帝国的礼节；领袖还礼时也举起右臂，但肘部向后弯曲、手掌向上扬起，表示接受致敬。纳粹党采用的精细复杂的执旗标准，也源自意 185
大利法西斯分子的做法。然而，墨索里尼在这一时期对希特勒主要的实质性影响，是使他相信进军首都的策略是最快的掌权方式。随着法西斯行动队逐渐控制意大利北部的主要城市和乡镇，墨索里尼借鉴了革命者朱塞佩·加里波第在 60 多年前统一意大利过程中的著名先例，宣布他将以这些市镇为基地“进军罗马”。为了避免流血，意大利国王和政界领袖屈服了，任命他为总理，墨索里尼利用这个职位，以越来越无情的手段在 1920 年代末建立了一党独裁的政府。[55]

墨索里尼的法西斯主义运动不仅与纳粹主义，也与其他极右翼运动有许多共同的关键特征，例如在匈牙利，根伯什·久洛（Gyula Gömbös）早在 1919 年就自称是“国家社会主义者”。意大利的法西斯主义是暴力的，有着不竭的行动力，它是军国主义的，蔑视议会制度，崇尚冲突与战争。它不仅强烈反对共产主义，更重要的是，它还强烈反对社会主义和自由主义。它主张把社会看作有机体，阶级利益和人民代表将由不分阶级、民族统一的指定机构所取代。它是男权主义和反女权主义的，它谋求建立这样一个国家：男性居于统治地位，女性则主要被贬抑至繁育子女的功能。它把领袖抬高到不容置疑的权威地位。它崇拜青年，声称要涤荡旧制度和传统，创造一种新型人类——强硬、反智、时髦、世俗，尤其是狂热地投身于本民族和本种族的事业的新人。[56] 在上述所有方面，墨索里尼的法西斯主义运动都为新兴的纳粹党提供了一个范型和同路者。

因此，早期的纳粹主义，就像战争刚结束那几年里众多相互竞争的极右翼运动一样，无疑属于欧洲法西斯主义之崛起这个广阔的语境。长期以来，希特勒对墨索里尼倾慕不已，把他作为效仿的榜样。

“进军罗马”激励着萌芽中的欧洲法西斯主义运动，恰如加里波第
186 的进军罗马以及后来的意大利统一在大约60年前曾经激励着欧洲的民族主义运动。历史的潮流似乎正朝着希特勒希望的方向流动，民主制度已时日无多。随着德国局势在1922—1923年间急剧恶化，希特勒开始认为，墨索里尼在意大利办到了的事情，自己同样可以在德国办到。当德国政府拖欠战争赔款导致法国军队占领鲁尔区时，德国的民族主义者义愤填膺、倍感屈辱。共和国的合法性遭到重创，政府只好做出要反抗占领的样子 。由德国政府鼓动起来的大规模非暴力抵抗，招致法国人更多的报复——逮捕、监禁和驱逐。民族主义者铭记着关于法国镇压的许多事例，有位身为退伍兵的铁路工人由于在一次战争纪念活动上发表支持德国的演讲而遭到解雇，并与家人一起被驱逐出境；另一位学校教师因为法军列队走过的时候，他让学生们转身背对着他们，而遭受同样的命运。[57] 男生结成团伙，给那些被认为是“无耻地勾搭法国人”的女人剃光头，另一些学生表达爱国的方式则没那么激烈，他们步行几公里去上学，而不乘坐法国人运营的火车。少数工人积极破坏法军的占领，一位前自由军团成员阿尔贝特·莱奥·施拉格特（Albert Leo Schlageter）因从事破坏活动而被处决，民族主义者右翼在纳粹党领导下，马上抓住这件事，作为证明法国人之残暴和柏林政府之软弱的例子，在宣传过程中使施拉格特成了广为人知的民族主义烈士。工业生产陷于停滞，进一步加重了德国本已极其严峻的经济困难。[58]

民族主义者有一个强大的宣传武器：占领军中包含法属殖民地的黑人部队。在两次世界大战之间的岁月里，种族主义盛行于欧洲各国，实际上也存在于美国和世界上的其他地区。欧洲人普遍认为黑人是劣等种族，驯服这些野蛮人是白人的使命。[59] 英国和法国于一战期间使用殖民地部队，在德国引起了不少讥评；然而，真正让耸人听闻的种族主义宣传一发而不可收的，是黑人部队进驻德国本

土，他们首先出现在莱茵兰的占领区，然后在1923年法国短暂占 187
领期间进军鲁尔区。许多居住在莱茵兰和萨尔兰的德国人倍感屈辱，正如有人后来所说：“暹罗人（Siamese）、塞内加尔人（Senegalese）和阿拉伯人（Arab）在我们的祖国把自己当成了主人。”[60]不久，漫画家用画笔激发了德国人的种族主义和民族主义情绪，在那些半色情的粗俗画面中，兽性大发的黑人士兵把无辜的德国白人女子推入生不如死的命运。在右翼人士看来，这成了魏玛共和国时期德国国耻的有力证明。德国妇女被法属殖民地部队轮奸的故事过于震撼，以至于几乎人人都认为，1930年代初在德国发现的数百个混血儿就是此类事件的产物。实际上，其中绝大多数孩子的父母是两情相悦而结合的，这通常发生在战前或战争期间的德国殖民者与德属殖民地的非洲原住民之间。[61]

当纳粹党人以及其他许多与他们想法相近的人充分利用这些恐惧与仇恨时，柏林政府似乎根本无力应对。阴谋诡计开始层出不穷。希特勒不是唯一一个考虑进军柏林的人，1945年后成为德国最著名的犯罪学家的“民族布尔什维主义者”汉斯·冯·亨蒂希（Hans von Hentig）也开始为一个轻率的计划招兵买马，打算与共产党联手暴力夺取政权，目的是使德国不再履行《凡尔赛和约》。[62]无论谁采取行动，这个想法都不太现实，德国的联邦制结构和宪法都确保了德国非常不可能重复意大利所发生的事情。然而，它迅速生根。希特勒开展了大规模的宣传攻势，痛斥柏林“十一月罪人”的软弱，为反法的公众示威活动造势。

此时希特勒上位的可能性大大增加了，因为又有一群非常有用的新支持者加入纳粹运动。其中包括社会名流恩斯特·“普茨”·汉夫施丹格尔（Ernst “Putzi” Hanfstaengl），他高高的个子，有美国血统，来自富裕的艺术品交易与出版世家，优越感使他始终不曾完全被希特勒迷住。但是汉夫施丹格尔认为，糟糕的艺术品位、对酒

毫无鉴赏力、不得体的餐桌礼仪，这些小资产阶级的质朴表现只是
188 突出了希特勒特有的真诚；措辞不够优雅是希特勒打动群众的神奇能力的基本前提。像希特勒的其他许多仰慕者一样，汉夫施丹格尔第一次接触希特勒是去听他的演讲；希特勒则对汉夫施丹格尔家客厅的优雅精致惊讶不已，他喜欢听汉夫施丹格尔用钢琴弹奏瓦格纳，喜欢一边在房间里走来走去，一边随着流淌而出的大师旋律挥舞双臂做指挥状。更要紧的是，汉夫施丹格尔能够把希特勒介绍给慕尼黑上流社会举足轻重的人物，包括出版人、商界人士和军官。这些圈子里的人觉得关照他是件好玩儿的事，当他身穿军大衣、拿着一根狗鞭出现在他们的高雅聚会上时，大家都乐不可支；他们颇为认同他的观点，愿意为他的贷款担保，就像钢琴制造商贝希斯坦（Bechstein）的妻子所做的那样；他们还用其他各种方式支持着他。然而只有那些最有热情的人才会大手笔地送钱给他，比如企业家库尔特·吕德克（Kurt Lüdecke）。另外，纳粹党还必须求助它在上流社会的朋友，比如前外交官马克斯·埃尔温·冯·朔伊勃纳–里希特（Max Erwin von Scheubner-Richter），设法从鲁登道夫的公务经费中拨出一小部分给它，同时纳粹党继续从党费收入中抽取它的大部分经费。[63]

另一种截然不同的支持来自尤利乌斯·施特莱歇尔（Julius Streicher），他于1922年10月带领自己在纽伦堡的追随者加入纳粹党。施特莱歇尔也是退伍军人，像希特勒一样惹人注目地佩戴着铁十字勋章，他在战后参与创建了德意志社会主义党。希特勒取得的进展令施特莱歇尔印象深刻，他带着很多支持者加入纳粹党，使纳粹的党员人数一夜之间翻倍。信奉新教的弗兰肯（Franconia）是纳粹党招募新成员的理想场所，那里有心怀不满的农民阶级，他们容易受反犹主义吸引，而且当地尚无公认占主导地位的政党。施特莱歇尔的加盟，极大地向北方拓展了纳粹党的影响力。然而，得到

施特莱歇尔，纳粹党不仅得到了一个恶毒的反犹主义者，他对犹太人的极端仇恨丝毫不逊于希特勒；也得到了一个暴戾之人，他是那种一旦掌权，就会在公众面前晃着粗重的鞭子，亲自痛殴那些无助的对手的人。1923 年，施特莱歇尔创办了一份登载耸人听闻消息的通俗报纸《冲锋报》(*Der Stürmer*)，该报很快确立了这样的名声：它用危言耸听的头条报道挑起对犹太人最恶毒的攻击，充满了性暗
示、种族主义漫画、杜撰的杀人祭祀指控，以及挑逗性的半色情报 189
道——犹太男人勾引天真的德意志少女。由于该报的立场过于极端，那个面相凶横的秃头主编过于明显地表现出偏执的倾向，施特莱歇尔在纳粹运动中从未拥有很大的影响力，运动的领导人对他有些反感，该报甚至在第三帝国治下被禁了一段时间。

然而施特莱歇尔并不只是暴徒。当过教师的他还是个诗人，有人说他的抒情诗“相当迷人”，而且像希特勒一样，施特莱歇尔也画水彩画，但他只是把那当作爱好。施特莱歇尔也把自己视为艺术家。他受过教育，是职业记者，因此在某种意义上，他也像希特勒一样是个波希米亚式人物。他的思想虽然是以极端形式表达出来的，但在当时的右翼阵营中并非特别不同寻常，正如他本人所承认的，这很大程度上受到战前德国反犹主义的影响，尤其是特奥多尔·弗里奇的影响。而且施特莱歇尔的反犹思想绝非纳粹运动中的边缘理论。希特勒后来甚至评论道，施特莱歇尔在某种程度上“**美化**了犹太人。犹太人比施特莱歇尔所描绘的更卑鄙、更凶狠、更邪恶”。希特勒承认，施特莱歇尔也许不是个有效的管理者，又总是因为好色而陷入各种各样的麻烦，但希特勒始终支持他。有时，当纳粹党需要表现出体面的一面时，《冲锋报》就会成为令它尴尬的污点；但这只是策略问题，从来不是原则或信仰问题。[64]

三

1923 年，希特勒和纳粹党认为不必特意装出体面的样子了，觉得暴力才是夺权的明路。古斯塔夫 · 里特尔 · 冯 · 卡尔领导的、同情准军事组织的巴伐利亚极右翼政府已于 1921 年 9 月倒台，此后，卡尔与他的朋友们卷入了反政府阴谋，旨在推翻由欧根 · 冯 · 克尼林（Eugen von Knilling）及其巴伐利亚人民党领导的政府。像许多温和的保守派后来所做的那样，克尼林及其盟友把纳粹党人视为威胁，讨厌他们的暴力行为，但认为他们是出自公心，只是需要以更富有成效、更健康的方式运用他们的理想主义，因此同样以比较宽容的态度对待纳粹党的活动。况且，克尼林及其盟友一度试
190 图压制纳粹党的努力也未能如愿：巴伐利亚州政府颁布禁令，制止该党在 1923 年 1 月底的一次集会，因为担心它会演变为暴力行动；而巴伐利亚州的军队指挥官赫尔曼 · 冯 · 洛索（Hermann von Lossow）将军在罗姆的请求下，同意支持希特勒行使组织集会的权利，前提是希特勒保证集会是和平的；当时担任上巴伐利亚（Upper Bavaria）行政长官的卡尔也支持希特勒，于是巴伐利亚州政府只好让步。[65]

此时形势迅速走向高潮。很多时候，事态脱离了希特勒的控制。尤其是颇为独立、不太受制于他的恩斯特 · 罗姆成功地将巴伐利亚的主要准军事组织整合成了爱国战斗同盟协作社（Working Community of Patriotic Fighting Leagues），其中包括一些比纳粹的褐衫军规模大得多的团体。这些团体把武器上缴给正规军，正规军的巴伐利亚州部队在冯 · 洛索将军领导下，显然正在厉兵秣马，准备执行已传得沸沸扬扬的计划——进军柏林和武装对抗鲁尔区的法国人；并且招募了准军事团体作为后备队，开始训练他们。加入这个准军事阴谋杂牌军的，还有鲁登道夫将军。希特勒试图抢占先机，

要求军队把武器归还褐衫军，却遭到断然回绝。希特勒只好让步，由鲁登道夫出面领导准军事团体9月初在纽伦堡举行的大规模游行，穿制服的参加者多达10万人。希特勒被任命为准军事团体的政治负责人，但他根本控制不住局面，而是被形势裹挟着向前。[66]

在重新组织起来的准军事运动中，罗姆的作用至关重要。为了专心做此事，他辞去纳粹冲锋队这个小型组织的领导职务，接替他的，是即将在纳粹运动随后的发展进程以及第三帝国起到关键作用的人：赫尔曼·戈林（Hermann Göring）。1893生于巴伐利亚罗森海姆（Rosenheim）的戈林也是个实干家，但与罗姆属于截然不同的类型。他出身于巴伐利亚中上层阶级，父亲是坚定的德意志帝国主义者，战前在德国殖民纳米比亚过程中发挥了关键作用。1905—1911年，戈林先进入士官学校，后来就读于柏林的普鲁士军官学校，此后一直认为自己是普鲁士军人，而不是巴伐利亚人。战争期间，他成了著名的王牌飞行员，退役前担任由“红色男爵”冯·里 191
希特霍芬（von Richthofen）创建的战斗机中队的指挥官。其飞行战功为他赢得了德国最高军事勋章“功勋勋章”（Pour le mérite），也使他成为家喻户晓的传奇英雄。战斗机飞行员被人们视为装甲内的现代骑士，其大胆冒险的行动与战壕中沉闷的机械化屠戮形成了强烈反差。戈林在贵族阶层颇受追捧，1922年2月与瑞典男爵夫人卡琳·冯·坎措（Karin von Kantzow）结婚，自此在上流社会的交游愈加广阔。与许多上过战场的战士一样，他在战争结束后继续追求一种行动的人生。短暂地服务于自由军团之后，他成了斯堪的纳维亚半岛（Scandinavia）的表演飞行员。借助妻子的影响力，他终于在1922年底找到门路加入了希特勒的纳粹运动。总之，此时的戈林是一位风度翩翩、英俊浪漫的人物，许多通俗图书和杂志文章都在吹捧他的功绩。

戈林对于行动的渴望，在纳粹运动中得到了满足。他冷酷、精力旺盛、极端自负，却从一开始就完全倾倒于希特勒的魅力。对他来说，忠诚是最崇高的美德。和罗姆一样，戈林也把政治视为战争，即一种武装斗争的形式，正义与道德在其中都不起作用。强者胜，弱者亡，必要时，法律就是一堆有待打破的“条条框框”。对戈林来说，为达目的不择手段，而这个目的一直是他所认为的德国的民族利益，他认为德国的民族利益在1918年遭到了犹太人、民主派和革命者的背叛。戈林的贵族人脉，棱角分明的英俊面容，对法语、意大利语和瑞典语等多国语言的精通，以及作为骑士般的战斗机飞行员的声誉，使很多人相信他是一位温和派，甚至是一位外交家；兴登堡以及许多像他一样的人认为，戈林是纳粹主义尚可接受的一面，是像他们一样的威权保守派。然而外表是靠不住的：戈林的冷酷、暴戾、极端，不逊于任何一位纳粹头目。以上种种素质，加上他很快就对希特勒越来越唯命是从，使他在1923年初成了取代罗姆担任冲锋队新首脑的理想人选。[67]

由戈林掌管，冲锋队此时有望重新执行纳粹路线了。1923年整
192 个春季和夏初，纳粹党都在筹划起义，同时辅之以罗姆尽其所能加以引导的大规模准军事运动。危机终于到来，柏林的德国政府被迫于8月13日辞职，继任者是包括社会民主党在内的多党联合政府，由古斯塔夫·施特雷泽曼领导，他是右翼的自由派民族主义者，在随后几年里证明了自己是魏玛共和国最老练、最敏锐、最务实的政客。施特雷泽曼认为，为反抗法国占领鲁尔区而进行的消极抵抗活动必须结束，急速加剧的恶性通货膨胀也必须加以控制。他制定了“履约”政策：德国将履行和约条款，包括支付战争赔款；同时进行幕后游说，争取修改和约条款。他的政策在接下来的6年里取得了显著成果，在此期间他一直担任德国外交部长。但在极端民族主义者看来，他的政策无异于卖国。巴伐利亚政府意识到极端民族主义者此时可能会发动起义，于是任命卡尔为州行政长官，全权维持

秩序。在洛索和警察总监汉斯·里特尔·冯·赛瑟尔（Hans Ritter von Seisser）的支持下，卡尔取缔了纳粹党计划于9月27日举行的一系列集会，同时执行他们自己制定的推翻柏林政府的计划。驱使各方采取行动的压力不断增加；在准军事团体的普通成员看来，行动几乎是大势所趋，正如希特勒一再提醒的那样。[68]

在柏林，陆军司令汉斯·冯·泽克特将军不赞成洛索、赛瑟尔和卡尔的计划。他更愿意用阴谋诡计把施特雷泽曼的政府赶下台，最终也确实成功了，但继任的又是一个联合政府，施特雷泽曼依然在其中担任外交部长。* 在慕尼黑举行的紧张谈判未能在洛索领导的巴伐利亚州正规军、赛瑟尔领导的警察，以及当然是以希特勒为政治代理人的准军事团体这三方之间达成任何形式的联合。希特勒意识到，如果继续优柔寡断，他将失去准军事团体的支持，他还担心卡尔自己有采取行动的打算。于是在鲁登道夫的支持下，希特勒决定举行暴动：逮捕巴伐利亚政府成员，并迫使卡尔及其盟友与准军事团体一道进军柏林。暴动的日期定在11月9日，选择这个日子主要是形势所迫，而不是考虑到它的象征意义——那天是推翻皇权 193
的1918年革命的纪念日。11月8日傍晚，希特勒和一群全副武装的冲锋队员闯入卡尔发表演说的会场——紧邻慕尼黑市中心的贝格勃劳凯勒啤酒馆（Bürgerbräukeller）。希特勒命令一名冲锋队员朝天花板鸣枪，让人群安静下来，然后宣布，酒馆已被包围，巴伐利亚政府已被罢免。在戈林让听众保持镇静的时候，希特勒把卡尔、洛索和赛瑟尔带到隔壁房间，解释说，他将要进军柏林，亲自出任德国新政府的首脑，并由鲁登道夫接管国民军，而他们三人将因支持进军而被委以要职。希特勒返回隔壁对众人发表演说，激动地请

* 施特雷泽曼于1923年8月就任德国总理兼外交部长；同年11月辞去总理职务，留任外交部长直至1929年10月去世。

求大家支持这场他称之为打倒“1918年的十一月罪人”的行动，并最终赢得了听众。卡尔及其同伴别无选择，只好回到讲台，此时鲁登道夫也加入其中，宣布支持希特勒。[69]

然而，把戏剧性的示威转化为政治力量没有那么容易。纳粹党的暴动计划并不完善。罗姆占领了慕尼黑的陆军总部，纳粹冲锋队也接管了警察总部，但其他建筑依然在政府手中，至关重要的是政府掌握着军营。就在希特勒进入市区，试图控制局面时，鲁登道夫释放了卡尔和其他人质，这些被迫支持政变的人立即变卦，马上与军队、警察和媒体取得联系，反对希特勒的行动。返回啤酒馆后，希特勒和鲁登道夫决定向市中心进军。他们集合了大约2000名武装支持者，付给每人2万亿马克（按当天汇率仅值3美元多一点），这笔钱来自褐衫军按照希特勒的命令，突袭两家据说是犹太人管理的印钞厂后“没收”的1.4万万亿多马克。纵队于11月9日中午出发，在支持者的欢呼、鼓励下，穿过市中心，朝着陆军部方向行进。在大街的尽头，他们被警察组成的武装警戒线拦住。根据官方报告，游行者用打开保险栓的手枪抵在警察的胸口，朝他们吐唾沫，用上了刺刀的步枪指着他们。然后有人开了一枪——至于开枪的是哪一
194 方，双方各执一词。一时间，枪声大作，双方都开火了。戈林腿部中弹，倒在地上；希特勒摔倒或者被推倒在地，肩膀脱臼。希特勒的外交家朋友、把他引荐给上流社会赞助人的朔伊勃纳–里希特当场毙命。总共有14名游行者和4名警察中枪死亡。当警察冲入队伍，逮捕鲁登道夫、施特莱歇尔、罗姆和其他许多人时，戈林设法逃脱了，先是亡命奥地利，然后跑到意大利，最后在瑞典安顿下来，在此过程中因使用吗啡缓解疼痛而成了瘾君子。希特勒胳膊挂在吊带里，被护送到汉夫施丹格尔的乡间别墅，11月11日在那里被捕。暴动灰头土脸地结束了。[70]

第三节

卷土重来

一

1923 年 11 月 9 日事件之后，希特勒没花多少时间就缓过神来。195
他知道，他可以把巴伐利亚州一大串政界要人牵扯进这场未遂暴动，也可以揭露正规军参与训练了打算进军柏林的准军事团体。意识到这个在审讯希特勒期间就已显露苗头的威胁，巴伐利亚州政府设法说服柏林当局，此案的审理不要安排在莱比锡的帝国法院，而是在慕尼黑专门设立的“人民法庭”进行，那里比较便于他们控制事态。[71] 看起来他们很可能以宽大处理作为条件，换取希特勒同意背黑锅，因为他们挑选的法官是著名的民族主义者格奥尔格·奈特哈特（Georg Neithardt），他于 1919 年由巴伐利亚州的反革命司法部长弗朗茨·居特纳（Franz Gürtner）任命，希特勒 1922 年初的那次庭审就是由他主持的。1924 年 2 月 26 日，庭审开始，希特勒获准身穿便装、佩戴铁十字勋章出庭，并且连续数小时进行法庭陈述而未被打断。奈特哈特任由他恐吓和侮辱控方证人，州检察官未能传召几个关键证人，这些人的证词本可以推翻辩方的意见。法庭压下了鲁登道夫涉案的证据，驳回了把希特勒作为奥地利公民驱逐出境的请求，理由是他曾在德国军队服役，并且证明了自己是一位德意志爱国者。[72] 希特勒独自承担了全部责任，他宣称，服务于德国的利益不能算作严重的叛国罪，“不朽的历史法庭将裁定我们是……为人民、为祖国谋求最大福利的德意志人”。[73]

196 尽管事实是，暴动的参与者枪杀了 4 名警察，而且发动了一场（以任何合理的法律用语来说都属于）谋逆的武装叛乱，意图颠覆合法政府，这两种罪行均可判处死刑，但法庭对希特勒的严重叛国罪仅判处 5 年徒刑，对同犯判处同等甚至更轻的刑期。不出所料，鲁登道夫被无罪开释。法庭对其宽宏大量提出的理由是，暴动参与者的“行为动机是一种纯粹的爱国精神和最高尚的意愿”。即使按照魏玛时期那种偏袒一方的司法标准，这个判决也是极不公正的。它受到了广泛的谴责，甚至右翼也对此感到愤慨。希特勒被送往慕尼黑西部莱希河（Lech）畔兰茨贝格市（Landsberg）的一座古堡，住进了此前关押刺杀艾斯纳的阿尔科–瓦利伯爵的那间牢房。这就是所谓的“城堡幽禁”，一种温和的监禁方式，专为那些被认为动机高贵的罪犯而设，比如战前为了名誉而在决斗中杀死对手的绅士。希特勒的牢房宽敞、通风良好、配有舒适的家具，探视者可以随意出入。他羁押于此期间，共有 500 多人来访，为他带去了来自狱外祝福者的礼物、鲜花、信件和电报。他可以读书，实际上，无客来访的时候也没有别的事情可做。他埋头苦读各种书籍，比如弗里德里希 · 尼采和休斯顿 · 斯图尔特 · 张伯伦的著作，主要是从中寻找材料来证实自己的观点。更重要的是，在纳粹出版人马克斯 · 阿曼（Max Amann）的建议下，希特勒还坐下来把自己此前的生活与观点口述给两个狱友——他的司机埃米尔 · 莫里斯（Emil Maurice）和他的秘书鲁道夫 · 赫斯。这份口述在次年出版，书名大概是阿曼提议的：《我的奋斗》。[74]

有些历史学家认为,《我的奋斗》是希特勒后来行动的一种蓝图，是一本危险而邪恶的书，不幸被那些本应认清它的人所忽视。但事实并非如此。此书被阿曼、汉夫施丹格尔等人精心编辑过，为的是把杂乱无章的初稿改得文理通顺一些，不那么语无伦次。可即便如此，它依然晦涩枯燥、啰唆乏味，在1930年纳粹党取得竞选的突破性进展之前，此书销量不大。在那之后，此书成为畅销书，尤其是在第三帝国时期，如果家中没有此书，简直如同叛国行为。购买它的人当中也许只有较小比例的人读过，而读过的人肯定觉得难以 197
从这部混乱的自传体回忆录与含混不清的政治宣言的大杂烩中得到任何条理清晰的东西。希特勒赢得人心、操纵民意的天赋，在于他的公开演说，而不在于他的写作。不过，读过此书的人还是可以确定无疑地了解到这一事实：希特勒认为，种族冲突是历史发展的动力和本质，犹太人是日耳曼民族的死敌，日耳曼人的历史使命是在纳粹党的指引下,削弱犹太人的国际势力,把他们全部消灭。他宣称："除了全力为日耳曼人的灵魂而积极奋斗之外，只有灭绝了国际上那些毒害日耳曼民族的人，我们的民族才能够成功地统一起来。"[75]

此时在希特勒的头脑中，犹太人与"布尔什维主义"和"马克思主义"有着牢不可破的关联。在《我的奋斗》中，其重要性远远大于通货膨胀期间他苦苦思索的金融资本主义，因为俄国是德国想要征服的"生存空间"，征服它必然伴随着清除他认为统治着苏维埃国家的"犹太–布尔什维克"。这些观点，在写于1925年、出版于1926年的《我的奋斗》第二卷中做了更为详细的阐述，它们是此后希特勒思想的核心。他宣称："1914年的国界对德意志的未来根本没有任何意义。"希特勒用亚历山大大帝（Alexander the Great）*

* 亚历山大大帝（公元前356年—公元前323年），马其顿国王，曾征服波斯、埃及、叙利亚、美索不达米亚、巴克特里亚和旁遮普。

征服广袤东方打比方，宣告："犹太统治在俄罗斯的终结，也将是俄罗斯作为一个国家的终结"；目前由"俄国及其周边属国"占据的土地，未来将移交给"勤劳的日耳曼人来耕种"。[76]

希特勒的信念清晰地展现在《我的奋斗》中，愿意了解的人自然是有目共睹。每个读过此书、熟悉该文本的人都不会以为，希特勒的全部愿望就是修订《凡尔赛和约》、恢复 1914 年的德国疆界，或者让占中欧人口少数的德语族群实现民族自决；也没有人会怀疑其反犹主义具有粗俗、狂热，甚至杀气腾腾的特质。但信念和意图不等于蓝图和计划。在谈到如何执行这些构想时，希特勒的文字自然反映了成书那个特定时期的政治现实。当时，法国人是德国的敌
198 人，不久前刚撤出鲁尔区。相比之下，英国人似乎有可能成为德国对抗布尔什维主义的盟友，仅仅几年之前，他们还曾在俄国内战中支持过"白军"。不久，当希特勒撰写另一部生前未出版的同类作品时，意大利与德国争夺南蒂罗尔（South Tyrol）的冲突被提上了国际议程，因此他的写作重点集中到了那里。[77] 然而贯穿这些策略变化始终的，依然是向东开拓"生存空间"的长期目标，以及灭绝犹太人的迫切愿望。这同样不可能一下子办到，在此阶段，希特勒显然并不清楚如何或者何时能够实现目标。为此也要在战术上随机应变，各种临时方案将会随之出现。但这些既不会改变希特勒对犹太人的仇视所具有的种族灭绝性质，也不会改变他偏执信念，即犹太人是德国一切痼疾的根源，唯一的长远解决方案就是把他们作为一个生物实体予以彻底灭绝。这种信念很容易从《我的奋斗》的语言、从希特勒的演说措辞、从产生这些言论的狭隘的复兴主义氛围中辨别出来。[78] 他认为，犹太人是一种"比黑死病还可怕"的"瘟疫"，是"德国这具腐尸上的蛆"，他们将被赶下权位，然后全部驱逐出德国，必要时将使用武力。德国在东欧取得生存空间之后，那里的犹太人将遭遇什么，希特勒还说不上来；但他杀气腾腾的语言

无疑昭示了他们不容乐观的命运。[79]

假如之前希特勒还不曾确信自己就是那个将要把上述构想变成现实的人，那么未遂暴动之后，他撰写《我的奋斗》、在审判中声名大噪、民族主义右翼对他大肆吹捧，这一切都使希特勒对此笃信不疑。暴动的失败也提醒了他，如果仅仅依靠准军事组织的暴力活动，他甚至无法迈出第一步——在德国本土掌握最高权力。“进军罗马”在德国根本行不通。关键要通过宣传和公开演说赢得大众的支持，希特勒知道这是他的强项。罗姆所依然主张的采取革命手段夺取权力，如果没有军队的支持，无论如何是无法成功的，他们在1923年11月就显然没有得到军队的支持。正如后来甚至包括希特勒本人在内的一些人所说的那样，暴动失败之后，他并没有走上“合 199
法”斗争的道路。然而他确实认识到，要想推翻魏玛“制度”，需要的不仅是几次没有准头的射击，即使是在1923年这样危机最严重的年头。上台掌权显然需要与体制内的主要势力合作，尽管他在1923年得到了一些支持，但事实证明那还不够。在不到10年之后的下一次危机发生时，他已确保了军队和政府的主要机构不是保持中立，就是在积极地为他工作，而不同于1923年的情形。[80]

然而与此同时，在希特勒被逮捕和监禁之后，纳粹党的残局似乎已无法收拾。准军事团体四分五裂、陷入混乱，武器被政府收缴。卡尔、洛索和赛瑟尔因暴动而导致声誉严重受损，被巴伐利亚人民党领袖海因里希·黑尔德（Heinrich Held）主持的新内阁排挤出局，意味着巴伐利亚分离主义和极端民族主义的阴谋政治让位于传统的地区政治。随着恶性通货膨胀的结束，加上柏林政府实行“履约”政策，危局逐渐缓和，重新安排战争赔款的道威斯计划基本上立见成效。失去领袖的纳粹党重新分裂成争吵不休的小派别。罗姆继续设法把效忠鲁登道夫的准军事组织残部重新整合起来。希特勒让阿尔弗雷德·罗森贝格掌管纳粹党，因为他几乎是留在国内的唯一没被逮住的领导人。但结果证明，罗森贝格完全没有能力在纳粹党内树立起威信。[81]

纳粹党与褐衫军此时成了非法组织。它们对地下活动毫无准备；对于以后采取什么策略——是准军事行动还是议会斗争——存在很大分歧；类似施特莱歇尔与鲁登道夫之间的人际斗争，以及各种极端民族主义团体纷纷出面争夺纳粹党的领导权，严重破坏了重振纳粹运动的努力。希特勒差不多不再插手这些纷争，宣布退出政坛、专心写书。巴伐利亚最高法院驳回了州检察机构的意见，决定假释希特勒。当他于 1924 年 12 月 20 日获释时，党内乱象并无多大改善。希特勒尚有大约 4 年刑期未服，在此期间他必须小心谨慎，不
201 能违反假释条件。1927 年之前，他不能在德国多数地区公开演讲；1928 年之前不能在普鲁士活动，而普鲁士占魏玛共和国疆土的一多半，包含了共和国的大多数人口。极端民族主义右翼在 1924 年的全国选举中颜面扫地。阴霾中仅有的一线阳光来自奥地利政府，它挫败了德国官方遣返希特勒的企图——拒绝接收他。[82]

二

不过，希特勒仍有一些身居高位的朋友。其中一个关键人物是巴伐利亚司法部长弗朗茨·居特纳，他认同希特勒的民族主义思想。当巴伐利亚州紧急状态最终在 1925 年 2 月 16 日结束的时候，居特纳同意解除对纳粹党及其报纸《人民观察家报》的禁令。[83] 暴动以及随后的审判让希特勒成了民族英雄，凭借新赢得的声望与自信，他立即重建纳粹党，号召从前的追随者入党，并且（按照一条关键的新要求）无条件服从他的领导。尤利乌斯·施特莱歇尔、戈特弗里德·弗德尔、党报记者和宣传家赫尔曼·埃塞尔（Hermann Esser）等人公开消除隔阂以示团结。希特勒着手将最强劲的对手

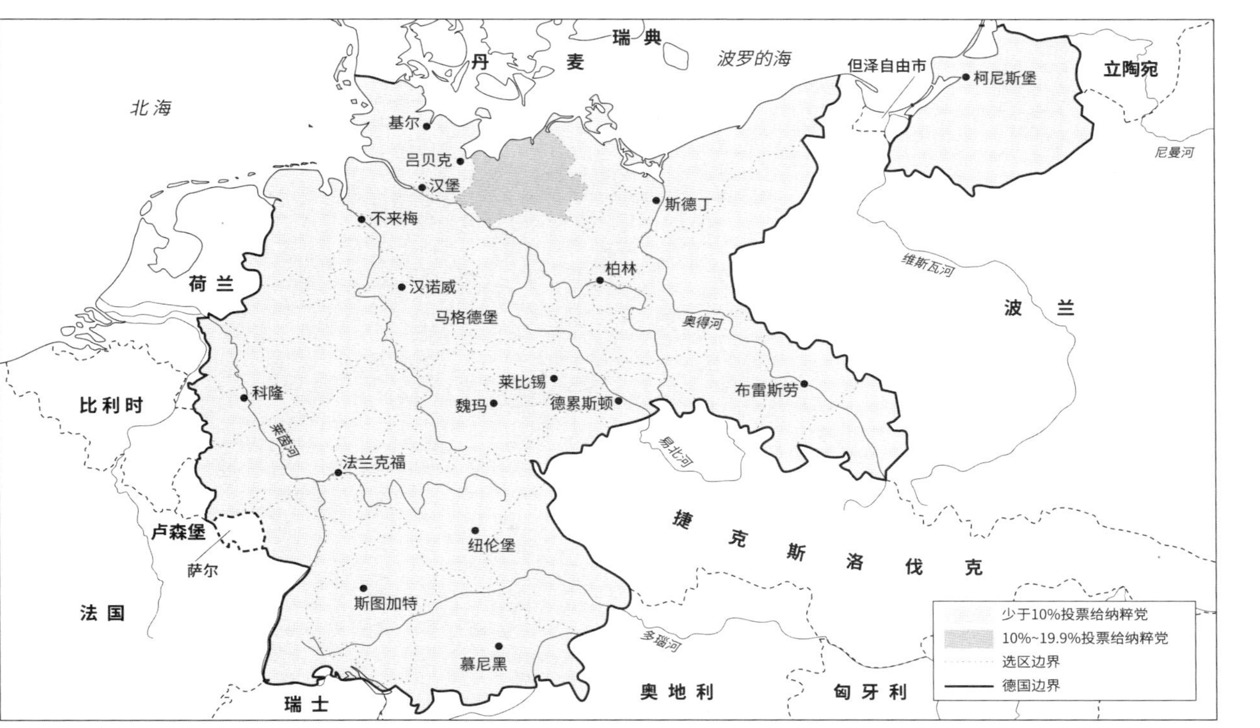

地图 7　纳粹党在 1924 年第二次国会选举中的得票率

排挤到政治边缘。首先，到了可以合法地重组褐衫军的时候，希特勒坚持让它从属于纳粹党，并切断与其他准军事组织的联系；反对这个主张的恩斯特·罗姆被扫地出门，离开政坛，不得已当了推销员，然后成了工厂工人，后来接受邀请前往玻利维亚（Bolivia），指导该国的部队学习欧洲战法。[84] 其次，希特勒沉稳地逐渐消解鲁登道夫依然享有的声望，鲁登道夫不仅是个强劲的对手，其思想也很快更趋极端。鲁登道夫于 1926 年与玛蒂尔德·冯·克姆尼茨（Mathilde von Kemnitz）结婚，受后者的影响，他组建了坦嫩贝格同盟（Tannenberg League），该同盟出版阴谋理论文学作品，不仅攻击犹太人，还包括耶稣会和天主教会——这无疑导致了他在巴伐利亚和德国南部其他虔诚教区选举中的惨败。决定鲁登道夫命运的
202 是 1925 年的总统竞选，他作为纳粹党候选人参选，仅得到可怜的 1.1% 选票。有证据显示，希特勒明知鲁登道夫的声誉将在竞选中受到无法弥补的损害，依然亲自说服他参选。[85] 自此直至 1937 年去世，鲁登道夫及其坦嫩贝格同盟一直无奈地处于政坛的边缘——完全无足轻重，得不到任何一类群众的支持。没有什么比这件事更加清晰地表明，德国的极端民族主义格局已经改变：第一次世界大战中大权在握的军事独裁者，已经被狂妄自大的新晋纳粹政客排挤到政坛的边缘；将军已被下士取代。

妥当地把鲁登道夫排挤出局之后，希特勒在极右翼阵营已无真正的对手，终于可以集中精力收服极端民族主义运动中的其余力量。德国南部形形色色的团体纷纷被吸引到纳粹党的轨道上来，与此同时，该党在北部和西部的各分支机构也显示出复兴的迹象。这主要归功于另一位巴伐利亚人——来自兰茨胡特（Landshut）的药剂师格雷戈尔·施特拉塞尔（Gregor Strasser）。生于 1892 年的施特拉塞尔是一位在政治上非常活跃的律师之子，受过良好教育，博览群书，他的中产阶级教养和风度使他颇受纳粹运动的许多潜在同情者

青睐。同时，像与他同辈的许多德国资产阶级人士一样，他的内心铭记着1914年的传统——团结精神，他认为有必要在全体德国人中间重新唤起这种精神。以中尉军衔退役后，施特拉塞尔致力于重建这种传统，纠正他所认为的德国的错误。战争结束时，他在慕尼黑与自由军团并肩战斗，然后建立起自己的准军事组织，由此与希特勒建立了联系。在施特拉塞尔看来，事业比领袖重要。1923年11月9日，他率领手下的褐衫军分队进入慕尼黑，按照计划占领了一座重要的跨河桥梁，当暴动的形势发生逆转时，施特拉塞尔把自己的分队撤回兰茨胡特，在那里他被依法逮捕。[86]

但最终，由于他在暴动中属于比较外围的从犯，当局似乎觉得没必要予以特别严厉的惩罚，因此当其他纳粹领导人不是逃亡就是坐牢时，施特拉塞尔一直逍遥法外。1924年4月，他被选进了巴伐利亚州议会。事实证明施特拉塞尔是个天才的管理者，他把许多七零八落的极右翼残部整合了起来。纳粹党重新成为合法组织之后，203
希特勒发现了他的才干，派他去重振德国北部的纳粹党。到1925年底，施特拉塞尔通过不懈的招募活动，使支部的数量增加了将近4倍。他明确强调纳粹意识形态的“社会主义”方面，以此争取鲁尔等地区的产业工人阶级。施特拉塞尔看不起其他那些认为“反犹主义的原始方案就足以解决问题”的极右翼团体。1925年7月，他告诉奥斯瓦尔德·斯宾格勒，纳粹主义与众不同，因为它致力于通过一种德国式的社会主义发动“一场德国革命”。[87]不过，他的社会主义构想虽然包括国家在大型企业持51%股份、在所有其他中小企业持49%股份，但也包括恢复同业公会，以及支付实物工资，而不是货币工资。这种“社会主义”构想是施特拉塞尔与德国北部各地新建立的党支部中的一些领导人共同制定的。这些党支部的建立，与希特勒在此期间的领导作用关系不大或者毫无关系；可以说它们基本上是自我重建，而独立于慕尼黑的纳粹党总部。不久，也许是不可避免地，施特拉塞尔及其盟友表达了他们的怀疑，认为在希特勒撰写《我的奋斗》第二卷期间负责管理纳粹党的慕尼黑总部的赫尔曼·埃塞尔所领导的小集团既腐败又独裁。他们中的许多人从未见过希特勒本人，因此不曾被他越来越强烈的个人魅力所降伏。他们特别反感当时的纳粹党纲领，提出要代之以一份更合乎他们心意的党纲。[88]

在这些行动中脱颖而出的，也是一位新党员——年轻的理论家约瑟夫·戈培尔。戈培尔 1897 年生于下莱茵（Lower Rhine）的工业城市莱特（Rheydt），是小职员之子，先在文法学校*读书，然后到波恩大学（Bonn University）学习古典文献、德语和历史，又于 1921 年获得海德堡大学（Heidelberg University）浪漫主义文学专业的博士学位，因此有资格被称作“戈培尔博士”，他此后也正是一直被这样称呼的。尽管有了博士学位，但戈培尔不以学术为人生志向。他也是个波希米亚式人物，在校期间就已经把课余时间都用于写剧本，梦想将来成为艺术家。1920 年代，他写了一部小说，并
204 反复修改，最终于 1929 年出版，书名是《迈克尔日记：德国的命运》（*Michael: A German Fate in the Pages of a Diary*）。这部小说主要是戈培尔自说自话的载体，表达了他关于民族复兴的含糊、混乱的理念，其出发点是对未来的狂热信仰与信念，小说的主人公最终为了信仰牺牲自己。戈培尔是在通过这种方式，为自己残缺的生命赋予意义。他一生被十分明显的生理缺陷所困扰：先天畸形足，因此走起路来一瘸一拐。在校期间，乃至在整个人生中，这都为他招来了无情的嘲弄，并导致他不适合在军中服役，无法参加一战。也许是出于补偿心理，戈培尔开始相信自己命中注定是干大事的。他一

* 文法学校（grammar school），16 世纪前后出现的注重拉丁语教育的学校，后成为教授语言、历史、科学等学科的中学。

直写日记，以过人的精力追求女人，情史之丰富、成功率之高令人吃惊。他不肯靠平凡的方式谋生，而是如饥似渴地阅读——陀思妥耶夫斯基（Dostoevsky）、尼采、斯宾格勒，尤其是休斯顿·斯图尔特·张伯伦，后者令他相信，只有清除了犹太人，才可能实现斯宾格勒所预言的西方之重生。[89]

在某些方面，戈培尔不同于其他纳粹头目。他的智力和气质常常被描述为“拉丁人的”，也许是因为他避免含糊其辞、激昂雄辩地作哲人之语，反而在讲话和写作中表现出非同寻常的清晰和坦率，时不时还夹杂些冷嘲热讽的俏皮话。[90] 然而像许多人一样，戈培尔也对德国在一战中的战败深感震惊。他在慕尼黑度过了 1919—1920 年的冬季学期——德国学生在大学期间通常至少转学一次，因此，他既受到了学生生活中极右翼氛围的熏陶，又耳濡目染了慕尼黑那几个月里的反革命极端民族主义氛围。戈培尔同情阿尔科–瓦利伯爵这类人，对于他因刺杀库尔特·艾斯纳而被监禁深感不满，但戈培尔一直没有真正发现自己的政治抱负，或者说政治能力，直至 1924 年，在与几个极端民族主义团体接触之后，他被一位老同学引荐给了纳粹党。

戈培尔在纳粹党内努力进取之时，结识了埃里克·科赫，他是莱茵河流域的纳粹党员，曾是抵抗法国的暴力组织成员；还遇到了尤利乌斯·施特莱歇尔，戈培尔私下将他描述为“狂暴武士”*，说他“大概有点儿病态”。[91] 戈培尔对鲁登道夫印象深刻，早在第一次世界大战时他就崇拜这位伟大的将军。不久，戈培尔成为纳粹党在莱茵兰的组织者，逐渐练就了出色的演说技巧，他也许是除希特勒本 205
人以外最有说服力的纳粹演说家，言语清晰、通俗，回答诘问者时机敏、有急智。他开始把自己的文学才华用于政治，为纳粹报刊写

* 狂暴武士（Berserker），北欧传说中的武士，作战时狂暴兴奋、凶猛如狼。

文章，在纳粹信条中掺入伪社会主义论调。戈培尔终于找到了自己的事业。在几个月的时间里，他成了莱茵兰最受欢迎的纳粹演说家之一，得到当地纳粹党支部领导层的赏识，开始在决策中发挥重要作用。正是约瑟夫 · 戈培尔与格雷戈尔 · 施特拉塞尔，于 1925 年在幕后策动了北德派质疑慕尼黑的纳粹领导层。然而戈培尔不久也开始对希特勒心悦诚服，读了《我的奋斗》，他激动地写道："这个人是谁？半人半神！"[92]1925 年 11 月 6 日，才见希特勒本人第二面，戈培尔就赞叹他那"蓝色的大眼睛，宛若星辰"。听罢希特勒的一席话，戈培尔觉得他就是"天生的保民官*，未来的独裁官†"。[93]

戈培尔与希特勒在许多核心问题上的观点并不一致。意识到北德派越来越强势，希特勒召集他们在 1926 年 2 月 14 日到弗兰肯的班贝格开会，尤利乌斯 · 施特莱歇尔已在班贝格为他发展了大批支持者。希特勒在会上讲了两个小时，反驳北德派的观点，重申自己坚信德国未来对外政策的核心是在东欧夺取"生存空间"。德国的王公贵族在 1918 年革命中被废黜之后，在国内保留了大量财产，施特拉塞尔和戈培尔竭力主张纳粹党参与没收这些财产的运动，但希特勒谴责这种运动，斥之为侵犯私人财产。"可恶！"戈培尔在日记中写道，"我此生最失望的事情莫过于此。我不再毫无保留地相信希特勒。"[94] 尽管戈培尔当时搞不清希特勒是不是反对革命，但在会议上他并没有公然反对希特勒。施特拉塞尔被希特勒的强硬立场震慑住，完全屈服，放弃了自己的提议。作为回报，希特勒解除了赫尔曼 · 埃塞尔在慕尼黑的职务，以此平息北德派对埃塞尔腐败问题的愤怒。[95]

1926 年 4 月，希特勒请戈培尔到慕尼黑做演讲，为他配了专

---

* 保民官（tribune），古罗马由平民选出的保护公民权利的执政者。

† 独裁官（dictator），古罗马在紧急情况下由元老院任命的拥有绝对权力的行政长官。

车，以隆重的礼仪接待他。在纳粹党总部，希特勒舌战戈培尔以及
威斯特法伦（Westphalia）区党部的两位联席领导人弗朗茨·普费 206
弗·冯·萨洛蒙（Franz Pfeffer von Salomon）和卡尔·考夫曼（Karl Kaufmann）。萨洛蒙是北德派的领军人物之一，与许多纳粹头目一样，他也是退伍军人和自由军团成员；考夫曼在法国占领鲁尔期间因组织暴力抵抗而成名。希特勒痛斥三人在意识形态问题上自作主张，对他们宣讲自己关于党的政策的看法，然后提议双方尽弃前嫌，前提是他们无条件服从他的领导。戈培尔当场归顺。他在日记中说希特勒"才华横溢"。想起1923年的暴动，他在笔端倾诉："阿道夫·希特勒，我爱你，因为你既伟大又单纯，可谓天才。"[96] 从此，他完全被希特勒收服；与有些纳粹头目不同，他至死效忠希特勒。作为奖励，希特勒任命他为大区长官（Gauleiter），掌管规模较小、内部四分五裂的纳粹党柏林区党部；普费弗·冯·萨洛蒙被任命为准军事团体褐衫军的头目，格雷戈尔·施特拉塞尔成了纳粹党的全国宣传工作主管。同时，纳粹党年度大会重申了1920年的党纲，强调了希特勒在纳粹运动中的绝对主导权，把所有关键职务的任命权，尤其是各大区长官的任命权交到他手中。[97]

这次会议是合法的，并且遵循法律要求，正式重新选举希特勒为党魁。但纳粹党内部运作的真正性质，展现于1926年7月召开的纳粹党集会，有多达8000名褐衫军和党员参加。会议的时间几乎全部用来向希特勒敬礼、个人向他宣示效忠，并且举行群众游行和展示活动，包括游行展示"血旗"——1923年11月以失败告终的进军慕尼黑行动中曾被高举的那面旗帜。[98] 此次会议并不起眼，但它为未来岁月中那些声势浩大的纳粹党集会定下了基调。尽管全党严守纪律、坚定不移地团结在希特勒的领导之下，但纳粹党在当时依然是微不足道的小党。此后直至1929年底，三年的发展为纳粹党后来的成功打下了基础。不过，纳粹党如欲取得希特勒此时所

谋求的民意支持，那么除了领袖和组织之外，它还需要更多东西。[99]

三

207 1927—1928年，纳粹党逐渐建立起新的、覆盖全国的基本组织结构。1928年，按照德国国会选举中的选区界限，纳粹党完成了区党部的调整，仅保留其中的35个，每个区都覆盖很大范围，以适应魏玛共和国的政党名单比例代表制*，这表明各个区党部的首要功能是助选。在随后的大约一年时间里，在区党部与各地党支部之间，又设立了新的层级——县党部（Kreise）。新一代的青年纳粹积极分子在县级党组织中发挥着最显著的作用，他们排挤掉战前泛日耳曼联盟和各种阴谋组织残存的那代人，并且在人数上超过了那些曾经活跃于自由军团、图勒学会以及类似组织的成员。然而重要的是，请别忘了上一代纳粹头目依然年轻，尤其是与那些头发斑白、领导着主流政党的中年政客相比较而言。1929年，希特勒仅40岁，戈培尔32，戈林36，赫斯35，格雷戈尔·施特拉塞尔37。他们依然举足轻重，其作用尤其体现在领导与启发年轻一代上。

例如，戈培尔的成名主要是在他担任柏林区首长期间，他发表犀利的演说、不懈地开展活动、肆无忌惮地挑衅纳粹党的对手、蓄意挑起街头斗殴和会场骂战以吸引媒体的关注，为该党赢得大批新信徒。让柏林区党部更出风头的，是戈培尔对柏林副警察总监伯恩哈德·魏斯（Bernhard Weiss）等人发动的挑衅性的、极尽诽谤之能事的攻击，他称呼魏斯为“伊西多”（Isidor），以此提醒人们注意魏斯的犹太血统。这个名字完全是杜撰的，通常被反犹主义者用

---

* 政党名单比例代表制（system of proportional representation by party list），选民把选票投给自己所支持的政党，而不是投给特定的候选人；最终根据各政党取得的选票比例分配议席。

来称呼犹太人。具有讽刺意味的是，戈培尔是借用了共产党报纸的用法。[100] 戈培尔的暴力行为和极端言论，导致柏林的纳粹党于 1927—1928 年被该市的社会民主党当局取缔了 11 个月；但也为他赢得了青年积极分子的忠心与钦佩。比如 19 岁的霍斯特 · 韦塞尔（Horst Wessel），他是牧师之子，放弃了在法学院的学业，投身准军事领域，刚刚加入褐衫军。他在 1929 年这样描写“我们的戈培尔”： 208
“这个人所展现的演说天赋与组织才华是独一无二的……冲锋队愿意为他粉身碎骨。”[101]

为了竞争地方党支部和区党部的主要职位，纳粹党频频发生内斗。但总的来说，正如马克斯 · 阿曼于 1925 年底告诉本地党支部的一位积极分子时所说的那样：希特勒

> 在原则上认为，“任命”支部书记并不是党魁的职责。希特勒先生现在比以往任何时候都坚信，国家社会主义运动中最高效的战士，是那些凭借业绩脱颖而出、成为领袖的人。既然你自称拥有汉诺威几乎全体党员的信任，何不干脆接管这个支部的领导权呢？[102]

希特勒认为，用这种方式，最无情、最活跃、最高效的人将登上党内的权位。后来他采用了同样的原则管理第三帝国。这确保了纳粹党各级组织始终积极行动——经常游行、斗殴、示威、动员。但这并没有马上带来回报。到 1927 年底，纳粹党依然仅有大约 75 000 名党员，在国会选举中只获得了 7 席。施特拉塞尔和戈培尔等人曾希望纳粹党能够赢得产业工人阶级，事实证明这已成泡影。[103]

自知难以突入社会民主党和共产党的主要地盘，纳粹党转向了德国北部信奉新教的乡村地区，当地农民的不满情绪日益强烈，逐渐发展成示威和抗议活动。通货膨胀与货币稳定政策在农业地区所

发挥的相互矛盾的作用，到 1920 年代末合力造成了一场全面的农业危机。大地主和大农场主以分期付款的方式购买了农用机械，因此能够以微乎其微的实际成本实现农业现代化，农民则往往因为把钱存起来而在通胀中损失殆尽，或者因为把钱花在购买日用品上而没有从商业中获利。通胀结束后，政府为促进经济复苏而采取放宽农业信贷限制的措施，反倒使情况变得更加糟糕：农民为了弥补自己的损失而大量贷款，等着新一轮通胀的到来，结果却发现自己已无力还贷，因为价格不升反降。1920 年代即将结束时，破产和终止回赎权 * 的数量已经在不断增加，绝望的小农场主倒向了极右翼阵
209 营。[104] 大农场主和大地主备受农产品价格下跌的困扰，已无力纳税，他们觉得自己为支持魏玛福利制度而承担的税费过于高昂。[105] 普鲁士州和帝国政府已经尝试过靠关税、补贴、进口管制以及类似措施来缓解困境，但事实证明这一切根本于事无补。[106] 为尽力应对 1920 年代初以来的农业萧条，各类农场主已实现现代化、机械化和生产的合理化安排，但这还不够。农业群体开始把对进口食品征收高额关税视为保护其收入的唯一办法，因此越来越固执地对此施加压力。在这种形势下，纳粹党许诺建立一个自给自足的、“独裁的”德国，基本上禁止进口外国食品，似乎越来越有吸引力。[107]

纳粹党意识到自己毫不费力就在信奉新教的北德乡村地区赢得了支持，于是加速把宣传对象从城市的工人阶级转向其他行业的人群。此时纳粹党将注意力转向农村地区，开始在石勒苏益格—荷尔斯泰因以及奥尔登堡等地大力发展党员。[108] 希特勒在北德地区刻意淡化纳粹党的“社会主义”倾向，甚至在 1928 年 4 月 13 日“澄清”——或者换个词，修订——了党纲第十七条，为的是向小农场

---

* 终止回赎权（foreclosure），抵押人未在规定期限内清偿抵押债务时，抵押权人有权起诉、请求终止抵押人对抵押物的回赎权，由抵押权人取得抵押物的所有权或者变卖抵押物以清偿债务。

主保证，纳粹党所主张的“无偿将土地充公”，指的仅是没收“做土地投机生意的犹太公司”。[109] 纳粹党在 1928 年 5 月的国会选举中失去 10 万张选票，得票率只占 2.6%，因此仅有 12 位代表进入国会，其中包括戈特弗里德 · 弗德尔、约瑟夫 · 戈培尔、赫尔曼 · 戈林和格雷戈尔 · 施特拉塞尔。不过，在一些信奉新教的北德乡村地区，纳粹党的支持率却高得多。例如，虽然它在柏林和鲁尔区仅分别获得 1.4% 和 1.3% 的选票，但在石勒苏益格—荷尔斯泰因两县的得票率分别不低于 18.1% 和 17.7%。在弗兰肯的得票率为 8.1%，当地居民也是心怀不满、信奉新教的小农场主。这强化了一种感觉，即 5 月 31 日的纳粹党报所说的：“农村地区的选举结果尤其证明了，花费较少的精力、资金和时间，就能够在那里取得比在大城市更好的效果。” [110]

纳粹党很快把宣传、拉拢的目标转向农业群体，许诺说将在第
三帝国为他们设立一个特殊机构。各类农场主都将获准加入一个属 211
于他们自己的“工团”（corporation），他们可以在那里和谐地合作，并得到国家的全面支持。那些难以驾驭的农场工人——其中许多是社会民主党内的活跃分子——将被驯服，劳动成本最终将受到严格控制。在多年不成功的、有时还是暴力的抗议之后，石勒苏益格—荷尔斯泰因的农场主蜂拥到纳粹党的旗下。由农业人士领导当地的党组织，以及明确强调“血与土”意识，即认为农民是民族同一性的核心，这两种做法都无损于该党的事业。就连一些历来认同民族党的大地主也被纳粹党说服了。纳粹党在中小地主中间的支持率迅速上升。不久，农场主的子弟纷纷加入冲锋队，被派往大城市去打击共产党。[111]

就这样，新战略很快开始结出果实。党员人数从 1928 年 10 月的 10 万增加到一年后的 15 万，与此同时，纳粹党在地方选举和州选举中的得票率也开始大幅增加，在萨克森达到 5%，在梅

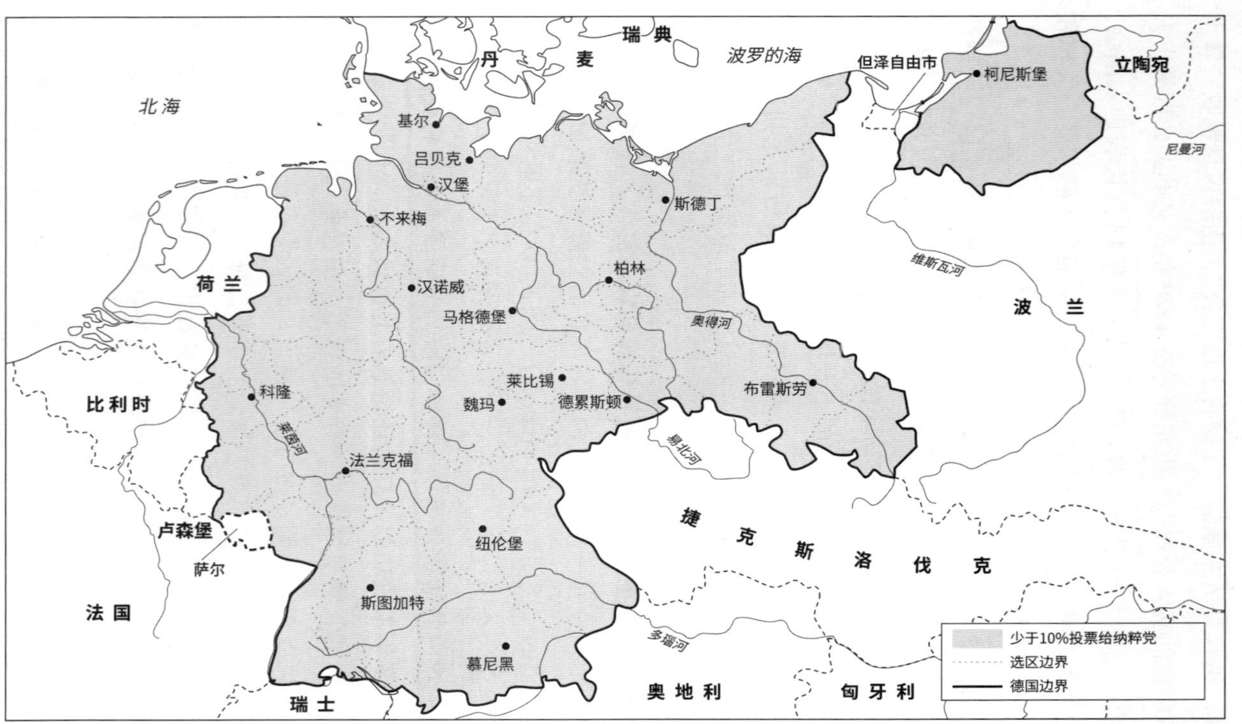

地图 8　纳粹党在 1928 年国会选举中的得票率

克伦堡（Mecklenburg）4%，在巴登 7%。在信奉新教的萨克森的一些乡村地区，纳粹党的得票率几乎翻倍，比如在施瓦岑贝格（Schwarzenberg）区，从 1928 年的 5.9% 增至 1929 年的 11.4%。[112] 在弗兰肯的科堡市，在上届市政府因当地纳粹党支部书记发表反犹言论而解除其市政雇员职务之后，纳粹党发起运动，成功扳倒了市政府，并于 1929 年 6 月赢得市议会 25 席中的 13 席，这是纳粹党接管的第一个市政府。这次胜选从一个侧面反映了纳粹党在竞选中的尽心竭力——它派出一流的演说家助选，比如赫尔曼 · 戈林，甚至希特勒本人。但这次胜选也表明，纳粹党可以在地方政坛争取竞选资本，在这方面该党已经比从前活跃多了。[113]

1929 年秋，纳粹党得到了更多选举红利，其表现形式是民族党组织的反对杨格计划的运动（该计划包括减少赔款数额、重新设定付款期限，但没有废止赔款）。运动的领导人阿尔弗雷德 · 胡根贝
格提议以法律形式否决杨格计划，并对任何签署该计划的政府部长 212
提起公诉；为了推动对此提案进行全民公决，他邀请纳粹党以及其他极右翼组织助阵。纳粹党不仅从这场运动中获得了知名度，还在一定程度上赢得了主流右翼的尊重，因为希特勒是组委会成员，与他共事的是泛日耳曼联盟的中坚人物，比如海因里希 · 克拉斯以及"钢盔"领导人弗朗茨 · 泽尔特和特奥多尔 · 杜斯特伯格。公投本身失败了，只有 580 万票支持。但这场运动让民族党的许多支持者看到，与民族党那些穿礼服、戴高帽的领导人相比，身穿褐衫、足蹬长筒靴的纳粹党人是多么的生机勃勃。[114]

同时，希特勒很快重新激起民众的热情，党内围绕他而生成的领袖崇拜让他显得更有个人魅力了。表达崇拜的一个重要的、具有象征意义的方式，是使用"德国式问候"："希特勒万岁！"说的时候伸出右臂，无论希特勒是否在场。它在 1926 年的运动中成为强制性礼仪，并且逐渐被用作通信时的结束语。这些习惯既强化了纳

粹运动对希特勒的绝对服从，也得到了此时围绕在他身边的第二层级纳粹头目的热情传播。他们之所以这样做，有的是出于加强党内团结的战略考虑，比如格雷戈尔·施特拉塞尔，有的是对“元首”本人——此时希特勒已是人人皆知的“元首”——怀有盲目的宗教式信仰，比如鲁道夫·赫斯。[115]1929 年 8 月在纽伦堡（Nuremberg）举行的纳粹党集会，是 1927 年以来首次这样的集会，该党新建立起的自信心和凝聚力在集会上铺天盖地的宣传中一览无余。据警方估计，参加者多达 4 万，全部团结在歌颂领袖的谀辞之中。[116]

此时纳粹党已成为一个难以战胜的组织，它的区党部、县党部和支部中尽是忠心耿耿、精力充沛的干部，其中许多人受过良好的教育、颇有管理才干；它通过一系列专业的宣传机构，直接对特定选区发挥号召作用。[117] 尽管希特勒一再强调政治是男人的事情，但此时出现了一个纳粹的妇女组织，自称“日耳曼妇女骑士团”（German Women' s Order），1923 年由埃尔斯贝特·灿德尔（Elsbeth Zander）组建，1928 年并入纳粹党，成为该党的附属组织。据警方估计，截至 1920 年代末，其成员已达 4000 人，几乎占到纳粹党全
213 部 7625 名女性党员的一半。有一类妇女组织颇为吊诡，它们积极活动、公开争取的是把女性清除出公共生活，日耳曼妇女骑士团即属此类，其成员是激进好斗的反社会主义者、反女权主义者和反犹主义者。它的实践活动包括：为褐衫军开设流动食堂；参与宣传活动；当纳粹准军事组织遭警察搜查时，为他们藏匿武器和装备；通过其分支机构“红卐字会”（Red Swastika），一个纳粹版的红十字会，为受伤的积极分子提供护理服务。[118]

灿德尔据说是个能打动听众的演讲者，但她不太具备组织才华。日耳曼妇女骑士团面临严重的财务腐败指控，和其他一大堆指控，疲于反驳，于 1931 年初解体。骑士团负债累累，以至于作为负责人的灿德尔本人也面临破产。此外，坊间飞短流长，盛传灿德尔与

骑士团的司机关系暧昧，还说褐衫军有时穿着女装出席骑士团的会议。时任纳粹党组织部长的格雷戈尔·施特拉塞尔对此做出应对，礼貌但果断地免除了灿德尔的领导职务，并解散所有纳粹党的附属妇女组织，于1931年7月6日代之以国家社会主义妇女联盟（NS-Frauenschaft），该机构最初至少是一个分权的实体，地区级协会由当地的大区长官领导。然而不久，妇女联盟大获成功，在全国范围内得到了女性的认同，还独立发行妇女杂志，它的地区级领导人不仅拥有更大的自主权，而且各地区级协会之间的协调能力也得到加强。[119]然而，纳粹妇女的根本问题在于，她们认同纳粹党根深蒂固的男性沙文主义信念：女人的职责不是参与政治，而是待在家里生儿育女。为了争取女性选民，妇女联盟不得不在立场上暂时做出妥协；但从长远看，一旦纳粹党掌权，联盟反女权主义的女性积极分子们注定要主张女性退出公共生活。

除了为妇女设立的组织以外，纳粹党还有成立于1922年、面向14—18岁青少年的组织。它最初有个颇为冗长的名字——国家社会主义德国工人党青年同盟（Youth League of the National Socialist German Workers' Party），但在1926年改称希特勒青年团（Hitler Youth）。它最初是专门为招募褐衫军而设的机构，1929年 214
在库尔特·格鲁贝尔（Kurt Gruber）的领导下成为魏玛政坛上无数非正式青年团体的竞争对手，这些团体多数都是反对共和国的。希特勒青年团一开始也不太成功，甚至到1932年1月，它在柏林的团员总共也只有1000人。[120]它的后援是组建于1929年的国家社会主义学生联盟（National Socialist School Pupils' League），以及次年成立的德意志少女联盟（League of German Maidens）。[121]上述组织无论在规模上还是在重要性上，都很快被威廉·滕佩尔（Wilhelm Tempel）于1926年组建的国家社会主义德意志学生同盟（National Socialist German Students' League）比了下去。该同盟起初也表现平平，直至 1928 年被巴尔杜尔·冯·席拉赫（Baldur von Schirach）接管。1907 年生于柏林的席拉赫后来成为纳粹运动中的常青树和越来越重要的人物，父亲是位守旧的退伍军人，在魏玛做戏剧导演，娶了一位富有的美国女子。席拉赫在魏玛小镇长大，成长于文化保守、反犹的圈子。他在寄宿学校上学，校长注重的是品格培养，而不是学术教育。哥哥的死对青年席拉赫产生了深远的影响，他的哥哥于 1919 年 10 月自杀，给家人留书说自己是以身殉“国难”。1920 年代中期，席拉赫正在阅读休斯顿·斯图尔特·张伯伦的著作，偶然读了希特勒的《我的奋斗》之后，便转而信奉纳粹主义。1925 年在小镇听到希特勒的演讲，他的信仰又发展成为真正的英雄崇拜。他文思泉涌，写下一首又一首歌颂纳粹运动及其元首的诗歌，不久就引起了元首的注意。据说席拉赫的诗“优于其他那些种族主义蹩脚诗人的煽情之作”，并于 1929 年结集出版。[122]

在希特勒的建议下，席拉赫到慕尼黑大学深造（但始终没有完成学业）。在校期间，他加入了国家社会主义德意志学生同盟，很快晋升为慕尼黑大学分部的负责人。由于在这个职位上取得的成就，他于 1928 年被推选为同盟的总负责人，取代了威廉·滕佩尔。席拉赫清除了同盟中主张进行社会革命的势力，领导同盟成员不遗余力地在每一所大学的学生会争取席位。排挤掉传统的、颇为古板的学生决斗队和兄弟会之后，同盟赢得了争强好斗的名声，他们积极活动、要求解决的问题包括：限制犹太学生的人数，从而缓解课堂
215 过于拥挤的现状；解雇教授中的和平主义者；设立新的学科，比如人种研究和军事科学；让大学服务于国家利益，而不是以追求知识为目的。到 1932 年夏，同盟已经取得了一个被其成员大肆吹嘘的成就：他们与右翼教授和当地政客联手，迫使埃米尔·尤利乌斯·贡贝尔这个特别招人恨的犹太人、社会主义者、和平主义者和反对右翼司法偏见的斗士从海德堡大学离职，法兰克福一家杂志兴奋地宣

称，“海德堡大学就这样在学术界开启了第三帝国时代”。[123]

席拉赫小心翼翼地避免惹恼兄弟会，很快在学生会的竞选中为同盟争得了更多选票。在志同道合的其他右翼团体的帮助下，1931 年 7 月，同盟得以接管学生联合会这个全国性组织。1932 年，学生们投票通过了总会的“领袖原则”，完全取消竞选。尽管纳粹党学生同盟的全国总人数甚至不到兄弟会的 10%，但纳粹党完全控制了德国的学生代表机构。希特勒对这些成绩印象深刻，于 1931 年 10 月 3 日任命席拉赫为希特勒青年团的负责人。[124]

到 1920 年代末，不仅妇女、青年、大学生、中学生，德国的其他许多社会群体也都有了自己专门的纳粹组织，包括公务员、战争伤残人士、农场主，以及众多其他选民群体。纳粹党对每个群体分别采取了有针对性的宣传策略，甚至出现了一个生硬地命名为“国家社会主义工厂车间组织”（National Socialist Factory Cell Organization）的工会组织，它拉拢产业工人的努力显然不怎么奏效，产业工人当时要么已经加入了社会主义者或天主教或共产党的工会组织，要么因为处于失业状态而不需要工会。[125] 然而，纳粹党此时对中下阶层依然特别有号召力，包括手工业者、店主和个体经营者。纳粹经常从其他类似的团体中拉拢这类人。比如，德意志民族主义商业雇员工会（German Nationalist Commercial Employees' Union）就在这方面发挥了重要作用，它向青年灌输政治思想，引导许多青年走上了纳粹道路。[126] 该工会成立于威廉二世统治时期，它明确表达了男性职员对于就业环境的不满：越来越多的女性 216
占据了秘书职位以及类似的行政岗位；银行、金融机构、保险公司等大机构的老板不是有犹太人的信仰或血统，就是性格像犹太人。早在战前，它就曾怒斥犹太人是导致工会成员变成无产者的罪魁祸首。[127] 有一位 1886 年出生、1912 年加入该工会的基层公务员后来提到，他认为政府早在威廉二世时期就已被犹太人控制。最终，在参加了一次纳粹党集会之后，他于 1932 年离开民族党，加入纳粹党，当时他写道："这是 1912 年以来我一直在寻找的组织。"[128] 许多来自这样背景的纳粹老党员肯定也是这样想的。

施特拉塞尔鼓励在党内建立这种极其精密的分支结构，尽管这些不同分支中有许多——比如希特勒青年团和工厂车间组织——不但成员寥寥无几，而且似乎不会很快有长足的发展。这样做是因为他有一个长远目标：设立这些分支旨在形成一个基础，等到希特勒掌权之后，可以在此基础上建立一个由各种已经纳粹化了的社会机构运营的国家。施特拉塞尔投入大量精力、施展各种手段，打造这个处于胚胎期的纳粹社会秩序。在短期，这种分支结构把纳粹党的竞选感召力传递给德国社会的几乎每个选区，激发出那些原本不太有政治倾向的社会机构的政治兴趣。这意味着，假如各分支突然吸收到大批新成员，那么纳粹党就能够轻而易举地发展壮大。把整个结构聚合为一体的，是对领袖的无条件忠诚，领袖此时已拥有绝对的权力，在一群亲信日复一日的吹捧称颂中，他显得越来越有个人魅力。[129]

第四节

使命感的来源

一

纳粹党在1920年代晚期之前的发展，倚靠的是其活跃分子的 217
干劲和狂热。假如没有他们，它可能只是一个普通政党。第三帝国的建立，相当程度上靠的是褐衫军和纳粹党中活跃在街头的普通成员。那么，是什么让青年们以执着得令人惊骇的使命感投入纳粹运动？褐衫军暴力的源泉在哪里？希特勒的个人魅力显然发挥了部分作用；然而，许多人，尤其是北德派，加入纳粹党实际上并不是因为希特勒。纳粹运动的活力具有更为深刻的根源。许多纳粹重要人物的自传和日记提供了一些线索。有个极好的同时代资源，为我们探究纳粹积极分子的思维模式提供了一些独特的视角。1934年，纽约哥伦比亚大学教授、社会学家特奥多雷·阿贝尔（Theodore Abel）得到机会，与纳粹党合作举办一场征文比赛，要求1933年3月1日之前加入纳粹党或褐衫军的人写一份简短的自述。寄来的稿子有数百篇。虽然纳粹党和投稿者都把这看作一次机会，展示他们对党的忠诚与奉献精神，以此给美国人留下深刻印象，但阿贝尔坚持要求大奖应授予最诚实、最值得信任的叙述，他的坚持似乎确保了这些自述具有一定程度的准确性，至少它们可以得到核实。[130]

基层的纳粹积极分子对罗森贝格、张伯伦、斯宾格勒等知识分子的复杂理论一窍不通，就连拉加德（Lagarde）* 和朗本这样的通俗
218 作家也主要是对有教养的中产阶级具有吸引力。远比他们有影响力的，是那些长盛不衰的反犹宣传家，例如特奥多尔·弗里奇，他的《犹太人问题手册》（*Handbook on the Jewish Question*）于 1888 年面世，到 1933 年已出到第 40 版。弗里奇的锤子出版社（Hammer Verlag）挺过了一战的劫难，继续发行大量通俗小册子和活页文章，在普通纳粹党徒中拥有众多读者。[131] 一位冲锋队员于 1934 年写道：

> 战后，我变得非常关心政治，如饥似渴地研读各种有政治倾向的报纸。1920 年，我初次在右翼报纸上看到一份反犹期刊的广告，于是订阅了特奥多尔·弗里奇的《锤子》（*Hammer*）。在这份期刊的帮助下，我开始了解到犹太人对民众、对国家、对经济的毁灭性影响。直至今日我仍然必须承认，这份期刊是真正把我引向阿道夫·希特勒的伟大运动的桥梁。[132]

不过，更重要的激励还是来自纳粹宣传的基本元素——希特勒和戈培尔的演讲、进军、标语、游行。普通纳粹党徒接收观点，更有可能是通过纳粹报刊、竞选宣传册和壁报等宣传工具，而不是通过严肃的思想理论小册子。在 1920 年代和 1930 年代初的纳粹党普通积极分子看来，纳粹思想的核心是强调社会团结，即所有德意志人结成种族统一体，极端民族主义以及对希特勒的崇拜则属于次要方面。

---

* 指保罗·拉加德，德国圣经学者和东方学家。他强烈支持反犹主义，反对基督教，支持种族达尔文主义，被认为是法西斯和纳粹主义意识形态最有影响的支持者之一。——编注

比较而言，仅有少数人重视反犹，在这些人中，大部分也认为反犹只是附带之事。越是年轻的纳粹，就越不看重思想体系，他们更重视的是诸如对德意志文化和希特勒的领袖作用的强调。相比之下，反犹思想最强烈的是上一代纳粹党徒，这表明活跃于战前的反犹团体以及民族主义的家庭环境，对于许多人的成长具有潜移默化的影响。[133]

纳粹党徒加入该党的准军事团体之前，通常于1914—1918年在前线服役，然后参加极右翼组织，比如图勒学会或自由军团。[134]例如，青年鲁道夫·霍斯（Rudolf Höss）就是沿着这一路径加入纳粹党的，后来成为奥斯维辛集中营（Auschwitz）的指挥官。他1901年生于巴登−巴登（Baden-Baden），在德国西南部一个天主教家庭长大。他的父亲是推销员，有意培养他当牧师。据霍斯说，父 219
亲不但把强烈的责任感与服从意识灌输给他，还讲述了自己过去当兵时在非洲的经历，以及传教士们的无私与英雄主义，霍斯对这些故事非常着迷。霍斯后来写道，他不再信仰天主教是因为曾在做告解时向神父吐露了一个秘密，但被对方出卖。战争爆发时，他加入红十字会，后来在1916年随父亲的老部队赴中东服役。战争结束时，霍斯的父母都已去世，他加入自由军团在波罗的海沿岸的分队，亲身体验了内战的残酷。

回到德国，霍斯加入自由军团余部的一个秘密组织，并在1922年和他的同志一起残忍杀害了一个被他们认定为打入他们内部的共产党间谍。他们先用棍棒把那人打得血肉模糊，又用刀割喉，然后用左轮手枪结果了他的性命。霍斯被逮捕，关进勃兰登堡监狱，他后来写道，他在监狱里意识到罪恶思想不可救药的本质。他震惊于狱友“肮脏放肆的语言”，震惊于狱方的管理方式已让那里成为犯罪学校，而不是改造罪犯的地方。霍斯干净、利索、有条理、守纪律，很快成了模范囚犯。一些狱卒的粗鲁欺凌和腐败使他想到，以更加诚实、更加人道的方式对待囚犯，也许会有好的效果。但是在他看来，不少狱友完全无药可救。[135]霍斯在被捕前几个月加入纳粹党。1920年代剩下几年的大部分时间里，他本应在狱中度过，然而像许多同类囚犯一样，刑期远未服满他就被释放了，因为国会中的极左翼与极右翼议员投票通过了一项决议，对政治犯实行大赦。[136]显然，出狱之后，纳粹党为霍斯提供了他迫切需要的纪律、秩序和使命感。

霍斯杀人的同伙之一、与他同为罗斯巴赫自由军团（Rossbach Free Corps）成员的马丁·博尔曼（Martin Bormann）是邮局职员之子，生于1900年，接受的是以当农场经理为目标的职业培训。他在战争期间入伍，但被分配到一支卫戍部队，从未打过仗。战后他在梅克伦堡的农场工作，然而与霍斯一样，博尔曼也无法适应平
220 民生活。他与自由军团联系，让他们把农场作为基地。除了自由军团，博尔曼还参加了另一个极右翼组织“打击犹太人嚣张气焰协会”（Association Against the Arrogance of the Jews），该协会规模很小，是个没什么影响力的边缘团体。博尔曼在凶杀案中的罪行不如霍斯严重，只需坐一年牢。他于1925年2月获释，1926年底成为纳粹党的全职雇员，处理大量行政事务。先是在魏玛工作，后来在慕尼黑。博尔曼毫无演说才能，体格也不像霍斯那样强壮尚武，他的长项是当纳粹党及其成员的保险专家，为处于困境的褐衫军筹措救济金、安排其他救济措施，借此逐渐使自己成为纳粹运动中不可或缺的人物。他的主要身份是行政人员，然而这掩盖不住其政治使命感的狂热本质。与霍斯和其他许许多多纳粹党徒一样，对于一战中德国的战败，博尔曼的反应也是倒向了最极端的立场——愤愤不平的民族主义、疯狂的反犹主义以及对议会民主制度的仇恨。刚与希特勒接触，他便佩服得五体投地，不久，他那无限的、无条件的敬仰与忠诚也给纳粹元首留下了深刻印象。对党内其他层级的成员，特别是对基层党员，他则显示出全然不同的一面：处事冷酷、野心毕露，

这种风格最终使他成为第三帝国的关键人物之一，尤其是在帝国后期，即二战期间。[137]

显然，自由军团确如人们所说，是“纳粹先锋”，因为1920年代中期的纳粹党领导干部大部分都从自由军团而来，包括霍斯和博尔曼这类人，乃至更多稍微年长一些的人物，他们在战争中曾鏖战沙场，获得了军事经验。[138]然而此时，年轻一代已加入纳粹党，他们是战后的一代，渴望效仿传说中前线将士的英勇行为。有些原先是共产党，吸引他们转投纳粹的，是政治上的极端主义、行动主义和暴力,而与意识形态无关。“我于1929年退党,”其中一人写道，“因为我再也不想听命于苏联了。”不过，对于这位激进主义分子来说，暴力是一种生活方式。他继续参加各种各样的政党集会，与他的老战友们并肩投入街头斗殴，直至当地的纳粹头目给了他一个职 221
位。[139]暴力对这些人来说就像兴奋剂，显然它对鲁道夫·霍斯的作用就是这样。他们往往不甚了解自己是为什么而战。一位年轻的纳粹党徒写道，看见对手企图冲散纳粹大会，“我本能地成了纳粹党人”，尽管他还不了解该党的目标。[140]再比如，有个人于1923年加入纳粹运动，生活在几乎不曾间断的暴力行动中，十年里的大部分时间都在遭受殴打、刀刺和逮捕，正如他在自述中详细描述的那样，正是这些冲突，而不是纳粹运动的实际理念，赋予了他人生的意义。对于一位1906年生于社会民主党人家庭的青年来说，其使命感的核心是反共。他后来说：“我在冲锋队‘杀手风暴’小组的经历太精彩了，也可以说困难重重、难以描述。”[141]

关于冲锋队的活动，有一个虽然相当常见，但特别生动的描述，是一位生于1898年的教师提供的。他在一战中上过前线，1920年代初参与极右翼活动，后来在1929年加入纳粹党。一天晚上，他与所在的褐衫军小组被召集去为一场在附近小镇举行的纳粹集会担任警卫，防范“赤色分子”：

> 我们在小镇的入口集合，戴上白臂章，然后我们这支大约250人的纵队响雷般地开拔了。没有武器，没有棍棒，只有紧握的拳头，我们严守钢铁般的纪律，齐步走进会议厅前发出嘘声和尖叫的人群。他们手里拿着棍子和栅栏。当时是晚上10点。我们在街道中间调度周旋了一阵，把人群推到墙边，清出街道。这时，有个木匠开着小卡车穿街而过，载着一口黑色的棺材。他开过去的时候，我们当中有个人说："瞧着吧，看我们把谁弄进去。"尖叫声、呐喊声、口哨声、咆哮声，此起彼伏，越来越响。
>
> 我们的纵队分成两排稳稳站定，精神饱满。信号传来，我们齐步走进大厅，里面有几百个捣乱分子正在打断我们的演讲人。我们来得正好，步调一致地沿着墙走，直到形成一个环，把他们包围起来，只在入口处留了一个缺口。哨声响起，我们收紧人环。10分钟后……我们把他们轰出了门外。会议继续，
> 222 外面的坏蛋全来了。我们护送演讲人后撤，再一次围成封闭的环，隔开了乱哄哄的暴徒。

在这位冲锋队员看来，"马克思主义者"是敌人，正如他们是许多退伍老兵的敌人。老兵们"依靠袍泽之谊浴血奋战，这种精神穿越战争祭坛的硝烟，正在走进已然觉醒的德国民众的心里"。[142]

二

上述这类"老战士"自豪地列出对手加诸他们的伤害与侮辱，那些他们不得不承受的"迫害、骚扰、鄙视和嘲笑"只不过坚定了他们的决心。[143] 据一位生于1905年的纳粹党积极分子说，在伊达尔–奥伯施泰因（Idar-Oberstein）举行的一次集会上，有400位冲锋队员到场，包括他自己：

> 在怒吼和嘘声的干扰下，我们的4位演讲人一个接一个地发表了演说。但在随后的讨论中，当一位对话者因为说“我们美丽的小镇不欢迎褐色瘟疫”而受到斥责时，爆发了骚乱，大家用啤酒杯、椅子之类的东西混战起来。几分钟后，房子塌了，所有人都跑了出去。那天我们带回来7位身负重伤的同志。对方朝我们扔石头，虽有警察的保护，但我们还是不时受到袭击。[144]

然而，纳粹冲锋队对社会民主党所怀有的像对共产党一样的深仇大恨，只有从这个角度才能够理解：他们觉得自己总是不断地受到攻击，这些攻击不仅来自隶属于社会民主党的准军事组织“帝国国旗团”，在许多地区还来自警察，至少在普鲁士州，警察由社会民主党的部长管辖，比如卡尔·泽韦林和阿尔贝特·格热辛斯基。冲锋队憎恨共和国的另一个缘由，正如一位队员所说，是“警察和政府对我们施加的恐怖手段”。[145]

痛殴或者杀死自己眼中的帝国之敌就要遭到逮捕，这让他们感到愤怒；有时他们会被判刑入狱，于是又谴责“马克思主义司法当局”和魏玛共和国的“腐败”。[146] 他们无比痛恨“赤色分子”，例 223
如有位年轻的纳粹党徒直到1934年依然在痛骂“赤色洪水……成群的赤色雇佣军，潜伏在暗处”；再比如有位褐衫军成员这样形容：“赤色杀人狂徒……成群结伙大嚷大叫……满腔仇恨、怒形于色，值得犯罪学家研究一下。”[147] 无数的冲突不断给他们的仇恨火上浇油，直到引发可怕的事件，比如1927年3月27日共产党与褐衫军之间在柏林开往利希滕费尔斯（Lichtenfels）的火车上那次臭名昭著的枪战。褐衫军拿共产党的犯罪行为来反衬他们自诩的无私的理想主义。有位冲锋队员自豪地写道，1920年代末的斗争“需要每位同志做出精神上和经济上的双重牺牲。一个晚上接着一个晚上，我们把自费印刷的传单散发出去。每个月都有一次集会……我们这支由 5 至 10 人组成的本地小分队总是为此欠下 60 马克的债务，因为如果不交预付款，没有哪家客栈的老板肯把大堂租给我们”。[148] 经常有人说，许多人加入褐衫军，仅仅是因为该组织为他们提供免费的食物、酒水、衣服和住所，何况还有刺激、野蛮的消遣，这种说法不足以解释激励着许多褐衫军成员的那种狂热。只有最早加入的积极分子期冀得到一份工作或者救济金，年轻人对此并不看重。[149] 纳粹学生领袖经常因为自掏腰包印刷海报和小册子而负债累累。[150] 很多其他人肯定也有类似经历。

当然，这些投稿给美国社会学家的自述，必定会强调作者的自我牺牲和奉献精神。[151] 然而，除非相信他们确实常常感到自己是在为党的事业做出牺牲，否则我们将难以充分理解冲锋队员的狂热与仇恨心理。希特勒在 1932 年 1 月的演讲中提醒听众注意这一点：

> 请不要忘记，现在，每天有成千上万的国家社会主义党党员做出牺牲。他们爬上卡车、保卫集会、举行游行，奉献了一夜又一夜，到黎明时分才离开，然后有的回到作坊和工厂，有的去领取微薄的失业救济金；他们购买制服、衬衫、徽章，甚至用少得可怜的积蓄支付交通费。请相信，当他们这样做的时候，就已经展现了理想的力量，伟大的理想！[152]

224 纳粹党倚赖这种使命感。该党之所以如此有力量、有活力，很大程度上是因为它不像“资产阶级”政党和社会民主党那样，不同程度地依赖大企业或者工会等官僚机构的资助，更不像使用苏联经费的共产党那样仰仗外国势力的秘密资助。[153]

许多人是被希特勒的煽动演说争取过来的。1920 年代末，演说被安排在露天集会上，人山人海、场地开阔，这使希特勒的煽动具有了比以往更加强烈的冲击力。有位生于1908年的年轻民族主义者，以前曾参加集会，现场听过兴登堡和鲁登道夫等极右翼豪杰的演说，后来茅塞顿开，是因为他

> 亲耳聆听了领袖阿道夫·希特勒的演说。这之后，我要做的只有一件事，与阿道夫·希特勒一起走向胜利，否则就为他而死。领袖的品格令我心悦诚服。谁以赤子之心去了解阿道夫·希特勒，谁就会全心全意地爱他。爱他，不是出于功利心，而是为了德国。[154]

另外还有许多类似的自述。例如，有位生于1903年、持反犹立场的金属加工工人，他在1927年希特勒的一次集会上发现，“从我们的领袖身上，散发出一种使我们每个人都强大起来的能量”；还有一位生于1907年的冲锋队员，说自己1929年在纽伦堡时拜倒在希特勒脚下：“他麾下的冲锋队员在火炬的照耀下从他身边齐步走过，一望无际的火焰之海涌过古老的帝国首都的街道，此刻他那蓝色的眼睛是多么炯炯有神啊。”[155]

纳粹党的感召力，很大程度是因为它许诺要结束在整个魏玛共和国时期困扰着德国的政治分歧。有位18岁的职员参加了1929年地区选举的集会，折服于纳粹演说者

> 对全体德国人民做出的真挚承诺。德国人的大不幸，在于分裂成了如此之多的政党和阶级。现在终于有了民族振兴的务实方案！取缔政党！消灭阶级！真正实现民族团结！这些是我可以全身心地为之奉献的目标，毫无保留。[156]

最后，还有少数人是通过阅读政治或思想小册子而转信纳粹、开始

225 积极参加纳粹运动的。话语确实重要，但不是每个人都被希特勒的演说迷住。例如，像梅利塔·马施曼（Melita Maschmann）这样严肃的、理想主义的中产阶级纳粹青年，钦佩希特勒从默默无闻一跃成为“人民之子”，然而即使是纳粹党的年度大会，她也忙得像她后来所写的那样，“抽不出时间‘沉湎于’如醉如痴的癫狂”。她觉得游行和表演既无聊又没意义。在她看来，纳粹主义更应该是一种爱国理想，而不仅仅是对某个领袖的崇拜。[157] 对于纳粹主义的中产阶级支持者来说，或许尤其对于中产阶级女性来说，街头暴力常常是需要勉强容忍或者刻意忽视的事情。

许多中产阶级人士接受纳粹思想时颇费踌躇，即使入了党，他们所表现出的投入程度，往往也远低于特奥多雷·阿贝尔采访过的那些年轻褐衫军。很大一部分中产阶级党员在组织里没待多久就退出了。纳粹党成立以来，其支柱一直是中低阶层，但到 1930 年代初，该党的影响力开始超出此阶层。纳粹头目总是急于宣称拥有工人阶级的支持，因此经常把实际上属于其他阶层的党员登记为工人。根据 1935 年纳粹党的一次内部普查所做的详细研究显示，10 年之前的 1925 年，在各地党员人数的标准记录中，被归类为工人阶级的人数比实际数字多了一倍。也就是说，在德国第二大城市汉堡，这一数字约占当地纳粹党员总人数的 10%。[158] 工薪人士似乎也属于最容易脱离纳粹党的社会群体，因此这个群体最不可能出现在 1935 年的数据中，而相关研究中的数字计算大多以 1935 年的数据为基础。然而汉堡是传统的劳工运动中心，纳粹党难以抗衡当地的劳工力量，无法在那里取得任何进展。萨克森的许多地区，挣周薪的体力劳动者在纳粹党党员中所占比例较高，因为当地劳工运动的力量较弱，经济以小规模的传统企业为主，迥异于那些现代的、生产线高度合理化的工业中心，比如柏林和鲁尔。在萨克森，那些一直处于无业状态，因此从未加入工会的青年特别容易受到纳粹党的感召。1920

年代末，按照基本的经济概念，该省可能有多达三分之一的纳粹党员属于工人阶级。城镇和乡村的中低阶层党员在纳粹党中所占的比例，远远高于这个阶层在全国人口中所占的比例。但是，到 1930 226
年代初，随着纳粹党的表现越来越得体，萨克森的纳粹党内中高阶层党员的比例也在提高。渐渐地，纳粹党摆脱了卑微的地位，开始从德国的社会精英阶层吸收党员。[159]

三

在 1920 年代中期入党的新一代纳粹领导人中，有一位将在第三帝国发挥特别重要的作用。乍看之下，几乎没人会想到海因里希 · 希姆莱终将飞黄腾达。1900 年 10 月 7 日，他出生于慕尼黑一个受人尊敬、教养良好的中产阶级家庭，父亲是天主教学校的教师，思想相当保守，因此曾一度作为理想人选，于 1890 年代被聘为一位巴伐利亚皇室成员的私人教师。希姆莱幼年体弱多病、视力不佳，念过几所不同类型的学校，但他接受较为扎实的学术训练是在慕尼黑和兰茨胡特两地的文法学校。他在校时的朋友、后来成为著名左翼历史学家的格奥尔格 · 哈尔加滕（Georg Hallgarten）证实了希姆莱的智力与才能。学校成绩单上的评语说，希姆莱严谨、勤奋、有抱负、有才华、彬彬有礼，从各方面看都是一位模范学生。然而，他那位爱国的父亲千方百计把他送进军队，甚至宣称不惜为此中断儿子的学业。青年希姆莱的日记和读书笔记显示，他坚信 1914 年的神话：战争是人类成就的顶峰，斗争是人类历史和人类生存的动力。但希姆莱最终只是在预备士官队接受训练，从未上过战场。他显然属于典型的后方一代——痛悔没能在前线作战，因此把后来的大部分生命都用于设法弥补这个重大的人生缺憾。[160]

以优异成绩通过毕业考试之后，希姆莱听从父亲的建议，到

慕尼黑的技术高中（Technical High School）继续学习农艺。在那
227 里，他同样出类拔萃，1922 年毕业时得到的评语是“非常优秀”。他还加入了决斗兄弟会，费尽周折找到一位愿意认真对待他、接受他挑战的剑手，结果希姆莱如愿以偿地在脸上留下了伤疤。但他同时加入了卡尔的居民国防军，后来又受到恩斯特 · 罗姆的影响，罗姆的军事热情感染了他。希姆莱当时投身的极右翼阵营将他引向了革命的反犹立场（revolutionary antisemitism），到 1924 年，他猛烈抨击“黑色与红色国际（black and red International）、犹太人与教宗至上论、共济会与耶稣会、商业精神与懦弱的中产阶级这一大窝祸患”。[161] 大脑门、脑后和两鬓剃得很短、盖式发型、圆框眼镜、后缩型下巴、铅笔胡，希姆莱的外貌酷似他父亲当校长时的样子，一点儿也不像狂热的民族主义街头斗士。几个月后，在慕尼黑 11 月 8—9 日未遂暴动的起始阶段，罗姆的帝国战旗团曾短暂占领巴伐利亚战争部，当时加入战旗团某分队的希姆莱手中挥舞的是一面军旗，而不是手枪。[162]

暴动失败后，希特勒入狱、被禁言，纳粹党陷入混乱；希姆莱则成功逃脱，未被逮捕，因此有机会成为纳粹运动的后起之秀。他相当识时务地搭上了格雷戈尔 · 施特拉塞尔的顺风车，先是担任其秘书，后来出任两个地区的党部副书记，以及全国宣传工作副主管。但他并不是施特拉塞尔的信徒，因为在此之前，希姆莱已经对希特勒心悦诚服，这并不是因为读了《我的奋斗》（他在笔记里批评该书：“前几章关于其青年时代的叙述，破绽迭出”），而是因为身兼数职的希姆莱在工作中得以亲炙希特勒，其中当然包括聆听希特勒的演说。青年希姆莱当时年仅 25 岁左右，正在暴动之后波涛汹涌的准军事政治海洋中随波逐流，是希特勒给了他主心骨，使他有了一个可崇拜的领袖、一个可追求的事业。希姆莱于 1925 年加入刚刚重组的纳粹党，自此越来越把纳粹元首奉为英雄，对他无限崇

拜；他把希特勒的画像挂在办公室的墙上，据说有时候甚至与画像谈话。[163]

他于 1926 年结婚*，妻子比他大 7 岁，她在神秘学、药草学、顺势疗法等方面的非传统观念深深影响了他，他后来试过其中的一些，还强迫下属接受。虽然婚姻未能让希姆莱刻骨铭心，但这些观 228
念却让他铭记在心。他渐渐不再像少年时代那样循规蹈矩地虔诚信仰天主教，转而对“血与土”充满热情，加入了民族主义拓殖团体阿塔曼斯（Artamans），鲁道夫·霍斯也是该团体的成员。在这里，希姆莱受到了醉心于“北欧”日耳曼人种论的里夏德·瓦尔特·达雷（Richard Walther Darré）的影响。达雷 1895 年生于阿根廷，在与南美不太相称的英国温布尔登（Wimbledon）求学，一战期间在德国军队服役。他后来成为选择性动物育种专家，这个专业促使他钻研“血与土”政治学，尽管没有马上加入纳粹党。希姆莱吸收了达雷关于日耳曼人种之命运的定见：日耳曼血统优越于斯拉夫血统，应该保持日耳曼血统的纯洁，纯种的日耳曼农民阶级对于确保日耳曼人种之延续具有关键作用。出于对农民阶级的迷恋，希姆莱一度自己经营农场，但是管理不善，因为他花了太多时间在政治运动上，而且时机也不好，恰逢农业不景气。[164]

1929 年 1 月 6 日，希特勒任命忠心耿耿的希姆莱执掌他的私人警卫队——党卫队（Schutzstaffel），它很快就以其缩写“SS”为人们所熟知。党卫队的前身是组建于 1923 年初的一支小分队†，充当希特勒的保镖，并保护纳粹党总部。它于 1925 年重新组建，因为希特勒意识到，自己所需要的无条件忠诚，永远不可能从罗姆领导的褐衫军那里得到。党卫队最初的指挥官是尤利乌斯·施雷克（Julius

---

* 希姆莱的结婚时间应在 1928 年。

† 最初隶属于冲锋队。

Schreck)，希特勒入狱之前，施雷克是褐衫军“冲锋队”队长。从一开始，党卫队就被构想为一支精锐队伍，有别于褐衫军这种包罗了三教九流的群众性准军事组织。在 1920 年代中期的党内倾轧中，党卫队多次换帅，尽管历任领导确实把党卫队打造成了一支纪律严明、紧密团结的精英团队，但都没能确保它独立于权力越来越大的褐衫军。他们未能办成的事情，希姆莱成功地做到了。

希姆莱看不上原先招募来的粗鄙之辈，他按照自己的设想着手打造一支真正的精英团队，请来了退役军官和原先自由军团的成员，前者包括波美拉尼亚的贵族埃里克·冯·登·巴赫–热勒维斯基(Erich von dem Bach-Zelewski)，后者包括弗里德里希·卡尔·冯·埃贝斯泰因男爵(Friedrich Karl, Baron von Eberstein)。希姆莱接任时党卫队只有 290 人，到 1929 年底增至 1000 人，一年后增至近
229 3000 人。他不顾褐衫军领导层的反对，于 1930 年说服希特勒让党卫队完全独立，配发新制服，以黑衫取代褐衫，建立新的、等级森严的半军事化结构。由于褐衫军内部的不满和焦躁情绪逐渐加剧，独立行动的威胁也在增加，因此希特勒让党卫队转型为一种党内警察。它变得愈加诡秘，不仅收集党外敌人的情报，也开始收集褐衫军领导层的机密。[165]

有了党卫队，纳粹运动的组织结构基本成型。到 1920 年代末，希特勒已经成为纳粹运动中无可争议的独裁者，成为日益高涨的个人崇拜的对象，成全他的因素包括当时的形势、他自己的演说能力与冷酷无情，以及极右翼集团对强人领袖的极度渴求。纳粹运动内部依然存在矛盾，并且将在 1934 年之前的几年里引人注目地浮出水面。领导层中依然有人随时准备批评希特勒，一旦觉得有必要，就会采取与之不同的路线，比如施特拉塞尔和罗姆。但希特勒已经扶植起一群无条件忠于他的重要亲信，比如戈培尔、戈林、赫斯、希姆莱、罗森贝格、席拉赫和施特莱歇尔。在这些人的领导下，并

且得益于施特拉塞尔的组织才能，到 1929 年，纳粹党已成为一个复杂的、组织良好的政治实体，其号召力几乎触及每一个社会群体。它的宣传手法很快就变得越来越老练；它的准军事团体在街头与共产党的红色阵线战士同盟和社会民主党的帝国国旗团展开较量；它内部的警察力量，即党卫队，随时准备采取行动打击党内的异议者和抗命者。它已经采纳、修改并且详尽阐述了一种粗糙的、大部分非原创的，却被狂热信奉着的意识形态，其核心是极端的民族主义、满腔仇恨的反犹主义和对魏玛民主制度的蔑视。它下定决心，要凭借广大选民的支持和凶蛮的街头暴力取得政权，然后撕毁 1919 年的和平条约，重新武装，重新征服失去的东部和西部领土，把东中欧和东欧拓殖为德意志民族的“生存空间”。

纳粹运动的核心是崇尚暴力，这主要来源于自由军团。在 1929
年之前，暴力天天在街头上演。纳粹党蔑视法律，毫不掩饰自己相 230
信的是强权即公理。纳粹党还摸索出一种办法，在褐衫军以及纳粹运动的其他参与者实施暴力或者犯罪的时候，能够让党的领导层规避法律责任：希特勒、戈培尔、大区长官等领导人在下命令实施暴力时，措辞要含糊，他们的下属自然听得懂弦外之音，会立即投入战斗。这个招数很有效，它让越来越多的德国中产阶级乃至一些上流社会人士相信，对于褐衫军的街头喋血、酒馆斗殴以及集会上的惹是生非，希特勒及其直属下级并不真的负有责任，这个印象又因褐衫军头目的说辞而得以强化，他们一再坚称自己是独立行动的，与纳粹党上司无关。1929 年，希特勒吸引到了一些人脉广阔之士的支持、同情乃至某种程度的资助，特别是在巴伐利亚。纳粹运动已拓展到全国范围，争取到大量选民的支持，尤其是德国北部和弗兰肯新教教区那些备受经济危机困扰的小农场主。

然而，这一切均无法掩盖纳粹党在 1929 年秋依然明显处于政坛边缘的事实。它在国会中仅有几个席位，只能与众多边缘型右翼组织展开竞争，其中一些比纳粹党规模更大、支持率更高，例如所谓的经济党（Economy Party）；但这些组织与民族党和“钢盔”等主流的右翼团体相比，又都相形见绌。不仅如此，社会民主党、中央党和民主党虽然已不再拥有多数选民的支持，但这三个魏玛共和国的主流政党依然是执政党，“大联合政府”中还包括古斯塔夫·施特雷泽曼所属的人民党，施特雷泽曼长期担任德国的外交部长，立场温和，成就卓著。共和国似乎已安然渡过1920年代初的暴风雨——通货膨胀、法国占领、武装冲突、社会混乱，驶入了较为平静的水域。如果某个极端主义政党，比如纳粹党，想要赢得群众的支持，就需要借助一场浩大的灾难。1929年，纽约证券市场暴跌，经济随之骤然崩溃。它的机会来了。

第四章

通往权力之路

第一节

大萧条

一

“经过长时间漫无目标地从一座城市流浪到另一座城市，”一位 232
21 岁，来自埃森（Essen）的失业印刷工在 1932 年秋写道，“我一路来到汉堡港。但大失所望！这里的情形更加悲惨，失业率比我预计的还要高，我原指望能在这里找到工作，但希望破灭了。我该怎么办？这里没有亲戚，我可不想流落街头。”当时越来越多的人流落在德国城镇的大街小巷，据官方估算，人数在 20 万至 50 万之间。这位年轻人最终没有沦落到与无家可归者为伍的境地，他得到了由教会运作的一个义工项目的帮助。[1] 但多数人并无这样的运气。失业摧毁了人们的自尊心，损害了他们的地位，对成年男子尤其如此，因为在社会上，男人的地位、他人的认可乃至自我认同，主要都来自他们所从事的工作。1930 年代初随处可见的景象是，男人站在街角，脖子上挂着牌子 ：“找工作，什么工种都行”。当社会学家问小学生对此有什么看法时，孩子们通常回答说，失业者的社会地位降低了，

> 因为失业的时间越长，他们就变得越懒，越来越自卑，因为总是看到别人衣着体面的样子。他们感到气恼，因为他们也想那样，于是走上犯罪道路……他们还想活下去！老年人往往完全失去了求生的欲望。[2]

1932 年 12 月，有人看到孩子们在玩“失业登记”的游戏。一位调
233 查员请其中几人写下简短的自述，孩子们写的主要内容也是失业。“我爸爸已经失业三年多了，”有位 14 岁的女生写道，“我们全家以前一直相信爸爸总有一天能再找到工作，可是现在就连我们这些小孩儿都不抱什么希望了。”[3]

长期失业造成的影响因人而异。对于找工作，年轻人可能比中年人乐观。失业时间越长，人就越沮丧。人们在 1932 年夏接受采访时所显示的态度，远比 18 个月前的民意调查结果更加悲观。打算结婚的人推迟了婚期，已婚夫妻推迟了生育计划。小伙子们漫无目标地在街上闲逛、无精打采地待在家里，靠打牌、逛公园或者一圈又一圈没完没了地乘坐柏林的环线地铁打发时间。[4] 在这种形势下，做事总比不做事强，无所事事往往使人意志消沉。许多失业的成年男子，甚至少男少女，都在设法谋生，他们沿街叫卖、在街头卖艺、做清洁工、在街头摆摊或者从事收入微薄的诸多传统零工中的任何一种。一群群儿童出没在柏林时髦的夜总会，“照看”富人的汽车，这是收取保护费的一种原始形式，成年人也用另一种不那么无害的方式收保护费。非正式的远足俱乐部和工人阶级青年团体很容易变成所谓的“野人帮”，这些青年团伙在废弃的大楼里碰头，搜寻食物，以偷窃为生，与敌对团伙打架，经常与警察冲突。犯罪率并没有像通胀期间那样飙升，但在 1929—1932 年的柏林，因盗窃而被逮捕的人数增加了 24%。不分男女的卖淫现象越来越明显、越来越普遍，这既是魏玛共和国性宽容氛围的结果，也是其经济崩

溃的产物，卖淫的公开程度让正派人士感到震惊。在社会底层，沿街叫卖和街头摆摊变成了乞讨。[5]德国社会似乎陷入了苦难与犯罪的泥沼。在这种困境中，人们开始抓住政治的稻草：任何东西，无论多么极端，似乎都强于他们当时所置身的毫无希望的乱局。

这种局面是如何形成的？经济改革于 1923 年遏制住了大通胀，随之而来的是失业率居高不下。然而到 1930 年代初，经济形势极度恶化。德国经济在通胀之后得以复苏，主要依靠的是来自全球最 234
大经济体美国的巨额投资。德国的高利率吸引了资本的流入；但关键是，再投资主要采用短期贷款的形式。德国企业在促进生产的合理化和机械化的过程中，逐渐严重依赖这种资金，克虏伯和联合钢铁公司等企业都借贷了巨额资金。美国企业直接在德国投资，福特汽车在柏林和科隆（Cologne）设有工厂，通用汽车于 1929 年买下欧宝汽车（Opel）在法兰克福附近吕塞尔斯海姆市（Rüsselsheim）的工厂。德国各银行用外国贷款为它们自己在德国企业的投资项目进行融资。[6]这是德国工业和银行业的内在不稳定因素，并在 1920 年代末引发了灾难。

1928 年，面对迫在眉睫的经济衰退，主要工业国都开始对货币采取限制措施，美国逐渐减少在海外放贷。这些是保存黄金储备的必要措施，在金本位时代，黄金储备是金融稳定的基础，因为各国的货币价值都与金价挂钩，德国在货币稳定政策发挥作用以后也是如此。随着各国纷纷拉起货币的吊桥以防止资金外流，德国工业开始陷入困境。1928—1929 年，德国的工业生产几乎没有增长，那年冬天结束时，失业人数已逼近 250 万。投资骤然放缓，有可能是因为各公司在工资和福利上的支出过多，但更可能仅仅是因为资金短缺。德国政府发现，很难靠发行债券筹到资金，因为投资者深知通胀对战争期间发行的债券产生过什么影响。国际市场几乎无人相信德国政府有能力解决当时的经济问题。事实很快证明，人们的不信任感是完全有道理的。[7]

1929 年 10 月 24 日“黑色星期四”，美国陷入商业危机的确切信号骤然引发了纽约证券交易所的恐慌性抛售。在有些人看来已被过高估值的股价开始暴跌。进入下一周，在 10 月 29 日的“黑色星期二”，恐慌性抛售再度发生，情形比上次糟糕得多，1640 万股被
235 卖出,这个纪录在此后的 40 年里一直未被打破。[8] 交易者手忙脚乱、争先恐后地赶在股价跌得更低之前抛售股票，于是纽约证券交易所大厅里乱作一团。股灾突如其来的这几天，其实仅仅是随后三年里旷日持久、似乎不可阻挡的衰退的最明显表现。《纽约时报》指数从 1929 年 9 月 452 的高点,跌至 1932 年 7 月的 58 点。10 月 29 日，美国大型企业的市值蒸发掉 100 亿美元，是美国当时全部流通货币量的两倍，接近美国用于一战的资金量。公司纷纷倒闭，美国的进口需求骤跌。随着投资的消失，银行业陷入危机。美国银行眼见亏损日渐增加，开始收回短期贷款，而这些短期贷款正是德国企业界过去 5 年里的主要融资来源。[9]

美国银行从德国撤资，恰在德国最困难的时刻，确切地说是恰逢已呈颓势的德国经济需要强劲的刺激来帮助复苏之时。由于失去了资金，德国银行和企业试图提取更多的短期贷款用于恢复平衡。这种情况发生得越快，经济形势就显得越不稳定，也就有越多的国外和国内资产持有者开始向德国境外转移资金。[10] 由于无法为生产融资，企业开始大幅减产。已处于停滞状态的工业生产遂以惊人的速度一路下滑。到 1932 年，德国的工业产值比 1929 年水平下降了 40%，其衰退的严重程度在欧洲各经济体中只有奥地利和波兰可与之匹敌。欧陆其他国家的降幅均不超过 25%，英国为 11%。由于资金撤出和企业纷纷破产，银行开始陷入困境。1929—1930 年，许多小银行倒闭，随后奥地利最大的两家银行宣告破产；1931 年 7 月，德国各大银行也开始面临压力。[11] 倒闭的企业成倍增加。德国与奥

地利试图订立关税同盟以建立一个更大的内部市场，但在国际干涉下落空，因为人人都明白它背后的政治动机——朝着建立《凡尔赛和约》所禁止的两国政治同盟迈出一步。由于只能依靠国内资源，德国经济陷入大萧条，失业率几乎呈指数增长。各大城市有数百万 236
人失业，可用于购买食品的钱越来越少，急剧加深了已经非常严重的农业危机，由于银行收回贷款，许许多多靠贷款经营的农场主无法逃脱终止回赎权和破产的命运。农场和庄园的破产导致农业工人失去工作，失业潮蔓延到了城镇和乡村。[12]

到 1932 年，德国大约有三分之一的工人登记为失业，西里西亚或鲁尔等重工业区的失业率甚至更高。失业率之高前所未有，甚至高于实施货币稳定政策时的裁员阶段。1928—1932 年，在德国最大的工业中心柏林，失业人口从 13.3 万增至 60 万人；在贸易及海港城市汉堡，从 3.2 万增至 13.5 万人；在莱茵—鲁尔区的工业城市多特蒙德（Dortmund），从 1.2 万增至 6.5 万人。工业界受到的打击显然最为严重；但白领工人也纷纷失业，到 1932 年，有 50 多万白领失去工作。[13] 失业率增速骇人，大萧条开始之后仅一年时间，到 1930—1931 年之间的冬季，失业人数已超过 500 万；一年之后增至 600 万。据报道，1932 年初，失业者以及靠他们抚养的人总共将近 1300 万，约占德国总人口的五分之一。[14] 真实数据也许更高，因为失去工作的女性通常不去做失业登记。[15]

这些惊人的数据仅道出了部分实情。首先，数百万工人虽然保住了工作，但薪酬被降低，因为雇主缩短工时，开始实行短时工作制，以适应产品需求量的锐减。于是许多训练有素的工人或学徒工不得不承接低薪的、无需专门技能的工作，因为他们所胜任的那些工作已经消失。这些人还算幸运，因为真正令人痛苦和绝望的是危机的旷日持久。它始于 1929 年 10 月，当时的失业率已经相当高，在随后的三年里，危机毫无减轻的迹象。然而，几年前实行的福利制

度计划救助的人数远低于失业人口——最多只能救助 80 万人，但
237 1932 年的失业人口已达 600 万——而且所提供的救济最多只持续了几个月，而不是整整三年或者更长时间。民众收入的骤降，导致政府税收锐减，使得经济形势愈加恶化。许多地方政府也陷入困境，因为它们使用了美国贷款为本地的福利项目和其他项目融资，这些贷款此时也被要求退回。但在失业福利制度下，长期失业者的保险期满之后，为他们提供资助的重担首先以“危机救济”的形式转给中央政府，一段时间之后，又以“失业救济”的形式移交给地方政府。中央政府不愿意采取不得人心的举措填补所需的资金缺口；雇主认为自己的企业处于困境，无法提高保险分担额；工会和工人不愿意看到福利被削减。问题似乎是无解的。承受痛苦的是那些失业者，他们的救济金被一再削减，或者完全被终止。[16]

二

随着大萧条的加剧，在德国城镇的街头、广场和公园，可以看见成群的成年男子、结伙的少年懒洋洋地出没其间，一副不好惹的样子，让那些不习惯这种景象的资产阶级绅士淑女感到害怕，觉得暴力和犯罪随时会发生。更可怕的是，德国共产党企图——通常能够成功——鼓动这些失业者去实现该党的政治目的。这是典型的失业者政党。共产党鼓动家们招募“野人帮”中的不良青年；在工人阶级聚居区组织住户拒缴房租，那些人反正也不大付得起房租；宣布柏林的威丁（Wedding）等无产者聚居区属于“红区”，以此震慑胆敢涉足那些地界的非共产党员，如果知道来者与褐衫军有牵连，有时还会殴打或者用枪威胁对方；把某些酒馆食肆标记为自己的据点；把自己的信仰灌输给在工人阶级学校就读的孩子们，并且使家长联合会政治化，这引起了中产阶级教师甚至左翼教师的不安。在

共产党看来，由于越来越多的人失去工作，阶级斗争也随之从工作 238
场所转移到了大街小巷。保卫无产阶级的堡垒，必要时采用暴力手段，已成为共产党准军事组织“红色阵线战士同盟”的当务之急。[17]

共产党人让中产阶级感到恐惧，不仅因为他们在政治上利用街头失业者对社会造成了直接的威胁，还因为他们的人数在 1930 年代初期迅速上升。全国的党员从 1929 年的 11.7 万猛增至 1932 年的 36 万，他们在选举中显示出的投票实力一次比一次强。到 1932 年，在德国西北沿海地区，包括汉堡及其邻近的普鲁士港口阿尔托纳（Altona），有工作的党员不到 10%。1932 年 10 月入党的人里，大约四分之三没有工作。[18] 共产党组建“失业者委员会”，几乎每天都组织游行、示威、“反饥饿游行”等街头活动，这些活动往往在与警方的长时间冲突中结束。共产党领导人越来越觉得这场经济危机将会终结资本主义制度，因此不放过任何为政治增温的机会。[19]

这些发展动态推波助澜，导致共产党与社会民主党之间的裂痕在共和国的最后几年里日益加深。两党业已结下的深仇宿怨源于 1918—1919 年的一系列事件：受社会民主党人、政府部长古斯塔夫·诺斯克驱策的自由军团成员杀害了数位共产党的主要领导人，其中最著名的是卡尔·李卜克内西和罗莎·卢森堡。每当共产党举办纪念他们的活动，都会公开追忆他们的遇害情况。此时，宿仇之上又增加了失业这个制造分裂的因素，失业的共产党员痛骂保住了工作的社会民主党人和工会成员，而社会民主党越来越担心那些有暴力和骚乱倾向的人将蜂拥到共产党旗下。社会民主党工会领袖和雇主的做法又进一步加深了仇恨：前者习惯于甄别出共产党员，以便雇主裁员；后者往往首先解雇未婚的年轻工人，其次才解雇年纪大的已婚者，在很多时候这也意味着共产党员会失去工作。劳工运动最初是由社会民主党发起的，普通共产党员对这一事实感到心情矛盾，因此与党的“老大哥”形成了一种爱恨交织的关系，共产党

239 一直渴望双方为共同的事业携手合作，但必须按照共产党的主张行事。[20]

共产党的极端思想根深蒂固。尤其是激进的青年工人，他们感到被社会民主党出卖了——在老一辈社会民主党活动家的激励下，他们曾期盼一场彻底的革命，但革命在快要实现时功亏一篑，他们的希望破灭了。共产党是紧密团结的俄国式秘密组织，它与日俱增的影响力在那些最坚定的党员中间形成了一种团结和不断进取的精神。关于魏玛共和国时期坚定的共产党积极分子的生活，里夏德·克雷布斯（Richard Krebs）后来在回忆录中做了生动的描述。他是一名水手，1904 年生于不来梅的一个社会民主党海员家庭。1918—1919 年革命期间，正值青春期的克雷布斯在家乡目睹了自由军团进行镇压时的暴行。他在汉堡的食品骚乱中参与斗殴，并结交了一些码头上的共产党员。与警察的冲突使克雷布斯更加仇恨他们以及他们的老板——在汉堡市主政的社会民主党。他后来在回忆录中描述，坚定的共产党员参加街头示威活动时，腰带上别着一段段的铅管，兜里装着石头，随时准备砸向警察；骑警发起冲锋时，红色阵线战士同盟的青年积极分子们把刀子插进马腿，使马匹受惊奔逃。这种冲突与暴力的环境，让克雷布斯这类彪悍青年感到如鱼得水，他于 1923 年 5 月加入共产党，白天在码头向水手们发传单，晚上去听基础政治课。[21]

然而，他对马克思列宁主义理论的理解相当肤浅：

> 我有阶级意识，因为阶级意识是家传的。我为自己是一名工人而自豪，我鄙视资产阶级。我对正统的绅士淑女报以嘲讽态度。我有一种强烈的、一边倒的正义感，它使我疯狂地仇恨那些我认为导致民众受苦、压迫民众的人。警察是敌人。上帝是个谎言，是富人编造出来让穷人甘受奴役的，只有懦夫才会

> 寄希望于祷告。雇主都是披着人皮的狼，个个不怀好意、贪婪成性、不义不仁。我认为单打独斗的人永远无法取胜，大家必须联合起来，共同战斗，让所有从事有益工作的人过上好日子。大家必须不遗余力地斗争——只要能推进事业，不惜采取违法 240
> 行动；绝不心慈手软，直至革命取得胜利。[22]

满怀着这种狂热的奉献精神，克雷布斯在1923年10月的汉堡革命中担任红色阵线战士同盟一支武装小分队的负责人，在那场流产的革命中，共产党人突袭了一个警察局，筑起了街垒。[23] 起义失败后，他自然觉得有必要逃离现场，继续过他的海上生活，于是逃往荷兰，转赴比利时，与当地共产党取得了联系。因为会说英语，克雷布斯很快被一位苏联特工派往美国加利福尼亚州进行共产主义宣传。这类特工活跃于共产党的许多支部，但也许并不像克雷布斯后来所说的那么多。他受命去干掉一个被当地党组织认定的叛徒，结果事败被捕——他自称是故意失手的，被囚禁在圣康坦（St. Quentin）监狱。1930年代初获释之后，克雷布斯成了共产国际——各国共产党的国际组织，接受莫斯科的指令——海员分部的干事，由共产国际支付薪水，并开始担任党的交通员，把经费、传单等许多物品从一个国家带到另一个国家，后来又在德国各地运送物品。[24]

里夏德·克雷布斯的回忆录读起来就像一部惊险小说，书中描述的共产党是靠钢铁般的纪律和使命感凝聚在一起的，它的每一次行动都受命于来自“格别乌”*（其前身是契卡）的特工，这些苏联秘密警察在幕后操纵着各国的共产党组织。德国很多中产阶级人士一想到共产国际在幕后操纵了许多国家的罢工、示威和起义，就感到不寒而栗，尽管这些活动几乎无一成功。共产国际的地下组织，

* 格别乌（GPU），“苏联国家政治保卫局”（1922—1923）的拉丁首字母缩写。

以及自卡尔·拉狄克（Karl Radek）*以来苏联特工在德国共产党中所发挥的毋庸置疑的作用，无疑加重了德国资产阶级的忧虑。但克雷布斯把共产国际的运作描写得过于顺畅了，实际上，罢工、劳工骚乱乃至斗殴和暴乱，往往是由“红色阵线战士”一时情绪失控引起的，而未必是由莫斯科及其特工预先策划的。克雷布斯这样的党
241 员并不多见。共产党的党员变更率仅在1932年就超过了50%，意味着数十万失业者曾经入党，至少当过一段时间的共产党员，但也意味着该党一度留不住人心，多数党员通常入党不到几个月就退出了。克雷布斯这类资深党员构成了立场坚定、严守纪律，但为数较少的积极分子核心，红色阵线战士同盟成为一支越来越职业化的力量。[25] 在这种环境下，语言的力量非常大。自从共产国际领导人于1928年在莫斯科宣布共产国际进入“第三阶段”以来，共产党的言辞变得远比以往暴戾。此后，共产党的恶毒语言主要针对社会民主党。在它看来，每一届德国政府都是“法西斯”政权。法西斯主义是资本主义在政治上的表达。社会民主党人是“社会法西斯分子”，因为他们是资本主义制度的主要支持者，引导工人们放弃革命的使命感，而甘心接受魏玛的“法西斯主义”政治制度。共产党领导层中任何试图质疑这一路线的人都会被撤销党内职务，任何有助于推翻“法西斯”政府及其社会民主党支持者的事情都受到欢迎。[26]

当时德国共产党的领导人是汉堡工会的干部恩斯特·台尔曼（Ernst Thälmann）。台尔曼生于1886年，在应征入伍参加一战、前往西线服役之前，曾做过各种短工，包括在鱼粉厂打工、为洗衣店开车，因此他的工人阶级资格是毋庸置疑的。台尔曼于1903年加入社会民主党，在战争年代受党内左翼的吸引，于1918年革命

---

* 卡尔·拉狄克（1885—1939），一战前活跃于波兰和德国的社会民主运动活动家，十月革命之后在苏俄领导国际共产主义运动。1918年底赴德参与德国共产党的筹建。1920年在苏俄担任共产国际书记，主要负责德国事务。

期间投身政治活动，成为“革命工人谈判代表”*的一员，1919年成为独立社会民主党在汉堡的领导人，同年当选为市议会议员。独立社会民主党于1922年分裂时，他加入共产党，成为该党的全国中央委员会委员。在此期间，他依然是体力劳动者，从事拆卸废船等重体力工作。台尔曼肌肉发达、没受过教育，是个天生的革命者，吸收了革命工人的共产主义理想。他没什么文化，显然拙于运用复杂的马克思主义术语，但也因此赢得了无产阶级听众的认同；他的演讲充满激情却缺乏条理，可是听众反倒觉得这显示了他的诚实与真挚。作为1920年代中晚期和1930年代初的共产党领导人和职业 242
政客，台尔曼经常不得不系着领带，但这也使他形成了一套演讲的招牌动作：讲至酣处，他会扯下领带，在满堂热烈的掌声中又变回一名质朴的工人。他毫不掩饰对军事将领和企业老板的仇恨，以及对社会民主党的不信任。

在莫斯科，斯大林出于打压党内对手的策略需要而翻云覆雨，共产国际所制定的路线往往也随之变来变去，台尔曼像许多普通共产党员一样对此亦步亦趋。他对革命的信仰坚定不移，因此对苏联这个世界上唯一的革命政权也坚信不疑。德共的其他领导人也许比台尔曼更灵活、更无情、更聪明，例如柏林党委书记瓦尔特·乌布利希（Walter Ulbricht），政治局和中央委员会以及莫斯科的共产国际，也许一直是德共的政策战略的决定者；然而，台尔曼凭借个人声望与口才，成为德共不可或缺的骨干，在1925年和1932年两度被共产党推举为候选人参加总统竞选。因此，到1930年代初，他已成为德国最著名的也是中产阶级和上流社会最害怕的政客之一。台尔曼既不是傀儡，也算不上真正的领袖，但他个人始终兼具德共

* 革命工人谈判代表（revolutionary shop stewards），一战期间由德国各行业的工人自由选举出的劳资谈判代表，他们反对德意志帝国的战争政策，并在1918—1919年德国革命期间发挥了作用。

的毫不妥协与雄心壮志，推动德共朝着建立“苏维埃德国”的目标前进。[27]

因此在 1930 年代初，台尔曼这类人领导下的共产党，对于许多德国中产阶级来说似乎成了迫在眉睫、规模空前的威胁。一场共产主义革命似乎随时可能发生。就连维克托 · 克伦佩雷尔这样清醒、聪明、保守的温和派也会在 1931 年 7 月自问：“政府要倒台了吗？随后上台的会是希特勒还是共产党？”[28] 然而从很多方面看，共产党的实力都是一种错觉。德共在意识形态上对社会民主党的敌意，注定了它的不堪大任。基于极端主义立场，它谴责魏玛共和国的历任政府是“法西斯政权”，甚至包括由赫尔曼 · 米勒（Hermann Müller）领导的“大联合政府”。这种对共和国的仇视，导致德共完全无视纳粹主义对魏玛政治制度的威胁。它对资本主义即将彻底崩
243 溃的乐观预测，在 1932 年的经济绝境中似乎有几分道理，但事后回过头来看却毫无根据。而且，一个主要由失业者组成的政党不可避免地缺乏资源，党员的贫困和易变也会削弱德共的实力。共产党员手头非常拮据，以至于共产党的酒吧食肆在大萧条期间不得不一家接一家地关门，或者转给纳粹党。1929—1933 年，德国的人均啤酒消费量下降了 43%，在这种形势下，资金较充足的褐衫军取而代之。一位历史学家所说的“半游击战”发生于德国各大城市比较贫困的区域，褐衫军不断以暴力手段残酷打压共产党员，逐渐把他们打回贫民窟和廉租公寓区。在双方的冲突中，中产阶级普遍站在纳粹党人一边，毕竟他们既没有威胁要消灭资本主义，也没有宣称如果掌握政权就建立一个“苏维埃德国”。[29]

三

虽然失业现象主要发生在工人阶级中间，但经济困难也瓦解了

其他社会群体的信心。例如，早在大萧条开始之前，为了巩固1923年之后货币稳定政策的成果，政府开始削减开支，引发了政府部门的裁员潮。1923年10月1日至1924年3月31日，82.6万公务员中有13.5万被裁员，其中多数属于国有铁路系统、邮政、电报和国营印刷机构，同期被辞退的还有6.1万白领工人中的3万人、70.6万政府雇佣的体力劳动者中的23.2万人。[30]1929年之后又有一波减薪潮，1930年12月至1932年12月，公务员累计减薪19%至23%。各个层级都有许多公务员对工会代表没有能力制止裁员减薪而感到失望，他们对政府的敌意是显而易见的。有些人加入了纳粹党；另外许多人却反感纳粹党，因为它曾公开威胁说一旦掌权就清洗公务员。尽管如此，裁员减薪依然导致公务员普遍对共和国感到忧虑和不抱希望。[31]

其他许多中产阶级职业人士也觉得自己的经济和社会地位在魏 244
玛共和国治下受到了威胁。由于银行和金融机构处境艰难，白领工人不是失去了工作，就是在担心自己有可能失业。由于购买力下降，旅行社、饭馆、零售商店、邮购公司等服务业雇主纷纷陷入困境。纳粹党此时已建立起精密的专业分支结构，见此情形，便开始拉拢专业人士和拥有资产的中产阶级。这令那些继续强调国家社会主义之“社会主义”一面的人深恶痛绝，比如奥托·施特拉塞尔（Otto Strasser），他是纳粹党组织部长格雷戈尔的弟弟，这些人认为希特勒背叛了他们的理想。奥托·施特拉塞尔及其出版社支持罢工等左翼事业，这激怒了希特勒，他于1930年4月召集党内领导层开会，痛斥施特拉塞尔的观点。为了消解奥托·施特拉塞尔的影响力，他任命戈培尔为党的全国宣传工作主管。然而，令戈培尔恼火的是，希特勒一再推迟采取决定性行动，寄希望于奥托·施特拉塞尔的宣传机构还能在1930年6月的地区选举中起些作用。直到选举结束之后，加上施特拉塞尔出版了有损希特勒形象的、当年年初他与希特勒争吵的实录，希特勒才决心把奥托 · 施特拉塞尔及其支持者清除出党。施特拉塞尔采取主动，于 1930 年 7 月 4 日退党。这是一次严重的分裂。旁观者凝神观察纳粹党在党内左翼大批退出后能否继续生存下去。但戈培尔及其亲信在鲁尔区凭借社会主义口号恢复了纳粹党的活力，由此明显扭转了局势。异见者的出走显示，施特拉塞尔及其观点在党内支持者甚少，就连其兄格雷戈尔也与他断绝了关系。奥托 · 施特拉塞尔淡出主流政坛，先是留在德国，后来流亡国外，余生都在幻想建立小型宗派组织，向志趣相投的小众宣传自己的观点。[32]

摆脱了“社会主义”最后的残余之后，希特勒着手搭建更多桥梁用以争取右翼保守派。1931 年秋，他与民族党结成所谓的“哈尔茨堡阵线”（Harzburg Front），于 10 月 11 日在巴特哈尔茨堡（Bad Harzburg）与胡根贝格发表联合宣言，宣称他们已经为共同统治普鲁士州以及整个德国做好了准备。这标志着双方自 1929 年首次
245 联手反对杨格计划以来在合作上取得了重大进展，不过，纳粹党强调它将继续保持独立性，例如希特勒就拒绝检阅“钢盔”的分列式。同时，希特勒采取重要步骤，向企业家们解释纳粹党对他们不构成威胁。他于 1932 年 1 月在杜塞尔多夫的工业俱乐部（Industry Club）向大约 650 位企业家发表演说，为了打动听众，他痛斥马克思主义是德国的病源——他在这次演讲中一次都没有提到犹太人——他还强调自己坚信私有财产、努力工作和让有能力有事业心的人得到应有回报的重要性。然而他还说，解决当下的经济困境主要应该靠政治手段；能够为经济复兴打下基础的，是理想主义、爱国主义和民族团结，这些将由国家社会主义运动提供；国家社会主义运动的成员牺牲时间和金钱，甘冒生命危险，日日夜夜与共产主义威胁做斗争。[33]

在两个半小时的演说中，希特勒的话极其笼统，根本没有提出

任何具体的经济政策，却暴露了他的社会达尔文主义经济观：斗争是通往成功的道路。这无法给见多识广的听众留下深刻印象，资深企业家们感到颇为失望。纳粹党后来宣称希特勒最终赢得了大企业的支持，但并无确凿证据证明这种说法。会后，希特勒和其他纳粹党人都没有采取后续行动在这些工业巨头中间募集资金。实际上，此次演讲之后，部分纳粹媒体继续攻击托拉斯和垄断经营，而另一些纳粹党人则试图通过主张工人权利赢得劳工群体的选票。共产党的报纸以阴谋论的语言描述这次会议，说它表明纳粹党是大企业的走狗。纳粹党对此予以否认，特意印刷了演讲的节选，证明希特勒并没有依附于资本家。

这一切的结果是，企业界并没有比以往更加乐于资助纳粹党。确实有一两个企业家表示了热情，例如弗里茨·蒂森（Fritz Thyssen）出资为赫尔曼·戈林和格雷戈尔·施特拉塞尔等纳粹头目的奢侈品位提供补贴。大体而言，此次演讲安抚了大企业，时机一到，它们很容易就会转而支持纳粹党。但 1932 年 1 月的演讲依 246
然是在为将来铺路。当时纳粹党各项活动的资金，仍像从前一样主要来源于党员的自愿捐献、集会的入场费、党报和出版物的收入，以及小企业——而非大企业——的捐助。希特勒在向大企业的代表发表演说时明显地忘记提及反犹主义，而反犹主义对小企业等群体的吸引力可能要大得多。[34] 不过，纳粹党此时在粗鄙的本来面目之外，又添了一副体面之相，逐渐在保守派和民族主义精英中间交到了一些朋友。随着德国在大萧条中越陷越深，越来越多的中产阶级人士开始寄希望于生机勃勃的纳粹党能够引领国家走出困境。一切将取决于魏玛共和国脆弱的民主体制能否顶住压力，取决于德国政府能否制定出正确的政策以阻止民主体制的全面崩溃。

第二节

民主制度的危机

一

247 大萧条的第一个政治牺牲品，是由社会民主党人赫尔曼·米勒领导的大联合政府，它于 1928 年胜选后上台，是共和国最稳定、执政时间最长的内阁之一。大联合政府是一次罕见的尝试，它力图折中社会民主党与不包括民族党在内的“资产阶级”政党之间的意识形态和社会利益。促成它们联合的主要是在民族党和极右翼的激烈反对下确保杨格计划获得通过这个共同目标。杨格计划于 1929 年底被批准后，这些政党之间的纽带基本上也就不复存在。1929 年 10 月大萧条开始之后，关于如何解决急剧恶化的失业问题，大联合政府中的政党无法达成共识。人民党领袖古斯塔夫·施特雷泽曼于 1929 年 10 月去世，失去了这位有影响力的温和派之后，人民党因为社会民主党拒绝削减失业救济金而与之决裂，大联合政府被迫于 1930 年 3 月 27 日解散。[35]

大联合政府的解散标志着魏玛民主制度开始走向终结，尽管当时极少有人意识到这点。此后的各届政府执政时再也没得到过国会多数的支持。其实，那些在兴登堡跟前说得上话的人把大联合政府的倒台看作通过行使总统专制权来建立独裁政权的一个契机。在这方面特别有影响力的是德国军方，其代表人物是威廉·格勒纳将军，他于 1928 年 1 月受命接替民主党政客奥托·格斯勒出任国防部长，这标志着军方已完全从政治控制中解放出来，而且权力得到 248
了加强——军方首脑有权不经内阁而直接向总统汇报。尽管《凡尔赛和约》限制了德军的员额和装备，但军队在很大程度上仍是德国最强大、最守纪律、装备最充足的武装力量。当包括政党和立法机构在内的各种平民组织和文职机构纷纷解体时，军队依然团结一致。自卡普暴动失败以来，军队在 1920 年代的多数时候一直保持低调，将注意力集中于非法扩充装备和人员，然而在1930年代初的危机中，它看到了自己的机会。格勒纳的政治顾问库尔特·冯·施莱谢尔上校（后来晋升为将军）等人认为，应该把握时机，将国家从议会制联合政府的束缚中解放出来，进而重整军备，重建德国的大国地位。德国越是陷入政治混乱和极端主义暴力局面，军队的地位就会变得越重要。格勒纳在 1930 年秋就已经这样告诉军官们了："在德国的政治进程中，一砖一瓦也已无法挪动，除非起决定性作用的军方发话。"[36]

军方倾力影响政治进程，最初是为了防止军费被削减，这个目的确实达到了，就在政府各机构的预算均遭大幅削减时，军费丝毫未受影响。但军方依然普遍漠视纳粹党。在普鲁士君主制时代接受了严格传统教育的资深军官们普遍排斥极端民族主义政客的民粹主义宣传。然而即使在这样的群体中，也有一些人公开支持纳粹党，比如路德维希·贝克（Ludwig Beck）上校。[37] 而且，青年军官非常容易受纳粹宣传的影响。早在 1929 年，许多初级军官就已经与纳粹党人讨论问题、辩论"民族革命"的前途了。格勒纳和施莱谢尔领导下的军方高层极力打压这类趋势。他们展开反宣传活动，并下令逮捕领头参与讨论的三位军官，于1930年以谋划严重叛国行为的罪名对他们进行审判。审判激怒了其他青年军官，甚至包括那些无意与纳粹党合作的军官。其中一人写道：军队领导层屈从于“十一月党人”，被他们送上审判席的那些人只有一个动机，就是“对祖国无私的爱”。他接着写道，百分之九十的军官都是这样认为的。[38]

249 希特勒利用庭审的机会在证人席做了一场被广泛传播的演讲，传召他到庭作证的是其中一位被告的辩护人、纳粹党律师汉斯·弗兰克。希特勒宣称：纳粹党无意犯严重叛国罪，也无意从内部策反军队；纳粹党旨在通过合法手段上台执政，而且他已将那些主张发动革命的人开除出党，比如奥托·施特拉塞尔；纳粹党将在大选中赢得多数席位，并组建一个合法的政府。在旁听席的一片喝彩声中，他说，到那时，真正的叛国者，即1918年的“十一月罪人”，将被送上审判席接受惩罚；但是直到那时，纳粹党依然会遵守法律。法庭让希特勒对其证词的真实性起誓。据报道戈培尔说：“现在我们绝对合法了。”普茨·汉夫施丹格尔当时刚刚受命负责希特勒与外国媒体的关系，他设法使此次演讲在世界各地得到广泛报道。希特勒在三篇文章中概述了纳粹党的目标和方法，汉夫施丹格尔把精心删改过的文本卖给了美国传媒大亨威廉·兰道夫·赫斯特（William Randolph Hearst），每篇售价1000帝国马克。这笔钱使希特勒此后每次在首都逗留的时候，都能够把柏林市中心的恺撒霍夫酒店（Kaiserhof Hotel）作为他的总部。在国内，希特勒的保证驱散了许多德国中产阶级人士对于纳粹党意图的恐惧。[39]

法庭没有被希特勒打动，申斥他滥用证人的身份，并判处那几位青年军官18个月徒刑，革除其中二人的军籍。[40] 法官的保守立场基本上注定了法庭站到军方一边，然而判决并未遏制住青年军官继续与纳粹党暗送秋波。施莱谢尔试图反驳纳粹党的观点、抑制青年军官的激进思想、在军队中恢复政治纪律，但他的努力收效甚微，主要原因在于他公开对军官团承认自己认同纳粹纲领中的“民族部分”，尤其认同“国家社会主义运动所带来的反布尔什维主义、反叛国、反淫秽书刊等怒潮。在这方面，”他说，“国家社会主义运动无疑具有极其鼓舞人心的功效。”[41] 认同纳粹党意味着与之合作，但军方高层过于傲慢自负，以至于他们依然认为可以任意驱
策纳粹党，使之成为他们的军事和政治附庸，就像他们在 1920 年 250
代初驱策其他准军事团体那样。时间将会证明这个策略真是大错特错。

兴登堡主要根据施莱谢尔等高级军官的建议来任命接替米勒的总理人选，军队新取得的显要政治地位由此可见一斑。军方从一开始就不打算成立一个基于代议制的民主政府，而是要安置一个“专家内阁”，旨在通过由兴登堡行使紧急状态下的专制权而绕开国会。当然，专制权的适用范围是有限的，许多法案，尤其是预算案，仍须由国会批准。为了让新上任的政府看起来不像独裁政权，他们采取的措施是延揽著名的国会政客进入新内阁，包括前总理、代表中央党的约瑟夫 · 维尔特（Josef Wirth），代表民主党（1930 年 7 月更名为国家党）的赫尔曼 · 迪特里希（Hermann Dietrich），代表民族党的马丁 · 席勒（Martin Schiele），代表人民党的尤利乌斯 · 库尔提乌斯（Julius Curtius）和代表经济党这个小型政党的维克托 · 布雷特（Viktor Bredt）。但是不包括社会民主党，兴登堡及其幕僚不愿意把专制权委托给该党。缺了社会民主党，新政府不再由国会中的多数党组成，然而这似乎已不重要。

后来的事实证明，新政府总理的任命是一个灾难性的选择。从表面上看，总统提名海因里希 · 布吕宁（Heinrich Brüning）为德国总理，是为了维护民主制度。布吕宁生于 1885 年，是国会中的中央党议员领袖，其所代表的政党曾经是魏玛共和国议会民主制度的中坚力量。然而到他被任命时，中央党已在新党魁高级教士路德

维希·卡斯的影响下转向较为专制的立场，关注的范围更加局限于保护天主教会的利益。而且，布吕宁本人充其量只是魏玛民主制度可以同甘不能共苦的朋友。他曾当过军官，对十一月革命感到震惊，终生是君主制度的坚定拥护者。布吕宁确实曾在回忆录中表示，当上总理后，他的主要目标是恢复君主制度。但他这样写，也许是在
251 回顾往事时对自己的政治生涯所做的连贯性描述，其实与许多政客一样，主导着其政治生涯的尽是些短期的当务之急。[42] 尽管布吕宁在内心坚信回归俾斯麦的体制将造福全体国民，但并没有制定恢复君主制的具体计划，更别提让皇帝复位了。然而无论如何，他在本质上是专制的。[43] 布吕宁打算修改宪法，办法是削减国会的权力，由自己身兼德国总理和普鲁士部长会议主席两职，从而解除社会民主党对德国最大州的控制权。由于没有得到兴登堡的充分支持，布吕宁无法把这个设想付诸实施，但它仍在议事日程上，随时可供取得兴登堡支持的人使用。布吕宁还开始限制民主权利和公民自由。[44] 例如，他在 1931 年 3 月严令限制新闻自由，尤其限制媒体对其政策发表批评意见。到 7 月中旬，据自由派的《柏林日报》(*Berliner Tageblatt*) 估算，全国每个月被禁的报纸多达上百版。到 1932 年，共产党的《红旗报》(*The Red Flag*) 不到三天就会被禁一次。早在纳粹上台之前，新闻自由就已受到了严重损害。[45]

所以，纳粹党当政期间对民主制度和公民自由不遗余力的破坏，其实在布吕宁执政时就已经开始了。有人认为，布吕宁在经济危机期间饱受诟病的经济政策，其设计初衷实际上部分是为了削弱工会和社会民主党，它们是魏玛民主制度得以维持的两支主要力量。[46] 诚然，布吕宁不是独裁者，他的就任也并不标志着魏玛民主制度的终结。布吕宁在中央党内能够升到高位，必然精通政治算计和政治手腕、善于建立政治同盟。他是一位极有声望的金融和税务专家，在这些技术性相当强的领域里游刃有余，这两个领域在 1930 年显

然需要掌舵人。但在1930年之后，布吕宁可操作的空间很快变得越来越小，主要是由于他灾难性的政治误判。就连其最坚定的维护者也从不认为他是个有魅力、鼓舞人心的领袖。布吕宁表情严肃、颇有城府、难以捉摸，总是不经充分磋商就做决断，加上缺乏口才，因此无法赢得选民的广泛支持，选民们越来越惊骇地看到，经济混 252
乱和政治暴力正在把国家拖入一场危机，其严重程度甚至远超1923年那次。[47]

二

布吕宁的主要任务是应对急剧恶化的经济状况，为此他选择了激进的紧缩措施。首先是削减政府开支，因为政府的财政收入迅速减少，而靠贷款来支付政府债务的可能性基本上不存在。其次，虽然1923年大通胀之后，德国的货币通过与黄金价格挂钩而一直保持稳定，但这绝不表示它稳定在了恰当水平。由于国际收支逆差导致储备金外流，货币被过高估值，而币值已达到的水平被认为是神圣不容更改的，因此唯一的对策是在国内降低物价和工资、提高利率。[48]最后，尽管1930年夏的杨格计划对赔款进行了重新安排，并实际上大幅降低了数额，但战争赔款依然是笼罩在德国经济领域的阴云。布吕宁希望通过减少需求来降低德国国内的物价，从而使出口商品在国际市场上更有竞争力，此政策当然受到了出口制造商的欢迎，他们是布吕宁的铁杆支持者。[49]在全球市场需求已跌至前所未有的程度之时，这并不是一个非常切合实际的政策。

首先削减的是政府开支。政府采取了一系列措施，其高潮是1931年6月5日和10月6日颁布的紧急总统令，要求以各种方式削减失业救济，限定领取的期限，对越来越多例申请者展开经济状况调查。长期失业者于是眼睁睁看着自己的生活水平逐步下降：从领取失业保险，变成领取政府资助的危机补助，然后转为领取地方政府的福利救济，最后什么救济都领不到。到 1932 年底，只有 61.8 万人可以领取失业保险，123 万人领取危机补助，250 万人领取福利救济，100 多万人因失业救济期限已满（此时各种救济均设
253 置了领取期限）而失去稳定的收入。[50] 无论布吕宁的目标多么远大，民众的日益贫困依然使得经济形势每况愈下。民众连自己和家人的生活必需品都买不起，当然谈不上花费足以刺激工业和服务业走向复苏的钱。此外，由于人们对通胀极度恐惧，因此即使不存在要求帝国马克保值的国际协议（比如杨格计划），货币贬值（刺激出口的捷径）也有可能在政治上造成极大的危害。布吕宁无论如何也不会允许货币贬值，因为他想让国际社会看到，战争赔款正在德国造成真切的不幸与痛苦。[51]

然而在 1931 年夏，形势变了。随着资本外逃达到新高，经济受到新一轮危机的冲击，导致严重依赖外国贷款的达姆施塔特国民银行（Darmstadt and National Bank，简称 Danat Bank）于 7 月 13 日倒闭，产生引发更大范围信贷崩溃的危险。[52] 用国外贷款帮助德国政府渡过难关的可能性显然已荡然无存：据估算，填补德国预算赤字所需的资金量，比美国的全部黄金储备还要多。金本位制的严格要求使国际金融合作无法有效开展。布吕宁及其幕僚别无选择，只能取消帝国马克的可兑换属性。政府原先一直不愿意走这一步，因为担心引起通货膨胀。于是，帝国马克自此不再能够兑换外币。[53]

因此金本位制对德国而言已毫无意义，这让政府可以采取更加灵活的货币政策，扩大货币供应量，从而至少在理论上可以缓解政府的经济困境，使政府能够着手通过创造就业机会来刺激经济。[54] 然而不幸的是，布吕宁不肯走出这一步，因为他担心印出来的钱如果不与金价挂钩，将会导致通货膨胀。在德国通货膨胀所产生的所有长期影响中，这种担忧可能是最具灾难性的。不过，布吕宁在有

其他可行方案可用的情况下仍然长期坚持通货紧缩政策，并非仅仅
基于这个原因；关键的原因是，他还希望利用持续的高失业率来彻 254
底瓦解魏玛福利制度，削弱劳工的影响力，使之无力反对他当时正
在酝酿的计划——朝着独裁、复辟的方向修改宪法。[55]

银行业的危机把另一张布吕宁不愿意用的牌交到了他手中。鉴于 1931 年春季和夏初外国资本从德国经济体外逃，1931 年 6 月 20 日的《胡佛延债宣言》(Hoover Moratorium ）宣布暂停战争赔款的支付以及其他方式的国际资本流动。这解除了德国政府的另一个政治限制，使之有了自由活动的余地。在此之前，政府采取的几乎每一个经济政策，比如增税或者用其他方式增加政府收入，都面临被极右翼指责为用于支付令人痛恨的战争赔款的风险。此时，这个风险被解除了。但对布吕宁来说，这还不够。他认为危机结束后，《延债宣言》可能被撤销，战争赔款可能被要求继续支付。[56] 因此，尽管出路已摆在那里，而且已经有人公开主张由政府出资创造就业机会来刺激需求，但布吕宁仍未采取任何措施。[57]

布吕宁的通货紧缩立场无法撼动。1931 年的形势使大萧条比原先更加严重，而且没有结束的迹象。布吕宁亲口告诉民众，他预计大萧条将持续到 1935 年。不光是失业者和赤贫者，这个前景也令许多人深感震惊，简直不敢去想。[58] 不久，布吕宁就得了个“饥饿总理”的绰号，因为他在 12 月 8 日又颁布了一项紧急法令，要求将工资降到 1927 年的水平，同时命令降低各种商品的价格。[59] 讽刺作家把他比作 1920 年代初的杀人狂弗里茨 · 哈尔曼。哈尔曼杀人之后碎尸的习惯曾被编成儿歌，时不时被拿来吓唬小孩儿，如今在德国仍然有人会唱：

待会儿请睁大眼睛
看布吕宁到你跟前

带着九号紧急法令
看不把你打成肉饼。[60]

255 第九号紧急法令从未出现；然而，仅颁布了4个法令，布吕宁就已成为魏玛共和国时期最不受欢迎的总理。[61]

三

像许多传统的保守派一样，布吕宁想要抑制或削弱极右翼狂热的激进思想，并且时常表现出试图这样做的勇气。然而与他们一样，他也低估了它的实力和影响力。布吕宁恪守他所认定的普鲁士美德，即虔诚、客观、超越党派偏见以及无私为国，这主要源于1870年代俾斯麦抨击天主教徒不忠于国家之后，中央党所奉行的爱国传统。基于这种人生态度，布吕宁长久地不信任党派政治，本能地相信总统兴登堡等普鲁士政治偶像的政治可靠性，他的信任最终被证实完全是所托非人。[62] 而且，这并非布吕宁唯一的致命失误。上任伊始，他就威胁说要动用宪法第25条赋予兴登堡的权力要求重新进行国会选举，以此逼迫主要对手社会民主党就范。当社会民主党与民族党和共产党联手拒绝批准一项苛刻的财政紧缩预算时，布吕宁毫不犹豫地将威胁付诸行动，宣布解散国会。纳粹党在地方和地区选举中曾赢得大量选票，而社会民主党却无视这个明显的事实，以为选民还会继续走老路，一心期待选举的结果是有足够的选民支持它的政纲。布吕宁及其左翼政治对手像许多德国人一样，对于纳粹党的极端论调以及在街头的恐吓手段依然重视不起来，仅仅将其视为纳粹党必然沦于政治边缘的证明。他们认为纳粹党不遵守约定俗成的政治规则，因此无望取得成功。[63]

选战呈白热化，人们异常兴奋。戈培尔和纳粹党组织全力以赴。

在各大城市一场接一场举行的、听众多达 2 万人的演说中，希特勒怒斥魏玛共和国的不公正、致命的内部分裂、层出不穷的派系内讧 257
和党派利益之争、经济凋敝、制造国耻。他疾呼，为了改变这一切，就要战胜民主制度，回归个人独裁，彻底清洗掉 1918 年的革命者、1923 年的奸商、支持杨格计划的卖国贼，以及公务员中的社会民主党食禄虫（“革命寄生虫”）。希特勒及其政党用语义含糊但铿锵有力的措辞，向民众承诺了一个团结而强大的德国、一场超越社会界限和社会矛盾的运动、一个全体德意志人携手合作的种族社会、一个能够重建德国的经济实力和恢复德国应有的国际地位的新帝国。这番话深深打动了许多人，他们眷恋着俾斯麦所缔造的帝国，梦想有一位新领袖能够恢复德国已然失落的荣耀。这番话全面总结了许多人所认为的共和国的失误，为人们表达对共和国的绝望提供了机会：投票给一个在各方面都反其道而行的政党。

在这个整体层面之下，纳粹党的宣传机器技巧娴熟地将目标对准了德国选民中的特定群体，培训竞选班子如何针对不同的听众做不同的演讲，在集会之前广而告之，根据场合安排演讲题目、挑选合适的演讲者。有时，为纳粹党主要演讲人站台的，还有当地的纳粹党外人士和来自保守派背景的知名人士。纳粹党精密的分支机构深谙德国社会在大萧条期间已逐渐分化成互相竞争的利益团体，于是针对特定的选民群体设计了专门的演讲词。反犹标语只用于对此感兴趣的人群；如果打动不了对方，就弃用。纳粹党人根据收到的反馈调整宣传策略，他们密切注意听众的反应，印制了各种各样的海报和小册子用以争取各类选民。他们放映电影、举行集会、唱歌、用铜管乐队演奏、示威和游行。选战由纳粹党的全国宣传工作主管约瑟夫·戈培尔策划。他设在慕尼黑的宣传总部源源不断地向地方党支部和区党部发出指令，经常为选战提供新鲜的口号和材料。与共产党相比，纳粹党使命感的强烈程度犹有过之，在这种使命感的

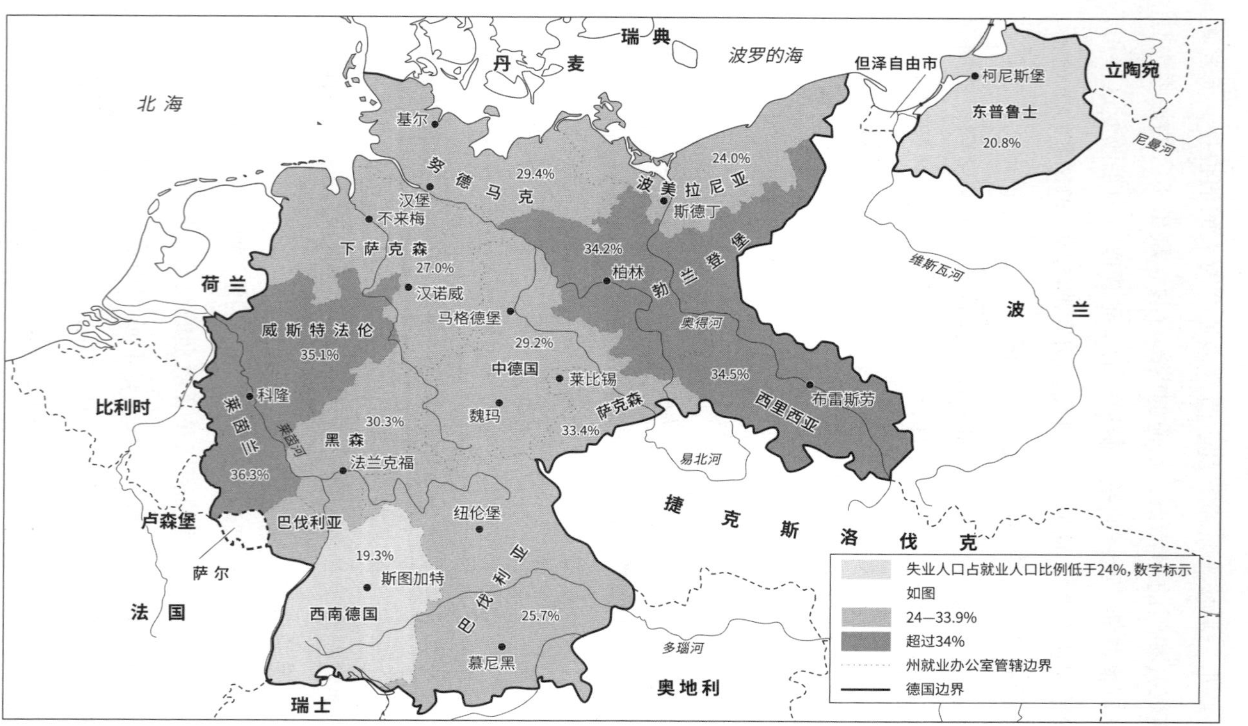

地图 9　1932 年的失业率

驱使下，随着选战达到高潮，纳粹党持久而狂热的行动力以及宣传 259
的密集程度，都超出了其他所有政党。[64]

1930 年 9 月国会选举的结果几乎让每个人都感到震惊，产生的地震波从诸多方面对魏玛共和国的政治制度造成了决定性打击。作为布吕宁政府背后的选战主力，中央党对于选票从 370 万增加到 410 万确实还算满意，由此它在国会中的席位从 62 席增加到了 68 席。布吕宁的主要对手社会民主党失去 10 席，从 153 席降至 143 席，但仍是国会中的最大党。就此而言，选举对布吕宁的助益微乎其微。布吕宁原先可能希望以中间派和右翼政党为基础组建他的政府，但它们在竞选中惨败，民族党从 73 席降至 41 席，人民党从 45 席降至 31 席，经济党（新组建的中产阶级特殊利益团体）从 31 席降至 23 席，国家党从 25 席降至 20 席。也就是说，布吕宁首任内阁中的政党总共失去 53 席，从 236 席降至 183 席。况且这些政党也不是一致支持总理的：人民党对于是否支持他产生了严重分歧；民族党领导人阿尔弗雷德·胡根贝格强烈批评布吕宁政府，逼迫那些立场温和、仍想给政府一个机会的议员退党。1930 年 9 月之后，民族党中基本上已无人反对胡根贝格的政策——谋求与纳粹党合作，颠覆共和国，由立场更趋右翼的人物取代布吕宁出任总理。[65]

这表明，在 1930 年选举中实力大增的，是那些有望持续不断地反对布吕宁政府及其全部政策，并相信这样做可以加速共和国之灭亡的政治力量。共产党由于在失业者中间的支持率上升，议席从 54 席增加到 77 席。但最令人震惊的是纳粹党得票数的飙升。在 1928 年的国会选举中，仅有 80 万人支持纳粹党，因此该党在国家的立法机构中仅得到 12 席。而在 1930 年 9 月，该党获得的选票增
加到 640 万张，所得议席达 107 席。约瑟夫·戈培尔在 1930 年 9 261
月 15 日的日记中得意地写道：“了不起……不可思议的进步……我真没想到。”[66] 支持纳粹党的报纸把选举结果说成是“轰动世界的

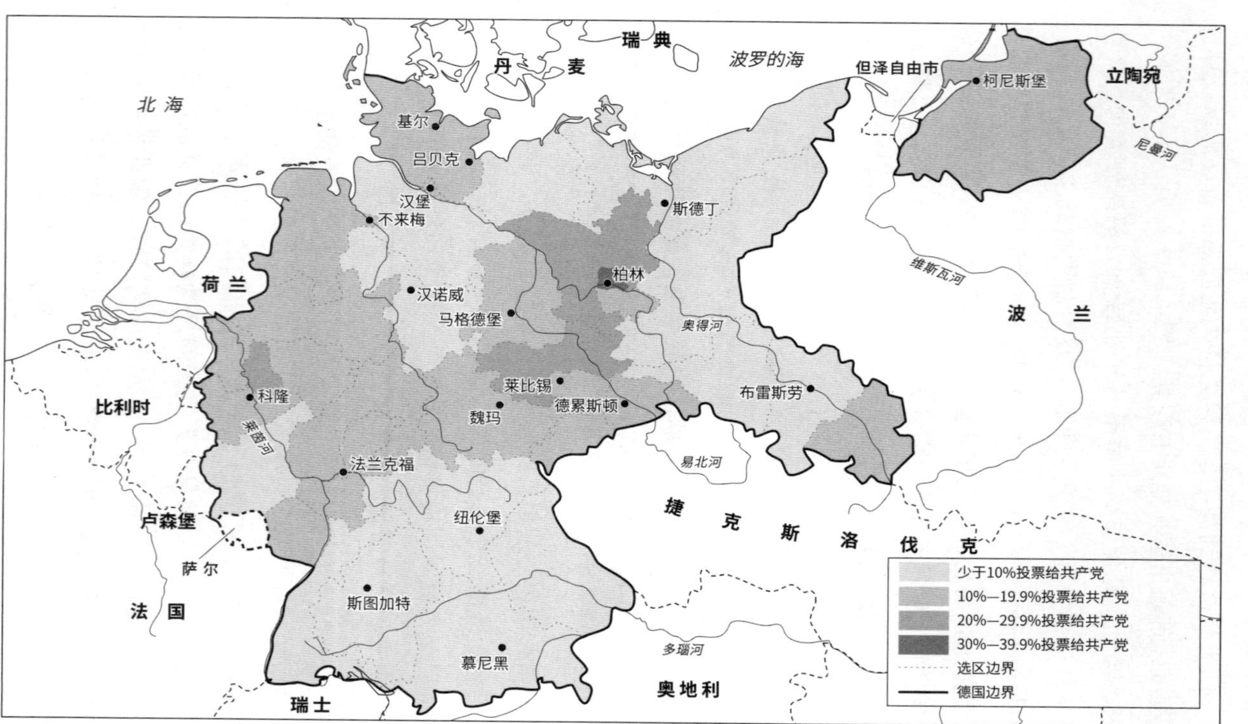

地图 10　共产党在 1930 年国会选举中的得票率

大事”，宣告德国历史进入了新阶段。只有共产党不屑地说这是昙花一现（“接下来它只会走向衰亡”）。[67]

但纳粹党的得势反映了许多选民群体内心深深的忧虑。在北方的一些乡村选区，纳粹党赢得了压倒多数的选票：在威悉–埃姆斯（Weser-Ems）选区的维弗尔施泰德（Wiefelstede）得票率为68%，在杜塞尔多夫西选区的布吕嫩（Brünen）为57%，在石勒苏益格–荷尔斯泰因选区的石勒苏益格为62%。[68]在某种程度上，布吕宁本该预见到这个结果，因为在国会选举和全国各地的市议会选举中，纳粹党从1928年以来一直大有收获。因此，布吕宁在1930年选举中得偿所愿的可能性，甚至在选战开始之前就已微乎其微。不过，纳粹党在国会选举中的胜利还是大大超出了所有人的预料。实际上，纳粹党在许多地方的胜绩远远超出了其宣传的影响力，该党在北部新教地区的偏远乡村获得25%至28%的选票，而纳粹党的组织基本上尚未渗透到这些地区。[69]

如何解释这种出人意料的胜利呢？纳粹党被视为——尤其是被各种马克思主义者视为——中下阶级的代表，但在这次竞选中，它显然突破了这个特定选民群体的界限，不仅成功赢得白领工人、店主、小企业主、农场主等诸如此类群体的支持，还争取到了许多社会阶层较高的选民，包括专业人士、商业和工业资产阶级。[70]1930年代初，越来越多原先不投票的人开始踊跃投票，导致政治气氛过热且日益升温，从中获益的主要是纳粹党。在1930年投票给纳粹党的选民中，大约有四分之一从未投过票。在初次投票的人当中，许多是年轻选民，在1914年之前几年的生育高峰出生，但这些选民似乎并没有比例失衡地投票给纳粹党。实际上，纳粹党对老一代人有着特别强烈的吸引力，这代人显然认为民族党的活力已不足以摧毁可恶的共和国。1928年民族党支持者中的大约三分之一，民主 262
党和人民党支持者中的四分之一，甚至社会民主党支持者中的十分

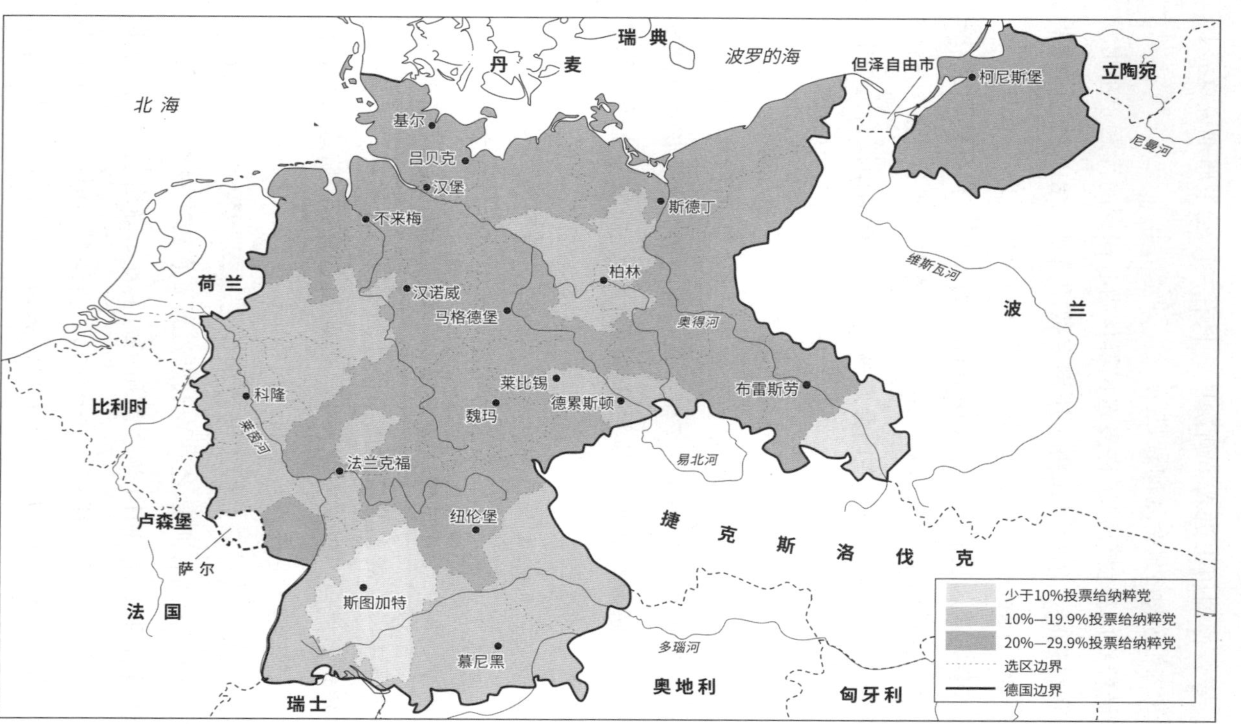

地图 11　纳粹党在 1930 年国会选举中的得票率

之一，都在1930年把选票投给了纳粹党。[71]

纳粹党在妇女中间特别有号召力。由于大量男性在一战中阵亡，加之女性寿命比男性长，因此在1930年，女性选民远远多于男性选民，进而导致了一个重要的变化：妇女原先无意参加投票的倾向骤然减弱。例如，在科隆市，女性参加投票的比例从1924年的平均53%猛增至1930年的69%；在东普鲁士的行政区拉格尼茨（Ragnitz），从62%增至73%。女性不再像以前那样避开纳粹党这类激进政党，尽管她们中的大多数依然支持中央党。时人以及后来的一些史家对于女性投票给纳粹党的原因做了种种猜测，有人认为是由于女性在情感上非常容易受纳粹宣传的感染，也有人认为是由于女性对共和国未能实现男女平等感到幻灭。实际上，并无迹象表明女性投票给纳粹党的原因有别于男性，只是许多女性此时出来投票了，并且把选票投给了纳粹党。[72]

无论选民是男还是女、是青年还是老人，纳粹党在位于易北河（Elbe）东部的德国北部新教教区特别有号召力，在南部和西部的天主教教区则影响力甚微。它对乡村的选民具有吸引力，但程度不同于对城市工业地区的选民。在位于德国北部偏远乡村、信奉新教的石勒苏益格–荷尔斯泰因和奥尔登堡的某些地方，纳粹党赢得了50%以上的选票。然而与当代的一个流行观点相反，纳粹党总体上在小城镇不如在大城市有影响力。在宗教忠诚的作用下，新教选民支持纳粹党的可能性是天主教选民的两倍，宗教忠诚的作用在乡村地区重要得多，也许是因为神职人员在乡村拥有较大的影响力，而在城市，无论其规模大小，世俗化均取得了较大进展。1930年，确实有些天主教徒投票给了纳粹党，但绝大多数依然忠实于中央党，他们固守自己的文化圈子，隔绝极右翼的影响——极右翼当时公然以敌视民主制度、犹太人和现代世界的立场拉拢选民。[73]

如我们所知，在1930年的选举中，面对纳粹党的挑战，社会

263 民主党与共产党一样，得票率略有恢复。但这并不意味着纳粹党完全没有赢得工人阶级的任何选票。德国是世界上最先进的工业国之一，近半数选民是靠工薪生活的体力劳动者及其配偶，而在魏玛时期的历次选举中，两个工人阶级政党加起来通常仅能获得不到三分之一的选票，也就是说大量的工人及其配偶在历次选举中肯定把选票投给了其他政党。这个人数众多、成分多元的社会群体包括了许多天主教工人、小企业（通常是家长式管理的企业）的工人、国有企业（铁路、邮政等）的体力劳动者，以及没有加入工会的雇员（尤其是从事体力劳动的女工）。事实证明，新教地区的乡村劳工与比例相对较小的体力工人特别容易被纳粹党打动，而在大庄园工作的工人往往继续支持社会民主党。实际上，纳粹宣传尤以工人阶级为对象，借用社会民主党的图像和口号，既抨击“反动派”，也抨击“马克思主义”，把纳粹党展现为德国社会主义传统的继承人。虽然仅从社会民主党和共产党那里挖来了一小部分选票，但纳粹宣传依然对原先并无固定立场的工人产生了强大影响，因此在 1930 年 9 月投票给纳粹党的选民中，大约 27% 是体力工人。[74]

我们已经知道，工人阶级构成了近半数选民，而纳粹党仅获得 18% 的选票，因此这依然表明该党对工人阶级不像对其他社会阶层那样有影响力，绝大多数工人阶级选民投票给了其他政党。事实证明，在社会民主党或共产党根基深厚、工会化程度高、劳工运动文化生机勃勃并且受到广泛支持的地方，社会主义团体的内聚力通常可以抵挡住纳粹党的影响力。[75] 换句话说，纳粹党争取到的工人阶级是传统的左翼政党没能影响到的那部分。[76] 纳粹党的影响力基于社会和文化因素，而非经济因素；因为失业者把选票投给了共产党，而不是纳粹党。1930 年 9 月依然有工作的工人对未来感到忧虑，假如不是被强大的劳工运动环境所隔绝，他们通常会转投纳粹党，以
264 保护自己免受迫在眉睫的、来自共产党的威胁。[77]

尽管纳粹党特别注重对工人进行宣传，但出人意料地忽视了白领雇员，纳粹党袭击过白领雇员工作的许多机构，包括金融机构和百货商店，这很可能招致了白领雇员的厌恶。投票给社会民主党的，不仅包括那些受雇于工会和其他劳工运动机构的人，还包括许多从事低薪工作的女职员，这些人因为出身于或者嫁入工人家庭而属于工人阶级的政治阵营，她们也像大部分男性白领工人一样投票给社会民主党。私营企业的白领工人也是受大萧条影响最小的群体之一，因此像体力劳动者一样，1930 年投票给纳粹党的白领工人比例并不高，尽管这与当时的流行观点相反。与此形成对照的是，公务员在纳粹支持者中所占比例过高，这个现象或许反映了这样的事实：政府裁员导致数十万公务员失业，并且使更多人的收入减至熟练体力工人的水平或者更低。纳粹党对个体经营者有着更大的号召力，在信奉新教的乡村地区尤其如此，当然，其中许多是小农场主。[78]

纳粹党在 1930 年 9 月突然令人意外地站稳了脚跟，它表达了社会各阶层的不满，因此对德国的几乎每个社会群体都有着或多或少的号召力。它甚至超过中央党，成功地超越社会界限，以共同的意识形态为基础，把极其不同的社会群体团结起来，其影响范围主要在新教教徒占大多数的社区，但并不局限于此，这是其他德国政党未曾做到的。自由派和保守派资产阶级政党已因通货膨胀的影响而受到削弱，事实证明，在 1929 年底摧毁了德国的经济灾难面前，它们没有能力留住支持者。中产阶级选民依然反感纳粹党的暴力和极端思想，纷纷转而支持右翼小派别，这样做的人比在 1924 年和 1928 年还多，遂使这些小派别在国会中的议席从 20 席增加到 55 席；但也有数量可观的中产阶级于 1930 年 9 月蜂拥至纳粹旗下，与包括农场主、各种工人、公务员、初次投票者（其中有许多是女性）以及高龄选民群体在内的其他社会群体一起，投票给纳粹党，使之
选票大增，用这种方式强有力地表达了他们的不满、愤恨和恐惧。[79] 265

在1930年越来越令人绝望的境况中，纳粹党极力展现出坚强果敢、生机勃勃、精力充沛和青春洋溢的形象，完胜其他政党的宣传努力，共产党稍属例外。纳粹党围绕希特勒建立起领袖崇拜，其他政党也把各自的领袖展现为未来的俾斯麦式人物，二者属于相似的努力，效果却是前者远胜后者。纳粹党实现这一切，凭借的是简单而有冲击力的口号和图像、癫狂兴奋的活动、游行、集会、示威、演讲、海报、标语牌以及诸如此类的事物，这些凸显了纳粹党所自诩的，它远远不仅是一个政党，而是一场运动，势不可挡，席卷着德国民众奔向更加美好的未来。然而，纳粹党并没有提出解决德国问题的具体方案，尤其是最迫切需要解决的经济和社会问题。1930年，沉重地笼罩在中产阶级正直之士心头的忧虑，是公共秩序的混乱，纳粹党承诺要通过建立一个强硬的集权国家来结束这种混乱，但值得注意的是，这种公共秩序的混乱很大程度上正是纳粹党造成的。许多人显然没有意识到这点，反而归咎于共产党，认为身穿褐色制服的纳粹冲锋队在街头的暴力行为是正当的，或者至少是面对红色阵线战士同盟的暴力和挑衅行为时合乎情理的反应。

选民们在1930年并不是真的要从纳粹党那里寻求非常具体的东西，而是借此抗议魏玛共和国的失误。他们中的许多人，尤其是在乡村地区、小城镇、小作坊、文化上保守的家庭、高龄群体或者中产阶级民族主义者政治阵营里的人，可能也在借此表达与共和国所代表的现代派文化和现代政治的格格不入。尽管纳粹党在许多方面同样展现出了现代形象，但是纳粹党纲的含糊其辞，它新旧交织的象征意义，它兼收并蓄、常常自相矛盾的特性，都在很大程度上使人们能够按照自己的愿望进行解读，并且忽略那些也许令他们不安的东西。许多中产阶级选民对纳粹党徒在街头的暴力和罪恶行径轻描淡写，将其视为年轻人激情洋溢和精力过剩的产物。然而人们很快就会发现，纳粹的暴行远远不止于此。[80]

第三节

暴力的胜利

一

到 1930 年，年轻的褐衫军积极分子霍斯特 · 韦塞尔已经惹得 266
柏林的共产党准军事成员对他恨之入骨。韦塞尔是个理想主义者，聪明、受过良好教育，得到了约瑟夫 · 戈培尔的赏识，于 1928 年上半年被派往维也纳，向组织完善的纳粹青年运动学习。回到柏林之后，韦塞尔很快升至褐衫军组织在腓特烈斯海恩（Friedrichshain）区的高层职位，领导一支“冲锋队”，即纳粹党的准军事分支。他发动了一场特别激烈的挑衅性街头运动，其中包括褐衫军对当地共产党总部的一次袭击，导致 4 名共产党工人重伤。共产党党报《红旗报》在柏林的编辑海因茨 · 诺伊曼（Heinz Neumann）被称为共产党的戈培尔，他对此次袭击的回应是向党内干部发布一个新口号：“在哪里发现法西斯分子，就在哪里痛击他！”[81]

正是在这种氛围中，韦塞尔的女房东，一位共产党员遗孀，于 1930 年 1 月 14 日到当地一家酒馆请人帮忙摆平她的房客，据她说，韦塞尔不但不肯支付同居女友的房租，还以暴力相威胁。这个说法是否属实另当别论，因为有证据显示，纠纷的真正起因是她想涨韦塞尔的房租。女房东并不是房主，而是租户，她还担心，如果韦塞尔的女友不搬出去，自己将失去对公寓的合法使用权，主要因为那位女友是妓女（她是否仍然接客，后来成为人们津津乐道的桃色话
267 题）。这里的关键是女房东与共产党有关系。尽管共产党不赞成她在丈夫去世时坚持在教堂为他举行葬礼，但还是决定帮她摆平房客。就在前一天，共产党宣称一位本地党员在与褐衫军交战时被枪杀，房租纠纷为共产党人提供了一个理想的报复机会。他们觉得韦塞尔可能有武器，于是派人到附近的酒馆找来本地恶棍阿里·赫勒尔（Ali Höhler），由他充当打手去公寓讨伐韦塞尔。谁都知道赫勒尔有枪，他不仅是邻区红色阵线战士同盟支部的成员，还曾因轻罪、伪证罪和拉皮条被判过刑，是组织有序的柏林犯罪集团的成员，从他身上可以看出共产党与犯罪之间的关联，这种关联很可能形成于该党以德国各大城市的贫民区和“犯罪高发区”为根据地的时候。赫勒尔与共产党员埃尔温·吕克特（Erwin Rückert）一起爬上楼梯，来到韦塞尔的公寓，其他人站在外面放哨。当韦塞尔打开门时，赫勒尔开了枪。韦塞尔倒下，头部受重伤，在医院里撑了几星期之后，于2月23日不治身亡。[82]

共产党匆忙发起一场宣传战，将韦塞尔描绘成皮条客，将赫勒尔的行为说成是黑社会纠纷引起的，与红色阵线战士同盟无关；与此同时，戈培尔也对此事大肆渲染，把韦塞尔塑造成一位政治烈士。他采访了韦塞尔的母亲，从她对儿子的描述中提炼出一个理想主义者的形象：他把女友从皮肉生涯中解救出来，并且满怀豪情地投身于祖国的事业，最终牺牲了生命。戈培尔宣扬说，共产党则相反，招募赫勒尔这样的惯犯加入他们的队伍，这恰恰显示了该党的本来面目。韦塞尔刚死不久，戈培尔就开始加紧对他进行全方位的神化，全国的纳粹刊物上有无数的文章称颂他是“为‘第三帝国’牺

牲的烈士”。肃穆的送葬队伍走在街上，如果不是警方限制了人数，队伍还会壮大得多。据戈培尔说，多达 3 万人在通往教堂的街道两边目送灵柩。红色阵线战士同盟喊口号、袭扰、企图打断葬礼，导致葬礼现场的外围出现野蛮的暴力场面。在戈林、普鲁士的奥古斯特·威廉亲王（Prince August Wilhelm of Prussia）等各路贵宾的 268
注视下，戈培尔在墓前盛赞韦塞尔，其措辞有意让人们想起基督为世人做出的牺牲——“通过牺牲实现救赎”。他宣告：“你与德国同在，霍斯特·韦塞尔！”然后一支由冲锋队员组成的合唱队演唱了韦塞尔数月前所作的几首诗：

高举旗帜！同志们紧密团结！
冲锋队员在进军，脚步勇敢坚毅。
与我们同行、与我们并肩前进的灵魂，是那些
被红色阵线和反动派射杀的同志！

把街道清空，让褐色的队伍通过，
把街道清空，让冲锋分队的男子汉通过！
卐字旗上汇聚了万众希冀的目光。
自由的曙光和面包就在我们手中！

此时，决战的号角终于吹响！
因为我们厉兵秣马，已经万事皆具！
希特勒的旗帜即将遍地飘扬。
我们受奴役的日子即将过去！[83]

这首歌在党内本来已经逐渐流行，此时戈培尔更是将其四处传扬，预言它将很快在学生、工人、士兵的口中，在每个人的口中传唱。

他说对了。那年尚未结束，此歌即被发表，灌录成唱片，正式成为纳粹党党歌。1933 年之后，它实际上成为第三帝国的战歌，与历史悠久的国歌《德意志之歌》(*Deutschland, Deutschland über Alles*)并用。[84] 由于纳粹党的宣传，韦塞尔成了受到近乎宗教式崇拜的世俗偶像，在电影中受到赞美，在无数仪式、纪念馆和朝圣地受到纪念。

此歌如此公开赞美野蛮的武力，却能成为纳粹党的战歌，充分说明暴力在纳粹党追求权力的过程中所起的核心作用。为了达到宣传目的，戈培尔这类手腕高明的宣传者不择手段地对它加以利用，使暴力成为像韦塞尔这样的普通褐衫军青年的一种生活方式，正如
269 暴力之于红色阵线战士同盟的年轻失业工人。其他歌曲则更加露骨，比如流行的《冲锋纵队之歌》('Song of the Storm Columns')，它是 1928 年以后褐衫军在街上行进时高唱的歌曲：

我们是冲锋纵队，个个全力以赴，
我们是开路先锋，人人英勇作战。
辛劳中汗湿双眉，腹无充饥之物！
粗糙黝黑的双手，紧紧握住枪杆。

为了种族之战，冲锋队枕戈待旦。
只有血洗犹太人，我们才得解放。
不再谈判；谈也没用，毫无作用：
在阿道夫 · 希特勒身边，我们英勇作战。

阿道夫 · 希特勒万岁！我们在前进。
我们以德意志革命的名义冲锋陷阵。
跃上路障！只有死亡能够打倒我们。
我们是独裁元首希特勒的冲锋纵队。[85]

这种攻击欲在经常与敌方准军事组织发生的街头冲突中找到了发泄渠道。在共和国中期，从 1924 年开始，各方确实都有所收敛，政治暴力的规模不及 1919 年 1 月的起义、1920 年鲁尔区的内战和 1923 年的多起冲突。不过，他们虽然收起了机关枪，却换上了橡皮棍和指节金属套。即使在相对稳定的 1924—1929 年，据称仍有 29 名纳粹积极分子被共产党杀死，而共产党方面则宣布有 92 名“工人”死于 1924—1930 年与“法西斯分子”的冲突。1924—1928 年，据说有 26 名“钢盔”成员在与共产党的斗殴中倒下，有 18 名帝国国旗团成员死于各种政治暴力事件。[86] 这些只是敌对的准军事团体之间不断争斗的最严重后果。此外，争斗还造成了数千人受伤，其中许多人的伤情要比鼻青脸肿或伤筋动骨更严重。

伤亡数字在 1930 年急剧增加，纳粹党声称有 17 人死亡，1931 年增至 42 人，1932 年增至 84 人。1932 年纳粹党还报道说，有近万名基层党员在与对手的冲突中受伤。共产党报道说死于与纳粹党 270
战斗的党员，1930 年有 44 人，1931 年有 52 人，1932 年仅上半年就有 75 人。帝国国旗团在 1929—1933 年有 50 多人死于与纳粹党的街头冲突。[87] 官方资料基本上证实了这些说法，国会的一份估算显示，截至 1931 年 3 月，死亡人数不少于 300，无人对此数据提出质疑。[88] 共产党也在挑起街头冲突中发挥了作用，它的投入程度不亚于纳粹党。例如，当红色阵线战士同盟一支百人小分队的负责人、水手里夏德 · 克雷布斯受命前往不来梅，去干扰由赫尔曼 · 戈林发表演说的纳粹党集会时，他周到地给“每个人都配备了金属棍或者指节金属套”。克雷布斯起身发言，刚开口说话，戈林就下令把他扔出去。大厅里连成警戒线的褐衫军冲入中心区，于是：

可怕的混乱随之而来。金属警棍、指节金属套、棍棒、嵌着沉甸甸搭扣的皮带、酒杯和酒瓶都被用作武器。玻璃碎片和

> 椅子在听众的头顶横飞。双方人马掰下椅子腿当棒子用。女士们在混战的冲撞和尖叫声中吓昏过去。打斗者在恐惧却无助的观众中间左闪右躲，已有数十人头破血流、衣衫撕裂。冲锋队员狮子般地战斗着。他们有条不紊地把我们挤到主出口。乐队奏响了一首军乐。赫尔曼·戈林平静地站在台上，双拳叉在腰上。[89]

这种场面在 1930 年代初的德国全境到处上演。暴力在选举期间尤为严重：1932 年，在普鲁士死于政治冲突的 155 人中，至少有 105 人死于 6、7 月选举期间；在选战开始后的 7 个星期里，据警方统计，有 461 起政治骚乱，400 人受伤、82 人死亡。[90] 抑制政治暴力的任务难以实现，因为斗得最狠的几个政党每隔一段时间就会达成协议，大赦一次政治犯，于是被释放出狱的人又加入新一轮斗殴与杀戮。最后一次这样的大赦于 1933 年 1 月 20 日生效。[91]

二

271 面对这种迅速恶化的乱局，负责维持秩序的警方对魏玛民主制度显然不够忠诚。与军队不同，警方在 1918 年之后不断被分权。然而，柏林由社会民主党主导的普鲁士州政府未能抓住机会建立一支维护公共秩序的新力量，使之成为共和国执法机构的忠仆。警察不可避免地从退伍兵中招募而来，因为适龄人群的绝大部分都曾入伍参战。新组建的警察力量由退伍的军官、前专业军士和自由军团成员管理，他们从建制之初就定下了带有军事色彩的基调，对于维护新的政治秩序没什么热情。[92] 他们的后盾是政治警察。政治警察在普鲁士有着悠久的传统，就像在德国的其他州和其他欧洲国家一样，它的主业是监控和侦查，有时也镇压社会主义者和革命者。[93]

与其他警察部门的警官一样，政治警察部门的警官也认为自己超越政党政治。他们像军队一样，服务于抽象的概念“国家”或者帝国，而不是服务于新共和国的具体民主机构。因此不足为奇的是，政治警察的监视对象依然既包括极端政治团体，也包括社会民主党，即普鲁士州的执政党，从某种意义上说，也是政治警察的雇主。于是，主要在政治光谱中的左翼阵营搜寻颠覆分子的古老传统得以延续下去。[94]

警察和法官对社会民主党人的案子表现出了特别明显的偏见，例如，西里西亚的社会民主党议员奥托·布赫维茨（Otto Buchwitz）后来曾悲愤地回忆冲锋队员自 1931 年 12 月以后是如何在他演讲时捣乱的。褐衫军在他的集会上占座位、高声辱骂他，有一次还朝他开了一枪，惊吓了听众，导致冲锋队员与帝国国旗团成员之间发生斗殴，双方又互开了几枪。纳粹党和社会民主党都有不少人被送往医院，大厅中的桌椅没有一张完好无损。在这之后，布赫维茨早上出门上班时，8 至 10 名纳粹冲锋队员组成的团伙在其住宅外骚扰他；午餐后他返回办公室时，20 或更多的人围堵他；下班 272
回家时，又有一两百人在路上滋扰，高唱一首专门为他写的歌，歌词是“左轮手枪一响，布赫维茨听天由命！”纳粹的示威者总是徘徊在他家门外，反复呼喊：“布赫维茨去死吧！”他报警寻求保护，但警方置之不理。不仅如此，当 1932 年他因国会解散而失去议员豁免权时，即被拘送法庭，罪名是在 1931 年 12 月的斗殴中非法持有武器，被判监禁三个月。参与斗殴的纳粹党徒无一受到起诉。获释后，布赫维茨的持枪申请遭到拒绝，但他还是一直随身带枪，如果褐衫军靠得太近，他就张扬地拉开保险栓。他向普鲁士内政部长、社会民主党人卡尔·泽韦林诉苦，对方的答复是，他当初就不该卷入枪战。有一件事让布赫维茨更强烈地感觉遭到了社会民主党领导层的背叛：他打算在一位被纳粹党枪杀的帝国国旗团成员的葬礼上发表演说，演说前，一大群共产党基层积极分子出现在他面前，告诉他褐衫军已制定了暗杀计划，他们是来保护他的；警察和帝国国旗团却都没有出面。[95]

在警方眼里，红色阵线战士同盟成员就是罪犯。这不仅是警方长期把犯罪与革命混为一谈的结果，也反映了这样一个事实：共产党的据点往往设在贫民区，那里是有组织犯罪的中心区。对警方来说，红色阵线战士同盟成员是寻求物质利益的恶棍；对共产党来说，警方是维护资本主义秩序的铁拳，必须予以摧毁，他们经常把警察当作暴力攻击乃至谋杀的目标。这意味着在与共产党的冲突中，疲惫、紧张、恐惧的警员往往轻易地使用他们的配枪。1929 年发生在柏林的旷日持久的斗殴以“血腥五月”（Blood-May）著称，包括无辜路人在内的 31 人被杀，其中多数死于警察枪下；共产党在工人阶级聚居的威丁区举行示威游行的过程中，有 200 多人受伤、1000
273 多人被捕。报道这些事件的报纸记者遭到警察的殴打，又招来了媒体更加严厉的抨击，而警察们对此的反应是不加掩饰地表现出对民主政治秩序的蔑视，因为这种秩序无法保护他们免受伤害与侮辱。[96]

共产党不断就警权问题发起论战，社会民主党也试图抑制警权，导致警方与共和国渐行渐远，加上受困于晋升的缓慢，许多年轻警察感觉职业前途受阻。[97] 与在其他国家一样，指纹鉴定、照相术和法医学作为效果惊人的辅助侦查新手段受到了高度重视，因此刑侦人员的职业化在德国取得长足发展。有些警察凭借个人才华成为著名侦探，比如柏林凶杀案侦缉队队长恩斯特·格纳特（Ernst Gennat），而且警方在 1920 年代中期侦办重案的破案率令人赞叹。但报刊等新闻媒体却对警方恶评如潮，因为他们未能在接连有人遇害之前及时抓住连环杀手，比如汉诺威的弗里茨·哈尔曼和杜塞尔多夫的彼得·屈滕。而警方则认为，泛滥成灾的政治暴力和混乱的时局正在迫使他们把侦办上述罪案的宝贵资源抽调出来。[98] 因此，警方开始认同纳粹党对魏玛共和国的抨击，也就不足为奇了。1935年的一份报告称，有700名穿制服的警察在1933年之前成为纳粹党员，汉堡的240名警官中，有27人在1932年之前加入纳粹党。[99]

尽管如此，总理布吕宁还是决定动用警察遏制左翼和右翼的政治暴力，因为街头的混乱吓得外国银行不敢给德国发放贷款。[100] 1931年发生的两起严重事件更加坚定了他的决心。4月，褐衫军在德国东北部的负责人瓦尔特·施滕尼斯（Walther Stennes）与纳粹党总部发生纠纷，并且短暂地占领纳粹党在柏林的中央机关，痛殴了驻守在那里的党卫队，戈培尔被迫逃往慕尼黑。施滕尼斯谴责党内大佬的奢侈作风，说他们背叛了社会主义原则。尽管施滕尼斯无疑清晰地表达了某些冲锋队员的感受，但真正支持他的人却寥寥无几。实际上，有迹象表明他暗中接受了布吕宁政府的资金，为的是在纳粹党内制造分裂。希特勒罢免了未能阻止这场乱子的褐衫军负责人弗朗茨·普费弗·冯·萨洛蒙，从玻利维亚召回流亡的恩斯特·罗 274
姆接管该组织，并强制每位褐衫军成员向他宣誓效忠。施滕尼斯被开除，此事的连带结果是，许多保守派商界人士和军事将领开始认为，纳粹运动已失去它的大部分颠覆力。[101] 然而，在冲锋队员不懈的行动力与纳粹党领导层的政治考量之间，依然存在着切实的矛盾，这些矛盾将在未来一再显现。[102] 更严重的是，施滕尼斯的叛逆行动表明许多褐衫军成员热衷于诉诸大规模的革命暴力，神经紧张的德国政府并非没有注意到这个问题。

1931年11月曝光的博克斯海姆文件（Boxheim documents）证实了人们的怀疑。这些由黑森州警方起获的纳粹文件显示，冲锋队正在策划一场暴动，然后实行食物配给制，废除货币，强制所有人参加劳动，不服从命令者杀无赦。事实与警方的说法有些出入，因为博克斯海姆文件实际上仅仅具有地区性意义，它们是黑森州纳粹党的一位年轻官员维尔纳·贝斯特（Werner Best）在上级不知情的情况下制定的，一旦共产党企图在黑森州发动起义，这些文件将用于指导纳粹党制定对策。希特勒迅速撇清自己与此事的关系，并且命令冲锋队的所有指挥官停止拟定此类应变计划。由于缺乏明显的证据以叛国罪起诉贝斯特，刑诉程序最终不了了之。[103] 但是破坏已经造成。在布吕宁的推动下，禁止穿政党制服的总统令于 12 月 7 日颁布。为了表达对禁令的支持，布吕宁措辞强硬地攻击纳粹党的不法行为。在谈到希特勒一再承诺要通过合法途径掌权时，布吕宁说:“如果某人声称要靠合法手段上台，然后却逾越法律的边界，那就不是合法的。” [104]

制服禁令收效甚微，因为褐衫军依然游行，只不过换上了白衬衫，暴力行为在冬季继续发生。关于共产党即将举行起义的谣言，加上来自施莱谢尔的压力，使布吕宁暂时罢手；但是共产党在汉堡、黑森和奥尔登堡的选举失利，又在 1932 年春季使他相信，全面取
275 缔褐衫军的时机到了。在其他政党——尤其是社会民主党——的强大压力和忧心忡忡的军方的支持下，布吕宁和格勒纳将军（布吕宁于 1931 年 10 月任命当时担任国防部长的格勒纳兼任内政部长）说服犹豫不决的兴登堡于 1932 年 4 月 13 日颁布法令，宣布冲锋队为非法组织。警察突袭了褐衫军在全国各地的办事机构，没收了军事装备和徽章。希特勒怒不可遏，但束手无策。尽管有禁令，然而冲锋队的队伍仍在许多地区暗中发展壮大。例如在上西里西亚和下西里西亚，冲锋队的人数在 1931 年 12 月为 17 500 人，到翌年 7 月发展到不少于 34 500 人。取缔褐衫军仅稍稍起到了抑制政治暴力的作用，基层警察中的纳粹党同情者给了纳粹党准军事组织相当大的自由度使其可以继续运行。[105] 因此，认为禁令如果能够持续执行一年或者更长时间，纳粹党及其准军事组织基本上就会销声匿迹，这样的说法是非常不着边际的。[106]

纳粹党在大选中取得突破性胜利之后，新形势不仅使街头暴

力急剧升级，而且彻底改变了国会程序的性质。国会的议事秩序在 1930 年 9 月之前就已经相当吵闹混乱，此时基本上失去了控制，107 位身穿褐衫制服的纳粹党议员与 77 位纪律严明、组织完善的共产党议员一起，不停地引发议事程序问题。他们大喊大叫，打断对方的发言，时时刻刻展示他们对立法机构的全然蔑视。国会的权力以惊人的速度流失，几乎每次会议都在骚乱中结束，召集议员开会变得似乎越来越没有意义了。从 1930 年 9 月开始，议案的讨论均以多数票否决而告终。国会议事规则得到修改之后，阻挠议事比原先困难了，于是极右翼和极左翼政党在一次辩论中公然离席退出，国会意识到自身已无法正常运行，遂于 1931 年 2 月宣布休会 6 个月。议员们直到 10 月才重返国会。[107]1920—1930 年，国会平均每年开会 100 天。1930 年 10 月至 1931 年 3 月，国会开会 50 天。此后直到 1932 年 7 月选举，仅开会 24 天。从 1932 年 7 月至 1933 年 2 月 276
的 6 个月内仅开了 3 天会。[108]

因此，到 1931 年，决策已经不再真正由国会做出。政治权力旁落：落到了兴登堡周围的圈子，因为他有权签署总统令、有权任命内阁；也落到了街头，那里暴力继续升级，国家所面临的日益加剧的贫困、痛苦和无序，越来越迫切地需要采取行动。权力向这两个方向的分流，极大地提高了军队的影响力。只有在这种环境中，军队最重要的政治代理人库尔特 · 冯 · 施莱谢尔将军才会成为随后那场大戏的主角之一。施莱谢尔野心勃勃、思维敏捷、十分健谈，而且过于热衷通过政治阴谋牟取私利。他原先不甚知名，1929 年突然显赫起来，执掌了“军政联络办公室”（Ministerial Office）。这是一个为他而设的新机构，其功能是代表军方处理与政府的关系。施莱谢尔是格勒纳多年的密切合作者，而且是 1920 年代初的军方首脑汉斯 · 冯 · 泽克特将军的门徒，当时刚刚接管国防部的陆军处。他通过掌管协调军务与政务的各种机构积累了许多政治人脉。俄国共产党内的异见人士列夫·托洛茨基将他描绘为“佩戴着将军肩章的一个问号”，同时代的一位记者将他视为“穿军装的斯芬克斯”。然而，施莱谢尔的大多数目标和信念是足够清晰的：像1932年的许多德国保守派一样，他认为专制政权的合法性可以通过利用并驯化纳粹党的民众力量而获得。这样，施莱谢尔为之代言并依然与之保持密切关系的德国军方就可以在重整军备的过程中达到自己的目的。[109]

1930年9月的选举之后，布吕宁政府与施莱谢尔和总统兴登堡周围的圈子越来越格格不入。共产党和纳粹党扬言要对他暴力相向，民族党试图罢免他，极右翼边缘团体为是否支持他而发生分歧，布吕宁别无选择，只好依靠社会民主党。社会民主党依然是国会中的最大党，其领导层由于对选举结果深感震惊而承诺不再像从前那
277 样反对预算案。布吕宁的政策依赖于社会民主党的默许，这导致他根本无法获得兴登堡圈子的认可。兴登堡圈子由兴登堡的儿子奥斯卡（Oskar）和国务秘书奥托·迈斯纳（Otto Meissner）* 领导，他们认为布吕宁的做法是可耻的，是向左派妥协。[110] 总理布吕宁此时的当务之急主要是外交政策，他在中止战争赔款方面取得了一些进展——1931年6月20日的《胡佛延债宣言》宣布中止赔款，并在1932年7月的洛桑会议（Lausanne Conference）上正式生效，布吕宁为洛桑会议打下了主要基础。尽管没能实现德奥关税同盟（Austro-German Customs Union）的建立，但他确实在日内瓦进行了成功的谈判，使各国最终在1932年12月承认了德国在裁军问题上的平等地位。然而，这一切都未能巩固布吕宁的政治地位。执政数月之后，他仍未赢得民族党的支持，仍然依赖于社会民主党。这

* 奥托·迈斯纳（1880—1953），整个魏玛共和国时期和希特勒政府初期的德国国务秘书（1923—1937）。

意味着无论是布吕宁，还是兴登堡的圈子，如果打算把宪法的关键内容朝着专制的方向修改，必会遭到有效的阻挠，因为这是社会民主党永远不会同意的事情。在施莱谢尔这类人看来，把政府的群众基础从社会民主党转移到纳粹党，似乎越来越成为更优的选择。[111]

三

进入 1932 年，备受尊崇的保罗 · 冯 · 兴登堡的 7 年总统任期行将结束。考虑到自己 84 岁的高龄，兴登堡不愿意再参选，但他露出口风：如果不经选举而直接延长他的任期，他是愿意留任的。自动延长兴登堡总统任期的谈判失败了，因为纳粹党拒绝参加国会投票以决定是否对宪法进行必要的修改，除非同时罢免布吕宁，并且重新举行大选。纳粹党显然盼着在大选中成为更大的赢家。[112]兴登堡因此不得不屈尊再一次向选民展现自己，然而这次的形势与他 1925 年第一次竞选总统时截然不同。台尔曼当然再次代表共产 279
党出面竞选。但此时在右翼阵营中，兴登堡远远落后；实际上，自 1930 年 9 月纳粹党在大选中取得压倒性胜利之后，各个政治阵营全部向右翼偏转。一旦宣布举行大选，希特勒几乎不可避免地会作为候选人出面参选。然而，他为此犹豫了几个星期，担心竞争不过这位民族主义偶像、坦嫩贝格战役的英雄。而且从法律上来说，希特勒甚至不具备参选资格，因为他尚未取得德国公民身份。于是有人急忙为希特勒做了安排，他被任命为布伦瑞克（Braunschweig）的公务员，通过这个途径自动赋予他德国公民身份，此身份在 1932 年 2 月 26 日他宣誓效忠（像所有公务员必须做的那样，对着魏玛宪法宣誓）时得到了确认。[113]他的参选使大选变成右翼与左翼之间的竞争，希特勒无疑是右翼阵营的候选人，这让兴登堡出人意料地、不可思议地成了左翼阵营的候选人。

中央党和自由派支持兴登堡，但是特别令人惊讶的是社会民主党对他的大力支持。这不仅因为该党认为他是唯一可以阻止希特勒的人——这一点是该党在整个选战期间一再宣传的，同时也有积极的原因。社会民主党领导层渴望兴登堡再次当选，因为他们认为他会让布吕宁留任，这是恢复民主常态的最后机会。[114] 普鲁士州部长会议主席、社会民主党人奥托 · 布劳恩（Otto Braun）宣称，兴登堡是“沉着与忠贞的化身，体现了男子汉为全民族尽职尽责的忠诚与奉献精神”，“他有着纯洁的愿望和稳健的判断力，他所做的工作为后人的建设打下了基础”。[115] 正如这些令人惊讶的句子所显示的那样，社会民主党此时已开始与政治现实脱节。布吕宁以防止形势恶化的名义削减开支，社会民主党对此忍耐了 18 个月，结果导致该党被排挤到政坛的边缘，失去了决策权。尽管社会民主党人普遍感到幻灭、感到被出卖了，但他们那纪律严明的政党机器仍然适时地将 800 多万张选票投给了一个将要从上层瓦解共和国的人，为的是让此人保住布吕宁的总理职位。兴登堡实际上既不喜欢也不信任布吕宁，而且布吕宁的政策降低了民众的生活标准，使社会民主党所代表的那个群体中的人失去了工作。[116]

281 纳粹胜选的威胁是真真切切的。戈培尔的宣传机器找到了既能打击兴登堡又不致侮辱他的措辞：他已经为国家做出巨大贡献，现在到了该让贤给年轻人的时候了，否则国家将继续滑向经济混乱和政治无政府状态。纳粹党发动了一场大规模的竞选活动，包括举行公众集会、示威游行和会议，辅之以海报和传单，并且没完没了地在报刊上撰文说教。但这尚不足以成事。在第一轮投票中，希特勒仅赢得 30% 的选票。尽管社会民主党和中央党的选举班子做出了种种努力，但兴登堡仍未能顺利获得所需的绝对多数选票，仅得到 49.6% 的选票，胜选所需的票数近在咫尺，却可望而不可即。左翼阵营的另一个人选是台尔曼。在右翼阵营，兴登堡的竞争者不仅有

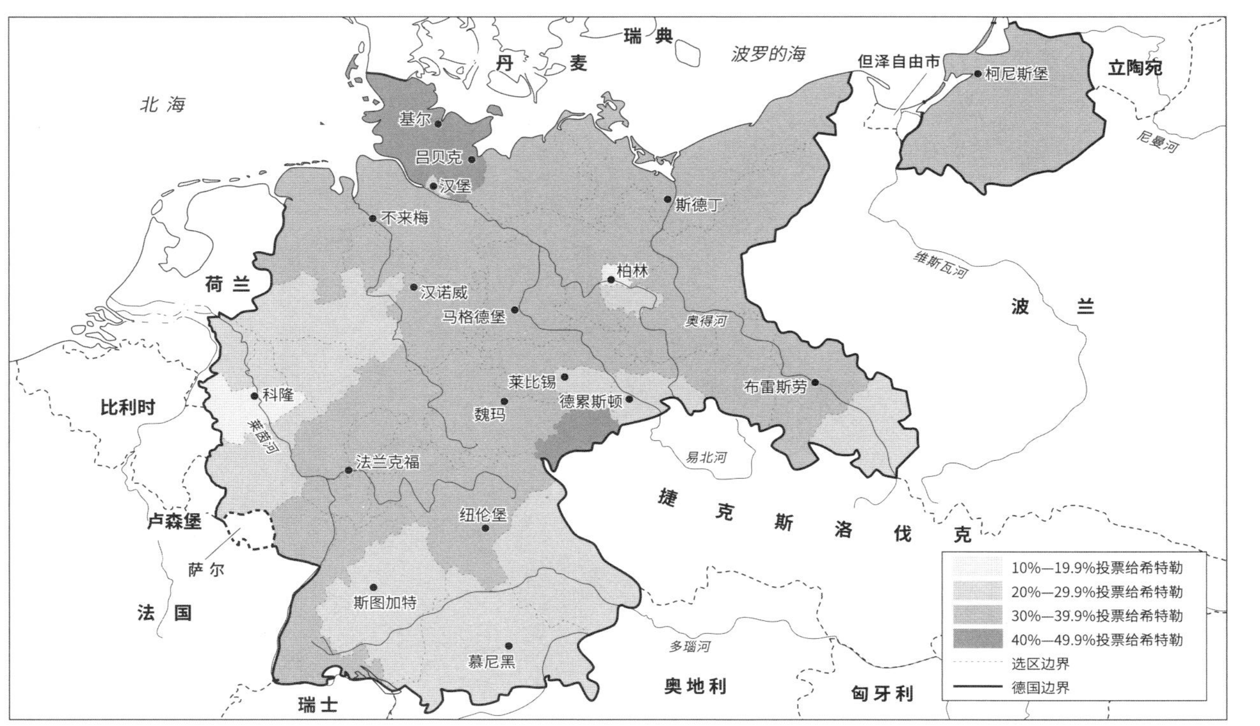

地图 12　1932 年总统选举，第一轮

希特勒，还有“钢盔”推出的候选人特奥多尔·杜斯特伯格，他在第一轮投票中获得 6.8% 的选票。兴登堡如果能得到这部分选票，胜选将会绰绰有余。[117]

为了备战希特勒、兴登堡和台尔曼之间的决胜投票，纳粹党全力以赴。希特勒租了架飞机，从德国的一座城市飞往另一座城市，纵横全国发表了 46 场演讲。这个史无前例的、被称为希特勒的“飞越德国”的举动，产生了惊人的效果。努力得到了回报。台尔曼的得票率降至微不足道的 10%，而希特勒的得票率激增至 37%，即 1300 多万张选票。兴登堡得到除共产党和纳粹党以外所有大党的支持，得票率却仅增至 53%。当然，尽管第一轮投票有点儿不顺利，但兴登堡的再次当选是从一开始就可预见的。真正值得注意的是纳粹党的一路高歌猛进。希特勒没有当选，但他的党赢得了多于以往的选票，开始显露出锐不可当之势。[118]1932 年，在组织上和资金上都比 1930 年更有实力的纳粹党采取了美国式的总统竞选策略，着重宣扬希特勒是德国全体人民的代表。纳粹党没有将精力过多地集中在赢得工人阶级选票上——1930 年的选战基本就败在此处，而是侧重于争取中产阶级的选票，这部分选票原先流向了从大政党中分裂出来的小政党，以及信奉新教的自由派和保守派政党。经历了
282 失业率越来越高、经济危机日益严重的 18 个月，这部分选民的立场趋于激进，因为他们对魏玛共和国感到失望，而过去 7 年来在共和国主政的恰恰是兴登堡。戈培尔的宣传机器比以往更加精确地把目标受众锁定为几个特定的选民群体，首先是女性群体。在信奉新教的乡村地区，农村人口的不满情绪已积聚到相当程度，以至于第二轮选举时希特勒在波美拉尼亚、石勒苏益格—荷尔斯泰因和东汉诺威事实上已经战胜了兴登堡。[119] 纳粹党成为德国最受欢迎的政党，这种新取得的地位又由于纳粹党翌年春天在州选举中的获胜而得到加强——在普鲁士州的得票率为 36.3%，巴伐利亚州 32.5%，

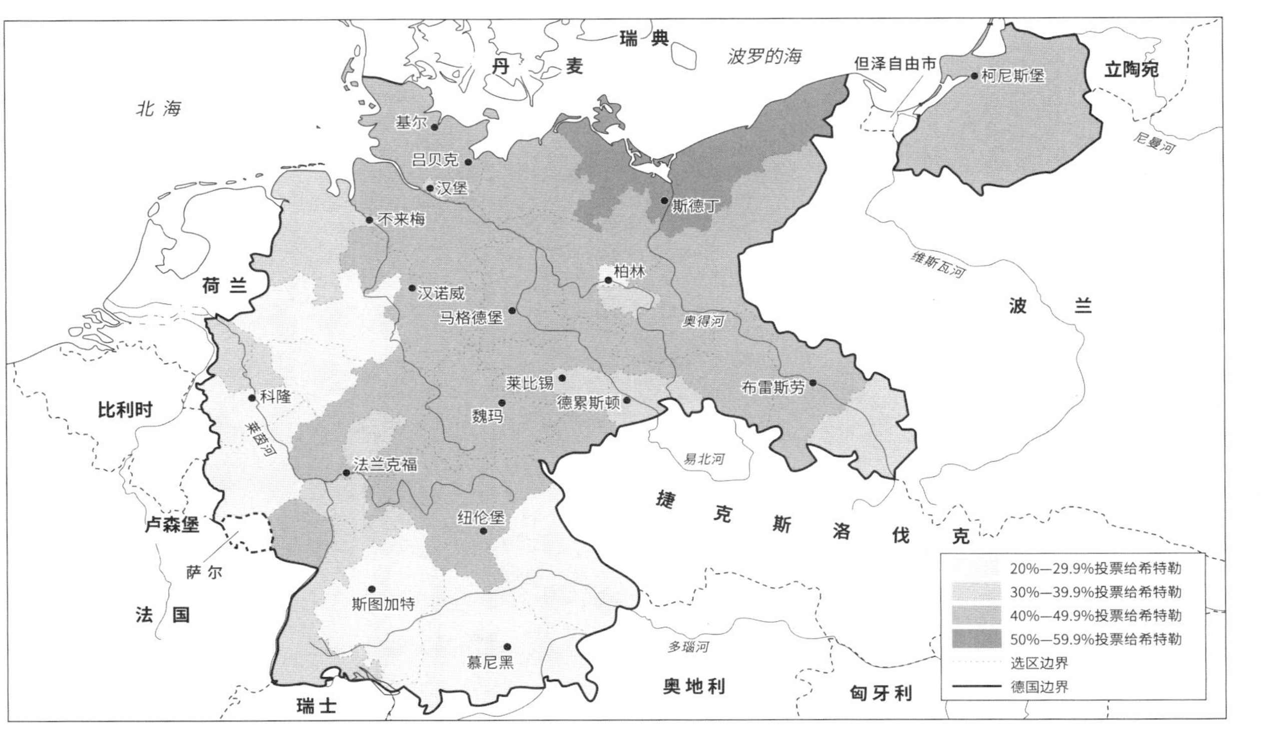

地图 13　1932 年总统选举，第二轮

汉堡州31.2%，符腾堡州26.4%，最重要的是在萨克森—安哈尔特州（Saxony-Anhalt）赢得40.9%的选票，获得了组建州政府的权力。希特勒再次搭乘飞机，短时间内接连发表25场演讲。纳粹的宣传机器再次证明了自己的效率与活力。

布吕宁试图抑制纳粹党的崛起，他的努力显然没有产生任何作用。对兴登堡总统的许多幕僚来说，改变策略的时机成熟了。虽然选举获胜，但兴登堡对结果根本不满意。他越来越把自己的地位等同于他曾服务过的、不经选举产生的皇帝，受到如此强烈的反对，他自然十分恼火。布吕宁的主要罪过在于没能说服民族党人支持兴登堡连任，当他们明确表示支持希特勒时，布吕宁的日子也就所剩无几了。在许多人看来，高龄的陆军元帅代表着普鲁士的君主制传统和新教保守主义传统，虽然总理布吕宁不知疲倦地为他助选，但兴登堡非常反感自己对社会民主党和中央党选票的依赖，因为这让他看起来像是左翼和神职人员推出来的候选人，实际上他最终也的确如此。此外，军方越来越无法容忍布吕宁的经济政策对军工业产生的破坏性影响，并且认为布吕宁取缔褐衫军的做法妨碍了军方将他们收编为后备部队，褐衫军招募到的人数越多，收编他们的计划就越有诱惑力。最后，兴登堡的注意力被吸引到东部地区州政府所
283 提出的一种温和的土地改革措施上——拆分破产的田庄，作为小农场提供给失业者。兴登堡是土地利益集团的代表，而且拥有自己的田庄，他被说服接受了这种带有社会主义色彩的措施。[120] 当时，幕后阴谋盛行，施莱谢尔正在削弱格勒纳的军界地位，希特勒承诺接受新政府，前提是它解除对褐衫军的禁令，并下令重新进行国会选举。在这种环境下，布吕宁很快变得越来越孤立。当格勒纳被迫于1932年5月11日辞职时，布吕宁的处境一目了然。兴登堡的幕僚使用诡计继续挖布吕宁的墙脚，除了辞职，布吕宁别无选择，遂于1932年5月30日递交辞呈。[121]

四

兴登堡任命的新总理是他的老友弗朗茨·冯·巴本（Franz von Papen）。巴本出身土地贵族，曾是普鲁士州议会中一位默默无名、不太活跃的中央党议员，在立场上甚至比布吕宁更加偏向右翼。一战期间，担任德国驻美大使馆武官的巴本被驱逐出境，原因是从事间谍活动——用惯用的外交辞令说，就是“与身份不符的活动”——回国后进入德国总参谋部（German General Staff）。他娶了一位富有的企业家的女儿，在1920年代用妻子的嫁妆买下中央党党报《日耳曼尼亚报》（*Germania*）的大部分股份。巴本因此与魏玛共和国的一些主要社会力量和政治力量建立了密切的联系，包括土地贵族、外交部、军方、企业家、天主教会和新闻界。事实上，施莱谢尔当初是把他作为军方利益的支持者引荐给兴登堡的。巴本甚至比布吕宁走得更远，他是盛行于1930年代初整个欧洲的天主教政治独裁主义的代言人之一。巴本与他所属的中央党长期存在分歧，在1925年总统大选中公开支持兴登堡、反对中央党候选人威廉·马克思。中央党与巴本划清界限，巴本随即交出党员证，宣称他所寻找的是这样一种组织：“容纳一切真正的民族主义力量，无论他们来自哪个阵营，他们的身份不是党员，而是德意志人。”[122]双方就此彻底 284
决裂。[123]

这些事情显然标志着德国议会民主制度的终结，事后回想起来也相当明显。除了几位至少在名义上是民族党党员外，新内阁中的多数成员都不隶属于任何党派。巴本和施莱谢尔等一干空想家认为自己创建的是超越党派的“新政府”，但它其实与多党执政的原则背道而驰，民选产生的各级议会所拥有的权力，甚至比布吕宁构想的弱势议会的权力更加有限。他们设计的这种政府，灵感来自巴本的内政部长威廉·冯·盖尔男爵（Wilhelm Freiherr von Gayl），他曾在1918年《布列斯特–立陶夫斯克和约》割让给德国的土地上参与创建了一个专制的种族主义军政府。[124] 盖尔的提案包括，把选举权限制在少数人手中，大幅削减议会的权力。[125] 巴本自我设定的任务，一是要倒转历史的车轮，他所要扭转的，不仅是魏玛民主制度，还包括法国大革命以来欧洲政坛所发生的一切；二是要重建古代社会的等级制度，以此取代现代社会的阶级冲突。[126] 作为这种意图的一个小而有力的象征，他在普鲁士州的一些地方废除使用断头台执行死刑，因为断头台是法国大革命的经典象征，在19世纪被普鲁士州采用，而代之以传统的普鲁士工具——手持斧。[127] 同时，以一种更为立竿见影的方式，巴本政府开始把前任政府用以限制激进报刊的禁令扩展到民主派报纸，在几个星期内两次查禁社会民主党党报《前进报》等受欢迎的左翼自由派出版物，两度取缔《柏林人民报》(*Berliner Volkszeitung*)等受欢迎的左翼自由派报纸，这些做法使自由派评论者相信，新闻自由已被终结。[128]

巴本的乌托邦式保守主义不足以应对1932年的政治现实。组成巴本内阁的人都资历较浅，其中许多是无籍籍名的贵族，因此常被称为“男爵内阁”。在布吕宁辞职之前，巴本与施莱谢尔在讨论中一致认为，他们应该把纳粹党争取过来，从而为新政府的反民主政策提供广泛的民意基础。他们征得兴登堡的同意，解散了国会，
285 下令重新选举。这是希特勒一直要求的事情，他期待借此进一步增加纳粹党的得票数。选举定在1932年7月底。此外，他们还答应希特勒的要求，解除了对褐衫军的取缔令。施莱谢尔认为，这样做可以驯化纳粹的极端主义，再加上其他手段，可以说服褐衫军充当军队的后备力量，从而一劳永逸地规避《凡尔赛和约》对德国武装力量所施加的限制。[129] 但事实证明这是又一个灾难性的误判。成群的冲锋队员以凯旋的姿态涌回街头，斗殴、激战、伤害和凶杀即使在先前4月开始的取缔期间也从未绝迹，此时迅速达到了创

纪录的新水平。尽管如此，有一件事仍然引起舆论大哗：1932 年 7 月 17 日，数千名纳粹冲锋队员进军共产党的大本营阿尔托纳，那是普鲁士州靠近汉堡边界的一座工人阶级十分活跃的城市，结果遭到数千名全副武装的红色阵线战士同盟成员的暴力阻击。里夏德·克雷布斯当时指挥着 800 名共产党员水手和码头工人，随时准备将纳粹党徒赶出码头区，据他后来汇报，红色阵线战士同盟成员奉命在街头打击冲锋队，他们把石头、垃圾以及各种各样的投掷物砸向路过的进军者。据一些报道，共产党的神枪手埋伏在房顶上，准备对下面的冲锋队员大开杀戒。不知是谁开了一枪，警察立即仓皇开火，能用的武器全用上了，惊慌的人群在弹雨中四散奔逃。共产党与各色人等都被赶跑了，他们阻挡褐衫军队伍穿越其地盘的努力惨淡收场。[130]18 人死亡，上百人受伤。验尸报告显示，死者大多殒于警用手枪射出的子弹。德国的政治冲突此时在暴力中越陷越深，显然已到了需要政府采取行动的程度。[131]

然而，巴本不但没有再次取缔准军事团体，反而利用阿尔托纳的“血腥星期日”（Bloody Sunday）事件，解散了由社会民主党人奥托·布劳恩和卡尔·泽韦林领导的普鲁士州政府，理由是它已无力维护法律与秩序。这是对社会民主党的关键一击，巴本被扶上位 286
正是为了实现此目的。巴本此举有个差可比照的先例，即艾伯特在 1923 年解散了萨克森和图林根的州政府，但巴本的目标是远比这两州重要得多的普鲁士州，其面积占帝国国土的一半以上，居民人数比法国人口还多。在 1932 年纷争频仍的政局中，军队的核心地位得到了生动的展示：全副武装的战斗部队开上柏林街头，宣布整个首都进入军事紧急状态。社会民主党控制的警察力量干脆被排挤出局，普鲁士州政府每每试图调用警察来抗衡军方的武装力量，无不以引发混乱而告终。警察人手太少，而且高层和中层警官要么对共和国感到失望、支持巴本，要么就已经被纳粹党争取了过去。[132]

如果巴本和施莱谢尔害怕的是工人暴动，那么他们就错了。帝国国旗团的许多基层成员随时准备拿起武器，他们已将机关枪、手枪和卡宾枪组装就绪，以便在发生暴动而警察尚未赶到现场时保护社会民主党总部，该党以为警察会出面制止任何企图颠覆共和国的行动，但事实证明他们想错了。随着帝国国旗团力量的壮大，其麾下的共和国护卫队（Republican Defence Units）成员当时增至 20 万以上，但远远低于褐衫军与“钢盔”加在一起的约 75 万人，如果前者举行暴动，后二者肯定会动员起来进行反击。帝国国旗团缺乏训练、准备不足，不可能是装备精良的德国陆军的对手，而装备较好的共产党肯定不会拿起武器保护社会民主党。[133]

在 1932 年 7 月的政局中，兴登堡、军方领导层和保守派都极力避免挑起德国内战，帝国国旗团如果发动武装起义，有可能会招致巴本的镇压或者总统的干涉。没人知道会发生什么。抵抗的号角从未吹响。社会民主党一向遵守法律，不许党员武装抵抗由政府首脑以及合法组建的政府所批准的、军方所支持的、警方所不反对的行动。[134] 布劳恩和泽韦林所能选择的，仅剩下口头抗议和以违反
287 宪法为由起诉巴本。州法院于 1932 年 10 月 10 日做出的裁决，至少部分地支持了布劳恩内阁，使它得以留在帝国参议院（即国会的上议院）代表普鲁士州的利益，继续做中央政府的肉中刺。[135] 同时，巴本被总统任命为帝国行政长官，负责普鲁士州的政府事务，而循规蹈矩的公务员们在法律地位得到解决之前，一直在观望、不做事。[136]

巴本的政变给了魏玛共和国致命一击。它破坏了联邦原则，为国家全面实行中央集权开辟了道路。此时无论发生什么，都不太可能完全恢复议会民主制度。1932 年 7 月 20 日之后，现实的选项仅剩下纳粹独裁体制或者由军方支持的保守派专制政权。社会民主党人没有对巴本政变进行丝毫认真的抵制，作为民主制度尚存的主要

捍卫者，他们的消极表现产生了决定性影响：保守派和纳粹党据此断定，民主制度的毁灭不会遇到任何认真的反抗。社会民主党人在政变前已收到大量警报，但他们什么都没有做。社会民主党人之所以束手无策，不仅因为政变的后盾正是他们刚刚在总统选战中支持过的保罗 · 冯 · 兴登堡，还因为他们在 1932 年 4 月的普鲁士州议会选举中惨败。纳粹党在普鲁士州议会中的席位从 9 席增至 162 席，共产党从 48 席增至 57 席，而社会民主党失去了三分之一席位，从 137 席降至 94 席。此时，没有哪个党占有绝对多数席位，布劳恩和泽韦林领导的当届政府以少数党的身份继续执政，其政治合法性也相应减弱。此外，在社会民主党被迫忍受布吕宁大幅削减政府开支政策的几个月里，其领导层普遍有一种无力感。工会没有力量采取任何行动来反对政变，因为大量的失业导致总罢工不可能实现；数百万绝望的失业者没什么选择的余地，肯定会接手罢工者的工作，工会知道这一点。因此，1920 年挫败卡普暴动的那种总罢工不可能再次发生。纳粹党徒欢欣鼓舞。“只需对赤色分子露出牙 288
齿，他们就会服软”，纳粹党宣传首脑约瑟夫 · 戈培尔在 7 月 20 日的日记中写道。他满意地看到，社会民主党和工会“连一个指头也没动”。不久之后他又写道：“赤色分子错过了有利时机。机会不会再来了。”[137]

第四节

致命的决策

一

289 巴本政变发生在德国有史以来最疯狂、最暴力的选举期间，选战的气氛甚至比两年前那次更不理性、更加狂暴。希特勒再次飞赴全国各地的一个又一个会场，在 50 多场大型集会上对着人山人海发表演说，谴责魏玛共和国的分裂、耻辱和失败，语意含糊但语气坚定地承诺，将来要让德国成为一个更加优秀、更加统一的国家。与此同时，共产党鼓吹革命，宣称资本主义秩序即将崩溃；社会民主党号召选民奋起反抗法西斯的威胁；资产阶级各政党主张重新统一德国，这显然是它们无力实现的。[138] 各政党的宣传风格越来越煽情，社会民主党甚至也不例外，这生动地展示了议会政治的衰落。到处是越来越暴力的街头冲突和示威活动，政治斗争已沦为社会民主党所称的符号之战，这样称呼并无丝毫批评之意。1931 年选战期间，社会民主党聘请立场激进的俄国心理学家谢尔盖 · 恰霍廷（Sergei Chakhotin）来助选，他是条件反射现象的发现者巴甫洛夫（Pavlov）* 的学生。这样做是因为社会民主党意识到仅诉诸理性还不够，“我们必须诉诸情绪、心灵和感情，以便帮助理性取得胜利”。在实际操作过程中，理性却被远远抛在了后面。在 1932 年 7 月的选举中，社会民主党要求各地党组织确保党员全部佩戴党徽，相遇时举起紧握的拳头互致问候，在恰当的时机高呼口号“自由！”
本着同样的精神，共产党长久以来一直使用锤子和镰刀的标志以及 290
各种各样的口号和问候语。各政党采用这种风格是为了使自己能够与纳粹党在同等条件下竞技，因为它们发现纳粹党之所以难以被打败，在于它的卐字符、问候语“希特勒万岁！”以及简洁有力的口号。[139]

为了展现出一种足以与纳粹党的感染力相抗衡的生机勃勃的形象，社会民主党、帝国国旗团、工会，以及与社会主义者有关的许多其他工人阶级组织，于 1931 年 12 月 16 日共同组建“钢铁前线”（Iron Front），以对抗“法西斯”威胁。这个新组织大量借用了共产党和纳粹党开创的一套宣传方法，冗长、乏味的演讲被简短、犀利的口号取代。劳工运动以往对于教育、理性和科学的强调，将让位给新的重点，即通过街头游行、穿制服的行军和集体示威来激发群众的情绪。社会民主党的宣传新风格甚至发展到设计出了一个用于抗衡卐字符和镰刀锤子的符号：三支平行箭头，表示钢铁前线的三大主力。这一切都对传统的劳工运动帮助不大，因为其中的许多成员，尤其是那些在国会中占据领导地位的人，依然对这种展示其政策的新方法心存疑虑，或者确实无法适应它。新的宣传风格使社会民主党得以与纳粹党在同等条件下竞技，但社会民主党缺乏进行有效竞争所需的活力、朝气和极端思想。符号、游行和制服没有为钢铁前线招来新的支持者，因为控制着社会民主党的依然是其僵化

* 伊万·彼得罗维奇·巴甫洛夫（1849—1936），俄罗斯生理学家和心理学家。

的组织机构。同时，该党也未能减轻中产阶级选民对于劳工运动的意图所怀有的恐惧。[140]

更能说明问题的，是1930年代初各政党在选战中使用的海报。几乎所有海报都有一个共同特征：占据醒目位置的是一个巨大的、半裸的工人形象，它从1920年代末开始被用来象征德国人民，取代了谦逊得可笑的、戴着睡帽的小人物“德国米歇尔”（German Michel）*，也取代了那个不太常见的、历史上作为德国化身的女性形象日耳曼妮娅（Germania）。纳粹党的海报画着高大的工人屹立在
291 一座标为“国际巨额融资”的银行上方，用一台印有卐字符的压气机对着它吹出巨大的气流，摧毁它；社会民主党的海报画着高大的工人用胳膊肘挤开纳粹党人和共产党人；中央党的海报上是卡通形象的高大工人，衣着也许没那么暴露，但还是卷起了袖子，强行从国会大厦赶走矮小的纳粹党人和共产党人；人民党画的高大工人只围了一块遮羞布，在1932年7月把穿戴整齐的敌对派别的政客们全部扫到一边，这与竞选中实际发生的情况基本上刚好相反；甚至古板的民族党也在海报中采用了高大的工人形象，但只是挥舞着从前俾斯麦帝国的黑白红旗。[141]在德国全境，选民们看到的都是这样的暴力形象：高大的工人把他们的对手打烂、踢开、揪出国会，或者居高临下逼视着衣冠楚楚的政客，政客们几乎一律被画成无用、吵闹的侏儒。充满阳刚气的男子汉扫除掉吵闹、低效、娘娘腔的政治派别，这种画面的海报无论用意如何，其潜台词都是，议会政治已经到了该终结的时候；而准军事团体之间日常的街头冲突、竞选活动中无处不在的制服，以及竞选集会上不曾中断的暴力与混乱，更是直截了当地表达了这个意思。

在宣传领域，其他政党都不是纳粹党的对手。戈培尔可能曾抱

---

* 德国米歇尔，代表德国普通人的形象，通常被描绘为戴睡帽、穿睡衣的随和模样。

怨过“他们现在偷走了我们的方法”，但三支箭并没有像人们所熟悉的卐字符那样引起深切的共鸣。如果社会民主党想寻找机会在纳粹党擅长的游戏中击败它，就应该早点儿开始。[142]戈培尔在选战中所攻击的，不是巴本内阁的表现，而是魏玛共和国的表现。因此，这一次纳粹宣传的主要对象是中央党和社会民主党的选民。铺天盖地的海报、标语、传单、电影以及在大型露天集会上的演讲，用预言灾变的口吻描绘了一幅“赤色内战的阴云笼罩德国”的危急图景，告诉选民他们所面临的严峻抉择：要么支持叛国的、腐败的旧势力，要么支持国家新生走向辉煌未来。戈培尔及其宣传团队的目的是狂轰滥炸式地持续刺激选民的感官，他们向群众进行公开宣传，同时逐户敲门发传单，使宣传的覆盖率达到饱和。在人们找得到的每一 293
块公共空间，都有麦克风和扬声器在高声播放纳粹演讲。海报和杂志插图以及街头的大规模示威和游行所呈现的那些视觉形象，赶走了理性演讲和口头辩论，助长了易于吸收的、煽情的陈词滥调，从而调动起各种各样的情绪，包括仇恨心理和攻击意识，以及对安全与救赎的渴求。褐衫军游行时的纵队、僵硬的敬礼方式和纳粹领导层的军人姿态，既给人以有序、可靠的感觉，也显示了坚定的决心。横幅和旗帜给人留下的印象是无尽的活力和理想主义精神。纳粹党在宣传中使用攻击性语言描述对手，而且没完没了地老调重弹，直至把他们的形象定格为“十一月罪人”、“赤色老板”、“犹太幕后操纵者”、“赤色杀人团伙”。然而，纳粹党考虑到需要打消中产阶级的疑虑，于是在有些场合，海报中的高大工人被画成了姿态温和的样子——不再粗野且富有攻击性，而是穿着衬衫，把生产工具递给失业者，而不是挥舞这些工具当作打倒对手的武器，以此表示纳粹党准备建立负责任的政府。[143]

这种空前密集的竞选宣传很快带来了纳粹党所期待的结果。1932 年 7 月 31 日的国会选举暴露了巴本策略的愚蠢。选举不但没有让希特勒和纳粹党人变得顺从一些，反倒使他们再次实力大增，得票数翻了一倍多，从640万增至1380万张，成为截至当时为止国会中最大的党，占230席，超出第二大党社会民主党将近100席。社会民主党想方设法让损失止于十几席，把133位代表送进了新一届国会。纳粹党1930年9月获得的18.3%的得票率也翻了一倍多，达到37.4%。政坛持续不断的两极分化，还表现在共产党议席的增加，此时它从77席增至89席。中央党也争取到了更多的选票，在新一届国会中获得75席，这是该党历来席位数最高的一次；而民族党的议席则继续流失，从41席降至37席，致使该党地位下降，几乎沦为边缘型政党。不过，最惊人的
294 是中间派各政党的全军覆没。人民党原有的31席失去24席，经济党的23席失去21席，国家党（前身为民主党）的20席失去16席。从各政党中分裂出来的各种极右翼派别，在1930年曾赢得中产阶级的大力支持，此时也遭到惨败，原先的55席仅剩9席。于是左翼与右翼在国会交锋时，隔开他们的是影响力已降至微不足道的中间派：社会民主党与共产党加起来共有1330万张选票，与之相对的纳粹党有1380万张选票，其余政党的得票数加起来仅有980万。[144]

纳粹党在1932年7月的选举中获得成功的因素，与1930年9月时大致相同。在两次投票之间的将近两年时间里，社会、政治和经济领域的危机急剧加深，使那些因素比在1930年9月时发挥了更加强大的影响力。选举结果证实，纳粹党属于心怀不满者组成的彩虹联盟*，这一次，它对中产阶级的号召力大大增强，中产阶级显然克服了两年前所显示出的犹豫心理，那次他们倒向了极右翼小派别，此次则几乎全部加入纳粹党选民的行列。1930年9月国会

* 彩虹联盟（rainbow coalition），由不同团体组成的政治同盟，通常包括小党派和边缘团体。

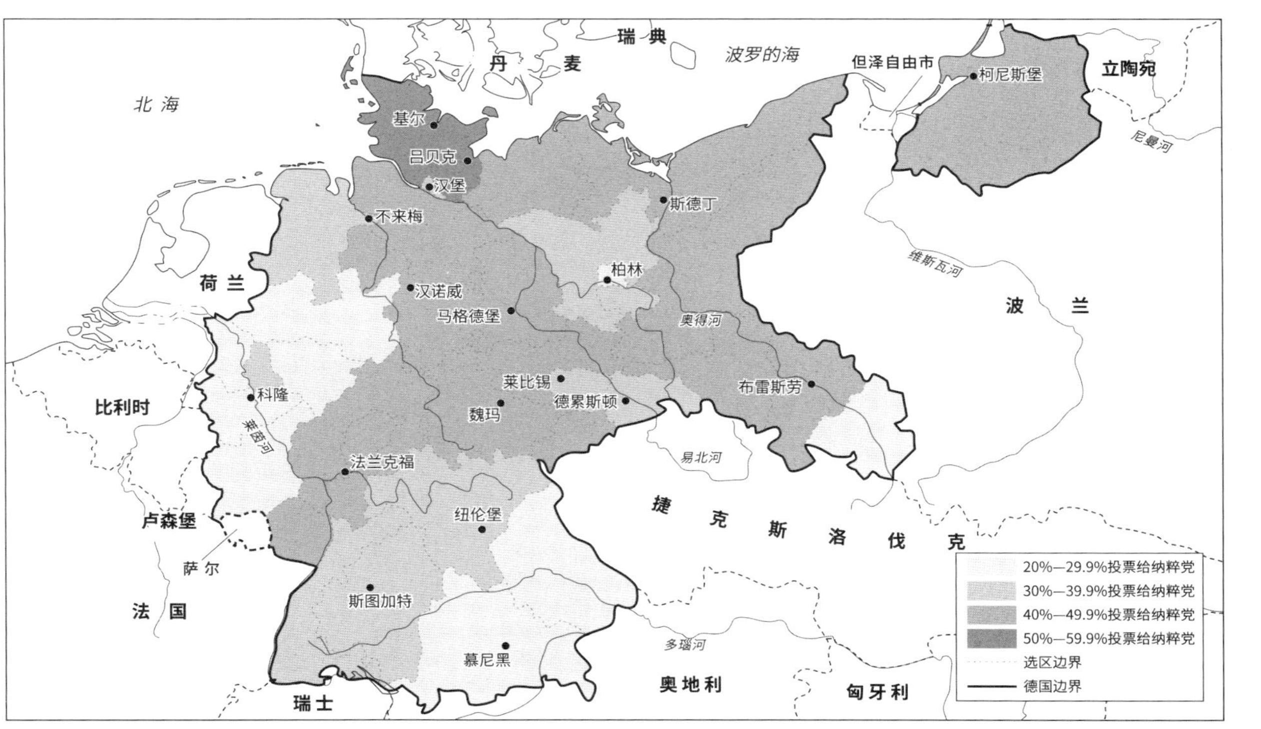

地图 14　纳粹党在 1932 年 7 月国会选举中的得票率

选举时支持小党派的选民中，有二分之一在 1932 年 7 月转投纳粹党；1930 年投票给民族党、人民党和国家党的选民中，有三分之一在 1932 年 7 月投票给纳粹党。原先不投票者中的五分之一（尤其是女性选民），此次把选票投给了纳粹党。原先投票给社会民主党的选民中，甚至也有七分之一此次投票给纳粹党。纳粹党争取到的选民中，有 30% 是从小党派那里挖来的，其中包括许多在 1924 年和 1928 年投票给民族党的选民。甚至有一些共产党和天主教中央党的选民也转变了立场，但人数大致被那些转投这两党的原纳粹党抵消了。纳粹党吸引的依然主要是新教教徒，天主教选民中仅有 14% 支持它，与之形成对照的是，非天主教选民中有 40% 支持它。1932 年 7 月投票给纳粹党的选民中，有 60% 来自广义上的中产阶级，40% 是赚取周薪的体力劳动者及其家眷，但是与从前一样，这些绝大多数是出于各种各样的原因而与劳工运动若即若离的人。纳粹党
295 在各选区的得票数与失业率之间的负相关关系，仍像以前一样明显。纳粹党继续受到所有对社会感到不满的群体的支持，尤其是中产阶级的大力支持；相对不太支持它的，是传统的产业工人阶级和天主教教区，尤其是在劳工运动或者天主教志愿者协会得到了强有力的经济和制度支持的地区。[145]

尽管 1932 年 7 月的选举使纳粹党在国会里席位大增，但该党的领导层依然感到有些失望。在他们看来，这个结果的关键之处不是纳粹党得票比在前一次国会选举中更多，而是该党在 7 月的选举中并不比在同年 3 月的第二轮总统选举以及 4 月的普鲁士州议会选举中表现得更好。因此，他们觉得纳粹党的得票数已达最后的峰值。特别是，尽管付出了巨大努力，但该党在追求其首要目标，即拉走社会民主党和中央党的选票方面，仅取得了有限的成功。所以纳粹党没有像 1930 年 9 月胜选时那样欢欣鼓舞。戈培尔在日记中坦言自己的感受："我们赢了一点点"，仅此而已。他的结论是："照这样，

我们不会赢得绝对多数。”因此，选举又为这种感觉平添了一种新的紧迫感，用戈培尔的话来说就是："必须做点什么了。在野的时间结束了。现在就行动！"[146]第二天他接着写道,夺权的时刻到了，并记录道，希特勒同意他的观点。否则，如果纳粹党坚持通过议会道路掌权，那么其选举实力的停滞状态会让人觉得它可能开始控制不住局面了。然而，希特勒拒绝进入由其他政党领导的联合政府，他确实有资格那样做，因为他的党此时掌握着有史以来德国国会中一党所占的最多席位。因此，选举刚结束，希特勒就坚持只能以总理身份进入政府。唯有坐上这个位置，他才可以在追随者中间保持其领袖魅力的神秘感。与内阁中的从属职位不同，总理职位还能给予希特勒有利的机会，利用归他调遣的全部官方力量，把国家的政体由内阁制转变为独裁制。

二

1932年8月初发生的一件事，生动地展示了可以怎样使用那些 296
官方力量。巴本试图控制局面，于7月29日下令禁止举行公共政治集会。禁令所起到的作用，仅仅是剥夺了积极分子们释放灼热的政治激情的合法渠道，结果进一步刺激了街头暴力。因此在8月9日，巴本又颁布一项紧急总统令，宣布对任何因愤怒或仇恨而在政治斗争中杀死对手的人可以适用死刑。他颁布此令的意图是将之主要施用于共产党。然而在第二天凌晨，一群醉酒的褐衫军带着橡皮棍、手枪和折断的台球杆,闯入上西里西亚的村庄波滕帕（Potempa）的一个农场，袭击了支持共产党的村民康拉德·皮徂赫（Konrad Pietzuch）。褐衫军用台球杆抽他的脸，打得他失去知觉倒在地上，又用靴子狠踢他，最后用左轮手枪结果了他的性命。皮徂赫是波兰人，因此使这件事既成为一起政治事件也是一起种族事件，而且其中几个褐衫军成员与他有私仇。这显然是总统令的条款所界定的政治谋杀，其中5名褐衫军成员被逮捕和审理，在附近的小镇博伊滕（Beuthen）*被判处死刑。裁决刚一宣布，身穿褐衫的纳粹冲锋队就在博伊滕的街上横冲直撞，打砸犹太人的商店，捣毁自由派和左翼的报馆。希特勒私下里和在公开场合都谴责“这个凶残血腥的裁决”的不公正，赫尔曼·戈林给这几位死刑犯发出公开的声援信，“对施加于你们的恐怖判决感到无尽的痛苦和愤怒”。[147]

希特勒、巴本和兴登堡正在谈判关于纳粹党加入政府的事宜，此时谋杀案成为其中的一个议题。具有讽刺意味的是，总统兴登堡无论如何都不愿意接受希特勒当总理，因为任命一个由胜选政党的党魁来领导的内阁，看起来太像是回归议会制度了。况且此时他还
297 对波滕帕谋杀案感到震惊。兴登堡在1932年8月13日居高临下地告诉希特勒：“我毫不怀疑你对祖国的热爱。”但接着又说，“对于可能发生的恐怖和暴力行为，比如冲锋队员所干的那种令人遗憾的事情，我会尽我所能从严处理。”巴本也不愿意让希特勒领导内阁。谈判破裂之后，希特勒宣布：

> 日耳曼种族的同志们！你们当中任何一位志在为民族的荣誉和自由而奋斗的人，都会理解我为什么要拒绝进入本届政府。冯·巴本先生的法官最终也许将判处数千名国家社会主义党人死刑。你们有没有想到，他们可能还会把我的名字列入这个盲目挑衅的行动、这个向全体人民发出的挑战？正人君子们被误导了！冯·巴本先生，现在我知道你那沾满血污的“客观立场”指的是什么了！我希望一个民族主义的德国取得胜利，我希望消灭马克思主义破坏者和腐败分子。我不适合充当绞杀德国人

* 今波兰贝托姆，曾是犹太人社区。——编注

> 民的民族主义自由战士的刽子手。[148]

希特勒对冲锋队员的野蛮暴力的支持再清楚不过了。他的态度镇住了巴本，巴本根本没打算把总统令施用于纳粹党，于是在9月2日改判那几位死刑犯为终身监禁，希望以此安抚纳粹领袖。[149] 事件发生后不久，由于担心再次被取缔，希特勒命令褐衫军休假两星期。其实他的担心是多余的。[150]

然而，7月胜选之后嗅到权力味道的纳粹党对于党魁未能入阁感到失望之极。与希特勒谈判的破裂也使巴本和兴登堡陷入麻烦：本届政府的合法性难以得到民众的认同。摧毁议会制度的时刻似乎已经来临，但是他们要怎样实现呢？在兴登堡的支持下，巴本决定，一俟国会召开会议，就解散它。然后他就可以通过总统令的形式行使——确切地说是滥用——专制权，宣布不再进行选举。但是，当国会终于在9月召开会议时，赫尔曼·戈林按照惯例，作为国会中第一大党的代表主持会议。在乱哄哄的会场上，他故意不理睬巴本宣布解散国会的提议，而是同意讨论共产党的动议——对政府的不信任案。动议得到512位议员的支持，仅有42位投了反对票，5位弃权。投票结果使巴本废除选举的计划落空了，这令他颜面扫地，298
也相当生动地显示出他在国内缺乏支持。巴本政府别无选择，只好遵照宪法，要求在11月进行新一届国会的选举。[151]

巴本的策略激怒了希特勒，他在新的选战中对政府发动了猛烈抨击。希特勒宣称，一个由贵族反动派组成的内阁，永远无法得到像他本人这样的人民之子的合作。纳粹报刊吹嘘说，“领袖”在德国各州的造势活动又一次高奏凯歌。然而关于希特勒的演讲听众云集、反响热烈的吹嘘之辞，掩盖不住这样的事实，至少瞒不过纳粹领导层：希特勒这回发表演讲的会议厅，许多都是半空的，这年搞的许多活动导致该党已无财力维持上一次选举时的那种宣传力度。

此外，希特勒抨击巴本时所使用的民粹主义话语吓坏了中产阶级选民，他们觉得纳粹党的“社会主义”特性又出现了。在竞选的准备阶段，纳粹党与共产党并肩参加了愤怒的柏林运输工人举行的一次罢工，这不但无助于改善纳粹党在柏林工人阶级眼中的形象——尽管这一直是戈培尔的目标，而且引起了乡村选民的反感，也遭到一些中产阶级选民的排斥。纳粹党曾经令人耳目一新的宣传方式，此时已经人人熟知。戈培尔的锦囊已经掏空，再也没有能打动选民的妙计了。纳粹领导层十分沮丧，听天由命地等着在投票日那天看到选票严重流失。[152]

路易丝·索尔米茨（Louise Solmitz）的日记传神地表达了大多数信奉新教的中产阶级人士的情绪。索尔米茨生于1899年，居住在汉堡，当过教师，嫁给了一位退伍军官，长久以来一直是兴登堡和胡根贝格的崇拜者，她以典型的新教教徒的心态，鄙夷地把布吕宁看作“小气的耶稣会士”，还经常在日记中抱怨纳粹的暴力行为。[153]然而1932年4月，她到汉堡郊区的一次群众集会上去听希特勒演讲，在现场气氛和来自社会各界的群众的感染下，在演讲的鼓动下，她心潮澎湃。[154]“令人深受感染的希特勒精神，”她写道，“是德意志的精神，是正义的。”[155]不久，她家所交往的中产阶级友人全都支持希特勒了，在7月份，他们无疑都把选票投给了他。然而，国会
299 开会时戈林对待国会的漫不经心态度，以及11月选战期间纳粹党的左倾立场，都使他们心生反感。他们此时较为倾向于巴本，但对他并不十分热情，因为巴本是天主教徒。她的一位退伍军人老友说：“我两次投票给希特勒，可是以后不会了。”另一位熟人说：“希特勒真糟糕，我不会再支持他了。”路易丝·索尔米茨认为，希特勒因为支持柏林运输工人的罢工而损失了数千张选票。她悲观地得出结论，希特勒所关心的并不是德国，而是权力。她问道：“希特勒向我们展示了一个我们愿意接受的未来，然后又抛弃了我们。他为

什么要这样做？”在11月，索尔米茨一家把选票投给了民族党。[156]

面对这种失望情绪，纳粹党在选举中成绩糟糕也就不足为奇了。11月选举的投票率远低于7月那次。计票结果显示，纳粹党的选票大幅下降，从1380万张降至1170万张，议席从230席降至196席。纳粹党仍是遥遥领先的第一大党，但它此时的席位少于两个“马克思主义”政党席位数的总和。[157]社会民主党的《前进报》称，“希特勒在走下坡路”。[158]“我们遭受了挫折，”约瑟夫·戈培尔在日记中写道。[159]与之相反，政府在选举中有所收获。民族党的议席从37席增至51席，人民党从7席增至11席。投票给它们的选民中，有许多曾短暂地转向纳粹党，此时重新支持他们。但这些数字依然少得可怜，差不多是两党在1924年全盛时期得票数的三分之一。国家党（即原先的民主党）运气不佳，依然呈现颓势，议席从4席降至2席。社会民主党又失去了12席，降至121席，是1924年以来所获得的最少席位数。另一方面，仍为第三大党的共产党进一步提高了地位，又赢得11席，总共占100席，落后于社会民主党并不太远。对许多德国中产阶级人士来说，共产党的表现高效得让人害怕，他们担心在不久的将来可能会发生共产主义革命。中央党也略呈颓势，从75席降至70席，有些选票流向了纳粹党；巴伐利亚人民党，即从中央党分裂出去的巴伐利亚派，也是如此。[160]

总体而言，国会甚至比从前更加难以控制。此时，100位共产党议员与196位纳粹党议员在国会内交锋，双方都打算摧毁他们所痛恨和鄙视的议会制度。政府在选战期间痛骂过它们，结果导致 301
中央党和社会民主党比以往任何时候都更加敌视巴本。巴本完全未能扳回9月12日在国会受到的羞辱。在新一届国会中，他所面对的局面依然是绝大多数议员都反对他的内阁。巴本想要快刀斩乱麻——取缔纳粹党和共产党，并且动用军队实行总统专制政体，完全绕开国会。然而这个设想并不务实，因为此时他已失去军方和高

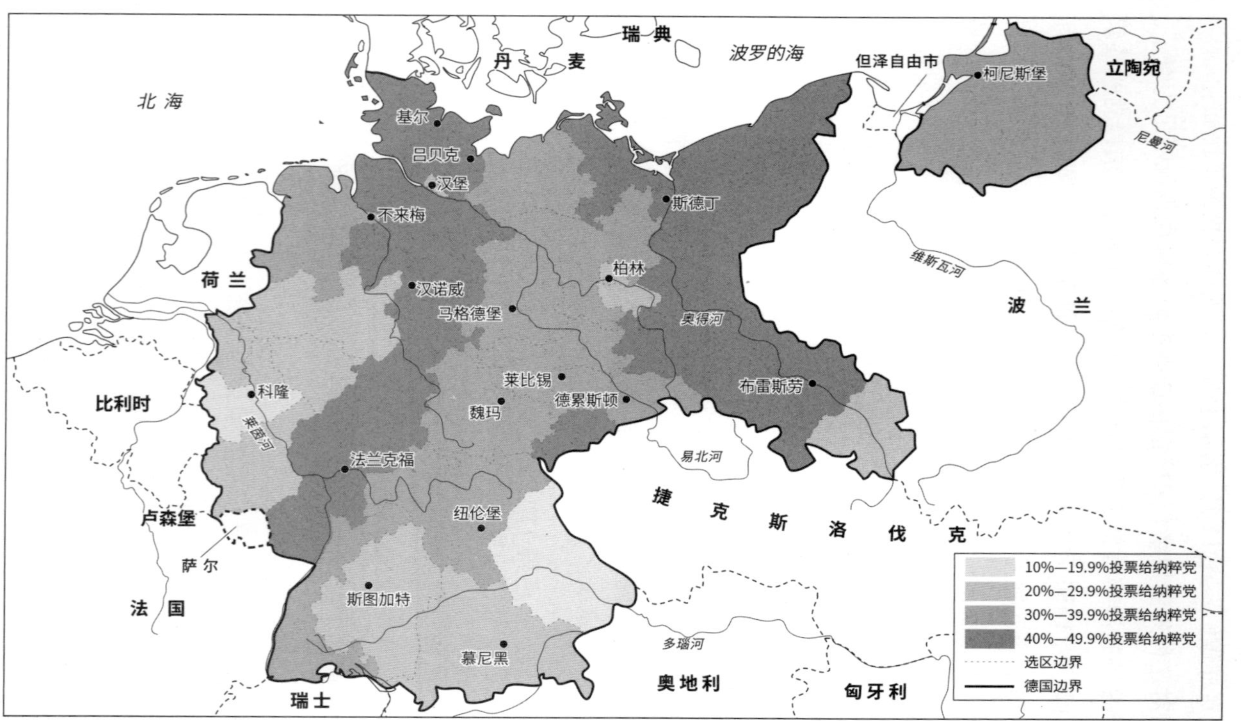

地图 15　纳粹党在 1932 年 11 月国会选举中的得票率

层军官的信任，这是致命的不利因素。这年年初，军方高层迫使威廉·格勒纳将军辞去国防部长之职，原因是认为他与魏玛共和国及其机构折中妥协的做法已不再适应新形势。他的继任者是立场与军方高层比较合拍的施莱谢尔。让施莱谢尔气愤的是，总理巴本竟敢自作主张制定建立专制政权的计划，而没有对那个当初大费周章扶他上台的人——也就是施莱谢尔本人——言听计从。况且巴本显然未能实现施莱谢尔和军方一直谋求的目标——拉拢主要由纳粹党和中央党构成的国会多数派。因此，采取新方案的时候到了。施莱谢尔平静地通知巴本，军方不愿意冒爆发内战的风险，将不再支持他。内阁表示同意；而且由于街头暴力无法控制，也毫无办法防止它继续升级，于是巴本被迫宣布辞职。[161]

三

接下来是两个星期的复杂谈判，由兴登堡及其亲信主导。到此时，宪法实质上已恢复到俾斯麦帝国的宪法，规定政府由国家元首任命，无需征询国会多数派或者各级立法机构的意见。国会作为一个政治要素被完全排挤到边缘。实际上，它已被弃用，甚至无需它来批准法律的通过。但它依然可能引起麻烦，因为任何一届政府在试图朝着专制方向修改宪法时，如果得不到国会中多数派的支持， 302
就不具备合法性，就要冒挑起内战的重大风险。因此，寻求国会支持的努力仍在继续。由于纳粹党不肯合作，施莱谢尔只好在12月3日亲自出任总理，他的内阁从一开始就注定是前途暗淡的。兴登堡喜欢并且信任巴本，认同巴本的许多观点，因此憎恨把巴本搞下台的施莱谢尔。中央党和社会民主党对施莱谢尔的恨意不如对巴本那样强烈，施莱谢尔在上台后的几个星期里避免重复巴本的专制论调，从而赢得了喘息之机。他依然期待纳粹党能够回心转意。纳粹党已因 11 月选举而开始走下坡路，对于以后何去何从产生了分歧。此外，12 月初在图林根州举行的地方选举中，纳粹党的得票率比在 7 月份全国选举时的高峰暴跌了大约 40%。而且一年来的奋力拉票，几乎耗尽了该党的财力。形势似乎对施莱谢尔越来越有利。[162]

希特勒拒绝加入联合政府，除非由他担任总理，这种做法此时在纳粹党内部引起了批评。带头批评的，是该党的组织部长格雷戈尔·施特拉塞尔，他十分清楚纳粹党的险恶处境，越来越觉得希特勒削弱了过去几年里辛辛苦苦建立起来的党组织，于是开始一边结交大企业，以便为党募集资金，一边拉拢工会，以便说服它们加入一个拥有广泛基础的全国联盟。然而，以约瑟夫·戈培尔为首的施特拉塞尔在纳粹领导层中的敌人意识到他的意图后，开始暗中谋划，指责他蓄意阻挠党的夺权努力。[163] 施莱谢尔为了向希特勒施加压力、推动他加入内阁，开始单独与施特拉塞尔谈判，讨论希特勒在政府中可以担任什么职务。在此紧要关头，希特勒依然固执地认为，除非由他出任总理，否则纳粹党不应该加入任何一届政府。施特拉塞尔与希特勒进行了一次艰难的会谈，他徒劳地解释了自己的观点。再次遭到回绝之后，自尊心受到伤害的施特拉塞尔一气之下于 12 月 8 日辞去党内一切职务。

希特勒迅速采取行动防止纳粹党分裂，开除了前党内二号人物施特拉塞尔的高调支持者，亲自劝说那些摇摆不定的人。希特勒短
303 时间内在全国做了旋风式巡回演讲，说服一批又一批党员干部相信他的立场是正确的，其方法是把施特拉塞尔定性为叛徒，颇像斯大林在大约同一时期的苏联把托洛茨基定性为叛徒的做法。分裂的危险是真实存在的，希特勒和戈培尔当然对此极其重视。但这是基于权术考量，而不是基于原则问题。施特拉塞尔与希特勒对于未来的构想并无不同，前者的思想立场与他的领袖非常相像。在 1930 年完全驱逐他的弟弟奥托时，他全力支持。奥托的观点确实偏离了党

的主流，过于左倾。格雷戈尔·施特拉塞尔在1932年12月也没有做出任何抗争。假如他为自己的观点宣传，极有可能会带走相当大一部分党员，从而使该党受到致命破坏。但他没有这样做。辞职后施特拉塞尔立即前往意大利度假，尽管并未真正被开除出党，但他没有再插手党内事务，实际上退出了政治生活。希特勒自己兼任党的组织部长，解散了施特拉塞尔为纳粹党建立的集权式管理结构，以防大权旁落。党内危机过去了。希特勒和纳粹党领导层可以松口气了。[164]

施莱谢尔未能争取到纳粹党，此事将被证明具有决定性的影响。诚然，从表面上看，他的前途在年初的时候似乎不算太糟。纳粹党在走下坡路，1月15日在小州利珀（Lippe）的地区选举中赢得39.5%的选票，但是就连这次成功表现也没有多少说服力，因为当地选民总数仅有10万。大规模的宣传努力和空前密集的造势活动，依然未能使纳粹党的得票数比在1932年7月选举时有所增加。希特勒和戈培尔把这个结果吹嘘为一场胜利，借此振作纳粹党低落的士气、坚定党的决心，然而政坛的多数领军人物对于内情相当清楚。[165]在其他方面，纳粹党似乎也在衰落。例如在学生会的选举中，该党的得票率从1932年的48%降至1933年初的43%。[166]同时，世界经济形势终于开始好转，大萧条似乎将要触底回升，施莱谢尔看到了18个月前德国脱离金本位制所带来的契机，正在筹划能够创造大量就业机会的项目，通过设立国家公共建设项目缓解失 305
业。这对纳粹党来说不是个好兆头，因为它的崛起和选举优势，主要是大萧条的产物。纳粹党在地区选举中的得票率也已到顶，这是尽人皆知的。

然而纳粹党的衰落和经济的复苏，要等到至少几个月甚至几年后才有可能成为重要因素。施莱谢尔没有几个月或几年的时间可用，他只有几个星期。在兴登堡及其幕僚，尤其是他的儿子奥斯卡、国

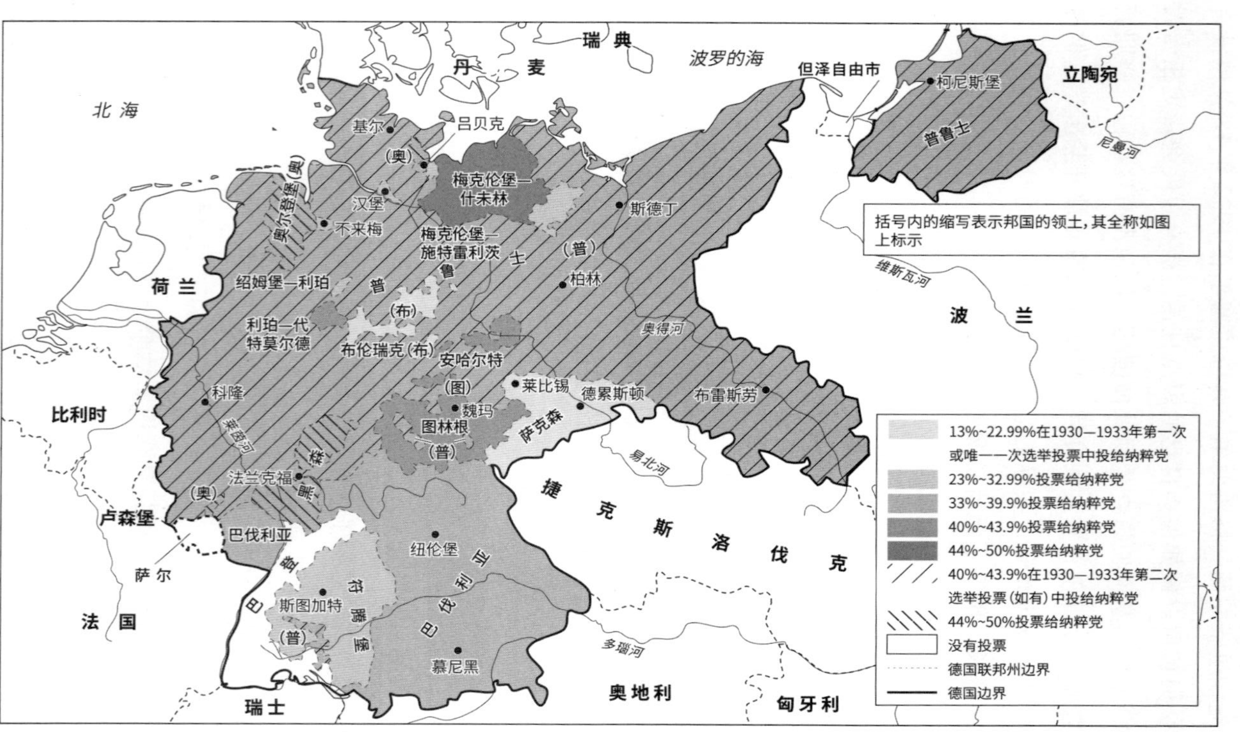

地图 16　地区选举得票率，1931—1933 年

务秘书迈斯纳和前总理弗朗茨·冯·巴本看来，此时似乎比以往任何时候都更加迫切地需要拉拢纳粹党入阁，以此控制它，纳粹党最近的损失和分裂似乎为他们提供了推进此事的有利时机。但如果纳粹党继续走下坡路，那么在可预见的将来，随着经济复苏，似乎有可能出现这种情况：老牌政党恢复元气，议会制政府回归，内阁中甚至可能包括社会民主党。阿尔弗雷德·胡根贝格同样担心出现这种局面。施莱谢尔的一些经济计划，包括可能实行钢铁企业国有化，以及在 12 月正式废除巴本在 9 月份实行的削减工资和福利的措施，还引起了企业界人士的忧虑，他们的利益是巴本、兴登堡和胡根贝格所重视的。施莱谢尔提议在东艾尔比亚（East Elbia）实行土地改革，把破产容克的土地分给农民，这导致拥有地产的兴登堡与他更加疏远。施莱谢尔自称既不赞成资本主义也不赞成社会主义，保守势力对此极其忧虑，他们开始围绕兴登堡结成同盟，以扳倒施莱谢尔为目标。[167]

这些密谋者取得了“钢盔”及其领导人弗朗茨·泽尔特和特奥多尔·杜斯特伯格的支持，他们计划罢免施莱谢尔，换一个更合乎他们心意的人当总理。50 多万人的“钢盔”是一支潜在的难以对付的战斗力量。但它存在严重的内部分歧，其领导人泽尔特与杜斯特伯格之间剑拔弩张，而且长期以来，他们一直无法决定是应该与纳粹党还是与保守派共命运。他们承诺要“超越党派”，本来是以此作为团结的口号，但这实际上却一直是内部纷争的根源。在此形势下，“钢盔”这个退伍兵组织中的许多资深人士迫切要求恢复福利 306
活动、军事训练、派驻大量民兵“保卫”德国的东部边界，其中有些要求得到了满足。“钢盔”认为自己首先是一支预备役部队，必要时将被征召去扩充正规军，由于《凡尔赛和约》的限制，正规军的员额仅为“钢盔”的五分之一。杜斯特伯格在总统选举中的糟糕表现，让许多人觉得他的明智选择是退出政治战场。其普鲁士军官的背景让他不信任纳粹党人，认为他们过于粗俗、混乱，不值得共事。但杜斯特伯格自身地位不稳，因为有人透露说他有犹太人血统，这让许多“钢盔”成员大为震惊。因此，在 1933 年初以“钢盔”的名义参与密谋罢免施莱谢尔的，是泽尔特。[168]

尽管巴本积极参与了阴谋，但他本人显然无意角逐总理之职，因为在此前的几个月里，除了兴登堡的亲信，几乎所有人都疏远了他，国内的民众也不支持他。手忙脚乱的谈判最终达成了一个方案：任命希特勒为总理，由保守派内阁成员组成的多数派从旁监督。方案的实施似乎刻不容缓，因为有谣言说施莱谢尔正在与陆军总司令库尔特·冯·哈默施泰因（Kurt von Hammerstein）将军合作，策划一场反政变。施莱谢尔显然想要建立一个极权的统合型国家，以总统令的形式宣布废除国会，实行军管，全面镇压纳粹党以及共产党。“如果新政府没有在 11 点之前组建起来，”巴本在 1 月 30 日告诉兴登堡和“钢盔”领导层，“军队就会出动。施莱谢尔和哈默施泰因领导的军事独裁即将来临。”[169]

谣言之所以迅速流传，是因为政界都知道，施莱谢尔未能取得国会的支持，他别无选择，只能请求总统授予他范围广泛的、实际上超越宪法的权力，用以化解危机。当他向兴登堡提出这个请求时，高龄的总统及其亲信把此事看作摆脱这个讨厌的、不值得信任的阴谋家的机会，于是断然拒绝。有些人料想，施莱谢尔遭到回绝后，将会和军方一起，干脆靠自己的力量直接夺权。但施莱谢尔和
307 军方只考虑过假如巴本重新出任总理就发动政变，这仅仅是因为他们认为巴本的任命很可能会引发内战。施莱谢尔亟欲避免发生这种情况，此时他把希特勒出任总理看作一个受军方欢迎的解决方案。“如果希特勒打算在德国建立独裁体制，”他自信地说，“那么军方将是独裁体制内部的独裁集团。”[170] 由于总统拒绝授予他凌驾于宪法之上的统治权，施莱谢尔别无选择，只好提出辞职。围绕兴登堡

的圈子已经进行了一段时间的谈判，打算任命希特勒接替施莱谢尔。最终，在1933年1月30日上午11点半左右，希特勒宣誓就任德国总理。在他所领导的政府中，巴本及其保守派同僚属于多数派。实力大减的民族党中的激进派加入政府，其中阿尔弗雷德·胡根贝格接管经济部和粮食及农业部。已在巴本和施莱谢尔两任政府中担任外交部长的康斯坦丁·冯·诺伊拉特男爵（Konstantin Freiherr von Neurath）留任，卢茨·格拉夫·什未林·冯·克罗西克（Lutz Graf Schwerin von Krosigk）也留任财政部长，稍后，民族党的弗朗茨·居特纳留任司法部长。陆军部由维尔纳·冯·勃洛姆堡（Werner von Blomberg）接管。弗朗茨·泽尔特代表“钢盔”执掌劳工部。

仅有两个政府要职归纳粹党，但这两个都是关键职位，是希特勒在谈判中所坚持的交换条件：内政部由威廉·弗里克（Wilhelm Frick）执掌，总理之职由希特勒担任。赫尔曼·戈林被任命为帝国不管部部长（Reich Minister Without Portfolio）以及普鲁士州内政部代理部长（Acting Prussian Minister of the Interior），这个职位使他得以直接控制德国大部分地区的警察。因此纳粹党人能够全面操纵国内的法律与秩序，让形势朝着有利于他们的方向发展。只要他们行事有一点点技巧，就可以很快为褐衫军扫清道路，使之能够发动全新水平的暴力行动，在街头打击对手。弗朗茨·冯·巴本成了副总理，并且作为帝国行政长官继续管理普鲁士州，名义上是戈林的上司。希特勒和纳粹党徒粗俗、没文化、缺乏执政经验，他们的周围尽是巴本的朋友，总统兴登堡又对巴本言听计从，因此巴本认为，控制他们必然易如反掌。当一位心存疑虑的同僚表示担心时，308
巴本自负地对他说：“你错了。我们已经把他收归我们所用了。”[171]巴本自信地告诉一位忧心忡忡的保守派熟人：“两个月之内，我们就能把希特勒逼到墙角，逼得他只会尖叫。”[172]

1．矗立在汉堡的俾斯麦纪念塔，揭幕于 1906 年，用仿中世纪的艺术风格表达了这样的期许：德国将在一位新的民族领袖治下恢复往昔的荣耀。

2．1887 年寄自“法兰克福唯一一家不许犹太人入住的饭店”的反犹明信片。这种态度是 1880 年代的新现象。

6．陷入混乱：1919 年 1 月“斯巴达克同盟暴动”期间柏林街头的一场战斗。

7．右翼的报复：1919 年 5 月血腥镇压慕尼黑苏维埃（Munich Soviet）之后，担任行刑队队长的一位自由军团中尉拍摄的他手下的非正规军与他们将要处决的“赤卫队员”（Red Guardist）。

3．（左页上图）胜利的希望：德军于 1914 年在比利时境内满怀信心地推进。

4．（左页中图）战败的现实：1918 年 8 月在亚眠战役（Battle of Amiens）中被协约国俘获的德国战俘。

5．（左页下图）必须付出的代价：因履行 1919 年《凡尔赛和约》而废弃的德国战斗机的骨架。

8．德国一份讽刺杂志上的种族主义漫画，醒目地列出 1923 年法国占领鲁尔区期间据说法军所犯凶杀、抢劫和性侵案件的数量。

9．1923 年的恶性通货膨胀：“这么多千元面额的马克只值一美元！”

10．1927 年战争赔款的决算表：一份讽刺杂志说，《凡尔赛和约》强加给德国的财政负担造成的经济困难导致 14 000 名德国人自杀。

11．咆哮的二十年代：画家奥托 · 迪克斯对 1927—1928 年德国社会的痛苦观感；退伍军人被排挤到社会边缘，而放荡女子和她们的客人却在爵士乐舞会上纵情享乐。

12．啤酒馆暴动：1923 年 11 月，武装的冲锋队员在慕尼黑市政厅外等待纳粹党接管权力，但他们空等了一场。

13．1929 年，希特勒与友人在慕尼黑的一家啤酒馆休闲，他没有喝酒。最左是格雷戈尔·施特拉塞尔。

14. 1926 年希特勒在魏玛领导的一次街头游行，冲锋队在前面开路。他左方没戴帽子的是鲁道夫 · 赫斯，紧跟在他身后的是海因里希 · 希姆莱。

15. 入神的面孔：1930 年在一次露天集会上聆听演讲的冲锋队员。

16. 共产主义威胁：就像1932年选战期间在汉堡的这个贫民区一样，犯罪、贫困和极左翼使命感往往结合在一起，令中产阶级选民感到害怕。

17. 布吕宁的制服禁令（1930年12月）徒劳无功：褐衫军换上了白衬衫，效果依旧。

18．1930 年的一张和平主义海报提醒人们，“投票给右翼政党，无异于投票支持发动战争”，纳粹主义只会导致死亡与毁灭。并且诘问道 :“德国人，你要再次被他抓在手心吗？”

a

b

c

d

19. 暴力的视觉形象：纳粹党于 1928 年率先采用，其他政党在后来的选举中效仿。(a)“摧毁世界之敌，国际巨额融资银行”——纳粹党的竞选海报，1928 年。(b)“终结这个制度！”——共产党的竞选海报，1932 年。(c)“为名单 1 号扫清道路！”——社会民主党的工人用胳膊肘挤开纳粹党人和共产党人，1930 年。(d)“反对内战和通货膨胀”——人民党把对手打得落花流水，这例一厢情愿的形象出现于 1932 年。

20．1930 年 9 月摆在选民面前的选择。各党的目标是妇女、福利申请人、年轻人以及其他特定的社会群体。

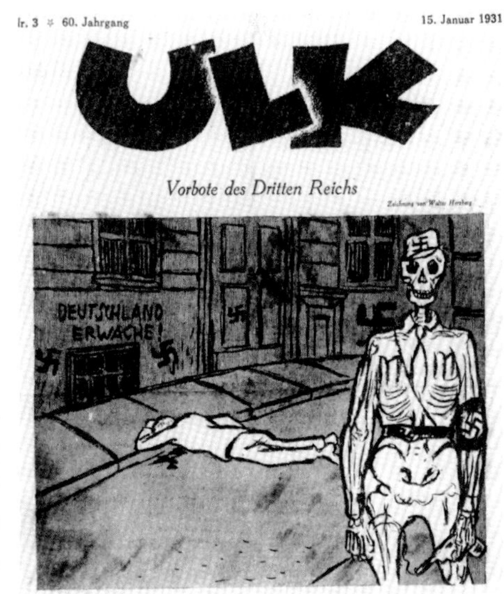

lr. 3 ☆ 60. Jahrgang 15. Januar 1931

ULK

Vorbote des Dritten Reichs

21．“第三帝国的先兆”。1931 年 1 月，一张社会民主党的海报提醒人们警惕纳粹的暴力活动。一个身穿褐衫制服的骷髅在墙上潦草地写下“德国，醒来吧！”、画上卐字符之后，用手枪杀死了一个对手，扬长而去。

22.（上图）淹没对手的声音：1933 年 3 月选战期间，纳粹党用扩音喇叭高喊“希特勒万岁！”

23.（下图）纳粹党的体面样子：1933 年 1 月被任命为总理后不久，希特勒身穿正装接见商界领袖。

24. 街头的现实：1933 年春被冲锋队以“辅警”身份逮捕的共产党人和社会民主党人，等待他们的命运是进入褐衫军的刑讯室。

25. 1933 年的第一批集中营：到达奥拉宁堡集中营的社会民主党人在登记。

26.《集中营里高贵的共产党员》：纳粹党对集中营进行广泛宣传，但试图树立正面形象。1933 年 5 月 14 日这组漫画所展现的是，“逮捕”之后是“洗澡”、“剪头发和胡须”（“剪”在德文中与“割礼”是同一个词）、放风和拍照。在现代派艺术家和种族主义作家经常出没的柏林“罗马咖啡馆”和“自大狂咖啡馆”，画中的犹太常客痛惜他们的朋友在 6 个星期里的脱胎换骨：“这可怜的人肯定吃尽了苦头！”

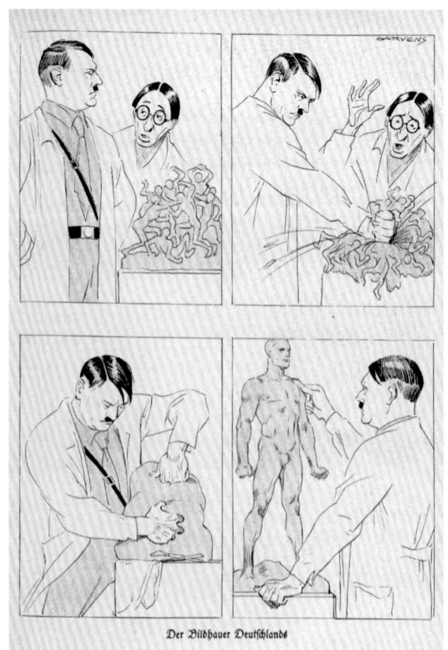

27.希特勒的文化革命：“德国的雕塑家”用一群争吵的侏儒塑造出一个新的德国巨人，它随时准备主宰世界。

28. 流亡者：纳粹的讽刺刊物《荨麻》（*The Nettle*）把德国顶尖作家和知识分子的逃离描绘成德意志民族的胜利。托马斯·曼奏响了手摇风琴，其他人（多数是犹太人）随着他的乐曲偷偷溜走。这些被丑化的人包括阿尔伯特·爱因斯坦、利翁·福伊希特万格和卡尔·马克思。“走了，就别想回来。”

29. “打倒非日耳曼精神”：纳粹学生于 1933 年 5 月 10 日在柏林大学外焚烧犹太人和左翼人士的著作。

30．“日耳曼人！捍卫你们自己！不要买犹太人的东西！”1933 年 4 月 1 日抵制行动期间，冲锋队员在一家犹太商店的橱窗上贴标签，顾客在旁观。

31．国家社会主义革命的连续性：一张 1933 年的明信片，画面上连成一排的是普鲁士的腓特烈大帝（Frederick the Great）到俾斯麦再到希特勒。

第五章

建立第三帝国

第一节

恐怖开始了

一

希特勒就任德国总理，绝非寻常的内阁更迭。这种不同寻常 310
立刻在 1933 年 1 月 30 日的火炬游行中清晰显示出来。游行是戈培尔组织褐衫军、“钢盔”和党卫队在柏林市内举行的，从晚上 7 点开始，一直持续到下半夜。一家支持纳粹党的报纸无比激动地报道说，游行人数达 70 万。[1] 这个数字相当荒诞，较为可信的是另一家报纸的报道，它以赞赏的口吻将游行描述为“一次令人难忘的经历”，参加者包括 1.8 万名褐衫军和党卫队、3000 名“钢盔”成员和 4 万名穿便装的平民，共计 6.1 万人。第三个数据来自一个持敌对立场的信息源，据它估算，穿制服的游行者不超过 2 万人。好奇的人群沿街驻足，观看游行。准军事组织成员走过时，许多人发出欢呼。这壮观的景象在此后几年里频频上演，被戈培尔编排得炉火纯青。在柏林街头观看游行时，青年汉斯–约阿希姆 · 赫尔登布兰德（Hans-Joachim Heldenbrand）所站的位置，刚好是褐衫军换火炬的地方，他们在那里把忽明忽暗的火把换成刚点燃的新火把。他整晚看着那些换火把的人，渐渐注意到同一批面孔一次又一次出现在他面前。“瞧，”父亲对他说，“看见这骗人的花招了吧。他们一圈又一圈不停地游行，让人以为他们有十几万人。”[2]

身穿制服的准军事组织纵队游行经过时，上了年纪的兴登堡走到官邸二楼的窗前接受敬礼。为了展示民族党和纳粹党在新政府中
311 的相应地位，戈培尔安排褐衫军走在队伍的前头，“钢盔”跟在他们的后面。兴登堡笔直地站了几个小时之后，开始走神，心思游荡回了一战初期的辉煌岁月。他的一位随从后来告诉英国作家约翰·惠勒–本内特（John Wheeler-Bennett）：

> 褐衫军脚步凌乱地走过，后面跟着上过战场、头发灰白的“钢盔”队伍，他们步调一致、天生纪律严明。老元帅在窗前看着他们，如在梦中，站在身后的人见他扭过头来，像从前那样粗声吼道：“鲁登道夫，你的兵走得多神气啊，还捉了这么多俘虏！”[3]

不管是真糊涂还是装糊涂，兴登堡被民族党报刊描述为这场欢庆活动的核心人物，这场游行被说成是“兴登堡接受他的人民的致敬”。[4]警方也参与其中，护卫并且实际上加入了这场大欢庆，他们用探照灯朝总统所站的窗前打了一束光，以便人人都看得见他向欢呼的游行者致意。[5]到处是黑白红旗。在广播中，赫尔曼·戈林把人群比作聚在一起庆祝第一次世界大战爆发的民众。他说：“这气氛只有1914年8月时能与之相提并论，当时也是整个国家挺身捍卫它所拥有的一切。”“过去14年来的屈辱”被一扫而空，1914年的精神得以重振。[6]这些看法每一位民族党人都会同意。正如一家民族党报纸所言，德国正在见证“第二次八月奇迹”。[7]几天后，在街头的人群中观看游行的路易丝·索尔米茨做了同样的比较：“像1914年一样，人人因为希特勒的缘故而互相拥抱，不饮而醉。”[8]当时她

或许没有想起，1914 年精神预示着战争：全民动员是发动武装冲突的基础，压制国内异见是发动国际侵略的准备。而这正是纳粹党此时的目标，戈林的声明已经做了暗示。从 1 月 30 日开始，德国社会将以最快的速度被置于永久备战状态。[9]

戈培尔对庆祝活动感到欢欣鼓舞。尽管他在新内阁中尚无正式职务，但已经能够组织国家广播电台进行现场解说。效果超出了他 312
的预期：

> 盛大的庆典。万众欢腾……火炬来了。从 7 点开始。望不到尽头。直到 10 点。到达皇宫。然后到达总理官邸。直到 12 点。没有尽头。上百万民众在行进。老人家向经过的游行队伍还礼。希特勒站在隔壁房间的窗前。觉醒了！民众自发地涌来。数不胜数。不断有新的群众加入。希特勒欢欣鼓舞。他的人民在向他欢呼……激情洋溢。准备竞选。最后的选举。我们将轻松取胜。[10]

身穿制服的纵队继续游行，交替合唱着国歌和《霍斯特·韦塞尔之歌》（Horst Wessel Song），穿过勃兰登堡门（Brandenburg Gate），从一座座政府大楼前走过。[11]

许多人不由自主地参与了热情洋溢的游行活动。随后的几个晚上，柏林以外的许多城镇也上演了火炬游行。[12] 在柏林，1 月 31 日下午，国家社会主义德意志学生同盟举行了自己的游行，游行队伍最后停在证券交易所（一家右翼报纸称之为“德国犹太人的‘麦加’”）门前，学生们冲着从里面出来的股票经纪人大喊“犹大去死吧！”[13]2 月 6 日在汉堡观看另一场火炬游行时，路易丝·索尔米茨“沉醉在热烈的气氛中，火炬的光正照在脸上，晃得我们什么也看不见，四周烟雾缭绕，我们宛如置身芬芳的香云之中”。像许多体面的资产阶级家庭一样，索尔米茨带着孩子们去观看这非凡的景象："到目前为止，他们对政治的印象实在糟透了，所以现在应该让他们对国族有一个真正深刻的印象，就像我们曾经那样，并且铭记在心。他们也确实留下了深刻的印象。"她写道，从晚上 10 点之后，

> 两万名褐衫军如海浪般一个接一个涌过，在火炬的照耀下，他们的脸上热情洋溢。"向我们的领袖，我们的总理阿道夫·希特勒，致以三倍的敬意！"他们高喊"共和国是狗屎"……我们旁边有个三岁的男孩一次又一次举起小手："希特勒万岁，希特勒男子汉万岁！"有时人们还大喊"杀死犹太人"，高喊说要让犹太人的血从他们的刀下喷涌而出。

313 "当时谁会把这些话当真呢？"她后来又在日记里写道。[14]

1 月 30 日，少女梅利塔·马施曼被保守派的父母带去观看火炬游行，那景象在多年之后依然历历在目，她记住的不仅是热烈的气氛，还有与游行相伴的暴力和攻击性所显露的威胁意味，包括

> 飒沓的脚步声，黑压压一片的红黑旗，摇曳映照在人们脸上的火炬之光，以及让人一听就热血沸腾的歌曲旋律。
>
> 看了几个小时，纵队不断走过。我们一次又一次在其中看到成群与我们年龄相仿的男孩和女孩……突然有人从游行队伍中跳出来，袭击了站在离我们仅几步远处的一个男人，也许因为他说了句有敌意的话。我看见他倒在地上，血顺着脸颊流下来，我听见他大声喊叫。爸妈赶紧拉着我们离开斗殴现场，但我们还是看到了那个流着血的人。我好多天都忘不掉他的样子。
>
> 这一幕在我心中激起的恐惧，还夹杂着一丝不易察觉的醉

> 人的喜悦。“我们愿意为旗帜捐躯。”举着火炬的人们唱道……对他们来说，旗帜生死攸关，我情不自禁地强烈渴望成为他们中的一员……我想逃离自己那幼稚、狭小的人生，我想归属某个伟大的、重要的事业。[15]

在这些体面的中产阶级看来，伴随着游行的暴力似乎是偶发的，并非特别有威胁性。但对于另外一些人来说，希特勒的任命已经预示了灾难。外国记者团从帝国新闻局（Reich Press Office）的窗户观察了游行队伍经过，有人听到一位记者说，他们正在观看的游行，与 11 年前墨索里尼在意大利夺权那次一样，这是“德国版的进军罗马”。[16]

尤其是共产党人，他们知道希特勒政府很可能会强硬打压他们的活动。1 月 30 日晚间，右翼媒体已经在呼吁取缔共产党了，因为有人从夏洛滕堡（Charlottenburg）区的一座房子里朝手持火炬的冲锋队游行队伍开枪，造成一位警察和一位褐衫军成员死亡。[17]《红旗报》被取缔，报纸被没收，在施潘道（Spandau）区爆发的纳粹党与共产党之间的一场枪战中，警察逮捕了 60 多人。[18] 类似的冲突， 314
虽然场面没那么火爆，也发生在杜塞尔多夫、哈雷（Halle）、汉堡和曼海姆（Mannheim）市，在其他地方，警方立即禁止共产党举行任何示威活动。在阿尔托纳、开姆尼茨（Chemnitz）、明谢贝格（Müncheberg）、慕尼黑和沃尔姆斯（Worms）市，以及柏林工人阶级聚居的各个区，共产党公开举行反对新内阁的示威活动。据报道，有 5000 名工人参加了在魏森费尔斯（Weissenfels）市反对新内阁的游行，其他城市也有类似的但规模较小的游行。[19] 其中最著名的一次是在符腾堡州的小镇默辛根（Mössingen）举行的总罢工，默辛根将近三分之一的选民在 1932 年的选举中投票给了共产党。在不足 4000 人的总人口中，多达 800 人走上街头反对新政府，这座小型工业中心的居民很快看清了现实：警察介入进来，开始逮捕那些被认定为头目的人，最终逮捕了80多位参加者，其中71人后来被裁定犯有叛国罪。指挥这次警察行动的，是符腾堡州天主教保守派政府的部长会议主席欧根·博尔茨，他显然害怕共产党举行全国暴动。在很多年后回顾这些活动时，一位参与者自豪地说，假如其他地方的人都以默辛根为榜样，纳粹党就绝不可能成功。另一位参与者以同样自豪的心情，带着可以理解的夸张语气说："除了这里，其他地方毫无动静。"[20]

在许多城镇，各个劳工政党的基层党员做了大量工作，准备合作应对纳粹的威胁；但共产党和社会民主党都没有为采取更大规模的抗议措施而进行任何协调。尽管共产党确实立即敦促发动一场总罢工，但它明白，如果得不到工会和社会民主党的合作，那么发生罢工的概率就等于零，而工会和社会民主党是不愿意在这方面被人操纵的。在共产国际看来，希特勒内阁的任命，表明垄断资本已经成功地拉拢了纳粹党，双方将合谋瓦解无产阶级的抵制行动，为法西斯独裁政权的建立扫清道路。按照这种观点，内阁的关键人物就是工业界和大地产商的代理人胡根贝格，而希特勒只不过是他的工
315 具。[21] 许多左翼社会民主党人都认同这个观点，包括该党最著名的国会议员之一库尔特·舒马赫（Kurt Schumacher）。共产党还担心，"法西斯独裁政权"将意味着暴力镇压劳工运动、加重对工人的剥削、不顾后果地奔向"帝国主义战争"。[22] 到1933年2月1日，共产党报刊已经在报道，"一波取缔令将遍及全国"，"风暴将席卷德国"，"纳粹恐怖匪帮"将屠杀工人、捣毁工会办事处和共产党机关。更多的恐怖行动必将来临。[23]

其他人则不太确定新内阁意味着什么。过去几年里，那么多届政府、那么多任总理来而复往，因此许多人显然以为，新来者不会有什么不同，也会像前任一样短命。就连满怀热情的路易丝·索尔

米茨也在日记中写道：

> 多棒的一届内阁啊！！！我们在7月时做梦也想不到呢。希特勒、胡根贝格、泽尔特、巴本！！！他们每个人身上都承载着一大部分我对德国的期望。国家社会主义党的活力、德意志民族党的理性、不涉足政治的“钢盔”以及我们不曾忘记的巴本。它美好得难以言表，我得赶紧在第一个不和谐音符奏响之前把这事记下来。[24]

许多从报纸上读到希特勒任命消息的人，肯定觉得褐衫军的兴高采烈太夸张了。新政府的主要特征无疑是保守派的人多势众，“钢盔”参加游行就说明了这一点。一位驻柏林的捷克外交官在日记里写道：“尽管以希特勒为首，但它既不是民族主义的，也不是革命的政府。它不是第三帝国，甚至连第二帝国半也算不上。”[25]更不客气的危言来自法国大使安德烈·弗朗索瓦–蓬塞（André François-Poncet）。这位敏锐的外交官指出，保守派理所当然期待希特勒同意他们的计划，即“镇压左派，肃清官僚作风，普鲁士与帝国实现民族同化，重组军队，恢复兵役制度”。他注意到，他们把希特勒扶上总理之位是为了让他出丑，“他们自以为足智多谋，用引狼入羊圈的办法来摆脱狼”。[26]

二

弗朗茨·冯·巴本和他的朋友们以为希特勒已经就范，这种自 316
鸣得意的感觉没能持续多长时间。纳粹党仅据有三个内阁职位，但希特勒作为帝国总理所拥有的职权却相当大。同样重要的是，纳粹党执掌着帝国内政部和普鲁士州内政部，这两个职位具有掌控法律与秩序的广泛权力。尤其是戈林在普鲁士州的职位，使他有权掌控德国大部分领土上的警力。作为帝国行政长官，巴本也许名义上是戈林的上司，却难以插手维持秩序等内务部的日常事务。而且，在军方的要求下，维尔纳 · 冯 · 勃洛姆堡将军在希特勒就职的前一天被任命为国防部长，他对纳粹党的认同程度之深，是巴本和兴登堡没有意识到的。勃洛姆堡是个精力旺盛、容易冲动的人，一战中作为制定作战计划的参谋人员而赢得了极高的声誉，后来成为总参谋长。他是军方安插在政府中的重要人物，但他也容易受强烈印象的影响。访问苏联、视察德国在那里的军事设施时，他对红军的印象极其深刻，以至于曾认真考虑要加入共产党，完全无视这一决定的可怕政治含义。勃洛姆堡视野狭窄，仅局限于军事，几乎完全不懂政治，而任由希特勒那类人摆布。[27]

勃洛姆堡禁止军官加入纳粹党，小心地维护着军队的独立地位。他对希特勒忠心耿耿，因此纳粹党似乎没有必要从内部削弱军方。不过，该党必须确保军方不会干涉它此时正打算在国内发起的暴力行动。希特勒在 1933 年 2 月 3 日向高级军官发表的讲话中，强调了他对军方中立立场的尊重。他承诺要恢复义务兵役制、消灭马克思主义、反对《凡尔赛和约》，从而赢得了军方的支持。在场的军官没有反对他所提出的令人陶醉的长远构想：入侵东欧，驱逐那里的数千万斯拉夫原住民，使东欧“日耳曼化”。军方的中立当然指
317 的是它不加以干涉，希特勒特意叮嘱军官们，“国内斗争与你们无关”。在力促军方保持中立方面，希特勒又添了个帮手——在勃洛姆堡的提议下，瓦尔特 · 冯 · 赖歇瑙（Walther von Reichenau）上校被任命为勃洛姆堡的首席助手。赖歇瑙是位精力充沛、志向远大、功勋卓著的参谋官，他也是希特勒的崇拜者，与希特勒私交甚好。赖歇瑙与勃洛姆堡很快合力孤立了陆军总司令库尔特 · 冯 · 哈默施泰因，哈默施泰因是位保守派贵族，从不掩饰对纳粹党的蔑视。

1933年2月，哈默施泰因禁止军官邀请政客参加社交活动，试图用这个办法使军官与戈林等纳粹头目之间的联系减至最少。提到戈林时，除了叫他的绰号“疯子飞行员”，哈默施泰因总是优越感十足地用戈林加入纳粹党之前的实际军衔称他为“（退役的）上尉”。哈默施泰因是个真正的隐患，因为他直接向总统汇报。然而勃洛姆堡在短时间内就成功地限制了哈默施泰因，使他只能为军事事务去见兴登堡。1933年4月4日，勃洛姆堡成为新成立的帝国国防委员会（Reich Defence Council）委员，这个由希特勒担任主席的政治机构实际上绕开军方领导层，把军事决策权交到了希特勒和一小群主要部长的手中。上述步骤有效地使哈默施泰因及其支持者失去了实权。不管怎样，哈默施泰因过于心高气傲、过于不合群，也是不会参与重大政治阴谋的。施莱谢尔此时已被安全地排挤出局，因此无论是哈默施泰因，还是军方的其他领导人，在1933年上半年都没有能力发动人们反对纳粹党。[28]

有弗里克和戈林掌舵，加之军方已被排挤到权力中心之外，因此纳粹暴力比以往任何时候都更加难以遏制。纳粹党随即趁势精心布局，发动了一场政治暴力和政治恐怖运动，其暴力与恐怖的程度前所未见。1月30日和31日冲锋队和党卫队的庆祝游行，已经展示了他们新增的信心以及在街头压制对手的实力。游行过程中还出现了暴力和反犹行为。随后，这些行为的发生迅速翻倍。成群结伙的冲锋队员开始袭击工会和共产党的办公场所以及著名左翼人士的住宅。2月4日颁布的一项法令使他们如虎添翼，该法令规定，对 318
于那些武装破坏和平或者从事叛国活动的人，可以拘留三个月。不言自明，该法令不会施用于希特勒的冲锋队员。[29]

戈林于2月15日至17日以普鲁士州内政部长的身份命令普鲁士州警方，停止监视纳粹党以及隶属于它的准军事组织，并尽其所能为它们正在从事的活动提供支持，之后暴力强度大幅提高。2月

22日，戈林又迈出一步，建立了一支由冲锋队、党卫队和“钢盔”成员组成的“辅警”部队，其中的“钢盔”成员显然指的是年轻团员而不是退伍兵。这给冲锋队员开了绿灯，使他们可以继续横冲直撞，丝毫不受本应维护法律与秩序的国家正规治安机构的真正干预。自巴本政变以来，警察中的社会民主党人已被清除，就在警察跟踪共产党人、驱散他们的示威活动的同时，新建立的辅警部队在警方的许可下，冲进共产党和工会的办公场所，销毁文件、强行赶走工作人员。暴力升级，首当其冲的无疑是共产党及其成员。他们在魏玛共和国时期已经处于警察的严密监视之下。例如，普鲁士州的社会民主党政府于1930年代初声称，如果共产党中央委员会举行秘密会议，那么在会议开始后几个小时内，政府就会收到密报。共产党的各级组织都有警方密探活跃于其中。警方与红色阵线战士同盟冲突频繁，其中有警员受伤，甚至是致命伤，导致警方展开各种侦查行动，包括搜查共产党机关。1931—1932年抄获的文件中包含共产党干部和积极分子的地址簿，因此警方对该党了如指掌。历经无数次与共产党的武装冲突，警方已将其视若寇仇，遂在1月30日之后把有关共产党的情报移交给新政府。纳粹政府毫不犹豫地使用了这些情报。[30]

纳粹党在1933年2月的后半个月里加大了镇压力度，社会民主党和工会遭到几乎与共产党一样的重创。共产党一直被视为对公共秩序和私人财产的威胁，因此政府得以凭借中产阶级选民的这种
319 共识来镇压共产党。共产党在选民中的支持率不断上升，1933年初获得国会中的100个席位，这种势头令许多人惊恐万分，担心如果共产党真的在德国取得政权，可能会复制俄罗斯在1918—1921年的暴力行径。但社会民主党的情况与之截然不同，毕竟这支政治力量多年来一直是魏玛共和国的中流砥柱。社会民主党在国会中占有121席，而纳粹党占196席；社会民主党在多届政府中发挥了举足

轻重的作用；多任德国总理和普鲁士州部长会议主席，以及共和国的首任国家元首弗里德里希·艾伯特，都出自社会民主党；社会民主党长期拥有数百万工人阶级选民的支持，弃它转投纳粹党或共产党的人相对较少，而且它在不同时期都得到了许多德国人的支持，至少得到了他们的尊敬，尽管这种尊敬是勉强的、有条件的；社会民主党的党员人数在1930年达到100万以上。[31]

社会民主党及其准军事团体帝国国旗团的一些分队准备采取行动，有的负责筹措武器弹药，有的在1月30日和31日举行了示威。社会民主党和工会的领导人于1月31日在柏林召开会议，计划发动一场全国总罢工。然而就在各地组织翘首以待之时，总部的领导层却犹豫了，因为他们意识到，在国家深陷史上最严重的失业危机之际举行罢工，将会困难重重。工会担心，如果举行罢工，纳粹冲锋队将会占领工厂。况且社会民主党如何能够证明它用非法行动捍卫法律的做法具有正当性呢？1933年1月30日，该党的党报《前进报》发表声明："不同于本届政府及其暴动威胁，社会民主党以及整个钢铁前线在此郑重承诺，他们将坚定不移地遵守宪法和法律，并且不会首先采取行动背离这一原则。"在随后的几个星期里，发生了几起孤立的行动。数千名社会民主党人于2月7日在柏林的怡然园（Pleasure Gardens）举行了一次集会；在吕贝克市（Lübeck）一次短暂的全市总罢工之后，1.5万工人于2月19日为当地社会民主党领导人尤利乌斯·莱贝尔（Julius Leber）的获释举行了庆祝活动。但是社会民主党总部并没有发布抵制纳粹政府的总方针。[32]

由政府主导、针对社会民主党的恐怖行动一天比一天凶猛。到 320
1933年2月初，在柏林的帝国内政部长、纳粹党人威廉·弗里克和普鲁士州内政部长赫尔曼·戈林的施压下，各级政府机构都已经开始查禁特定几期社会民主党的报纸。社会民主党对此的反应是按照惯常的做法，在莱比锡的帝国法院提起诉讼，迫使弗里克和戈林允许这些报纸发行，这种策略取得了一定程度的成功。[33] 然而在 2 月里，成群结伙的褐衫军开始驱散社会民主党的集会、殴打演讲人和听众。2 月 24 日，社会民主党人、曾任普鲁士州内政部长的阿尔贝特 · 格热辛斯基抱怨道：“我的好几次集会都被冲散了，现场有很多人身受重伤被抬走。”党的执行委员会做出的反应是，大幅减少集会次数以避免造成更多的人员伤亡。1 月 30 日之前警方多多少少还为集会提供的那种保护，在 2 月份已经遵照内政部的命令完全取消。[34] 纳粹冲锋队员此时可以殴打和杀害共产党人和社会民主党人而免于惩罚。1933 年 2 月 5 日发生了一起特别令人震惊的事件，一名年轻的纳粹党人枪杀了社会民主党的施塔斯富特市（Stassfurt）市长。几天后，社会民主党党报《前进报》因为谴责冲锋队员在艾斯莱本（Eisleben）的巷战中杀害了一位共产党人，而被柏林警察局长下令停刊一星期。[35]

1932 年 7 月 20 日巴本政变后的几个月内，工人发动起义的机会变得微乎其微。社会民主党对布吕宁的消极支持以及对胡根贝格的积极支持，本来已在劳工运动中引发的那种无力感，此时又由于未能抵制巴本而越发强烈。在兴登堡和泽尔特周围的保守派的鼓励下，警方和军方对右翼与左翼准军事组织之间的纷争不再袖手旁观，而是果断地选择支持前者。在这种形势下，劳工运动如果发动武装起义，无异于自杀。而且，尽管有各种各样的局部行动方案，有基层谈判以及在各个层级开展的正式和非正式手段，但社会民主党与共产党依然不准备联手为捍卫民主制度做最后一次努力。即使它们
321 这样做了，在人数、武器和装备方面，二者加在一起也根本无望与军方、褐衫军、“钢盔”和党卫队相抗衡。假如试着发动起义，无疑会遭遇一年后维也纳起义工人那样的命运：1934 年，为反对恩格尔伯特 · 陶尔斐斯建立“教权法西斯主义”独裁政权的那场政变，

维也纳工人举行了起义，但装备精良、全副武装的社会主义者在几天之内就被奥地利军队击溃。[36] 德国社会民主党领导层最不愿意做的事情，就是让工人流血，更何况是与共产党合作，他们有充分的理由认为，共产党将无情地利用暴力局势为它自己谋取利益。[37] 因此，在 1933 年初的几个月里，社会民主党刻板地坚持采取合法手段，尽量不采取任何可能激怒纳粹党的行动，以免招来更加暴烈的攻击。

三

1933 年 2 月，德国再次进入白热化的选战。各政党展开激烈竞逐，此次国会选举是希特勒于 1 月 30 日接受总理职位时提出的条件之一。投票日定在 3 月 5 日。选战期间，希特勒在很多场合宣称，纳粹运动的主要敌人是“马克思主义”。“我绝不，绝不放弃消灭马克思主义的任务……只能有一个胜利者：要么是马克思主义，要么是德国人民！德意志将取得胜利！”这里所说的马克思主义显然指的是共产党和社会民主党。在 1933 年初的氛围中，希特勒的挑衅性语言无异于在鼓励他的冲锋队员们滥用武力而无需顾及法律。然而，他的攻击目标远远不止左翼，还威胁到了魏玛民主制度的其他支持者，或者说是前支持者。他在 1933 年 2 月 10 日说，纳粹运动“绝不姑息任何有罪于国家之人”。[38] “我再说一遍，”希特勒于 2 月 15 日宣布，“我们将无情地与马克思主义做斗争，每一场与它结盟的运动都将随它一起彻底失败。”[39]

这番威胁出自他专门为痛斥符腾堡州行政长官欧根 · 博尔茨而
在斯图加特发表的演说，因为博尔茨宣称德国的新一届政府是自由 322
的敌人。希特勒抱怨道，纳粹党 1920 年代在符腾堡州遭到迫害时，当政的博尔茨不曾插手捍卫纳粹党的自由。希特勒接着说：

> 那些14年来不曾提及我们的自由的人，今天也没有权利谈论自由。作为总理，我只需用一部法律来保护这个民族国家，正如他们当年制定了一部法律来保护共和国。到时他们将会明白，并不是每一个被他们称为自由的东西都配得上这个名字。[40]

事实证明，与共产党和社会民主党一样，中央党并不太受纳粹党选举优势的影响，因此成了选战中的又一个主要恐吓目标。不久，中央党就开始像社会民主党一样感受到政府恐怖行动的冲击。2月中旬，中央党已有20家报纸因批评新政府而被取缔；许多地方的公共集会被当局禁止；一批公务员和行政人员开始遭到解雇或停职，据悉都是中央党党员，包括奥伯豪森市（Oberhausen）警察局局长和普鲁士州内政部的一位部长级主任。海因里希·布吕宁为谴责这些解雇措施而发表的演说，引发了冲锋队员在威斯特法伦对中央党的选举集会发动暴力攻击。2月22日在克雷费尔德（Krefeld）举行的中央党集会上，曾任帝国部长的亚当·施特格瓦尔德（Adam Stegerwald）遭到褐衫军的痛殴。一家又一家地区级党报遭到取缔，有的报馆被横冲直撞的褐衫军捣毁。各地党的机关遭到突袭，大量竞选海报被没收，动手的不仅有冲锋队员，还有政治警察。面对这种形势，主教们祈祷和平，而中央党求诸宪法，并且号召选民投票支持恢复早已失去公信力的布吕宁政府——这是中央党政治破产的一个可悲迹象。[41]

希特勒表示他对这些事件感到忧虑，并且在中央党对这些事件提出强烈抗议之后，于2月22日宣称："挑衅分子打着我党的幌子，正在试图败坏国家社会主义运动的名声，尤其是以扰乱和冲击中央党集会的方式。"他严肃地说，"我希望，全体国家社会主义党
323 人最大限度地遵守纪律，与这些图谋保持距离。在3月5日必须打垮的敌人是马克思主义！"但与此同时，希特勒还威胁说，如果中

央党在选举中支持“马克思主义”，那么就要“收拾中央党”。加上他在不到两星期之前对博尔茨的猛烈抨击，足以肯定暴力行动仍会继续。[42] 而且，就在褐衫军展开暴力助选活动之际，希特勒和纳粹头目们不经意间表示，即将到来的选举将是最后一次，无论结果如何，希特勒都不会辞去总理之职。1932 年 10 月 17 日，希特勒在公开讲话中宣布：“一旦掌握政权，我们就会紧抓不放，愿上帝保佑我们。我们绝不允许它从我们手中再被夺走。”[43] 他在 1933 年 2 月说，选举的结果将不会影响他的施政计划。“假如德国人民此刻抛弃了我们，我们也不会被吓住。我们将继续采取一切必要的措施，防止德国走向衰落。”[44]

在其他场合，希特勒比较谨慎但不足为信地宣布，他只需要 4 年时间来实施自己的政策，然后在 1937 年下一次国会选举的时候，德国人民可以对本届政府的优劣做出判断。在一片狂热吹捧的氛围中，希特勒于 2 月 10 日在柏林体育宫（Berlin Sports Palace）向人山人海的听众发表长篇演说，概述了其施政计划。此时全部的政府资源尽归纳粹党调用，它用卐字旗和写有反马克思主义口号的横幅装饰大厅，用电台向全国播送希特勒的讲话。演讲开始前，国歌的合唱声、“万岁！”的呼喊声和热烈的欢呼声一浪高过一浪，在希特勒走上讲台时达到高潮。就像他在职业生涯中经常做的那样，希特勒以缓慢、平静的语调开始演讲，为的是让人山人海的听众凝神谛听。他回顾了纳粹党史，历数了魏玛共和国自 1919 年以来的所谓罪行——通货膨胀、农民阶级的贫困、失业率的上升、国家的崩溃。他的政府将如何改变这危机重重的局面？他的回答完全回避了任何具体的承诺。他庄重地说，他不打算许下任何“廉价的诺言”；相反，他宣称，其施政计划是重建德国：不要外国援助，“遵循永远正当的永恒法则”，依托人民和土地，而不是根据阶级意识。他再一次 324
提出了令人陶醉的构想——德国将在一个新社会里实现统一，这个社会将弥合过去14年来导致国家衰败的阶级分化和信仰分歧。他宣称，将把工人从异端的马克思主义意识形态中解放出来，引导他们回归由全体日耳曼人组成的民族大家庭。这是一份“在生活的各个领域全面实现民族复兴的计划”。

在演讲的尾声，他向柏林体育宫内以及全国的听众发出了近乎宗教式的呼吁：

> 14年来，这些导致分裂、发动十一月革命的政党一直在诱惑和虐待德国人民。14年来，他们破坏、渗透和瓦解了国家。鉴于以上事实，我今天站在国民面前提出以下恳求也就不能算是冒昧：德国人民，请给我们4年时间，然后再评判我们吧。德国人民，请给我们4年时间，我向你们保证，就像我们、就像我出任此职一样，届时我也可以离职而去。我担任此职，不是为了赚取薪酬；我担任此职，是为了你们！……因为我无法放弃对我的人民的忠诚，无法放弃对这个国家终将再度崛起的信心，无法放弃我对这个国家、对我的人民的爱，我所珍视的坚定信念是，在今天轻视我们的数百万人，终将与我们站在一起，与我们一起赞颂那个我们历尽艰辛共同缔造的、来之不易的德意志新帝国——伟大、强盛、辉煌、公正的德意志新王国。阿门。[45]

因此，希特勒对德国承诺的，首先是镇压共产党，然后是镇压魏玛的其他政党，主要是社会民主党和中央党。除此之外并未做出什么具体承诺。但这被许多人视为美德。“我很高兴希特勒缺乏计划，”路易丝·索尔米茨在日记中写道，“因为计划要么是谎言、弱点，要么是给笨蛋设的陷阱。强者审时度势、随机应变，不会让自己束手束脚的。”有位原先对纳粹党毫无兴趣的熟人告诉她，自己投票给希特勒，恰恰因为他关心的不是计划而是国家。[46] 希特勒宣称他所需要的仅仅是 4 年时间，这个夸张的、煽情的要求旨在让听众更加相信，他所行的是基督般自我牺牲的朝圣之旅。在随后的几天里，在其他演讲场地，面对同样热情的听众，这些煽情的话语被一再 325
重复。

希特勒的选战得到了一个新的资金来源的支持，这实际上是工业界对纳粹党的首次赞助。2 月 11 日，希特勒在柏林为国际汽车展揭幕，并宣布了一个雄心勃勃的修路和减税计划，以此为汽车制造商提供帮助。[47] 一大群工业界的领军人物于 2 月 20 日在戈林的官邸开会，希特勒参加了会议，他重申，民主制度与商业利益格格不入，必须消灭马克思主义，即将到来的选举是这场较量的关键。他威胁说，如果本届政府不能胜选，它将被迫动用武力去实现其目标。商界最不想要的就是内战。传达的信息很清楚：他们必须尽其所能确保联合政府胜选——有些商界领袖显然仍以为巴本和保守派是这个联合政府的核心人物。希特勒离开会场后，戈林提醒听众说，即将到来的选举将是最后一次，不仅是对此后的 4 年而言，可能也是对此后的百年而言。于是，那位在政界人脉广阔、在 1923—1924 年主导了通胀后期的货币稳定政策的金融家亚尔马 · 沙赫特宣布，商界将向政府的竞选基金捐献 300 万帝国马克。有些与会者虽然主张这笔钱中的一部分应该划归纳粹党在联合政府中的保守派伙伴，但还是照样付了款。[48] 新资金使纳粹党的竞选实力有了真正的改观，不像此前在 11 月份时那样因缺乏资源而不得施展。这些资金使戈培尔得以启动一场新型宣传战，把希特勒描绘成重建德国和击溃马克思主义威胁的人，让每个人都能在街头看到这种形象。各种新资源——尤其是广播——被用来为纳粹党做宣传，加之拥有比以往多得多的竞选基金，戈培尔这次真的能够对全体选民施加影响。[49]

然而，纳粹党的选战并不是通往权力得到认可的胜利进程。该党清醒地意识到它的人气已在 1932 年下半年渐渐退去，而共产党

的人气却在上升。在纳粹党的所有对手中，它最怕最恨的就是共产党。在无数的巷战和会场冲突中，共产党人展现出他们在与褐衫军
326 对手较量时是能够以拳还拳、以子弹还子弹的。因此，令纳粹领导层颇为困惑的是，在 1933 年 1 月 30 日希特勒上台直接引发的共产党游行示威之后，共产党遭到大规模暴力浪潮的冲击，尤其是 2 月 22 日褐衫军被编为辅警之后，纳粹冲锋队乘机抓住权柄，把积压的怒气撒在了他们所痛恨的敌人身上，然而红色阵线战士同盟却没有表现出以暴力回击的倾向。孤立的事件和斗殴继续发生，红色阵线战士同盟在这种全国范围的打击面前虽没有完全逆来顺受，但见不到共产党的暴力有升级的迹象，没有任何迹象显示共产党政治局曾下令发动协同一致的反击。

共产党的相对按兵不动，主要反映了党的领导层对新政府的判断：它是行将就木的资本主义制度的垂死挣扎，拖不过几个月就会崩溃。德国共产党意识到自己有被取缔的危险，于是做好充分的准备，以便长期在非法或者半合法状态下生存，无疑还尽其所能地储备了大量武器。而且他们知道，红色阵线战士同盟将不会得到隶属于社会民主党的准军事团体帝国国旗团的支持，因为双方在前些年一再发生冲突。共产党一再要求与社会民主党建立“统一战线”，但这根本不可能实现，因为共产党与这个它所称的“社会法西斯党”建立统一战线的前提是，该党必须完全放弃其政治独立性，并且在实际上接受共产党的领导。共产党刻板地坚持其教条，认为希特勒政府的上台表明大企业和“垄断资本主义”的暂时胜利，预示着“德国的十月革命”即将来临。共产国际执行委员会甚至在 1933 年 4 月 1 日（这个节日正适合讲下面的话）做出决议：

> 尽管法西斯分子实行恐怖统治，但德国革命的形势将不可阻挡地好转，群众对法西斯主义的抵抗也将不可阻挡地高涨起

> 来。法西斯独裁统治的公然建立，彻底打破了群众对民主制度
> 的幻想，将群众从社会民主党的影响下解放出来，从而加速了 327
> 德国走向无产阶级革命的进程。[50]

直到 1933 年 6 月，德国共产党中央委员会还宣布，希特勒政府不久就将在内部矛盾的压力下崩溃，紧随它而来的是布尔什维主义在德国的胜利。[51] 因此，导致共产党按兵不动的，不仅是它的过分自信，还有它的致命错觉，以为新形势没有对该党构成无法抵挡的威胁。

但纳粹党领导层却觉得形势险恶，认为共产党正在秘密策划一场全国范围的起义。1932 年底和 1933 年初的德国政坛笼罩着对内战的恐惧，它不会在一夜之间消失。毕竟，共产党一直宣称，法西斯政府的出现，预示着不可阻挡的无产阶级革命即将到来，这场革命将以一个苏维埃式德国取代资产阶级民主制度。2 月 23 日在柏林，大批警察突袭位于卡尔 · 李卜克内西故居的共产党总部，然而，面对纳粹党的公然挑衅，在革命起义的计划据说遭到泄露的情况下，共产党仍然不肯做出反应。他们越是等待，纳粹领导层就越紧张。确实会发生什么事情吗？[52] 鉴赏家哈里 · 格拉夫 · 凯斯勒（Harry Graf Kessler）记录了他那些交游广阔的朋友中间的传言：纳粹党正在策划一场对希特勒的假暗杀，企图以此作为血腥镇压敌人的借口。2 月的最后一个星期也盛传着类似的流言。紧张局势越来越难以承受。不久，它将得到惊人的释放。[53]

第二节

国会纵火案

一

328 1931 年 2 月，荷兰青年建筑工人马里纳斯·范德吕伯（Marinus van der Lubbe）开始了穿越中欧的长途跋涉，想要前往苏联，那个他无限神往的国度。1909 年 1 月 13 日，范德吕伯生于莱顿（Leiden），不久，他那酒鬼父亲就遗弃了家人，他在赤贫的环境中长大，12 岁时又失去了母亲。母亲死后，他成为石匠学徒，与劳工运动建立了联系，参加了共产党的青年运动。然而不久，他开始反感该党严格的纪律守则和独裁的组织结构，于 1931 年退党，加入了一个激进的无政府工团主义组织，该组织把“用行动做宣传”拔高为它的主要行动原则。由于工伤导致视力严重受损，他很难找到工作，因此赴俄途中主要在廉价客店和谷仓歇脚。然而，他只走到波兰就开始折返，于 1933 年 2 月 18 日到达柏林。他觉得当地的政治形势越来越让人绝望，主流劳工政党的消极被动令人费解。纳粹党已经能够为所欲为，左翼阵营正受到无情镇压。他认为，被所有阵营抛弃的失业者是时候为自由和面包出手一搏了。自从成为无政府工团主义者以来，范德吕伯一直相信直接行动的力量，他决定抗议资产阶级政府及其对劳工运动不断升级的镇压。他在职业介绍所发现，失业者万念俱灰，没有能力发出自己的抗议。必须有人替他们发声。[54]

他选择的抗议方式是纵火。范德吕伯认为，给政府机构或者它 329
们的办公大楼造成引人注目的破坏，就可以让人们看到它们远远不是坚不可摧的，从而唤醒失业者自发地采取大规模行动。他曾因损坏财物而被莱顿的一家法庭裁定有罪，并且常常凭一时冲动而采取无计划的抗议行动。实际上，这种倾向是他与荷兰共产党决裂的主要原因。此时他要在德国做同样的事情，首先要破坏的是那些象征着政府对失业者的压迫，以及在他看来象征着旧秩序的支配地位的建筑物。2 月 25 日，范德吕伯企图在柏林的新克尔恩区（Neukölln）焚毁一个福利办事处，更野心勃勃的是，他还打算焚毁市政厅和从前的皇宫。三个行动都因立即被发现而受挫，连报纸都没有报道。显然，应该选择更能产生戏剧效果的目标，而且需要好好准备一番。他认为造成自己以及许许多多失业青年生活得如此悲惨的，是资产阶级政治秩序，并且认准了国会就是它的至高象征，于是他决定焚毁国会。[55]

2 月 27 日早晨，范德吕伯用他剩下的最后一点儿钱买了火柴和引火物。经过一番勘察，他确定了进入大楼的最佳办法，然后一直等到夜幕降临，在晚上 9 点左右趁机进入空荡、黑暗的国会大厦。由于视力受损，他的感官已长期在黑暗中锻炼得相当敏锐，他先是试图点燃餐厅的家具，却没有成功，又摸索着进入议事厅，那里的窗帘很容易就被点燃了。木质嵌板很快燃烧起来，穹顶起到了烟囱的作用，形成向上的通风道，扇动火焰，因此火势相当猛烈。与此同时，范德吕伯冲进大厦的其他房间，打算再点几把火，最终被国会的工作人员制服并擒获。他被逮捕时，大厦正熊熊燃烧，消防队虽然立即赶到现场，却束手无策，只能给主厅的废墟喷水，尽其所能保住其余空间。

与燃烧着的大厦隔街相对的，是戈林的官邸，希特勒的密友普茨·汉夫施丹格尔暂时寄宿在此。管家把他叫醒，指着窗外让他看
330 大火。汉夫施丹格尔立即给戈培尔打电话。戈培尔起初还以为这个出名轻佻的公子哥在开玩笑，但普茨坚持说自己没开玩笑。戈培尔核实之后，发现是真的。他立即通知了希特勒。[56] 纳粹党领导人希特勒、戈培尔和戈林在现场碰头。第一批到场的高层人物之一、普鲁士州政治警察总监（非纳粹党员）鲁道夫·迪尔斯（Rudolf Diels）看到警员们已经在审问范德吕伯：

> 他上身赤裸，流着汗、沾着灰。他坐在他们面前，气喘吁吁。他大口喘着气，似乎刚完成了一个重大任务。在苍白、消瘦的年轻面孔上，那双火热的眼睛里是一副狂野的胜利神态。当夜在警察总部，我好几次坐在他对面，听着他混乱的供述。我读了他裤袋里装的共产党传单，就是当时到处公开散发的那种东西……
>
> 马里纳斯·范德吕伯的供词，让我觉得这个小纵火犯绝对不需要帮手，他干这种疯狂的勾当太在行了。谁说一根火柴不足以点燃议事厅中干冷的大块易燃物——老式软垫家具、厚重的窗帘和干燥的豪华木质嵌板？何况这个行家里手用了整整一背囊的纵火物呢。[57]

随后的调查发现了大量文件证据，证实了范德吕伯的供述：他是单独行动的。[58]

迪尔斯被召去向聚在议事厅楼上阳台的纳粹头目汇报情况，他看到的是一幅可怕的歇斯底里景象。战后回忆起这些戏剧性事件时，

他继续写道：

> 希特勒双手撑在阳台的石质护墙上，一言不发地盯着红色的火海。第一阵雷霆刚刚发过。我进去时，戈林朝我走来。在那个戏剧性的时刻，他的声音充满了不祥之感："这是共产党暴动的开始！现在他们要出击了！一分钟也不能浪费了！"
>
> 戈林没能说下去。希特勒转向聚在一起的人们。此时我看见他满脸通红，既是因为激动，也是因为受到积聚在穹顶的热气熏烤。他似乎快被气炸了，我以前从没见过他如此失态。他高喊："现在再也不能心慈手软了，要杀掉一切挡我们道的人。德国人民将不再知道什么是仁慈。共产党的干部，一经发现， 331
> 就地枪毙。必须在今夜绞死共产党议员。与共产党为伍者，一律逮捕。还要毫不留情地打击社会民主党和帝国国旗团！"
>
> 我汇报了初步审问马里纳斯·范德吕伯的结果——我认为他是个疯子。但希特勒不信，他嘲笑我幼稚、轻信："这件事确实是经过巧妙设计、长期准备的。这些罪犯干得非常漂亮，可是他们低估了我党的同志们！对不对？这些下等人根本没想到有多少人站在我们这边。他们躲在老鼠洞里，听不见群众的欢呼，现在他们想从洞里出来啦。"他就这样一路说下去。
>
> 我请戈林到一旁来，但他没容我说话。"警察要立即进入最高级别的紧急状态，要毫不留情地使用枪支，要采取重大军事警戒状态下的一切措施应对这种局势。"[59]

迪尔斯告诉一位下属，那是一座"疯人院"。但无论如何，采取行动镇压共产党的时机到了。[60]

国会纵火案发生几个小时之后，一队队警察出动了，开着轿车和面包车按照名单搜捕共产党员，把他们从床上拖走。名单是几个月甚至几年前拟定的，以便在取缔共产党时使用。共产党在国会中有 100 名议员，还有数千名地区级立法机构的代表、官吏、组织者和积极分子。名单大部分已失效，但由于是未经计划的突袭行动，因此捕获了许多在其他情况下也许能够逃掉的嫌疑犯，同时也有许多人因下落不明而漏网。总共 4000 人被捕。戈林下令枪毙他们，但迪尔斯和警方悄悄地未予执行。[61] 当这场大规模行动正在进行之时，戈林的顾问路德维希 · 格劳尔特（Ludwig Grauert）介入进来。格劳尔特是西北德钢铁雇主协会的前主席，当时刚被任命为普鲁士州内政部的警察局局长。就政治倾向而言，他属于民族党。格劳尔特建议颁布紧急法令，作为逮捕行动的法律依据，并且适用于处理共产党以后的任何暴力行为。2 月 27 日，在纵火案发生之前，保守派主要人物、司法部长弗朗茨 · 居特纳就已经向内阁提交了一份法
332 案，他与内阁中的其他保守派成员一样，极力支持采取严厉措施遏制公共秩序的混乱，他们把混乱完全归咎于共产党和社会民主党。居特纳的方案提议，严格限制公民自由权，以防共产党发动总罢工；对于发出罢工等号召的人，将以严重叛国罪论处，可以判处死刑。[62] 但此时，这个提案已跟不上新形势的发展。

纳粹党人、帝国内政部部长威廉 · 弗里克从居特纳的草案中发现了机会，把他的权力范围扩展到联邦各州，并且新增了关键的第二条，允许内阁而不是总统进行干预，就像巴本 1932 年在普鲁士州所做的那样。此外，法令草案借鉴了 1920 年代初以来关于紧急状态立法的内部讨论，暂停实施魏玛宪法的若干部分，尤其是那些约定了言论自由、出版自由、集会和结社自由的条款。草案允许警察可以不经法院授权抓人，并且可以无限期地进行保护性羁押，这不同于以往那些为移交司法审理之前的羁押时间设定了严格限制的律令。这些措施以前曾多次被考虑过，并得到高级公务员的极力支持，但此时它们比以往的任何提案都走得更远。法案在 2 月 28 日

上午11点提交给内阁讨论，希特勒提醒他的保守派同僚，联合政府自组建以来一直致力于消灭共产党："就心理准备而言，直接交锋的恰当时机已经到来。继续等待是毫无意义的。"[63]

希特勒明确表示，他打算采取雷霆手段，而不考虑法律细节。他说，与共产党做斗争，"一定不能依据法律条文"。他向内阁同僚们展示了纵火案在公众引起的恐慌，以及取缔德国第三大党共产党之后，纳粹党在即将到来的选举中取得大胜的诱人前景。[64]接着发言的戈林宣称，有人看见范德吕伯进入国会大厦之前曾与恩斯特·托尔格勒（Ernst Torgler）等共产党高层人物在一起。戈林说，共产党计划不仅要毁坏公共建筑，还要"在公共厨房投毒"，绑架政府 333
部长们的妻儿。不久，他宣称有详细的证据显示，共产党已经储备了炸药，为的是针对发电厂、铁路"以及一切至关重要的生活保障设施"开展破坏活动。[65]

不顾巴本对第二条的反对，内阁同意把草案呈交兴登堡。尽管法令把他的一大部分权力转给了希特勒政府，兴登堡还是在上面签了字。法令立即生效，其中第一节废止了魏玛宪法的关键条款，并且规定：

> 因此，对个人自由的限制，对包括出版自由在内的言论自由权的限制，对集会和结社自由的限制，对通信、电报通讯和电话交谈之隐私权的违反，搜查证的批准，没收令的发布，以及对财产权的限制，除本法另有规定之外，均不受法律的约束。

第二节允许政府在公共秩序受到危害的情况下接管联邦各州。这两节一直有效，"直到另有通知为止"，它们为随后几个月里发生的一切提供了法律借口。[66]至此，纳粹党可以名正言顺地出手夺权了。

二

国会纵火法令在一连串密集的宣传中发布，戈林和纳粹领导层借此描绘了一幅严峻的画面："德国的布尔什维克革命"迫在眉睫，各种凌虐和暴行将随之而来。宣传产生了效果。像路易丝·索尔米茨这样的普通中产阶级公民，一想到德国在劫难逃的命运就不寒而栗，给他们留下深刻印象的是戈林为证明共产党的邪恶阴谋而提供的"如山铁证"。[67] 来自全国各地纳粹团体的 200 多封电报涌入司法部，要求立即枪毙或者在国会大厦前当众绞死那些"下等人"，因为他们所制定的"邪恶的毁灭计划使我们的祖国处于危险
334 之中，有可能变成一片浸满鲜血的废墟"。许多群体都发出了"一个不剩地消灭这帮赤匪"的呼声，有些地方的纳粹当局表示，它们担心如果不立即处决罪犯，公共秩序将出现混乱。[68] 戈培尔的宣传为褐衫军释放被压抑的对共产党的怒火打开了闸门。此前，冲锋队认为自己既然已被编为辅警，因此实际上享有检控豁免权，于是已经在四处施暴的过程中释放了一些紧张情绪，但此时才是他们真正等待的时机。一位冲锋队员后来写下了 1933 年 2 月 28 日之后的情形：

> 我们已准备就绪，我们知道敌人的意图。我从手下的突击队勇士中选出最勇猛的队员，组建了一支"机动小分队"。我们夜夜枕戈待旦。谁会首先出击呢？然后，时机到了。柏林燃起了烽火，全国到处是交火的信号。终于，命令下达了："行动吧！"于是我们行动起来！这不仅仅关乎人类之间"你死我活"的较量，还关乎把淫荡的笑容从布尔什维克党人那丑陋凶残的面孔上永远清除掉，保护德国免遭放纵之徒血腥恐怖的侵扰。[69]

然而，此时在全国范围对敌人施以“血腥恐怖”的“放纵之徒”却是褐衫军。他们用暴力宣泄着长期积蓄的仇恨，他们的行动往往针对那些他们所熟识的“马克思主义者”和共产党员个人。他们没有制定协作计划，也没有更大的野心，只满足于对他们所畏惧和仇恨的人施以残酷的暴力攻击。[70]

褐衫军和警察也许已准备就绪，但在一些至关重要的方面，他们的共产党对手却没有做好准备。共产党领导层被 2 月 27 日至 28 日发生的事情打了个措手不及，还以为进入了又一轮相对温和的镇压阶段，就像 1923 年和 1924 年该党成功地生存下来那次一样。但这次的形势非常不同，警察有穷凶极恶的褐衫军为后盾。共产党党魁、曾为总统候选人的恩斯特·台尔曼及其助手于 3 月 3 日在台尔曼位于柏林夏洛滕堡的秘密总部被捕。共产党在国会中的领袖恩斯特·托尔格勒于 2 月 28 日向警方自首，目的是驳斥政府关于他和 335
共产党领导层下令在国会大厦纵火的指控。在党的领导层中，威廉·皮克（Wilhelm Pieck）和柏林支部的书记瓦尔特·乌布利希分别于春季和秋季离开德国。共产党费尽心力想把政治局委员们偷渡出境，但其中许多人来不及逃跑就已被捕。在全国范围，共产党组织被破坏，办公室被占据，积极分子被拘禁。冲锋队员总是抢走他们所能搜到的一切资金。他们闯入共产党员的家，洗劫现金和贵重物品，而警察却袖手旁观。不久，被捕人数增加至最初预计的许多倍。截至 3 月 15 日，已有上万名共产党员遭到拘禁。官方记录显示，1933 年 3 月和 4 月，仅在莱茵—鲁尔区就有 8000 名共产党员被捕。党的机关干部不得不承认他们被迫“撤退”，但坚称那是一次“秩序井然的撤退”。事实上，皮克承认，在几个月内，多数地方干部实际上已不再活跃，许多基层党员被吓得噤若寒蝉。[71]

希特勒显然担心，如果他颁布法令把共产党完全列为非法组织，可能会遭到暴力反击。他倒宁愿把共产党员个体当作策划非法行动的罪犯，让其承担罪责。这样做可以赢得大多数德国人的支持，他们会因此容忍乃至支持国会纵火案之后的逮捕潮，而不会担心其他政党随之也被宣布为非法。就是出于这个原因，共产党依然有资格参加 1933 年 3 月 5 日的竞选，尽管它的大部分候选人都已遭到逮捕或者逃往国外；而 81 位当选的代表实际上也毫无可能坐到他们的议席上，因为警察一旦查明他们的下落就会立即予以逮捕。希特勒以及各部长允许共产党提名候选人参加选举，也是想以此削弱社会民主党。如果不允许共产党候选人参选，那么许多本打算投票给共产党的选民可能就会转投给社会民主党。结果社会民主
336 党未能得到这个潜在的票源。甚至到了临近 3 月底的时候，内阁依然认为不能正式签发对共产党的取缔令。尽管如此，共产党干部不但遭到了杀害、殴打或者被投入褐衫军设立的临时刑讯室和监狱，而且被大量移交普通刑事法庭提起公诉，特别是那些由警方逮捕的人。

具有党员身份这件事本身并不违法，但警官、州检察官和法官绝大多数都是保守派，他们长期把共产党视为危险的、叛国的革命组织。做出这种判断主要是基于魏玛共和国初期的那些事件，包括共产党在柏林发动的斯巴达克同盟暴动（Spartacist uprising）*，以及慕尼黑的“红色恐怖”和枪杀人质事件。红色阵线战士同盟的街头暴力活动充分证实了他们的观点。此时，许多人认为国会纵火案又为此添了一个证据。他们认为，共产党放火烧了国会，因此共产党员必然全都犯有叛国罪。有时甚至做出更加牵强附会的推理。比如，在有些案件中，法庭认为，由于共产党已无力按照原先的计划用议会斗争的方式谋求修改德国宪法，因此它必将尝试诉诸武力，既然

* 斯巴达克同盟暴动，即第一章第四节提到的卡尔·李卜克内西和罗莎·卢森堡于 1919 年初领导的暴动。斯巴达克同盟原为社会民主党内的左翼派别，于 1918 年 12 月组建德国共产党。

武力夺权属于叛国罪，那么该党的成员必然全部犯有此罪。于是在1933年1月30日之后（之前也偶尔如此），法庭越来越频繁地认定共产党员从事的是叛国活动。除了名称以外，共产党在1933年2月28日之后实质上已成为非法组织，并在3月6日，即选举结束翌日，被彻底取缔。[72]

在2月28日之后的几天时间里，希特勒的冲锋队把共产党逐出街头，控制了各个城市。此时，他们趾高气扬，以盛气凌人的姿态炫耀着刚刚取得的主宰地位。普鲁士州政治警察总监鲁道夫·迪尔斯后来在报告中写道，与党形成对照的是，冲锋队已做好了夺权的准备。

> 它不需要统一的领导，“负责人”以身作则，但不发号施令。然而冲锋队的各突击分队有严密的计划，准备对市内的共产党地盘采取行动。在3月的那些日子里，每一位冲锋队员都“对敌人穷追不舍”，每个人都知道自己必须做什么。冲锋队员扫清了各区。他们不仅知道敌人住在哪里，而且早就发现了敌人的
> 藏身处和开会地点……不仅共产党，任何曾经发声反对过纳粹 337
> 运动的人，都处在危险之中。[73]

褐衫军分队从犹太人、社会民主党和工会那里偷走轿车和皮卡车，也有神经紧张、希望得到保护的商界人士把车送给他们。他们在柏林的大街上呼啸而过，举着武器、打着横幅，让每个人看到现在是谁说了算。类似的景象在全国各地的城镇都能看到。希特勒、戈培尔、戈林和其他纳粹头目没有直接指挥这些行动，但这些行动不仅是他们发起的——方法是于2月22日将纳粹冲锋队、党卫队和“钢盔”编为辅警，而且得到了他们不那么含蓄的一致默许——方法是不断重复使用暴力语言攻击各类“马克思主义者”。

纳粹党特有的传达命令的方式再次发生作用，它形成于纳粹党经常受到警方的敌意对待，并且因暴力行为而屡遭刑事指控的时期：领导层在下达行动命令时，使用的是极端但不具体的措辞，纳粹党及其准军事组织的基层成员用自己的语言理解那些话，并将其转化为具体的暴力行动。一份纳粹党的内部文件后来写道，点一下头加眨一下眼，表示采取行动，这种方式在 1920 年代已成为惯例。此时，基层党员已习惯于对领导人的命令心领神会，而不必等领导人发出确切的指令。文件接着写道："为了党的利益，在许多情况下，确切地说是在下令举行非法政治示威时，还有一个需要遵循的惯例，就是下达命令的人不把话全部说出来，而仅仅暗示他想达到的目的。"[74] 与 1920 年代不同的是，纳粹领导层此时可以调用政府资源。总的来说，它能够使几乎清一色是保守民族主义者的公务员、警察、监狱管理人员和司法官员相信，强力镇压劳工运动是正当的，从而使这些人认为，在冲锋队员行动的时候，不仅应该让路，还应该积极帮助他们执行破坏任务。这种决策和执行的模式后来在许多情况下一再重演，在纳粹党对犹太人的政策中表现得最为明显。

三

339 纳粹党为 1933 年 3 月 5 日的国会选举而展开的竞选活动得到了全国媒体连篇累牍的报道。[75] 此时大企业和政府的资源全力支持纳粹党，导致选举的整个性质为之改变。例如，在北方小城诺特海姆（Northeim），与全国各地的情形大体相似，选举在明显的恐怖气氛中进行。当地警察被部署在火车站、桥梁等重要设施周边，以此昭告人们，政府认为这些地方容易成为共产党发动恐怖袭击的目标。当地冲锋队于 2 月 28 日获准可以携带上膛的枪支，并于 3 月 1 日被编为辅警，然后招摇地开始在街头巡逻，查抄当地社会民主党人和共产党员的家，指控这两种人准备屠杀诚实的市民。据纳粹报纸报道，有个工人因为散发社会民主党的竞选传单而被捕。该报宣布，禁止从事这种为社会民主党和共产党服务的活动。使主要反对党噤声之后，纳粹党在集市广场（Market Square）和主干道架设起无线电扬声器。3 月 1 日至 4 日，希特勒的演讲每天晚上响彻整个市中心。选举日的前夜，600 名冲锋队、党卫队、“钢盔”和希特勒青年团的成员举行穿越全城的火炬游行，最后停在城市公园，聆听无线电转播的希特勒演讲，扬声器传出的低沉而有力的声音，同步回响在市中心的另外 4 个主要公共场所。黑白红旗和卐字旗装点着大街，悬挂在店铺和商店上。反对派的宣传根本无迹可寻。投票日是个星期天，褐衫军和党卫队以威慑的姿态在街道上巡逻、列队行进，纳粹党和“钢盔”安排汽车运送选民去投票站。这种恐怖、镇压与宣传相结合的做法，同样施行于全国各地大大小小的每一个社区。[76]

国会选举的结果显示上述策略似乎发挥了作用。纳粹党与民族党联手，共获得 51.9% 的选票。戈培尔在 1933 年 3 月 5 日的私人日记中得意地写道：“不可思议的数字，我们好像得了最高票。”[77] 340
在弗兰肯中部地区的某些选区，纳粹党的得票率超过 80%；在石勒苏益格—荷尔斯泰因的几个区，纳粹党赢得了几乎全部的选票。然而纳粹领导层白高兴了一场，因为尽管到处施以暴力和恐吓，但纳粹党本身仅争取到 43.9% 的选票。共产党无法开展竞选活动，它的候选人不是藏起来就是已经被捕。尽管如此，它还是赢得了 12.3% 的选票，略少于上一次选举的得票率，但降幅小于预期。社会民主党的竞选活动也普遍遭到恐吓和阻挠，它获得 18.3% 的选票，仅略低于 1932 年 11 月那次。中央党尽管在南方的一些地区输给了纳粹党，但差不多维持住了原有的支持率，获得 11.2% 的选票。此时已成为小党派的其他政党的成绩与 1932 年 11 月那

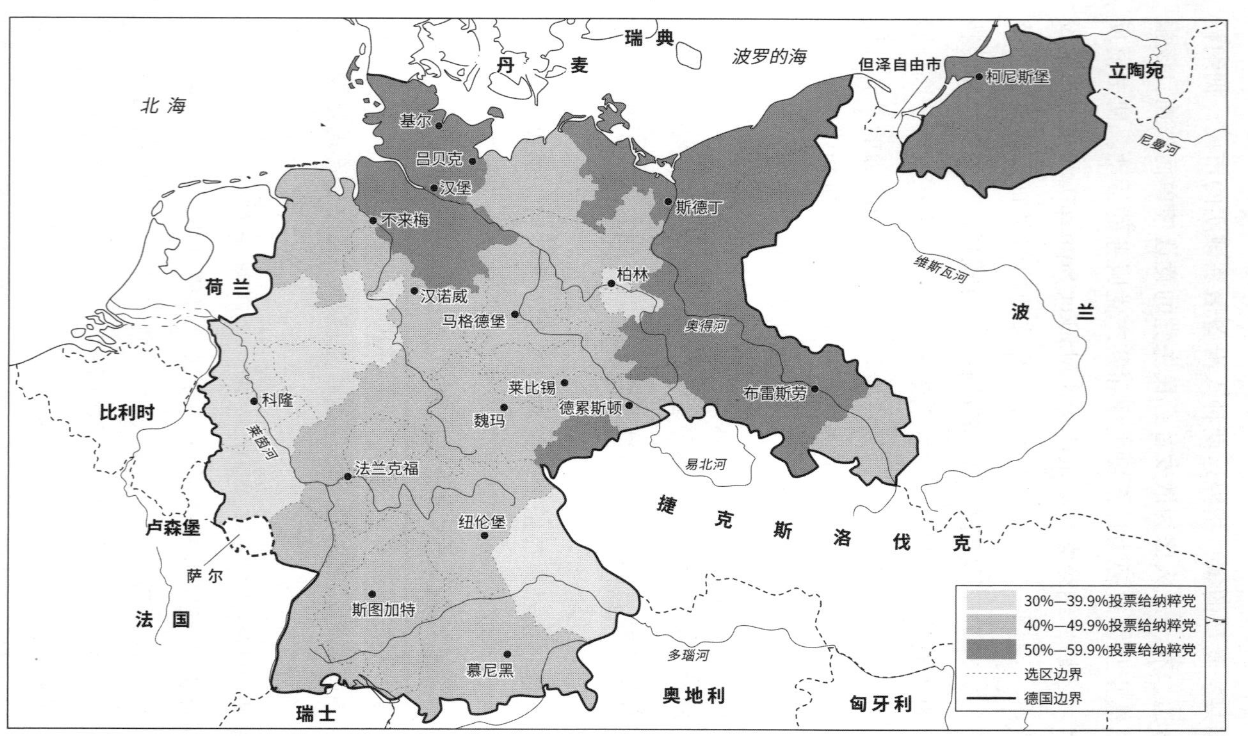

地图 17　纳粹党在 1933 年 3 月国会选举中的得票率

次相似，仅略有变化。[78]

有 1700 万人投票给纳粹党，300 万人投给民族党。但是选民人数将近 4500 万，其中近 500 万投票给共产党，700 多万投给社会民主党，450 万投给中央党，这证明，即使在半独裁的条件下，纳粹党也根本未能赢得多数选民。[79] 实际上，自从 1920 年代末在选举中崭露头角之后，它就一直未能在国会选举以及州议会选举中独力赢得绝对多数票。而且，它在 1933 年 3 月与民族党联手赢得的多数票，远远不足以在国会取得修改宪法所需的三分之二议席。然而，选举结果清晰地表明，有将近三分之二的选民支持魏玛民主制度的公开敌人——纳粹党、民族党和共产党。还有很多选民投票给其他政党，主要投给中央党及其南方盟友巴伐利亚人民党，它们对共和国的忠诚几乎已消失殆尽，对选民的影响力也正在受到严重削弱。在 1919 年，有四分之三的选民支持魏玛联合政府中的政党；仅用了短短 14 年，这个局面就被彻底扭转了。[80]

3 月 5 日选举之后，暴力升级到新的高度。例如在东普鲁士的柯尼斯堡（Königsberg）*，冲锋队在选举日当夜闯入社会民主党在当地的总部，打砸里面的物品，把办公室变成临时刑讯室，在那里残 341
酷殴打共产党议员瓦尔特·许茨（Walter Schütz），致其重伤身亡。工会办事处遭到洗劫，打字机被偷走，家具被砸烂，现金被盗，文件被焚。[81] 在伍珀塔尔（Wuppertal），褐衫军的一支小分队把曾经加入过共产党的工人海因里希·B.（Heinrich B.）从家中拖走，他的尸体第二天在一块菜地里被找到。4 月 1 日，在同一个区，8 名冲锋队员埋伏在奥古斯特·K.（August K.）回家的路上，射杀了这位 62 岁的工人、当地共产党乐队的前指挥。[82] 社会民主党人也遭到重创。3 月 9 日，社会民主党人、国会议员、科隆市的社会民

* 今俄罗斯加里宁格勒州首府加里宁格勒。——编注

主党领导人威廉 · 绍尔曼（Wilhelm Sollmann）在家中遭到褐衫军和党卫队的袭击和殴打，被带到当地的纳粹党总部折磨了两个小时，还被灌下蓖麻油和尿液，直到警察现身，把他带到监狱医院包扎伤口。3 月 13 日，布伦瑞克的褐衫军开始逼迫市议会和州议会中的社会民主党议员“自愿”放弃他们的席位，其中一位议员因拒绝辞职而被殴打致死。也是在这个时候，纳粹开始突袭社会民主党机关，搜寻现金和其他战利品。开姆尼茨市的社会民主党报纸主编格奥尔格 · 兰德格拉夫（Georg Landgraf）于 3 月 13 日被枪杀，因为他拒绝向一伙褐衫军透露党的经费藏在哪里。对这些行为提出抗议，即使不是不可能，也是十分困难的，因为所有社会民主党报纸从 3 月初开始已被禁 14 天，禁令期满时又延长 14 天，如此接续，直至永久停刊。[83]

警察当中比较正直的警官没有无视这些抢劫行为。例如，黑森州警察总监于 1933 年 4 月 19 日晓谕当地各警署和署长，谴责突袭期间非法没收马克思主义组织财产的行为，抄走的东西包括乐器、健身器材，甚至还有床，显然都是为了供抢劫者私人使用。[84] 随后，有人努力推动对这种状况进行规范化管理，并设立适当的机构来管理被取缔的政党和工会的资产，主要因为这些资产中包括被取缔之
342 前用于资助失业党员的资金；但是等到这个措施开始实施的时候，大量现金和财产已经散失，落入褐衫军个人囊中。1933 年 5 月 26 日，一部法律终于得以通过，指派联邦各州接收（严格说来仍属合法政党的）共产党的财产。[85] 在一片混乱当中，许多冲锋队员趁机大报私仇。例如，在伍珀塔尔市，弗里德里希 · D.（Friedrich D.）凌晨 4 点被一群冲锋队员从家中的床上拖走，他的尸体在两天后被找到。下令捕杀他的，是冲锋队头目普珀（Puppe），因为他曾与普珀的妹妹相恋，而普珀一直在极力拆散他们。普珀并没有因这种凶残的泄愤行为而受到检控。就连褐衫军成员也未能幸免：纳粹老党员

卡尔 · W.（Karl W.）由于指责伍珀塔尔市褐衫军头目贪污和腐败而遭到逮捕、痛殴和监禁，当时被报道的此类事件不止这一桩。在全国各地发生的类似事件，肯定是伍珀塔尔市的数百倍。[86]

其时褐衫军的人数日益增加，到 1933 年夏季已达 200 多万。这场由他们发动的暴力运动，为联邦各州按照巴本在上一年夏天接管普鲁士州时所使用的方式来推行一体化提供了必要的条件。[87] 那次接管被州法院裁定为部分非法，被巴本所取代的、由社会民主党主政的普鲁士州政府，曾经运用联邦议会这个代表各州的机构，较为成功地抵制了帝国政府的某些措施。希特勒内阁于 1933 年 2 月 6 日得以颁布紧急状态令，结束了这种局面，然而联邦议会在 2 月 16 日的会议上不承认联邦议会中的普鲁士州纳粹代表的合法地位，将其法律地位留待州法院裁定。但联邦议会同时还决定一直休会到法律地位明朗为止，在随后的休会期间，褐衫军和纳粹党的地方组织介入进来，从基层着手推动各州政府实行一体化。联邦各州大多由少数派政府执政，这表明它们此前的提案几乎全部在立法机构搁浅；由于得不到法定多数的支持，它们除了对纳粹做出象征性的抵制，并无其他施展余地。在 1933 年 3 月 6 日至 15 日，纳粹警官以及冲锋队和党卫队的各个“辅警”分队把卐字旗插遍各地的政府大 343
楼。这个具有强烈象征意味的举动，得到了州政府中多数部长的容忍或赞同，他们被冲锋队的大队人马在各地政府大楼前同步举行的示威活动吓坏了。持反对意见的部长要么选择了辞职，要么就是遭到褐衫军分队的软禁。然后，帝国内政部长弗里克任命了各州的行政长官，由他们着手遣散现任的警察局局长，代之以纳粹党员，并且以纳粹党提名的人选取代经选举产生的政府各部部长。只有在汉堡、符腾堡和黑森三个州，州议会在共产党缺席、社会民主党弃权的情况下，任命了新的联合政府，这三个州政府中的部长均为纳粹党人和民族党人。在这种氛围中，各州于 3 月初举行的选举（最重要的是3月12日在普鲁士州的选举）多半毫无意义。[88]

隶属于社会民主党“钢铁前线”的准军事组织帝国国旗团陷于瘫痪，它的许多办事处均已在2月份被警察占据。在3月初，也就是选举刚刚结束时，各州政府开始发布取缔令、逮捕社会民主党的领导人，于是各支部纷纷自动解散，以避免遭到进一步的迫害。在这种形势下，社会民主党的许多领导人，比如奥托·布劳恩和阿尔贝特·格热辛斯基，为躲避逮捕或更可怕的命运而逃往国外。[89]帝国国旗团领导人卡尔·霍尔特曼（Karl Höltermann）已在5月2日离开。社会民主党领导层试图说服戈林撤销对社会民主党报纸的禁令，得到的答复是，禁令将继续生效，直至境外的社会民主党报纸停止“攻击”帝国政府。社会民主党领导人当真遍游欧洲各国，极力解释该党的处境，由此可见他们对纳粹党的手段依然缺乏认知。社会主义国际（Socialist International）做出的反应是，公开强烈谴责纳粹恐怖（“德国的暴君正在日复一日犯下令人无语的丑陋罪行”），接着又呼吁与共产党联手采取行动。德国社会民主党领导人奥托·韦尔斯（Otto Wels）立即辞去他在社会主义国际执委会的职务，徒劳地想以此安抚戈林。[90]可想而知，这些战术让步根本未能使纳粹政权放慢镇压左翼阵营的速度。[91]

344 共产党和社会民主党加起来总共代表着将近三分之一的选民，但他们几乎未做抵抗就瓦解了。纳粹政府之所以能够采取行动在全国范围打击他们，是因为国会纵火法令允许它为了便于行事可以推翻联邦各州的最高当局，可援引的先例是巴本在上一年夏天罢免了普鲁士州的社会民主党少数派政府。更早时候，总统艾伯特曾在1923年对萨克森和图林根两州的左翼政府采取过同样的行动。作为行动理由的所谓共产党威胁，在1923年或者1933年都不是特别严重。在1933年，公共秩序的混乱为宣布紧急状态提供了理由，而混乱绝大部分是纳粹党自己制造出来的。联邦各州快速实现一体化的主要目的是克服原先各州政府的那种犹豫心理，从而像柏林的纳粹领导层所要求的那样运用紧急处置权全面剿灭左翼政党。

四

这一系列事件在巴伐利亚造成的后果尤为险恶。主政该州的保守派政府追随帝国政府，于2月28日下令禁止共产党集会、查禁共产党报刊，并且逮捕了那些它所认定的共产党支部负责人。但这对纳粹党来说还不够，因此在1933年3月9日，弗里克任命上巴伐利亚的纳粹党区委书记阿道夫·瓦格纳（Adolf Wagner）为巴伐利亚州内政部的行政长官。更加不祥的是，慕尼黑的党卫队首脑海因里希·希姆莱也立即被任命为代理警察总监。他下令大规模搜捕反对者，不久又开始围捕与政府为敌的非共产党人。镇压的规模过于庞大，以至于州监狱和拘留所根本不够用，必须找到关押巴伐利亚州政治敌人的新办法。因此，希姆莱于3月20日对媒体宣布，将在慕尼黑郊外的达豪（Dachau）开设“一座政治犯集中营”。它将是德国的第一座集中营，并且为未来设立了一个不祥的先例。 345

纳粹报纸第二天报道，设立集中营的目的，是监禁受到“保护性羁押”的“全部共产党干部，必要时还包括帝国国旗团和社会民主党的干部”。1933年3月22日，4辆警用卡车把大约200名囚犯从施塔德尔海姆和兰茨贝格的州立监狱运送到郊外围绕一座废弃工厂而建的集中营。达豪镇的居民聚在街道两旁和工厂大门外，看着他们经过。集中营最初由一支警察分队管理，在4月初移交给党卫队，其指挥官是出名粗暴的党卫队头目希尔马·瓦克勒（Hilmar Wäckerle）。瓦克勒在希姆莱的授意下，采用了一套暴力而恐怖的管理制度。4月11日，新上岗的党卫队看守把4名犹太囚犯带到大门外当众枪毙，声称他们企图逃跑。其中一人没有当场毙命，被送往慕尼黑的医院，在那里不治身亡。死前他把当时集中营的管理状况告诉了医护人员，那些残暴的细节实在骇人听闻，于是他们叫来了检察官。到5月底，有12名囚犯被谋杀或折磨致死。看守们腐败、勒索、贪污成风、专横霸道，囚犯们在一个没有监管和规则的世界里遭受肆意的凌虐。[92]

希姆莱的做法设立了一个被广泛模仿的先例。不久，集中营开遍全国，扩充了褐衫军在新近没收的工会办事处地下室设立的临时监狱和刑讯室。它们的建立得到了广泛宣传，以确保人人都知道胆敢反对“民族革命”的人会得到什么下场。设立集中营来关押真正的或者所谓的国家之敌，当然不是原创的想法。英国人在布尔战争（Boer War）* 中曾用这种集中营关押敌方的平民，里面的条件通常非常恶劣，囚徒的死亡率很高。其后不久，在1904—1907年战争期间，德军把14 000名赫雷罗族反叛者“集中”在位于西南非洲的营地里，残酷地对待他们，据说每月有500人死于斯瓦科普蒙德（Swakopmund）和吕德里茨湾（Lüderitz Bay）的集中营。最终集中营的死亡率为45%，德国政府以消灭原住民人口中的“无生产力群体”为由推卸罪责。[93] 纳粹党人熟知这些先例，早在1921年，
346 希特勒就已宣称，他们将把德国犹太人关进英国人使用过的那种“集中营”。纳粹党原打算1923年11月如果能胜选并掌权，将颁布新宪法，其中的第十六节规定，“危险分子和吃闲饭的无用之人”将被送进“集体营”强制劳动，如有反抗，一律处死。在时间更近一些的1932年8月，纳粹报纸刊登了一篇文章，宣称如果纳粹党掌权，将“立即逮捕并审判共产党和社会民主党的所有干部……[而且]把嫌疑犯和精神煽动犯全部送进集中营”。1933年3月8日，帝国内政部长弗里克公开重申了这一警告。[94] 因此，达豪并不是面对监狱

---

* 布尔战争，英国于1880—1881年和1899—1902年在非洲南部进行的两场战争。

人满为患的意外难题而即兴想出的解决方案，而是纳粹党几乎从成立之初就开始构思并长期筹划的举措。当地的、区域性的和全国性的报刊都对它做了广泛宣传和报道，以此严厉警告任何打算反抗纳粹政权的人。[95]

冲锋队和党卫队的集中营和拘留所在 3、4 月份时的生存条件，被恰当地描述为“无法无天的临时施虐所”。[96] 冲锋队和党卫队的暴行，基本上不包含 1970 年代阿根廷、智利或希腊等军事独裁政权中秘密警察所使用的那种花样翻新的酷刑，他们发泄在囚犯身上的，往往是不加遏制的愤怒。施虐的方式并不复杂，就是拳打脚踢以及用橡皮棍抽打。此时警察已摆脱了在魏玛共和国治下所感受到的约束，他们在一些情况下也加入、旁观或者利用褐衫军辅警对囚犯进行刑讯逼供。工人共产党员弗里德里希·施洛特贝克（Friedrich Schlotterbeck）于 1933 年被捕，后来记录了他在警察总部是如何受一群党卫队成员审讯的。他们重拳击打他的脸，用橡皮棍抽他，捆绑他，用木棒敲他的脑袋，在他倒地时用脚踢他，当他昏迷时用水泼他。在殴打稍微消停的时候，一名警官问了他许多问题，只是在有个党卫队被施洛特贝克激烈的肢体反抗激怒，掏出手枪威胁要枪毙他时，那位警官才进行了干预。他没有招供，被带回了牢房，浑身疼痛，身上满是伤口和淤青，脸上淌着血，几乎无法行走。施洛 347
特贝克受到了看守的善待，但看守告诉他，为了防止他自杀，他们必须让牢房的灯一直亮着，并且定时来查看。后来的十几年他都是在监狱和集中营度过的。[97] 他的经历在那些不肯屈服的、坚定的共产党员当中并不特殊。

冲锋队员对落在他们手中的社会民主党人并没有稍加宽待，他们不分男女，对左翼议员一律痛殴。在许多被打的社会民主党女党员中，有一位是柏林克珀尼克区（Köpenick）的市议员玛丽·扬科夫斯基（Marie Jankowski），她被逮捕，被人用橡皮棍殴打，被扇耳光，被迫在一份文书上签字保证不再从政。[98] 上述行动全国都有发生，但分布不均，由于缺乏具体的统一调度，因此无法精确地估计它们的范围。但现有的、正式登记的逮捕数据确切无疑地显示，这场暴力活动的规模之大，前所未有。官方报告显示，仅在普鲁士州，3 月和 4 月就至少有 25 000 人被捕，但此数据遗漏了柏林，而且没有计入褐衫军“胡乱”逮捕但未上报的人数。巴伐利亚州被逮捕的人数在 4 月底已达 1 万左右，到 6 月底又翻了一番。而且，这些被捕者中有许多仅关了几天或者几星期就被释放，例如在奥拉宁堡（Oranienburg）集中营，35% 的人被囚一周至四周，在里面关押一年以上者不到 0.4%。[99] 大体上说，1933 年 7 月底全国被登记为受到保护性羁押的 27 000 人，与三四个月前遭到保护性羁押的不是同一批人，因此集中营囚禁过的人数远高于这个数字。[100] 此外，纳粹党的对手社会民主党和劲敌共产党并没有全部被送进集中营，还有数千人被关在各州的监狱和全国各地的拘留所。

镇压规模之大，可以根据共产党领导层记录的这份数据做出估算：截至 1933 年底，有 13 万党员遭到逮捕和监禁，2500 人被杀。
348 这些数据或许有些夸大，但用来估算此次镇压对党组织造成的破坏，还是可信的。例如在鲁尔区，全部党员将近一半被关押。普鲁士警方的报告显示，早在 3 月底就有大约 2 万名共产党员被捕、投入监狱。[101] 即使按照最保守的半官方估算，1933 年在德国因政治原因遭到逮捕的总人数也超过了 10 万，关押期间死亡者将近 600 人。[102] 暴力和凶杀已到了惊人的程度，是魏玛共和国初期以后不曾有过的。

这次对纳粹党的对手进行的残酷血腥的大规模攻击，是由国会纵火法令正式批准的，但该法令的出发点是防范共产党计划发动的革命暴动，根本没有提及社会民主党。比共产党准备发动一场暴动这种说法更加荒谬的，是认为社会民主党赞同或者支持共产党的暴动计划。然而，许多德国中产阶级人士显然认为，政府暴力镇压“马克思主义”及其一切变种是有正当理由的。多年来的打打杀杀和街头冲突，让人们对政治暴力习以为常，不再敏感。那些仍心存怀疑的人不会注意不到，警察以及由纳粹冲锋队员充当的辅警在那几个星期里对纳粹党的对手们做了些什么。他们中的许多人在说出自己的忧虑前肯定做过认真的思考。任何对混乱程度感到担心的人，可能都被希特勒 1933 年 3 月 10 日的讲话打消了顾虑：他公开谴责对外国人实施的暴力，把这种行为归咎于渗透进冲锋队里的共产党员，他还告诫冲锋队员停止“骚扰个人、拦截车辆和干扰商业”。

然而，希特勒接着告诉褐衫军，务必“须臾不忘我们的口号，那就是消灭马克思主义”。“民族起义将继续有条不紊地开展，并且听从上层的命令，”他说，只有“当这些命令遭到抵抗时”，褐衫军才会采取行动以确保“这种抵抗立即被彻底粉碎”。这最后一句限定条件当然足以纵容暴力活动继续上演，不但不见减弱，实际上反而升级了。[103]一位民族党领导人于 3 月 10 日抗议希特勒破坏法律 349
秩序，3 月 19 日巴本也打电话表达了同样的意思，希特勒愤怒地指责他们企图“阻止民族革命”。他说，1918 年的“十一月罪人”以及那些在魏玛时期企图压制纳粹党的人比以前更加卑劣了。他赞扬冲锋队员“纪律严明”，同时谴责“资产阶级遇事软弱怯懦，处理问题时戴着小羊皮手套，而不是亮出铁拳”，并警告说，绝不允许任何人阻挡他“消灭并根除马克思主义”。[104]

早在国会纵火法令和 1933 年 3 月 5 日选举之前，德国就已稳稳地踏上了通往独裁体制的道路。但这两件事无疑加速了独裁进程，为它提供了虽然老套，但在法律和政治上看似正当的理由。胜选之后，希特勒于 3 月 7 日告诉内阁成员，他将进一步寻求以宪法修正案的形式取得法律认可，允许内阁绕开国会和总统，自行颁布法律。这个措施是有先例的，即魏玛共和国治下的紧急状态立法；

但它显然比任何一次先例都走得更远。希特勒长久以来一直梦想采用这个办法。[105] 这部《授权法》(Enabling Act) 将终结魏玛共和国备受仇视的民主制度，并将完成纳粹党于 1933 年 1 月 30 日开始的工作——建立一个“民族主义集中政府”。不久，戈培尔等纳粹头目将它改名为“民族主义起义政府”。在 3 月初，它简化成了“民族主义革命”，以此强调参与行动的远远不仅是内阁政府。不久又改称“国家社会主义革命”，终于使希特勒在联合政府中的非纳粹合作伙伴在政治上湮没无闻。[106]

第三节

民主政体被摧毁

一

尽管巴本和希特勒在内阁中的其他盟友赞成警察镇压左翼人士，但两个月前当他们同意希特勒成为德国总理时，他们所期待的根本不是革命的语言和无节制的街头暴力，而是期望通过延揽纳粹党入阁来终止这一切。纳粹党为新当选的国会举行了隆重的开幕典礼，以此安抚忧心忡忡的保守派和传统人士，包括总统兴登堡，毕竟他至少还拥有罢免希特勒、委任其他人的正式权力。由于被焚毁的国会大厦无法使用，典礼只好另选地方。希特勒及其保守派盟友同意将地点选在作为普鲁士君主制象征的波茨坦驻军教堂，日子选在 1933 年 3 月 21 日，正是俾斯麦建立第二帝国之后国会首次开会的纪念日。典礼被当作一次宣传活动，由戈培尔进行了精心的、细致入微的策划，用以展示旧帝国与新帝国的接合：总统兴登堡身穿普鲁士陆军元帅军服，站在皇帝的空御座旁边，接受身穿长礼服的总理希特勒的鞠躬礼并与他握手；希特勒发表演讲，值得注意的是其措辞的故作温和，他赞扬了兴登堡在将德国的命运托付给新生代 350

的过程中所起的历史作用。花圈被摆放在普鲁士历代君王的墓石上，然后由兴登堡检阅准军事组织和军队的盛大分列式。

351 典礼所传达的视觉形象比讲话更加重要。出席仪式的希特勒像一位穿戴得一丝不苟的平民政治家，谦恭地承认普鲁士军事传统的崇高地位。仪式上使用的旗帜是黑白红的帝国国旗，它在 3 月 12 日已经正式取代了魏玛共和国的黑红金国旗。仪式上有普鲁士军事贵族，身穿他们那种略显奇异、令人想起君主制传统的军服。仪式的地点选在新教教堂，含蓄地重申了新教与军队和君主具有同等的至高地位。仪式代表着旧德国的回归，把玷污了民族记忆的魏玛民主制度从历史中清除出去。[107] 社会民主党拒绝了出席仪式的邀请，这并不令人意外。更有象征意味的是，希特勒拒绝去波茨坦天主教教区的教堂做礼拜，理由是天主教教士禁止某些纳粹头目接受圣礼，他们依然忠于中央党，并且以批评的态度看待纳粹党的无神论者做派。这显然在警告教会，要识时务，跟纳粹党走。[108]

两天后，在被指定为临时国会会址的克罗尔歌剧院，希特勒像其他纳粹党议员一样身穿准军事组织的褐衫制服，对国会发表了演说，现场气氛与典礼那天截然不同。他站在一面巨大的卐字旗下，提出了筹划已久的方案：授权总理起草法律时可以背离宪法、不经国会同意并且不征询总统。这部《授权法》须在 4 年后展期；国会本身之存在、代表联邦各州的上议院之存在，以及总统之地位，将不受影响。然而，它意味着魏玛宪法将成为一纸空文，国会将完全被排除在立法程序之外。《授权法》的通过绝非毫无悬念，因为在 120 位当选的社会民主党议员中，有 94 位依然能参加投票；那些缺席者，有的在狱中，有的在病中，有的因担心生命受到威胁而回避了。希特勒知道，他绝不可能得到社会民主党的支持。魏玛宪法修正案的通过，不仅需要三分之二的法定人数，而且需要出席者中三分之二的多数票支持。赫尔曼 · 戈林作为国会的会议主持人，通过

不计入共产党议员把法定人数从432人减至378人，尽管共产党议
员全部是合法当选的。这是个专横的决定，没有任何法律依据。[109] 352
但即使采取了这种非法手段，纳粹党仍然需要中央党的支持票来推动法案的通过。

在此之前，中央党早已停止了对民主制度的支持。政治天主教运动是两次世界大战之间欧洲的主要潮流，中央党出于对布尔什维主义和革命的恐惧而顺应了这一潮流，开始支持独裁制度和专制政体。确实，将要在德国形成的，似乎并不是奥地利和西班牙建立的那种天主教政客很快会给予支持的“教权法西斯主义”政权。但天主教会在1929年通过与墨索里尼签署政教协定而维护了它在意大利的地位，此时它有可能做出类似的安排，以维护其在德国的地位。自2月中旬以来，天主教徒及其政治代表、报纸、发言人和在各地的工作人员都面临着不断升级的恐怖威胁，因此中央党焦急地寻求可以使教会生存下去的保证。此时，在神职人员前所未有的强烈影响下，在天主教高级教士路德维希·卡斯的领导下，中央党与希特勒经过两天的讨论，得到了希特勒的保证：教会的权利将不会受到《授权法》的影响。海因里希·布吕宁及其亲信幕僚于是打消了疑虑。作为天主教在南方的堡垒，联邦各州尽管已被柏林政府委任的帝国行政长官接管，但将维持现状，并保持司法独立。事实证明，这些承诺，加上来自梵蒂冈的沉重压力，足以赢得中央党议员支持《授权法》。从长远看来，该法案注定了中央党的政治灭亡。[110]

在一片浓重的暴力和恐吓气氛中，代表们到达了克罗尔歌剧院。社会民主党人威廉·赫格纳（Wilhelm Hoegner）回忆道：

> 迎接我们的是反复的狂喊声：“我们要《授权法》！”胸前别着卐字徽章的小伙子放肆地上下打量我们，几乎是在夹道围攻，让我们难以通行。他们大声辱骂我们，比如“中央党猪猡”、“马

> 克思主义母猪”。克罗尔歌剧院里到处是荷枪实弹的冲锋队和党
> 卫队……议事厅挂着卐字旗和类似的装饰物……我们这些社会
> 353 民主党议员在最左侧的位子落座后，冲锋队和党卫队的人在出
> 口和我们身后沿墙站定，呈半圆状围住我们。他们的态度让我
> 们觉得来者不善。[111]

希特勒演讲的开篇像往常一样，抨击1918年的“十一月罪人”，吹嘘自己消除了共产主义的威胁。他再次承诺要保护教会的利益，尤其是在学校的利益，这是魏玛共和国时期引发争端的主要问题。然而，他的结束语无疑是在威胁，假如法案被否决，就要进行暴力镇压。他宣称：“民族主义起义的政府已下定决心、做好迎战准备，一旦法案被否决，就宣布进行抵抗。先生们，希望你们此刻在和平与战争之间做出自己的抉择。”这番话对摇摆不定的中央党议员产生了效果，比如海因里希·布吕宁，他决定对法案投赞成票。曾任德国总理的中央党领导人约瑟夫·维尔特私下里对社会民主党人说：“他们担心如果法案被否决，将会爆发纳粹革命，进入血腥的无政府状态。”[112]

在这种威胁面前，社会民主党人决定，党主席奥托·韦尔斯在发言表示反对时，应该使用温和的，甚至是安抚的语气。他们担心如果不这样，那些凶相毕露、在大厅里沿墙站成一圈的褐衫军就会枪杀或痛殴他，或者在他走出去的时候逮捕他。但韦尔斯不得不说的话已足以激动人心，他为魏玛共和国取得的成就辩护，说它实现了机会均等和社会福利，使德国重返国际社会。“我们可以失去自由和生命，但不能失去荣誉。”韦尔斯并不是在夸大其词，已有多位杰出的社会民主党人被纳粹杀害，他本人发言时马甲口袋里就装着氰化物胶囊，准备如果演讲后遭到褐衫军逮捕和折磨就吞下去。他激动得声音哽咽，以对未来发出的呼吁作结：

> 在这个历史时刻，我们德国社会民主党人庄严宣布，我们忠于人道与公正、自由与社会主义这些基本原则。没有任何授权法能够授权你们消灭这些永恒的、坚不可摧的理念。《反社会党人法》没能消灭社会民主党人，社会民主运动同样能够从最
> 近的迫害中汲取新的力量。我们向被迫害和被残酷压迫的人致 354
> 敬。他们的坚定与忠诚值得敬佩。他们坚守信念的勇气、他们坚定的信心，保证了德国将拥有一个更加光明的未来。

韦尔斯的结束语在大厅中引起了骚动，纳粹党议员刺耳的嘲笑声淹没了从社会民主党议员座席传来的掌声。

希特勒的反应是不屑一顾。社会民主党在开会前已把演讲稿交给媒体，希特勒的手下弄到了副本，以便总理据此准备如何回应。希特勒知道自己不需要他们的票数，在身穿制服的纳粹议员雷鸣般的掌声中，他说："你们还以为自己的星星能够重新升起呢！先生们，德国之星即将升起，而你们的即将陨落……德国应该获得自由，但不是通过你们！"在其他政党的党魁做了简短发言之后，议员进行投票，有 444 票赞成、94 票反对。曾经自视甚高的德国自由派，此时通过他们的政治代表——德意志国家党对法案投了赞成票。只有社会民主党投了反对票。绝大多数议员投的赞成票已经足以使法案获得通过，因此就算全部 120 名社会民主党议员和全部 81 名共产党议员都出席会议，使投票总人数达到 647 而不是 566，并且这 201 人全部投反对票，也无济于事。[113]

《授权法》既已生效，国会就可以真正弃用了。自此，希特勒及其内阁行使专制权，要么把总统兴登堡当作橡皮图章使用，要么像《授权法》所允许的那样干脆绕开他。没人相信 4 年后《授权法》有效期届满之时国会将否决它的展期，实际上国会也不曾否决过。与国会纵火法令一样，《授权法》本来是临时的紧急状态法，在魏

玛时期曾出现过几个有限度的先例，此时却成为永久取消公民权和民主自由权的法律依据，或者说是伪法律依据。《授权法》在1937年和1939年两次展期，于1943年成为永久性法令。褐衫军的街头恐怖已经无处不在，足以让人相当清醒地判断出即将发生什么。韦尔斯准确地预测，德国很快将成为一党专政的国家。[114]

二

355 共产党在2月28日之后实际上已不再碍事，《授权法》也已生效，希特勒政府遂将注意力转向社会民主党和工会。社会民主党和工会本来已经普遍面临逮捕、殴打、恐吓甚至杀戮，他们的办公场所被占领，报纸被取缔；此时纳粹党又将全部怒火转向了他们，他们已无招架之力。能够与工会实现合作，是社会民主党在1920年击溃卡普暴动的关键因素；但在1933年春，这个能力已不复存在。劳工运动的左右两翼在1933年1月团结起来，共同反对任命希特勒为总理；在随后的两个月里，它们遭遇了相似的暴力和镇压，越来越多的工会办事处被冲锋队团伙占领和捣毁。据工会统计，截至3月25日，全国有45个城镇的工会办事处遭到褐衫军、党卫队或者警察分队的占领。这种压力不仅对尚存的工会（其功能是代表工人与雇主谈判工资和工作条件）构成了最直接的威胁，而且迅速加深了工会与社会民主党之间的裂痕。

对社会民主党的政治镇压以及边缘化很快变得更加明显，于是特奥多尔·莱帕特（Theodor Leipart）领导下的工会开始疏远社会民主党并寻求新政权的接纳，试图以此自保。3月21日，工会领导层宣布，工会无意在政坛发挥作用，而且“无论哪种体制的政府”执政，工会都将履行自己的社会功能。[115]纳粹党人当然知道他们在工会会员中的支持者寥寥无几。纳粹党的“工厂车间组织”[116]

不受欢迎，1933 年初的几个月里，它在各个劳资联合委员会举行的绝大多数选举中，仅获得不到 10% 的选票。只在极少数地方，比如克虏伯兵工厂、化工厂、某些钢铁厂或者鲁尔煤矿，它的支持率较高，这表明在工业界的某些主要行业，一些工人已经开始归顺新政权。[117] 然而，绝大多数的选举结果引起了纳粹党的警觉，于是 356
强制那些尚存的劳资联合委员会无限期暂停选举。

尽管对这种专横干涉民主权利的做法感到愤怒，但工会领导人特奥多尔·莱帕特及其指定的继任者威廉·洛伊施纳（Wilhelm Leuschner）仍在千方百计保全工会组织。他们相信纳粹党正在认真制定他们呼吁了多年的创造就业岗位的计划，这个信念激励着他们努力寻求折中之策。4 月 28 日，他们与基督教和自由派的工会签署了一份协议，这是为了把所有工会组织全部联合成一个全国性组织而迈出的第一步。协议的开篇写道："民族主义革命已经建立了一个新政府。这个政府志在把全体德意志民族整合为一个国家，并施展它的威力。"工会显然认为它们将在这个进程中发挥积极作用，而且希望独立地发挥作用。为了表达这种意愿，它们一致支持戈培尔公开宣布五一节首次成为公共假日。传统上，这一天通常举行大规模的示威活动，公开展示劳工运动的力量。这是劳工运动长久以来的愿望。工会同意将这一天命名为"全国劳工日"。这个做法再次表明，新政权统合了看似大相径庭的民族主义传统与社会主义传统。[118]

在五一节当天，工会的办事处挂满了旧帝国的黑白红国旗，这背离了劳工运动的传统，肯定令许多老工人觉得可耻和沮丧。纺织工会主席卡尔·施拉德尔（Karl Schrader）在柏林加入了举着卐字旗的游行队伍，他不是唯一这样做的工会干部。实际上，极少有人参加共产党在不同地点以闪电般的速度举行的"飞速"反示威活动，也极少有人参加社会民主党人在他们自己的秘密集会场所里锁上大门悄悄举行的五一纪念活动；却有数十万人，乃至数百万人，加入了由演奏着《霍斯特·韦塞尔之歌》和爱国歌曲的冲锋队铜管乐队开路的队伍，在大街上游行。他们涌向宽阔的露天会场，在那
357 里聆听演讲和民族主义“工人诗人”作品的朗诵。黄昏时分，电台传出希特勒低沉的声音，他向所有德国工人保证，失业很快将成为历史。[119]

柏林的滕珀尔霍夫机场（Tempelhof field）人山人海，上百万集会者按军队的风格被编成12个巨大的方阵，置身于纳粹旗帜的海洋之中，三面巨大的纳粹旗帜被探照灯照亮。夜幕降临之后，烟花表演达到高潮，幽暗中闪现出熠熠生辉的巨大卐字，照亮了天空。媒体大张旗鼓地庆祝新政权赢得了工人的支持，宣称此次工人阶级的盛会堪与10天前在波茨坦为上层人士举行的庆典相媲美。[120]然而，出席盛会的群众并非全部出于自愿，气氛也并非全然热情洋溢。许多工人，尤其是政府雇员，受到威胁说如果不参加就会被解雇，柏林的数千名企业员工上班时被没收了考勤卡，并被告知只能在滕珀尔霍夫机场取回卡片。暴力迫在眉睫，恐吓无处不在，这种大环境也发挥了相应的作用，促使工会领袖正式同意参加。[121]

然而，假如工会领导层以为做出这样的妥协就可以保住他们的组织，那么等待他们的将是当头一棒。纳粹党在4月初就已开始暗中准备接管整个工会运动。戈培尔在4月17日的日记中写道：

在5月1日，我们应该把五一节办成一场盛会，用以展示德国人民的意志。在5月2日，工会的办事处将被占领。工会也要被纳入一体化进程。可能会有几天的吵闹，但随后那些办事处将属于我们。我们绝不能再留任何余地。我们仅仅是在帮助工人们从寄生虫般的工会领导那里获得解放，这些领导人的所作所为只是使工人们至今生活艰难。一旦我们控制了工会，

其他政党和组织将无法坚持很长时间。[122]

1933 年 5 月 2 日，褐衫军和党卫队气势汹汹地闯入社会民主党所领导的工会在全国各地的每个办事处，接管所有工会报纸和期刊，占领工会银行的所有支行。莱帕特等工会领导人被逮捕，送往集中营 358
予以“保护性羁押”，其中许多人在一两个星期后获释，其间在那里遭到痛殴和野蛮的羞辱。5 月 2 日发生了一起特别恐怖的事件，冲锋队在杜伊斯堡市（Duisburg）工会办公楼的地下室把 4 名工会干部殴打致死。工会运动的管理机构及其资产全部落入“国家社会主义工厂车间组织”手中。5 月 4 日，基督教工会以及其他所有工会机构主动无条件地接受希特勒的领导。戈培尔在日记中预期的“吵闹”从未出现。曾经声势浩大的工会运动几乎在一夜之间消失无踪。[123] 戈培尔在 5 月 3 日的日记中吹嘘：“革命在继续。”他满意地记录了大规模逮捕“大人物”的行动，自诩道：“我们是德国的主人翁。”[124]

就算社会民主党决定垂死一搏，它也已经无力号召工会前来支持，对此颇有把握的政府遂进入取缔社会民主党的收官阶段。5 月 10 日，政府通过法庭命令的方式没收该党的资产和财物，柏林的国家总检察长给出的理由是莱帕特等人被认为贪污了工会资金，这一指控实际上毫无根据。韦尔斯已安排把党的资金和档案转移到国外，但纳粹党依然斩获甚丰。这种措施使社会民主党根基尽失，无法重建其组织或者恢复其报刊等出版物。作为一场政治运动，它实际上已被终结。[125] 然而令人难以置信的是，这一切根本不妨碍社会民主党 5 月 17 日在国会支持政府。那天希特勒提交给立法机构一份措辞中立的决议，主张德国在国际裁军谈判中拥有平等地位。这份声明除了主张德国的权利以外并无实际意义，其目的仅仅是为几个月来饱受全世界抨击的希特勒政权在国外赢得些许好评，该政权实际上根本无意参与任何裁军进程。尽管如此，保罗·勒贝（Paul Löbe）领导下的社会民主党议员认为，如果他们抵制这次会议，就会被说成不爱国，因此能出席的都出席了会议并且参与了国会的表
359 决。在国歌声中，在纳粹党徒高喊的“万岁！”声中，希特勒装模作样地发表了措辞温和中立的演说，随后，国会一致通过了决议。赫尔曼·戈林显然大为满意，他以会议主持人的身份宣布，在德国的国际命运岌岌可危之际，全世界见证了德国人民的团结一心。社会民主党议员的行为引起了党内人士尤其是当时流亡在外的领导人的愤怒，他们谴责这种行为，认为它否定了 3 月 23 日对《授权法》投下的令人自豪的反对票。领导那次投反对票的奥托·韦尔斯收回了递交给社会主义国际的辞呈。流亡领导人将社会民主党总部迁至布拉格（Prague）。社会民主党在国会中的领军人物人之一、激烈反对为纳粹党站台的女议员托妮·普菲尔夫（Toni Pfülf）深感耻辱和绝望，因为社会民主党议员们未能意识到他们被纳粹党利用作纳粹宣传战的帮手。她拒绝出席 5 月 17 日的会议，并于 1933 年 6 月 10 日自杀。勒贝被逮捕，韦尔斯逃往国外。[126]

社会民主党在布拉格的新领导层与留在德国的干部和议员之间的裂痕迅速加深。然而政府宣称，它看不出该党的两个阵营之间有什么区别，那些潜逃到布拉格的是从境外抹黑德国的叛国者，那些没逃的是怂恿和协助他们的叛国者。1933 年 6 月 21 日，内政部长威廉·弗里克命令德国全境各州政府，遵照国会纵火法令取缔社会民主党，社会民主党议员均不得继续在任何立法机构任职，社会民主党的所有会议和出版物均被禁止，该党党员不得担任公职或者公务员。1933 年 6 月 23 日，戈培尔在日记中得意扬扬地写道，社会民主党已经被“解散了。太棒了！专政的实现已经不必再等多久”。[127]

社会民主党也不必再等多久，就会明白专政意味着什么。弗里

克 6 月 21 日的法令发布后，全国有 3000 多名社会民主党干部被逮捕，受到凌虐，被施以酷刑，被投入监狱或集中营。在柏林市郊的克珀尼克区，冲锋队在一座房子遇到武装抵抗后，围捕了 500 名社会民主党人，连续多日殴打、折磨他们，杀害了 91 人。即使按照 360
褐衫军的标准，这场协同突袭行动也是野蛮的，不久即被称为“克珀尼克血腥一星期”。报复行动专门针对 1918—1919 年革命期间任何与慕尼黑左翼阵营有关的人。库尔特 · 艾斯纳的前秘书、时任代特莫尔德市（Detmold）社会民主党党报编辑的费利克斯 · 费申巴赫已在 3 月 11 日被捕，与多数社会民主党领导人一起被关押在利珀。8 月 8 日，冲锋队的一支分队用轿车把他带出州监狱，表面上是要转往达豪。但在路上，他们强令押运的警察下车，然后驶入一片树林，在那里拖着费申巴赫走了几步，然后射杀了他。纳粹报纸后来报道说，费申巴赫在“企图逃跑时被击毙”。[128] 没什么争议的人物也成了目标。梅克伦堡–什未林州（Mecklenburg-Schwerin）前部长会议主席、社会民主党人约翰内斯 · 施特林（Johannes Stelling）被带到褐衫军军营，遭到痛殴，在半昏迷状态下被扔到街头，又让另一伙褐衫军碰见，被他们用轿车带走，折磨致死。施特林的尸体连同沉重的石块被缝进一只袋子扔进了河里，后来与同夜遇害的另外 12 位社会民主党和帝国国旗团干部的尸体一起被打捞上来。[129]

这种对社会民主党施行的野蛮镇压遍及全国各地。特别臭名昭著的是在布雷斯劳市南郊的杜垓（Dürrgoy）临时集中营，它由当地褐衫军头目埃德蒙·海内斯（Edmund Heines）于 4 月 28 日开设。这位集中营指挥官以前曾是自由军团的领导人以及一个极右翼暗杀队的成员，在魏玛共和国时期曾被裁定犯有谋杀罪。他的阶下囚包括曾任社会民主党布雷斯劳地区行政负责人、布雷斯劳前市长的赫尔曼 · 吕德曼（Hermann Lüdemann），以及布雷斯劳市社会民主党党报的前编辑。囚犯不断遭受殴打和酷刑。海内斯定期举行通宵的消防演习，等囚犯回营时又命人殴打他们。海内斯给吕德曼穿上小丑服装，带到布雷斯劳市游街示众，看热闹的冲锋队员一路嘲笑、辱骂他。海内斯还曾从施潘道监狱劫走了关押在那里的、与他有私
361 仇的国会中社会民主党前主席保罗·勒贝。在勒贝的妻子和朋友们的施压下，释放勒贝的命令很快下达，但他拒绝离开，表示要与他的社会民主党狱友患难与共。[130]

社会民主党在 7 月 14 日同共产党一样被正式取缔。遭到如此残酷的镇压，它在此之前实际上已经形同消亡。事后回想，它的生存机会在不到一年的时间里迅速丧失殆尽。在此过程中起决定作用的是它没有对 1932 年 7 月 20 日的巴本政变进行有效的抵抗。如果说它曾经有过可以挺身捍卫民主制度的时机，那就是巴本政变。然而凭借后见之明来谴责它的不作为是有失轻率的。1932 年夏几乎没人能意识到，外行的、在许多方面相当荒唐的弗朗茨·冯·巴本政府，在执政仅 6 个月之后就会让位给这样一个政权：它的极端残酷、它的完全无视法律，已到了让正派而守法的社会民主党人难以理解的程度。从许多方面看，劳工运动的领导层在 1932 年 7 月希望避免暴力，是完全值得称赞的；他们并不知道，这一决定将为后来更为严重的暴力行动大开方便之门。

在政府执法机构的协助和军队的默许下，纳粹党镇压了劳工运动，从而扫除了建立一党专政国家的最大障碍。劳工运动已被驯服；工会已被捣毁；社会民主党和共产党在 1932 年 11 月的选举，即最后一次完全自由的国会选举中的选票加在一起远远胜过纳粹党，如今这两党已在一场暴力狂欢中被摧毁。然而还有一支重要的政治力量保留了下来，其成员和选民在整个魏玛时期大多忠实于他们的原则和政治代表，它就是中央党，其力量不仅仅源于政治传统和文化传承，主要还来源于它对天主教会及其信徒的认同。对待中央党，不能像把共产党和社会民主党逐出政治舞台那样肆无忌惮地施行暴

力，而是需要更巧妙的战术。1933 年 5 月，希特勒和纳粹党领导层开始将这些战术付诸行动。

三

克莱门斯 · 奥古斯特 · 冯 · 加伦伯爵（Clemens August Count 362
von Galen）是一位传统型天主教牧师，1878 年生于威斯特法伦的贵族之家，成长于贵族阶层虔诚信仰天主教的氛围中，受到了来自亲戚的影响，比如他的叔公、社会天主教主义奠基人之一冯 · 克特勒主教(Bishop von Ketteler)。在家里的 13 个孩子中，克莱门斯·奥古斯特排行第 11，他似乎命中注定要当牧师。俾斯麦 1870 年代试图压制天主教会的做法，唤醒了他父母的政治意识，他们教导他，良知，尤其是宗教良知，比服从权威更重要。此外父母还教育他要谦逊、简朴。由于经济拮据，他们过着斯巴达式的清苦生活，住在一座多数房间没有自来水、室内卫生间和供暖设备的城堡里。加伦的早期教育部分来自家庭，部分来自一所耶稣会学院，之后他进入一所公立学校，修习大学预科。从因斯布鲁克大学（University of Innsbruck）神学院毕业后，他于 1904 年成为牧师。1906—1929 年，他在柏林担任教区牧师，市内绝大多数人口是新教教徒，还有一个强大的、多由无神论者构成的工人阶级。加伦身高 6 英尺 7 英寸*，他的超拔风范不只表现于此，他禁欲苦修、善于与穷人沟通，这为他赢得了良好的声誉。在他的人生态度里，贵族义务占据很大的分量。[131]

来自这样的背景，毋庸置疑加伦的政治立场是属于右翼的。他支持 1914—1918 年德国的战争行为，并且自愿上前线做随军牧师，

* 约 2 米高。——编注

但未能如愿。他憎恨1918年革命，因为它推翻了一种神授的国家秩序。他对“背后一刀”导致德国战败的说法深信不疑，反对中央党当初支持魏玛民主制度，并且参与协商为一场新的、更加右倾的天主教政治运动铺路，但此事半途而废，中央党在其中只发挥了温和的影响力。加伦痛斥魏玛宪法“不敬神”，附和了红衣主教米夏埃尔 · 福尔哈贝尔（Cardinal Michael Faulhaber）的谴责——魏玛宪法的世俗基础是“亵渎神明”。与其他许多牧师一样，福尔哈贝尔热情接受纳粹领袖所做的承诺：在1933年恢复政府中强大的基督教基础。其实，希特勒以及多数纳粹头目都意识到了信仰基督教
363 的人口分布之广、忠诚度之深，因此不想在镇压中央党这类政党的过程中激怒基督教徒。于是在1933年最初的几个月里，他们小心翼翼地反复宣称新政府将恪守基督信仰。他们宣布,“民族主义革命”旨在终结魏玛左派的唯物主义无神论，转而传播一种“积极的基督教”，它超越教派，与德意志精神相适应。[132]

与加伦一样，天主教牧师们普遍视无神论的共产主义为一个主要威胁，为天主教会在国内的地位感到担忧；但他们也有更多世俗考虑。魏玛共和国时期，在州政府、中央政府和高级公务员岗位上任职的天主教界人士达到了史无前例的数量。为谋求签署那份承诺保留上述既得地位的政教协定，德国的主教们表示不再反对纳粹运动，并在5月发表了支持希特勒政权的集体声明。他们开始压制仍然公开批评纳粹运动的各地牧师。那些信奉天主教却由于主教们禁止在教堂内穿制服而无法参加弥撒的褐衫军和纳粹党，开始出现在没有这种禁律的新教礼拜仪式上，导致数量惊人的教众脱离天主教，转信与之对立的新教。红衣主教贝尔特拉姆（Cardinal Bertram）说服大主教们撤销了禁令。[133] 不久，消极的容忍变成了积极的支持。许多牧师参加了5月1日举行的纪念“全国劳工日”的公共典礼。1933年6月1日富尔达主教会议（Fulda Bishops’

Conference）发表了一份牧函*，欢迎“民族的觉醒”以及纳粹党新近所强调的强大政府权威，尽管它同时也表达了对这两个问题的担忧：纳粹党对种族问题的强调，以及天主教的世俗机构面临的迫在眉睫的威胁。教区主教代理人施泰因曼（Vicar-General Steinmann）举手行纳粹礼的样子被拍摄了下来，他宣称希特勒是上帝派来领导德国人民的。[134] 天主教学生组织发表声明，效忠新政权（这是“在我们的文化中恢复基督信仰的唯一办法……我们的领袖阿道夫·希特勒万岁”）。天主教报纸纷纷停刊或者自动变成纳粹的宣传喉舌。[135]

在这种局面的形成过程中，中央党党魁卡斯教长继续延长在梵蒂冈的访问，以便协助起草政教协定。很快人们就清楚地看出，他 364
愿意牺牲中央党以换取政府在协定上签字。5 月初，他以身体欠佳为由辞去了党魁职务，接替他的是前总理海因里希·布吕宁。布吕宁立即成为党内崇拜的对象，这是对围绕希特勒而建立的那种个人崇拜的拙劣模仿。中央党报纸当时称布吕宁为“领袖”，宣称他的天主教“侍从”将“服从”他的决定。[136] 中央党的议员和官员全部自动辞职，给予布吕宁充分的权力来重新任命他们或者指派接任者。这其中包括国会议员，他们是由于在党的候选人名单中排名靠前而当选的，也就是说布吕宁确实可以随心所欲地用排名靠后的人取代他们。因此中央党当时实际上已不再认为国会应通过选举产生，转而认为应采用任命的方式。布吕宁宣布全面改革党的组织结构，同时进一步靠拢纳粹政权，他说服该党的议员投票赞成政府于 1933 年 5 月 17 日提出的外交政策，并亲自协助希特勒起草了向立法机构递交该提案时所发表的措辞格外温和的演说。布吕宁的妥协意愿并没有使政治警察停止窃听他的电话、私拆他的信件，这是他在 6

* 牧函（pastoral letter），主教写给其教区内神职人员或教徒的公开信。

月中旬告诉英国大使霍勒斯·朗博尔德爵士（Sir Horace Rumbold）的。据朗博尔德说，布吕宁当时认为只有复辟君主制才能挽救危局，实际上他多年来一直持此观点。

这位前总理似乎并不知道该党的党员正在面临怎样程度的镇压。党报正在遭到取缔或者没收；党的地方级和地区级机构正在一个接一个被关闭；党在各州的部长已经全部被免职；尽管赫尔曼·戈林一再做出保证，但中央党的公务员依然面临被解聘的威胁。该党20万党员中退党的人数越来越多。从5月开始，天主教的政界领袖、律师、在俗机构的活动家、记者和作家也遭到逮捕，特别是其中那些曾经发表文章批评纳粹党或政府的人。1933年6月26日，担任巴伐利亚州警察总监的希姆莱下令，应该予以“保护性羁押”的，
365 不仅包括国会和州议会中的全体巴伐利亚人民党（中央党的亲密盟友）议员，还包括一切“曾经特别积极地参与政党政治的人”。[137]6月19日，符腾堡州政府的部长会议主席、中央党的保守派领导人之一欧根·博尔茨遭到逮捕和痛殴；高级公务员被停职，比如海伦妮·韦伯（Helene Weber），她同时还是中央党的国会议员；天主教的工会组织被迫自动解散。这些仅仅是新一轮逮捕、殴打和解聘事件中最著名、曝光率最高的事例。各地的天主教在俗机构一个接一个面临关闭或者加入纳粹党的压力，这引起了教会主教团的普遍关注。巴本和戈培尔越来越强烈地公开要求中央党解散，与此同时，6月底巴本亲自参加在罗马进行的谈判，谈判达成协议：政教协定一经签署，中央党应立即解散。[138]

经巴本和卡斯同意，政教协定的最终文本于7月1日商定，并在一周后签字，内容包括禁止牧师从事政治活动。国会和州议会里的中央党议员开始放弃自己的议席或者转让给纳粹党，正如柏林和法兰克福等城市的市议员所做的那样。此时就连布吕宁也终于读懂

了墙上的字迹*。中央党于7月5日正式自行解散，同时指示国会、州议会和市议会里的中央党议员去与他们的纳粹党同事接洽，以便转投、效忠纳粹党。中央党领导层宣称，党员此时有了机会，可以“毫无保留地”加入由希特勒领导的民族阵线。据尚存的中央党报刊描述，这个结局并非迫于外部压力，而是在国家政体的历史性转型过程中把天主教教区置于新德国的后盾地位这个内部发展的必然结果。中央党的管理层不仅指示各级党组织全部自行解散，而且提醒说，它正在与政治警察合作执行解散程序。并不出人意料的是，纳粹党更愿意说服中央党议员放弃议席，而不肯让他们如愿加入纳粹党议员的阵容。[139]

中央党仅在1930年代初与劳工运动联手对纳粹党的选举做过
一次有效抵抗。这两股政治势力的凝聚力和纪律性，是它们在俾斯 366
麦治下所受迫害（以及其他因素）的产物。但当社会民主党以及后来共产党所经历的镇压使它们进入永久的在野和孤立状态时，天主教对此的反应却是把重新融入民族共同体设定为几乎高于一切的目标。主要的天主教政客，比如巴本以及居于次席的布吕宁和博尔茨，缺乏魏玛共和国初期威廉·马克思和马蒂亚斯·埃茨贝尔格那类人特有的对民主制度的使命感。面对布尔什维克的威胁，欧洲各国的教会正在全面转向反对议会民主制度。在这种形势下，几乎每位天主教政治领袖都觉得，解散中央党只是一个小小的牺牲，它可以换取新政权做出有约束力的承诺，让天主教会继续享有自治权，让天主教徒全面参与德国新秩序的建立。这些承诺到底具有怎样的约束力，天主教人士不久就会知晓。

在此期间，1933年10月28日，克莱门斯·奥古斯特·冯·加伦伯爵被祝圣为天主教的明斯特主教（Bishop of Münster），这是

---

* 墙上的字迹（writing on the wall），语出《圣经·但以理书》5:5，指灾祸将临的凶兆。

签署政教协定之后举行的首次授圣职典礼。加伦在对会众致辞时表示，他认为自己的职责是说出真相，宣讲“正义与非正义、善行与恶行之间的区别”。就职之前，他拜访了普鲁士部长会议主席赫尔曼·戈林，并遵照政教协定的条款，向戈林宣誓效忠政府。作为回礼，在明斯特的祝圣典礼上，当地纳粹党和褐衫军支部书记以下的干部鱼贯从他面前走过，伸出手臂向他致以“德意志式敬礼”。佩戴卐字徽章的冲锋队和党卫队纵队排列在道路两边，迎接主教一行，并于当晚举行火炬游行，从加伦的府邸前走过。纳粹运动与天主教运动的和解似乎至少暂时地完成了。[140]

四

367 瓦解共产党、社会民主党和中央党，是纳粹党建立一党专政过程中最困难的部分，因为三党所代表的选民加在一起，远超纳粹党在自由选举中所赢得的选民数。与三党所造成的困难相比，除掉其他政党则比较容易，它们多数已失去曾经拥有的几乎每张选票和每个议席，逐一剪除它们的时机已经成熟。其中国家党（前身为民主党）是唯一一个曾进入魏玛联合政府、从一开始就支持共和国的政党。1933 年初，它在国会中的议席减至 2 席。面对变局，国家党束手无策，可怜地恳求其他政党庇护它的议员。国家党继续高调反对纳粹党，但同时也主张明显朝着独裁方向修改宪法。它在 1933 年 3 月的选举中未能提高支持率，但通过将其候选人列入支持率比它高得多的社会民主党的候选人名单，国家党的议席从 2 席增加到了 5 席。虽然持强烈的保留态度，但是包括后来成为联邦德国总统的特奥多尔·豪斯（Theodor Heuss）在内的国家党议员们，在 1933 年 3 月 23 日投票时一致同意通过《授权法》，因为他们都被希特勒发出的“假如法案被否决就大开杀戒”的威胁吓坏了。他们自己肯定知道，他们的投票实际上无足轻重。国家党在议会中的领袖奥托·努施克（Otto Nuschke）开始用“祝福德意志自由”签署公函，并敦促承认政府的合法性。国家党的一个主要组成是公务员，他们为保住工作而全体脱离国家党，加入了纳粹党。自从该党在 1930 年的选举中被排挤到边缘，就一再出现关于国家党是否值得继续存在的讨论。褐衫军对所剩无几的公开效忠国家党的国会议员、官员和市议员发动了新一轮的恐怖战。随后，政府剥夺了国家党议员在国会中的席位，理由是他们在 3 月的选举中被列入了社会民主党的候选人名单，因此属于社会民主党人。在这之后，党的领导层终于屈服，于 1933 年 6 月 28 日宣布国家党正式解散。[141] 368

在魏玛共和国的多数时间里领导着人民党的古斯塔夫 · 施特雷泽曼于 1929 年去世之后，人民党急遽右转，于 1931 年开始摆脱它的自由派——“自由派”此时被定义为布吕宁政府的支持者，这是衡量当时政治派别右转幅度有多大的又一个尺度——并号召包括纳粹党在内的所有民族主义力量建立一个广泛的联合政府。然而，人民党失去的选票越多，它就越深地陷入了派系纷争的分裂乱局。1932 年 7 月之后，人民党在国会中仅剩 7 席，被远远排挤到政治边缘。当时的党魁、律师爱德华·丁格尔代（Eduard Dingeldey）认为，明智的做法是与民族党联手，在 1932 年 11 月提交一份共同的候选人名单。此举使余下的自由派脱离了人民党，却没有为该党带来真正的收益。这显示出人民党有进一步解体的可能，对此迹象感到担心的丁格尔代在下一次选举时放弃了与民族党的协议，结果人民党在 1933 年 3 月仅赢得 2 个席位。这是德国民族自由党引以为豪的传统中仅存的硕果，该党曾在 1870 年代主导帝国国会，凭借一系列自由派色彩的立法，极大地缓和了俾斯麦帝国的严酷形象。在丁格尔代因重病而暂别政坛的两个月里，留在人民党中的党员，尤其是那些害怕丢掉工作的公务员，开始大批退党，其他党员则在代理党魁的领导下，主张人民党自动解散，正式与纳粹党合并。丁格尔代成功阻止此事后，党内右翼遂辞职而去。他求见希特勒或戈林，结果均被断然拒绝。由于担心党内尚存的干部和议员在恐吓的大环境中遭遇不测，丁格尔代于7月4日宣布解散人民党。作为回报，他在三天后得到希特勒的接见，纳粹元首向他保证，人民党的前党员绝不会因从前的政治背景而受到歧视。不用说，这并不妨碍纳粹党逼迫全国各级议会中的原人民党议员辞职，也不妨碍它以反对国家社会主义运动为由解雇原人民党公务员。丁格尔代对这些行为提出的抗议被轻蔑地置之不理。[142]

369 在选举方面，阿尔弗雷德·胡根贝格领导下的民族党并不比这两个自由派政党更成功。它的选票在1930年代初几乎全部流向了纳粹党。但它自以为是纳粹党的主要合作伙伴，对待纳粹党总有些屈尊俯就之态。希特勒内阁标志着议会制度的终结和专制制度的开始，民族党领导层对此欣然接受。胡根贝格在1933年3月5日的选举中不遗余力地造势拉票，旨在为民族党与纳粹党赢得绝对多数选票，以便为这种转型的正当性提供民意基础。然而，民族党领导层尴尬地意识到，这种转型使他们落入岌岌可危之境。他们告诫纳粹党不要搞“社会主义”，呼吁组建一个“无党派的”政府。当然，纳粹党在选战期间小心地维持着诚心与民族党联合的假象。民族党的报纸无一被取缔，民族党的集会无一受到冲击，民族党的政客无一被捕。但大规模的镇压和选战中的暴力完全是为纳粹党赢得选票而实施的。3月5日，纳粹党得到了回报，它在国会中的议席从196席增至288席。与之相比，民族党的境况并无显著改善，从51席增至52席，这些席位及其所代表的8%选票，足以使两党联盟的得票率超过50%。但选举的结果清晰地显示了联盟的两个伙伴是多么不平等。在街头，民族党的准军事组织“斗争同盟”根本无法与实力强大的褐衫军和党卫队竞争。而且民族党未能赢得政治立场似乎与它一致的大型准军事组织“钢盔”的无条件忠诚。

3 月的选举结果从根本上改变了两党的关系。此时共产党已被逐出立法机构，纳粹党不再需要民族党以取得绝对多数，尽管它尚未掌控修改宪法所需的三分之二票数。希特勒和戈林冷酷地摊牌了，让胡根贝格明白他们才是发号施令的人。《授权法》显然参考了俾斯麦帝国的法统，因而获得民族党中致力于恢复旧法统的保守派党员的认同，所以国会在波茨坦正式开会之前，他们就支持民族党推动《授权法》的通过。然而《授权法》刚一通过，希特勒就迫不及 370
待地宣布，他认为君主制已经失败，根本不可能予以恢复。此时，纳粹党终于开始向民族党施加其他政党从 2 月中旬以来所经受的那种压力。3 月 29 日，民族党在国会中的领袖恩斯特·奥伯福伦（Ernst Oberfohren）的办公室遭到搜查，次日住宅被抄检。纳粹党透露说，搜出的文件显示奥伯福伦是那些攻击胡根贝格的匿名信的作者。这足以说服民族党党魁胡根贝格放弃抗议的打算。奥伯福伦还一直以怀疑的态度密切关注国会被焚的细节，表明他赞同共产党的观点，认为纵火案是由纳粹党策划的。住宅被搜查引起了奥伯福伦的警觉，他立即辞去议员之职。同时，民族党的其他高层人士也开始面临压力。帝国就业局局长金特·格雷克（Gunther Gerecke）被控贪污。帝国土地联盟（Reich Land League）向来与民族党关系密切，该组织的领导人被解职，理由是非法投机玉米市场。关于公开承认自己是民族党党员的公务员遭到解职的报道也纷至沓来。[143]

民族党在 1 月 30 日进入联合政府，自视为纳粹党的老搭档，以为纳粹是个不成熟、没经验的政党，可以轻易控制。两个月后，这一切完全改变了。民族党人在私下里表示，担心全面爆发的纳粹革命将带来毁灭性后果，同时无助地承认，虽然民族党在形式上仍是联合政府中的成员，却没有能力阻止政府对该党党员采取非法行动。在这种情况下，去适应民主时期之后的新秩序，对他们来说似乎是明智之选。胡根贝格设法改组了党的机构，把“领袖原则”作为各级党组织的基本原则。随后，民族党的正式名称由德意志民族人民党改为德意志民族阵线（German-Nationalist Front），以此表示他们认为政党已成为历史。然而这些改变只是使胡根贝格丧失了最后残存的民主合法性，使他的处境甚至比以前还要孤立无援。柏
371 林和全国各地的纳粹党纷纷公开批评那些被胡根贝格视为受他保护的机构和组织，对它们施加压力，同时散布流言说胡根贝格拖了“民族革命”的后腿。

纳粹党的各支部机关开始宣称，时任普鲁士州农业部长的胡根贝格已不再拥有农民的信任。有谣言说，他打算辞去在普鲁士州担任的各种职务。对于这些诋毁，胡根贝格的反应是以退出内阁相威胁，他认为这样做将导致《授权法》失效，因为该法仅适用于它所称的“现任政府”。然而，一位有影响力的纳粹支持者、宪法理论家卡尔·施米特（Carl Schmitt）已经指出，《授权法》中的“现任政府”并非特指该法获得通过时在职的部长群体，而是指政党政治制度终结之后形成的“完全不同类型的政府”。因此，任何一位部长的辞职，将不会影响“现任政府”的性质以及《授权法》的有效性；“现任政府”的性质，应取决于其首脑。[144] 胡根贝格的威胁落空了，这又一次证明了在纳粹的压力面前运用法律说理是徒劳的。同时，纳粹越来越直截了当地对胡根贝格的支持者进行暴力威胁。5 月 7 日，已被纳粹党逼迫离职的恩斯特·奥伯福伦死于非命。据官方说，他是开枪自杀的，但在纳粹的冷血恐吓四处弥漫之际，许多人当然不相信这种说法。不断有消息说，各地的民族党干部遭到逮捕，民族党的一些集会被取缔。民族党受到越来越大的压力，要求解散它的准军事“战斗团体”。这些团体多数是学生和青年组织，在“民族起义”之后，当时其力量已增至 10 万人，已强大到足以成为纳粹党的心头之患。

1933 年 5 月 30 日，一些民族党领导人与希特勒会见，抱怨说让他们交出自治权的压力越来越大。回应他们的是一阵“歇斯底里的暴怒”，纳粹党魁大叫道，如果民族党的准军事组织不自动解散，他就让“冲锋队开火，接连喋血三日……直到对方片甲不留”。这足以动摇民族党业已衰弱的抵抗决心。因此在 6 月中旬，希特勒亲自下令解散民族党的学生组织和青年组织，没收它们的资产。与这 372
些组织有关的民族党领导人遭到逮捕和审讯，其中包括普鲁士州政府的州务秘书赫伯特·冯·俾斯麦（Herbert von Bismarck）。据称有证据显示这些组织遭到了所谓马克思主义分子的渗透，对此，俾斯麦供称他不知道事情已经坏到了什么地步。

此时，民族党领导人，比如极右翼天主教历史学家马丁·施潘（Martin Spahn），宣称他们无法服务于两个领袖，然后纷纷转投纳粹党。民族党“领袖”胡根贝格在内阁中所受的羞辱日益明显。在一次国际经济会议上，他事先未与内阁协商就公开要求收回德国的非洲殖民地，导致政府也公开反对他的观点，让他在全世界面前难堪。6 月 23 日，他在内阁中的非纳粹党保守派同僚巴本、诺伊拉特、什未林·冯·克罗西克和沙赫特与希特勒一起，共同谴责他的做法。6 月 26 日，胡根贝格原计划在民族党政治集会上发表的演说被警方取缔。同日，胡根贝格虚张声势地向兴登堡递交了辞呈，痛诉自己经常受到阻挠而无法履行部长职责，还经常遭到纳粹媒体的公开抨击。

胡根贝格当然不是真的想退出政府，但耄耋之年的总统根本没有遂他所愿。兴登堡没有按照常理驳回辞呈、与希特勒进行交涉，而是什么都没做。胡根贝格与希特勒会面，试图心平气和地化解僵局，希特勒却强势地提出，要想让他驳回胡根贝格的辞呈，就必须解散德意志民族阵线，否则，“数千名”民族党公务员和政府雇员将被解职。然而这个选项是虚假的，因为希特勒从未打算允许胡根贝格——内阁中最后一位持有独立政见的、享有声望的成员——收回辞呈。希特勒得意地向内阁报告了胡根贝格离职的消息之后，德意志民族阵线的其他领导人与希特勒会面，缔结了一个“友好协定”，同意民族党“自行解散”。[145] 民族党作为希特勒在联合政府中形式上的盟友，其所同意的条件表面上不像其他政党所接受的那么苛刻；
373 但在实际操作中，纳粹党强迫每一位立场与它相左的国会议员或者州议员和市议员辞职，例如赫伯特 · 冯 · 俾斯麦，而只接受那些该党认定将会不加质疑地服从命令的人。“协定”保证民族党公务员将不会因他们的党派政治背景而受迫害，但希特勒政府并未视之为具有约束力的条款。“友好协定”无异于低声下气的投降。

各政党已被解散，教会已被驯服，工会已被取缔，军队保持中立，此时还有一个需要解决的主要政治玩家：“钢盔”，由退伍兵组成的极端民族主义准军事团体。经过旷日持久的谈判，“钢盔”的领导人弗朗茨 · 泽尔特于 1933 年 4 月 26 日加入纳粹党，“钢盔”奉希特勒为政治领袖；希特勒则保证“钢盔”可以作为战争退伍兵的自治组织继续存在。那些反对这一行动的人，比如“钢盔”的联席领导人特奥多尔 · 杜斯特伯格，则立即遭到开除。“钢盔”的人员迅速扩充至大约 100 万之多，其中包括来自帝国国旗团等新近被取缔的各种组织中的战争退伍兵，从而进一步冲淡了“钢盔”的政治使命感，招来了纳粹党的批评。作为辅警，“钢盔”在此前的几个月里支持了纳粹冲锋队的行动，但它既未全力投入，也未试图对冲锋队加以约束。“钢盔”有着与军队颇为相似的地位，它实际上自视为一支经验丰富、训练有素的武装预备役部队。其领导人弗朗茨·泽尔特是内阁成员，事实证明他完全没有能力抵挡希特勒和戈林的胁迫。到 5 月份，“钢盔”已彻底中立化，不再作为一支政治力量而发挥作用。[146]

于是希特勒在 5 月底采取了下一个步骤，有几分属实地指控“钢盔”里有大量渗透进来的前共产党员和社会民主党人，这些人是在为他们已被取缔的准军事团体寻找替代品。“钢盔”被迫并入冲锋队，但同时保留了些许往日的自治权，这足以打消他们的抗拒心理。对于多数“钢盔”成员来说，其领导人弗朗茨·泽尔特在内阁中占有一席之地，似乎保证了他们在重要事务上依然具有影响力。“钢盔”依然发挥着预备役部队和退伍兵福利协会的功能。直至1935年，已更名为国家社会主义德意志前线战士同盟（National Socialist 374
German Front-Fighters' League）的“钢盔”仍拥有50万成员。“钢盔”摧毁魏玛民主制度、恢复民族主义专制体制的目标显然已经实现，它还能有什么理由拒绝并入恩斯特·罗姆的褐衫军呢？这次合并一度造成了组织混乱，但它有效地剥夺了民族党调动人员在街头反抗横冲直撞的冲锋队员的最后一丝机会。[147]

准军事团体就这样像各政党一样被有效取缔了。到1933年夏，一党专政的建立已基本完成。实现绝对权力的潜在障碍只剩兴登堡这个无关紧要的老糊涂了，他的独立意志似乎已荡然无存，《授权法》的条款已经使他有职无权。军队已同意袖手旁观。企业界也已就范。1933年6月28日，约瑟夫·戈培尔已经在庆祝纳粹党消灭了政党、工会和准军事组织，代之以纳粹党及其附属组织的权力垄断：“通往专政之路。我们的革命具有一种不可思议的活力。”[148]

第四节

德国的一体化进程

一

375 1933 年 5 月 6 日上午，在柏林市时髦的蒂尔加滕区，一队货车停在了马格努斯 · 希施费尔德博士的性科学研究所门外。柏林体育学校（Berlin School for Physical Education）的学生从车上跳了下来，他们是国家社会主义德意志学生同盟成员。他们列成军事编队，然后，其中几人拿出大号和小号开始演奏爱国乐曲，其余的人列队进入大楼。他们显然来意不善。希施费尔德的研究所在柏林很有名，不仅由于它为同性恋和堕胎的合法化等事业而斗争，开办了受欢迎的性教育晚间课程，也由于它全面收集了性学领域的图书和手稿，这些藏书是所长希施费尔德自 19 世纪末以来逐渐积累起来的。到 1933 年，研究所的藏书在 1.2 万至 2 万册之间（各种估算互有出入），还收藏有数量更多的性学图片。[149]1933 年 5 月 6 日闯入研究所的纳粹学生接下来所做的事情是：把红墨水泼到书籍和手稿上；把镶着镜框的照片当球踢，留下一地碎玻璃；搜查壁橱和抽屉，把里面的东西扔到地上。4 天后，来了更多货车。这一次，冲锋队员把书籍和手稿摞满一只只筐子，运到歌剧院广场（Opera Square），堆成巨大的一堆，点火焚烧。2 万册被焚的图书中据说约有一半来自希施费尔德的图书馆。火堆烧至黄昏时，学生们把研究所所长的半身雕像抬到广场，扔进火中。听闻 65 岁的希施费尔德正在国外养病， 376
冲锋队员们说道："但愿他不等我们动手就咽气，那就不劳我们绞死他或者揍死他了。"[150]

希施费尔德明智地没有返回德国。就在纳粹报纸以胜利的口吻报道"打倒一家毒药店的有力行动"，宣布"德国学生对犹太人马格努斯·希施费尔德经营的性科学研究所进行了烟熏消毒"的时候，这位令人尊敬的性改革者和同性恋权利捍卫者留在了法国，于 1935 年 5 月 14 日 67 岁生日那天在法国猝逝。[151] 其研究所的毁灭，仅仅是纳粹党在全国范围对犹太人所实施的攻击行动的一部分，尽管是其中最引人注目的一部分。据纳粹党人描述，他们这样做是在抗击犹太运动对德国家庭的颠覆。性交与繁衍紧密相关，至少对于获得准许的种族繁衍而言如此。纳粹党认为，活跃于魏玛时期、相互错综关联的争取性自由、改革堕胎法、同性恋合法化、公开提供避孕指导等各种压力团体造成了德国出生率的不断下降，于是在保守派和天主教会的支持下，采取行动捣毁了这些团体的所有分支机构。性法律改革者被迫流亡，比如弗洛伊德派心理学家威廉·赖希（Wilhelm Reich）和倡导改革堕胎法的海伦妮·斯托克尔，他们的机构和诊所都被纳粹党关闭或者接管。同时，警察突袭了他们从前默许的知名同性恋集会场所，并在汉堡逮捕了数百名港口区的妓女，颇为怪异的是，其执法依据的是国会纵火法令"保护人民和国家"。这些突袭行动即使不说明其他问题，至少显示了国会纵火法令几乎可以用来为政府采取的任何种类的镇压行动提供法律依据。上述行动令人质疑的合法性问题在 1933 年 5 月 26 日得到了解决，那天内阁修改了 1927 年通过的、开明的《性传播疾病防治法》（Law against Sexually Transmitted Diseases）。修正案不仅将 1927 年正式合法化的卖淫行为重新入罪，而且重新在法律上禁止从事与堕胎和堕胎药有关的宣传和教育。[152] 纳粹党在短时间内全面瓦解了性法律改革运动，并且把对于性行为的法律限制从既有的惩罚同性恋关系的法律，扩展到惩罚不以提高生育率为直接目标的许多其他种类的性活动。

377 对性解放的攻击在魏玛共和国的最后几年里已有征兆。1929—1932 年发生了关于堕胎法改革的大规模公开论战，论战由共产党发起，反映了许多夫妇在赤贫和失业的处境中有避免生孩子的需要。声势浩大的示威、集会、请愿、电影、报纸宣传战以及类似的活动都把人们的注意力吸引到了非法堕胎和对避孕的无知等问题上，警方取缔了性法律改革者举办的许多集会。1933 年 3 月 1 日颁布的一项关于健康保险的新法令，为关闭全国各地由政府资助的健康咨询诊所提供了法律依据，在随后的数星期里，一伙伙褐衫军执行了关闭任务。医护人员被赶到大街上，其中许多人，尤其是犹太人，被迫流亡。纳粹党人认为，由魏玛政府创立的整个社会医疗体系旨在一面阻挠强者繁殖，一面扶助弱者的家庭。他们主张放弃社会卫生观，代之以种族卫生观。[153] 这与某些优生学家自 19 世纪末以降的主张一样：执行防止弱者生子的计划，从而大幅度减少他们给社会带来的负担。

大萧条期间，这些观点迅速在医生、社会工作者和福利管理人员中间获得了更加广泛的认同。在魏玛共和国远未结束的时候，专家们就已抓住金融危机提供的机会，提出减轻福利制度加诸经济的难以承受的负担，最好的办法是强制贫困阶层接受绝育手术，以此防止他们繁殖。这样的话，用不了几年，需要资助的赤贫家庭就会减少；不久，德国境内的酒鬼、“懒汉”、智障者、有犯罪倾向者和身体残疾者也将大幅度减少（当然，这是基于并不可信的假设，即

上述生存状况本质上都全部由遗传决定），然后福利机构就能够把
越来越少的资源直接用于值得帮助的穷人。新教的慈善机构受宿命
论和原罪说的影响，普遍赞同这些观点；而天主教的慈善机构受教
宗于 1930 年发布的一份通谕的激励，强烈反对这些观点，教宗在
通谕中严厉地训示道，婚姻和性交的唯一目的是繁衍，所有人都被 378
赋予了不朽的灵魂。由于许多家庭不再有能力照顾生病或残疾的家
人，一家又一家精神病院从 1930 年开始迅速满员，与此同时，精
神病院的预算被当地或者地区级政府机构大幅削减。这种情况导致
优生措施更加受人青睐，甚至对思想开明的改革者也产生了吸引力。
1932 年，普鲁士州卫生委员会（Prussian Health Council）开会讨
论一部允许自愿优生绝育的新法律。它的起草人是优生学家弗里
茨·伦茨，早在第一次世界大战之前他就开始考虑这种政策了。该
法律把优生绝育的建议权和执行权授予福利官员和医疗人员，他们
的话是穷人、卧病在床者和残障人士难以反驳的。[154]

这只是范围广泛得多的镇压行动的冰山一角，镇压的是正派人士眼中的各种社会偏常行为。在经济危机最严重的时候，不少于 1000 万人接受了某种形式的社会救济。由于民主派各政党已被取缔，市议会和州议会已被接管，变成了当地纳粹头目的啦啦队，报纸已被剥夺自由调查权，不再有能力调查人们所关心的社会问题和政治问题，因此福利机构像警察一样，不受任何种类的舆论监督和约束。社会工作者和福利管理人员早就倾向于把福利申请人视为吃白食者和懒汉，此时在纳粹掌控的各级政府机构新任命的高级官员的鼓励下，他们可以随心所欲地表达偏见。1924 年通过的法规允许政府发放有附带条件的福利，即受助人同意“在适当情况下”参加集体劳动项目中的工作。1933 年之前，这些法规就已在有限范围内实行。有 3500 人在 1930 年杜伊斯堡的强制劳动项目中工作；不来梅自 1929 年起，就已把这种就业形式作为接受福利的条件。但在

1930 年代初经济形势最严峻的时候，福利项目仅涵盖了一小部分失业者，例如 1932 年在汉堡，20 万失业者中仅有 6000 人得到了福利救济。然而从 1933 年初的几个月开始，参加集体劳动的人数迅速增加。这种工作并不是字面意义上的就业，比如，它不代缴医疗保险或者养老保险，实际上甚至没有薪酬，从事这种劳动的人的全部所得就是救济金，有时外加一点儿交通补助或者一顿免费午餐。[155]

379 这种工作据称是自愿的，属于类似教会的各种福利协会等慈善机构各自发起、运营的项目，但在 1933 年 3 月之后，自愿的成分很快迹近消失。大规模失业的紧迫问题首先是通过强迫手段处理的。其中一种有代表性的方案是 1933 年 3 月的“农场援助”（Farm Aid）计划，它沿用魏玛共和国时期已启动的乡村经济帮扶项目，挑选失业的城镇青年到田间劳动，以换取食宿和象征性的工资。这同样不是字面确切含义上的就业，然而到 1933 年 8 月，这个项目使失业登记的人数减少了 14.5 万，其中 3.3 万是女性。从 1931 年开始，负责帮助汉堡无家可归者的当地行政人员就一直宣称，这些项目使赤贫者生活不如意，迫使他们到别的地方寻求救济。这种态度在 1933 年很快变得更加普遍。在汉堡警局收容所临时过夜的人次从 1930 年的 40.3 万人降至 1933 年的 29.9 万，多半就是这种威慑政策的结果。官员们于是提出，应该把流浪者和“懒汉”送进集中营。普鲁士州内政部于 1933 年 6 月 1 日发布法令，禁止在公共场所乞讨。贫困与赤贫在 1933 年之前就已被视为污点，此时又开始被归入犯罪。[156]

摆脱了民主监督的约束之后，警方于 1933 年 5、6 月对黑社会组织指环联盟在柏林的各家俱乐部和会所发动了一系列大规模突袭，这是打击职业罪犯之战的一部分。共产党及其支持者的活动中心也被警方视为犯罪团伙的地盘，对此类场所的打击只有在红色阵线战士同盟被剿灭之后才可能发生，而且也构成了对当地居民的进一步威慑。由于纳粹党认为犯罪，尤其是有组织的犯罪，主要是由犹太人主导的，因此不足为奇的是，警方在 1933 年 6 月 9 日还突袭了柏林“粮仓区”（Scheunenviertel）的 50 个场所，众所周知这个区不仅贫困，而且有高比例的犹太人口。不用说，其中的关联几乎完全出自纳粹党徒的臆想。[157] 指环联盟被无情摧毁，其成员未经审判就遭到预防性羁押，其俱乐部和酒吧被关闭。[158]

这些人中有许多最终将被移送刑罚机构，而迅速增多的小偷小 380
摸问题已经给刑罚体系造成了压力，导致各州的监狱实行更加严厉、更有威慑力的管理措施。在魏玛共和国末期，刑事管理人员和刑法专家主张对惯犯实施无限期监禁或者防范性拘禁，据说这种人的遗传性退化导致他们不具备自我提升的能力。防范性拘禁越来越被认为是摆脱惯犯给社会造成的负担的长久之计。据犯罪学家或监狱长估计，1920 年代末，州监狱所有囚犯中的十三分之一至二分之一，都可归入此类别。防范性拘禁被写入 1925—1929 年拟订的新刑法提案的终稿。该法案尽管在魏玛时期各政党没完没了的辩论中被搁置，但在刑罚机构和司法体系中得到了普遍的赞同，因此显然不会被轻易放弃。[159] 不少专家主张，应该强制有遗传缺陷的人接受绝育手术。[160] 魏玛福利政府为了应对当时的危机，已开始考虑改用专制的解决方案，即严重侵犯公民的人身权，损害其身体的完整。这些方案不久将被第三帝国采用，而且实施时手段之酷烈是魏玛治下的人绝难想象的。更直接的影响是，政府财政支出的削减，迫使刑罚和福利机构的管理人员以日益严苛的标准甄别值得生存者与不值得生存者，因为各种政府机构的条件已相当糟糕，以至于越来越难以使它们所管理的每个人都保持健康和存活。[161]

二

镇压行动针对的不仅是政治上的可疑分子、偏常人士和边缘人，它波及了德国社会的每个阶层。推动整个进程向前发展的，是由冲锋队、党卫队和警方在 1933 年上半年发动的大规模暴力行
381 动。遭到痛殴、酷刑和经常性羞辱的囚犯，涉及除纳粹党以外的一切社会阶层和政治阵营，经过了适当删改的相关报道不断出现在报纸上。恐怖行动针对的远远不是特定的、普遍不受欢迎的少数人，而是无远弗届地波及每一位公开表达异议的人，包括偏常人士、流浪者以及一切不符合传统规范的人。[162] 到处对国民实施的恐吓，为 1933 年 2—7 月间在德国全境推行的一个进程提供了必要前提，此进程被纳粹党称为“一体化”(co-ordination)，用它的德文“Gleichschaltung” * 来表达更加传神，这个比喻借用自电学术语，意思是全部开关被置于同一个电路上，也就是说，只需按动中心位置的一个主开关就能启动全部开关。政治生活、社会生活和社团生活的几乎每个方面都受到了影响，从国家到乡村的每个层级无所不包。

纳粹党对联邦各州的接管，是这个进程的关键环节。同样重要的是公务员的“一体化”，它从 1933 年 2 月开始执行，以强大的压力迫使中央党臣服。在希特勒被任命后的几星期里，许多部都任命了新的国务秘书（公务员的最高职位），包括帝国总理府的汉斯–海因里希·拉默斯(Hans-Heinrich Lammers)。在普鲁士州，赫尔曼·戈林于 2 月中旬更换了 12 位警察局局长，强化了巴本在 1932 年 7 月之后实施清洗的效果。从 3 月开始，冲锋队的暴力手段很快迫使政治上不合时宜的市政府官员和市长离职——到 5 月底，有 500 位市

---

* 意思是“同步”。

政府高级公务员和70位市长离职。法律废止了联邦各州的自治权，并且为每个州配备了一位由柏林任命的帝国行政长官，其中除一位以外，全部是纳粹党的支部书记。这意味着在4月的第一个星期之后，“一体化”——换句话说就是，在每个层级实现公务员的纳粹化——的障碍所剩无几。在各州政府被赶下台的同时，各地纳粹党徒在冲锋队和党卫队的武装行动队支持下，占领市政厅，以恐吓手段逼迫市长和市议员辞职，代之以他们自己提名的人。健康保险机构、就业中心、村委会、医院、法院等一切国立和公立机构，都遭到同样的对待，高级职员被迫辞职或者加入纳粹党，如果拒绝，就会遭到 382
殴打、被投入监狱。[163]

这种大规模清洗的法律依据，来自4月7日颁布的所谓《恢复专业公务员法》（Law for the Restoration of the Professional Civil Service），它是新政权的基本法之一，其名称所具有的含义，既是在召唤保守派公务员的团体意识，也较为直白地批评了魏玛政府，尤其是普鲁士州政府，把并非专业公务员的、坚定的民主派人士安插进高级公务员岗位的做法。新法令的首要目的，是使各地区的褐衫军和纳粹党强行解聘公务员和高级职员的行动合法化并听命于中央。该法规定，辞退1918年11月9日之后任命的未受过专业培训的高级职员，辞退“非雅利安裔”公务员（于4月11日被界定为，祖父母和外祖父母中有一个或者一个以上为“非雅利安裔”，即犹太裔；6月30日，与非雅利安裔结婚的公务员也被包括在内），并且辞退那些以往所从事的政治活动不能保证其政治可靠性的人。该法的文本称，政治可靠性指的是行事以民族主义政府的利益为出发点。只有1914—1918年战争期间在职的公务员除外。[164]

赫尔曼·戈林在1933年4月25日解释该法的正当性时，批评了公务员中那些“见风使舵的人”：

> 众所周知，泽韦林的拥护者在他的部门里所占比例高达60%。令他深感厌恶的景象是，法律刚刚颁布没几天，卐字徽章就雨后春笋般出现在他们的衣服上，法律颁布4天后，咔嗒一声并拢脚跟、手臂高举的敬礼就已在走廊里蔚然成风。[165]

许多公务员确实为保住工作而急忙成为纳粹党员，加入了改换门庭者的大军，这群人很快得了个“三月亡魂”（March Fallen）的诨号，此称谓原指1848年革命期间于3月骚乱中丧生的民主派人士。1933年1月30日至5月1日，有160万人加入纳粹党，远超既有的党员人数，这种仓促的归附几乎前所未有地展现了德国民众受机会主义和急于自保意识驱动的程度。1933年夏，在科布伦茨—特里尔（Koblenz-Trier）和科隆—亚琛（Cologne-Aachen）等天主教地区，多达80%的纳粹党员是前几个月才刚刚加入的。实际上，希特
383 勒已开始担心，这种大规模的入党潮正在改变党的性质，因为其中有过多的资产阶级人士。但至少在短时期内，这意味着绝大多数公务员效忠于新政权。[166] 实际上，因实施《恢复专业公务员法》而被解雇的高级公务员，在普鲁士州约占12.5%，在其他州约占4.5%。此外还有条款规定，为了精简行政机构，可以对公务员予以降职或者强制退休；受此影响的人员比例大致同上。受该法影响的人总共占全部专业公务员的1%至2%。辞退和降职措施不仅从种族和政治上施行了一体化，还产生了减少政府开支的附加效果，这远非无心偶得的收获。同时，1933年7月17日，戈林发布一项法令，把任命普鲁士州的高级公务员、大学教授和司法官员的权力掌握在自己手中。[167]

在人数庞大、成分多元的政府雇员群体中，尤为重要的是法官和检察官，因为存在一个明显的威胁：纳粹的暴力、恐吓和杀戮将会与法律交锋。纳粹政权视司法制度为政治工具，大量刑事诉讼

案的起诉方实际上是那些不认同纳粹司法观的律师，但大多数法官和律师显然根本不想惹麻烦。1933 年在普鲁士州，尽管 1 月 30 日希特勒被任命为总理时，公职律师中极少有纳粹党员，然而在大约 4.5 万名法官、州检察官和司法官员中，仅有约 300 人因政治原因被解职或者调往其他岗位；加上以种族理由被解职的犹太律师和法官（无论其政治立场是什么），共计 586 人。在德国的其他州，司法界的辞退率同样很小。司法界不曾认真反对过纳粹的暴力、恐吓和杀戮。集体抗议几乎成为根本不可能发生的事情，因为法官、律师和公证人的行业协会，都被迫与国家社会主义律师同盟（League of National Socialist Lawyers）一起并入德意志法律阵线（Front of German Law），阵线由汉斯·弗兰克领导，他于 4 月 22 日被任命为帝国行政长官，负责“各州司法制度之一体化，以及法律秩序之恢复”。德意志法官同盟（German Judges' League）已打消了疑虑，
因为希特勒在 3 月 23 日的演讲中提到“法官不可罢免”，而且司法 384
部承诺要提高法官的薪酬和地位。不久，律师们争先恐后地加入纳粹党，因为各州的司法部长已挑明，如果不加入纳粹党，那么他们的升迁和职业前途都将受到损害。[168] 自此至 1934 年初，主要受迫于各地冲锋队的压力，有 2250 宗和 420 宗分别以冲锋队员和党卫队成员为被告的诉讼案被搁置或撤销。[169]

上述措施属于 1933 年春季和夏初在德国各地对社会机构实行的大规模清洗的组成部分。经济界的各种压力团体和协会很快归附纳粹党。尽管农业在名义上归希特勒的盟友阿尔弗雷德·胡根贝格掌管，但发号施令的却是纳粹党的农民组织负责人瓦尔特·达雷。早在胡根贝格最终被迫辞去内阁中的职务之前，达雷就迫使各种农业利益团体合并为单一的纳粹组织。面对这种强行一体化的做法，许多团体和机构的反应是尽量争取主动。在企业界，雇主协会和压力团体——比如德意志企业协会——吸收纳粹党人进入董事

会、宣布效忠政府，而且与企业界的其他压力团体合并组建统一的德意志企业界工团（Reich Corporation of German Industry）。企业家们试图通过这种主动的转变，使业界的各种团体避免彻底受制于新政权。纳粹党的干部奥托 · 瓦格纳（Otto Wagener）一度曾强占德意志工业协会（Reich Association of German Industry）的总部，显然意在关闭它。该协会主动实现一体化之后，威廉 · 开普勒（Wilhelm Keppler）取代瓦格纳，成为希特勒的经济问题专员。开普勒长期充当纳粹党与大企业之间的掮客，与瓦格纳不同的是，他得到了双方的信任。

企业界为保住地位，又在 1933 年 6 月 1 日采取了另一个步骤，业界精英和重要企业共同设立阿道夫 · 希特勒德国经济界捐赠基金（Adolf Hitler Donation of the German Economy），旨在以此建立一种企业家定期按比例向纳粹党捐赠资金的制度，从而终止各地冲锋队和纳粹党组织经常性地，有时还使用恐吓勒索的手段，从企业榨取钱财的做法。在随后的 12 个月里，该基金向纳粹党金库划入
385 了 3000 万帝国马克，但它未能实现其首要目标，因为它的设立根本无法阻止纳粹党和冲锋队的小头目继续从地区级企业勒索小额金钱。然而大企业对此并不十分担心。希特勒于 3 月 23 日特意安抚大企业的代表说，他不会干涉他们的资产和利润，也不会纵容 1920 年代初纳粹党在戈特弗里德 · 费德尔影响下所玩弄的任何一种古怪的货币实验。[170] 工会已被铲除，社会主义已不足为虑，新的武器和弹药合同也即将签署，因此大企业可以满意地认为，它对新政权所做的让步已基本上得到了回报。

主动实行一体化是各种协会和机构都拥有的一个选项，假如它们能够足够快地共同行动的话。然而，那些以比较安全、不受打扰的状态存在了几十年的机构，在变局面前往往彷徨困惑、产生分歧、跟不上形势。一个典型例子是德意志妇女联合会（Federation of German Women's Associations），它是由温和的德国女性主义者组成的伞状组织，相当于多年来盛行于其他国家的妇女组织全国妇女理事会（National Councils of Women）的德国版。德意志妇女联合会创建于大约40年前，是一个庞大而精密的组织，由许多种类的妇女协会联合而成，其中包括各种专业协会，例如女教师协会。联合会的绝大多数成员为中产阶级，在1932年之前，她们可能大多投票给纳粹党，后来因纳粹的崛起而产生了严重分歧，有些资深成员想要打击那些她们所见到的在纳粹运动中取得巨大成功、“沉醉在胜利之中的男性”，其他成员则主张联合会保持历来在政党政治上的中立立场。就在联合会成员没完没了地讨论之际，纳粹党把她们的问题解决了。

1933年4月27日，联合会在巴登省的分会收到纳粹党妇女组织在该省的领导人格特鲁德·朔尔茨–克林克（Gertrud Scholtz-Klink）发来的一封短笺，通知说联合会被解散了。联合会总部领导层写信给帝国内政部长，有些困惑地询问如此强硬的举动有什么法律依据，同时向他保证，巴登分会绝不会威胁公共安全。纳粹妇女阵线（Nazi Women's Front）的全国领导人莉迪娅·戈特谢弗斯基（Lydia Gottschewski）有些漫不经心地宣称，解散巴登分会是根据 386
革命的法律，并且附上一份文件让联合会主席签字，请她无条件地将联合会献给阿道夫·希特勒，驱逐所有犹太会员，选拔纳粹女党员担任高层职位，以及在5月16日之前加入纳粹妇女阵线。联合会徒劳地向戈特谢弗斯基指出，它支持“民族革命”，赞同政府提议的优生措施，并且希望在第三帝国中发挥自己的作用。眼见自己麾下的许多协会都已归附各种纳粹机构，经投票表决，联合会于5月15日正式全部自行解散，因为它的章程使之不可能归属其他组织。[171]

三

纳粹党推行的德国社会“一体化”进程并没有止于政党、政府机构、地方政府、专业界以及经济压力团体。再次以德国的北方小城诺特海姆为例，也许足以清晰地展示一体化进程所波及的范围有多广。在诺特海姆，长期主政的是自由派和保守派组成的联合政府，社会民主运动根基深厚，反对党是共产党的一个很小的分支。当地的纳粹党人已设法操纵了 3 月 12 日的市议会选举，用“民族团结候选人名单”（National Unity List）将其他政党排挤出局。该市的纳粹党领导人恩斯特 · 吉尔曼（Ernst Girmann）承诺要终结社会民主党的腐败、终结议会制度。尽管如此，社会民主党在地方选举中仍保持了原有的优势，纳粹党虽然接管了市议会，却未能比他们在 1932 年 7 月选举时做得更好。新一届市议会举行公共会议时，穿着制服的褐衫军沿墙站立，党卫队协助警察执勤，会议不时被“希特勒万岁！”的呼喊声打断，现场的恐吓态势简直与国会通过《授权法》时的气氛如出一辙。4 位社会民主党市议员被禁止履行职能，不能坐进任何委员会的代表席，不能发言。当他们离开会场时，冲锋队一字排开，朝着从面前走过的 4 人吐唾沫。其中两位随后很快辞职，另两位于 6 月份离职。

387 最后一位社会民主党议员辞职后，诺特海姆市议会纯粹成了吉尔曼的独角戏，会场没有任何讨论，议员们鸦雀无声地听吉尔曼宣布他要采取的措施。此时，根据 1933 年 4 月 7 日颁布的《公务员法》*，大约有 45 位市政府雇员（多数是社会民主党人）被从煤气厂、啤酒厂、游泳馆、健康保险局等当地政府机构解聘，其中包括会计和行政人员，他们占市政府雇员的约四分之一。市长是保守派，从 1903 年

---

* 即《恢复专业公务员法》。

开始一直在职，事实证明，把他排挤出局并不容易，因为面对劝他辞职的各种游说和严重骚扰，他始终不为所动。最后，趁他休假的时候，已经纳粹化了的市议会投票通过了对他的不信任案，宣布由当地的纳粹党领导人恩斯特·吉尔曼接替他担任市长。

此时，诺特海姆市的共产党领导人以及许多社会民主党人已被逮捕，本地人阅读的主要地区级报纸开始刊登关于达豪集中营，以及离诺特海姆近得多的莫林根（Moringen）集中营的报道，截至 4 月底，后者关押了 300 多名囚犯，其中主要是共产党人，此外还有许多来自其他政治团体的人士。看守集中营的党卫队中，至少有 20 多位是诺特海姆附近的当地人，许多囚犯在集中营内短期关押后即被释放，因此当地人肯定熟知里面的情形。该市的报纸从前拥护自由派，此时经常报道公民因传播谣言、诋毁国家社会主义等微不足道的罪名而遭到逮捕和监禁的消息。人们知道，提出的反对意见越严肃，招致的镇压就会越严厉。政府的反对者还会遭到其他方式的对待：活跃的社会民主党人被解雇、抄家，或者因拒绝行纳粹式敬礼而遭到殴打；有人向房东施加压力，要求把他们赶出家门。在褐衫军的指使下，当地社会民主党领袖开的商店遭遇抵制，经常性的琐屑滋扰自此成了他的厄运；当地劳工运动的其他前重要人物尽管戒除了全部政治活动，也未能逃脱这样的厄运。

以上就是在诺特海姆小城，以及在其他数千座小镇、村庄和城
市发生的“一体化”进程背后所隐含的（有时是直截了当的）威胁。 388
此进程开始于 1933 年 3 月，在 4、5 月间迅速加快步伐。与几乎所有的小城镇一样，诺特海姆也拥有丰富的社团生活，其中许多社团与政治无甚关联，有些则与政治有关。当地纳粹党使用各种手段将一切社团置于它的控制之下。俱乐部和协会有些被关闭或合并，其他则被纳粹党接管。诺特海姆是全国铁路网的一个重要枢纽，甚至在希特勒成为总理之前，当地铁路站场高管层中的纳粹党人就已经

施加压力，要求那里的铁路工人加入国家社会主义工厂车间组织。然而纳粹党在对付其他工人时却进展不大，直至褐衫军于5月4日接管了工会的各个办事处、全面取缔工会。此时，吉尔曼坚决要求，各俱乐部和协会的执行委员会的多数成员必须由纳粹党员或“钢盔”成员组成。各专业协会被合并入新成立的国家社会主义医师联盟（National Socialist Physicians' League）、国家社会主义教师联盟（National Socialist Teachers' League）以及类似团体，相关人士都知道，如果他们想保住工作就必须加入。会员众多、资金充足的当地消费者协会被置于纳粹党的控制之下，尽管纳粹党先前抨击它是破坏独立的本地企业的“赤色”机构，但它对当地经济过于重要，因此不能关闭。战争伤残人士俱乐部被合并入国家社会主义战争受害者协会（National Socialist War Victims' Association），童子军和青年德意志骑士团被合并入希特勒青年团。

在不可抗拒的纳粹化进程所形成的压力面前，诺特海姆的志愿团体做出了各式各样的反应。歌唱俱乐部多数自行解散，尽管工人合唱团设法先行调整，切断了与德意志工人歌唱同盟（German Workers' Singing League）的联系。上层人士的歌唱俱乐部“五线谱沙龙”（Song Stave）得以保留，因为它更换了执行委员会，并且在改变会员资格之前咨询了当地的纳粹党。在德国的许多地方，射击是生活中的一项重要内容。诺特海姆市的各个射击协会推选吉尔曼为总会长。吉尔曼告诫这些协会，一定要推广尚武精神，而不能像从前那样仅以娱乐为目的。于是各射击协会开始悬挂卐字旗，唱《霍斯特·韦塞尔之歌》，向公众开放一些射击比赛以反驳吉尔曼对他们社会排斥性的指责，并且凭借这些做法得以继续生存。当地的
389 体育俱乐部，从游泳协会到足球俱乐部和体操协会，在一片指责声中被迫全部加入纳粹党领导下的诺特海姆体育俱乐部（Northeim Sports Club）。当地的某些社团领袖抢占先机，采取行动预防纳粹

党没收他们的资金。“美化俱乐部”（Beautification Club）是个资金充裕的协会，致力于改善诺特海姆市的公园和森林，在自行解散之前，它投入全部资金在该市近郊建造了一座狩猎小屋。此外，当地的几个同业公会接到通知，必须在 5 月 2 日之前重新选出各自的理事会，于是它们安排了大型酒会和豪华宴会，为的是花光资金，因为它们确信这些资金很快就会落入纳粹党手中。[172]

“一体化”进程在 1933 年春夏发生于德国全境的每个层级——每座城市、乡镇和村庄。仅存的社交生活发生于小客栈或者私宅里。除非在各种纳粹组织里相聚，人们变得彼此隔绝。社会先是被简化成一群不知姓名、无法区分的大众，然后被重构为一个新的组织，在这个组织里，任何事情都是以纳粹主义的名义进行的。公开的异议和抵制都成了不可能之事，甚至讨论和计划发表异议也不再可行，除非暗中进行。当然，一体化实际上仍是目标而不是现实。该进程的执行并不完美，在形式上遵从新秩序，例如在俱乐部、协会或者专业组织的名称中加上“国家社会主义”，绝不意味着其成员真正承诺信仰这种主义。尽管如此，德国社会一体化进程的深度和广度依然是惊人的。而且其目标并不是仅仅消除反对党的发展空间；新政权让整个德国归附纳粹党，是为了便于按照国家社会主义的原则进行思想灌输和再教育。

几年后反思这个进程时，律师雷蒙德 · 普雷策尔自问，曾经在 1933 年 3 月 5 日投票反对纳粹党的那 56% 德国人是怎么了。他想知道，这个多数派怎会如此迅速地屈服？为什么德国几乎每个社会团体、政治组织和经济机构，都如此轻易地落入纳粹党手中？他的结论是，“最简单的原因是恐惧，如果你深入观察，就会发现导致人们屈服的最根本原因，几乎总是恐惧。与暴徒同流合污是为了免 390
于挨揍。还有一个不那么明显的原因，就是沉醉在万众一心氛围中的亢奋感，即从众心理”。他还认为，许多人觉得他们的政治领袖，从布劳恩和泽韦林到胡根贝格和兴登堡，因软弱而背叛了他们，所以他们加入纳粹党属于一种任性的报复行为。令有些人印象深刻的是，纳粹党所预言的一切，似乎都将实现。“还有些人（尤其是知识分子）相信，他们加入纳粹党，可以改变纳粹党的面貌，甚至可以立即扭转它前进的方向。不过，许多人紧跟潮流，当然是为了加入他们所认为的胜利者一方。”在大萧条的环境中，时世艰难，工作难寻，人们依赖着每日上班下班的刻板生活，把它当作唯一的安全模式：不跟着纳粹党走，就意味着拿自己的生计和前途冒险；进行反抗，则意味着拿自己的生命冒险。[173]

第六章

希特勒的文化革命

第一节

不和谐音符

一

1933 年 3 月 7 日，国会选举的两天之后，一伙 60 人的褐衫军 392
闯入德累斯顿州森珀歌剧院（Dresden State Opera），著名指挥家弗里茨·布施（Fritz Busch）正在那里排练威尔第（Verdi）的歌剧《弄臣》（*Rigoletto*）。他们大喊大叫、对指挥家起哄、骚扰排练，逼得布施停止了排练。冲锋队头目走上舞台，宣布解雇布施。冲锋队曾买下其音乐会的几乎全场票，而当他登上指挥台时，他们闹哄哄地大喊“打倒布施！”他们制造的噪音过于强烈，布施被迫退场。这些意外事件促使新近纳粹化了的萨克森州政府决定解聘布施。他在乐坛声望极高，但德累斯顿的行政人员却觉得他是个讨厌鬼。布施既不是犹太人，也不特别支持现代派、无调性音乐以及 20 世纪初音乐中被纳粹党所厌恶的其他事物，而且他并不是社会民主党人，实际上他的政治立场属于右翼。布施之所以不受萨克森州纳粹党人的青睐，是因为作为大萧条期间的经济措施之一，他们曾计划削减该州的文化预算，但遭到布施的极力反对。纳粹党在德累斯顿掌权之后，指责他聘用了过多犹太歌唱家、花费了过多时间在德累斯顿以外的地方、索取了过多的薪酬。[1] 布施出走阿根廷，一去不返，1936 年成为阿根廷公民。[2]

布施的音乐会和排练受到骚扰，为各地的政府官员禁演音乐
393 会和歌剧提供了借口，理由是它们有可能引起公共秩序的混乱。当然，混乱是由纳粹党自己挑起的，它清晰地展示了自下而上的路径是如何与自上而下的路径相配合，推动纳粹党攫取权力的。音乐是一体化进程中一个特别重要的目标。几个世纪以来，中欧的古典派和浪漫派作曲家向世界输送了音乐保留曲目的主干。柏林爱乐乐团（Berlin Philharmonic）等伟大的交响乐团享有世界级的声誉。在拜罗伊特上演的瓦格纳音乐剧在世界音乐文化中占据着独特的位置。每座城市、每个小镇或者较大的村庄都有自己的音乐俱乐部与合唱团，还有业余作曲的传统。业余作曲不仅是中产阶级生活的重要内容，也是工人阶级文化活动的重要内容。纳粹党认为，这种伟大传统正在遭受魏玛共和国的现代派音乐的侵蚀，而且它并不是唯一有这种感觉的右翼政党，该党以自己惯常的粗鲁做派把这归咎于“犹太人的颠覆活动”。现在正是他们拨乱反正的时机。

莱比锡布商大厦管弦乐队（Leipzig Gewandhaus orchestra）的首席指挥布鲁诺 · 瓦尔特（Bruno Walter）是犹太人，但与布施一样，他根本不是现代派音乐的倡导者。3 月 16 日，瓦尔特去音乐厅排练时，发现大门已被萨克森州的行政长官下令封锁，理由是无法保证音乐家们的安全。由于 4 天后要在柏林举行音乐会，瓦尔特申请警方保护，但戈培尔下令拒绝了他的请求。戈培尔明确表示，音乐会要由非犹太裔指挥家执棒才可以上演。柏林爱乐乐团的首席指挥威廉·富特文格勒（Wilhelm Furtwängler）拒绝取代瓦尔特；后来，作曲家理查德 · 施特劳斯同意登台指挥这场音乐会，纳粹媒体对此欢庆喧嚣了一阵。不久，瓦尔特从莱比锡辞职，移居奥地利。纳粹

媒体极力把他说成共产党的同情者，但很多人都看得出，瓦尔特受到大肆攻击的真正原因只有一个：种族问题。[3]

在德国的一流指挥家中，奥托·克伦佩雷尔（Otto Klemperer）最接近纳粹所丑化的犹太裔音乐家形象。奥托是文学教授和日记作者维克托·克伦佩雷尔的堂弟，他不仅是犹太人，而且作为前卫的克罗尔歌剧院 1927—1930 年的总监（具有讽刺意味的是，1933 年 394
2 月 27—28 日的大火之后，国会就改在这座歌剧院开会），他倡导激进作品，是斯特拉文斯基（Stravinsky）等现代派作曲家的著名支持者。2 月 12 日，克伦佩雷尔在柏林指挥了瓦格纳的歌剧《唐怀瑟》（*Tannhäuser*），这场演出饱受争议，被纳粹的乐评媒体斥为“冒牌的瓦格纳”和对作曲家遗响的亵渎。到 3 月初，激愤的舆论迫使此作品的演出被取消。不久，克伦佩雷尔的音乐会均被取消，理由照旧似是而非：如果他出现在指挥台上，那么公共安全将无法得到保障。克伦佩雷尔试图自救，坚称“他完全赞同德国当前的发展进程”，但他很快意识到厄运难逃，遂于 4 月 4 日离开德国。[4] 不久，根据《恢复专业公务员法》解聘的人不仅包括犹太裔指挥家，比如杜塞尔多夫的雅舍·霍伦施泰因（Jascha Horenstein），还包括歌唱家，以及歌剧院和交响乐团的管理人员。国立音乐学院的犹太教授也被遣散，其中最引人注目的是作曲家阿诺尔德·勋伯格和弗朗茨·施雷克（Franz Schreker），二人都在柏林的普鲁士艺术学院（Prussian Academy of Arts）执教。犹太乐评人和音乐理论家被开除公职、逐出德国报界，其中最著名的是阿尔弗雷德·爱因斯坦，他也许是其所处时代最杰出的乐评家。[5]

犹太裔音乐家的合同此时在全国各地都被终止了。例如，汉堡爱乐协会（Hamburg Philharmonic Society）于 1933 年 4 月 6 日宣布：“去年 12 月底拟定的独奏人选当然要修改，以确保没有犹太艺术家参加演出。扎比内·卡尔特（Sabine Kalter）女士和鲁道夫·塞金(Rudolf Serkin)先生将由日耳曼裔艺术家取代。”[6]1933 年 6 月，犹太裔音乐会经纪人被禁止从业。各种音乐协会，乃至工人阶级采矿村镇里的男声合唱团和各大城市宁静郊区的音乐鉴赏协会，都被纳粹党接管，其中的犹太会员均被驱逐。与上述措施同步出现的，是音乐媒体上的一连串宣传稿，攻击马勒（Mahler）和门德尔松（Mendelssohn）等作曲家的所谓“非日耳曼”表现，并且夸口要恢复真正的日耳曼音乐文化。政府更是直截了当，干脆把公认的前卫作曲家及其作品从保留曲目中剔除。库尔特 · 魏尔长期创作与共产党作家贝尔托特 · 布莱希特的剧作有关的音乐，他的《银海》(*The*
395 *Silver Sea*）于 2 月 22 日在汉堡上演，因遭到抗议示威而被迫取消，
此后不久，其音乐作品被全部禁演。对纳粹党而言，魏尔的犹太人身份只会让他成为更明显的靶子，他最终也移居国外。一起移居国外的左翼作曲家还有汉斯 · 艾斯勒（Hanns Eisler），他是布莱希特的另一位音乐合作者，也是无调性音乐作曲家阿诺尔德 · 勋伯格的学生。[7]

设法留在德国乐坛的犹太音乐家寥寥无几，其中一位是指挥家莱奥 · 布勒希（Leo Blech），他是柏林国家歌剧院（Berlin State Opera)颇受爱戴的灵魂人物,1933 年 6 月由他执棒的瓦格纳歌剧《众神的黄昏》赢得了观众的起立鼓掌。歌剧院经理海因茨 · 蒂特延（Heinz Tietjen）设法说服戈林同意他留任，直至布勒希于 1938 年移居瑞典。对于另一些杰出的犹太裔音乐家来说，离开是比较容易的事情，因为他们并非德国公民，而且名气大到足以在全世界的任何地方谋生，比如在德国生活了很多年的小提琴家弗里茨 · 克莱斯勒（Fritz Kreisler）和钢琴家阿图尔 · 施纳贝尔（Artur Schnabel）。与他们有所不同,歌剧天后洛特·莱曼(Lotte Lehmann)是德国公民，并非犹太人，但她的丈夫是犹太裔，莱曼尖锐地批评戈林对柏林国家歌剧院事务的干涉，并且移居纽约以抗议希特勒政府的政策。其

他那些平凡的交响乐团演奏员、教师和管理人员之类，则没有这种选择的机会。[8]

二

当时影响着音乐生活的一体化进程，正如它对德国社会和文化的其他几乎每个领域所做的那样，并不仅仅旨在清除纳粹主义之外的其他思想，以及监视和控制德国社会的几乎每个方面。在冲锋队摧毁纳粹党对手的同时，希特勒和戈培尔采取措施争取消极支持者，使之成为“国家社会主义革命”的积极参与者，并且引导立场摇摆和心存疑虑的人转向乐于合作的心态。戈培尔在 1933 年 3 月 15 日的新闻发布会上说，新政府

> 知道自己的背后站着 52% 的国民，支持它威慑另外 48% 396
> 的人，但它不会就此满足；相反，它把争取另外 48% 的人视为自己的下一个任务……使他们勉强与政府妥协、转向中立立场是不够的，我们还要做他们的思想工作，直到他们衷心爱戴我们……[9]

戈培尔这番话的有趣之处在于，不但承认有将近一半的国民遭到了恐吓，而且宣布政府志在赢得 3 月 5 日选举中没有投票给联合政府的那些选民的衷心拥戴。它将进行一场堪与 1914 年的大规模军事动员相媲美的“思想动员”。为了开展这场动员，希特勒政府启用了它独创的机构“国民教育与宣传部”（Reich Ministry for Popular Enlightenment and Propaganda），这是根据 3 月 13 日的一项特别法令而设立的，部长之职连同在内阁中的一个席位被授予约瑟夫·戈培尔。戈培尔是纳粹党柏林党支部的书记，希特勒颇为欣赏他在当

地进行的不择手段、充满创意的宣传战，尤其是以联合政府于 3 月 5 日获胜而告终的那场选战期间戈培尔的作为。[10]

新部是顶着内阁中保守派的反对而建立的，反对者包括阿尔弗雷德 · 胡根贝格，他不信任戈培尔的“社会主义”激进思想。[11] 戈培尔在此前几年的宣传战中，没少谩骂“反动派”和民族党人，比如胡根贝格。不仅如此，戈培尔曾亲口承认，“宣传”是个“饱受毁谤、不堪回味”的词。它通常被当作骂人的话使用。因此，用这个词作为新部的名称，可谓大胆之举。戈培尔把“宣传”定义为一门艺术，以此为它正名，说它不是撒谎或歪曲的艺术，而是倾听和沟通的艺术——倾听“人民的心声”，“用人民群众听得懂的语言与他们沟通”。[12] 然而“国民教育与宣传部”的权限范围却没有得到明确界定。1932 年初，当首次讨论设立这样一个部的时候，希特勒曾打算由它掌管教育和文化领域；但到它成立的时候，教育仍旧按传统方式单独归属一个部，教育部自 1933 年 1 月 30 日开始由伯恩哈德 · 鲁斯特（Bernhard Rust）执掌。[13] 尽管如此，“国民教育与
397 宣传部”的首要目标，正如希特勒于 1933 年 3 月 23 日所说，是集中控制文化和思想领域的所有方面。他宣布：“政府将发起一场有计划有步骤的运动，以恢复国民的身心健康。整个教育系统、戏剧、电影、文学、报刊和广播，将全部用作实现这个目标的手段，它们将得到治理，用于留存永恒的价值，这些价值是我国人民天性中不可或缺的组成部分。”[14]

当然了，那些价值指的是什么，要由政府来界定。纳粹党人的行为是基于这样的前提：他们，只有他们，在希特勒的指引下，懂得并理解德意志心灵的内涵。纳粹党认为，数百万不肯支持它的选民——正如我们所知，即使是在 1933 年 3 月 5 日的半民主选举中，这些人也属于大多数——受到了“犹太的”布尔什维主义和马克思主义、“犹太人”掌控的报刊和媒体、魏玛文化中的“犹太”艺术

和娱乐活动以及其他类似的非德意志力量的诱惑，这些力量使他们疏离了自己内在的德意志心灵。因此，宣传部的任务是引导德意志民族恢复它真正的天性。戈培尔宣称，德国人民必须从此“思想一致、行动一致，全心全意为政府服务”。[15] 为了实现目标，使用任何手段都是合理的，赞同此原则的纳粹头目远不止戈培尔一人：

> 我们此时并不是在设立一个自行其是、自我标榜的宣传部，而是把这个宣传部作为实现目标的工具。如果用这个工具实现了目标，那它就是好工具……宣传部只有一个目标，就是动员全体国民一致支持民族革命的理念。假如目标刚刚实现，我的方法就被弃用，那根本无所谓，因为宣传部那时已经通过艰苦奋斗实现了它的目标。[16]

戈培尔接着说道，必须采用现有的最现代的方法。“决不允许帝国落后于技术，帝国必须紧跟技术。只有最新的事物才足够优秀。”[17]

为了实现这些雄心壮志，戈培尔为宣传部配备的人员都是受过高等教育的年轻纳粹党员，他们不必费神对付文职部门中根深蒂固的保守主义作风，这种作风盛行于许多最高级别的国家机关。他们绝大多数是 1933 年以前的党员，宣传部 350 名官员中有近百人佩戴着纳粹党的金色荣誉勋章。他们的平均年龄不超过 30 岁，其中 398
许多人在宣传部中的职务与他们在纳粹党的宣传机关中的职务相同或相似，这两个机构均由戈培尔掌管。3 月 22 日，他们被安置进一座富丽堂皇的总部——威廉广场（Wilhelmsplatz）上的利奥波德宫（Leopold Palace）。它建于 1737 年，19 世纪初由普鲁士的著名建筑师卡尔 · 弗里德里希 · 申克尔（Karl Friedrich Schinkel）重新修缮。但是精致的灰泥墙面和石膏装饰图案在戈培尔看来不够现代，不合乎他的品位，于是要求刮掉它们。对新部长来说，等待批准再动工实在太耗时间，于是他走了条捷径，并把过程写在了 1933 年 3 月 13 日的日记里：

> 即使是改造和装修我自己的办公室，也要处处受阻，我干脆不再废话，从冲锋队找来一些建筑工人，让他们连夜把石膏装饰图案和木质装饰带拆掉，书架上尘封已久的文件被扔下楼梯，发出一声轰响。只有弥漫的浊尘留了下来，见证着官僚排场的消失。

迁入不久，该部设立了不同的部门，分管各领域宣传事务，包括广播、报刊、电影、戏剧和“国民教育”，并在 1933 年 6 月 30 日获得希特勒的全面授权，宣布它不仅负责上述领域，还负责代表整个政府处理一切公共关系，包括与国外媒体的关系。这让戈培尔有恃无恐，可以不去理会其他政府部门因为宣传部侵入它们的势力范围而提出的异议。这正是戈培尔在此后的岁月里从事宣传时不止一次需要动用的权力，这些宣传活动被他冠冕堂皇地称为“国民的思想动员”。[18]

纳粹党的许多机关和议员宣称，文化布尔什维主义遍布于魏玛共和国的艺术界、音乐界和文学界。纳粹文化政策的最直接目标就是清除“文化布尔什维主义”，纳粹当局执行此政策的方式，为德国一体化进程无所不至的广度和深度提供了更多的例证（如果我们需要更多例证的话），此进程驯服了社团、知识界和文化界，它们的一致服从是第三帝国得以建立的基础。正如在生活的其他领域一
399 样，文化界的一体化进程包括：彻底把犹太人清除出文化机构，迅猛地镇压共产党人、社会民主党人、左翼人士、自由派以及任何有独立思想的人。当务之急是把犹太人逐出文化生活，因为纳粹党断

言，创造了无调性音乐和抽象画之类的现代派艺术形式，以此侵蚀德意志文化价值的，正是犹太人。当然，这种关联与真相实际上遥不可及。德国现代派文化的维护者并不是犹太人，许多犹太人在文化上其实与德国的其他中产阶级人士一样保守。但在1933年上半年强权政治肆虐的时候，没人理会这个事实。对于刚刚上台、得到民族党人支持的纳粹政府来说，“文化布尔什维主义”是魏玛共和国最危险，也是最引人注目的创造物之一。正如希特勒在《我的奋斗》中所写：“艺术布尔什维主义是布尔什维主义作为一个整体唯一可能的文化形式和思想表达。”这种文化表达的主要形式是立体主义和达达主义，希特勒把它们与另外一些艺术形式统统归入抽象派。这些可怕的东西越早被真正的德意志文化取代越好。因此，国家社会主义革命的目标，不仅是要消灭反对派，也是要改造德意志文化。[19]

三

大清洗及其引发的出走潮，例如可以从纳粹上台最初几星期的德国乐坛观察到的情形，并非无人评论。1933年4月1日，驻美国的一群音乐家给希特勒本人拍发了抗议电报。纳粹政府以其特有的方式做出回应：德国国家电台立即禁播电报签名者的作品、音乐会和唱片，包括指挥家谢尔盖·库塞维斯基（Serge Koussevitsky）、弗里茨·莱纳（Fritz Reiner）和阿尔图罗·托斯卡尼尼（Arturo Toscanini）。[20]德国国内批评大清洗的人之中，最著名的是威廉·富特文格勒。从许多方面看，富特文格勒都是一位保守派，例如他认为，犹太人不应在文化界被委以重任，多数犹太音乐家并非由衷热爱德国音乐，犹太记者应该被逐出新闻界。他曾写道，非日耳曼人 400
从未写出过一部真正的交响乐。他不信任民主制度，不信任他所谓的魏玛共和国时期“犹太–布尔什维克的成功”。[21] 因此，他在原则上并不反对纳粹党的上台，也根本不觉得受到了它的威胁。富特文格勒享有极高的国际声誉，1920 年代一直担任维也纳爱乐乐团（Vienna Philharmonic）的指挥，并且两度在纽约爱乐乐团（New York Philharmonic）担任客座指挥，均大获成功。他魅力十足，以至于有记录显示，他在职业生涯中至少有 13 个私生子。富特文格勒傲慢、自信，是又一位严重低估了纳粹党的保守派。[22]

不同于其他交响乐团，富特文格勒的柏林爱乐乐团并非国有团体，因此不受制于 4 月 7 日颁布的、强制解聘犹太裔政府雇员的法律。1933 年 4 月 11 日，富特文格勒在一家自由派报纸上发表致戈培尔的公开信，声明他不打算终止柏林爱乐乐团里犹太演奏员的合同。在这封反对纳粹党政策的信中，富特文格勒的措辞除了显示出他的自信和勇气，也显示出他与纳粹党在观点上的重合程度：

> 与犹太人做斗争，如果主要是针对那些无根的、骨子里具有破坏性的艺术家，那些用媚俗的作品、缺乏真情实感的炫技以及诸如此类的东西达到某种效果的人，那倒无妨。与他们及其所体现的精神——这种精神偶尔也有日耳曼裔的代表人物——做斗争，无论怎样坚决地、一以贯之地执行都不过分。但这种斗争如果是针对真正的艺术家，则无益于文化生活……因此必须明言，像瓦尔特、克伦佩雷尔和赖因哈特等等那样的人物，将来必定也能够在德国发出自己的声音。

他对戈培尔说，解雇那么多优秀的犹太音乐家，无益于“恢复我们的民族尊严，而恢复民族尊严正是全体国民此时满怀感激与喜悦翘首以待的”。[23] 富特文格勒以天神般的傲然之态继续我行我素，不理睬纳粹报刊的舆论战，它们鼓噪着要求他所在的柏林爱乐乐团解雇犹太音乐家，包括首席音乐家西蒙 · 戈德伯格（Szymon Goldberg）和首席大提琴家约瑟夫 · 舒斯特（Joseph Schuster）。[24]

戈培尔是个相当精明的政客，因此不会怒气冲冲地回应富特文 401
格勒的公开抗议。在公开回复指挥大师的长信里，他首先欢迎富特文格勒对希特勒政府“恢复民族尊严”的行动所持的积极立场。但他提醒富特文格勒，德国音乐应该成为这个进程的一部分，为艺术而艺术已经不合时宜。戈培尔承认，艺术家和音乐家当然必须追求最高品质，但也必须“有责任感、技艺精湛、贴近人民、富于战斗精神”。他歪曲富特文格勒的话来表达自己的意图，戈培尔说他同意乐坛不应再出现“实验性作品”，而指挥家在公开信里根本没说这话，然后他又提醒富特文格勒：

> 不过，现在也正是反对艺术实验的恰当时机，因为德国的艺术生活几乎完全被一伙远离人民、非我族类的实验癖控制着，他们玷污了德国艺术的声誉，让它在全世界面前受到损害。

“日耳曼”音乐家促成了这场艺术畸变，此事在戈培尔看来显示了犹太的影响力已渗透到多么深远的程度。戈培尔欢迎富特文格勒作为盟友参与这场清除犹太影响力的斗争，像他这样的真正艺术家在第三帝国将永远有发言权。至于富特文格勒怒而为之鸣不平的那些被噤声的音乐家，帝国宣传部长把他们的被解聘看作微不足道的琐事而置之不理，同时又狡猾地推卸对此事的责任：

> 有人抱怨说，瓦尔特、克伦佩雷尔和赖因哈特之类的人物在各地被迫取消音乐会，在我看来，这种抱怨在此时似乎格外不妥，因为在过去 14 年里，真正的日耳曼艺术家已经被迫完全陷入沉默，最近几星期里的事件仅仅是对这一事实的自然反应，

而不是我们授意的。[25]

这些“真正的日耳曼艺术家”是谁，他没有说，实际上他也说不出来，因为他所声称的全属捏造。然而戈培尔明白，如果他鲁莽行事，可能会损害德国在国际乐坛的声誉，因此让指挥大师及其乐团就范，他靠的不是公开交锋，而是背地里的手段。经济萧条使柏林爱乐乐
402 团失去了来自州政府和市政府的大部分补贴。帝国政府设法让乐团再也得不到补贴，直至它濒于破产。于是富特文格勒直接向希特勒本人求助，后者对德国最伟大的交响乐团面临倒闭的危险表示愤慨，下令帝国政府接管它。因此，从 1933 年 10 月 26 日开始，柏林爱乐乐团不再是独立团体，占据天时与地利的戈培尔及其宣传部最终出手收服了它。[26]

四

造就纳粹党所认为的真正的日耳曼音乐文化，还涉及消除外来文化的影响，比如爵士乐，它被纳粹党视为劣等种族文化的产物，即非裔美国人文化的产物。种族主义语言是纳粹主义的第二特性，它在这个语境中特别富于攻击性和挑衅性。纳粹乐评人谴责“黑鬼音乐”是性挑逗的、道德败坏的、原始的、野蛮的、非日耳曼的、纯属颠覆性的，尽管有些乐评人更喜欢委婉地强调爵士乐起源于非洲，但这强化了纳粹党到处传播的“美国人在退化”的观点。新近流行的萨克斯管那令人神魂颠倒的曲调也成了被批评的对象，可是当萨克斯管的销量因此而开始下降时，德国的乐器制造商机敏地回应说，萨克斯管的发明者阿道夫 · 萨克斯（Adolphe Sax）是德国人（实际上他是比利时人），并且指出，备受尊敬的作曲家理查德·施特劳斯曾在他的几部作品中使用过它。欧文 · 柏林（Irving Berlin）

和乔治·格什温（George Gershwin）等犹太作曲家在爵士乐世界的卓越表现，为纳粹党从种族角度恶语辱骂增加了新一层内容。[27]

德国的爵士乐、摇摆乐和伴舞乐队确实有许多演奏员是外国人，他们在 1933 年的敌视氛围中离开德国。尽管纳粹党激烈地口诛笔伐，但爵士乐其实极难界定，只需稍微灵活地调整一下乐曲节奏，演奏者的举止适当地老派一点儿，那么在整个 1930 年代，爵士乐和摇摆乐的音乐人其实不难在德国的无数俱乐部、酒吧、舞厅和饭店继续演奏下去。在柏林的时髦夜总会，比如罗克西（Roxy）、 403
雕鸮（Uhu）、白鹦（Kakadu）或者西罗（Ciro），保镖们把纳粹党派来的那些衣着永远寒酸的密探拒之门外，以便时髦的客人们可以安然地在里面踏着最新的爵士乐和改良过的爵士乐曲继续摇摆。如果有密探被放行，门房只需按一下暗铃，舞台上的乐手们就会在密探到达舞池之前迅速变换乐曲。

魏玛时期的社交场所就这样在 1933 年如常运转，除了迫于大萧条期间的经济紧缩政策已做出的改变之外，基本上一切照旧。多数犹太乐手甚至得以继续在俱乐部里演奏至 1933 年秋，有些在此后又设法坚持了一段时间。在柏林著名的菲米娜（Femina）酒吧，摇摆乐队在夜间继续为上千的舞客伴奏，225 张桌子上都配了电话，并附有德文和英文的使用指南，以便落单的人给舞厅中坐在其他位置的潜在舞伴打电话。音乐的格调也许不是很高，但如果剥夺人们每天——或者每夜——的乐趣，即使纳粹党有能力那么干，结果也可能会适得其反。[28] 只有在歌手公然表达政治立场的地方，比如柏林著名的卡巴莱表演场所，才当真会有冲锋队进来强行驱逐大批犹太裔表演者，禁止那些属于共产党、社会民主党、自由派或者左翼游说团体的歌手和喜剧演员表演或者把他们赶走。其他演员则主动把政治内容从自己的表演中剔除。纳粹党知道卡巴莱很受欢迎，而且意识到不宜剥夺人们的全部娱乐，因此试图鼓励“积极的卡巴莱”——笑话全部以纳粹党的敌人为嘲讽对象。据说，著名的卡巴莱演员克莱尔 · 瓦尔多夫（Claire Waldoff）非常大胆，竟至唱歌讽刺戈林，她和着其节目开始曲《赫尔曼》(‘Hermann’)的旋律唱道：“左一串勋章，右一串勋章 / 他的肚腩越来越肥 / 他是普鲁士的主人——/ 赫尔曼乃是他的大名！”不久，只要她唱起原版的《赫尔曼》，听众就会会心地咧嘴而笑，因为他们想起了那几句戏谑的填词。但瓦尔多夫实际上并没有创作过那几句歌词，这个笑话完全是一厢情愿的杜撰。无法掩盖的事实是，到 1933 年年中的时候，纳粹党已经使卡巴莱精华尽失。[29] 有些人对此无法忍受。在柏林著名的卡德蔻（Kadeko）俱乐部主持“众星诸谑卡巴莱”节目、善于拿政治话题插科打诨的保罗 · 尼古劳斯（Paul Nikolaus）逃往瑞士的卢塞恩（Lucerne），于 1933 年 3 月 30 日在那里自杀。“仅此一回，不开玩
404 笑，”他写道，“我要自杀了。为什么？如果回德国，我准会在那里自杀。现在我不能在那里工作，也不想在那里工作，但不幸的是我爱我的祖国。我不愿意活在这种时代。”[30]

第二节

艺术的净化

一

1933 年上半年，反犹主义、反自由主义和反马克思主义的寒风， 405
夹杂着一股沉闷的、反“堕落”的卫道气息，也在德国文化的其他领域呼啸而过。事实证明，电影业相对容易控制，因为不同于卡巴莱或俱乐部的圈子，电影业由为数不多的几家大公司组成，从制作和发行一部电影所需要的高额成本来看，这也许是必然的结果。与在其他行业一样，那些见风使舵的人无需别人调教，很快就在压力面前放低了身段。早在 1933 年 3 月，影业巨头 UFA 制作公司（其老板阿尔弗雷德 · 胡根贝格当时仍是希特勒内阁的成员）就开始全面执行解雇犹太裔员工、与犹太裔演员断绝关系的政策。不久，纳粹党把德国影院业主协会（German Cinema Owners’ Association）纳入一体化进程。已加入工会的电影工作者全体成为纳粹党员，7 月 14 日，戈培尔设立帝国电影协会（Reich Film Chamber），负责监管整个电影行业。通过这些机构，纳粹头目，尤其是戈培尔——他本人就是一位充满热情的电影鉴赏家，掌控了演员、导演、摄影师和幕后工作人员的聘任权。尽管 4 月 7 日法律的适用范围实际上并不包括电影界，但犹太人依然渐渐被逐出电影业的每个行当。演员和导演如果所持政治立场为政府所不容，就会遭到排挤。[31]

在新的审查和管制条件下，少数电影界人士更愿意到好莱坞那种自由环境中寻找机会。找到机会的人包括导演弗里茨 · 朗，他拍
406 摄过一系列大获成功的电影，比如《凶手 M》、《大都会》（*Metropolis*）和《尼伯龙根》（*The Nibelungen*），后者一直是希特勒最爱看的史诗片。朗的电影《马布斯博士的遗嘱》（*The Testament of Dr. Mabuse*）间接讽刺了纳粹党，原计划在 1933 年春上映，但在首映日将至之际被禁。步他后尘流亡国外的是比利 · 怀尔德（Billy Wilder），他出国前所拍的通俗爱情片，极少流露出他在好莱坞拍摄的《双重赔偿》（*Double Indemnity*）和《失去的周末》（*The Lost Weekend*）等电影中所展现的大胆。在随后的几十年里，两人都创作了一些属于好莱坞最成功电影之列的作品。另有一些电影导演移居巴黎，包括生于捷克的 G.W. 帕布斯特（G. W. Pabst），他执导了魏玛时期的经典影片《潘多拉的盒子》以及贝尔托特 · 布莱希特和库尔特 · 魏尔的《三分钱歌剧》的电影版；还有马克斯 · 奥菲尔斯（Max Ophüls），他 1902 年生于德国，原名马克斯 · 奥本海默（Max Oppenheimer）。然而早在纳粹上台之前，有些德国导演和电影明星就已经受到好莱坞魅力的吸引。例如，玛琳 · 黛德丽于 1930 年离开德国，主要是为了赚钱，而与政治无关。极少数人出国的直接原因是第三帝国的到来，其中包括出生于匈牙利的彼得 · 洛（Peter Lorre），他曾在弗里茨 · 朗执导的《凶手 M》中扮演狡诈、难以自控、专杀儿童的凶手。纳粹后来在宣传中极力暗示凶手是犹太人，而朗的影片中根本没有这样的影射。[32] 尽管这些流亡者受到了应有的关注，但是与此同时，蓬勃发展的德国电影业中的绝大多数从业者留了下来。在《电影周刊》（*Film Week*）于 1932 年根据影迷来

信而选出的 75 位德国最受欢迎的电影明星中，仅有 13 位移居国外，但其中有 3 位居于前 5 名——莉莉安 · 哈维（Lilian Harvey）和克特 · 冯 · 纳吉（Kaethe von Nagy）都在 1939 年出国，吉塔 · 阿尔帕（Gitta Alpar）于 1933 年离开。名单中排名稍微靠后的明星中，布里吉特 · 黑尔姆（Brigitte Helm）于 1936 年离开，康拉德 · 维德（Conrad Veidt）于 1934 年离开。其中只有阿尔帕和 1933 年出国的另一位明星伊丽莎白 · 贝格纳（Elisabeth Bergner）是犹太人；75 位明星中有 35 人在 1944—1945 年仍在德国影坛工作。[33]

在 1920 年代末和 1930 年代初，尤其是有声电影出现之后，电影院越来越受欢迎。但在电视时代之前，最普及、发展最快的现代大众传媒是广播。不同于电影业，广播网属于公共事业，51% 的股份属于全国性的帝国广播公司（Reich Radio Company），另外 49% 的股份属于 9 家地方电台。行使控制权的是两名帝国广播专员，其中一位在邮电与通讯部（Ministry of Posts and Communications），另一位在内政部，同时还设有一系列地方专员。戈培尔深谙广播的 407
力量。在 1933 年 2—3 月的选战期间，他曾成功地阻止了除纳粹党和民族党以外的所有政党通过电台传播政见。不久，他设法撤掉两位现任帝国广播专员，换上了自己任命的人，并于 1933 年 6 月 30 日获得希特勒签发的法令，授权宣传部掌控一切广播事务。

戈培尔随即对广播机构强行实施大清洗，1933 年上半年在各个层级裁员 270 人，占全体员工的 13%。犹太人、自由派、社会民主党人以及新政权不需要的其他人等均被解雇，其中许多人签的是短期合同，这使清洗进程更加顺利。那些支持原先的自由广播体制的电台经理和记者，包括德国电台的创始人汉斯 · 布雷多（Hans Bredow），都被控徇私舞弊而遭逮捕，被送往奥拉宁堡集中营，然后经过几个月的准备，在一场 1934—1935 年的大型审判秀上被定罪。但是多数人愿意在新政权治下继续从业。汉斯 · 弗里切（Hans

Fritsche）等人的留任确保了电台的连续性。弗里切1920年代曾在胡根贝格的传媒帝国担任广播新闻处处长，此时在纳粹政权治下担任德意志无线电服务局（German Wireless Service）局长，主管新闻广播。与许多人一样，弗里切为保住职位而采取的行动是加入纳粹党，他的入党时间是1933年5月1日。截至当时，多数广播电台都已有效地实现了一体化，播放的纳粹宣传节目越来越多。社会民主党播音员约亨·克莱珀（Jochen Klepper）的妻子是犹太人，他在3月30日曾抱怨道："电台如今简直像纳粹兵营，到处是制服，党员编队的制服。"仅仅过了两个月，他也被解雇。[34]

二

408 戈培尔在1933年3月25日的演讲中宣称，电台是"最现代、最重要的大众传播工具，它的影响力无远弗届"。他说，长远看来，电台甚至可能取代报纸。然而在当时，报纸仍是传播新闻和观点的最重要载体，它给纳粹党的一体化和监管政策设置的障碍，远比电影业和广播界所设置的障碍更加难以对付。德国的日报比英国、法国和意大利的加起来还多，各种类型的杂志和期刊则更多。在全国、地区和地方诸层级，均有独立的报纸和期刊，从极左到极右的各种政治观点都能得到呈现。纳粹党试图建立一个成功的、属于自己的报界帝国，但它的努力并不十分成功。政治报纸在魏玛共和国晚期式微，印刷文字似乎逐渐退居次席，转由口头话语领衔，为纳粹事业争取追随者。[35]

在这种情况下，戈培尔别无选择，只能循序渐进。取缔共产党和社会民主党的党报相当容易，两党发行的报纸在1933年初的几个月里一再遭到查禁，等到两党被逐出政坛，其报纸即被全面取缔。但要想取缔其余的报刊，就必须从多方面着手。直接动用武力和警察措施是迫使报界就范的一种方法。与中央党和自由派的出版物一样，保守派的各种日报也容易招致周期性查禁，例如《慕尼黑最新资讯》(*Münchner Neueste Nachrichten*)。天主教的《弗兰肯报》(*Fränkische Presse*）是巴伐利亚人民党的机关报，它被迫于1933年3月27日在头版发表声明，为多年来刊登了关于希特勒和纳粹党的谎言而道歉。这种压力轻而易举地使大型新闻机构相信，他们必须去适应新气候。德意志报业协会（Reich Association of the German Press）是记者的工会，它于1933年4月30日主动实行了一体化，许多类似团体也是这样做的。它推选戈培尔的同事奥托·迪特里希（Otto Dietrich）为协会的主席，并承诺未来将强制所有记者成为会员，同时仅接纳在种族上和政治上可靠的人。[36]1933年6月28日，德意志报业公会（German Newspaper Publishers' Association）步其后尘，任命纳粹党的出版人马克斯·阿曼为公会 409
主席，并投票把纳粹党人选入理事会，取代那些在政治上已不合时宜的理事。[37] 至此，新闻界已在恐吓的压力下选择了屈服。不是纳粹党员的记者只能用含蓄的暗示和影射来表达自己的观点，读者只能从字里行间揣摩他们的意思。戈培尔一改魏玛共和国时期政府定期公开举行记者招待会的做法，转而召开秘密会议，由宣传部向挑选出来的记者传达关于新闻报道内容的详细指示，有时竟然提供了文稿，让他们全文刊发或者在此基础上撰写报道。1933年3月15日，戈培尔在他首次正式召集的记者招待会上告诉与会者："你们不但要知道正在发生什么，还要知道政府对此的观点，以及你们怎样才能把政府的意思最有效地传达给人民。"[38] 毋庸赘述，记者不可以传达除此之外的其他观点。

与此同时，纳粹党忙于尽快逮捕新闻界人士中的共产党员以及和平主义者。逮捕始于1933年2月28日凌晨。卡尔·冯·奥西茨基是第一批遭到羁押的人之一，他编辑的《世界舞台》是一份立场明确的知识分子杂志，基本上持左翼的和平主义新闻观。奥西茨基声名远扬，不仅因为他在 1933 年以前对纳粹党所做的尖锐批评，也因为他发表文章曝光了飞机业非法重整军备的秘密项目，这篇文章导致他在 1932 年 5 月那场轰动一时的庭审后被判监禁。1933 年他再次被捕，国外的作家展开了一场声势浩大的声援活动，但未能使他获释。瘦弱的奥西茨基被关押在位于松嫩堡（Sonnenburg）、由褐衫军管理的临时劳改营，被迫承担繁重的体力劳动，包括挖坑，看守告诉他那是他自己的坟墓。奥西茨基 1889 年生于汉堡，尽管有那样的姓氏，但他并不是犹太人、波兰人或俄国人，而是在各方面都属于纳粹党所定义的日耳曼人。冲锋队员不管这些，时常对他拳脚相加，还大骂他是“犹太猪”、“波兰猪”。一向体弱的奥西茨基差点儿在 1933 年 4 月 12 日死于心脏病。获释的囚犯悄悄告诉奥西茨基的朋友们，4 月 12 日之后他已彻底垮掉。[39]

奥西茨基的境况仅比另一位 1920 年代的激进作家埃里希 · 米萨姆稍微好一点儿，米萨姆是无政府主义诗人和剧作家，早在魏玛
410 共和国治下，他就曾因在 1919 年加入慕尼黑的“咖啡馆无政府主义者政权”而坐过一段时间牢。米萨姆是褐衫军特别痛恨的对象，因为他不仅是激进作家，还是革命者和犹太人。国会纵火案之后，米萨姆被逮捕，受到没完没了的凌辱和虐待，因为不肯唱《霍斯特·韦塞尔之歌》，他被奥拉宁堡集中营的党卫队看守打得血肉模糊，不久之后被发现吊死在集中营的厕所里。[40] 米萨姆以前在慕尼黑那个短命的革命政府里的同事、无政府主义者以及和平主义者恩斯特·托勒（也是犹太作家）同样因参与革命行动而坐过牢。他在 1920 年代创作的一系列抨击德国社会之不公不义的现实剧，使他一直受到公众的关注，其中包括一部讽刺希特勒的、剧名带有讽刺意味的《解放了的沃坦》（*Wotan Unbound*）。1933 年 2 月底托勒碰巧在瑞士，国会纵火案之后的大规模逮捕行动使他打消了回国的念头。他长期

巡回演讲，谴责纳粹政权，但流亡生活的艰辛动荡使他无法继续写作，由于对一场新的世界大战即将来临感到绝望，他于 1939 年在纽约自杀。[41]

有些人则能够较好地适应德国以外的文学世界，其中最著名的是共产党员诗人和剧作家贝尔托特 · 布莱希特，他于 1933 年离开德国，转道瑞士前往丹麦，最后在美国好莱坞找到工作。最成功的流亡者之一，是《西线无战事》的作者、小说家埃里希·玛丽亚·雷马克。纳粹党极力暗示说他有个法国姓氏，但他实际上是德国裔（纳粹党还声称他是犹太人，并且毫无根据地断言其姓氏“Remarque”的最初写法是“Remark”，然后反向拼写这个词，把他的姓氏写成“Kramer”*）。雷马克在流亡中继续写作，靠出售自己许多作品的电影版权过着相当优渥的生活，以至于 1930 年代后期在好莱坞等地给人们留下了阔绰花花公子的印象，他与一大串好莱坞女演员的绯闻频频被曝光。[42] 更著名的流亡者是小说家托马斯 · 曼，其长篇小说《布登勃洛克一家》（*Buddenbrooks*）和《魔山》（*Magic Mountain*），以及《死于威尼斯》（*Death in Venice*）等中篇小说，确立了他作为世界文学巨匠的地位，并为他赢得了 1929 年的诺贝
尔文学奖。曼成为文学界中支持魏玛民主制度的主要人物之一，他 411
不停地在德国和世界各地巡回演讲，阐述维持民主制度的必要性。他没有直接受到纳粹党的暴力威胁和监禁，但是在 1933 年 2 月之后，他不理睬纳粹政权的回国邀请，留在了瑞士。同年 6 月他写道：“我无法想象生活在当今的德国是怎样的境况。”几个月后，曼在一阵訾骂声中被普鲁士艺术学院开除，同时被开除的还有诗人兼小说家丽卡达 · 胡赫（Ricarda Huch）等其他民主派作家。此事愈加坚定了他的信念，他告诉一位友人：“指责我离弃了德国，在我个人看

* Kramer，德文意思是小商贩，斤斤计较的人。

来是用词不当。我是被驱逐的。被公开谩骂，被外国征服者夺走了我的祖国，因为我是比他们成熟、比他们有良知的德国人。”[43]

托马斯·曼的哥哥海因里希遭到了纳粹政权更加严厉的对待，他是辛辣讽刺德国资产阶级习惯的《稻草人》(*Man of Straw*)和《蓝天使》等小说的作者。海因里希由于在大量的演说和随笔中公开批评纳粹党而触怒当局，于 1933 年被撤销普鲁士艺术学院文学系主任的职务，遂移居法国。继海因里希之后，小说家阿尔弗雷德·德布林也于 1933 年 8 月赴法，他是现代主义文学的主将，代表作是以战后岁月里德国首都的社会底层和黑社会为背景的小说《柏林亚历山大广场》。德布林既是犹太人又是前社会民主党人，实际上已被纳粹党封杀。同样的命运也降临到另一位著名小说家利翁·福伊希特万格（Lion Feuchtwanger）身上，他也是犹太人，其小说《成功》(*Success*）和《奥本海姆一家》(*The Oppenheims*）分别出版于 1930 年和 1933 年，尖锐地批评了德国社会和政治的保守和反犹思潮。福伊希特万格在美国加州访问期间得知其作品被禁，就没有回国。小说家阿诺尔德·茨威格（Arnold Zweig）于 1933 年逃往捷克斯洛伐克，再转赴巴勒斯坦（Palestine）。他也因为是犹太人而被纳粹政权封杀，其作品无法再在德国出版。[44]

在纳粹政权迅速加强审查与监控的形势下，1933 年之后留在德国的作家没几个能继续创作出有水准的作品。就连保守派作家也以各种方式与政权保持距离。诗人斯特凡·格奥尔格（Stefan
412 George)的周围聚集了一群追随者，他们致力于复兴“秘密的德意志”，以此涤荡魏玛时期的实利主义。乔治在“精神上支持”1933 年的“新式全民运动”，但拒绝加入任何纳粹化了的文学团体和文化组织。他的信徒中有几位是犹太人。乔治于 1933 年 12 月去世。另一位著名的极端保守派作家、曾在 1920 年代与纳粹党关系密切的恩斯特·容格尔则很长寿，实际上他一直活到 20 世纪结束之际，超过 100 岁。

他深受希特勒敬仰，因为他在描写第一次世界大战的小说《钢铁风暴》中美化了战士的生活。容格尔发现第三帝国的恐怖主义根本不合自己的口味，于是退隐到后来被很多人称为“内心移民”的状态。与选择这条道路的其他作家一样，他创作的小说不再有明显的当代背景——许多作家偏爱把背景设在中世纪——尽管这些作品有时小心翼翼地表达几句对恐怖政策或专制体制的笼统批评，但只要不直截了当地抨击纳粹政权，它们仍然可以出版、发行，并且得到评论。[45]

热情支持新政权的一流作家相当稀少，其中有原先不关心政治的表现主义作家戈特弗里德·贝恩(Gottfried Benn)。到 1933 年底，留在德国的有才华、有声望的作家寥寥无几，1912 年诺贝尔文学奖得主、剧作家格哈特·豪普特曼(Gerhart Hauptmann)或许是个特例。然而在希特勒成为总理时，豪普特曼已年过七旬，早已过了他的创作巅峰。处于巅峰期时的豪普特曼因其打动人心、展现了贫困与剥削的剧作而享有盛名。其时他继续写作，用行纳粹礼以及唱《霍斯特·韦塞尔之歌》的方式，极力公开表达拥护之意。但他没有成为纳粹党员，他的自然主义剧作经常因为所谓的消极态度而遭到纳粹党的抨击。有位匈牙利作家于 1938 年在拉帕洛（Rapallo）与他见面时，听他发了一大串关于希特勒的牢骚。豪普特曼愤懑地说，希特勒毁了德国，不久还会毁灭世界。匈牙利人问他，既然如此为什么不离开德国。“因为我是个懦夫，你明白吗？”豪普特曼恼怒地大声说，“我是个懦夫，你明白吗？我是个懦夫。”[46]

三

随着一流作家的大量流失，艺术家和画家也在大批出走。与此 413
同时，艺术界出现了席卷德国音乐界的那种迫害潮。然而在艺术界，希特勒对现代派艺术所显示出的强烈反感，更是起到了推波助澜的作用。希特勒认为自己本质上是个艺术家，他在《我的奋斗》中说，现代派艺术是犹太颠覆分子的产品，是“疯子和退化者长出的病态赘疣”。他的观点得到了阿尔弗雷德·罗森贝格的认同，后者坚定不移地站在传统派立场上看待绘画和雕塑的本质与功能。德国音乐在 1920 年代不复像 18 和 19 世纪时那样主导着国际乐坛，而德国绘画由于得到印象派、抽象派等现代主义运动的解放，在 20 世纪的前 30 年里经历了令人瞩目的复兴，成为所有艺术门类中最出色、在国际上最成功的一种，甚至超过文学。这正是以阿尔弗雷德·罗森贝格为先锋的纳粹党人当时着力要破坏的，他们遵循的准则是 1920 年制定的纳粹党纲领第二十五条：“我们要求对艺术与文学中可能导致国家分裂的一切倾向提起法律诉讼。”[47]

乔治·格罗兹、埃米尔·诺尔德、马克斯·贝克曼、保罗·克利、恩斯特·路德维希·基希纳、奥托·迪克斯（Otto Dix）等许多画家的作品长期饱受争议，保守派和纳粹党都讨厌他们的画作。格罗兹因为把宗教图案用于政治讽刺画而引起公愤，他在纳粹掌权之前就曾因政治讽刺画两度遭到（不成功的）起诉，被控以亵渎上帝罪。[48] 7 月，阿尔弗雷德·罗森贝格痛斥埃米尔·诺尔德的画作是“黑人式的、亵渎上帝的、原始的”，并把恩斯特·巴拉赫（Ernst Barlach）纪念马格德堡战役（Magdeburg war）的画作斥为对亡者的侮辱。照罗森贝格的说法，巴拉赫把阵亡者画成了“半个白痴”。奥托·迪克斯毫不妥协地呈现一战期间战壕里恐怖景象的画作，遭到了超级爱国的纳粹党人同样尖刻的批评。任何不是明显具象、原
414 样描摹的作品都容易引发恶评。用纳粹党的话来说，艺术与其他任何事物一样，必须源自人民的心灵，因此“每个身心健康的冲锋队员”都有能力像艺术评论家那样，对艺术的价值做出公正的评判。[49]不仅德国艺术家，外国艺术家也遭到了措辞激烈的攻击。德国的美术馆和博物馆多年来购买了许多法国印象派和后印象派绘画，民

族主义者认为，买这些画的钱本该更明智地用于促进德国艺术的发展，尤其是考虑到魏玛共和国时期法国人在莱茵兰和鲁尔区的所作所为。[50]

有些人，例如共产党员格罗兹，早在 1933 年 1 月 30 日之前就看出了不祥之兆，于是离开德国。[51] 纳粹党控制的图林根州政府自 1930 年起执行的政策显然是对未来之事的一种预警：它把克利、诺尔德、奥斯卡 · 柯克西卡（Oskar Kokoschka）等画家的作品从位于魏玛的州立博物馆撤下，并且在关闭位于德绍的包豪斯之前不久，下令损毁奥斯卡 · 施莱默画在学校楼梯井上的湿壁画。这一切应该已经清楚地表明，纳粹积极分子可能会对艺术界的现代派发动猛烈攻击。但事情似乎尚有回旋余地，因为表现主义受到了纳粹党内某些人的推崇，包括柏林的纳粹学生会，它在 1933 年 7 月主办的一场德国艺术展中，竟然展出了巴拉赫、奥古斯特·马克、弗朗兹·马尔克、诺尔德、克里斯蒂安·罗尔夫斯（Christian Rohlfs）和卡尔·施密特-罗特鲁夫（Karl Schmidt-Rottluff）等人的作品。三天后，展览被当地的纳粹党头目强行关闭。希特勒特别反感诺尔德的作品，偏爱天主教艺术的戈培尔却对其颇为欣赏。希特勒 1933 年夏视察位于柏林的宣传部新大楼时，赫然看到墙上挂着“不堪的”诺尔德画作，下令立即把它们摘掉。诺尔德被普鲁士艺术学院开除，他对此非常气愤，因为基本上自纳粹党 1920 年成立以来他就一直是党员。1933 年一年间，各地纳粹党头目解雇了 27 个美术馆和博物馆的馆长，代之以党的忠诚分子，这些人立即把现代派作品从展位撤下，甚至在有些地方，现代派绘画被作为“文化布尔什维主义图像”单独陈列于“艺术糟粕厅”。[52] 其他美术馆和博物馆的馆长及员工已经随风转舵，有的加入纳粹党，有的与党的政策保持一致。[53]

像在文化生活的其他领域一样，清洗犹太艺术家（无论是现代 415
派还是传统派）的步伐在 1933 年春迅速加快。普鲁士艺术学院的“一体化”进程始于德国的一流印象派画家、艺术学院前院长、86岁的马克思·利伯曼（Max Liebermann）被迫辞去院士和名誉院长之职。利伯曼发表声明，说他一向认为艺术与政治无关，此观点招致纳粹媒体对他的强烈谴责。当被问及在如此高龄面对这些指责有什么感觉时，艺术家答道：“人不能咽下那么多，否则会呕吐的。”两年后，当这位曾在国内享有盛誉的画家去世时，只有三位非犹太裔艺术家出席了他的葬礼。其中之一的凯绥·珂勒惠支（Käthe Kollwitz）以对贫困笔力强劲但并无明显政治意味的描绘著称，她已被迫从普鲁士艺术学院辞职。雕塑家恩斯特·巴拉赫继续担任艺术学院院士直至1937年，并且留在了德国，尽管其作品像施密特–罗特鲁夫的一样被禁。[54]

保罗·克利由于他那被蔑称为“黑人式”的艺术而成为纳粹党文化论战最喜欢的靶子。他在杜塞尔多夫的教授职务被解除，旋即返回自己的祖国瑞士。但是其他非犹太裔的现代派艺术家决定观望事态的发展，寄希望于希特勒和罗森贝格的反现代派政策能够被政权中比较同情现代派的人物否决，比如戈培尔。原先驻法兰克福的马克斯·贝克曼竟在1933年迁往柏林，希望能影响政策朝着于他有利的方向发展。与上述许多艺术家一样，贝克曼也蜚声国际，但他从未像格罗兹或迪克斯那样创作过直接含有政治意味的作品，甚至未曾显现出康定斯基或克利那样的抽象派倾向。然而贝克曼的画作还是被从柏林国家美术馆（Berlin National Gallery）的墙上摘掉，他本人于1933年4月15日被解除了在法兰克福的教职。在贝克曼徘徊观望自己的最终命运时，同情他的艺术品交易商设法帮他私下继续谋生。与贝克曼形成对照的是，基希纳同意从艺术学院辞职，但他指出，自己不是犹太人，也从未积极参与政治活动。不仅奥斯卡·施莱默，就连抽象画的开创者、居住在德国长达几十年的俄罗斯人瓦西里·康定斯基，也认为对现代派艺术的攻击不会持续很长时间，因此决定留在德国，等待事态平息。[55]

与普鲁士同步，类似的清洗也发生在德国的其他地方。奥托·迪 416
克斯被德累斯顿艺术学院（Dresden Art Academy）解聘，但私下仍在继续工作，尽管他的画作已被从美术馆和博物馆撤下。建筑师密斯·凡·德·罗拒绝辞去艺术学院院士之职，结果被开除。密斯·凡·德·罗曾试图在柏林的一座废弃工厂重建包豪斯，但动工不久即于 1933 年 4 月遭到警察的突袭并被关闭。他徒劳地声辩，包豪斯是一所不带任何政治色彩的学院。包豪斯的创始人瓦尔特·格罗皮乌斯申辩说，作为一战老兵和爱国人士，他的目的仅仅是重建真正的、有生命力的、德意志的建筑与设计文化。包豪斯并无政治意图，更不是反纳粹的宣言。然而在当时的德国，艺术绝非与政治无关的，因为魏玛时期激进的现代派运动，从达达主义到包豪斯，都传播了这样的观点：艺术是改造世界的工具，纳粹党人只是利用这个文化—政治态势来实现他们自己的目标。此外，把希望寄托在约瑟夫·戈培尔身上，始终是件冒险的事情。这些艺术家指望戈培尔会及时为他们辩护，但他们的期待终将以最惊人的方式化为泡影。[56]

四

据估计，大约有 2000 位德国艺术界的活跃人物在 1933 年之后移居国外。[57] 其中包括许多当时在国际上声誉卓著的顶尖艺术家和作家。戈培尔后来决定剥夺他们的德国公民权，但他们的处境并未因此而有所改善。对许多这样的流亡者来说，无国籍意味着异常的艰辛，因为难以从一个国家过境到另一个国家，找工作时也会遇到各种麻烦。由于没有身份文件，官方往往不承认他们的存在。纳粹政权公布了一系列名单，正式剥夺这些人的德国公民权，宣布他们的护照和身份文件作废，1933 年 8 月 23 日公布的首批作家包括利翁·福伊希特万格、海因里希·曼、恩斯特·托勒和库尔特·图霍尔斯基；不久又公布三份名单，包括了大部分其余的著名流亡者。
417 托马斯·曼不仅被剥夺公民权，还被撤销了波恩大学授予的荣誉学位。他致校长的公开抗议信很快赢得流亡者们的崇敬。[58] 德国的文化生活蒙受了巨大损失，享有国际声望的作家、艺术家和画家几乎无人留在国内。顶尖的指挥家和音乐家全部被迫流亡，一些德国最有才华的电影导演也出走国外。在流亡中，有些人成就辉煌，有些人则不然；但每个流亡者都知道，文化和艺术在第三帝国治下所面临的困境，将比他们中的多数人在国外所遭遇的任何困难都严峻得多。

有一部新剧生动地展示了等待着那些 1933 年之后留在德国的艺术和文化爱好者的是什么。此剧是应希特勒的要求而献给他的，于 1933 年 4 月 20 日希特勒生日那天在柏林的国家剧院首演，希特勒和戈培尔等纳粹头目观看了演出。在舞台上担纲主演的包括：不久将成为第三帝国时期德国电影界台柱子之一的法伊特·哈兰（Veit Harlan）；还有当红男演员阿尔贝特·巴塞曼（Albert Bassermann），他出演此剧仅仅是因为对戈培尔本人的邀请感到盛情难却；以及赫尔曼·戈林所爱慕的年轻女演员埃米·松内曼（Emmy Sonnemann），她不久后成为戈林的第二任妻子。这出爱国剧结束时，观众没有鼓掌，而是全体起立，齐唱《霍斯特·韦塞尔之歌》，唱毕才开始鼓掌，全体演员在掌声中一再行纳粹礼，只有巴塞曼例外，他以传统的谢幕方式把双臂交叉在胸前向观众鞠躬。巴塞曼出身名门，是自由派政治家的子弟，与新政权格格不入。他娶了犹太女演员埃尔泽·席夫（Else Schiff），于 1934 年携妻移居美国。此剧是《施拉格特》（*Schlageter*），剧本改编自 1920 年代初下莱茵区民族主义者起义反抗法国占领者的故事。作者是一战老兵、表现主义剧作家汉斯·约斯特（Hanns Johst），他在 1920 年代晚期逐渐趋向纳粹党的立场。他的表现主义手法可见于终场时别出心裁的一幕：

行刑队从舞台深处向被绑着的施拉格特射击，枪管发出的光线从他的心脏处穿过，径直投向观众席，使观众与施拉格特一起成为法国镇压的受害者，以此唤起观众对该剧关于流血与牺牲的纳粹主题的 418
认同感。[59]

此剧很快爆得大名，其原因与首映礼上纳粹党的浮华排场无关。由于它得到了高调的宣传，因此人们普遍认为它代表了纳粹党对文化的态度。无论是去观看此剧还是从报刊上阅读关于它的文章，人们普遍注意到，主要人物之一、由法伊特·哈兰扮演的弗里德里希·蒂曼（Friedrich Thiemann）拒绝接受一切知识和文化的观念和概念，他在与学生施拉格特争论的几幕戏中说，为了民族的利益，知识和文化应该被鲜血、种族和牺牲取代。蒂曼在其中一幕争论戏里说："一听到'文化'这个词，我就拉开勃朗宁手枪的保险栓！"[60]对许多有教养的德国人来说，这似乎概括了纳粹党对艺术的态度。这句台词迅速传开，完全脱离了它原来的语境。不久，这句台词就在转述过程中被说成出自这位或那位纳粹头目（主要是赫尔曼·戈林）之口，并且被简化为更加朗朗上口、改头换面但一再被引用的表述："一听到文化这个词，我就掏枪！"[61]

第三节

“打倒非日耳曼精神”

一

419 马丁 · 海德格尔（Martin Heidegger）是魏玛共和国最后几年里德国最著名的哲学家，为他赢得巨大声望、使之被奉为思想家的，主要是1927年出版的巨著《存在与时间》（*Being and Time*），这部专著阐述了哲学的基本问题，比如存在的意义与人性。此书深奥难懂，行文之晦涩常常令人生厌，它运用埃德蒙德·胡塞尔（Edmund Husserl）的现象学方法来解释困扰着古希腊以还的哲学家的问题，胡塞尔是他的老师和弗赖堡大学哲学系的前任系主任。此书一出即被誉为经典。在后来的岁月里，海德格尔的思想对法国的存在主义哲学家及其追随者产生了重大影响。但此书的悲观气质更为直接地表明，海德格尔已逐渐从天主教思想中解放出来（他1889年生于天主教家庭），转向一种更受新教思维方式影响的思考模式。尤其到魏玛共和国末期，海德格尔逐渐相信有必要重建德国人的生活与思想，开启精神团结与民族救赎的新时代。到1930年代初，海德格尔开始认为自己已在国家社会主义里找到了他所寻觅的答案。[62]

海德格尔在1932年已暗中与弗赖堡的国家社会主义德意志学生同盟的领军人物建立了联系。他毫无大学管理经验，但在纳粹党掌权之后，教授中的一小群纳粹党员认为校长职位非他莫属；海德格尔的学术声望和政治信仰，也使他成为取代预定于1933年4月就任校长之职的自由派教授威廉·冯·默伦多夫（Wilhelm von 420
Möllendorff）的合适人选。海德格尔渴望得到这个职位，遂与刚刚纳粹化了的巴登教育部接洽；而默伦多夫则迫于本地和地区级报纸对他进行的人身攻击而选择退出。纳粹教授们推举了海德格尔，在大学内外共同施压之下，他获得了几乎全体教授的支持票，于1933年4月21日正式当选为校长。实际上，在弗赖堡大学的93位教授中，有12位犹太人，他们是仅有的不支持海德格尔的教授阵容，但他们无法参加投票，因为巴登地区的帝国行政长官、纳粹党支部书记罗伯特·瓦格纳（Robert Wagner）援引4月7日颁布的法律，已将他们作为“非雅利安人”予以停职。[63]

5月27日，海德格尔发表校长入职演说。他对汇聚一堂的教授和身穿褐衫的纳粹要员宣告：“‘学术自由’将不再是德国大学生活的准则，因为这不是真正的自由，因为它只起消极作用。它意味着缺乏关怀、观点武断、主观倾向性明显、行事首鼠两端。”他说，时代要求大学在德意志民族中寻找精神支柱，在德意志民族此时正履行的历史使命中发挥自己的作用。德国学生正在做开路先锋。海德格尔的演讲充斥着“领袖原则”的新式语言，开篇头一句就对听众说他接任了“这所大学的精神领袖”，并且借用封建用语“侍从”指代学生和教师，这与纳粹头目当时在劳资关系方面的普遍做法如出一辙。从新校长使用的上述概念可以清晰地看出，学术自由（无论它的定义是什么）确实已成往事。[64]为了用有象征意义的方式强调这一点，在典礼结束时，与会的教授和来宾齐唱《霍斯特·韦塞尔之歌》，典礼节目单背面印着歌词，并且提示唱到第四段时应该举起右手，唱毕应高喊“胜利万岁”（Sieg Heil!）。[65]

海德格尔不久就着手把弗赖堡大学纳入一体化进程。他已于5月1日“劳动节”那天在媒体的大力宣传中正式加入纳粹党，此
421 时又在大学管理中采用领袖原则，绕开或者压制大学里那些按照民主代议制运作的团体，并且参与起草巴登地区的一部新法律，该法规定校长为不经选举产生、不限任期的大学“领袖”。不久，他知会巴登教育部：“我们现在必须投入全部力量征服智识阶层和学术界，使之支持国家政治的新精神。这场交锋将不会轻松。胜利万岁！”[66]海德格尔用不实的指控向州政府告发了同事、化学家赫尔曼·施陶丁格（Hermann Staudinger），并协助政治警察调查他，不过警察最终没有采信这些指控，而且施陶丁格申辩说自己的工作对国家具有重要意义，遂得以留任。海德格尔还乐于执行解聘大学教师中犹太人的规定，仅要求对两位国际知名的学者网开一面：一位是语文学家爱德华·弗伦克尔（Eduard Fraenkel），但他还是被解雇了；另一位是化学教授格奥尔格·冯·海韦西（Georg von Hevesy），他拥有广阔的国际人脉，是洛克菲勒基金会（Rockefeller Foundation）巨额研究资金的接受人，他得以留任，直至翌年移居丹麦。那些被迫与大学断绝关系的犹太人包括海德格尔的助手维尔纳·布罗克（Werner Brock）和导师埃德蒙德·胡塞尔，有人说海德格尔亲自下令禁止弗赖堡大学图书馆保存胡塞尔的著作，但这个一再被转述的故事并无根据。胡塞尔是一位爱国的民族主义者，其子在一战中阵亡，他认为自己与海德格尔之间有私谊，因此对自己受到的待遇深感失望。他在5月4日写道：“唯有未来可以对此做出评判：在1933年，何处是真正的德国，谁是真正的德国人——是那些赞同如今大行其道的、或多或少带有唯物主义虚无感的种族偏见的人，还是那些心地纯良、思想纯正的德国人，即德国伟大先贤的传人，他们尊敬并传承着先贤的传统。”[67]胡塞尔于1938年去

世时，海德格尔没有参加葬礼。[68]

海德格尔加入了四处蔓延、迅速升温的希特勒崇拜，他告诉学生们："元首，唯有元首本人，才**是**现在与未来的德国现实，以及德国的法律。请记住：从今以后，遇事要有决断力，行动要有责任感。希特勒万岁！"[69] 他的雄心甚至膨胀到试图与志趣相投的其他大学校长合作，从而成为全国大学体系中的领军人物。在 1933 年
6 月 30 日的演讲中，他抱怨"民族革命"尚未触及多数大学，鼓 422
励海德堡大学的纳粹学生发动一场激烈的运动，驱逐校长、保守派历史学家维利·安德烈亚斯（Willy Andreas）。在一个星期后的 7 月 8 日，安德烈亚斯被纳粹党人选威廉·格罗（Wilhelm Groh）取代。[70] 但海德格尔毫无政治经验，很快陷入大学里司空见惯的关于聘任事务的纠葛，不敌巴登教育部官僚的手段，遭到了褐衫学生的嘲笑，他们认为海德格尔不过是个空想家而已。

在柏林有报道显示，到 1934 年初，海德格尔已确立了其"国家社会主义哲学家"的地位。但在纳粹思想家看来，海德格尔的哲学过于抽象难懂，似乎用处不大。他在同事中间拥有广泛的影响力，是因为他倡导重新关注知识与真理的基本价值，进而主动把德国的大学生活与国民生活重新联结起来。这一切听起来非常宏大。尽管他的介入受到了许多纳粹党徒的欢迎，但细究起来，他的想法与纳粹党的目标似乎并不真正合拍。难怪他的敌人能够争取到阿尔弗雷德·罗森贝格的支持，罗森贝格本人的志向就是成为国家社会主义哲学家。校园政治的琐屑在海德格尔看来，可悲地显示出大学里所缺失的正是他希望弥漫于校园的那种新精神，他对这种琐屑越来越厌倦，加之无缘发挥国家级作用，海德格尔遂于 1934 年 4 月辞职，但他继续支持第三帝国，始终拒绝反思自己在 1933—1934 年的所作所为，直至 1976 年去世仍不肯为此道歉。[71]

二

纳粹领导层在各大学行事较为便利，因为不同于有些国家，德国的院校全部由国家出资，大学教师都是公务员。因此他们直接受 1933 年 4 月 7 日法律的影响，该法律规定开除政治上不可靠的政府雇员。到 1933—1934 学年开始时，编制内的 7758 名大学教
423 师中共有 1145 人被解聘，占总人数的 15%，其中包括 313 位教授。在柏林和法兰克福，解聘比例达到近三分之一。截至 1934 年，5000 名大学教师中约有 1600 人被迫离职。被解职的教师多数是出于政治原因，大约三分之一是由于被归类为犹太人而被解聘。[72] 学术界出现了移民潮，15.5% 的大学物理教师移居国外，在哥廷根大学（Göttingen University），辞职或者被辞退的物理学家和数学家人数之多，已到了严重影响教学的程度。[73] 而且，离职者通常比留任者优秀；针对大学中生物学家所做的一项研究显示，根据 1945—1954 年的科学论文引用标准指数，45 位活到二战后的离职者人均被引用 130 次，而 292 位幸存的留任者的相应数据仅为 42 次。[74]

世界知名的科学家，如果本人或妻子有犹太血统，或者公开批评纳粹党，都被逐出了德国的大学和研究所，包括 20 位曾经的或者后来的诺贝尔奖得主，其中有阿尔伯特 · 爱因斯坦（Albert Einstein）、古斯塔夫·赫兹（Gustav Hertz）、埃尔温·薛定谔（Erwin Schrödinger）、马克斯 · 玻恩（Max Born）、弗里茨 · 哈伯（Fritz Haber）和汉斯 · 克雷布斯（Hans Krebs）。爱因斯坦已在柏林工作 20 年，他的相对论为现代物理学带来了突破性进展。1933 年 1、2 月份在美国访问期间，他从遥远的异国谴责了国会纵火案之后纳粹党的残暴行径。作为报复，纳粹政府没收了他的财产，同时，教育部要求普鲁士科学院（Prussian Academy of Sciences）驱逐他。

爱因斯坦在被逐之前主动辞职，招致一场公开叫骂，科学院指责他在国外散布关于暴行的传言。他再度赴美，余生在普林斯顿大学度过。[75] 爱因斯坦于 5 月 30 日写信给他的同事、同样流亡国外的马克斯 · 玻恩说："我想你是知道的，我对德国人从来没有特别的好评（就道德和政治层面而言）；但我必须承认，他们的残忍和怯懦程度还是让我吃惊不小。" [76]

化学家弗里茨 · 哈伯不具备爱因斯坦那种和平主义和国际主义的秉性，实际上，他是 1914—1918 年研发毒气作为战争工具的主要负责人。他虽是犹太人，但因其在战争中的贡献而免于被解聘。然而，许多犹太裔同事被他供职的研究所解雇，促使哈伯于 1933 年 4 月 30 日辞职，并公开声明说他不需要别人来告诉他 424
应该选择与谁合作以及不该与谁合作。哈伯离开德国前往剑桥大学，在那里过得并不如意，于翌年去世。[77] 上述这类知名人物的流失，在德国科学界令许多人深感忧虑。非犹太裔的马克斯 · 普朗克（Max Planck）于 5 月当面向希特勒提出了抗议，他也是著名科学家，当时已成为德国首要科研机构威廉皇帝学会（Kaiser Wilhelm Society）的主席。普朗克后来回忆道，希特勒对他大谈了一番犹太人全是一丘之貉的道理："犹太人全是共产党，这些人是我的敌人……犹太人都爱抱团。不管在哪儿，只要有一个犹太人，各类犹太人就会立即聚拢过来。" [78]

有些犹太裔科学家与哈伯一样，按照一战犹太老兵的特殊待遇本可以留任，但他们公开抗议其他犹太裔科学家所受的待遇并且选择辞职，其中包括诺贝尔奖得主、哥廷根大学的实验物理学家詹姆斯 · 弗兰克（James Franck），他在一封由 42 位大学同事（其中仅有一位来自物理学与数学领域）签署的集体抗议信上签了名，为此被指控从事破坏活动，无奈之下离开德国赴美工作。海德堡大学医学系对犹太同事遭到解雇的反应备受瞩目，因为它实在非同凡响：

在1933年4月5日发表的致巴登教育部的正式声明中，系主任里夏德·西贝克（Richard Siebeck）指出犹太人对于医学所做的贡献，批评了无视大学的自主权和责任感的“冲动型暴力措施”。[79] 西贝克及其医学系同仁的例子基本上后无来者。那些留任的非犹太裔科学家中的大多数，以马克斯·普朗克为首，尽力在科学研究上保持正直和政治中立，只在口头上敷衍纳粹政权。普朗克开始安排在威廉皇帝学会的会议上行纳粹礼、向希特勒致敬，以此规避进一步的清洗。物理学家维尔纳·海森堡（Werner Heisenberg）因在量子力学领域取得的进展而获得诺贝尔奖，他认为重要的是留在德国，以保持科学价值的完整。然而不久就可以清楚地看到，他们是在进行一场注定失败的战斗。[80]

多数德国教授留住了职位，其中绝大多数在政治立场上属于
425 保守派，他们大致认同希特勒的合作伙伴民族党的观点，即认为魏玛民主制度是一场灾难，早就应该恢复旧帝国的统治集团和等级结构了。但许多人超越了此立场，积极拥护国家社会主义政府，尤其是人文和社会科学领域的教师。3月3日，约300位大学教师联名发表呼吁书，号召选民支持纳粹党；5月，不少于700位大学教师在一份呼吁书上签名，支持希特勒和国家社会主义政府。海德堡大学的社会学家阿诺尔德·贝格施特雷瑟（Arnold Bergsträsser）阐释了纳粹政权把国家与社会合二为一的正当性，说这种方式可以克服民主制度显而易见的缺陷。法律系的律师瓦尔特·耶利内克（Walter Jellinek）为1933年的“革命”辩护，说它反对的是自由派，而不是民主派，并且指出，公民只有服从政府，才可能获得完整的人类尊严。作为德意志人民党党员、强烈反对魏玛共和国的右翼人士，耶利内克认为政府的反犹措施是必要的，因为学术界已人满为患。他还认为（这预先道出了后来的史家观点），希特勒的权力将由于帝国内部其他权力中心的存在而受到限制。这在其他方面或许

是事实，但在对待犹太人的政策上却并非如此。耶利内克本人就是犹太裔，他恰恰是在自己所热烈拥护的民族主义革命进程中被依法解除了教职。同系的其他教授提出，法律应该表达人民的心声，法官应该根据纳粹思想做出裁决。德语教授宣称，纳粹革命为德语学习赋予了爱国的新意义。他谴责“犹太思维”和“犹太文学”损害了德国的“生存意志”。[81]

很快，刚刚纳粹化了的各地教育部不仅针对聘任事务，也针对教学与研究制定了政治标准。帝国教育部长伯恩哈德·鲁斯特把这方面的权力统统把持在自己手中。巴伐利亚州文化部长 1933 年在慕尼黑对汇聚一堂的教授们说：“从今以后，需要你们做出判断的，不是某事真实与否，而是它符不符合国家社会主义革命的利益。”[82]纳粹头目既不关心传统的教学与研究自由，也不关心传统的大学价值。实际上，他们对科学本身并不关心。法本公司董事会主席、诺 426
贝尔奖得主、化学家卡尔·博施（Carl Bosch）于 1933 年夏面见希特勒，当他抱怨驱逐犹太裔教授的做法损害了德国的科学利益时，遭到了无礼的对待。博施说，物理学领域的解聘比例特别高，占被逐大学教师的 26%，其中包括 11 位诺贝尔奖得主，化学领域亦然，比例高达 13%，这严重削弱了德国科学界的实力。希特勒粗鲁地打断了老科学家，说自己对此毫不知情，况且德国根本用不着物理学和化学也能在未来的百年里继续取得进步，然后按铃唤来副官，对他说博施要告辞了。[83]

三

在大学里推动一体化进程的主要是学生。学生们组织舆论战，在本地报纸上抨击不合时宜的教授，成群结伙地在他们的课堂上捣乱，带领冲锋队小分队搜查和突袭他们的住宅。还有一个招数用来反衬某些教授在政治上的不可靠，就是安排客座讲座时邀请政治正确的人物，比如海德格尔，他保准会对纳粹政权表示热烈拥护，而别人不见得每次都有这样的表现。在海德堡大学，有位纳粹积极分子指挥冲锋队在物理学家瓦尔特·博特（Walter Bothe）的研究所楼顶、他办公室的正上方长时间地走队列，以此干扰他的工作。[84]在一所又一所大学里，受人尊敬的校长和资深行政人员遭到排挤，取而代之的往往是平庸人物。这些人之所以上位，仅仅因为他们是纳粹党员而且受到纳粹学生组织的支持。其中的典型人物是恩斯特·克里克（Ernst Krieck），他是坚信男性至上论的纳粹理论家，于 1933 年成为法兰克福大学的校长。在突然升迁之前，他一直在法兰克福市一所师范大学讲授教学法，是个无足轻重的教授。[85]在达姆施塔特工业大学（Darmstadt Technical University），兼职讲师卡尔·利泽尔（Karl Lieser）于 1933 年初入党，因在 5 月份向黑森州教育部检举许多同事而激怒了他在建筑系的同事们；大学理事
427 会对这种行径感到愤慨，取消了利泽尔的教师资格，请求教育部开除他，并且暂时关闭大学以示抗议。然而第二天，学生们重新打开学校大门，占领了教学楼，与此同时，教育部任命达姆施塔特市市长为代理校长。教授们在这种压力下屈服了。利泽尔复职，1934 年成为教授，并于 1938 年升任校长。德国各大学都发生了类似事情，这些事件标志着教授群体骤然失去了传统的权力。莱比锡的纳粹学生领袖爱德华·克勒姆特（Eduard Klemt）宣布：“大学已经在咱们手里啦，可以按我们的意思办事了。”[86]

各地的学生会没有满足于推进教授群体的纳粹化，他们还要求正式参与教授的选聘事务，要求在纪律委员会中取得代表资格。然而事实证明，这一步越界了，相当愚蠢，因为学生团体参与此类事务有悖于大学的领导原则。到 1933 年夏，纳粹化了的教育部和大学当局开始压制学生的骚乱：禁止学生把令他们反感的书籍移出图

书馆并销毁；阻止了全国学生会在每座大学城搭建一个颈手枷的计划，学生们原打算把“非日耳曼”教授的出版物钉在颈手枷上。1933 年上半年里的大规模干扰和暴力行为几乎使大学生活陷入瘫痪，但在此期间并无学生因政治性骚乱行为而真正受到纪律处分。不过，当局的态度此时已经明朗：普鲁士教育部宣布，学生会有责任“让每位成员遵守秩序和纪律”。[87] 然而，学生们在此之前对知识自由和学术自主权进行的暴戾打击已经震惊世人、恶名远播，现在只要人们反思纳粹主义，就会想起此事。

1933 年 5 月 10 日，德国学生在全国的 19 座大学城组织了一场“打倒非日耳曼精神的行动”。他们编制了一份“非日耳曼”图书清单，把那些书从他们所能找到的各种图书馆里搜出来，堆在公共广场上点火焚烧。约瑟夫·戈培尔应学生们之邀参加了柏林的焚书行动，他称之为一场“有力的、伟大的、有象征意义的行动”，并告诉学生们， 429
他们“把以往的邪恶精神付之一炬，做得好”。[88] 书籍被一本接一本扔进知识的火葬柴堆，同时伴着诸如此类的口号：“维护民族共同体和理想主义世界观，打倒阶级斗争论和唯物主义——烧掉马克思、考茨基（Kautsky）；维护家庭和国家的纪律与道德，打倒颓废堕落和道德腐朽——烧掉海因里希·曼、恩斯特·格莱泽（Ernst Glaeser）、埃里希·克斯特纳（Erich Kästner）。”弗洛伊德的著作被焚，是因为“贬损地夸大了人的动物性”；通俗历史学家和传记作家埃米尔·路德维希（Emil Ludwig）的作品被焚，是因为“贬低”了德国历史上的“伟大人物”；激进的和平主义记者库尔特·图霍尔斯基和卡尔·冯·奥西茨基的著作被焚，是因为“傲慢和自负”。焚书清单中的一个类型专门留给了埃里希·玛丽亚·雷马克，他的批判小说《西线无战事》被付之一炬的理由，是为了“维护关于战备意识的国民教育，打倒那些背叛了一战将士的文学作品”。除了上述排比句口号所列的作品，还有许多书也被焚烧。为配合这场行动，全国学生组织发表了“12篇打倒非日耳曼精神的论文”，要求推行审查制度、清洗图书馆，并且宣布：“我们的对手是犹太人以及一切服从于他们的人。”[89]

作为这场行动的前奏，3月12日，冲锋队洗劫了位于海德堡市中心的工会图书馆，搬出图书，在门外的一个小火堆中焚烧。这场焚烧马克思主义书籍、打倒马克思主义思想的行动基本上是自发的，并无直接后果和后续行动。然而与之相比，5月10日的焚书行动在规模上则大得多，准备工作也全面得多。学生们从4月中旬开始仔细搜索各家图书馆和书店，为这场焚书做足了准备。行动期间，学生们胁迫各家书店在橱窗上张贴海报宣传此事，有些书商勇敢地予以拒绝，但许多书商则屈从了。海德堡市的焚书发生于5月17日，在冲锋队、党卫队和“钢盔”以及学生决斗队成员的配合下，学生们举着燃烧的火把，把共产党和社会民主党的徽章和书籍一起扔进火中，一边高唱《霍斯特 · 韦塞尔之歌》和国歌。在现场演讲的人把焚书行动描述为对“非日耳曼精神”的一次痛击。代表“非日耳
430 曼精神”的作家包括统计学家埃米尔 · 尤利乌斯 · 贡贝尔，他曾统计了魏玛时期右翼阵营所犯的谋杀案，1932年夏被迫放弃在大学的教席。魏玛共和国曾经接纳了这种“犹太颠覆”精神，现在它终于被打发进了历史。[90]

这一切标志着数星期前由宣传部在各地发动的“打倒非日耳曼精神”行动达到了高潮。[91] 像第三帝国史上经常发生的那样，表面上自发的行动，实际上是统一协调的，但这次的协调者不是戈培尔，而是全国学生会。为了便于行动，负责清洗柏林公共图书馆的纳粹干部提供了一份焚书清单，全国学生会的总部拟定并下达了行动时使用的口号。纳粹学生组织用这种办法，确保了在所有大学城开展的焚书行动采取大致相似的方式。[92] 而且在全国各地，有学生带头的地方，其他人就跟着干。例如，在小镇新伊森堡（Neu-Isenburg）

地图 18　1933 年的德国大学

1933年的夏至庆祝活动上，一大群人在消防站背后的空地上围观高高堆起的“马克思主义”文学作品被焚烧，当地的女子体操俱乐部成员绕着火堆跳舞，当地的纳粹党支部书记发表演说，然后聚集的群众高唱《霍斯特·韦塞尔之歌》。焚书行动的参与者绝不限于高校学生。[93]

纳粹的焚书行动刻意模仿了一次先例。1817年10月18日，图林根的瓦尔特堡（Wartburg）举行了宗教改革300周年庆典，纪念马丁·路德发表抨击天主教会的论文、揭开宗教改革的序幕。在当天庆典的尾声，持激进民族主义立场的学生们把权威的象征以及《拿破仑法典》（*Code Napoléon*）等“非德意志的”书籍投入火堆，象征着执行火刑。这次行动也许为德国民族主义者的一系列示威活动提供了先例，但其实与后来模仿它的1933年行动基本上没有共同之处，因为瓦尔特堡纪念活动主要关心的是表达对波兰的支持、声援德国的新闻自由——梅特涅亲王创立的警察制度所实行的大规模新闻审查限制了报界的自由。不过，1933年5月10日，在刚刚纳粹化了的大学当局的鼓励或纵容下，当烈焰在德国历史悠久
431 的学府腾空而起的时候，肯定有不少人想起了诗人海因里希·海涅（Heinrich Heine）一个世纪前对瓦尔特堡事件的评论：“在焚书的那个地方，最终也将有人被焚。”[94]

四

1933年初的几个月里，在纳粹以暴力、恐吓和野蛮手段打击公民社会的过程中，有一个特殊的小群体遭受到特别强烈的仇视和敌意：德国犹太人。这既不是因为他们像共产党和社会民主党那样属于纳粹党的劲敌，也不是因为需要胁迫他们像其他政治组织和社会团体一样，融入纳粹迅速建立一党独裁政权的进程。纳粹对犹太人

的攻击有着相当不同寻常的特点。把犹太人逐出普鲁士艺术学院等重要的文化机构、大型交响乐团、艺术学校和博物馆，触目惊心地显示出，纳粹把犹太群体视为外来的非日耳曼精神的主要渊薮，把驱逐犹太人视为一场可以使德国恢复“日耳曼民族性”的文化革命的组成部分。“反犹主义”与“犹太人在德国社会的真正作用和地位”之间，一向仅有非常牵强和间接的关系，多数犹太人过着无可指摘、循规蹈矩的生活，总体而言在政治上颇为保守。但是纳粹党刚刚上台，犹太人就开始感受到冲锋队倾泻而出的积恨。实际上，褐衫军早在 1932 年秋就对犹太人的商店和企业、犹太会堂等场所实施了一系列炸弹袭击。希特勒被任命为总理之后的数星期里，冲锋队闯入犹太会堂，亵渎宗教用具；砸碎犹太商店的橱窗；随意羞辱犹太人，剃掉他们的胡子，或者效仿意大利法西斯分子发明的惩罚措施，强迫他们喝下大量蓖麻油。[95]3 月 5 日选举之后，暴力达到了新水平。选帝侯大街（Kurfürstendamm）是柏林的时尚购物街，许多纳粹党徒视之为犹太人喜欢聚集的区域。选举后第二天，褐衫军团伙沿着这条街横冲直撞，搜寻犹太人，殴打他们。在布雷斯劳，一伙冲锋队员绑架了剧院的犹太裔导演，用橡皮棍和狗鞭打得他差点儿丧 432
生。在东普鲁士的柯尼斯堡，一座犹太会堂被焚烧，一位犹太商人被劫持、狂殴，后来重伤而死。成群结伙的冲锋队员在许多地方涂抹、封锁犹太人的商店。[96]

在布雷斯劳，冲锋队员于 3 月 11 日袭击了法院大楼的犹太裔法官和律师。各法庭休庭三天，等到重新开庭时，迫于褐衫军的压力，法院院长裁定，仅允许此前在布雷斯劳执业的 364 名犹太裔律师中的 17 人进入法院大楼。冲锋队员在德国全境冲击法庭，把正在庭审的犹太裔法官和律师拖走，殴打他们，不许他们再出庭。这些行动造成的扰乱，连希特勒也觉得过于严重，他在 3 月 10 日要求停止这种“个人行为”，以免扰乱公务或者损害经济。关于这个问题，他已收到包括帝国银行在内的重要商业机构的投诉。希特勒还亲自强令莱比锡的纳粹党头目取消了以揪出犹太裔律师为目标的突袭帝国法院计划。[97] 但帝国法院以下的各级法院就是另一码事了，他未加干预。纳粹报刊继续发表疯狂的煽动文章，要求清洗司法界的犹太裔专业人士，支持此事的请愿书潮水般涌向帝国司法部，它们来自“民族主义”律师团体。事实是，尽管对犹太商店和企业的袭击使希特勒在联合政府中的民族党伙伴感到不安，然而对犹太律师的攻击却基本上没有引起不安。在司法界，极少有人抵制这种攻击行为，或者说无人抵制，就连不赞成这种做法的人也不曾抵制。见习法官雷蒙德·普雷策尔正坐在柏林法院的资料室里，褐衫军冲进了大楼，高声驱逐所有犹太人。“有个褐衫军走到我的桌前，”他后来回忆道，“‘你是雅利安人吗？’我来不及多想，应声说：‘是。’他凑上来端详我的鼻子，然后走开了。血涌上我的面颊，我感到了耻辱和挫败，刚才太迟钝了……用那样的回答换取留下来安静查阅文件的权利，真丢脸！”[98]

433 希特勒的干预仅仅使一系列暴力事件暂时有所减少，却根本未能全面制止。刚过两个星期，它们又开始了。1933 年 3 月 25 日，来自外地的 30 名冲锋队员闯入西南部的下施泰滕（Niederstetten）的犹太人住宅，把里面的成年男子拉到市政厅，用几乎不加控制的残暴手段殴打他们；同日上午，在附近的小镇克雷格林根（Creglingen），类似的事件导致 18 位遭到殴打的犹太裔男子中的 2 人死亡。在威斯巴登（Wiesbaden），成群结伙的青年砸碎犹太商店的橱窗。下巴伐利亚的地方官在 3 月 30 日汇报：

> 本月 15 日清晨，快 6 点的时候，一辆卡车载着几个身穿深色制服的人出现在犹太商人奥托·泽尔茨（Otto Selz）位于施特劳宾（Straubing）的住宅前。还穿着睡衣的泽尔茨被带出家门，

> 塞进卡车绑走。大约 9 点半，泽尔茨在兰茨胡特区的翁格（Weng）附近的树林里被发现，已被击毙……几个村民说，看见卡车上的人当中有一些佩戴着红色卐字袖标。[99]

希特勒的干预表明，这些事件并不是任何已成型计划的组成部分，而是表达了各级纳粹党徒内心对犹太人的仇恨、愤怒以及暴力倾向。冲锋队的暴虐，在此之前主要是针对帝国国旗团和红色阵线战士同盟，但此时因纳粹党的胜选而得到全方位释放。既不受制于警方的干涉，也不受司法检控的真正威慑，于是纳粹党徒在袭击犹太人的行动中尽情泄愤。虽然纳粹领导层希望控制住暴力，但他们的实际做法却是在不断推波助澜——他们不但把反犹情绪宣之于口，还让由尤利乌斯·施特莱歇尔的《冲锋报》领衔的纳粹报刊持续刊登反犹文章。[100] 据一份显然不完全的估计，截至 1933 年 6 月底，纳粹冲锋队已杀害 43 名犹太人。[101]

这些事件在境外并非无人关注。外国报纸驻柏林的记者报道说，看见被打得失去知觉的犹太人躺在柏林的街上，鲜血顺着他们的脸颊流下来。批评性报道出现在英国、法国和美国的报刊上。[102]3 月 26 日，保守派外交部长冯·诺伊拉特对美国记者路易斯·P. 洛克纳（Louis P. Lochner）说，境外的“暴行宣传”让人想起关于德军 1914 年所犯暴行的比利时传言，它很可能是一场用假消息攻击德国 434
政府的协同行动的组成部分；而革命注定要伴随着“某些越轨行为”。与诺伊拉特不同，希特勒本人公开把这些报道描述为“犹太人用暴行故事进行的诽谤”。同日在贝希特斯加登（Berchtesgaden）与戈培尔、希姆莱和施特莱歇尔开会时，希特勒决定把基层党员的反犹干劲引导为一场协同行动。3 月 28 日，他下令各级党组织做好准备，在 4 月 1 日对犹太人的商店和企业实施一场抵制行动。这场行动在第二天获得了内阁的批准。[103] 抵制行动远非出于一时冲动而对国外“暴行宣传”的一次迅速回应，而是纳粹党内人士，尤其是那些最敌视“犹太”大企业(例如百货商店和金融机构)的人筹划已久的。纳粹头目既不是第一次也不是最后一次认为，欧洲的犹太人与美国的犹太人之间有着一致的利益，甚至阴谋的勾结，但这种关联实际上并不存在。在用于发表的日记中，戈培尔写道，有必要让犹太人知道，“我们决心已定，绝不罢手”。[104]

纳粹上述说法的不属实，在这件事情上得到了展示：犹太教德国公民中央协会拍电报给纽约的美国犹太人委员会，要求它取消“敌视德国的示威活动”，结果遭到断然拒绝，尽管美国的犹太群体对此存在意见分歧。美国许多城市在 3 月 27 日举行抗议集会，随后开展了抵制德国货的运动，此运动在 4 月 1 日之后的几个月里取得了越来越大的成功。[105] 这反倒使戈培尔越发认为应该“以最强硬的态度”抵制犹太人的商店和企业。“如果外国停止诋毁，那么我们的抵制行动就会停止，”他继续写道，“否则，殊死的斗争将会展开。现在，德国的犹太人必须对他们在全世界的同种族同志们施加影响，以免他们在这里吃苦头。”戈培尔于 4 月 1 日驱车穿越柏林，巡视抵制行动的进展，他说自己满意极了：“犹太商店全部关闭。冲锋队哨兵站在店门前。公众表示一致支持。一派严守纪律的景象，堪为楷模。壮观的场面！”使场面更加壮观的，是下午“15 万柏林工人”反对“外国诋毁”的大规模示威活动，以及傍晚 10 万希特勒青年团团员的分列式。戈培尔满意地写道：“群情激愤，不可名状……
435 抵制是德国在道义上的一次伟大胜利。”他确实觉得获得了大胜，以至于第二天就得意地写道：“外国逐渐恢复了理智。”[106]

几个月后当戈培尔的这部分日记发表时，读到它的德国人却明白这是从纳粹的视角对 4 月 1 日的局面所做的乐观描述。当然，冲锋队员非常活跃，他们到处张贴醒目的海报告诉人们：“不要在犹太人的小店和百货商店买东西！”命令人们不要找犹太裔律师和医生，并且告诉人们这样做的所谓理由："犹太人正在国外诋毁我们。"一辆辆卡车上贴着类似的海报、满载着冲锋队员在街道上飞驰而过，党卫队和"钢盔"小分队气势汹汹地站在犹太零售商店的门外，要求每一位进店购物的人出示身份证件。许多非犹太商店张贴海报，宣明自己是"得到认可的日耳曼裔基督徒的商号"，这样做仅仅是为了避免误会。纳粹领导层已经向冲锋队做了重要指示：这场针对犹太人的行动将由中央统一协调，冲锋队不得擅自施行暴力。4 月 1 日执行抵制任务的大多数冲锋队员确实避免了严重扰乱治安，其行为保持在威胁和恐吓的级别。那天，商店本身似乎极少受到真正的物理破坏，但许多地方的褐衫军在商店橱窗上涂抹了标语，有几个地方的褐衫军忍不住砸碎玻璃窗、抢劫商品、逮捕反对者，或者揪出犹太店主，押着他们游街，在他们体力不支而倒下时又殴打他们。[107]

人们聚集在被抵制的商店门外围观。但与纳粹报刊的报道相反，人们并没有表现出对犹太人的愤怒，而是大多保持消极和沉默。在一些地方，包括慕尼黑的两家百货商店，市民甚至举行了反对抵制的小型示威活动，其中有些人佩戴着纳粹党徽，他们试图穿过门口的褐衫军哨兵。在汉诺威，下定决心的购物者试图强行进入犹太商店。但在多数地方，基本上没人能够进入。至少就此而言，抵制行动是成功的。另一方面，有些小镇根本没有实行抵制。每个地方都有许多犹太店主干脆停业，以避免不愉快的事情。事先收到抵制行 436
动的通知后，许多人急忙在前一天跑到犹太商店买东西，这让纳粹报刊大为光火。抵制行动的前一晚，有人在电影院听见一位年轻士兵和他的女友争论该怎么做。他说："确实不该买犹太人的东西。"她回答："不过他们的东西实在太便宜了。"他答："可是质量不怎么样，用不了多长时间。""才不是呢，"她反驳道，"他们的东西和基督徒店里的东西一样好，用的时间也一样长，而且他们的东西要便宜得多。”[108]

只有小商店和小企业遭到了抵制；最大的犹太企业多年来一直是纳粹党徒的首要谩骂对象，此次没有成为抵制的目标，是因为它们对国民经济具有重要作用，还因为它们是大雇主，假如抵制行动对它们的经济地位造成严重影响，它们将被迫裁员。仅蒂茨连锁百货商店就有 14 000 名雇员。出版业巨头乌尔施泰因公司中的纳粹雇员组织指出，尽管该公司免于遭受抵制，但它的出版物大量被禁，导致“全国的好同志”有许多遭到解雇，纳粹政权的政策对经济造成的危害由此可见一斑。[109] 这一切说明，抵制行动远没有戈培尔所宣称的那么令人瞩目。异乎寻常的是，抵制行动基本上没有遭到公众的反对，但公众对它基本上也没什么热情，这种现象此后多年不止一次地再现于政府推行各种反犹措施的时候。希特勒意识到了抵制行动对经济和政府的海外声誉造成的负面影响，私下里也承认它并未取得很大的成功，因此尽管美国报纸在随后的数星期甚至数月里依然刊登有关纳粹党暴力反犹的“暴行报道”，但希特勒和纳粹党悄然放弃了继续在全国范围进行抵制的想法。不过，抵制的观念在纳粹运动中扎了根。在随后的数月里，许多地方性报纸一再呼吁读者不要光顾犹太人的商店，而各地的纳粹党积极分子则经常在犹太人的经营场所外设置“哨兵”，并且组织写信运动，指责和警告那些胆敢走进犹太商店的顾客。[110]

五

437 抵制行动的一个主要目的是让基层的纳粹党员知道，反犹政策必须由中央统一协调，而且在执行时要像希特勒多年前所写的那样，用“理性的”方式，而不是通过自发的集体杀戮行动和暴力行为。抵制行动为纳粹党的对犹政策铺平了道路，从此可以采取合法或半合法的方式去实现党章中的内容：犹太人不能成为德国公民，因此显然不能享有全部的公民权。1933 年 4 月 7 日，抵制行动一个星期之后，《恢复专业公务员法》把犹太人加进了作为解聘对象的共产党员以及其他在政治上不可靠的政府雇员之列。“非雅利安裔”公务员在 4 月 11 日公布的实施细则中被界定为，祖父母和外祖父母中有一个或一个以上“非雅利安人，尤其是犹太人”的公务员。这些人将被辞退，但在兴登堡毫不含糊的坚持下，退伍兵、其父或其子阵亡者，以及一战前在军中服役者没有被列为解聘对象。纳粹党员、帝国内政部长威廉 · 弗里克曾在 1925 年提出过类似的法案，当时他还是个无籍籍名的国会议员。在他的推动下，该法律以典型的纳粹风格，把各地区和地方级的政府机构已实施了几个星期的解聘犹太裔政府雇员的措施纳入了协调一致的进程。同时由司法部拟定了适用于犹太裔律师的类似条款，并写入同日通过的另一部法律。4 月 25 日颁布的《解决德国院校人满为患状况法》规定，所有中小学和大学的犹太裔学生限额为 5%，每年入学的犹太裔新生限额为 1.5%，从而大幅度降低了有资格进入专业领域从业的犹太裔德国人的数量。豁免条件意味着许多犹太人能够继续工作——例如，全部 717 名犹太裔的法官和州检察官中的 336 人，以及全部 4585 名犹太裔律师中的 3167 人。[111] 根据 1933 年 7 月 14 日颁布的一部法律，魏玛共和国时期移民到德国的东欧犹太人失去了公民资格，1932 年弗朗茨 · 冯 · 巴本的政府曾考虑过采用这种措施。这一系列不同以往的措施，意味着犹太人自 1871 年以来在德国享有的公民平等权的终结。[112]

那些留任的犹太人在工作中所感受到的，是持续不断且日甚一 438
日的怀疑和敌视气氛。上述法令引发了一波告密潮，有的出于政治动机，有的出于个人动机，许多律师、公务员和政府雇员被迫开始核实祖先的血统，有的甚至不得不接受医学检查，以此鉴别他们所谓的人种特征。各部部长和各文官部门的首长极度敌视他们所辖机构中留任的每一位犹太人。保守派，比如普鲁士州内政部的州务秘书赫伯特·冯·俾斯麦，与他们的纳粹同事一样，热情支持反犹措施。毕竟自1890年代初开始，限制犹太人公民权的措施一直是保守党（后来的民族党）党纲中的内容。但保守派觉得反犹政策不应过于极端，希特勒适当采纳了这些人的意见，例如，他于4月7日否决了禁止犹太裔医生执业的提案，并且尽量确保清洗不致对商业和经济造成不利影响。不过，对于希特勒这个时期排犹政策的基本要义，他的民族党同事依然非常支持。[113]

有政府带头的地方，其他机构就会跟着做。各层级在整个一体化进程中的主要工作，是把犹太人逐出刚刚在此进程中实现了纳粹化的机构，例如，德意志拳击协会（German Boxing Association）于1933年4月4日把犹太裔拳击手除名，德意志体操联合会（German Gymnastics League）于5月24日实现了“雅利安化”。市政当局开始禁止犹太人使用公共设施，比如运动场地。[114] 在德国北方小城诺特海姆，1932年仅有120位执业的犹太人，1933年4月1日的抵制行动似乎并不尽心，只持续了几个小时，而且根本没有施用于有些企业。这里与许多地方一样，当地的犹太居民已被普遍接纳，人们觉得纳粹的反犹主义是抽象的言论，并不适用于他们所认识的具体的犹太人。此时，抵制行动突然间让社会各界认识到了现实的严峻程度。诺特海姆当地的犹太裔医生收入开始减少，因为病人逐渐离他而去；当地各种自发组成的协会，不仅包括射击俱乐部，甚至还包括老兵俱乐部，都减少了犹太裔会员，通常是由于“缺席”，
439 因为当地的犹太人很快就不再愿意参加城里的社团生活，许多人在被逐之前已主动退出。每一位继续高调地光顾犹太商店的老社会民主党人都看到，有不少本地冲锋队员在店里赊账购物、拒绝支付账单。在德国各级政治头目、报纸和媒体持续不断的反犹宣传中，到

1933 年夏末，诺特海姆的犹太人实际上已被排除在社交生活之外。诺特海姆所发生的一切事情，也发生在德国的其他地方。[115]

有些犹太人认为反犹浪潮不久就会过去，于是理性视之，或者尽量忽视它。然而许多人则处于震惊与绝望状态。政治暴力的普遍程度与 1933 年 1 月 30 日之前相同，但此时的政治暴力得到了政府的正式批准，而且矛头公开对准德国的犹太人口，开创了一种在很多人看来是全新的局面。结果恰如纳粹党所愿，犹太人开始离开德国、移居国外，仅 1933 年就有 3.7 万人离开。德国的犹太人口从 1 月份的 52.5 万减至 6 月底的不到 50 万，而这仅仅是登记的犹太教信徒的降幅，随后数年里将有更多人步其后尘。但也有很多人决定留下来，尤其是上了年纪的人。[116] 对老一辈人来说，在国外找工作即使不是不可能，也是困难的，主要是因为多数国家依然深陷经济萧条之中，因此他们更愿意留在自己一直当作家乡的德国碰运气。还有些人心存幻想，以为等到纳粹政权稳定下来，形势就会好转——冲锋队青年的狂野之气届时自然会被驯服，国家社会主义革命的越轨行为很快就会结束。

有一位犹太裔公民却不抱这样的幻想，他就是维克托 · 克伦佩雷尔。3 月 5 日选举之前，他已在日记中表达过对“右翼恐怖”的不满，但与后来的情形相比，当时的恐怖还是相对有限的。他觉得自己无法同意那些为民族党辩护、支持取缔共产党的友人，令克伦佩雷尔沮丧的是朋友们看不清希特勒内阁“权力分配的真相”。他在 3 月 10 写道，选举之前的恐怖仅仅是“温和的序幕”。暴力和宣传让他想起了 1918 年革命，只不过这一次是在卐字标志下进行的。他已 440
经在琢磨自己什么时候会失去大学教职。一星期后他写道：“1918 年的战败并不像当前的形势这样让我深感沮丧。日复一日赤裸裸的暴力、对法律的践踏、最可怕的伪善、野蛮的心态，就像发布法令一样不加掩饰地呈现在人们面前，实在让人震惊。”3 月 30 日，抵

制行动的两天前，他绝望地写道，气氛

> 就像中世纪或沙皇俄国最黑暗时期的一次集体杀戮的前夕……我们是人质……“我们”是受到威胁的犹太群体。实际上，我感到的羞耻多于害怕。为德国感到羞耻。我确实一直觉得自己是个德国人，而且我一直以为20世纪的中欧不同于14世纪的罗马尼亚。错！

克伦佩雷尔认同民族党除了反犹主义以外的多数观点，他与许多保守的犹太裔德国人一样，坚持认为自己的身份首先是德国人。他的忠诚将在未来的岁月里经受严峻的考验。

克伦佩雷尔在1933年3月20日写道，德国将不会被希特勒政府拯救，它似乎将迅速驶向一场灾难。他接着写道：“除此之外，我相信，德国将永远无法洗刷掉与纳粹同流合污的耻辱。”他记录了一个又一个犹太裔友人和熟人的被解雇。让克伦佩雷尔感到内疚的是，他由于1914—1918年在前线作战而得以根据4月7日的法律留任。人们的自私、无助和懦弱令他灰心，更不堪的是他所在的大学里学生们的公开反犹活动和谩骂式反犹标语牌。他的妻子在病中，神经脆弱，令他担心的还有自己的心脏问题。克伦佩雷尔之所以能支撑下去，既是因为他在德累斯顿郊外的多尔兹肯（Döltzschen）买了一小块地，准备盖座新房子，以此安顿自己和妻子以及他的学术写作，也是因为他对人类不可遏止的同情心和对知识的好奇心。6月份的时候，克伦佩雷尔开始私下编写一部纳粹术语词典。他在1933年6月30日收录了第一个词条：保护性羁押。[117]

第四节

一场“摧毁旧秩序的革命”？

一

1933 年初的几个月里纳粹对犹太人的攻击，是把他们清除出德 441
国社会的一个长期进程中的第一步。到 1933 年夏，此进程已进展顺利。它是希特勒的文化革命的核心，在纳粹党人看来，它也是更广义的德国文化转型的关键，这个文化转型将从德国精神中剔除共产主义、马克思主义、社会主义、自由主义、和平主义、保守主义、艺术实验、性自由等诸多“外来的”影响。所有这些影响都被纳粹党归因于犹太人的有害影响，尽管大量证据显示事实刚好相反。把犹太人逐出经济界、媒体行业、政府雇员群体和专业领域，于是成为这样一个进程的根本内容：拯救和净化日耳曼人种，使德国做好准备为它在 1918 年所受的羞辱实施报复。当希特勒和戈培尔在那年夏天谈论“国家社会主义革命”时，他们指的首先是无情镇压所有“非日耳曼”事物的一场文化和精神革命。

但同时，实现这种转型的非凡速度，说明它与此前不久的形势具有紧密的关联。此前的 1933 年 1 月 30 日至 7 月 14 日期间，纳粹党把由希特勒担任总理、由非纳粹党的保守派主导的联合政府，转变为一党专权的政府，甚至保守派在内阁中也不再拥有独立的代表资格；纳粹党把教会和军队以外的所有社会机构纳入一体化进程，使之成为一个由纳粹党领导的、尚处于初级阶段的庞大体系；纳粹
442 党实行全方位的清洗，把每一个反对他们的人逐出了包括文化和艺术、大学和教育系统在内的德国社会中几乎每一个领域；纳粹党已开始把犹太人排挤到社会边缘，或者迫使其移居国外；纳粹党还开始颁布各种法律和政策，这些法律和政策将在未来的岁月里决定德国和德国人民的命运，以及更多国家和人民的命运。有些人以为，1933 年 1 月 30 日就职的联合政府会像此前的历届联合政府一样在几个月内倒台。还有些人认定纳粹党是转瞬即逝的现象，很快就会与扶植它上台的资本主义制度一起退出世界历史的舞台。事实证明这些人都错了。第三帝国在 1933 年夏成型，而且显然将继续存在。那么，这场革命是如何发生的？为什么纳粹党在攫取权力的过程中没有遇到有效的抵制？

第三帝国的到来基本上分为两个阶段。第一阶段结束于 1933 年 1 月 30 日希特勒被任命为总理。这不是“夺权”。实际上，纳粹党人不使用这个词描述希特勒的任命，因为它带有非法政变的意味。在这个阶段，纳粹党依然谨慎地把上台称作“接掌政权”，把联合政府称为“民族振兴的政府”，或者（更普遍地）称之为“民族起义的政府”，使用哪个称呼，取决于该党是想强调内阁的合法性来自总统的任命，还是想强调其合法性来自所谓的民众支持。[118] 纳粹党知道，希特勒的任命是夺权过程的开始，而不是结束。然而，假如任命没有发生，纳粹党很可能会随着经济的逐渐恢复而不断衰落。假如施莱谢尔在政治上不那么无能，他或许会建立起一个准军事政权，借由总统兴登堡行使专制权，然后等到年近九旬的兴登堡寿终去世时，由他直接统治，还可能会修改宪法，在新宪法中勉强

赋予国会一点儿地位。那么到 1932 年下半年，某种类型的军政府就是纳粹独裁体制唯一可行的替代方案。从议会民主制度滑向一个没有政党或立法机构平等和全面参与执政的独裁政府，在布吕宁治下就已经开始了。巴本有意识地大幅度加速了这个进程。巴本下台之后，此进程并未逆转。德国出现了国会和政党都没有机会去填补 443
的权力真空。政治权力从宪法规定的合法机构流失，一端流向街头，另一端流向总统兴登堡周围由政客和将军们组成的政治阴谋小集团，在两端之间留下了广阔的真空地带，这个地带是正常社会中民主政治发生的地方。希特勒被总统周围的小集团扶上总理之位；但是假如纳粹党与共产党的街头活动没有引发暴力和混乱，他们不会觉得有必要扶他上台。[119]

在这种形势下，只有武力可能成功。只有两个机构拥有足够的武力，只有两个机构能够运用武力而不至于引起民众更加暴力的反击，那就是军队和纳粹党。军事独裁的政权极有可能会在 1933 年之后的岁月里压制诸多公民自由权；启动重整军备的项目；拒绝履行《凡尔赛和约》；吞并奥地利；入侵波兰，以便收复但泽以及切断东普鲁士与德国其他部分的波兰走廊（Polish Corridor）。这个政权也很可能在德国恢复实力之后，进一步在国际上发动侵略战争，引发与英国和法国，或与苏联的战争，或者与英法苏同时开战。而且几乎可以肯定，这个政权会对犹太人实施严厉的限制措施。但是总的来说，德国的军事独裁政权不太可能会执行种族灭绝计划，即在奥斯维辛和特雷布林卡（Treblinka）集中营的毒气室达到高潮的那种大屠杀。[120]

许多人担心，军事政变有可能导致纳粹党和共产党的暴力抵抗。恢复秩序有可能引发大规模流血事件，或许会导致内战。军方和纳粹党都极力避免这种情形。双方都知道，如果它们各自夺权，成功的把握都不大，至少可以这样说。因此，合作几乎是大势所趋，唯一的问题是最终将采取什么形式合作。在全欧洲，保守派精英、军队，以及激进的法西斯群众运动或民粹运动都面临着同样的困境。它们采取了各种各样的解决方式，结果在有些国家是军方占上风，比如西班牙；在另一些国家是法西斯运动占上风，比如意大利。1920年代和1930年代在许多国家中，民主制度被独裁体制取代。考虑到已经发生在意大利、波兰、拉脱维亚（Latvia）、爱沙尼亚、立陶宛、匈牙利、罗马尼亚、保加利亚、葡萄牙、南斯拉夫等国家的情况，或者考虑到以截然不同于上述国家的方式发生在苏联的事情，1933
444 年发生在德国的情况也就显得不那么异乎寻常了。民主制度不久亦将在其他国家被摧毁，例如奥地利和西班牙。在这些国家，政治暴力、骚乱和暗杀是一战结束后各个时期里的常见之事。例如，在奥地利，1927年维也纳的严重骚乱以焚毁司法宫（Palace of Justice）而告终；在南斯拉夫，马其顿暗杀队使政界遭到重创；在波兰，与新生的苏联之间的一场大战造成了政治体制和经济的崩溃，并为毕苏斯基将军（General Pilsudski）的军事独裁开辟了道路。对于那些激发纳粹党行动力的反犹信念和阴谋理论，各国的右翼独裁者即使不是全部认同，也认同其中的大部分。经历过1919年犹太裔共产党员库恩·贝拉领导的短命的革命政权之后，霍尔蒂·米克洛什海军上将领导的匈牙利政府对犹太人的仇恨不逊于德国的极右翼。波兰1930年代的军政府对境内庞大的犹太人口实施了严格的限制措施。在当时的欧洲背景下观察，1920年代和1930年代初的政治暴力、议会民主制度的瓦解、公民自由权的丧失，都不会让一位冷静的观察者觉得特别不同寻常。后来在第三帝国史上所发生的一切事情，也不是希特勒被任命为总理的必然结果，在其中起作用的，一如既往，还有机缘和偶发事件。[121]

然而，1933年1月30日希特勒在德国上台所造成的后果，远比民主制度在欧洲其他国家崩溃所造成的后果严重得多。《凡尔赛

和约》的安全条款根本未能改变的事实是，德国依然是欧洲最强大、
最先进和人口最多的国家。民族主义者关于领土扩张与征服的梦想，
同样存在于其他独裁国家，比如波兰和匈牙利。不过，即使它们实
现了梦想，也只可能具有地区性意义。而发生在德国的事情，很可
能比发生在小国（比如奥地利）或者贫国（比如波兰）具有更广泛
的影响，其影响有可能是世界性的，因为德国国土辽阔、实力强大。
这就是 1933 年前六个半月里发生的事情之所以如此意义重大的 445
原因。

这些事情是如何以及为何发生的？首先，假如希特勒不是德国最大政党的党魁，没人会认为值得把他硬塞进总理的位置。当然，纳粹党从未在自由选举中赢得多数票：在 1932 年 7 月国会选举中获得的 37.4%，是它表现最佳时所能争取到的全部选票。然而按照任何民主标准，这都属于高票，高于其他国家的许多民选政府在历次选举中之所得。纳粹党成功的根源，在于德国的政治制度没有产生出一个联合了天主教徒以及新教徒中的右翼人士的、能够独立发展的全国性保守派政党；在于德国自由主义历来的弱点；在于几乎所有德国人对战败和《凡尔赛和约》之苛刻条款的痛恨；在于魏玛时期社会的和文化的现代主义以及 1923 年的恶性通货膨胀使许多中产阶级人士产生的恐惧与迷惘。魏玛共和国的缺乏法统，导致它自始至终几乎不曾得到国会中多数议员的支持，加之前述诸因素，使人们更加怀念旧帝国以及俾斯麦那样的专制领袖人物。“1914 年精神”和“前线一代”的传奇，激发了人们对于国家统一的强烈渴望，以及对于多党制和政治谈判中没完没了的折中妥协的不耐烦，在那些因为年纪太小而无法参战的人当中，这种渴望与不耐烦尤为强烈。战争的后遗症还包括毁灭性的大规模政治暴力，许多非暴力的正派人士逐渐适应了它，对它的容忍程度已到了在一个有效地发挥着功能的议会民主制度中难以想象的地步。

然而，在诸多因素之中，有几个至为关键。第一个是大萧条的影响，它导致选民趋于激进，摧毁或严重损害了比较温和的政党，使政治体制在“马克思主义”政党与“资产阶级”阵营之间趋于两极分化，后者全部迅速倒向极右翼。日甚一日的共产主义威胁令资产阶级选民心生恐惧，促使政治天主教运动背离民主政治而转向独裁政治，恰如它在欧洲其他国家的表现。企业倒闭和财务危机让许
447 多工业巨头和农业领袖相信，必须限制甚至摧毁工会的力量。大萧条的政治影响极度放大了原先恶性通胀的灾难性影响，给人的感觉是共和国除了制造经济危机之外似乎无所作为。即使没有大萧条，德国第一个民主体制的前途似乎也是暗淡的，而史上最严重的经济衰退更是将它推到了无力回天的境地。此外，大规模的失业瓦解了德国曾经强大的劳工运动，作为民主制度的坚定捍卫者，劳工运动最近一次发挥作用是在1920年，当时它设法击败了右翼的卡普暴动，尽管叛乱者得到了军方的纵容。内部分裂、士气低落，而且被剥夺了大规模政治罢工这个主要武器，导致德国的劳工运动陷入被动局面，一方面虚弱地支持海因里希 · 布吕宁的独裁政权，另一方面自我毁灭地与“资产阶级民主政治”为敌。

第二个关键因素是纳粹运动本身。它的理念显然对选民具有广泛的号召力，至少没有耸人听闻到让选民反感的程度；它的行动力有望彻底治愈共和国的病症；它的领袖阿道夫 · 希特勒是个魅力超凡的人物，能够言辞激烈地谴责不受欢迎的共和国，以此争取到大量选民的支持，并且在恰当的时机采取恰当的行动，最终把这些支持兑换成政府要职。希特勒拒绝进入联合政府，表示绝不担任内阁中除总理以外的其他职务，他的下属格雷戈尔 · 施特拉塞尔等人对此感到失望之极，但后来的事实证明希特勒的决定是正确的。假如担任不得人心的巴本或者同样不受欢迎的施莱谢尔的副手，那么他的声誉可能会严重受损，他作为领袖而散发出的个人魅力可能也需

要多加收敛。纳粹党属于抗议型政党，拿不出什么建设性的规划，几乎没有解决德国问题的务实方案。但是它的极端思想大量吸收了德国既有的流行观念和偏见，根据形势以及它想要拉拢的具体群体的性质而做了修改，有时做了掩饰，让许多人觉得非常值得去投票支持它。在这些人看来，非常时刻需要非常措施；在更多的人，尤其是中产阶级人士看来，纳粹党徒粗俗、没受过什么教育，此特点似乎足以保证希特勒的那些斯文、受过良好教育的合作伙伴日后能够控制住他，能够遏制住随着纳粹运动的崛起而出现的街头暴力， 448
他们认为这种街头暴力非常可悲，但无疑是暂时的。

在 1933 年 1 月 30 日把希特勒送上总理之位的第三个关键因素是，纳粹党与保守派，甚至在很大程度上与自由派之间，存在大量重合的思想观念。1930 年代初在几乎所有比社会民主党右倾的德国政党中间流行的观点，与纳粹党的观点有许多共同之处。对于新教选民中自由派和保守派政党的大批支持者来说，既然这些政党的思想与纳粹党的如此相像，他们当然愿意（至少暂时地）抛弃它们，转而选择看起来更有效率的纳粹党。天主教选民以及代表他们的中央党，也已不再忠于民主制度。此外，甚至有相当大数量的天主教徒和工人，至少是那些出于各种原因而不再像他们的许多教友和工友那样谨守自己所属的文化和政治圈子的人，也转向了纳粹主义。只有利用既有的、往往根深蒂固的社会和政治价值观来引发人们的共鸣，纳粹党才可能如此迅速地崛起，成为德国最大的政党。但同时，纳粹的宣传尽管积极而巧妙，却未能把那些由于意识形态的原因而无意投票给希特勒的人争取过来。由于长期资金不足，在 1933 年使用广播之前，纳粹党的宣传工作无法全面开展，而要依靠各地那些总是混乱无序的积极分子团体的志愿工作，所以戈培尔 1930—1932 年的宣传攻势仅仅是促使人们投票给纳粹党的诸多影响因素之一。确实，正如在信奉新教的北部乡村地区一样，在纳粹宣传机器

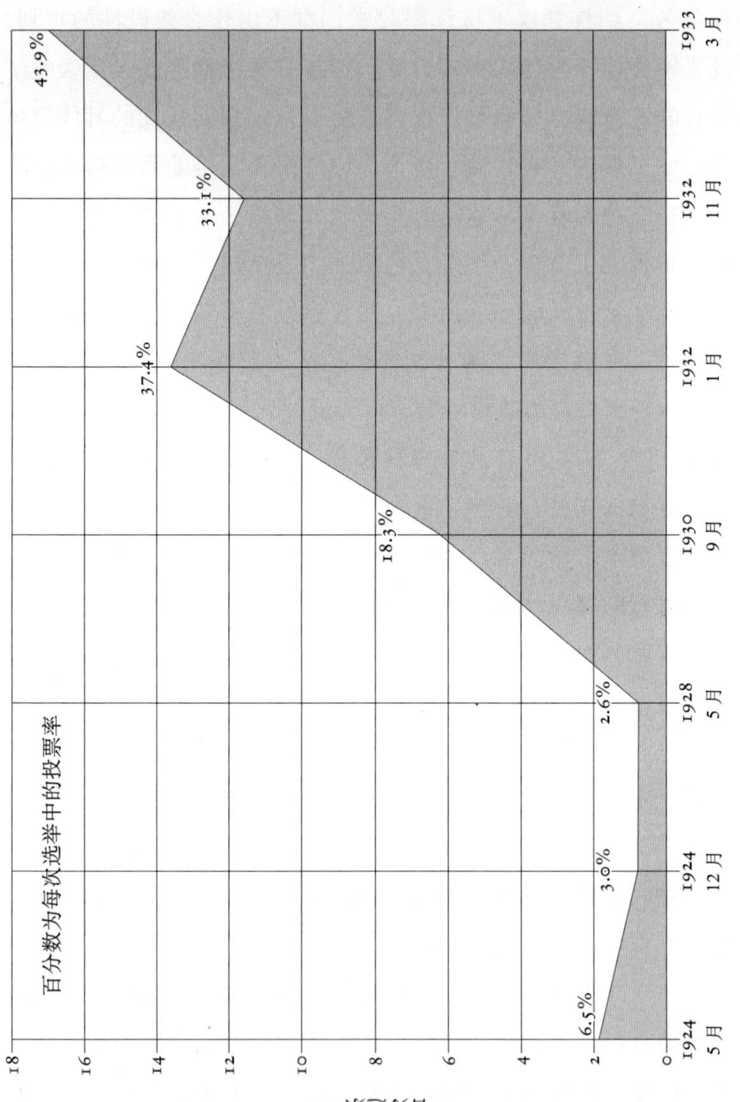

图表 1 纳粹党在国会选举中的成绩，1924—1933 年

根本没有触及的地方往往也有选民投票给它。纳粹党赢得选票主要靠的是其抗议者的姿态。1928 年之后，希特勒、戈培尔和纳粹党领导层无疑意识到了这一点，于是不再强调该党仅有的具体政策中的大部分，而将精力集中于语义含糊的煽情，所强调的不外乎这些：纳粹党富于青春与活力，它决心摧毁魏玛共和国、共产党和社会民主党，它相信只有通过社会各阶级的团结才能够使德国获得新生。纳粹党在 1920 年代大张旗鼓宣传的反犹主义已退居末席，在 1930 年代初纳粹党的胜选中基本上没有发挥作用。更加重要的是该党在 449
街头树立的形象，冲锋队员组成的纵队在街上行进，使纳粹党平添了一种纪律严明、精力充沛、坚决果断的整体形象，这正是戈培尔致力于展现的。[122]

因此，纳粹宣传争取到的主要是这样的人：有的已经倾向于认同纳粹党自称所代表的价值，有的仅仅把纳粹党视为推行这些价值时比资产阶级政党更有效、更有力的工具。许多历史学家提出，它们本质上属于工业化以前或者前现代的价值。然而，此论点是基于把民主政治简单地等同于现代性。那些成群去投票支持希特勒的选民，那些把自己的晚间时光用于殴打共产党员、社会民主党人和犹太人的冲锋队员，那些把休闲时间花在集会和示威上的纳粹党积极分子——他们牺牲自己的时间，没有一个是为了恢复已经逝去的往昔。相反，激励着他们的是一个模糊但具有强烈吸引力的未来图景：阶级对立和政党之争将得到解决；由讨厌的巴本所代表的那种贵族特权将被废除；技术、通讯传媒以及一切现代发明将被用于“人民”的事业；代表着复兴的德国的最高权威，将不是传统的世袭君主或者根基深厚的社会精英，而是一位魅力超凡的领袖，他出身寒微，一战中作为下士在军中服役，始终念念不忘自己作为人民之子的平民身份。纳粹党人宣称，他们将铲除外国和异族加诸德意志民族的层层污垢，使德国摆脱共产主义、马克思主义、“犹太式”自由主义、文化布尔什维主义、女性主义、性自由、世界主义、英国和法国于1919年施加的经济负担和强权政治负担、“西方的”民主政治以及诸多其他东西；他们将展现真正的德国——它不是历史上某个特定时期的德国或者某种特定政体的德国，而是一个神话般的德国，它将恢复曾经在魏玛共和国治下失落了的永恒的民族之魂。这种构想并不是仅仅追怀往昔，或者展望未来，而是二者兼顾。

把希特勒推上权位的保守派相当认同这个构想。他们的确眷恋
450 往昔，渴望复辟霍亨索伦王朝和俾斯麦帝国，但复辟的方式须是清除掉曾经对民主制度所做的妥协，他们认为这些妥协是不明智的。他们对未来的构想是，人人各安其位，尤其要让工人阶级安分守己、绝不参政。但这种构想确实同样不能被视为工业化以前的或者前现代的。深深认同它的，首先是许多不遗余力瓦解魏玛共和国的大企业家，还有许多技术型新式军官，他们志在以《凡尔赛和约》禁止德国使用的那种先进的武器装备发动一场现代战争。任何时代、任何地方的保守派都差不多，他们像希特勒一样擅于利用和重整旧制以适应自己当前的目标。不能把他们归纳为“工业化以前的”社会群体，他们中的许多人既传统又现代，例如寻找新市场的资产阶级容克地主，以及小零售商和白领工人，这些人的谋生手段在工业化以前尚未出现。[123] 正是构想中的这些共同之处，使巴本、施莱谢尔和兴登堡等人相信，拉拢纳粹党进入联合政府是值得的，因为联合政府的目标是在魏玛共和国的废墟上建立一个独裁政府，纳粹党的群众运动有助于合法化他们的统治。

德国民主制度的夭折，不但属于两次世界大战之间的岁月里欧洲大势的组成部分，而且在德国历史中有着非常独特的根源，其思想资源来自一种非常独特的德国传统。德国的民族主义、泛日耳曼构想（通过征服战争完成俾斯麦的未竟事业，把德意志民族全部整合为一个单一的国家）、雅利安种族优越论和犹太威胁论、优生规

划和种族卫生的观念、军事理想（全社会穿制服、整齐划一、服从
命令并且随时准备战斗）——这一切以及 1933 年实现的诸多构想，
都借用了 1875 年以还流播于德国的观念。其中有些来源于国外，
或者得到了外国重要思想家的认同，包括戈比诺的种族主义、舍
纳勒尔的反教权主义、兰茨 · 冯 · 利本菲尔斯的异教徒幻想、许 451
多国家中达尔文信徒的伪科学人口政策等等。然而它们在德国却
混合成了一种独特的毒物，又因德国作为欧陆最先进和最强大国
家的卓越地位而使它的毒性益发猛烈。在希特勒被任命为总理之
后，欧洲其他国家以及全世界将会逐渐明白，它的毒性究竟可以
猛烈到什么程度。

二

尽管纳粹党在选举中取得了成功，但希特勒的上台无疑是幕后政治密谋的结果。“德国人”并没有选希特勒当总理，也没有行使自由和民主的权利授权他建立一党独裁的政府。然而有些人认为，魏玛共和国是自我毁灭的，而不是被它的敌人所毁灭：是一桩政治自杀案，而不是政治谋杀案。[124] 共和国在 1930—1933 年那场最严重危机中的脆弱表现，基本上有目共睹；共和政体的缺乏法统，又导致人们过于轻易地抛弃它，而考虑用其他政治方案来解决德国的弊病，但这些弊病并不是仅仅由共和国本身造成的。整个过程的关键之处是，民主制度的敌人利用民主的宪法和民主的政治文化来达到他们自己的目的。约瑟夫 · 戈培尔对此毫不隐讳地予以公开嘲笑：

> 愚蠢的民主制度。民主制度最可笑之处，是为它的死敌提供了毁灭它的资源。受到指控的纳粹党领导人成了议员，于是获得了议员豁免权、津贴和免费车票。他们因此免于警察的干

> 涉，可以说出普通公民不能说的话，此外他们的活动经费还是他们的敌人支付的。民主制度的愚蠢可以让人捞到丰厚的资本。纳粹党员马上抓住机会，而且从中得到了无穷的乐趣。[125]

不可否认，纳粹党人无比蔑视民主制度。但民主制度的本质决定了
452 民主政府至少意愿最低限度地遵守民主的政治规则。处于毁灭威胁之下的民主体制面临的困境是，在坚持保留民主的细节从而听任那种威胁占上风，与限制民主权利从而违背民主的原则之间无法抉择。纳粹党知道这一点，并且在第三帝国成型期的第二阶段，即1933年2—7月，对此加以充分利用。

1923年11月啤酒馆暴动失败之后，希特勒一直宣称他将通过合法途径掌权。确实，他在法庭上宣誓后就是这样说的。1932年之后他知道，走暴力政变的道路，乃至效仿以“进军罗马”相要挟的方式，在德国都行不通，前者指1917年的俄国十月革命，后者在1922年把墨索里尼推上了意大利总理之位。因此，希特勒及其伙伴每次都为他们的行动找一块合乎法律条文的遮羞布。他们总是尽可能避免让对手有社会民主党那样的可乘之机。社会民主党曾经通过法庭抗击巴本1932年7月的普鲁士政变，取得了一定程度的法律成功，尽管事实证明该党的法庭诉讼在政治上毫无作用。正是为了避免这种先例再发生，希特勒格外重视国会纵火法令和《授权法》；戈林在普鲁士把褐衫军和党卫队编为辅警，而不是随便让他们继续横冲直撞，行动时一点儿合法的掩护也没有；纳粹政权在执行第一批政策时，坚持由国会通过法律授权或者由总统令予以批准。“合法革命”的策略奏效了。希特勒一再保证说要采取合法行动，这使他在联合政府中的盟友以及对手都以为可以用合法手段与纳粹党打交道。纳粹党人的行动有了合法的掩护，于是公务员可以按照他们的要求起草法令和法律，比如在1933年4月7日的《公务员法》中，

他们甚至打破行政部门所应遵循的中立准则，要求解除犹太裔和政治上不可靠的公务员的职务。在公务员、政府雇员等许多人士看来，纳粹党在 1933 年 1 月底至 7 月底之间攫取权力的各种措施似乎是无法抵制的，因为它们表面上完全获得了合法授权。

但它们其实并不合法。纳粹党攫取权力过程中的每个措施，都 453
违反了法律。首先，它们与已经通过的那些法律的精神实质相抵触。尤其是魏玛宪法第四十八条，它授权总统在危急时刻以总统令的形式行使专制权，这纯属临时措施，根本不能作为长期行使专制权的依据；纳粹党却使它成为永久紧急状态的法律依据。紧急状态在技术上一直持续到 1945 年，这期间的危急情况更多时候是出于臆想，而不是真实状况。第四十八条也不能作为法律依据，用以实行 1933 年 2 月 28 日通过的那些具有广泛影响的措施。总统艾伯特在共和国初期任意援引、广泛运用第四十八条，确实相当不幸；更加不幸的是，总理布吕宁、巴本和施莱谢尔在 1930 年代初的危机中变本加厉地依赖它。然而即便如此，与 2 月 28 日纳粹政府命令对公民自由权实行的严厉限制相比，他们的做法就显得无足轻重了。此外，总理本来无权使用被总统当作橡皮图章的专制权；但希特勒通过 1933 年 1 月与兴登堡的谈判，得到了它的使用权。[126]《授权法》以及随后中止自由选举的措施，更加明显地违背了宪法精神。然而中止自由选举的可能性算不上什么秘密，因为纳粹领导层在选战期间就已经明言，3 月 5 日的选举将是未来岁月里的最后一次。

纳粹党不仅违背了魏玛宪法的精神，还在法律的技术细节上违反了宪法。1933 年 2 月 6 日颁布的法令授权戈林控制普鲁士州，这显然违背了州法院对“被解散的普鲁士州社会民主党少数派政府诉巴本”一案所做的裁决。《授权法》在法律上是无效的，因为国会的会议主持人戈林在投票时没有把民选的共产党议员计入法定人数。虽然把他们计算在内并不妨碍《授权法》获得三分之二的多数票，但是拒绝承认他们在国会的代表权则属于违法行为。此外，批准《授权法》的是联邦议会，即代表联邦各州的国会上议院，这属于不合规的做法，因为当时各州政府已被暴力推翻，所以不具备合法的建制，即无法真正被联邦议会所代表。[127] 这些不仅仅是技术细节上的违法，但它们远远比不上纳粹冲锋队员在街头犯下的大规
454 模的、持续的、完全非法的暴力行径，这些暴行开始于2月中旬，其猛烈程度在国会纵火案之后达到新的水平，并在3—6月席卷全国。许多施暴者的辅警身份根本不能合法化他们所犯的罪行。毕竟，给某人穿上警服，不等于发给他一张执照，可以去杀人、洗劫办公室、没收资金，或者去逮捕、殴打、折磨他人，不经审判就把他人囚禁于仓促设立的集中营。[128]

实际上，即使在纳粹党上台之后，德国的司法机关也完全明白纳粹暴力的非法性质。帝国司法部想方设法让1933年上半年的大规模逮捕按照正式的法律程序办理，但它的干预根本不被理睬。州检察官在1933年全年提起公诉的案子中，不乏以犯下暴力罪行、谋杀了对手的褐衫军和党卫队成员为被告的，同年8月设立的一个特别检控办公室专门负责协调这类案子的审理。1933年12月，巴伐利亚州检察官试图调查达豪集中营三名囚犯被折磨致死案，当他遭到断然拒绝后，巴伐利亚州司法部长宣布将不遗余力追查此事。帝国内政部长在1934年1月抱怨说，保护性羁押被滥用于许多案件。直到1934年4月才通过了一套法规，详细规定谁有权逮捕和“保护性羁押”他人，以及被羁押者应该受到什么待遇。同年，州检察官对萨克森州霍恩斯泰因（Hohnstein）集中营23名虐待囚犯的冲锋队员和政治警察提起公诉，包括集中营指挥官。帝国司法部长居特纳强调说：“施虐者所显露的野蛮和残忍，与德国人的情感根本格格不入。”[129]

那些试图对犯下虐囚和暴力罪的纳粹冲锋队员提起公诉的人之

中，有很多人本身就是全力投入的纳粹党员。例如，试图对1933年达豪集中营虐囚案提起公诉的巴伐利亚州司法部长，竟然是后来在二战期间出任波兰总督、以残忍著称的汉斯·弗兰克。这些公诉案全部由于上层的干涉而不了了之，干涉来自希姆莱或者根本就来自希特勒本人。[130]对“民族起义”中犯罪者的大赦令早在 455
1933年3月21日就已被批准，它撤销了7000多宗公诉案。[131]整个1933年和1934年，每个人（尤其是纳粹党徒）都知道，穿褐衫的冲锋队员和穿黑色制服的党卫队行动队对纳粹党的敌人所实施的野蛮殴打、酷刑、虐待、毁坏财物和各种暴力，乃至杀戮，是对德国法律的公然违犯。但这种暴力是1933年2月之后纳粹攫取权力过程中不可或缺的核心部分，它在没有加入纳粹党或者其附属组织的德国人中间引起的普遍的、最终无所不在的恐惧感，是恐吓希特勒的对手、促使希特勒那些有时不那么听话的盟友就范的关键因素。[132]

最后，希特勒和纳粹领导层无疑对这些非法行为负有主要责任。希特勒曾在很多场合明确表达了对法律和魏玛宪法的蔑视。“我们进入法律机构，并将以这种方式使我们的党成为决定性因素，”希特勒在审理1930年军官案的莱比锡法庭上说，“不过，一旦拥有了宪法授予的权力，我们将把政府塑造成我们认为合适的样子。”[133]国会纵火案发生之后，他立即对内阁说，在追查涉嫌犯案的共产党员时，重要的是不能太拘泥于法律条文。希特勒在1933年初几个月里的全部言论、全部姿态，等于在不断鼓动纳粹党徒采取暴力行动打击对手。他呼吁遵守纪律的时候，几乎总是连带着用笼统的言辞攻击纳粹党的对手，基层冲锋队员把他的话当作继续毫不收敛地使用暴力的许可证。大规模的协同行动，比如5月2日占领工会办公机构的行动，让普通褐衫军成员相信，如果他们在其他场合以同样的斗志主动出击，是不会遇到太多麻烦的。事实也的确如此。[134]

最关键的是，希特勒以及各级纳粹党徒都非常清楚地知道他们是在犯法。他们对法律以及正常司法程序的蔑视是显而易见的，而且在无数场合展露无遗。强权即公理。法律仅仅是权力的表达。用
456 一位纳粹记者的话来说，起决定作用的不是“充满谎言的、虚伪的”德国司法和刑罚制度，而是“**权力的法则**，它已融入我们民族的血统纽带和军事团结……它本身既不体现法律也不体现正义。在夺取权力的斗争中成功地作为‘法则’发挥作用的东西必须予以保护，这也是为了保存取得胜利的实力”。[135]

三

纳粹党人在1933年上半年里攫取权力的手段所具有的非法性质，使这个过程实际上成了一场推翻既有政治体制的革命，他们设计出“国家社会主义革命”的豪言壮语，其实主要是作为非法行动的含蓄理由。但它是哪种革命呢？保守派行政人员赫尔曼·劳施宁（Hermann Rauschning）最初曾在纳粹政府中工作，但在1930年代后期成为它最激烈、最执着的批评者之一，他把“国家社会主义革命”形容为一场“虚无主义者的革命”，是“没有方向的革命，仅仅是为了革命而革命”。它摧毁一切社会秩序、一切自由权利、一切礼仪教养；它恰如劳施宁著作的英文版书名所称，是一场“摧毁旧秩序的革命”，仅此而已。[136]在该书的尾声，他号召恢复真正的保守派价值，然而在通篇充满激情的抨击中，除了把“革命”当作语言的棒子，用来痛斥纳粹党推翻了他所珍视的秩序之外，劳施宁并没有提出更多见解。其他的革命，无论劳施宁怎么看，所做的不仅仅是摧毁旧秩序。那么与它们相比，纳粹革命所做的是什么呢？

表面上，国家社会主义革命根本不是一场真正的革命。1789年

的法国大革命和 1917 年的俄国革命用暴力推翻了旧秩序，代之以革命者所认为的全新秩序。与它们不同，纳粹党却一如既往地想要新旧兼顾，既使用革命的豪言壮语，又声称自己的上台是通过合法途径、符合既有政治体制的。纳粹党没有采取什么具体的措施废除魏玛共和国的重要机构，或者另设机构取代它们，就此而言，1934 年废除总统职位是个罕见的举动。纳粹党倒更愿意让它们逐渐衰萎，比如，国会在 1933 年之后极少开会，即使开会也只是听希特勒演讲， 457
内阁后来同样自动停止开会。[137] 另一方面，保守派精英曾经希望在纳粹党的协助下发动一场真正的反革命，最终恢复威廉帝国，或者建立与之非常相像的体制，有没有皇帝在位都可以，但这个愿望也没能实现。无论 1933 年出现的是什么局面，都不会是保守派的复辟。夺权过程的暴力本质，使纳粹党的上台明显带有革命的味道。纳粹党的“革命”说辞在 1933 年 6 月之后基本上已无人质疑。那么，只能从表面看待它吗？[138]

有些作者认为，纳粹主义有一条历史线索可循，可直接追溯至 1789 年法国大革命，到 1793—1794 年雅各宾派的“恐怖统治”，再到卢梭的“公意”（General Will）理论中隐含的人民专制（popular dictatorship）理念，即决策最初由人民做出，但决定之后就不允许反对。[139] 法国大革命确实非同凡响，因为它预演了随后两个世纪里占据欧洲历史舞台的几种主要意识形态——从共产主义和无政府主义，到自由主义和保守主义。但国家社会主义不在其中。实际上纳粹党人认为，他们清除了法国大革命的全部影响，并且让历史的车轮倒转，至少是在政治意义上，大跨度退到中世纪初期。纳粹党的人民概念指的是人种，而不是民权。法国大革命催生出的意识形态将全部被清除。在世界历史上，国家社会主义革命将是对法国大革命的否定，而不是它的实现。[140]

如果真有一场国家社会主义革命，那么纳粹党人对它有什么设想？与法国或俄国革命做类比，似乎同样行不通。1789 年法国的革命者拥有一套清晰的理论，他们将根据这套理论、以代议制的形式实行人民主权（sovereignty of the people）；而 1917 年俄国十月革命者的目标是推翻资产阶级和传统的精英阶层，实行无产阶级专政。与它们不同，纳粹党人没有重塑社会秩序的明确计划，实际上他们并没有为他们想要彻底变革的社会形态做出全面的设计。希特勒本
458 人所认为的革命，似乎是实权和权威职位的一场人事变动。1933 年 7 月 6 日向纳粹党高层干部发表讲话时，他暗示说，革命的核心任务在于消灭政党、民主体制和独立组织。希特勒似乎把“夺权”视为国家社会主义“革命”的实质，他使用这两个词的时候基本上可以互相替换：

> 夺权需要洞察力。夺权本身是容易的，只有当改造过的人类适应新的体制时，夺取的权力才能够保住……现在的伟大任务是重新取得革命的控制权。有的革命首战即成，有的革命在首战成功之后又继续革命，历史证明，前者的成功率高于后者。革命绝不能成为永久状态，第一场革命并不必然要接着第二场，第二场也不必然要接着第三场。我们已经争取到了这么大的胜利，需要很长时间来消化它……下一步必须是进化式的发展，现有的环境必须加以改善……[141]

因此，尽管希特勒要求从文化和精神上改造德国人，使他们适应新的帝国体制，但他基本上认为这必须通过演进的方式而不是革命的方式来实现。他继续说：

> 目前的国家体制是反常的。它执政的出发点既不是经济的需要，也不是人民生活的需要……我们接管了现有政体。问题

> 是我们愿不愿意保留它……我们的任务是，保留和改造现有体制中有用的部分，也就是说，好的部分可以保留下来，无用的部分就裁撤。[142]

个体德国人的文化转向，属于纳粹党构想中最革命的方面，它的实现，依上文类推，也可以通过保留或恢复纳粹党心目中往昔德国文化中好的方面，清除掉被他们视为异族侵入物的东西完成。

就连自称在进行“第二场革命”的冲锋队员也对任何一种系统性的革命转型毫无概念，希特勒在上文的讲话中明确批评了他们的“第二场革命”。1934 年对基层纳粹党徒进行的一次意见调查显示，在魏玛共和国时期就已入党的大多数基层积极分子所期待的，是纳
粹政权能够实现国家的复兴，一名党员把这种复兴描述为“全面重 459
整公共生活的秩序”，在此过程中，希特勒将“把渗透进最高领导层、伙同其他罪犯把我们的祖国搞得形同废墟的外国人和异族清洗出德国”。这些人所理解的国家复兴，主要指的是恢复德国的国际地位，废除《凡尔赛和约》及其条款，（很可能通过战争）恢复德国在欧洲的霸权。[143] 因此，广义而言这些人并不是革命者；他们对德国内部转型的认识，仅限于清洗犹太人和“马克思主义者”，此外则知之甚少或者一无所知。褐衫军不懈的行动力将在未来的岁月里给第三帝国造成严重问题。在 1933 年下半年和 1934 年上半年，常常用来为他们的行为做借口的是，“革命”必须继续。然而冲锋队员对于革命的认识，终归不外乎继续闹事和斗殴，他们在攫取权力的过程中已经习惯了这种做法。

对于纳粹党的较高层级，尤其是领导层来说，连续性与变革同样重要。1933 年 3 月的选举之后，国会的盛大开幕典礼在波茨坦的驻军教堂举行，引人注目地展示了社会旧秩序和政治旧秩序的象征，包括给流亡的皇帝保留的御座，以及在普鲁士历代君王墓石上

摆放的花圈。典礼有力地表明，纳粹主义排斥革命的基本原则，象征性地把自身与德国过去的主流传统联系在一起。这或许不是事情的全貌，但它不仅仅是一场宣传活动或者一次对希特勒的保守派盟友的虚礼安抚。而且，在希特勒成为总理之后的几个星期、几个月里，那么多人转投纳粹主义旗下，或者至少是容忍而不是反对它，这个事实不能简单地归因于机会主义。用机会主义来解释，也许适用于一个普通的政权，但不适用于纳粹这种如此明显地带有激进特征的政权；那么多人如此迅速、如此热情地拥护新政权，有力地说明德国社会中绝大多数教养良好的精英人士，无论此前坚守怎样的政治立场，此时都已倾向于接受纳粹主义所依托的许多原则。[144] 纳粹党不仅攫取了政治权力，还在第三帝国最初几个月里取得了思
460 想和文化的话语权。之所以出现这个结果，不仅因为纳粹党人陈述自己的思想时，常常使用含糊而多变的言辞向全体人民做出各种承诺，还因为纳粹党直接用于吸引公众的那些原则和信念，有许多从 19 世纪晚期开始就已在德国的知识精英中间传播。第一次世界大战之后，秉持这些原则和信念的不是处境艰难的少数革命派，而是主要的社会组织和政治机构。对这些原则和信念予以部分或者全部排斥的，是共产党人和社会民主党人，他们把自己视为革命者，大多数德国人也普遍这样看待他们。

历史上所有大革命都对传统持否定态度，乃至于像法国大革命在 1789 年所做的那样，以“元年”开始新的纪年，或者借用托洛茨基在 1917 年俄国革命中的名言，把以前的世纪全部丢进“历史的垃圾箱”。[145] 这种基要主义（fundamentalism）也可见于极右翼，例如舍纳勒尔打算用德意志民族主义者的纪年取代基督教的纪年，但舍纳勒尔把元年设定在遥远的古代。而对于纳粹党及其支持者来说，“第三帝国”这个名称，本身就强有力地表示它继承了想象中的伟大传统，即查理曼的第一帝国和俾斯麦的第二帝国所代表的传

统。因此，正如希特勒于 1934 年 7 月 13 日所说，德国历史的自然发展进程曾被魏玛共和国强加的反常措施所打断，而国家社会主义革命恢复了此进程：

> 对我们来说，毁灭德意志第二帝国的那场革命只不过是一次惊人的分娩动作，它召唤着第三帝国的形成。我们打算重新缔造一个能让每位德国人热爱并依恋的国家，建立一个令每位国民敬仰的政府，制定与德国人民的道德准则相称的法律，任命一位人人心悦诚服的领袖。
>
> 对我们来说，革命不是一种永久的状态。当一个民族的自然发展进程被一步暴力之棋将死的时候，可以用一场暴力的行动去释放被人为打断的进化潮流，让自然发展再次自由演进。[146]

这里所说的革命，同样可以等同于夺取政权和建立独裁政府。至于 461
获得权力之后如何运用它，就未必符合那场革命的定义了。多数的革命最终（即使只是暂时地）都归于独夫专制政权；但是除了国家社会主义革命之外，历次革命在发动的时候实际上都不曾明确打算建立专制政权，例如布尔什维克革命所要建立的，也是由政治先锋领导的无产阶级集体专政。[147]

纳粹创造的是一个革命与复辟的综合体。纳粹党人想要的，并不是像革命者在 1789 年的巴黎或者在 1917 年的彼得格勒（Petrograd）所宣讲的那样，彻底推翻社会制度。纳粹党建立的制度在本质上属于另外一种东西。尽管他们言辞激烈地主张人人平等，但相对而言，纳粹党人最终并不关心社会的不平等。他们最在乎的，是种族、文化和意识形态。在未来的岁月里，他们将创立一套全新的制度，力图通过这种制度重塑德国人的精神与性格。在艺术和文化生活的清洗完成之后，将由那些留下来的德国作家、音乐家和知识分子满怀激情地用自己的才华创造德意志新文化。出于政治上的权宜考量，纳粹党此时基本上未曾对根基深厚的基督教会表露过敌意，但基督教会受保护的日子过不了多久就将结束。纳粹党即将着手建造一个种族乌托邦，乌托邦中的那个纯种的英雄民族将会尽快、尽可能全面地做好准备，迎接对优越的日耳曼人种的终极考验：一场打垮并消灭敌人、建立欧洲新秩序、最终统治世界的战争。到1933 年夏，场地已经为建立那种前所未有的独裁制度而清空。第三帝国诞生了。在下一阶段，它将急速冲向精力充沛、日益偏执的成年期。

注 释

序言

1. Michael Ruck, *Bibliographie zum Nationalsozialismus* (2 vols., Darmstadt, 2000 [1995]).
2. Norbert Frei, *National Socialist Rule in Germany: The Führer State 1933-1945* (Oxford, 1993 [1987])；Ludolf Herbst, *Das nationalsozialistische Deutschland 1933-1945* (Frankfurt am Main, 1996)。在其他多种简史著作中，Hans-Ulrich Thamer, *Verführung und Gewalt: Deutschland 1933-1945* (Berlin, 1986) 是一部晓畅的综述；Jost Dülffer, *Nazi Germany 1933-1945: Faith and Annihilation* (London, 1996 [1992]), 和 Bernd-Jürgen Wendt, *Deutschland 1933-1945: Das Dritte Reich. Handbuch zur Geschichte* (Hanover, 1995) 均为实用而且条理清晰的简述。
3. Detlev J. K. Peukert, *Volksgenossen und Gemeinschaftsfremde - Anpassung, Ausmerze, Aufbegehren unter dem Nationalsozialismus* (Cologne, 1982)；英文版是 *Inside Nazi Germany: Conformity, Opposition and Racism in Everyday Life* (London, 1989)。
4. Jeremy Noakes and Geoffrey Pridham (eds.), *Nazism 1919-1945* (4 vols., Exeter, 1983-98 [1974]).
5. William L. Shirer, *The Rise and Fall of the Third Reich: A History of Nazi Germany* (New York, 1960)；Klaus Epstein 的评论发表于 *Review of Politics*, 23 (1961), 130-45。
6. Karl Dietrich Bracher, *The German Dictatorship: The Origins, Structure, and Consequences of National Socialism* (New York, 1970 [1969]).
7. Ian Kershaw, *Hitler*, I: *1889-1936: Hubris* (London, 1998)；同一作者的 *Hitler*, II: *1936-1945: Nemesis* (London, 2000)。
8. Michael Burleigh, *The Third Reich: A New History* (London, 2000).
9. 我在此处所说的，是 Orlando Figes, *A People's Tragedy: The Russian Revolution 1891-1924*

(London, 1996), 或者 Margaret Macmillan, *Peacemakers: The Paris Conference of 1919 and its Attempt to End War* (London, 2001) 这样的著作。

10. 首推 Martin Broszat 的 *Der Staat Hitlers: Grundlegung und Entwicklung seiner inneren Verfassung* (Munich, 1969), 最具代表性的作品还有 Hans Mommsen 那些值得一读再读的精彩文章，收录于他的 *Der Nationalsozialismus und die deutsche Gesellschaft: Ausgewählte Aufsätze* (Reinbek, 1991) 和 *From Weimar to Auschwitz: Essays in German History* (Princeton, 1991)。

11. 这沿用了我在 *Death in Hamburg: Society and Politics in the Cholera Years 1830-1910* (Oxford, 1987) 和 *Rituals of Retribution: Capital Punishment in Germany 1600-1987* (Oxford, 1996) 中使用的写作方法，并且有所进益。

12. Karl Marx, *The Eighteenth Brumaire of Louis Bonaparte* (1852), in Lewis Feuer (ed.), *Marx and Engels: Basic Writings on Politics and Philosophy* (New York, 1959), 360.

13. L. P. Hartley, *The Go-Between* (London, 1953), 序言。

14. 参见 Richard J. Evans, 'History, Memory, and the Law: The Historian as Expert Witness', *History and Theory*, 41 (2002) 277-96；以及 Henry Rousso, *The Haunting Past: History, Memory, and Justice in Contemporary France* (Philadelphia, 2002 [1998])。

15. Ian Kershaw, *Popular Opinion and Political Dissent in the Third Reich: Bavaria 1933-1945* (Oxford, 1983), vii.

16. Konrad Heiden, *Geschichte des Nationalsozialismus: Die Karriere einer Idee* (Berlin, 1932)；以及同一作者的 *Adolf Hitler: Das Zeitalter der Verantwortungslosigkeit. Eine Biographie* (Zurich, 1936); Ernst Fraenkel, *The Dual State* (New York, 1941)；Franz Neumann, *Behemoth: The Structure and Practice of National Socialism* (New York, 1942)。

17. Friedrich Meinecke, *Die deutsche Katastrophe* (Wiesbaden, 1946), 此书已有文字古怪生硬的英译本出版，即 Sidney B. Fay 所译的 *The German Catastrophe: Reflections and Recollections* (Cambridge, Mass., 1950)。激烈批评者的观点参见 Imanuel Geiss, *'Kritischer Rückblick auf Friedrich Meinecke'*, 以及同作者的 *Studien über Geschichte und Geschichtswissenschaft* (Frankfurt am Main, 1972) 第 89-107 页。支持者的观点参见 Wolfgang Wippermann, 'Friedrich Meineckes "Die deutsche Katastrophe"：Ein versuch zur deutschen Vergangenheitsbewaltigung', 收录于 Michael Erbe 编辑的 *Friedrich Meinecke heute: Bericht über ein Gedenk-Colloquium zuseinem 25. Todestag am 5. und 6. April 1979* (Berlin, 1981), 101-21。

18. 这是置于 Karl Dietrich Bracher 的经典著作 *Stufen der Machtergreifung* 开篇处的一系列问题，此书是 Karl Dietrich Bracher 等人合著的 *Die nationalsozialistische Machtergreifung: Studien zur Errichtung des totalitdren Herrschaftssystems in Deutschland 1933/34* (Frankfurt am Main, 1974 [1960]), vol I, 17-8。

19. 关于纳粹主义和第三帝国的史学著作，有许多精彩的论述，其中简短评述首推 Jane Caplan, 'The Historiography of National Socialism', 收录于 Michael Bentley 编辑的 *Companion to Historiography* (London, 1997), 545-90；详细研究首推 Ian Kershaw, *The Nazi Dictatorship: Problems and Perspectives of Interpretation* (4th edn., London, 2000 [1985])。

20. Mark Mazower, *Dark Continent: Europe's Twentieth Century* (London, 1998).

21. Pierre Ayçoberry, *The Nazi Question: An Essay on the Interpretations of National Socialism*

(1922-1975) (New York, 1981 [1979]) 是把马克思主义者所做的各种阐释置于阐释者所处时代的政治语境中进行研究的一部佳作。

22. 东德方面的著述，参见 Andreas Dorpalen 的论述 , *German History in Marxist Perspective: The East German Approach* (Detroit, 1988)。附有明晰评论的代表作选辑是 Georg G. Iggers 编辑的 *Marxist Historiography in Transformation: New Orientations in Recent East German History* (Oxford, 1992)。研究第三帝国的最精深、最缜密的马克思主义史学家之一是 Tim Mason，其著作首推 *Nazism, Fascism and the Working Class: Essays by Tim Mason* (ed. Jane Caplan, Cambridge, 1995) 和 *Social Policy in the Third Reich: The Working Class and the 'National Community'* (ed. Jane Caplan, Providence, RI, 1993 [1977])。

23. Shirer, *The Rise and Fall*; Alan J. P. Taylor, *The Course of German History* (London, 1945); Edmond Vermeil, *Germany in the Twentieth Century* (New York, 1956).

24. Ayçoberry, *The Nazi Question*, 3-15.

25. Rohan d'Olier Butler, *The Roots of National Socialism 1783-1933* (London, 1941) 是这类战时宣传的典范；另一部是 Fossey J. C. Hearnshaw, *Germany the Aggressor throughout the Ages* (London, 1940)。同时代人对此做出聪明反驳的一部著作是 Harold Laski, *The Germans - are they Human?* (London, 1941)。

26. 对这些问题的综述，见 Richard J. Evans, *Rethinking German History: Nineteenth-Century Germany and the Origins of the Third Reich* (London, 1987), 尤其是第 1-54 页。John C. G. Rohl 编辑的 *From Bismarck to Hitler: The Problem of Continuity in German History* (London, 1970) 是一部出色的文件精选集，并附有评论。我在大学本科期间对这些争议的了解，来自 John L. Snell 编辑的 *The Nazi Revolution - Germany's Guilt or Germany's Fate?* (Boston, 1959)，这是一部实用的文摘简编。

27. 这句话甚至适用于被第三帝国驱逐的德国人的著作中那些较为精深的作品，比如 Hans Kohnd 的著作，尤其是 *The Mind of Germany: The Education of a Nation* (London, 1961)，以及 Peter Viereck, *Metapolitics: From the Romantics to Hitler* (New York, 1941)。

28. Keith Bullivant, 'Thomas Mann and Politics in the Weimar Republic'，辑录于该作者编辑的 *Culture and Society in the Weimar Republic* (Manchester, 1977) 第 14-38 页；Taylor, *The Course* , 92-3。

29. Gerhard Ritter, 'The Historical Foundations of the Rise of National-Socialism'，收录于 Maurice Beaumont 等人合著的 *The Third Reich: A Study Published under the Auspices of the International Council for Philosophy and Humanistic Studies with the Assistance of UNESCO* (New York, 1955) , 381-416；同作者的 *Europa und die deutsche Frage: Betrachtungen über die geschichtliche Eigenart des deutschen Staatsgedankens* (Munich, 1948)；Christoph Cornelissen, *Gerhard Ritter: Geschichtswissenschaft und Politik im 20. Jahrhundert* (Düsseldorf, 2001)；Ritter 早在 1937 年就提出过此论点，当时论证时较少使用负面语词（出处同前，524-30）。各种其他观点参见 Hans Kohn 编辑的 *German History: Some New German Views* (Boston, 1954)。德国历史学家 Ludwig Dehio 早先曾试图打破这种模式，但只取得了部分成功，其著作 *Germany and World Politics* (London, 1959 [1955]) 依然强调国际因素是首要因素。

30. 见 Karl Dietrich Bracher, *Die totalitäre Erfahrung* (Munich, 1987) 和 Leonard Shapiro, *Totalitarianism* (London, 1972)。在论述此问题的其他著作中，Carl J. Friedrich and Zbigniew K. Brzezinski, *Totalitarian Dictatorship and Autocracy* (New York, 1963) 是一部经典的基本

理论阐述，评论此书者甚众；Hannah Arendt, *The Origins of Totalitarianism* (New York, 1958) 是一部开创性的哲学文本。

31. Eckard Jesse 编辑的 *Totalitarismus im 20. Jahrhundert* (Baden-Baden, 1996) 以及 Alfons Söllner 编辑的 *Totalitarismus: Eine Ideengeschichte des 20. Jahrhunderts* (Berlin, 1997)。

32. 进行这样类比的著作，首推 Ian Kershaw 与 Moshe Lewin 合编的，汇集了丰硕研究成果的 *Stalinism and Nazism: Dictatorships in Comparison* (Cambridge, 1997)；材料翔实的清晰论述参见 Kershaw, *The Nazi Dictatorship*, 20-46。

33. Jürgen Steinle, 'Hitler als "Betriebsunfall in der Geschichte"', *Geschichte in Wissenschaft und Unterricht*, 45 (1994), 288-302 页对此观点进行了分析。

34. Karl Dietrich Bracher, *Die Auflösung der Weimarer Republik: Eine Studie zum Problem des Machtverfalls in der Demokratie* (3rd edn., Villingen, 1960 [1955]); idem, *et al.*, *Die nationalsozialistische Machtergreifung.*

35. Broszat, *Der Staat Hitlers*；Broszat 等人编辑的 *Bayern in der NS-Zeit* (6 vols., Munich, 1977-83)；Peukert, *Inside Nazi Germany*；对研究进展所做的有益评论，参见 Norbert Frei 所著简史的最新德文版 *Der Führerstaat: Nationalsozialistische Herrschaft 1933 bis 1945* (Munich, 2001 [1987]), 282-304。最近有些论者试图否定 Broszat 著作的权威性，理由是他与同时代的德国历史学家一样，年少时都曾加入希特勒青年团，而且与许多人一同被编入纳粹党的名册（尽管他本人并不知情）。但这些论者无法令人信服，主要因为他们所讨论的，并不是 Broszat 作为史学家而书写的实际内容（Nicolas Berg, *Der Holocaust und die westdeutschen Historiker: Erforschung und Erinnerung* [Cologne, 2003]，尤其是第 613-15 页）。

36. 这方面的研究著作和作品集包括，Robert Gellately 与 Nathan Stoltzfus 合编的 *Social Outsiders in Nazi Germany* (Princeton, 2001)；Michael Burleigh and Wolfgang Wippermann, *The Racial State: Germany 1933-1945* (Cambridge, 1991); Henry Friedlander, *The Origins of Nazi Genocide: From Euthanasia to the Final Solution* (Chapel Hill, NC, 1995); Wolfgang Ayass, *'Asoziale' im Nationalsozialismus* (Stuttgart, 1995); Peter Longerich, *Politik der Vernichtung: Eine Gesamtdarstellung der nationalsozialistischen Judenverfolgung* (Munich, 1998); Ulrich Herbert, *Hitler's Foreign Workers: Enforced Foreign Labor in Germany under the Third Reich* (Cambridge, 1997 [1985])。

37. Richard J. Evans, *In Hitler's Shadow: West German Historians and the Attempt to Escape from the Nazi Past* (New York, 1989)；同一作者的 *Rituals*。

38. Richard J. Evans, *Telling Lies About Hitler: The Holocaust, History, and the David Irving Trial* (London, 2002).

39. Peter Longerich, *Der ungeschriebene Befehl: Hitler und der Weg zur 'Endlösung'* (Munich, 2001), 9-20.

40. Victor Klemperer, *LTI: Notizbuch eines Philologen* (Leipzig, 1985 [1946]).

第一章　历史遗产

1. 研究俾斯麦帝国与第三帝国之间连续性的专著包括，Hans-Ulrich Wehler, *Deutsche Gesellschaftsgeschichte*, III: *Von der 'Deutschen Doppelrevolution' bis zum Beginn des*

Ersten Weltkrieges 1849-1914 (Munich, 1995)，以及 Heinrich August Winkler, *Der lange Weg nach Westen*, I: *Deutsche Geschichte vom Ende des Alten Reiches bis zum Untergang der Weimarer Republik* (Munich, 2000)。

2. Friedrich Meinecke, 'Bismarck und das neue Deutschland'，辑录于该作者所著的 *Preussen und Deutschland im 19. und 20. Jahrhundert* (Munich, 1918), 510-31，此语被译成英文并引用于 Edgar Feuchtwanger, *Bismarck* (London, 2002), 7。
3. Elizabeth Knowles (ed.), *The Oxford Dictionary of Quotations* (5th edn., Oxford, 1999), 116.
4. 未注明出处地引用于 Alan J. P. Taylor, *Bismarck: The Man and the Statesman* (London, 1955), 115。
5. 关于这一时期以及此后的时期，清晰的概述见 David Blackbourn, *The Fontana History of Germany 1780-1918: The Long Nineteenth Century* (London, 1997)；详细论述见 James J. Sheehan, *German History 1770-1866* (Oxford, 1989)；更详细的论述见 Thomas Nipperdey, *Germany from Napoleon to Bismarck* (Princeton, 1986 [1983])，极其详细的论述见 Hans-Ulrich Wehler, *Deutsche Gesellschaftsgeschichte*, II: *Von der Reformära bis zur industriellen und politischen 'Deutschen Doppelrevolution' 1815-1845/49* (Munich, 1987)。
6. Taylor, *The Course*, 69.
7. 对此问题的讨论，主要参见 Geoff Eley, *From Unification to Nazism: Reinterpreting the German Past* (London, 1986), 254-82；David Blackbourn and Geoff Eley, *The Peculiarities of German History: Bourgeois Society and Politics in Nineteenth -Century Germany* (Oxford, 1984)；Evans, *Rethinking German History*, 93-122；Richard J. Evans (ed.) *Society and Politics in Wilhelmine Germany* (London, 1978)；Jürgen Kocka, 'German History Before Hitler: The Debate about the German *Sonderweg*', *Journal of Contemporary History*, 23 (1988), 3-16；Robert G. Moeller, 'The Kaiserreich Recast? Continuity and Change in Modern German Historiography', *Journal of Social History*, 17 (1984), 655-83。
8. 俾斯麦的传记，佳作颇多，最好的两种叙述体传记是 Ernst Engelberg, *Bismarck* (2 vols., Berlin, 1985 and 1990) 以及 Otto Pflanze, *Bismarck* (3 vols., Princeton, 1990)。
9. Heinrich August Winkler, *Der lange Weg nach Westen, II: Deutsche Geschichte vom 'Dritten Reich' bis zur Wiedervereinigung* (Munich, 2000), 645-8.
10. Heinrich August Winkler, *The Long Shadow of the Reich: Weighing up German History* (2001 年伦敦德国历史研究所年度讲座；London, 2002)。Lothar Kettenacker, 'Der Mythos vom Reich'，收录于 Karl H. Bohrer (ed.) *Mythos und Moderne* (Frankfurt am Main, 1983), 262-89。
11. Karl Marx, 'Randglossen zum Programm der deutschen Arbeiterpartei' (Kritik des Gothaer Programms, 1875), in Karl Marx, Friedrich Engels, *Ausgewählte Schriften* (2 vols., East Berlin, 1968), II. 11-28, at 25.
12. Otto Büsch, *Militärsystem und Sozialleben im alten Preussen 1713-1807: Die Anfänge der sozialen Militarisierung der preussisch-deutschen Gesellschaft* (Berlin, 1962).
13. Horst Kohl (ed.), *Die politischen Reden des Fürsten Bismarck* (14 vols., Stuttgart, 1892-1905), II. 29-30.
14. Lothar Gall, *Bismarck: The White Revolutionary* (2 vols., London, 1986 [1980]), 是研究俾斯麦的一部出类拔萃的分析型著作。

15. 关于募兵史，见 Ute Frevert, *Die kasernierte Nation: Militärdienst und Zivilgesellschaft in Deutschland* (Munich, 2001)；把德国的军国主义置于更加广阔的背景中论述的著作有 Volker R. Berghahn, *Militarism: The History of an International Debate 1861-1979* (Cambridge, 1984 [1981])，同一作者编辑的 *Militarismus* (Cologne, 1975), Martin Kitchen, *A Military History of Germany from the Eighteenth Century to the Present Day* (London, 1975) 以及 Gordon A. Craig 的经典著作 *The Politics of the Prussian Army 1640-1945* (New York, 1964 [1955])；不循常轨的观点见 Geoff Eley, 'Army, State and Civil Society: Revisiting the Problem of German Militarism'，收录于同一作者的著作 *From Unification to Nazism*, 85-109。

16. Martin Kitchen, *The German Officer Corps 1890-1914* (Oxford, 1968)；Karl Demeter, *Das deutsche Offizierkorps in Gesellschaft und Staat 1650-1945* (Frankfurt am Main, 1962)。关于"政变的永久威胁"，见 Volker R. Berghahn, *Germany and the Approach of War in 1914* (London, 1973), 13-15。

17. Richard J. Evans, *Rethinking German History*, 248-90; idem, *Rereading German History: From Unification to Reunification 1800-1996* (London, 1997), 65-86.

18. Ute Frevert, 'Bourgeois Honour: Middle-class Duellists in Germany from the Late Eighteenth to the Early Twentieth Century', in David Blackbourn and Richard J. Evans (eds.), *The German Bourgeoisie: Essays on the Social History of the German Middle Class from the Late Eighteenth to the Early Twentieth Century* (London, 1991), 255-92；eadem, *Ehrenmänner: Das Duell in der bürgerlichen Gesellschaft* (Munich, 1991).

19. Eley, *From Unification to Nazism*, 85-109; Wehler, *Deutsche Gesellschaftsgeschichte*, III. 873-85.

20. Michael Geyer, 'Die Geschichte des deutschen Militärs von 1860-1956: Ein Bericht über die Forschungslage (1945-1975)', in Hans-Ulrich Wehler (ed.), *Die moderne deutsche Geschichte in der internationalen Forscbung 1945-1975* (Gottingen, 1978), 256-86; Helmut Bley, *Namibia under German Rule* (Hamburg, 1996 [1968]).

21. Gesine Krüger, *Kriegshewältigung und Gescbicbtsbeivusstsein: Realität, Deutung und Verarbeitung des deutschen Kolonialkrieges in Namibia 1904 bis 1907* (Gottingen, 1999); Tilman Dedering, "'A Certain Rigorous Treatment of all Parts of the Nation"：The Annihilation of the Herero in German Southwest Africa 1904', in Mark Levene and Penny Roberts (eds.), *The Massacre in History* (New York, 1999), 205-12.

22. David Schoenbaum, *Zabern 1913: Consensus Politics in Imperial Germany* (London, 1982); Nicholas Stargardt, *The German Idea of Militarism 1866-1914* (Cambridge, 1994); Wehler, *Deutsche Gesellscbaftsgeschichte* III. 1125-9.

23. Ulrich von Hassell, *Die Hassell-Tagebiscber 1938-1944* (ed. Friedrich Freiherr Hiller von Gaertringen, Berlin, 1989), 436.

24. Wolfgang J. Mommsen, *Das Ringen um den nationalen Staat: Die Gründung und der innere Ausbau des Deutschen Reiches unter Otto von Bismarck 1850- 1890* (Berlin, 1993), 439-40; David Blackbourn, *Marpingen: Apparitions of the Virgin Mary in Bismarckian Germany* (Oxford, 1993).

25. Vernon Lidtke, *The Outlawed Party: Social Democracy in Germany, 1878-1890* (Princeton, 1966); Evans, *Rituals*, 351-72.

26. 在许多讲述社会民主党演化史的著作中，Susanne Miller and Heinrich Potthoff, *A History of German Social Democracy: From 1848 to the Present* (Leamington Spa, 1986 [1983]) 以当今的德国社会民主党的视角撰写，是一部实用的介绍性文本；Detlef Lehnert, *Sozialdemokratie zwischen Protestbewegung und Regierungspartei 1848-1983* (Frankfurt am Main, 1983) 是一部简史佳作；Stefan Berger, *Social Democracy and the Working Class in Nineteenth- and Twentieth-century Germany* (London, 2000) 是较新的研究著作。

27. Alex Hall, *Scandal, Sensation and Social Democracy: The SPD Press and Wilhelmine Germany 1890-1914* (Cambridge, 1977); Klaus Saul, 'Der Staat und die "Mächte des Umsturzes" : Ein Beitrag zu den Methoden antisozialistischer Repression und Agitation vom Scheitern des Sozialistengesetzes bis zur Jahrhundertwende', *Archiv für Sozialgeschichte*, 12 (1972), 293-350; Alex Hall, 'By Other Means: The Legal Struggle against the SPD in Wilhelmine Germany 1890-1900', *Historical Journal*, 17 (1974), 365-86.

28. 清晰明了的简要概述可参阅 Gerhard A. Ritter, *Die deutschen Parteien 1830-1914: Parteien und Gesellschaft im konstitutionellen Regierungssystem* (Gottingen, 1985)；论述这个题目的经典文章是 M. Rainer Lepsius, 'Parteisystem und Sozialstruktur: Zum Problem der Demokratisierung der deutschen Gesellschaft', 收录于 Gerhard A. Ritter (ed.) *Die deutschen Parteien vor 1918* (Cologne, 1973), 56-80。

29. Gerhard A. Ritter, *Wahigeschichtliches Arbeitsbuch: Materialien zur Statistik des Kaiserreichs 1871-1918* (Munich, 1980), 42.

30. Stanley Suval, *Electoral Politics in Wilhelmine Germany* (Chapel Hill, NC, 1985); Margaret L. Anderson, *Practicing Democracy: Elections and Political Culture in Imperial Germany* (Princeton, 2000).

31. Kurt Koszyk, *Deutsche Presse im 19. Jahrhundert: Geschichte der deutschen Presse*, II (Berlin, 1966).

32. Richard J. Evans (ed.), *Kneipengespräche im Kaiserreich: Die Stimmungsberichte der Hamburger Politischen Polizei 1892-1914* (Reinbek, 1989).

33. 简论参见 Wehler, *Deutsche Gesellschaftsgeschichte*, III, 961-5；详论参见 William W. Hagen, *Germans, Poles, and Jews: The Nationality Conflict in the Prussian East*, 1772-1914 (Chicago, 1980)。

34. Evans (ed.), *Kneipengespräche*, 361-83.

35. Volker R. Berghahn, *Der Tirpitz-Plan: Genesis und Verfall einer innenpolitischen Krisenstrategie unter Wilhelm II.* (Düsseldorf, 1971).

36. 关于威廉二世的性格和影响力，有一部明晰的评论性新著 Christopher Clark, *Kaiser Wilhelm II* (London, 2000)。

37. Geoffrey Hosking, *Russia: People and Empire 1552-1917* (London, 1997).

38. George L. Mosse, *The Nationalization of the Masses: Political Symbolism and Mass Movements in Germany from the Napoleonic Wars through the Third Reich* (New York, 1975).

39. Alan Milward and Samuel B. Saul, *The Development of the Economies of Continental Europe 1850-1914* (London, 1977), 19-20.

40. 综述参见 Hubert Kiesewetter, *Industrielle Revolution in Deutschland 1815-1914* (Frankfurt

am Main, 1989)。

41. Volker Ullrich, *Die nervöse Grossmacht 1871-1918: Aufstieg und Untergang des deutscben Kaiserreichs* (Frankfurt am Main, 1997); Joachim Radkau, *Das Zeitalter der Nervosität: Deutschland zwischen Bismarck und Hitler* (Munich, 1998).

42. August Nitschke *et al.*, *Jahrhundertwende: Der Aufbruch in die Moderne 1880-1930* (2 vols., Reinbek, 1990).

43. 这些论点见 Blackbourn and Eley, *The Peculiarities*。

44. Peter Pulzer, *The Rise of Political Anti-Semitism in Germany and Austria* (New York, 1964), 112-13; Rosemarie Leuschen-Seppel, *Sozialdemokratie und Antisemitismus im Kaiserreich: Die Auseinandersetzung der Partei mit den konservativen und volkischen Strömungen des Antisemitismus 1871-1914* (Bonn, 1978), 140-42; Richard S. Levy, *The Downfall of the Anti-Semitic Political Parties in Imperial Germany* (New Haven, 1975)。另见 Paul W. 的开创性著作 *Massing, Rehearsal for Destruction* (New York, 1949)。

45. 我在此处采用了 Marion Kaplan 关于同化（完全失去原有的文化身份）与文化适应（在多元文化环境中形成双重文化身份）之间的区分，参见 Marion A. Kaplan, 'The Acculturation, Assimilation, and Integration of Jews in Imperial Germany', *Year Book of the Leo Baeck Institute*, 27 (1982) 第 3-35 页。

46. Till van Rahden, *Juden und andere Breslauer: Die Beziehungen zwischen Juden, Protestanten und Katholiken in einer deutschen Grossstadt von 1860 bis 1925* (Göttingen, 2000), 147-9; Peter J.G. Pulzer, *Jews and the German State: The Political History of a Minority, 1848-1933* (Oxford, 1992), 6-7; Shulamit Volkov, *Die Juden in Deutschland 1780-1918* (Munich, 1994); Usiel O. Schmelz, 'Die demographische Entwicklung der Juden in Deutschland von der Mitte des 19. Jahrhunderts 'bis 1933', *Bulletin des Leo Baeck Instituts*, 83 (1989), 15-62, at 39-41; Jacob Toury, *Soziale und politische Geschichte der Juden in Deutschland 1847-1871: Zwischen Revolution, Reaktion und Emanzipation* (Düsseldorf, 1977), 60; Monika Richarz, *Jüdisches Leben in Deutschland*, II: *Selbstzeugnisse zur Sozialgeschichte im Kaiserreich* (Stuttgart, 1979), 16-17; Anthony Kauders, *German Politics and the Jews: Düsseldorf and Nuremberg 1910-1933* (Oxford, 1996), 26; Kerstin Meiring, *Die christlich-judische Mischehe in Deutschland, 1840-1933* (Hamburg, 1998).

47. Pulzer, *Jews*, 106-20.

48. Dietz Bering, *The Stigma of Names: Antisemitism in German Daily Life, 1812-1933* (Cambridge, 1992. [1987]).

49. Pulzer, *Jews*, 5, II.

50. Niall Ferguson, *The World's Banker: The History of the House of Rothschild* (London, 1998); Fritz Stern, *Gold and Iron: Bismarck, Bleichröder and the Building of the German Empire* (New York, 1977).

51. Robert Gellately, *The Politics of Economic Despair: Shopkeepers and German Politics, 1890-1914* (London, 1974), 42-3; Richarz, *Jüdisches Leben*, II. 17, 23-35.

52. 出处同上，第 31-4 页。

53. Peter Pulzer, 'Jews and Nation-Building in Germany 1815-1918', *Year Book of the Leo Baeck Institute*, 41 (1996), 199-214.

54. 此处主要参考了 Werner E. Mosse, *Jews in. the German Economy: The German-Jewish Economic Élite 1820-1935* (Oxford, 1987), 以及同一作者的 *The German-Jewish Economic Élite 1820-1935: A Socio-Cultural Profile* (Oxford, 1989)，两书不仅是精深的学术著作，也是作者对他本人所属社会群体之成就的深情赞颂。

55. Pulzer, *The Rise*, 94-101, 113; Shulamit Volkov, *Jüdisches Leben und Antisemitismus im 19. und 20. Jahrhundert* (Munich, 1990).

56. 关于伯克尔与反犹运动，更全面的介绍参见 David Peal, 'Antisemitism by Other Means? The Rural Cooperative Movement in Late 19th Century Germany'，收录于 Herbert A. Strauss (ed.) *Hostages of Modernization: Studies on Modern Antisemitism 1870-1933/39: Germany - Great Britain - France* (Berlin, 1993), 128-49；James N. Retallack, *Notables of the Right: The Conservative Party and Political Mobilization in Germany, 1876-1918* (London, 1988)，尤其是第 91-9 页；Hans-Jürgen Puhle, *Agrarische Interessenpolitik und preussischer Konservatismus im wilhelminischen Reich 1893-1914: Ein Beitrag zur Analyse des Nationalismus in Deutschland am Beispiel des Bundes der Landwirte und der Deutscb-Konservativen Partei* (Hanover, 1967), 尤其是第 111-40 页。

57. Pulzer, *The Rise*, 53-5, 116; Wehler, *Deutsche Gesellschaftsgeschichte*, III. 924-34; Thomas Nipperdey, *Deutsche Geschichte 1866-1918, II: Machtstaat vor der Demokratie* (Munich, 1992), 289-311.

58. Jacob Katz, *From Prejudice to Destruction: Anti-Semitism, 1700-1933* (Cambridge, Mass. 1980), 是一部经典的综述。关于德国的天主教反犹思想，参见 Olaf Blaschke, *Katholizismus und Antisemitismus im Deutschen Kaiserreich* (Gottingen, 1997); Helmut Walser Smith, 'The Learned and the Popular Discourse of Anti-Semitism in the Catholic Milieu in the Kaiserreich', *Central European History*, 27 (1994), 315-28. Werner Jochmann, *Gesellschaftskrise und Judenfeindschaft in Deutschland 1870-1945* (Hamburg, 1988), 其中有一章精彩的导论，见第 30-98 页。James F. Harris, *The People Speak! Anti-Semitism and Emancipation in Nineteenth-Century Bavaria* (Ann Arbor, 1994) 一书过于轻率地忽略了社会经济因素；反犹主义史的写作不应沦为不做论证的信口演说。

59. Wilhelm Marr, *Vom jüdischen Kriegsschauplatz: Eine Streitschrift* (Berne, 1879), 19，引用于 Pulzer, *The Rise*, 50；另见 Marr 的小册子 *Der Sieg des judenthums über das Germanenthum vom nicht konfessionelien Standpunkt aus betrachtet* (Berlin, 1873)。

60. Moshe Zimmermann, *Wilhelm Marr: The Patriarch of Anti-Semitism* (New York, 1986), 89, 150-51, 154; Daniela Kasischke-Wurm, *Antisemitismus im Spiegel der Hamburger Presse während des Kaiserreichs (1884-1914)* (Hamburg, 1997) 240-46.

61. 出处同上，第 77 页。

62. Wehler, *Deutsche Gesellschaftsgeschichte*, III. 925-9.

63. Evans (ed.), *Kneipengespräche*, 317.

64. 出处同上，第 313-21 页。

65. Leuschen-Seppel, *Sozialdemokratie*, 尤其是第 36, 96, 100, 153, 171 页；Evans (ed.) *Kneipengesprdche*, 302-6, 318-19。这些观点是为了回应 Daniel J. Goldhagen, *Hitler's Willing Executioners: Ordinary Germans and the Holocaust* (New York, 1996) 中的一概而论，这些观点的更详细论述可参阅 Evans, *Rereading*, 119-44。

66. Stefan Scheil, *Die Entwicklung des politischen Antisemitismus in Deutschland zwischen 1881 und 1912: Eine wahlgeschichtliche Untersuchung* (Berlin, 1999).

67. 尤见于 Harris, *The People Speak!*, 以及 Helmut Walser Smith, *The Butcher's Tale: Murder and Anti-Semitism in a German Town* (New York, 2002)（此书有出色的细节描写，但夸大了普鲁士偏远的东部小镇一宗“杀生祭祀”控告案的重要性）。另见 Christoph Nonn, *Eine Stadt sucht einen Mörder: Gerücht, Gewalt und Antisemitismus im Kaiserreich* (Göttingen, 2002)。关于反犹报刊对早先的一宗杀生祭祀控告案的反应，参见 Kasischke-Wurm, *Antisemitismus*, 175-82。

68. 证据见 David Kertzer, *Unholy War: The Vatican's Role in the Rise of Modern Anti-Semitism* (London, 2001), 但作者对于这些材料之重要性的断言过于一概而论。天主教反犹思想在德国的普及是毋庸置疑的，从社会和文化角度对此所做的研究参见 Blaschke, *Katholizismus und Antisemitismus*; Michael Langer, *Zwischen Vorurteil und Aggression: Zum Judenbild in der deutschspraehigen katholischen Volksbildung des 19. Jahrhunderts* (Freiburg, 1994); Walter Zwi Bacharach, *Anti-Jewish Prejudices in German-Catholic Sermons* (Lewiston, Pa., 1993)；David Blackbourn, 'Roman Catholics, the Centre Party and Anti-Semitism in Imperial Germany', in Paul Kennedy and Anthony Nicholls (eds.) *Nationalist and Racialist Movements in Britain and Germany before 1914* (London, 1981), 106-29；关于国际范围的天主教反犹思想，见 Olaf Blaschke and Aram Mattioli (eds.) *Katholischer Antisemitismus im 19. Jahrhundert: Ursachen und Traditionen im internationalen Vergleich* (Zurich, 2000)。关于天主教教区的农民抗议与反犹运动，参见 Ian Farr, 'Populism in the Countryside: The Peasant Leagues in Bavaria in the 1890s', in Evans (ed.) *Society and Politics*, 136-59。

69. 可参阅 Norbert Kampe, *Studenten und 'Judenfrage' im deutschen Kaiserreich: Die Entstehung einer akademischen Trägerschicht des Antisemitismus* (Göttingen, 1988)。

70. Stephen Wilson, *Ideology and Experience: Antisemitism in France at the Time of the Dreyfus Affair* (New York, 1982 [1980]); John D. Klier and Shlomo Lambroza (eds.), *Pogroms: Anti-Jewish Violence in Modern Russian History* (Cambridge, 1992).

71. David Blackbourn, *Populists and Patricians: Essays in Modern German History* (London, 1987), 217-45（'The Politics of Demagogy in Imperial Germany'）.

72. Julius Langbehn, *Rembrandt als Erzieher* (38th edn., Leipzig, 1891 [1890]) , 292；同一作者的 *Der Rembrandtdeutsche: Von einem Wahrheitsfreund* (Dresden, 1892), 184, 全部引用于 Pulzer, *The Rise*, 242；另见 Fritz Stern, *The Politics of Cultural Despair: A Study in the Rise of the German Ideology* (New York, 1961)。

73. 莱辛这部发表于 1779 年的剧作主张宗教宽容，尤其是对犹太人。引语出自 Cosima Wagner, *Die Tagebücher* (ed. Martin Gregor-Dellin and Dietrich Mack, Munich, 1977) , II. 852（1881 年 12 月 18 日）; 159, 309 ; Jacob Katz, *The Darker Side of Genius: Richard Wagner's AntiSemitism* (Hanover, 1986) 对这个有争议的题目做了理性的梳理。

74. George L. Mosse, *The Crisis of German Ideology: Intellectual Origins of the Third Reich* (London, 1964), 88-107; Annette Hein, *'Es ist viel "Hitler" in Wagner': Rassismus undantisemitische Deutschtumsideologie in den 'Bayreuther Blättern' (1878-1938)* (Tübingen, 1996).

75. Winfried Schüler, *Der Bayreuther Kreis von seiner Entstehung bis zum Ausgang der*

wilhelminischen Ära (Münster, 1971); Andrea Mork, *Richard Wagner als politischer Schriftsteller: Weltanschauung und Wirkungsgeschichte* (Frankfurt am Main, 1990); Houston Stewart Chamberlain, *Die Grundlagen des XIX. Jahrhunderts* (2 vols., Munich, 1899); Geoffrey G. Field, *Evangelist of Race: The Germanic Vision of Houston Stewart Chamberlain* (New York, 1981).

76. Ludwig Woltmann, *Politische Anthropologie* (ed. Otto Reche, Leipzig, 1936 [1900]), 16-17, 267，引用于 Mosse, *The Crisis*, 100-2。

77. Woodruff D. Smith, *The Ideological Origins of Nazi Imperialism* (New York, 1986), 83-111; 另见 Karl Lange, '*Der Terminus "Lebensraum" in Hitlers Mein Kampf*', *Vierteljahrshefte für Zeitgeschichte* (hereinafter VfZ) 13 (1965), 426-37。

78. Paul Crook, *Darwinism, War and History: The Debate Over the Biology of War from the 'Origin of Species' to the First World War* (Cambridge, 1994), 尤其是第 30, 83 页；Imanuel Geiss (ed.) *July 1914: The Outbreak of the First World War. Selected Documents* (London, 1967) 第 22 页；Holger Afflerbach, *Falkenhayn: Politisches Denken und Handeln im Kaiserreich* (Munich, 1994)；参见 Evans, *Rereading*, 119-44，综述了德国社会达尔文主义的历史和史学著作。

79. 综述参见 Paul Weindling, *Health, Race and German Politics between National Unification and Nazism 1870-1945* (Cambridge, 1989)，以及 Peter Weingart *et al.*, *Rasse, Blut und Gene: Geschichte der Eugenik und Rassenhygiene in Deutschland* (Frankfurt am Main, 1992-[1988])。

80. Sheila F. Weiss, *Race Hygiene and National Efficiency: The Eugenics of Wilhelm Schallmayer* (Berkeley, 1987); Evans, *Rituals*, 438; Roger Chickering, *Imperial Germany and a World Without War: The Peace Movement and German Society*, 1892-1914 (Princeton, 1975), 125-9.

81. Jeremy Noakes, 'Nazism and Eugenics: The Background to the Nazi Sterilization Law of 14 July 1933', in Roger Bullen (eds.) *Ideas into Politics: Aspects of European History 1880-1950* (London, 1984), 75-94, 是一篇具有开创意义的文章，至今依然是了解这些思想家的必要指南。

82. Karl Heinz Roth, 'Schein-Alternativen im Gesundheitswesen: Alfred Grotjahn (1869-1931) - Integrationsfigur etablierter Sozialmedizin und nationalsozialistischer "Rassenhygiene"', in Karl Heinz Roth (ed.) *Erfassung zur Vernichtung: Von der Sozialhygiene zum 'Gesetz über Sterbehilfe'* (Berlin, 1984), 31-56；综述参见 Sheila Weiss, 'The Race Hygiene Movement in Germany', in Mark B. Adams (ed.) *The Wellborn Science: Eugenics in Germany, France, Brazil, and Russia* (New York, 1990), 8-68。

83. 他的真名是阿道夫·兰茨（Adolf Lanz），但为了显得血统高贵而自称约尔格·兰茨·冯·利本菲尔斯。Hans-Walter Schmuhl, Rassenhygiene, *Nationalsozialismus, Euthanasie: Von der Verhütung zur Vernichtung 'lebensunwerten Lebens', 1890-1945* (Göttingen, 1987); Wilfried Daim, *Der Mann, der Hitler die Ideen gab: Die sektiererischen Grundlagen des Nationalsozialismus* (Vienna, 1985 [1958])。

84. Weiss, 'The Race Hygiene Movement', 9-11.

85. Max Weber, 'Der Nationalstaat und die Volkswirtschaftpolitik'，收录于该作者编辑的 *Gesammelte politische Schriften* (ed. J. Winckelmann, 3rd edn., Tübingen, 1971), 23。

86. Richard Hinton Thomas, *Nietzsche in German Politics and Society 1890-1918* (Manchester, 1983), 尤其是第 80-95 页。把尼采的作品置于这种大背景中进行评论的新著，参见 Bernhard H. F. Taureck, *Nietzsche und der Faschismus: Ein Politikum* (Leipzig, 2000)。

87. Steven E. Aschheim, *The Nietzsche Legacy in Germany 1890-1990* (Berkeley, 1992).

88. Mosse, *The Crisis*, 204-7; Walter Laqueur, *Young Germany: A History of the German Youth Movement* (London, 1962); Jürgen Reulecke, *'Ich möchte einer werden so wie die...' Männerbünde im 20. Jahrhundert* (Frankfurt am Main, 2001); Daim, *Der Mann*, 71-2.

89. Alastair Thompson, *Left Liberals, the State, and Popular Politics in Wilhelmine Germany* (Oxford, 2000).

90. Stefan Breuer, *Ordnungen der Ungleichheit- die deutsche Rechte im Widerstreit ihrer Ideen 1871-1945* (Darmstadt, 2001), 是一部专题论著，强调了纳粹主义到来之前出现的一种有效综合体的失败（第 370-76 页）。

91. Andrew G. Whiteside, *The Socialism of Fools: Georg von Schönerer and Austrian Pan-Germanism* (Berkeley, 1975), esp. 73.

92. John W. Boyer, *Political Radicalism in Late Imperial Vienna: Origins of the Christian Social Movement, 1848-1897* (Chicago, 1981).

93. Pulzer, *The Rise*, 207.

94. Brigitte Hamann, *Hitler's Vienna: A Dictator's Apprenticeship* (Oxford, 2000) 第 236-53 页，全面论述了舍纳勒尔以及同时代的其他维也纳空想家。

95. Carlile A. Macartney, *The Habsburg Empire 1790-1918* (London, 1968), 632-5, 653-7, 666, 680, 799; Pulzer, *The Rise*, 149-60, 170-74, 206-9; Carl E. Schorske, *Finde-Siecle Vienna: Politics and Culture* (New York, 1980), 116-180; Massing, *Rehearsal*, 241; Hellmuth von Gerlach, *Von rechts nach links* (Hildesheim, 1978 [1937]), 112-14; Andrew G. Whiteside, *Austrian National Socialism before 1918* (The Hague, 1962).

96. Woodruff D. Smith, *The German Colonial Empire* (Chapel Hill, NC, 1978); Fritz Ferdinand Müller, *Deutschland-Zanzibar-Ostafrika: Geschichte einer deutschen Kolonialeroberung 1884-1890* (Berlin, 1990 [1959]).

97. Gerhard Weidenfeller, *VDA: Verein für das Deutschtum im Ausland: Allgemeiner Deutscher Schulverein (1881-1918). Ein Beitrag zur Geschichte des deutschen Nationalismus und Imperialismus im Kaiserreich* (Berne, 1976).

98. Geoff Eley, *Reshaping the German Right: Radical Nationalism and Political Change after Bismarck* (London, 1980), 366; Roger Chickering, *We Men Who Feel Most German: A Cultural Study of the Pan-German League 1886-1914* (London, 1984), 24-73; Wilhelm Deist, *Flottenpolitik und Flottenpropaganda: Das Nachrichtenbüro des Reichsmarineamts 1897-1914* (Stuttgart, 1976) ; Richard Owen, 'Military-Industrial Relations: Krupp and the Imperial Navy Office', in Evans (ed.), *Society and Politics*, 71-89; Marilyn Shevin Coetzee, *The German Army League: Popular Nationalism in Wilhelmine Germany* (New York, 1990); Richard W. Tims, *Germanizing Prussian Poland: The H-K-T Society and the Struggle for the Eastern Marches in the German Empire 1894-1919* (New York, 1941); Adam Galos *et al.*, *Die Hakatisten: Der Deutsche Ostmarkenverein 1894-1934* (Berlin, 1966).

99. Chickering, *We Men*, 128, 268-71; Coetzee, *The German Army League*, 19-23; Ute Planert,

Antifeminismus im Kaiserreich: Diskurs, soziale Formation und politische Mentalität (Göttingen, 1998), 118-76.

100. Chickering, *We Men*, 102-21.

101. 出处同上，第 284-6 页；Wehler, *Deutsche Gesellschaftsgeschichte* III. 1071-81；文摘的英译版收录于 Roderick Stackelberg and Sally A. Winkle (eds.) *The Nazi Germany Sourcebook: An Anthology of Texts* (London, 2002), 20-26。

102. Chickering, *We Men*, 74-97, 284-6.

103. 出处同上，第 122-32 页；以及 Klaus Bergmann, *Agrarromantik und Grossstadtfeindschaft* (Meisenheim, 1970)。

104. Chickering, *We Men*, 253-91; Eley, *Reshaping*, 316-34; Dirk Stegmann, *Die Erben Bismarcks: Parteien und Verbände in der Spätphase des Wilhelminischen Deutschlands: Sammlungspolitik 1897-1914* (Cologne, 1970), 352-48; Fritz Fischer, *War of Illusions: German Politics from 1911 to 1914* (London, 1975 [1969]).

105. Iris Hamel, *Völkischer Verband und nationale Gewerkschaft: Der Deutschnationale Handlungsgehilfenverband, 1893-1933* (Frankfurt am Main, 1967); Planert, *Antifeminismus*, 71-9.

106. 备忘录的摘要以及皇帝的回复，参见 Röhl, *From Bismarck to Hitler*, 49-52；以及 Stackelberg and Winkle (eds.) *The Nazi Germany Sourcebook*, 29-30。

107. Hartmut Pogge-von Strandmann, 'Staatsstreichpläne, Alldeutsche und Bethmann Hollweg', 收录于该作者与 Imanuel Geiss 合著的 *Die Erforderlichkeit des Unmöglichen: Deutschland am Vorabend des ersten Weltkrieges* (Frankfurt am Main, 1965), 7-45；贝特曼和皇帝的答复文本在第 32-9 页；皇帝与张伯伦之间关系的文件证明，参见 Röhl, *From Bismarck to Hitler*, 41-8。

108. Hew Strachan, *The First World War*, I: *To Arms* (Oxford, 2001), 第 1005-14 页精彩地梳理了时人对于战争可能持续多长时间的各种观点。

109. Martin Kitchen, *The Silent Dictatorship: The Politics of the German High Command under Hindenburg and Ludendorff, 1916-1918* (London, 1976)。新著综论中的最佳作品是 Roger Chickering, *Imperial Germany and the Great War, 1914-1918* (Cambridge, 1998) 。

110. 在海量的著作中 , Figes, *A People's Tragedy* 是新作品中的最佳论著。

111. Robert Service, *Lenin: A Political Life* (3 vols., London, 1985-95) 是公认的传记佳作；探讨列宁挑动德国革命的种种努力，最佳切入点是苏联密使卡尔·拉德克的活动，参见 Marie-Luise Goldbach, *Karl Radek und die deutsch-sowjetischen Beziehungen 1918-1923* (Bonn, 1973)，以及 Warren Lerner, *Karl Radek: The Last Internationalist* (Stanford, Calif., 1970)。

112. Heinrich August Winkler, *Von der Revolution zur Stabilisierung: Arbeiter und Arbeiterbewegung in der Weimarer Republik 1918 bis 1924* (Bonn, 1984), esp. 114-34, 468-552.

113. Arno J. Mayer, *Politics and Diplomacy of Peacemaking: Containment and Counterrevolution at Versailles 1918-1919* (2nd edn., New York, 1969 [1967]) 是综论；Oszkár Jászi, *Revolution and Counter-Revolution in Hungary* (London, 1924) 是时人对事件的描述。

114. *Berliner Tageblatt*, I August 1918, 引用于 David Welch, *Germany, Propaganda and Total*

War, 1914-1918: The Sins of Omission (London, 2000), 241。另见 Aribert Reimann, *Der grosse Krieg der Sprachen: Untersuchungen zur historischen Semantik in Deutschland und England zur Zeit des Ersten Weltkriegs* (Essen, 2000)。

115. 参见 Chickering, *Imperial Germany*, 178-91, 是简史新著中的最佳作品。

116. Welch, Germany, 241-2; Wilhelm Deist, 'Censorship and Propaganda in Germany during the First World War', in Jean-Jacques Becker and Stéphane Audoin-Rouzeau (eds.), *Les Sociétés européennes et la guerre de 1914-1918* (Paris, 1990), 199-210; Alice Goldfarb Marquis, 'Words as Weapons: Propaganda in Britain and Germany during the First World War', *Journal of Contemporary History*, 13 (1978), 467-98.

117. Fritz Fischer, *Germany's Aims in the First World War* (London, 1967 [1961]), 见全书各处。

118. Bullitt Lowry, *Armistice 1918* (Kent, Ohio, 1996); Hugh Cecil and Peter Liddle (eds.), *At the Eleventh Hour: Reflections, Hopes and Anxieties at the Closing of the Great War, 1918* (Barnsley, 1998).

119. *Stenographischer Bericht über die öffentlichen Verhandlungen des 15. Untersucbungsausschusses der verfassungsgebenden Nationalversammlung*, II (Berlin, 1920), 700-1 (18 November 1919)。另见 Erich Ludendorff, *Kriegfuhrung und Politik* (Berlin, 1922), 以及 Paul von Hindenburg, *Aus meinem Leben* (Leipzig, 1920), 403；综述参见 Friedrich Freiherr Hiller von Gaertringen, '"Dolchstoss-Diskussion" und "Dolchstosslegende" im Wandel von vier Jahrzehnten', and Waldemar Besson 与 Friedrich Freiherr Hiller von Gaertringen (eds.) *Geschichtsund Gegenwartsbewusstsein* (Göttingen, 1963), 122-60。另见新著 Jeffrey Verhey, *The Spirit of 1914: Militarism, Myth and Mobilization in Germany* (Cambridge, 2000), 219-23, 以及 Chickering, *Imperial Germany*, 189-91。

120. William II, *My Memoirs 1878-1918* (London, 1922), 282-3。综述参见 Wilhelm Deist, 'The Military Collapse of the German Empire: The Reality Behind the Stab-in-the-Back Myth', *War in History*, 3 (1996), 186-207。

121. Friedrich Ebert, *Schriften, Aufzeichnungen, Reden* (2 vols., Dresden, 1936), II. 127；艾伯特接着还将战败归咎于"敌人在人员与物资上的优势"(第 127 页)。

122. Gerhard A. Ritter and.Susanne Miller (eds.), *Die deutsche Revolution 1918- 1919 - Dokumente* (Frankfurt am Main, 1968) 是一部出色的文件选辑；Francis L. Carsten, *Revolution in Central Europe 1918-1919* (London, 1972) 是一部实录佳作。

123. 参考了大量文献，见 Harold Temperley (ed.) *A History of the Peace Conference of Paris* (6 vols., London, 1920-24)，以及 Manfred F. Boemeke 等人合编的纪念战争结束 80 周年学术论文集 *The Treaty of Versailles: A Reassessment after 75 Years* (Washington, DC, 1998)。

124. Mayer, *Politics and Diplomacy*.

125. Arthur S. Link (ed.) *The Papers of Woodrow Wilson* (69 vols., Princeton, 1984), XL. 534-9；综述参见 Lloyd E. Ambrosius, *Wilsonian Statecraft: Theory and Practice of Liberal Internationalism during World War I* (Wilmington, Del., 1991), Thomas J. Knock, *To End All Wars: Woodrow Wilson and the Quest for a New World Order* (New York, 1992)，以及 Arthur Walworth, *Wilson and his Peacemakers: American Diplomacy at the Paris Peace Conference, 1919* (New York, 1986)。

126. Winkler, *Von der Revolution, 94-5;* Carsten, *Revolution*, 271-98.

127. John Horne and Alan Kramer, *German Atrocities 1914: A History of Denial* (London, 2001), 345-55, 446-50; Gerd Hankel, *Die Leipziger Prozesse: Deutsche Kriegsverbrechen und ihre strafrechtliche Verfolgung nach dem Ersten Weltkrieg* (Hamburg, 2003).

128. Bruce Kent, *The Spoils of War: The Politics, Economics and Diplomacy of Reparations 1918-1932* (Oxford, 1989).

129. Alan Sharp, *The Versailles Settlement: Peacekeeping in Paris, 1919* (London, 1991).

130. Fischer, *Germany's Aims*, 见全书各处。

131. 对《和约》所做的理性辩护，参见 Macmillan, *Peacemakers*。

132. 阿贝尔证言（Abel Testimony, 下文简称 AT）第 114 页，引用于 Peter H. Merkl, *Political Violence under the Swastika: 581 Early Nazis* (Princeton, 1975), 191。

133. AT 334, 出处同上，第 192-3 页。

134. AT 248, 出处同上，第 194-5 页。

135. 参见经典专著 Fischer, *Germany's Aims*, 此书至今依然是研究这个题目的权威之作。

136. Eley, *Reshaping*, 333, 339-42; Dirk Stegmann, 'Zwischen Repression und Manipulation: Konservative Machteliten und Arbeiter- und Angestelltenbewegung 1910-1918: Ein Beitrag zur Vorgeschichte der DAP/NSDAP', *Archiv für Sozialgeschichte*, 12 (1972), 351-432.

137. Heinz Hagenlücke, *Die deutsche Vaterlandspartei: Die nationale Rechte am Ende des Kaiserreiches* (Düsseldorf, 1997); Verhey, *The Spirit of 1914*, 178-85; Mosse, *The Crisis*, 218-26.

138. Ernst Jünger, *In Stahlgewittern: Aus dem Tagebuch eines Stosstruppführers* (Hanover, 1920)。新的英文版是 Ernst Jünger, *Storm of Steel* (London, 2003)。

139. Richard Bessel, *Germany after the First World War* (Oxford, 1993), 256-61.

140. Theodore Abel, *Why Hitler Came to Power* (Cambridge, Mass., 1986 [1938]), 21, 引自 *Frankfurter Zeitung*, 27 November 1918。

141. 引用于 Abel, *Why Hitler*, 24, 证言 4.3.4, 以及 2.3.2。

142. 出处同上，第 26 页，引用证言 4.1.2。

143. AT 199, in Merkl, *Political Violence*, 167.

144. 证言 2.8.5, in Abel, *Why Hitler*, 2.7-8。

145. Christoph Jahr, *Gewöhnliche Soldaten: Desertion und Deserteure im deutschen und britischen Heer 1914-1918* (Göttingen, 1998); Benjamin Ziemann, 'Fahnenflucht im deutschen Heer 1914-1918', *Militärgeschichtliche Mitteilungen*, 55 (1996), 93-130.

146. Wolfgang Kruse, 'Krieg und Klassenheer: Zur Revolutionierung der deutschen Armee im Ersten Weltkrieg', *Geschichte und Gesellschaft*, 22 (1996), 530-61.

147. Merkl, *Political Violence*, 152-72.

148. Robert W. Whalen, *Bitter Wounds: German Victims of the Great War, 1914-1939* (Ithaca, NY, 1984); Deborah Cohen, *The War Come Home: Disabled Veterans in Britain and Germany, 1914-1918* (Berkeley, 2001); Bessel, *Germany*, 274-9.

149. Volker R. Berghahn, *Der Stahlhelm: Bund der Frontsoldaten 1918-1935* (Dusseldorf, 1966), 13-26, 105-6, 286; *Stahlhelm und Staat* (8 May 1927), 节录并英译，in Anton Kaes *et al.* (eds.)

The Weimar Republic Sourcebook (Berkeley, 1994), 339-40。

150. Bessel, *Germany*, 283-84; 另见 Ulrich Heinemann, *Die verdrängte Niederlage: Politische Öffentlichkeit und Kriegsschuldfrage in der Weimarer Republik* (Göttingen, 1983)。

151. Frevert, *Die kasernierte Nation*；Geoff Eley, 'Army, State and Civil Society'，收录于该作者的 *From Unification to Nazism*, 85-109；综述参见 Berghahn (ed.) *Militarismus*。

152. Evans, *Kneipengespräche*, 31-2, 339.

153. Bessel, *Germany*, 256-70.

154. Sebastian Haffner, *Defying Hitler: A Memoir* (London, 2002), 10-15.

155. Michael Wildt, *Generation des Unbedingten: Das Führungskorps des Reichssicherheitshauptamtes* (Hamburg, 2002), 41-52.

156. Berghahn, *Der Stahlhelm*, esp.65-6; Karl Rohe, *Das Reichsbanner Schwarz Rot Gold: Ein Beitrag zur Geschichte und Struktur der politischen Kampfverbände zur Zeit der Weimarer Republik* (Dusseldorf, 1966); Kurt G. P. Schuster, *Der Rote Frontkdmpferbund 1924-1929: Beiträge zur Geschichte und Organisationsstruktur eines politischen Kampfbundes* (Dusseldorf, 1975).

157. James M. Diehl, *Paramilitary Politics in Weimar Germany* (Bloomington, Ind., 1977), 对各种准军事团体进行了清晰的梳理。另见 Martin Sabrow, *Der Rathenaumord: Rekonstruktion einer Verschwörung gegen die Republik von Weimar* (Munich, 1994), 对各种武装的阴谋团体进行了精彩的分析。

158. Erhard Lucas, *Märzrevolution im Ruhrgebiet* (3 vols., Frankfurt am Main, 1970-78), 是典型的带有政治立场的历史著作；George Eliasberg, *Der Ruhrkrieg von 1920* (Bonn, 1974), 是比较冷静、不够详细的记录，同情社会民主党内的温和派。

159. 参见对此文献进行研究的经典著作 Klaus Theweleit, *Male Fantasies* (2 vols., Cambridge, 1987 and 1989 [1978])；有些保留意见，参见 Evans, *Rereading*, 115-18。

160. 对于自由军团的研究，Robert G. L. Waite, *Vanguard of Nazism. The Free Corps Movement in Postwar Germany 1918-1923* (Harvard, 1952) 至今依然是英文著作中的最好作品。另见 Hagen Schulze, *Freikorps und Republik 1918-1920* (Boppard, 1969), and Emil J. Gumbel, *Verschwörer: Zur Geschichte und Soziologie der deutschen nationalistischen Geheimbünde 1918-1924* (Heidelberg, 1979 [1924])。

161. Volker Ullrich, *Der ruhelose Rebell: Karl Plättner 1893-1945. Eine Biographie* (Munich, 2000)；以及 Manfred Gebhardt, *Max Hoelz: Wege und Irrwege eines Revolutionärs* (Berlin, 1983)。

第二章　民主之殇

1. 引用于 Winkler, *Von der Revolution*, 39；另见 Dieter Dowe 与 Peter-Christian Witt 合著、具有参考价值的研究成果 *Friedrich Ebert 1871-1925: Vom Arbeiterführer zum Reichspräsidenten* (Bonn, 1987)，以及 Walter Mühlhausen, *Friedrich Ebert: Sein Leben, sein Werk, seine Zeit* (Heidelberg, 1999) 中的展品目录。资料丰富的艾伯特传记 Georg Kotowski, *Friedrich Ebert: Eine politische Biographie,* I: *Der Aufstieg eines deutschen Arbeiterführers*

1871 bis 1917 (Wiesbaden, 1963) 后续各卷仍未完成。

2. Anthony J. Nicholls, *Weimar and the Rise of Hitler* (4th edn., London, 2000 [1968]) 对这些事情作了可靠的、简明扼要的梳理。此书与政治史新著 Hans Mommsen, *The Rise and Fall of Weimar Democracy* (Chapel Hill, NC, 1996 [1989]) 和 Heinrich August Winkler, *Weimar 1918-1933: Die Geschichte der ersten deutschen Demokratie* (Munich, 1993), 都是出色的作品。

3. 关于此论点，参见 Theodor Eschenburg, *Die improvisierte Demokratie* (Munich, 1963)。依然值得阅读的其他经典研究著作包括，具有浓厚经验主义色彩、从自由派视角书写的 Erich Eyck, *A History of the Weimar Republic* (2. vols., Cambridge, 1962-4 [1953-6])，以及社会主义者 Arthur Rosenberg 所著的两卷本 *The Birth of the German Republic* (Oxford, 1931 [1930]) 和 *A History of the German Republic* (London, 1936 [1935])，都充满了令人兴奋、引发争议的论点，尤其是关于威廉二世时期到魏玛共和国的连续性问题。

4. Heinrich Hannover and Elisabeth Hannover-Drück, *Politische Justiz 1918-1933* (Frankfurt am Main, 1966), 76-7, 89.

5. 对魏玛宪法第四十八条的不同看法，参见 Nicholls, *Weimar*, 36-7 ; Detlev J. K. Peukert, *The Weimar Republic: The Crisis of Classical Modernity* (London, 1991 [1987]), 37-40；以及 Harald Boldt, 'Der Artikel 48 der Weimarer Reichsverfassung: Sein historischer Hintergrund und seine politische Funktion', in Michael Stürmer (ed.) *Die Weimarer Republik: Belagerte Civitas* (Königstein im Taunus, 1980), 288-309。全面论述魏玛宪法的权威著作是 Ernst Rudolf Huber, *Deutsche Verfassungsgeschichte seit 1789*, V-VII (Stuttgart, 1978-84) ; 另见 Reinhard Rürup, 'Entstehung und Grundlagen der Weimarer Verfassung', in Eberhard Kolb (ed.) *Vom Kaiserreich zur Weimarer Republik* (Cologne, 1972) , 218-43。艾伯特对第四十八条的滥用已经受到了同时代人的批评，参见 Gerhard Schulz, 'Artikel 48 in politisch-historischer Sicht', in Ernst Fraenkel (ed.) *Der Staatsnotstand* (Berlin, 1965), 39-71。试图对艾伯特行使第四十八条进行辩护的文章是 Ludwig Richter, 'Das präsidiale Notverordnungsrecht in den ersten Jahren der Weimarer Republik: Friedrich Ebert und die Anwendung des Artikels 48 der Weimarer Reichsverfassung', in Eberhard Kolb (ed.) *Friedrich Ebert als Reichspräsident: Amtsführung und Amtsverständnis* (Munich, 1997), 207-58。

6. Dowe and Witt, *Friedrich Ebert*, 155-7.

7. Werner Birkenfeld, 'Der Rufmord am Reichsprasidenten: Zu Grenzformen des politischen Kampfes gegen die frühe Weimarer Republik 1919-1925', *Archiv für Sozialgeschichte*, 15 (1965), 453-500.

8. Heinrich August Winkler, *Der Schein der Normalität: Arbeiter und Arbeiterbewegung in der Weimarer Republik 1924 bis 1930* (Bonn, 1985), 231-4.

9. Victor Klemperer, *Leben sammeln, nicht fragen wozu und warum, II: Tagebücher 1925-1932* (Berlin, 1996), 56 (14 May 1925).

10. John W. Wheeler-Bennett, *Hindenburg: The Wooden Titan* (London, 1936), 250-51。Wheeler-Bennett 的描述聪明非凡、材料翔实，是基于他与兴登堡的随行人员以及当时德国高层的许多保守派政客所做的长谈，他来自英国上流社会，在德国北部经营着一个种马场，与这些人私交甚好。另见 Walter Hubatsch, *Hindenburg und der Staat: Aus den Papieren des Generalfeldmarschalls und Reichspräsidenten von 1878 bis 1934* (Göttingen, 1966)。

11. Andreas Dorpalen, *Hindenburg and the Weimar Republic* (Princeton, 1964), 此书描述的兴登堡是个不关心政治的人物，由于强烈个人魅力而被推上政坛，而他本人并不情愿。

12. Nicholls, *Weimar*, 39-40; Jürgen Falter, *Hitlers Wähler* (Munich, 1991), 130-35.

13. 参见经典文章 Gerhard A. Ritter, 'Kontinuität und Umformung des deutschen Parteiensystems 1918-1920', in Eberhard Kolb (ed.) *Vom Kaiserreich zur Weimarer Republic* (Cologne, 1972), 218-43。

14. Vernon L. Lidtke, *The Alternative Culture: Socialist Labor in Imperial Germany* (New York, 1985).

15. Horstwalter Heitzer, *Der Volksverein für das katholische Deutschland im Kaiserreich 1890-1918* (Mainz, 1979); Gotthard Klein, *Der Volksverein für das katholische Deutschland 1890-1933: Geschichte, Bedeutung, Untergang* (Paderborn, 1996); Dirk Muller, *Arbeiter, Katholizismus, Staat: Der Volksverein für das katholische Deutschland und die katholischen Arbeiterorganisationen in der Weimarer Republik* (Bonn, 1996); Doris Kaufmann, *Katholisches Milieu in Münster 1928-1933* (Düsseldorf, 1984).

16. Wilhelm L. Guttsman, *Workers' Culture in Weimar Germany: Between Tradition and Commitment* (Oxford, 1990).

17. Lynn Abrams, *Workers' Culture in Imperial Germany: Leisure and Recreation in the Rhineland and Westphalia* (London, 1992).

18. Bracher *et al.*, *Die nationalsozialistische Machtergreifung*, I. 41, 58-9，引用了马克斯·韦伯预言的大意。

19. Bracher, *Die Auflösung*, 21-7, 64-95.

20. 见 Huber, *Deutsche Verfassungsgeschichte*, VI. 133, 以及 Eberhard Kolb, *The Weimar Republic* (London, 1988), 150-51 的论述。对比例代表制的批评，主要参见 Eberhard Schanbacher, *Parlamentarische Wahlen und Wahlsystem in der Weimarer Republik: Wahlgesetxgebung und Wahlreform im Reich und in den Ländern* (Düsseldorf, 1982)。Falter, *Hitlers Wähler*, 126-35 中一些有见地的推测总的来说支持了否定意见。

21. Christoph Gusy, *Die Weimarer Reichsverfassung* (Tübingen, 1997), 97-8.

22. 参见 Hagen Schulze, *Weimar: Deutschland 1917-1933* (Berlin, 1982) 所附的实用名单。

23. 可参阅 Klaus Reimer, *Rheinlandfrage und Rheinlandbewegung (1918-1933): Ein Beitrag zur Geschichte der regionalistischen Bewegung in Deutschland* (Frankfurt am Main, 1979)。

24. Nicholls, *Weimar* 第 33-6 页夸大了可能引发的问题。关于普鲁士州，参见 Hagen Schulze, *Otto Braun oder Preussens demokratische Sendung* (Frankfurt am Main, 1977), Dietrich Orlow, *Weimar Prussia 1918-1925: The Unlikely Rock of Democracy* (Pittsburgh, 1986)，以及 Hans-Peter Ehni, *Bollwerk Preussen? Preussen-Regierung, Reich-Länder-Problem und Sozialdemokratie 1928-1932* (Bonn, 1975)。

25. 详情参见 Alfred Milatz, *Wähler und Wahlen in der Weimarer Republik* (Bonn, 1965) 以及 Jürgen Falter *et al.*, *Wahlen und Abstimmungen in der Weimarer Republik: Materialen zum Wahlverhalten 1919-1933* (Munich, 1986)。

26. 参见 Schulze, *Weimar* 所附名单。

27. Winkler, *Von der Revolution*；同一作者的 *Der Schein*；同一作者的 *Der Weg in die*

Katastrophe: Arbeiter und Arbeiterbewegung in der Weimarer Republik 1930 his 1933 (Bonn, 1987) 是一部全面而详尽的论著，同情社会民主党。强烈的批评立场参见 Bracher *Die nationalsozialistische Machtergreifung*, I. 58-9；以及 Richard N. Hunt, *German Social Democracy 1918-1933* (New Haven, 1964), 尤其是第 241-59 页，强调该党越来越显示出“中年人”的怯懦。

28. Larry Eugene Jones, *German Liberalism and the Dissolution of the Weimar Party System, 1918-1933* (Chapel Hill, NC, 1988), 67-80.

29. Erich Matthias and Rudolf Morsey, ‘Die Deutsche Staatspartei’, in Matthias and Morsey (eds.), *Das Ende der Parteien 1933: Darstellungen und Dokumente* (Düsseldorf, 1960), 29-97, at 31-54; Werner Schneider, *Die Deutsche Demokratische Partei in der Weimarer Republik, 1924-1930* (Munich, 1978); Diehl, *Paramilitary Politics*, 269-76; Jones, *German Liberalism*, 369-74; Klaus Hornung, *Der Jungdeutsche Orden* (Düsseldorf, 1958).

30. Detlef Junker, *Die Deutsche Zentrumspartei und Hitler: Ein Beitrag zur Problematik des politischen Katholizismus in Deutschland* (Stuttgart, 1969); Rudolf Morsey, *Der Untergang des politischen Katholizismus: Die Zentrumspartei zwischen christlichem Selbstverständnis und ‘Nationaler Erhebung’ 193 2/33* (Stuttgart, 1977); Karsten Ruppert, *Im Dienst am Staat von Weimar: Das Zentrum als regierende Partei in der Weimarer Demokratie 1923-1930* (Düsseldorf, 1992)。关于巴伐利亚人民党，参见 Klaus Schönhoven, *Die Bayerische Volkspartei 1924-1932* (Düsseldorf, 1972)。关于欧洲大势，参见 Eric Hobsbawm, *Age of Extremes: The Short Twentieth Century 1914-1991* (London, 1994), 114-15。

31. Rudolf Morsey, ‘Die Deutsche Zentrumspartei’, in Matthias and Morsey (eds.) *Das Ende*, 279-453, 引语在第 290-91 页。

32. Max Miller, *Eugen Bolz* (Stuttgart, 1951), 357-8，引用于 Morsey, ‘Die Deutsche Zentrumspartei’, 292；另见 Joachim Sailer, *Eugen Bolz und die Krise des politischen Katholizismus in der Weimarer Republik* (Tübingen, 1994)。

33. John Cornwell, *Hitler's Pope: The Secret History of Pius XII* (London, 1999)，尤其是第 96-7, 116-17, 120-51 页；着重参考了 Klaus Scholder, *The Churches and the Third Reich* (2 vols., London, 1987-8 [1977, 1985])；关于来自梵蒂冈的压力，参见 Morsey, ‘Die Deutsche Zentrumspartei’, 301。

34. Werner Angress, *Stillborn Revolution: The Communist Bid for Power in Germany, 1921-1923* (Princeton, 1963); Ben Fowkes, *Communism in Germany under the Weimar Republic* (London, 1984), 148, 161; Eric D. Weitz, *Creating German Communism, 1890-1990; From Popular Protests to Socialist State* (Princeton, 1997), 100-31；主要参见 Hermann Weber, *Die Wandlung des deutschen Kommunismus: Die Stalinisierung der KPD in der Weimarer Republik* (2. vols., Frankfurt am Main, 1969)。

35. Evans, *Rituals*, 507-9, 574，此书是可参阅的众多资料中的一种。

36. Maximilian Milller-Jabusch (ed.) *Handbuch des öffentlichen Lebens* (Leipzig, 1931), 442-5, 摘录并译成英文，in Kaes *et al.* (eds.) *The Weimar Republic Sourcebook*, 348-52；综述参见 Mommsen, *The Rise and Fall*, 253-60。

37. Bracher, *Die Auflösung*, 309-30；Friedrich Freiherr Hiller von Gaertringen, ‘Die Deutschnationale Volkspartei’, in Matthias and Morsey (eds.), *Das Ende*, 541-652, at 543-9.

38. Henry Ashby Turner, Jr., *Gustav Stresemann and the Politics of the Weimar Republic*

(Princeton, 1965 [1963]), 250-51; Jonathan Wright, *Gustav Stresemann: Weimar's Greatest Statesman* (Oxford, 2002).

39. Broszat, *Der Staat Hitlers*, 19-20.

40. Diehl, *Paramilitary Politics*, 209-43; Berghahn, *Der Stahlhelm*, 103-30.

41. Francis L. Carsten, *The Reichswehr and Politics 1918-1933* (Oxford, 1966), 3-48; Wolfram Wette, *Gustav Noske: Eine politische Biographie* (Düsseldorf, 1987), 399-459.

42. Carsten, *The Reichswehr*, 106-7; Johannes Erger, *Der Kapp-Lüttwitz-Putsch: Ein Beitrag zur deutschen Innenpolitik 1919/20* (Düsseldorf, 1967); Erwin Könnemann *et al.* (eds.), *Arbeiterklasse siegtüber Kapp und Lüttwitz* (2 vols., Berlin, 1971).

43. 引用于 Carsten, *The Reichswehr*, 401。

44. Thilo Vogelsang (ed.), 'Neue Dokumente zur Geschichte der Reichswehr, 1930-1933', VfZ 2 (1954), 397-436.

45. Friedrich von Rabenau, *Seeckt-aus seinem Leben 1918-1936* (Leipzig, 1940), 359-61, 和 Otto-Ernst Schüddekopf, *Das Heer und die Republik - Quellen zur Politik der Reichswehrführung 1918 bis 1933* (Hanover, 1955), 179-81。另见 John W. Wheeler-Bennett 的研究旧作 *The Nemesis of Power: The German Army in Politics 1918-1945* (London, 1953), 其中内容大多已经过时，对军方持强烈批评立场；以及 Harold J. Gordon, *The Reichswehr and the German Republic 1919-26* (Princeton, 1957), 同情泽克特。基本细节参见 Rainer Wohlfeil, 'Heer und Republik', in Hans Meier-Welcker and Wolfgang von Groote (eds.) *Handbuch zur deutschen Militargeschichte 1648-1939*, VI (Frankfurt am Main, 1970), 11-304。

46. Carsten, *The Reichswehr*, 276; Ernst Willi Hansen, *Reichswehr und Industrie: Rüstungswirtschaftliche Zusammenarbeit und wirtschaftliche Mobilmachungsvorbereitungen 1923-1932* (Boppard, 1978); Manfred Zeidler, *Reichswehr und Rote Armee 1920-1933: Wege und Stationen einer ungewöhnlichen Zusammenarbeit* (Munich, 1993)；综述参见 Michael Geyer, *Aufrüstung oder Sicherheit: Reichswehr in der Krise der Machtpolitik, 1924-1936* (Wiesbaden, 1980)，以及 Karl Nuss, *Militär und Wiederaufrüstung in der Weimarer Republik: Zur politischen Rolle und Entwicklung der Reichswehr* (Berlin, 1977)。

47. Carsten, *The Reichswehr*, 159-60, 168-9, 226.

48. Michael Geyer, 'Professionals and Junkers: German Rearmament and Politics in the Weimar Republic', in Richard Bessel and Edgar Feuchtwanger (eds.), Social Change and Political Development in Weimar Germany (London, 1981), 77-133.

49. 参见 Craig 的经典研究著作 *The Politics of the Prussian Army*, 382-467。

50. Eberhard Kolb, 'Die Reichsbahn vom Dawes-Plan bis zum Ende der Weimarer Republik', in Lothar Gall and Manfred Pohl (eds.), *Die Eisenbahn in Deutschland: Von den Anfängen bis zur Gegenwart* (Munich, 1999), 109-64, at 149-50.

51. Jane Caplan, *Government without Administration: State and Civil Service in Weimar and Nazi Germany* (Oxford, 1988), 8-18, 60-61.

52. Gerhart Fieberg (ed.), *Im Namen des deutschen Volkes: justiz und Nationalsozialismus* (Cologne, 1989), 8.

53. Bracher, *Die Auflösung*, 162-72.

54. Caplan, *Government*, 30-36.

55. 出处同上，第 33-57 页；Wolfgang Runge, *Politik und Beamtentum im Parteienstaat: Die Demokratisierung der politischen Beamten in Preussen zwischen 1918 und 1933* (Stuttgart, 1965)；Anthony J. Nicholls, 'Die höhere Beamtenschaft in der Weimarer Zeit: Betrachtungen zu Problemen ihrer Haltung und ihrer Fortbildung', in Lothar Albertin and Werner Link (eds.) *Politische Parteien auf dem Weg zur parlamentarischen Demokratie in Deutschland: Entwicklungslinien bis zur Gegenwart* (Düsseldorf, 1981), 195-207；Hans Fenske, 'Monarchisches Beamtentum und demokratischer Rechtsstaat: Zum Problem der Bürokratie in der Weimarer Republik', in *Demokratie und Verwaltung: 25 Jahre Hochschule für Verwaltung Speyer* (Berlin, 1972), 117-36；Rudolf Morsey, 'Beamtenschaft und Verwaltung zwischen Republik und "Neuem Staat"', in Karl Dietrich Erdmann and Hagen Schulze (eds.) *Weimar: Selbstpreisgabe einer Demokratie* (Düsseldorf, 1980), 151-68；Eberhard Pikart, 'Preussische Beamtenpolitik 1918-1933', VfZ 6(1958), 119-37。

56. Broszat, *Der Staat Hitlers*, 17-9.

57. AT 28, in Merkl, *Political Violence*, 513.

58. Rainer Fattmann, *Bildungsbürger in der Defensive: Die akademische Beamtenschaft und der 'Reichsbund der höheren Beamten' in der Weimarer Republik* (Göttingen, 2001).

59. Fischer, *Germany's Aims* 至今依然是一部权威著作，全面论述了德国发动战争的经济目标，兼论其他目标，但仅简要述及战争的起因。

60. 战争期间以及刚结束时的通货膨胀过程，详尽记录在史学名著 Gerald D. Feldman, *The Great Disorder: Politics, Economic, and Society in the German Inflation, 1914-1924* (New York, 1993) 的前 150 页，整个通胀期间的汇率见第 5 页的表 1。Feldman 的书已取代了经典著作 Constantino Bresciani-Turroni, *The Economics of Inflation: A Study of Currency Depreciation in Post-war Germany* (London, 1937) 和 Karsten Laursen and Jürgen Pedersen, *The German Inflation 1918-1923* (Amsterdam, 1964) 的权威地位。Theo Balderston, *Economics and Politics in the Weimar Republic* (London, 2002) 第 34-60 页做了简明扼要的论述。Stephen B. Webb, *Hyperinflation and Stabilization in Weimar Germany* (Oxford, 1989) 把通胀与战争赔款联系起来。

61. Feldman, *The Great Disorder* 第 5 页（图表 1），全面论述参见第 1 至 8 章，其中有许多引文和例证；另见 Kent, *The Spoils of War*, 45-6, 142-58。

62. Feldman, *The Great Disorder*, 837-9；更悲观的描述参见 Niall Ferguson, *Paper and Iron: Hamburg Business and German Politics in the Era of Inflation, 1897-1927* (Oxford, 1995)，尤其是第 408-19 页。

63. Feldman, *The Great Disorder* 第 5 页（图表 1）。关于占领鲁尔区，参见 Conan Fischer, *The Ruhr Crisis 1923-1924* (Oxford, 2003)；Hermann J. Rupieper, *The Cuno Government and Reparations 1922-1923: Politics and Economics* (The Hague, 1979)；以及 Klaus Schwabe 编辑的 *Die Ruhrkrise 1923: Wendepunkt der internationalen Beziehungen nach dem Ersten Weltkrieg* (Paderborn, 1985)。

64. *Berliner Morgenpost*, 251 (1923 年 10 月 21 日), 'Zahlen-Wahnsinn, von Bruno H. Bürgel'。

65. Norman Angell, *The Story of Money* (New York, 1930), 332; Haffner, *Defying Hitler*, 49-50.

66. Fritz Blaich, *Der schwarze Freitag: Inflation und Wirtschaftskrise* (Munich, 1985), 14, 31.

67. 出自 *Wirtschaftskurve*, 2 (1923), I, 29 和 4 (1923), 21 关于育有一子的中等收入之家的花销，引用于 Carl-Ludwig Holtfrerich, *The German Inflation 1914-1923: Causes and Effects in International Perspective* (New York, 1986 [1980]), 261。

68. *Berliner Morgenpost*, 220 (1923 年 9 月 15 日)，'Zurückgehaltene Ware: Weil der "morgige Preis" noch nicht bekannt ist'。

69. Feldman, *The Great Disorder*, 704-6.

70. Holtfrerich, *The German Inflation*, 262-3.

71. Klemperer, *Leben sammeln*, I. 239 (1920 年 2 月 26 日)。

72. 出处同上，第 257 页 (1920 年 3 月 28 日)。

73. 出处同上，第 262 页 (1920 年 4 月 1 日)。

74. 出处同上，第 697 页（1923 年 5 月 27 日），第 700-1 页（1923 年 6 月 1 和 2 日）。关于投机狂潮，另见 Haffner, *Defying Hitler*, 46-7。

75. Klemperer, *Leben sammeln*, I. 717 (1923 年 7 月 24 日), 729 (1923 年 8 月 3 日)。

76. 出处同上，第 740 页 (1923 年 8 月 27/28 日)。

77. 出处同上，第 752 页 (1923 年 10 月 9 日)。

78. 出处同上，第 751 页 (1923 年 10 月 9 日)。

79. 出处同上，第 757 页 (1923 年 11 月 2 日)。

80. 出处同上，第 758 页 (1923 年 11 月 7 日和 16 日)。

81. *Berliner Morgenpost*, 213 (1923 年 9 月 7 日): 'Nur noch dreissig Strassenbahn-Linien'。

82. Kent, *The Spoils of War*, 245-8.

83. Feldman, *The Great Disorder*, 741-7.

84. 出处同上，第 778-93 页。

85. 出处同上，第 754-835 页。

86. Derek H. Aldcroft, *From Versailles to Wall Street 1919-1929* (London, 1977), 125-55.

87. Feldman, *The Great Disorder*, 854-88.

88. Klemperer, *Leben sammeln*, I. 761 (1923 年 12 月 4 日), 763 (1923 年 12 月 20 日)。

89. Nikolaus Wachsmann, *Hitler's Prisons: Legal Terror in Nazi Germany* (New Haven, 2004), 第 2 章。

90. Michael Grüttner, 'Working-Class Crime and the Labour Movement: Pilfering in the Hamburg Docks, 1888-1923', in Richard J. Evans (ed.), *The German Working Class 1888-1933: The Politics of Everyday Life* (London, 1982), 54-79.

91. Hans Ostwald, *Sittengeschichte der Inflation: Ein Kulturdokument aus den Jahren des Marksturzes* (Berlin, 1931) 尤其是第 30-31 页。

92. Martin Geyer, *Verkehrte Welt: Revolution, Inflation, und Moderne. München 1914-1924* (Göttingen, 1998)，见全书各处。

93. Bernd Widdig, *Culture and Inflation in Weimar Germany* (Berkeley, 2001), 113-33.

94. Geyer, *Verkehrte Welt* 第 243-318 页；各种研究论文参见 Gerald D. Feldman (ed.) *Die Nachwirkungen der Inflation auf die deutsche Geschichte 1924-1933* (Munich, 1985)。

95. Charles Medalen, 'State Monopoly Capitalism in Germany: The Hibernia Affair', *Past and Present*, 78 (February 1978), 第 82-112 页精彩地论述了这种干预所引发的一次冲突。

96. Henry Ashby Turner, Jr., *German Big Business and the Rise of Hitler* (New York, 1985), 3-18; Gerald D. Feldman, *Army, Industry and Labor in Germany, 1914-1918* (Princeton, 1966)；同一作者的 'The Origins of the Stinnes-Legien Agreement: A Documentation', *Internationale Wissenschaftliche Korrespondenz zur Geschichte der deutschen Arbeiterbewegung*, 19/20 (1973), 45-104。

97. Harold James, *The German Slump: Politics and Economics, 1924-1936* (Oxford, 1986), 125-30 概述了关于通胀期间企业投资的性质和规模的辩论。

98. Peter Hayes, *Industry and Ideology: I.G. Farben in the Nazi Era* (Cambridge, 1987), 16-17; Gerald D. Feldman, *Hugo Stinnes: Biographie eines Industriellen 1870-1924* (Munich, 1998).

99. Mary Nolan, *Visions of Modernity: American Business and the Modernization of Germany* (New York, 1994).

100. Peukert, *The Weimar Republic*, 112-17.

101. Robert Brady, *The Rationalization Movement in Germany: A Study in the Evolution of Economic Planning* (Berkeley, 1933); James, *The German Slump*, 146-61.

102. Feldman, *The Great Disorder*, 343-44; Harold James, 'Economic Reasons for the Collapse of the Weimar Republic', in Ian Kershaw (ed.), *Weimar: Why did German Democracy Fail?* (London, 1990), 30-57, at 33-4；另见 Dieter Hertz-Eichenröde, *Wirtschaftskrise und Arbeitsbeschaffung: Konjunkturpolitik 1925/26 und die Grundlagen der Krisenpolitik Brünings* (Frankfurt am Main, 1982); Fritz Blaich, *Die Wirtschaftskrise 1925/26 und die Reichsregierung: Von der Erwerbslosenfürsorge zur Konjunkturpolitik* (Kallmünz, 1977)；以及 Klaus-Dieter Krohn, *Stabilisierung und ökonomische Interessen: Die Finanzpolitik des deutschen Reiches 1923-1927* (Düsseldorf, 1974)。

103. Bernd Weisbrod, *Schwerindustie in der Weimarer Republik: Interessenpolitik zwischen Stabtlisierung und Krise* (Wuppertal, 1978), 415-56; James, *The German Slump*, 162-223.

104. Richard Bessel, 'Why did the Weimar Republic Collapse?', in Kershaw (ed.), *Weimar*, 120-52, at 136; Bernd Weisbrod, 'The Crisis of German Unemployment Insurance in 1928/29 and its Political Repercussions', in Wolfgang J. Mommsen (ed.), *The Emergence of the Welfare State in Britain and Germany, 1850-1950* (London, 1981), 188-204; Richard J. Evans, 'Introduction: The Experience of Mass Unemployment in the Weimar Republic', in Richard J. Evans and Dick Geary (eds.), *The German Unemployed: Experiences and Consequences of Mass Unemployment from the Weimar Republic to the Third Reich* (London, 1987), 1-22, at 5-6; Merith Niehuss, 'From Welfare Provision to Social Insurance: The Unemployed in Augsburg 1918-27', in Evans and Geary (eds.), *The German Unemployed*, 44-72.

105. Turner, *German Big Business*, 19-46; Weisbrod, Schwerindustrie；另见简述 J. Adam Tooze, 'Big Business and the Continuities of German History, 1900-1945', in Panikos Panayi (ed.) *Weimar and Nazi Germany: Continuities and Discontinuities* (London, 2001), 173-98。

106. 关于巴尔马特丑闻，参见 Bernhard Fulda, 'Press and Politics in Berlin, 1924-1930' (Cambridge Ph.D. dissertation, 2003), 63-71, 87-117。

107. Dick Geary, 'Employers, Workers, and the Collapse of the Weimar Republic', in Kershaw (ed.), *Weimar*, 92-119.

108. Karl Rohe, *Wahlen und Wählertraditionen in Deutschland* (Frankfurt am Main, 1992), 124.

109. Falter, *Hitlers Wähler*, 327-8; Kurt Koszyk, *Deutsche Presse 1914-1945: Geschichte der deutschen Presse*, III (Berlin, 1972).

110. Babette Gross, *Willi Münzenberg: Eine politische Biographie* (Stuttgart, 1967).

111. Erich Schairer, 'Alfred Hugenberg', *Mit anderen Augen: Jahrbuch der deutschen Sonntagszeitung* (1929), 18-21，被译成英文并引用于 Kaes *et al.* (eds.) *The Weimar Republic Sourcebook* 第 72-4 页；Dankwart Guratzsch, *Macht durch Organisation: Die Grundlegung des Hugenbergschen Presseimperiums* (Düsseldorf, 1974), 192-3, 244, 248。

112. Fulda, 'Press and Politics', 图表 I。

113. Modris Eksteins, *The Limits of Reason: The German Democratic Press and the Collapse of Weimar Democracy* (Oxford, 1975), 129-30, 249-50.

114. Fulda, 'Press and Politics', 图表 I 和第 1 章做了综述。

115. Falter, *Hitlers Wähler*, 325-39.

116. Oswald Spengler, *Der Untergang des Aberedlandes: Umrisse einer Morphologie der Weltgeschichte, I: Gestalt und Wirklichkeit* (Vienna, 1918), 73-5.

117. Arthur Moeller van den Bruck, *Das Dritte Reich* (3rd edn., Hamburg, 1931 [Berlin, 1923]), 尤其是第 300, 320 页；Gary D. Stark, *Entrepreneurs of Ideology: Neo-Conservative Publishers in Germany, 1890-1933* (Chapel Hill, NC 1981)；Agnes Stansfield, 'Das Dritte Reich: A Contribution to the Study of the "Third Kingdom" in German Literature from Herder to Hegel', *Modern Language Review*, 34(1934), 156-72。默勒·凡登布鲁克最初把他的保守派革命乌托邦称为"第三条道路"，参见 Mosse, *The Crisis*, 281。

118. Edgar Jung, 'Deutschland und die konservative Revolution', in *Deutsche über Deutschland* (Munich, 1932), 369-82，摘录并译成英文, in Kaes (eds.) *The Weimar Republic Sourcebook*, 352-4。

119. Jünger, *In Stahlgewittern*；另见 Nikolaus Wachsmann, 'Marching under the Swastika? Ernst Jünger and National Socialism, 1918-33', *Journal of Contemporary History*, 33 (1998), 573-89。

120. Theweleit, *Male Fantasies*.

121. 研究这些以及其他各派与之类似的思想的经典著作是 Kurt Sontheimer, *Antidemokratisches Denken in der Weimarer Republik* (Munich, 1978 [1962])。

122. James M. Ritchie, *German Literature under National Socialism* (London, 1983), 10-11；另见 Peter Zimmermann, 'Literatur im Dritten Reich', in Jan Berg (es.) *Sozialgeschichte der deutschen Literatur von 1918 bis zur Gegenwart* (Frankfurt am Main, 1981), 361-416；尤其是 Jost Hermand and Frank Trommler, *Die Kultur der Weimarer Republik* (Munich, 1978), 128-92。

123. 清晰的概述参见 Nitschke *et al.* (eds.) *Jahrhundertwende*；关于威廉时期的"道德焦虑"，

参见 Richard J. Evans, *Tales from the German Underworld: Crime and Punishment in the Nineteenth Century* (London, 1998), 166-212 ; Gary Stark, 'Pornography, Society and the Law in Imperial Germany', *Central European History*, 14 (1981), 200-20; Bram Dijkstra, *Idols of Perversity: Fantasies of Female Evil in Fin-de-Siècle Culture* (New York, 1986); Robin Lenman, 'Art, Society and the Law in Wilhelmine Germany: The Lex Heinze', *Oxford German Studies*, 8 (1973), 86-113; Matthew Jefferies, *Imperial Culture in Germany, 1871-1918* (London, 2003) ; 关于魏玛文化，参见 Peukert, *The Weimar Republic*, 164-77。

124. Hermand and Trommler, *Die Kultur*, 193-260.

125. Karen Koehler, 'The *Bauhaus*, 1919-1928: Gropius in Exile and the Museum of Modern Art, N. Y., 1938', in Richard A. Etlin (ed), *Art, Culture and Media under the Third Reich* (Chicago, 2002), 287-315, at 288-92; Barbara Miller Lane, *Architecture and Politics in Germany, 1918-1945* (Cambridge, Mass., 1968), 70-78; Shearer West, *The Visual Arts in Germany 1890-1936: Utopia and Despair* (Manchester, 2000), 143-55; Hans Wingler, *The Bauhaus - Weimar, Dessau, Berlin, Chicago 1919-1944* (Cambridge, Mass., 1978); Frank Whitford, *The Bauhaus* (London, 1984).

126. Gerald D. Feldman, 'Right-Wing Politics and the Film Industry: Emil Georg Strauss, Alfred Hugenberg, and the UFA, 1917-1933', in Christian Jansen *et al.* (eds.), *Von der Aufgabe der Freiheit: Politische Verantwortung und bürgerliche Gesellschaft im 19. und 20. Jahrhundert: Festschrift für Hans Mommsen zum 5. November 1995* (Berlin, 1995), 219-30; Siegfried Kracauer, *From Caligari to Hitler: A Psychological History of the German Film* (Princeton, 1947), 214-16.

127. Andrew Kelly, *Filming All Quiet on the Western Front - 'Brutal Cutting, Stupid Censors, Bigoted Politicos'* (London, 1998), 再版为平装本时书名改作 *All Quiet on the Western Front: The Story of a Film* (London, 2002)。关于魏玛文化的全面论述，参见经典论文集 Peter Gay, *Weimar Culture: The Outsider as Insider* (London, 1969)。Walter Laqueur, *Weimar: A Cultural, History 1918-1933* (London, 1974) 精彩地论述了保守的多数派以及前卫的少数派；另见 Hermand and Trommler, *Die Kultur*, 350-437 关于视觉艺术的研究。

128. Erik Levi, *Music in the Third Reich* (London, 1994), T-13; Hermand and Trommler, *Die Kultur*, 279-350.

129. Michael H. Kater, *Different Drummers: Jazz in the Culture of Nazi Germany* (New York, 1992.), 3-28; Peter Jelavich, *Berlin Cabaret* (Cambridge, Mass., 1993), 202.

130. Peukert, *The Weimar Republic*, 178-90.

131. AT 43, in Merkl, *Political Violence*, 173.

132. Abrams, *Workers' Culture*，尤其是第 7 章。

133. Richard J. Evans, *The Feminist Movement in Germany 1894-1933* (London, 1976), 122, 141; Rudolph Binion, *Frau Lou: Nietzsche's Wayward Disciple* (Princeton, 1968), 447.

134. James D. Steakley, *The Homosexual Emancipation Movement in Germany* (New York, 1975); John C. Fout, 'Sexual Politics in Wilhelmine Germany: The Male Gender Crisis, Moral Purity, and Homophobia', *Journal of the History of Sexuality*, 2 (1992), 388-421.

135. 见 Renate Bridenthal 与 Claudia Koonz 合写的开创性文章 '*Beyond Kinder, Küche, Kirche*: Weimar Women in Politics and Work', in Renate Bridenthal *et al.* (eds.) *When*

Biology Became Destiny: Women in Weimar and Nazi Germany (New York, 1984), 33-65。

136. Planert, *Antifeminismus*.

137. Evans, *The Feminist Movement*, 145-201; Klaus Höhnig, *Der Bund Deutscher Frauenvereine in der Weimarer Republik 1919-1923* (Egelsbach, 1995).

138. Atina Grossmann, *Reforming Sex: The German Movement for Birth Control and Abortion Reform 1920-1950* (New York, 1995), 16; Steakley, *The Homosexual Emancipation Movement*; Fout, 'Sexual Politics'; Charlotte Wolff, *Magnus Hirschfeld: A Portrait of a Pioneer in Sexology* (London, 1986).

139. James Woycke, *Birth Control in Germany 1871-1933* (London, 1988), 113-16, 121, 147-8; Grossmann, *Reforming Sex*; Cornelie Usborne, *The Politics of the Body in Weimar Germany: Women's Reproductive Rights and Duties* (London, 1991).

140. Clifford Kirkpatrick, *Nazi Germany: Its Women and Family Life* (New York, 1938), 36; Elizabeth Harvey, 'Serving the Volk, Saving the Nation: Women in the Youth Movement and the Public Sphere in Weimar Germany', in Larry Eugene Jones and James Retallack (eds.), *Elections, Mass Politics, and Social Change in Modern Germany: New Perspectives* (New York, 1992), 201-22; Irene Stoehr, 'Neue Frau und alte Bewegung? Zum Generationskonflikt in der Frauenbewegung der Weimarer Republik', in Jutta Dalhoff *et al.* (eds.), *Frauenmacht in der Geschichte* (Düsseldorf, 1986), 390-400; Atina Grossmann, "'Girikultur" or Thoroughly Rationalized Female: A New Woman in Weimar Germany', in Judith Friedlander *et al.* (eds.), *Women in Culture and Politics: A Century of Change* (Bloomington, Ind., 1986), 62-80.

141. Raffael Scheck, *Mothers of the Nation: Right-Wing Women in German Politics, 1918-1923* (New York, 2004); Höhnig, *Der Bund*; Ute Planert (ed.), *Nation, Politik und Geschlecht: Frauenbewegungen und Nationalismus in der Moderne* (Frankfurt am Main, 2000).

142. 个人证言参见 Merkl, *Political Violence*, 230-89；另见 Peter D. Stachura, *The German Youth Movement, 1900-1945: An Interpretative and Documentary History* (London, 1981), 反驳了早期的经典论著 Laqueur, *Young Germany, Howard Becker, German Youth: Bond or Free?* (New York, 1946) 以及 Mosse, *The Crisis*, 171-89 所强调的青年运动具有初级法西斯的性质。新文章见 Jürgen Reulecke, '"Hat die Jugendbewegung den Nationalsozialismus vorbereitet?" Zum Umgang mit einer falschen Frage', in Wolfgang R. Krabbe (ed.) *Politische Jugend in der Weimarer Republik* (Bochum, 1993), 222-43。

143. Klemperer, *Leben sammeln*, II. 56 (14 May 1925).

144. AT 144, 173,Merkl, *Political Violence* 第 290-310 页，尤其是第 303-4 页；另见 Margret Kraul, *Das deutsche Gymnasium 1780-1980* (Frankfurt am Main, 1984) 第 127-56 页的清晰概述；Folkert Meyer, *Schule der Untertanen: Lehrer und Politik in Preussen 1848-1900* (Hamburg, 1976) 极力否认学校的政治影响力；Mosse, *The Crisis* 第 149-70 页强调民族主义的影响力。纠正 Meyer 偏颇之处的好文章，参见 Marjorie Lamberti, 'Elementary School Teachers and the Struggle against Social Democracy in Wilhelmine Germany', *History of Education Quarterly*, 12 (1992), 74-97；同一作者的 *State, Society and the Elementary School in Imperial Germany* (New York, 1989)。

145. Konrad H. Jarausch, *Deutsche Studenten 1800-1970* (Frankfurt am Main, 1984), 尤其是第 117-22 页；Michael S. Steinberg, Sabers and Brown Shirts: *The German Students' Path to*

National Socialism, 1918-1935 (Chicago, 1977) ; Geoffrey J. Giles, *Students and National Socialism in Germany* (Princeton, 1985) 研究了汉堡大学。*AStA, Allgemeiner Studenten-Ausschuss* 的字面意思是“学生联合会”;就功能而言,这些机构相当于英语国家的学生会。

146. Michael H. Kater, *Studentenschaft und Rechtsradikalismus in Deutschland 1918-1933: Eine sozialgeschichtliche Studie zur Bildungskrise in der Weimarer Republik* (Hamburg, 1975) ; 同一作者的 'The Work Student: A Socio-Economic Phenomenon of Early Weimar Germany', *Journal of Contemporary History*, 10 (1975), 71-94 ; Wildt, *Generation des Unbedingten*, 72-80.

147. 出处同上，第 81-142 页。

148. Ulrich Herbert, *Best: Biographische Studien über Radikalismus, Weltanschauung und Vernunft 1903-1989* (Bonn, 1996), 42-68.

149. AT 96, in Merkl, *Political Violence*, 236（加黑的字句原文为斜体字）。

150. Maria Tatar, *Lustmord: Sexual Murder in Weimar Germany* (Princeton, 1995)（但此书的许多内容并不令人信服，我对它的评论参见 *German History*, 14 [1996], 414-15）; 传统的论述参见 Birgit Kreutzahler, *Das Bild des Verbrechers in Romanen der Weimarer Republik: Eine Untersuchung vor dem Hintergrund anderer gesellschaftlicher Verbrecherbilder und gesellschaftlicher Grundzüge der Weimarer Republik* (Frankfurt am Main, 1987); Kracauer, *From Caligari*; Evans, *Rituals*, 531-6。

151. Patrick Wagner, *Volksgemeinschaft ohne Verbrecher: Konzeptionen und Praxis der Kriminalpolizei in der Zeit der Weimarer Republik und des Nationalsozialismus* (Hamburg, 1996), 26-76, 153-79.

152. Evans, *Rituals*, 487-610.

153. Fieberg (ed.), *Im Namen*, 10-22.

154. Johannes Leeb, in *Deutsche Richterzeitung*, 1921, col. 1301, in Fieberg (ed.) *Im Name*, 24-7。

155. Hans Hattenhauer, 'Wandlungen des Richterleitbildes im 19. und 20. Jahrhundert', in Ralf Dreier and Wolfgang Sellert (eds.), *Recht und Justiz im 'Dritten Reich'* (Frankfurt am Main, 1989), 9-33, at 13-16; Henning Grunwald, 'Political Lawyers in the Weimar Republic' (Ph.D. dissertation, Cambridge, 2002).

156. Fieberg (ed.), *Im Namen*, 24-7.

157. Emil J. Gumbel, *Vier Jahre politischer Mord* (Berlin, 1924), 73-5，数据被制表后收录于 Fieberg (ed.) *Im Namen*, 29-35。

158. 一些新著从较为有利于魏玛时期法官的视角进行了论述，但无法完全令人信服，这些作品包括，Irmela Nahel, *Fememorde und Fememordprozesse in der Weimarer Republik* (Cologne, 1991) 以及 Marcus Böttger, *Der Hochverrat in der hochstrichterlichen Rechtsprechung der Weimarer Republik: Ein Fall politischer Instrumentalisierung von Strafgesetzen?* (Frankfurt am Main, 1998)。

159. Hannover and Hannover-Drück, *Politische Justiz, 182-91; Kurt R. Grossmann, Ossietzky: Ein deutscher Patriot* (Munich, 1963), 195-219; Elke Suhr, *Carl von Ossietzky: Eine Biographie* (Cologne, 1988), 162-8.

160. Hermann Schüler, *Auf der Flucht erschossen: Felix Fechenbach 1894-1933. Eine Biographie*

(Cologne, 1981), 171-92.

161. Ilse Staff, *Justiz im Dritten Reich: Eine Dokumentation* (2nd edn., Frankfurt am Main, 1978 [1964]), 22-4.

162. Gotthard Jasper, *Der Schutz der Republik* (Tübingen, 1963).

163. Evans, *Rituals*, 503-6.

164. Ingo Müller, *Hitler's Justice: The Courts of the Third Reich* (London, 1991 [1987]), 10-24.

165. Hannover and Hannover-Drück, *Politische Justiz*, 77.

166. Ralph Angermund, *Deutsche Richterschaft 1918-1945: Krisenerfahrung, Illusion, Politische Rechtsprechung* (Frankfurt am Main, 1990), 33-4.

167. Wehler, *Deutsche Gesellschaftsgeschichte*, III. 907-15, 1086-90; Thomas Nipperdey, *Deutsche Geschichte 1866-1918*, I: *Arbeitswelt und Burgergeist* (Munich, 1990) 第 335-73 页；专著包括 Volker Hentschel, *Geschichte der deutschen Sozialpolitik (1880-1980)* (Frankfurt am Main, 1983); Gerhard A. Ritter, *Soxialversicherung in Deutschland und England: Entstehung und Grundzuge im Vergleich* (Munich, 1983)；开创性研究参见 Karl Erich Born, *Staat und Sozialpolitik seit Bismarcks Sturz 1890-1914: Ein Beitrag zur Geschichte der innenpolitischen Entwicklung des deutschen Reiches 1880-1914* (Wiesbaden, 1957)。

168. David F. Crew, *Germans on Welfare: From Weimar to Hitler* (New York, 1998), 16-31.

169. 魏玛宪法第 119-22, 151-65 条 (in Huber, Deutsche Verfassungsgeschichte, V-VII)。

170. Ludwig Preller, *Sozialpolitik in der Weimarer Republik* (Düsseldorf, 1978 [1949]) 至今依然是经典的必备指南；重要的研究新著有 Detlev J. K. Peukert, *Grenzen der Sozialdisziplinierung: Aufstieg und Krise der deutschen Jugendfürsorge 1878 bis 1932* (Cologne, 1986)；Young-Sun Hong, *Welfare, Modernity, and the Weimar State, 1919-1933* (Princeton, 1998)，以及 Crew, *Germans on Welfare*。

171. Otto Riebicke, *Was brachte der Weltkrieg? Tatsachen und Zahlen aus dem deutschen Ringen 1914-18* (Berlin, 1936), 97-112.

172. Whalen, *Bitter Wounds*, 156, 168.

173. Caplan, *Government*, 51, 60; Bessel, 'Why did the Weimar Republic Collapse?', 120-34, at 123-5.

174. 当前德国的信息保护法禁止引用个人的全名。

175. 全部细节参见 Crew, *Germans on Welfare*, 107-15。

176. 出处同上，尤其是第 204-8 页。

177. 关于这些观点的传播，参见 Richard F. Wetzell, *Inventing the Criminal: A History of German Criminology 1880-1945* (Chapel Hill, NC, 2000)，尤其是第 107-78 页；Wachsmann, *Hitler's Prisons*, part I; Regina Schulte, *Sperrbezirke: Tugendhaftigkeit und Prostitution in der burgerlichen Welt* (Frankfurt am Main, 1979), 174-204; Schmuhl, *Rassenhygiene*, 31, 94; Evans, *Rituals*, 526-36。

178. Wagner, *Volksgemeinschaft*, 97-101.

179. 引用于 Evans, *Rituals*, 526-7。

180. Nikolaus Wachsmann *et al.*, '"Die soziale Prognose wird damit sehr trube ..." : Theodor Viernstein und die Kriminalbiologische Sammelstelle in Bayern', in Michael Farin (ed.), *Polizeireport München 1799-1999* (Munich, 1999), 250-87.

181. Karl Binding and Alfred Hoche, *Die Freigabe der Vernichtung lebensunwerten Lebens: Ihr Mass und ihre Form* (Leipzig, 1920); Michael Burleigh, *Death and Deliverance: 'Euthanasia', in Germany 1900-1945* (Cambridge, 1994), 11-42; Hong, *Welfare*, 29-276.

182. Victor Klemperer, *Curriculum Vitae: Erinnerungen 1881-1918* (2 vols., Berlin, 1996 [1989]).

183. Klemperer, *Leben sammeln*, I. 8 (1918 年 11 月 23 日) 以及 9 (1918 年 11 月 24 日)。

184. 出处同上 , 97 (1919 年 4 月 12 日), 109-10 (1919 年 5 月 6 日)。

185. 参见维克托 · 克伦佩雷尔日记 Victor Klemperer, *I Shall Bear Witness: The Diaries of Victor Klemperer 1933-1941* (London, 1998), IXXXI，正文前由 Martin Chalmers 撰写的作者小传。

186. Klemperer, *Leben sammeln*, 1. 600 (1922 年 6 月 29 日)。

187. 出处同上，II. 第 377 页 (1927 年 9 月 10 日)。

188. 出处同上，第 571 页 (1929 年 9 月 3 日)。

189. 出处同上，第 312 页 (1926 年 12 月 26 日)。

190. 出处同上，I. 第 187 页 (1919 年 9 月 27 日)。

191. 出处同上，第 245 页 (1920 年 3 月 14 日)。

192. 出处同上，第 248 页 (1920 年 3 月 14 日)。

193. 出处同上，第 433-4 页 (1921 年 4 月 20 日)。

194. 出处同上，II. 第 49 页 (1925 年 4 月 27 日)。

195. 出处同上，第 758 页 (1932 年 8 月 7 日)。

196. Martin Liepach, *Das Wahlverhalten der jüdischen Bevölkerung : Zur politischen Orientierung der Juden in der Weimarer Republik* (Tübingen, 1996), 尤其是第 211-310 页；综述参见 Wolfgang Benz (ed.) *Jüdisches Leben in der Weimarer Republik* (Tübingen, 1998), 271-80；以及 Donald L. Niewyk, *The Jews in Weimar Germany* (Baton Rouge, La., 1980), 11-43 页。

197. Klaus Schwabe, 'Die deutsche Politik und die Juden im Ersten Weltkrieg', in Hans Otto Horch (ed.), *Judentum, Antisemitismus und europäische Kultur* (Tubingen, 1988), 255-66; Egmont Zechlin, *Die deutsche Politik und die Juden im Ersten Weltkrieg* (Gottingen, 1969), 尤其是第 527-41 页；Saul Friedlander, 'Die politischen Veränderungen der Kriegszeit und ihre Auswirkungen auf die Judenfrage', in Werner E. Mosse (ed.), *Deutsches Judentum in Krieg und Revolution 1916-1923* (Tübingen, 1971), 27-65。综述参见 Jochmann, *Gesellschaftskrise*, 99- 170 ('Die Ausbreitung des Antisemitismus in Deutschland 1914-1923'), 171-94 ('Der Antisemitismus und seine Bedeutung fur den Untergang der Weimarer Republik')。

198. Stark, *Entrepreneurs*, 141, 208-9.

199. Jack Wertheimer, *Unwelcome Strangers: East European Jews in Imperial Germany* (New York, 1987) 图表 4；Wolfgang J. Mommsen, *Bürgerstolz und Weltmachtstreben:*

Deutschland unter Wilhelm II. 1890 bis 1918 (Berlin, 1995), 434-40; Steven Aschheim, *Brothers and Strangers: The East European Jew in German and German Jewish Consciousness 1800-1923* (Madison, 1982)。

200. *Vossische Zeitung*, 1923 年 11 月 6 日，被摘录并译成英文, in Peukert, *The Weimar Republic*, 160（英译已校订）；另见 David Clay Large, "'Out with the Ostjuden": The Scheunenviertel Riots in Berlin, November 1923', in Werner Bergmann *et al.* (eds.) *Exclusionary Violence: Antisemitic Riots in Modern Germany* (Ann Arbor, 2002), 123-40，以及 Dirk Walter, *Antisemitische Kriminalität und Gewalt: Judenfeindschaft in der Weimarer Republik* (Bonn, 1999), 尤其是第 151-4 页。

201. Peter Pulzer, 'Der Anfang vom Ende', in Arnold Paucker (ed.), *Die Juden im nationalsozialistischen Deutschland 1933-1944* (Tübingen, 1986), 3-15; Trude Maurer, *Ostjuden in Deutschland, 1918-1933* (Hamburg, 1986).

202. Kauders, *German Politics, 182-91*；关于新教的立场，参见 Kurt Nowak and Gérard Raulet (eds.) *Protestantismus und Antisemitismus in der Weimarer Republik* (Frankfurt am Main, 1994)。综述参见 Heinrich August Winkler, 'Die deutsche Gesellschaft der Weimarer Republik und der Antisemitismus', in Bernd Martin and Ernst Schulin (eds.) *Die Juden als Minderheit in der Geschichte* (Munich, 1981), 271-89，以及 Jochmann, *Gesellschaftskrise*, 99-170。关于地方性反犹活动研究，参见 Stefanie Schüler-Springorum, *Die jüdische Minderheit in Königsberg, Preussen 1871-1945* (Göttingen, 1996)。

第三章　纳粹主义的兴起

1. Peter Jelavich, *Munich and Theatrical Modernism: Politics, Playwriting, and Performance 1890-1914* (Cambridge, Mass., 1985) 是记录当时慕尼黑戏剧的一部佳作。

2. 对艾斯纳的戏剧性描述，参考了大量非正统的当代材料，见 Richard M. Watt, *The Kings Depart: The German Revolution and the Treaty of Versailles 1918-19* (London, 1973 [1968]), 312-30, 354-81。另见 Franz Schade, *Kurt Eisner und die bayerische Sozialdemokratie* (Hanover, 1961) 以及 Peter Kritzer, *Die bayerische Sozialdemokratie und die bayerische Politik in den Jahren 1918-1923* (Munich, 1969)。传记新作参见 Bernhard Grau, *Kurt Eisner 1867-1919: Eine Biographie* (Munich, 2001)。

3. Allan Mitchell, *Revolution in Bavaria 1918/1919: The Eisner Regime and the Soviet Republic* (Princeton, 1965), 171-2; Freya Eisner, *Kurt Eisner: Die Politik der libertären Sozialismus* (Frankfurt am Main, 1979), 175-80.

4. 这些以及后续事件参见 Mitchell, *Revolution*；另见 Winkler, *Von der Revolution*, 184-90，以及 Heinrich Hillmayr, *Roter und weisser Terror in Bayern nach 1918: Erscheinungsformen und Folgen der Gewaltätigkeiten im Verlauf der revolutionären Ereignisse nach dem Ende des Ersten Weltkrieges* (Munich, 1974)。

5. Watt, *The Kings Depart*, 312-30, 354-81；David Clay Large, *Where Ghosts Walked: Munich's Road to the Third Reich* (New York, 1997), 76-92 是另一种生动的描述。Friedrich Hitzer, *Anton Graf Arco: Das Attentat auf Kurt Eisner und die Schüsse im Landtag* (Munich, 1988) 讲述了刺客的故事，是该书作者撰写一部电影剧本时所作的研究。关于霍夫曼，参见

Diethard Hennig, *Johannes Hoffmann: Sozialdemokrat und Bayerischer Ministerpräsident: Biographie* (Munich, 1990)。

6. 引用于 Watt, *The Kings Depart*, 364；Hans Beyer, *Von der Novemberrevolution zur Räterepublik in München* (Berlin, 1957)（引用了大量档案材料的东德著作），尤其是第 77-8 页。

7. Watt, *The Kings Depart*, 366-8.

8. Large, *Where Ghosts Walked*, 70.

9. Carsten, *Revolution*, 218-23; Hannover and Hannover-Driick, *Politischejustiz*, 53-75.

10. Anthony Nicholls, 'Hitler and the Bavarian Background to National Socialism', in Anthony Nicholls and Erich Matthias (eds.), *German Democracy and the Triumph of Hitler: Essays on Recent German History* (London, 1971), 129-59.

11. 关于希特勒在 1918 至 1919 年的活动，详见 Kershaw, *Hitler*, I. 116-21，以及 Anton Joachimsthaler, *Hitlers Weg begann in München 1913-1923* (Munich, 2000 [1989]), 177-319。

12. Kershaw, *Hitler*, I. 3-13，审慎地把事实与传闻、阐释与揣测区分开，用事实阐释了希特勒早年的经历。

13. Carl E. Schorske, 'The Ringstrasse, its Critics, and the Birth of Urban Modernism'，收录于该作者的 *Fin-de-Siècle Vienna*, 24-115。

14. August Kubizek, *Adolf Hitler: Mein jugendfreund* (Graz, 1953) 提供了许多细节；不过可参阅 Franz Jetzinger, *Hitler's Youth* (London, 1958 [1956]), 167-74 对前书提出的批评。

15. 见 Kershaw, *Hitler*, I.，尤其是第 49-69 页，以及 Joachimsthaler, *Hitlers Weg*, 45-9。希特勒说自己一战前在维也纳期间成为极端的政治反犹主义者，是因为曾与犹太人发生过冲突，特别是"东欧犹太人"，即来自加利西亚（Galicia）的移民；但由于希特勒 1919 年之前的经历缺乏可信的佐证，因此他的自陈引发了激烈的辩论。希特勒自己的版本似乎言过其实；同样无法令人信服的是最近有些论者认为他根本不是反犹主义者。

16. Adolf Hitler, *Mein Kampf* (trans. Ralph Manheim, introd. D.C. Watt, London, 1969 [1925/6]), 39-41.

17. 出处同上，第 71, 88, 95 页。

18. Kershaw, *Hitler*, I. 81-7；Joachimsthaler, *Hitlers Weg*, 77-97。希特勒自己的叙述参见 *Mein Kampf*, 116-17。关于施瓦宾格区的波希米亚式生活，参见 *Where Ghosts Walked*, 3-42。

19. Hitler, *Mein Kampf*, 148-9.

20. Kershaw, *Hitler*, I. 87-101.

21. Hitler, *Mein Kampf*, 11-169.

22. Geyer, *Verkehrte Welt*, 278-318.

23. 希特勒 1919 年 9 月 16 日致阿道夫·吉姆利希（Adolf Gemlich）的信，in Eberhard Jäckel and Axel Kuhn (eds.) *Hitler: Sämtliche Aufzeichnungen 1905-1924* (Stuttgart, 1980), 88-90；Ernst Deuerlein, 'Hitlers Eintritt in die Politik und die Reichswehr', VfZ 7 (1959), 203-5。

24. 'Anton Drexlers Politisches Erwachen' (1919), in Albrecht Tyrell (ed.) *Führer befiehl...: Selbstzeugnisse aus der 'Kampfzeit' der NSDAP* (Düsseldorf, 1969), 20-22。

25. Tyrell (ed.) *Führer befieh*, 22；Kershaw, *Hitler*, I. 126-8, 131-9；Ernst Deuerlein (ed.)*Der Aufstieg der NSDAP in Augenzeugenberichten* (Munich, 1974), 56-61。Joachimsthaler,

Hitlers Weg, 198-319 页从关于希特勒此时期人生经历的传闻中筛选出事实，并对后来的辩论进行了评鉴；Albrecht Tyrell, *Vom 'Trommler' zum 'Führer': Der Wandel von Hitlers Selbstverständnis zwischen 1919 und 1924 und die Entwicklungder NSDAP* (Munich, 1975) 根据翔实的材料讲述了希特勒的早期政治生涯。另见 Werner Maser, *Die Frühgeschichte der NSDAP: Hitlers Weg bis 1924* (Frankfurt am Main, 1965)。关于图勒学会，参见 Reginald H. Phelps, '"Before Hitler Came"：Thule Society and Germanen Orden', *Journal of Modern History*, 35 (1963), 245-61。

26. Uwe Lohalm, *Völkischer Radikalismus: Die Geschichte des Deutscbvolkischen Schutz- und Trutzbundes, 1919-1923* (Hamburg, 1970).

27. Tyrell, *Vom Trommler*, 72-89*; Georg Franz-Willing, Ursprung der Hitlerbewegung 1919-1922* (Preussisch Oldendorf, 1974 [1962]), 38-109.

28. Broszat, *Der Staat Hitlers*, 43-5.

29. Hitler, *Mein Kampf*, 620-21（英译已校改）。

30. Reginald H. Phelps, 'Hitler als Parteiredner im Jahre 1920', VfZ 11 (1963), 274-330；类似内容见于 Jäckel and Kuhn (eds.) *Hitler*, 115, 132, 166, 198, 252, 455, 656。

31. "傻瓜的社会主义"最初的说法是"蠢货的社会主义"，通常被认为出自一战前的社会民主党领导人奥古斯特 · 倍倍尔，但有可能源自奥地利的民主人士费迪南德 · 克罗纳维特尔（Ferdinand Kronawetter）(Pulzer, *The Rise*, 269 以及注释)。1890 年代在德国的社会民主党中间成为常用语，参见 Francis L. Carsten, *August Bebel und die Organisation der Massen* (Berlin, 1991), 165。

32. Franz-Willing, *Ursprung*, 120-27; Broszat, *Der Staat Hitlers*, 39.

33. Ernst Nolte, *Three Faces of Fascism: Action Française, Italian Fascism, National Socialism* (New York, 1969 [1963])，后来又用与此不同的、更有争议的方式在 *Der europdische Bürgerkrieg 1917-1945: Nationalsozialismus und Bolschewismus* (Frankfurt am Main, 1987) 中论述了纳粹主义首先反对的是布尔什维主义。

34. Hitler, *Mein Kampf*, 289.

35. 全部引用于 Longerich, *Der ungeschriebene Befehl*, 32-4。

36. Bruno Thoss, *Der Ludendorff-Kreis: 1919-1923. München als Zentrum der mitteleuropäische Gegenrevolution zwischen Revolution und Hitler-Putsch* (Munich, 1978) 提供了详尽的细节。

37. Wolf Rüdiger Hess (ed.) *Rudolf Hess: Briefe 1908-1933* (Munich, 1987), 251（赫斯于 1920 年 3 月 24 日写给父母的信）。

38. Joachim C. Fest, *The Face of the Third Reich* (London, 1979 [1970]), 283-314 是对赫斯性格的精妙概述；Smith, *The Ideological Origins*, 223-40；Lange, 'Der Terminus "Lebensraum"', 426-37；Hans Grimm, *Volk ohne Raum* (Munich, 1926)；Dietrich Orlow, 'Rudolf Hess: Deputy Führer', in Ronald Smelser and Rainer Zitelmann (eds.) *The Nazi Elite* (London, 1993 [1989]), 74-84。Hans-Adolf Jacobsen, *Karl Haushofer: Leben und Werk* (2 vols., Boppard, 1979) 再版了豪斯霍费尔的许多作品；Frank Ebeling, *Geopolitik: Karl Haushofer und seine Raumwissenschaft 1919-1945* (Berlin, 1994) 研究了豪斯霍费尔的理论。

39. Margarete Plewnia, *Auf dem Weg zu Hitler: Der völkische Publizist Dietrich Eckart* (Bremen, 1970); Tyrell, *Vom Trommler*, 190-94；Alfred Rosenberg (ed.), *Dietrich Eckart. Ein*

Vermächtnis (4th edn., Munich, 1937 [1928]) 附有埃卡特的诗文集。

40. Alfred Rosenberg, *Selected Writings* (ed. Robert Pois, London, 1970); Fest, *The Face*, 247-58; Walter Laqueur, *Russia and Germany: A Century of Conflict* (London, 1965), 55-61, 116-17, 148-53; Adolf Hitler, *Hitler's Table Talk 1941- 1944: His Private Conversations* (London, 1973 [1953]), 422-6 ; Norman Cohn, *Warrant for Genocide: The Myth of the Jewish World-Conspiracy and the Protocols of the Elders of Zion* (London, 1967)，尤其是第 187-237 页；Reinhard Bollmus, 'Alfred Rosenberg: National Socialism's "Chief Ideologue"', in Smelser and Zitelman (eds.) *The Nazi Elite*, 183-93 ; Robert Cecil, *The Myth of the Master Race: Alfred Rosenberg and Nazi Ideology* (London, 1972)。另见综述 Thomas Klepsch, *Nationalsozialistische Ideologie: Eine Beschreibung ihrer Struktur vor 1933* (Münster, 1990)，以及 Barbara Miller Lane 与 Leila J. Rupp 合作选编的各种纳粹理论家著作的文摘 *Nazi Ideology before 1933: A Documentation* (Manchester, 1978) 是一部相当出色的合集。

41. Hans Frank, *Im Angesicht des Galgens: Deutung Hitlers und seiner Zeit auf Grund eigner Erlebisse und Erkenntnisse* (2nd edn., Neuhaus, 1955 [1953]), 未标明页码地引用于 Fest, *The Face*, 330, 以及出处同上的第 38-42 页，引用于 Kershaw, *Hitler*, I. 148 ; Christoph Klessmann, 'Hans Frank: Party Jurist and Governor-General in Poland', in Smelser and Zitelmann (eds.) *The Nazi Elite*, 39-47。

42. 引自 Deuerlein (ed.) *Der Aufstieg*, 108-12。

43. Dietrich Orlow, *The History of the Nazi Party*, I: *1919-1933* (Newton Abbot, 1971 [1969]), 11-37.

44. Kershaw, *Hitler*, I. 160-65; Deuerlein (ed.), *Der Aufstieg*, 135-41.

45. Kershaw, *Hitler*, I. 175-80; Deuerlein (ed.), *Der Aufstieg*, 142-61.

46. Deuerlein (ed.), *Der Aufstieg*, 145-6.

47. Franz-Willing, *Ursprung*, 127.

48. Hannover and Hannover-Drück, *Politiscbe Justiz*, 105-44.

49. Kershaw, *Hitler*, I. 170-73; Peter Longerich, *Die braunen Bataillone: Geschichte der SA* (Munich, 1989), 9-32.

50. Conan Fischer, 'Ernst Julius Röhm: Chief of Staff of the SA and Indispensable Outsider', in Smelser and Zitelmann (eds.), *The Nazi Elite*, 173-82.

51. Ernst Röhm, *Die Geschichte eines Hochverräters* (Munich, 1928), 9, 365-6; Fest, *The Face*, 206, 518-19 (n. 9).

52. Röhm, *Die Geschichte*, 363.

53. 这个时期纳粹运动中日益升级的暴力活动参见 Deuerlein (ed.) *Der Aufstieg*, 142-83；关于罗姆与希特勒之间不和睦的关系，详见 Fischer, 'Ernst Julius Rohm'。

54. Kershaw, *Hitler*, I. 180-85.

55. Adrian Lyttelton, *The Seizure of Power: Fascism in Italy 1919-1929* (London, 1973) 依然是经典著作；Denis Mack Smith, *Mussolini* (London, 1981) 是一部犀利的传记；Richard J. B. Bosworth, *Mussolini* (London, 2002) 是近期出版的传记佳作；Franz-Willing, *Ursprung*, 126-7 介绍了纳粹党各种礼节的起源。关于联系与影响，参见 Klaus-Peter Hoepke, *Die deutsche Rechte und der italienische Faschismus: Ein Beitrag zum Selbstverständnis und zur*

Politik von Gruppen und Verbänden der deutschen Rechten (Düsseldorf, 1968)，尤其是第186-94和292-5页。

56. 在有争议的海量文献中，Stanley G. Payne, *A History of Fascism 1914-1945* (London, 1995) 是最出色的综述，Kevin Passmore, *Fascism: A Very Short Introduction* (Oxford, 2002) 是最实用的简述。Roger Griffin, *International Fascism - Theories, Causes and the New Consensus* (London, 1998) 是有影响力的理论阐释；Kershaw, *The Nazi Dictatorship*, 26-46, 作者一如既往地给出了严谨、审慎的史家论述。

57. AT 567, 199, in Merkl, *Political Violence*, 196-7.

58. AT 206, 379, 出处同上；从独特角度对施拉格特案所做的论述，参见 Karl Radek, 'Leo Schlageter: The Wanderer in the Void', in Kaes *et al.* (eds.) *The Weimar Republic Sourcebook*, 312-14（最初的德文版为 'Leo Schlageter: Der Wanderer ins Nichts', *Die Rote Fahne*, 144 [1923年6月26日]）。Fischer, *The Ruhr Crisis*, 84-181 详述"消极抵抗"行动，强调其草根属性；Waite, *Vanguard*, 235-8 叙述施拉格特的自由军团背景；关于德国军方在幕后组织的破坏运动，参见 Gerd Krüger, '"Ein Fanal des Widerstandes im Ruhrgebiet"：Das "Unternehmen Wesel" in der Osternacht des Jahres 1923. Hingergründe eines angeblichen "Husarenstreiches"', *Mitteilungsblatt des Instituts für soziale Bewegungen*, 4 (2000), 95-140。

59. Sander L. Gilman, *On Blackness without Blacks: Essays on the Image of the Black in Germany* (Boston, 1982).

60. AT 183, in Merkl, *Political Violence*, 193.

61. Gisela Lebeltzer, 'Der "Schwarze Schmach"：Vorurteile—Propaganda – Mythos', *Geschichte und Gesellschaft*, 11 (1985), 37-58; Keith Nelson, '"The Black Horror on the Rhine"：Race as a Factor in Post-World War I Diplomacy', *Journal of Modern History*, 42 (1970), 606-27; Sally Marks, 'Black Watch on the Rhine: A Study in Propaganda, Prejudice and Prurience', *European Studies Review*, 13 (1983), 297-334。关于他们最终的命运，参见 Reiner Pommerin, *'Sterilisierung der Rheinlandbastarde': Das Schicksal einer farbigen deutschen Minderbeit 1918 - 1937* (Düsseldorf, 1979)。

62. Richard J. Evans, 'Hans von Hentig and the Politics of German Criminology', in Angelika Ebbinghaus and Karl Heinz Roth (eds.), *Grenzgänge: Deutsche Geschichte des 20. Jahrhunderts im Spiegel von Publizistik, Rechtsprecbung und historischer Forschung* (Lüneburg, 1999), 238-64.

63. Kershaw, *Hitler*, I. 185-91; Georg Franz-Willing, *Krisenjahr der Hitlerbewegung 1923* (Preussisch Oldendorf, 1975); Helmuth Auerbach, 'Hitlers politische Lehrjahre und die Miinchner Gesellschaft 1919-1923', VfZ 25 (1977), 1-45; Franz-Willing, *Ursprung*, 266-99; Ernst Hanfstaengl, *Zwischen Weissem und Braunem Haus: Memoiren eines politischen Aussenseiters* (Munich, 1970).

64. 希特勒的观点可参见 Hitler, *Hitler's Table Talk* 第154-6页。精彩的论述参见 Robin Lenman, 'Julius Streicher and the Origins of the NSDAP in Nuremberg, 1918-1923', in Nichollsa and Matthias (eds.) *German Democracy*, 161-74（对施特莱歇尔之诗的评价来源于此）。对纽伦堡市褐衫军的研究，参见 Eric G. Reiche, *The Development of the SA in Nürnberg, 1922-34* (Cambridge, 1986)。

65. Anthony Nicholls, 'Hitler and the Bavarian Background to National Socialism', in Anthony

Nicholls and Matthias (eds.), *German Democracy*, 111.

66. Franz-Willing, *Krisenjahr* 第 295-318 页；关于鲁登道夫的活动，参见同作者的 *Putsch und Verbotszeit der Hitlerbewegung November 1923-Februar 1925* (Preussisch Oldendorf, 1977), 9-65。

67. Fest, *The Face*, 113-29; Richard Overy, *Goering: The 'Iron Man'* (London, 1984); Alfred Kube, 'Hermann Goering: Second Man in the Third Reich', in Smelser and Zitelmann (eds.) *The Nazi Elite*, 61-73，把戈林归类于"晚期帝国主义"保守派；另见同作者的 *Pour le mérite und Hakenkreuz: Hermann Goering im Dritten Reich* (2nd edn., Munich, 1987 [1986]) 第 4-21 页；Stefan Martens, *Hermann Goering: 'Erster Paladin des Führers' und 'Zweiter Mann im Reich'* (Paderborn, 1985), 15-19；Werner Maser, *Hermann Göring: Hitlers janusköpfiger Paladin: Die politische Biographie* (Berlin, 2000), 13-55。

68. Franz-Willing, *Krisenjahr* 详细叙述了纳粹党在 1923 年的发展。*Harold J. Gordon, Hitler and the Beer Hall Putsch* (Princeton, 1972) 详尽梳理了啤酒馆暴动的政治背景，尤其参见第 25-184 页 (part I: 'The Contenders in the Struggle for Power')。相关的文件记录，参见 Ernst Deuerlein (ed.) *Der Hitler-Putsch: Bayerische Dokumente zum 8./9. November 1923* (Stuttgart, 1962), 153-308；简述参见 Deuerlein (ed.) *Der Aufstieg*, 184-202。

69. Karl Alexander von Müller 在庭审希特勒时的目击者证词，引用于 Deuerlein (ed.) *Der Aufstieg*, 192-6。

70. 有许多著作述及暴动过程，参见 Kershaw, *Hitler*, I. 205-12；Gordon, *Hitler and the Beer Hall Putsch*, 270-409；Franz-Willing, *Putsch und Verbotszeit*, 66-141；Deuerlein (ed.) *Der Hitler-Putsch*, 尤其是第 308-417, 487-515 页；精选出的文件译成英文，in Noakes and Pridham (eds.) *Nazism*, I. 26-34。关于戈林，参见 Maser, *Hermann Göring*, 58-78。

71. Bernd Steger, 'Der Hitlerprozess und Bayerns Verhältnis zum Reich 1923/24', VfZ 23 (1977), 441-66.

72. 全部庭审记录和判决，参见 Deuerlein (ed.) *Der Aufstieg*, 203-230；Lothar Gruchman and Reinhard Weber (eds.) *Der Hitler-Prozess 1924: Wortlaut der Hauptverhandlung vor dem Volksgericht München 1* (2 vols., Munich, 1997, 1999)。另见 Otto Gritschneider, *Bewährungsfrist für den Terroristen Adolf H.: Der Hitler-Putsch und die bayerische Justiz* (Munich, 1990)，以及同作者的 *Der Hitler-Prozess und sein Richter Georg Neithardt: Skandalurteil von 1924 ebnet Hitler den Weg* (Munich, 2001)。

73. 引用于 Tyrell, *Führer befiehl*, 67, 译成英文并收录于 Noakes and Pridham (eds.) *Nazism*, I. 34-5（英译已稍做校改）；希特勒的全部法庭陈述收录于 Jäckel and Kuhn (eds.) *Hitler*, 1061-216；以及 Deuerlein (ed.) *Der Aufstieg*, 203-28。

74. 参见 Kershaw, *Hitler*, I. 240-53 关于希特勒写作该书的源起和过程。

75. Hitler, *Mein Kampf*, 307.

76. 出处同上，第 597-99 页。Eberhard Jäckel, *Hitler's Weltanschauung: A Blueprint for Power* (Middletown, Conn., 1972 [1969]) 论证了这些观点在希特勒"世界观"的中心地位。

77. Adolf Hitler, *Hitler's Secret Book* (New York, 1961); Martin Broszat, 'Betrachtungen zu "Hitlers Zweitem Buch"', VfZ 9 (1981), 417-29.

78. Werner Maser, *Hitlers Mein Kampf: Geschichte, Auszüge, Kommentare* (Munich, 1966) 叙述了《我的奋斗》一书的细节、写作过程以及命运；Hermann Hammer, 'Die deutschen

Ausgaben von Hitlers "Mein Kampf"', VfZ 4 (1956), 161-78 叙述了该书的出版史。在经典传记 *Hitler: A Study in Tyranny* (London, 1953) 中，作者 Alan Bullock 认为希特勒是权欲旺盛的机会主义者，其目标缺乏一致性；首次论述这种一致性问题的是 Hugh Trevor-Roper, 'The Mind of Adolf Hitler'，此文是 Hitler, *Hitler's Table Talk* 的导言，第 vii-xxxv 页。Geoffrey Stoakes, *Hitler and the Quest for. World Dominion* (Leamington Spa, 1987) 分析了希特勒异想天开的对外政策及其隐含的目标。

79. Longerich, *Der ungescbriebene Befehl*, 37-9.

80. Kershaw, *Hitler*, I. 218-19, 223-4, 250-53; Broszat, *Der Staat Hitlers*, 13-16.

81. Kershaw, *Hitler*, I. 224-34。希特勒被判刑和监禁之后，纳粹党的详细情况，参见 Franz-Willing, *Putsch und Verbotszeit*, 162-185。

82. Donald Cameron Watt, 'Die bayerischen Bemühungen um Ausweisung Hitlers 1924', VfZ 6 (1958), 270-80。综述参见 David Jablonsky, *The Nazi Party in Dissolution: Hitler and the Verbotszeit 1923-1925* (London, 1989)，以及 Deuerlein (ed.) *Der Aufstieg*, 231-54。

83. Deuerlein (ed), *Der Aufstieg*, 245.

84. Fest, *The Face*, 215; Longerich, *Die braunen Battaillone*, 51-2.

85. Kershaw, *Hitler*, I. 257-70.

86. Udo Kissenkoetter, 'Gregor Strasser: Nazi Party Organizer or Weimar Politician?', in Smelser and Zitelmann (eds.), *The Nazi Elite*, 224-34.

87. 格雷戈尔 · 施特拉塞尔于 1925 年 7 月 8 日致奥斯瓦尔德 · 斯宾格勒的信，in Oswald Spengler, *Spengler Letters 1913-1936* (ed. Arthur Helps, London, 1966), 184。

88. Orlow, *The History of the Nazi Party*, I. 66-7；另见综述 Udo Kissenkoetter, *Gregor Strasser und die NSDAP* (Stuttgart, 1978)；Peter D. Stachura, *Gregor Strasser and the Rise of Nazism* (London, 1983)；以及 Klepsch, *Nationalsozialistische Ideologie*, 143-50。

89. Elke Fröhlich, 'Joseph Goebbels: The Propagandist', in Smelser and Zitelmann (eds.) *The Nazi Elite*, 48-61；Ralf Georg Reuth, *Goebbels: Eine Biographie* (Munich, 1995), 11-75；以及 Michel Kai, *Vom Poeten zum Demagogen: Die schriftstellerischen Versuche Joseph Goebbels'* (Cologne, 1999)。Joachim C. Fest, 'Joseph Goebbels: Eine Porträtskizze', VfZ 43 (1995), 565-80 根据戈培尔的日记，精辟地重新分析了他的性格。戈培尔日记的文本，参见 Elke Fröhlich, 'Joseph Goebbels und sein Tagebuch: Zu den handschriftlichen Aufzeichnungen von 1924 bis 1941', VfZ 35 (1987) 第 489-522 页。Bernd Sösemann, 'Die Tagesaufzeichnungen des Joseph Goebbels und ihre unzulänglichen Veröffentlichungen', Publizistik, 37 (1992), 213-44 的批评没有说服力；Fröhlich 转录戈培尔日记的初衷，并不是作为严格的学术版本，而仅仅是为了便于历史研究者查阅此日记。

90. Hugh Trevor-Roper, *The Last Days of Hitler* (London, 1947)，67（同样引自 Speer）；Fröhlich, 'Joseph Goebbels', 48。

91. Elke Fröhlich (ed.), *Die Tagebücher von Joseph Goebbels: Sämtliche Fragmente, part I: Aufzeichnungen 1924-1941, I: 27. 6. 1924-31. 12. 1930* (Munich, 1987), 48 (23 July 1924).

92. Fröhlich (ed.), *Die Tagebücher*, I/I. 134-5 (14 October 1925).

93. 出处同上，第 140-41 页 (1925 年 11 月 6 日)；综述参见 Reuth, *Goebbels*, 76-147。

94. Fröhlich (ed.), *Die Tagebücher*, I/I. 161-2 (15 February 1926).

95. Kershaw, *Hitler*, I. 270-77; Reuth, *Goebbels*, 76-107; Helmut Heiber (ed.), *The Early Goebbels Diaries: The Journals of Josef Goebbels from 1925-1926* (London, 1962), 66-7.

96. Fröhlich (ed.), *Die Tagebücher*, I/I. 171-3 (13 April 1926) and 174-5 (19 April 1926).

97. Kershaw, *Hitler*, I. 277-9；Deuerlein (ed.) *Der Aufstieg*, 255-302。用"*Gau*"替代"区"这个词，有意让人想起中世纪初期的日耳曼诸部落。

98. Kershaw, *Hitler*, I. 278-9; Orlow, *The History of the Nazi Party*, I. 69-75.

99. Noakes and Pridham (eds.) *Nazism*, I. 36-56；以及 Erwin Barth, *Joseph Goebbels und die Formierung des Führer-Mythos 1917 bis 1934* (Erlangen, 1999)。

100. 关于戈培尔在柏林的活动，见 Reuth, *Goebbels*, 108-268。

101. 引语出处同上，第 114 页。

102. 胡佛研究所缩微档案，马克斯·阿曼于 1925 年 10 月 27 日致古斯塔夫·赛菲尔特的信（Hoover Institution, Stanford, California: NSDAP Hauptarchiv microfilm reel 6 Akte 141: letter from Max Amann to Gustav Seifert）。

103. Noakes and Pridham (eds.), *Nazism*, I. 58.

104. Gerhard Schulz, *Zwischen Demokratie und Diktatur: Verfassungspolitik und Reichsreform in der Weimarer Republik* (3 vols., Berlin, 1963-92), II: *Deutschland am Vorabend der Grossen Krise* (Berlin, 1987), 149-307; Robert G. Moeller, 'Winners as Losers in the German Inflation: Peasant Protest over the Controlled Economy', in Gerald D. Feldman *et al.* (eds.), *The German Inflation: A Preliminary Balance* (Berlin, 1982), 255-88.

105. Shelley Baranowski, *The Sanctity of Rural Life: Nobility, Protestantism and Nazism in Weimar Prussia* (New York, 1995), 120-23.

106. John E. Farquharson, *The Plough and the Swastika: The NSDAP and Agriculture in Germany, 1928-1945* (London, 1976), 3-12, 25-33; Dieter Hertz-Eichenrode, *Politik und Landwirtschaft in Ostpreussen 1919-1930: Untersuchung eines Strukturproblems in der Weimarer Republik* (Opladen, 1969), 88-9, 329-37.

107. Dieter Gessner, *Agrardepression und Präsidialregierungen in Deutschland 1930-1933: Probleme des Agrarkapitalismus am Ende der Weimarer Republik* (Düsseldorf, 1977), 191-4；同一作者的 Agrarverbände in der Weimarer Republik: *Wirtschaftliche und soziale Voraussetzungen agrarkonservativer Politik vor 1933* (Düsseldorf, 1976), 234-63。

108. Rudolf Rietzler, *'Kampf in der Nordmark': Das Aufkommen des Nationalsozialismus in Schleswig-Holstein (1919-1928)* (Neumünster, 1982)；Frank Bajohr (ed.), *Norddeutschland im Nationalsozialismus* (Hamburg, 1993)；以及区域研究的经典之作 Jeremy Noakes, *The Nazi Party in Lower Saxony 1921-1933* (Oxford, 1971)，尤其是第 104-7 页。

109. Noakes and Pridham (eds.), *Nazism*, I. 15, 61.

110. 出处同上，第 15, 61 页，引自 Gottfried Feder, *Das Programm der NSDAP und seine weltanschaulichen Grundgedanken* (Munich, 1934), 15-18。

111. Rudolf Heberle, *Landbevölkerung und Nationalsozialismus: Eine soziologische Untersuchung der politischen Willensbildung in Schleswig-Holstein 1918 bis 1932* (Stuttgart, 1963), 160-71；另见同作者的 *From Democracy to Nazism: A Regional Case Study on Political Parties in Germany* (New York, 1970 [1945])，是关于选举的社会学早期经典著

作。关于拉拢各类农场主组成统一的压力团体，参见 Jens Flemming, *Landwirtschaftliche Interessen und Demokratie: Ländliche Gesellschaft, Agrarverbände und Staat 1890-1925* (Bonn, 1978), 323-7。

112. Claus-Christian W. Szejnmann, *Nazism in Central Germany: The Brownshirts in 'Red' Saxony* (New York, 1999), 50-51; Falter *et al.*, *Wahlen*, 98.

113. Geoffrey Pridham, *Hitler's Rise to Power: The Nazi Movement in Bavaria 1923-1933* (London, 1973), 84-6.

114. Orlow, *The History of the Nazi Party*, I. 173-5（有点儿夸大了纳粹党选举策略的连贯性）; Winkler, *Weimar*, 344-56。

115. 引自 Tyrell, *Vom Trommler*, 163-73；同一作者编辑的 *Führer befiehl*, 129-30, 163-4；Kershaw, *Hitler*, I. 294。

116. Orlow, *The History of the Nazi Party*, I. 167-71.

117. 出处同上，第 171-3 页。

118. Claudia Koonz, *Mothers in the Fatherland: Women, the Family, and Nazi Politics* (London, 1987), 72-80.

119. Jill Stephenson, *The Nazi Organisation of Women* (London, 1981), 23-74.

120. Peter D. Stachura, *Nazi Youth in the Weimar Republic* (Santa Barbara, Calif., 1975); Laqueur, *Young Germany*, 193; Arno Klönne, *Jugend im Dritten Reich: Dokumente und Analysen* (Cologne, 1982); Hans-Christian Brandenburg, *Die Geschichte der HJ. Wege und Irrwege einer Generation* (Cologne, 1968); Stachura, *The German Youth Movement*.

121. Daniel Horn, 'The National Socialist *Schülerbund* and the Hitler Youth, 1929-1933', *Central European History*, 11 (1978), 355-75; Martin Klaus, *Mädchen in der Hitlerjugend: Die Erziehung zur 'deutschen Frau'* (Cologne, 1980).

122. Baldur von Schirach, *Die Feier der neuen Front* (Munich, 1929)。见 Michael Wortmann, 'Baldur von Schirach: Student Leader, Hitler Youth Leader, Gauleiter in Vienna', in Smelser and Zitelmann (eds.) *The Nazi Elite*, 202-11。

123. 见 Arthur D. Brenner, *Emil J. Gumbel: Weimar German Pacifist and Professor* (Boston, 2001)；引自 *Deutsche Republik*, 2 July 1932, in Steven P. Remy, *The Heidelberg Myth: The Nazification and Denazification of a German University* (Cambridge, Mass., 2002), 11。

124. Geoffrey J. Giles, 'The Rise of the National Socialist Students' Association and the Failure of Political Education in the Third Reich', in Peter D. Stachura (ed.), *The Shaping of the Nazi State* (London, 1978), 160-85; Wortmann, 'Baldur von Schirach', 204-5; Kater, *Studentenschaft und Rechtsradikalismus*; Anselm Faust, *Der Nationalsozialistische Deutsche Studentenbund: Studenten und Nationalsozialismus in der Weimarer Republik* (Düsseldorf, 1973); Giles, *Students*; Steinberg, *Sabers and Brown Shirts; Michael Grüttner, Studenten im Dritten Reich* (Paderborn, 1995), 19-42, 60.

125. Hans-Gerhard Schumann, *Nationalsozialismus und Gewerkschaftsbewegung: Die Vernichtung der deutschen Gewerkschaften und der Aufbau der 'Deutschen Arbeitsfront'* (Hanover, 1958).

126. Merkl, *Political Violence*, 120, 208, 217, 220, 239, 244, 306, 372-3, 427, 515-16.

127. Hamel, *Völkischer Verband*.

128. AT 271, in Merkl, *Political Violence*, 516.

129. Orlow, *The History of the Nazi Party*, I. 271-6.

130. Merkl, *Political Violence* 在导言中评估了这些稿子的可信度，并进行了数量分析；Abel, *Why Hitler* 在导言和第 4-9 页中，评估了"行为模式"的可信度。另有一份与之相似的分析，目标文本是 1933 年以前加入纳粹党的党员写于 1936—1937 年的自述，见 Christoph Schmidt, 'Zu den Motiven "alter Kämpfer" in der NSDAP', in Detlev Peukert and Jürgen Reulecke (eds.) *Die Reihen fast geschlossen: Beiträge zur Geschichte des Alltags unterm Nationalsozialismus* (Wuppertal, 1981), 21-44。

131. Merkl, *Political Violence*, 446-7.

132. AT 140, 出处同上，第 551 页。

133. 出处同上，第 453, 457, 505-9 页；关于这个时期纳粹宣传的作用，参见 Richard Bessel, 'The Rise of the NSDAP and the Myth of Nazi Propaganda', *Wiener Library Bulletin*, 33 (1980)，Ian Kershaw, 'Ideology, Propaganda, and the Rise of the Nazi Party', in Peter D. Stachura (ed.)*The Nazi Machtergreifung, 1933* (London, 1983), 162-81；主要参见 Gerhard Paul, *Aufstand der Bilder: Die NS-Propaganda vor 1933* (Bonn, 1990)。

134. Merkl, *Political Violence*, 313-63, 383-4.

135. Rudolf Höss, *Commandant of Auschwitz* (London, 1959 [1951]), 42-61.

136. 出处同上，第 61-3 页。

137. Jochen von Lang, 'Martin Bormann: Hitler's Secretary', in Smelser and Zitelmann (eds.), *The Nazi Elite*, 7-17; Fest, *The Face*, 191-206.

138. Waite, *Vanguard* 创造了"纳粹先锋"这个词语；Merkl, *Political Violence* 过于轻易地否定了它。

139. AT 493, in Merkl, *Political Violence*, 375.

140. AT 382, 出处同上，第 440 页。

141. AT 434 和 464，出处同上，第 444-5 页。

142. AT 31, 出处同上，第 544-5 页。

143. AT 520, 出处同上，第 420 页。

144. AT 415, 出处同上，第 400 页。

145. AT 59, 出处同上，第 654 页。

146. AT 548, 出处同上，第 416 页。

147. AT 8, 31, 32，出处同上，第 486-7 页。

148. AT 22, 出处同上，第 602 页；火车枪战的文献记录见 Martin Broszat, 'Die Anfänge der Berliner NSDAP 1926/27', VfZ 8 (1960), 85-118，主要在第 115-18 页。

149. Merkl, *Political Violence*, 617.

150. Giles, '*The Rise*', 163.

151. Merkl, *Political Violence*, 699.

152. Max Domarus (ed.) *Hitler: Speeches and Proclamations 1932-1945: The Chronicle of a*

Dictatorship (4 vols., London, 1990- [1962-3]), I. 114（在杜塞尔多夫市工业俱乐部的演说）。

153. Turner, *German Big Business*, 114-24。关于共产党，参见 Weber, *Die Wandlung*, I. 294-318。

154. AT 38, in Merkl, *Political Violence*, 539.

155. AT 416 和 326, 出处同上，第 540 页。

156. AT 4, 出处同上，第 571 页。

157. Melita Maschmann, *Account Rendered: A Dossier on my Former Self* (London, 1964), 174-5.

158. Thomas Krause, *Hamburg wird braun: Der Aufstieg der NSDAP 1921-1933* (Hamburg, 1987) 第 102-7 页令人信服地评论了 Michael Kater, *The Nazi Party: A Social Profile of Members and Leaders, 1919-1945* (Oxford, 1983) , 32-8。1935 年的普查列出了每位党员的入党日期，因此可以计算出此前任意日期的党员人数。

159. Detlef Mühlberger, 'A Social Profile of the Saxon NSDAP Membership before 1933', in Szejnmann, *Nazism*, 211-19；综述参见 Broszat, *Der Staat Hitlers*, 49-53；Detlef Mühlberger, *Hitler's Followers: Studies in the Sociology of the Nazi Movement* (London, 1991)；以及 Peter Manstein, *Die Mitglieder und Wähler der NSDAP 1919-1933: Untersuchungen zu ihrer schichtmässigen Zusammensetzung* (Frankfurt am Main, 1990 [1987])。

160. Josef Ackermann, 'Heinrich Himmler: Reichsführer-SS', in Smelser and Zitelmann (eds.) *The Nazi Elite*, 98-112；Alfred Andersch, *Der Vater eines Mörders: Eine Schulgeschichte* (Zurich, 1980) 写的是希姆莱的父亲；Bradley F. Smith, *Heinrich Himmler 1900-1926: A Nazi in the Making* (Stanford, Calif., 1971) 是了解希姆莱早年生活的基础读物。

161. 引用于 Ackermann, 'Heinrich Himmler,' 103；另见 Josef Ackermann, *Himmler als Ideologe* (Göttingen, 1970)。

162. Heinz Höhne, *The Order of the Death's Head: The Story of Hitler's SS* (Stanford, Calif., 1971 [1969]), 26-39.

163. Fest, *The Face*, 171-90, 然而像许多写希姆莱的作者一样，他也站在过于高高在上的视角。Fest 认为，无论希姆莱另有怎样的面目，但他既不是墙头草，也不是小资产阶级，更不是平庸之辈。Höhne, *The Order*, 26-8 对希姆莱的生动描述基本上属于后见之明。

164. 出处同上，第 40-46 页；关于达雷，另见 Gustavo Corni, 'Richard Walther Darré: The Blood and Soil Ideologue', in Smelser and Zitelmann (eds.) *The Nazi Elite*, 18-27；以及 Horst Gies, *R. Walther Darré und die nationalsozialistische Bauernpolitik 1930 bis 1933* (Frankfurt am Main, 1966)。

165. Höhne, *The Order*, 46-69; Hans Buchheim, 'The SS - Instrument of Domination', in Helmut Krausnick *et al.*, (eds.), *Anatomy of the SS State* (London, 1968), 127-203, at 140-43.

第四章 通往权力之路

1. 引用于 Elizabeth Harvey, 'Youth Unemployment and the State: Public Policies towards Unemployed Youth in Hamburg during the World Economic Crisis', in Evans and Geary (eds.) *The*

German Unemployed, 142-70，引文在第 161 页；另见 Wolfgang Ayass, ‘Vagrants and Beggars in Hitler’s Reich’, in Richard J. Evans (ed.) *The German Underworld: Deviants and Outcasts in German History* (London, 1988), 210-237，引文在第 210 页。

2. Gertrud Staewen-Ordermann, *Menschen der Unordnung: Die proletarische Wirklichkeit im Arbeitsschicksal der ungelernten Grossstadtjugend* (Berlin, 1933), 86，引用于 Detlev J. K. Peukert, *Jugend zwischen Krieg und Krise: Lebenswelten von Arbeiterjungen in der Weimarer Republik* (Cologne, 1987), 184；同一作者的英文版论文 ‘The Lost Generation: Youth Unemployment at the End of the Weimar Republic’, in Evans and Geary (eds.) *The German Unemployed*, 172-93，引文在 185 页。
3. Ruth Weiland, *Die Kinder der Arbeitslosen* (Eberswalde-Berlin, 1933), 40-42，引用于 Peukert, *Jugend*, 184。
4. Staewen-Ordemann, *Menschen der Unordnung*, 92，引用于 Peukert, *‘The Lost Generation’*, 182。
5. Peukert, *Jugend*, 251-84; Eve Rosenhaft, ‘The Unemployed in the Neighbourhood: Social Dislocation and Political Mobilisation in Germany 1929-33’, in Evans and Geary (eds.), *The German Unemployed*, 194-227, esp. 209-11; eadem, ‘Organising the “Lumpenproletariat”: Cliques and Communists in Berlin during the Weimar Republic’, in Richard J. Evans (ed.), *The German Working Class 1888-1933: The Politics of Everyday Life* (London, 1982), 174-219; eadem, ‘Links gleich rechts? Militante Strassengewalt um 1930’, in Thomas Lindenberger and Alf Lüdtke (eds.), *Physische Gewalt: Studien zur Geschichte der Neuzeit* (Frankfurt am Main, 1995), 239-75; Hellmut Lessing and Manfred Liebel, *Wilde Cliquen: Szenen einer anderen Arbeiterbewegung* (Bensheim, 1981).
6. James, *The German Slump*, 132-46.
7. 关于大萧条的全面论述，参见 Patricia Clavin, *The Great Depression in Europe, 1929-1939* (London, 2000), 强调了国际合作的失败。
8. Charles P. Kindleberger, *The World in Depression 1929-1939* (Berkeley, 1987 [1973]), 104-6.
9. 参见 Piers Brendon, *The Dark Valley: A Panorama of the 1930s* (London, 2000) , 62-5 的生动描述。
10. Charles H. Feinstein *et al.*, *The European Economy between the Wars* (Oxford, 1997), 95-9；Theo Balderston, *The Origins and Course of the German Economic Crisis, 1923-1932* (Berlin, 1993)；Balderston, *Economics*, 77-99 强调各国对经济缺乏信心。
11. Feinstein *et al.*, *The European Economy*, 104-9；Brendan Brown, *Monetary Chaos in Europe: The End of an Era* (London, 1988).
12. 综述参见 Dieter Gessner, *Agrardepression und Präsidialregierungen*，以及 Farquharson, *The Plough and the Swastika*, 1-12。
13. Dietmar Petzina, ‘The Extent and Causes of Unemployment in the Weimar Republic’, in Peter D. Stachura (ed.) *Unemployment and the Great Depression in Weimar Germany* (London, 1986), 29-48, 尤其是第 35 页的图表 2.3，参考了 Dietmar Petzina 等人合编的非常实用的社会史手册 *Sozialgeschichtliches Arbeitsbuch*, III: *Materialien zur Geschichte des Deutschen Reiches 1914-1945* (Munich, 1978)。
14. 详见 Preller, *Sozialpolitik*, 440。

15. Helgard Kramer, 'Frankfurt's Working Women: Scapegoats or Winners of the Great Depression?', in Evans and Geary (eds.), *The German Unemployed*, 108-41, esp. 112-14.

16. Preller, *Sozialpolitik*, 374, 420-21.

17. Rosenhaft, 'The Unemployed in the Neighbourhood' 是生动的描述；更全面的描述参见同一作者的 *Beating the Fascists? The German Communists and Political Violence 1929-1933* (Cambridge, 1983)，以及 Klaus-Michael Mallmann, *Kommunisten in der Weimarer Republik: Sozialgeschichte einer revolutionären Bewegung* (Darmstadt, 1996), 252-61。关于 Mallmann 著作的辩论，参见 Andreas Wirsching, '"Stalinisierung" oder entideologisierte "Nischengesellschaft"? Alte Einsichten und neue Thesen zum Charakter der KPD in der Weimarer Republik', VfZ 45 (1997), 449-66，以及 Klaus-Michael Mallmann, 'Gehorsame Parteisoldaten oder eigensinnige Akteure? Die Weimarer Kommunisten in der Kontroverse - eine Erwiderung', VfZ 47 (1999), 401-15。

18. Anthony McElligott, 'Mobilising the Unemployed: The KPD and the Unemployed Workers' Movement in Hamburg-Altona during the Weimar Republic', in Evans and Geary (eds.), *The German Unemployed*, 228-60; Michael Schneider, *Unterm Hakenkreuz: Arbeiter und Arbeiterbewegung 1933 bis 1939* (Bonn, 1999), 47-52.

19. 综述参见 Anthony McElligott, *Contested City: Municipal Politics and the Rise of Nazism in Altona, 1917-1937* (Ann Arbor, 1998)。

20. Mallmann, *Kommunisten*, 261-83, 381-94.

21. Jan Valtin（里夏德·克雷布斯的笔名）, *Out of the Night* (London, 1941), 3-36。关于这部著名畅销书中事实与虚构的交织，参见 Michael Rohrwasser, *Der Stalinismus und die Renegaten: Die Literatur der Exkommunisten* (Stuttgart, 1991)，尤其可参阅 Dieter Nelles, 'Jan Valtins "Tagebuch der Holle" -Legende und Wirklichkeit eines Schlüsselromans der Totalitarismustheorie', 1999；*Zeitschrift für Sozialgeschichte des 20. und 21. Jahrhunderts*, 9 (1994), 11-45。克雷布斯的这部书（"社会主义经典著作"）由托洛茨基派的一个团体于 1988 年在伦敦重新出版，Lynn Walsh 等人写了一篇精彩的后记，其中包含作者的生活与工作的宝贵细节（第 659-74 页）。另见新近出版的研究论著 Ernst von Waldenfels, *Der Spion, der aus Deutschland kam: Das geheime Leben des Seemanns Richard Krebs* (Berlin, 2003)。

22. Valtin, *Out of the Night* (1941 edn.), 36-7.

23. 出处同上，第 64-78 页。

24. 出处同上，第 79-328 页。

25. Dick Geary, 'Unemployment and Working-Class Solidarity: The German Experience 1929-33', in Evans and Geary (eds.), *The German Unemployed*, 261-80.

26. Weber, *Die Wandlung*, 243-7; Fowkes, *Communism*, 145-70; Weitz, *Creating German Communism*, 284-6.

27. Hannes Heer, *Ernst Thälmann in Selbstzeugnissen und Bilddokumenten* (Reinbek, 1975); Willi Bredel, *Ernst Thälmann: Beitrag zu einem politischen Lebensbild* (Berlin, 1948); Irma Thälmann, *Erinnerungen an meinen Vater* (Berlin, 1955).

28. Klemperer, *Leben sammeln*, II. 721 (1931 年 7 月 16 日)。

29. McElligott, *Contested City*, 163.

30. Caplan, *Government*, 54 (图表 2)。

31. 出处同上，第 100-30 页。

32. Kershaw, *Hitler*, I. 325-9; Günter Bartsch, *Zwischen drei Stühlen: Otto Strasser. Eine Biographie* (Koblenz, 1990); Patrick Moreau, *Nationalsozialismus von 'links' : Die 'Kampfgemeinschaft Revolutionärer Nationalsozialisten' und die 'Schwarze Front' Otto Strassers 1930-1935* (Stuttgart, 1984).

33. Domarus, *Hitler*, I. 88-114.

34. Turner, *German Big Business*, 191-219.

35. 详细的叙述，参见 Bracher, *Die Auflösung*, 287-389 ; Dorpalen, *Hindenburg*, 163-78 ; Wheeler-Bennett, *Hindenburg*, 336-49 ; Winkler, *Der Schein*, 726-823。

36. Bracher, *Die Auflösung*, 229-84 全面论述了军方在经济危机中的政策；另见 Bracher *et al.*, *Die nationalsozialistische Machtergreifung*, III. 1-55 ; Carsten, *The Reichswehr*, 309-63 ; 格勒纳的话引自 Thilo Vogelsang, *Reichswehr, Staat und NSDAP: Beiträge zur deutschen Geschichte 1930-1932* (Stuttgart, 1962), 95。

37. Carsten, *The Reichswehr*, 310-11.

38. 出处同上，第 318-21 页；Broszat, *Der Staat Hitlers*, 25。

39. Kershaw, *Hitler*, I. 337-8 ; Peter Bucher, *Der Reichswehrprozess: Der Hochverrat der Ulmer Reichswehroffiziere 1929-30* (Boppard, 1967), 尤其是第 237-80 页；Deuerlein, *Der Aufstieg*, 328-42; Reuth, *Goebbels*, 176。

40. Bucher, *Der Reichswehrprozess* 提供了全面的细节。

41. Carsten, *The Reichswehr*, 323.

42. Heinrich Brüning, *Memoiren 1918-1934* (ed. Claire Nix and Theoderich Kampmann, Stuttgart, 1970) ; William L. Patch, Jr., *Heinrich Brüning and the Dissolution of the Weimar Republic* (Cambridge, 1998), 尤其是第 1-13 页；对上述回忆录之可信度的不同评估，参见 Hans Mommsen, 'Betrachtungen zu den Memoiren Heinrich Brünings', *Jahrbuch für die Geschichte Mittel- und Ostdeutschlands*, 22 (1973), 270-80 ; Ernest Hamburger, 'Betrachtungen über Heinrich Brünings Memoiren', *Internationale Wissenschaftliche Korrespondenz zur Geschichte der deutschen Arbeiterbewegung*, 8 (1972), 18-39 ; Arnold Brecht, 'Gedanken über Brünings Memoiren', *Politische Vierteljahresschrift*, 12 (1971), 607-40。

43. Patch, *Heinrich Brüning* 是基于对翔实资料的仔细研究为布吕宁所做的辩护，在这方面是 Werner Conze 对 Bracher 观点所做反驳的最新阐发；参见 Conze 评论 Bracher, *Die Auflösung* (1st edition), in *Historische Zeitschrift*, 183 (1957), 378-82 ; 对布吕宁持批评态度的是 Bracher, *Die Auflösung*, 303-528，以及同一作者的 'Brünings unpolitische Politik und die Auflösung der Weimarer Republik', VfZ 19 (1971), 113-23。关于 1930 年之重要性的持平之论，参见 Hans Mommsen, 'Das Jahr 1930 als Zäsur in der deutschen Entwicklung der Zwischenkriegszeit', in Lothar Ehrlich and Jürgen John (eds.) *Weimar 1930: Politik und Kultur im Vorfeld der NS-Diktatur* (Cologne, 1998)。Hans Mommsen, *The Rise and Fall*, 291-5 对布吕宁的性格做了犀利的评点。Astrid Luise Mannes, *Heinrich Brüning: Leben, Wirken, Schicksal* (Munich, 1999) 是一部优秀的传记新著；Herbert Hömig, *Brüning: Kanzler in der Krise der Republik. Eine Weimarer Biographie* (Paderborn, 2000) 是力求以不

偏不倚的立场研究布吕宁政治生涯的一部重要学术著作。

44. Brüning, *Memoiren*, 247-8.

45. Fulda, 'Press and Politics', 234-42.

46. Bernd Weisbrod, 'Industrial Crisis Strategy in the Great Depression', in Jürgen Freiherr von Krudener (ed.), *Economic Crisis and Political Collapse: The Weimar Republic, 1924-1933* (New York, 1990), 45-62; Peter-Christian Witt, 'Finanzpolitik als Verfassungs- und Gesellschaftspolitik: Überlegungen zur Finanzpolitik des Deutschen Reiches in den Jahren 1930 bis 1932', *Geschichte und Gesellschaft*, 8 (1982), 387-414.

47. Hömig, *Bruning*, 211-24.

48. Aldcroft, *From Versailles*, 156-86.

49. Kent, *The Spoils of War*, 322-72; Hömig, *Brüning*, 235-57, 270-83.

50. Preller, *Sozialpolitik*, 165, 440-48.

51. Kindleberger, *The World in Depression*, 159-76.

52. James, *The German Slump*, 283-323.

53. Hömig, *Brüning*, 345-77.

54. Barry Eichengreen, *Golden Fetters: The Gold Standard and the Great Depression, 1919-1939* (Oxford, 1992), 270-78, 286.

55. 关于修改宪法的计划，参见大部头研究著作 Schulz, *Zwischen Demokratie und Diktatur*。

56. Kent, *The Spoils of War*, 342-3; Patch, *Heinrich Brüning*, 162-4.

57. Werner Jochmann, 'Brünings Deflationspolitik und der Untergang der Weimarer Republik', in Dirk Stegmann *et al.*, (eds.), *Industrielle Gesellschaft und politisches System: Beiträge zur politischen Sozialgeschichte. Festschrift für Fritz Fischer zum siebzigsten Geburtstag* (Bonn, 1978), 97-112.

58. Carl-Ludwig Holtfrerich, 'Economic Policy Options and the End of the Weimar Republic', in Kershaw (ed.) *Weimar*, 58-91，尤其是第 65-72 页。论述这个题目的经典论文，是引发密集论辩的 'Zwangslagen und Handlungsspielräume in der grossen Wirtschaftskrise der frühen dreissiger Jahre: Zur Revision des überlieferten Geschichtsbildes'，由 Knut Borchardt 发表于 1979 年，后编入 Knut Borchardt, *Wachstum, Krisen, Handlungsspielräume der Wirtschaftspolitik* (Göttingen, 1982), 165-82，以及同作者的 *Perspectives on Modern German Economic History and Policy* (Cambridge, 1991)。

59. Kindleberger, *The World in Depression*, 174; Patch, *Heinrich Brüning*, 111-15, 156-64, 193, 206-13.

60. Deutsches Volkslied-Archiv, Freiburg-im-Breisgau, Gr. II (引用于 Evans, *Rituals*, 531 n. 14)。

61. 关于布吕宁在总理任期的最后阶段发布的紧急法令和经济政策，参见 Hömig, *Brünin*, 429-68。

62. Patch, *Heinrich Brüning*, 13, 243-4.

63. Nicholls, *Weimar*, 179; Winkler, *Der Weg*, 178-202.

64. Wolfgang Michalka and Gottfried Niedhart, *Die ungeliebte Republik; Dokumente zur Innen- und Aussenpolitik Weimars 1918-1933* (Munich, 1980), 62, 262, 283-4; Noakes and Pridham

(eds.), *Nazism*, I. 70-81; Paul, *Aufstand*, 90-95.

65. Hiller von Gaertringen, 'Die Deutschnationale Volkspartei', in Matthias and Morsey (eds.), *Das Ende*, 549-54.

66. Fröhlich (ed.), *Die Tagebücher*, I/I. 603 (15 September 1930).

67. *Deutsche Allgemeine Zeitung and Die Rote Fahne*, 1930 年 9 月 16 日，引用于 Falter, *Hitlers Wähler*, 32。

68. 出处同上，第 33 页。

69. Paul, *Aufstand*, 90-94; Richard Bessel, *Political Violence and the Rise of Nazism: The Storm Troopers in Eastern Germany 1925-1934* (London, 1984), 22-3.

70. 这是 Richard F. Hamilton, *Who Voted for Hitler?* (Princeton, 1981) 的主要论题。Krause, *Hamburg wird braun*, 176-7 精辟地指出了 Hamilton 的以全概偏；Hamilton 注意到平均收入高的地区与纳粹党得票率高的地区之间具有高度的一致性，却没有注意到这些也是犹太富人所占人口比例较高的地区，而他们不太可能投票给纳粹党；纳粹党在这些地区的选票更有可能来自小企业主、店主、白领工人之类的群体。

71. Falter, *Hitlers Wähler*, 99, 110, 151-4.

72. 出处同上，第 136-46 页；Richard J. Evans, 'German Women and the Triumph of Hitler', *Journal of Modern History*, 48 (1976), 123-75; Helen L. Boak, '"Our Last Hope" : Women's Votes for Hitler - A Reappraisal', *German Studies Review*, 12 (1989), 289-310; Gerhard Schulz (ed.), *Ploetz Weimarer Republik: Eine Nation in Umbruch* (Freiburg, 1987), 166。

73. Falter, *Hitlers Wähler*, 154-93。另见 Rohe, *Wahlen*, 140-63 关于"保守派和自由派精英合法性的丧失"的有趣论述。

74. Paul, *Aufstand*, 93-4.

75. Falter, *Hitlers Wähler*, 194-230; Falter *et al.*, *Wahlen*, 44.

76. Jürgen Falter, 'How Likely were Workers to Vote for the NSDAP?', in Conan Fischer (ed.), *The Rise of National Socialism and the Working Classes in Weimar Germany* (Oxford, 1996), 9-45; Szejnmann, *Nazism*, 219-29.

77. Dick Geary, 'Nazis and Workers before 1933', *Australian Journal of Politics and History*, 48 (2002), 40-51 是一份优秀的指南，简明扼要地梳理了有争议的文献，附有延伸阅读的书目。

78. Falter, *Hitlers Wähler*, 230-66; Hans Speier, *German White-Collar Workers and the Rise of Hitler* (New Haven, 1986).

79. Thomas Childers, *The Nazi Voter: The Social Foundations of Fascism in Germany, 1919-1933* (Chapel Hill, NC, 1981), 262-9.

80. 有些论者试图把纳粹党的成功解释为各种社会群体从经济角度对纳粹党纲做出的合理反应，但这种解释忽略了关键因素（William Brustein, *The Logic of Evil: The Social Origins of the Nazi Party, 1925-1933* [New Haven, 1996]）。

81. Rosenhaft, *Beating the Fascists?*, 60-64.

82. 出处同上，第 22-3 页（根据后来的公诉卷宗）；Reuth, *Goebbels*, 157-62；Thomas Oertel, *Horst Wessel: Untersuchung einer Legende* (Cologne, 1988); Bernhard Fulda, 'Horst Wessel: Media, Myth and Memory'（未出版的论文，提交给 2003 年 11 月的剑桥大学欧洲现代史

研讨会）；另见‘Ein politischer Totschlag’, *Berliner Tageblatt*, 447 (1930 年 9 月 23 日)。

83. ‘Tyrell, *Führer befiehl*, 296-7（根据警方关于 1929 年 11 月慕尼黑一次褐衫军集会的报告，第三首诗的第三行与本书所用版本稍有不同。第四首诗与第一首诗重复，本书未引用）。

84. Reuth, *Goebbels*, 162 and 643 n. 109.

85. Tyrell, *Führer befiehl*, 288-9.

86. Rosenhaft, *Beating the Fascists?*, 6，报告数据见于 Adolf Ehrt, *Bewaffneter Aufstand! Enthüllungen über den kommunistischen Umsturzversuch am Vorabend der nationalen Revolution* (Berlin, 1933), 166；*Die Rote Fahne*, 21 November 1931；Nationalsozialistischer Deutscher Frontkämpferbund (ed.), *Der NSDFB (Stahlhelm): Geschichte, Wesen und Aufgabe des Frontsoldatenbundes* (Berlin, 1935), 58-61；Rohe, *Das Reichsbanner*, 342；综述参见 Diehl, *Paramilitary Politics* 全书各处。

87. Rosenhaft, *Beating the Fascists?*, 6，数据来源同上；Rohe, *Das Reichsbanner*, 342。

88. *Stenographische Berichte über die Verhandlungen des deutschen Reichstags*, 445 (1932), 1602-4.

89. Valtin, *Out of the Night*, 218.

90. Rosenhaft, *Beating the Fascists?*, 8; Diehl, *Paramilitary Politics*, 287.

91. 关于 1933 年 1 月 20 日大赦在一座德国城市产生的影响，参见 William S. Allen, *The Nazi Seizure of Power: The Experience of a Single German Town, 1922-1945* (New York, 1984 [1965]), 146-7。

92. Peter Lessmann, *Die preussische Schutzpolizei in der Weimarer Republik: Streifendienst und Strassenkampf* (Düsseldorf, 1989); Eric D. Kohler, ‘The Crisis in the Prussian Schutzpolizei 1930-32’, in George L. Mosse (ed.), *Police Forces in History* (London, 1975), 131-50; Hsi-Huey Liang, *The Berlin Police Force in the Weimar Republic* (Berkeley, 1970); Siegfried Zalka, *Polizeigeschichte: Die Exekutive im Lichte der historischen Konfliktforschung. Untersuchungen über die Theorie und Praxis der preussischen Schutzpolizei in der Weimarer Republik zur Verhinderung und Bekämpfung innerer Unruben* (Lübeck, 1979); Jürgen Siggemann, *Die kasernierte Polizei und das Problem der inneren Sicherheit in der Weimarer Republik: Eine Studie zum Auf- und Ausbau des innerstaatlichen Sicherheitssystems in Deutschland 1918/19-1933* (Frankfurt am Main, 1980); Johannes Buder, *Die Reorganisation der preussischen Polizei 1918/1923* (Frankfurt am Main, 1986); Johannes Schwarz, *Die bayerische Polizei und ihre historische Funktion bei der Aufrechterhaltung der öffentlichen Sicherheit in Bayern von 1919 bis 1933* (Munich, 1977)。另见前汉堡治安队队长所作的有趣但不完全可信的记录 Lothar Danner, *Ordnungspolizei Hamburg: Betrachtungen zu ihrer Geschichte 1918-1933* (Hamburg, 1958)。

93. 实用的简述参见 Robert Gellately, *The Gestapo and German Society: Enforcing Racial Policy 1933-1945* (Oxford, 1990), 22-6；详述参见 Robert J. Goldstein, *Political Repression in Nineteenth-Century Europe* (London, 1983)。

94. Christoph Graf, *Politische Polizei zwischen Demokratie und Diktatur* (Berlin, 1983).

95. Otto Buchwitz, *50 Jahre Funktionär der deutschen Arbeiterbewegung* (Stuttgart, 1949), 129-36.

96. Thomas Kurz, *‘Blutmai’: Sozialdemokraten und Kommunisten im Brennpunkt der*

Berliner Ereignisse von 1929 (Bonn, 1988); Chris Bowlby, 'Blutmai 1929: Police, Parties and Proletarians in a Berlin Confrontation', *Historical Journal*, 29 (1986), 137-58；背景参见 Eve Rosenhaft, 'Working-Class Life and Working-Class Politics: Communists, Nazis, and the State in the Battle for the Streets, Berlin, 1928-1932', in Richard Bessel and Edgar J. Feuchtwanger (eds.) *Social Change and Political Development in Weimar Germany* (London, 1981), 207-40。

97. George C. Browder, *Hitler's Enforcers: The Gestapo and the SS Security Service in the Nazi Revolution* (New York, 1996), 23-8.

98. Richard Bessel, 'Militarisierung und Modernisierung: Polizeiliches Handeln in der Weimarer Republik', in Alf Lüdtke (ed.), *'Sicherheit' und 'Wohlfahrt' : Polizei, Gesellschaft und Herrschaft im 19. und 20. Jahrhundert* (Frankfurt am Main, 1992), 323-43; Theodor Lessing, *Haarmann: Die Gescbichte eines Werwolfs. Und andere Kriminalreportagen* (ed. Rainer Marwedel, Frankfurt am Main, 1989); Evans, *Rituals*, 530-35, 591-610.

99. Browder, *Hitler's Enforcers*, 28-9; Danner, *Ordnungspolizei*, 223.

100. Eichengreen, *Golden Fetters*, 286; Hömig, *Brüning*, 525-36.

101. Patch, *Heinrich Brüning*, 148-9; Bessel, *Political Violence*, 54-66.

102. Höhne, *The Order*, 51-62.

103. Herbert, *Best*, 111-19; Patch, *Heinrich Brüning*, 225-7.

104. 出处同上，第 228-9 页。

105. 出处同上，第 249-51 页；Bessel, *Political Violence* 第 29-31 页。

106. Patch, *Heinrich Brüning*, 251.

107. Bracher, *Die Auflösung*, 377-88.

108. Thomas Mergel, *Parlamentarische Kultur in der Weimarer Republik: Politische Kommunikation, symbolische Politik und Öffentlichkeit im Reichstag* (Düsseldorf, 2002), 179-81.

109. Carsten, *The Reichswehr*, 259-63, 296-308。关于施莱谢尔性格的简述，参见 Henry Ashby Turner, Jr., *Hitler's Thirty Days to Power: January 1933* (London, 1996), 7, 19-21。关于施莱谢尔与格勒纳之间关系的精辟分析，参见 Theodor Eschenburg, 'Die Rolle der Persönlichkeit in der Krise der Weimarer Republik: Hindenburg Brüning, Groener, Schleicher', VfZ 9 (1961), 1-29，尤其是第 7-13 页。那种认为施莱谢尔实际上是希望通过加强政府行政部门来维护民主制度的书诡之论，很像有些历史学家论证布吕宁时所采用的方式，参见 Wolfram Pyta, 'Konstitutionelle Demokratie statt monarchischer Restauration: Die verfassungspolitische Konzeption Schleichers in der Weimarer Staatskrise', VfZ 47 (1999), 417-41。

110. Rohe, *Das Reichsbanner*, 360-65.

111. Carsten, *The Reichswehr*, 333.

112. Otto Meissner, *Staatssekretär unter Ebert - Hindenburg - Hitler: Der Schicksalsweg des deutschen Volkes von 1918-1945 wie ich ihn erlebte* (Hamburg, 1950), 215-17.

113. Rudolf Morsey, 'Hitler als Braunschweiger Reigierungsrat', VfZ 8 (1960), 419-48.

114. Donna Harsch, *German Social Democracy and the Rise of Nazism* (Chapel Hill, NC, 1993),

179.

115. *Vorwärts*, 1932 年 3 月 10 日，引用于 Winkler, *Der Weg*, 514。

116. Harsch, *German Social Democracy*, 180，引自 Carlo Mierendorff, 'Der Hindenburgsieg 1932', *Sozialistische Monatshefte*, 4 April 1932, 297；另见 Erich Matthias, 'Hindenburg zwischen den Fronten 1932', VfZ 8 (1960), 75-84。

117. Winkler, *Der Weg*, 519；另见 Alfred Milatz, 'Das Ende der Parteien im Spiegel der Wahlen 1930 bis 1933', in Matthias and Morsey (eds.) *Das Ende*, 743-93, at 761-6。

118. Falter, *et al.*, *Wahlen*, 46; Broszat, *Der Staat Hitlers*, 44-5.

119. Paul, *Aufstand*, 98.

120. Bracher, *Die Auflösung*, 511-17 清晰地厘清了后来关于这一点的争议。

121. Gordon A. Craig, 'Briefe Schleichers an Groener', *Die Welt als Geschichte*, 11 (1951), 122-30; Reginald H. Phelps, 'Aus den Groener Dokumenten', *Deutsche Rundschau*, 76 (1950), 1019, and 77 (1951), 26-9; Hömig, *Brüning*, 537-89.

122. 巴本退出中央党的辞呈，见 Georg Schreiber, *Brüning, Hitler, Schleicher: Das Zentrum in der Opposition* (Cologne, 1932), 17-19，引用于 Bracher, *Die Auflösung*, 536；评论参见 Bracher, *Die Auflösung*, 656 页，以及 Morsey, 'Die Deutsche Zentrumspartei', in Matthias and Morsey (eds.) *Das Ende*, 306-14。对巴本的负面评价，参见 Joachim Petzold, *Franz von Papen: Ein deutsches Verhängnis* (Munich, 1995)，对巴本回忆录的评论，参见 Theodor Eschenburg, 'Franz von Papen', VfZ 1 (1953), 153-69。

123. Fest, *The Face*, 229-33; Richard W. Rolfs, *The Sorcerer's Apprentice: The Life of Franz von Papen* (Lanham, Md., 1996).

124. Vejas Gabriel Liulevicius, *War Land on the Eastern Front: Culture, National Identity and German Occupation in World War I* (Cambridge, 2000).

125. Bracher, *Die Auflösung*, 536-54 页犀利地分析了巴本的"新政府"构想。

126. 巴本的话，引用于 Walter Schotte, *Der neue Staat* (Berlin, 1932), 110-24。

127. Evans, *Rituals*, 613-44.

128. Fulda, 'Press and Politics'，第 4 章。

129. Edward W. Bennett, *German Rearmament and the West, 1932-1933* (Princeton, 1979), 63-4, 69.

130. Valtin, *Out of the Night*, 309-11，但总是夸大红色阵线战士同盟的杀戮意图和准备程度。

131. McElligott, *Contested City*, 192-5; Leon Schirmann, *Altonaer Blutsonntag 17. Juli 1932: Dichtung und Wahrheit* (Hamburg, 1994).

132. Lessmann, *Die preussische Schutzpolizei*, 349-70.

133. Rohe, *Das Reichsbanner*, 431-5.

134. Matthias, 'Die Sozialdemokratische Partei Deutschlands', in Matthias and Morsey (eds.), *Das Ende*, 141-5.

135. Bracher, *Die Auflösung*, 559-600; Schulze, *Otto Braun*, 745-86; Huber, *Deutsche Verfassungsgeschichte* VII. 1015-25 and 1192-7; Matthias, 'Die Sozialdemokratische Partei Deutschlands', in Matthias and Morsey (eds.), *Das Ende*, 119-50; Schulz, *Zwischen*

Demokratie und Diktatur, III. 920-33; Broszat, *Der Staat Hitlers*, 89.

136. 可参阅 Evans, *Rituals*, 614-15。综述参见 Winkler, *Der Weg* 第 646-81 页，以及 Rudolf Morsey, 'Zur Geschichte des "Preussenschlags" am 20. Juli 1932', VfZ 9 (1961) 第 436-9 页。

137. Joseph Goebbels, *Vom Kaiserhof zur Reichskanzlei: Eine historische Darstellung in Tagebuchblättern (vom 1. Januar 1932 bis zum 1. Mai 1933)* (Munich, 1937 [1934]), 131-5；关于普鲁士州议会选举，参见 Winkler, *Der Weg*, 542-53。

138. Noakes and Pridham (eds.), *Nazism*, 1. 102-3; Martin Broszat, *Hitler and the Collapse of Weimar Germany* (Oxford, 1987 [1984]), 82-91; Winkler, *Der Weg*, 681-98.

139. Matthias, 'Die Sozialdemokratische Partei Deutschlands', in Matthias and Morsey (eds.), *Das Ende*, 222-4 (document no. 11: Rundschreiben des Gauvorstandes Hannover des Reichsbanners, 5 July 1932); Winkler, *Der Weg*, 515; Harsch, *German Social Democracy*, 177-80; Richard Albrecht, 'Symbolkampf in Deutschland 1932: Sergej Tschachotin und der "Symbolkrieg" der drei Pfeile gegen den Nationalsozialismus als Episode im Abwehrkampf der Arbeiterbewegung gegen den Faschismus in Deutschland', *Internationale Wissenschaftliche Korrespondenz zur Geschichte der deutschen Arbeiterbewegung*, 22 (1986), 498-533.

140. Winkler, *Der Weg*, 514-16.

141. Simon Taylor, *Germany 1918-1933; Revolution, Counter-Revolution and the Rise of Hitler* (London, 1983), 112-16; Hans Bohrmann (ed.), *Politische Plakate* (Dortmund, 1984), 247-62.

142. Paul, *Aufstand*, 178（引自戈培尔 1933 年 7 月 31 日的演讲）。

143. 出处同上，第 133-76, 223-47, 253-66 页。

144. 关于 1932 年 7 月选举，参见 Winkler, *Der Weg*, 681-92；概述见 Jürgen W. Falter, 'Die Wähler der NSDAP 1928-1933: Sozialstruktur und parteipolitische Herkunft', in Wolfgang Michalka (ed.) *Die nationalsozialistische Machtergreifung* (Paderborn, 1984), 47-59。

145. Falter, *Hitlers Wähler*, 110-13, 369-71。关于纳粹党对工人（尤其是那些仍然有工作的人）的号召力，参见 Szejnmann, *Nazism*, 219-31。

146. Fröhlich (ed.), *Die Tagebücher*, I/II. 211-12 (1 August 1932).

147. Hannover and Hannover-Drück, *Politische Justiz*, 301-10，引语在第 306 页；Paul Kluke, 'Der Fall Potempa', VfZ 5 (1957), 279-97；Richard Bessel, 'The Potempa Murder', *Central European History*, 10 (1977), 241-54。总统令并没有开列适用于死刑的新罪名；杀人（无论出于什么动机）在《刑法》的相关条款中已有明确规定。因此这项总统令只不过是个宣传举动。

148. Hannover and Hannover-Drück, *Politische Justiz*, 308.

149. 出处同上，第 310 页；Karl-Heinz Minuth (ed.) *Akten der Reichskanzlei: Weimarer Republik. Das Kabinett von Papen, I. Juni bis 3. December 1932* (Boppard, 1989), 146, 491-5。关于巴本拥有减刑的司法权力，极端令人怀疑，因为减刑的权力归合法任命的普鲁士州政府首脑，所以巴本行使减刑权的说法在法律上是有争议的。此案的几个凶手于 1933 年 3 月被释放出监狱（Evans, *Rituals*, 615-18, 627-8）。

150. *Hitler: Reden, Schriften, Anordnungen. Februar 1925 bis Januar 1933*（5 vols., Institut

fur Zeitgeschichte, Munich, 1992-8), V/I: *Von der Reichsprdsidentenwahl bis zur Machtergreifung, April 1932 - Januar 1933*, 304-9.

151. Turner, *Hitler's Thirty Days, 14-15*, 以及 Winkler, *Weimar*, 510-24。

152. Christian Striefler, *Kampf um die Macht: Kommunisten und Nationalsozialisten am Ende der Weimarer Republik* (Berlin, 1993), 尤其是第 177-86 页；Deuerlein (ed.) *Der Aufstieg*, 402-4。另见 Paul, *Aufstand*, 104-8。

153. Werner Jochmann (ed.), *Nationalsozialismus und Revolution: Ursprung und Geschichte der NSDAP in Hamburg 1922-1933* (Frankfurt am Main, 1963), 400, 402, 405, 413-14.

154. 出处同上，第 405 页。

155. 出处同上，第 406 页。

156. 出处同上，第 414, 416, 417 页。

157. Falter, *Hitlers Wähler*, 34-8, 103-7.

158. *Vorwärts*, 1932 年 11 月 13 日，引用于 Falter, *Hitlers Wähler*, 37。

159. Fröhlich (ed.) *Die Tagebücher*, I/II., 272（1932 年 11 月 6 日）。

160. Falter, *Hitlers Wähler*, 37-8, 106-7.

161. Bracher, *Die Auflösung*, 644-62; Nicholls, *Weimar*, 163-6.

162. 文献资料参见 Thilo Vogelsang, 'Zur Politik Schleichers gegenüber der NSDAP 1932', VfZ 6 (1958), 86-118。

163. Fröhlich (ed.) *Die Tagebücher*, I/II., 276-88（1932 年 12 月 1 日）。

164. Bracher, *Die Auflösung*, 662-85; Stachura, *Gregor Strasser*; Kershaw, *Hitler*, I. 396-403; Noakes and Pridham (eds.), *Nazism*, 110-15; Orlow, *The History of the Nazi Party*, I. 291-6；Turner, *Hitler's Thirty Days*, 23-8, 84-6 纠正了前面的几种记录。

165. Turner, *Hitler's Thirty Days*, 61-6; Paul, *Aufstand*, 109-10.

166. Grüttner, *Studenten*, 53-5.

167. Noakes and Pridham, *Nazism*, I. 109-11.

168. Berghahn, *Der Stahlhelm*, 187-246.

169. Theodor Duesterberg, *Der Stahlhelm und Hitler* (Wolfenbüttel, 1949), 39，引用于 Turner, *Hitler's Thirty Days*, 154；另见 Berghahn, *Der Stahlhelm*, 246-50。

170. Meissner, *Staatssekretär*, 247。另见 Bracher, *Die Auflösung*, 707-32；Noakes and Pridham (eds.) *Nazism*, I. 116-20。

171. Lutz, Graf Schwerin von Krosigk, *Es geschah in Deutschland: Menschenbilder unseres Jahrhunderts* (Tübingen, 1951), 147.

172. Ewald von Kleist-Schmenzin, 'Die letzte Möglichkeit', *Politische Studien*, 10 (1959), 89-92, at 92.

第五章　建立第三帝国

1. *Deutsche Zeitung*, 27a（早间版，1933 年 2 月 1 日，头版第 2 栏）。新闻报道选辑，参

见 Wieland Eschenhagen (ed.) *Die 'Machtergreifung' : Tagebuch einer Wende nach Presseberichten vom 1. Januar bis 6. März 1933* (Darmstadt, 1982)。

2. *Berliner Illustrierte Nachtausgabe*, 26 (1933 年 1 月 31 日), 第 2 版第 4 栏 ; *B.Z. am Mittag* 26 (Erste Beilage, 1933 年 1 月 31 日), 第 3 版第 3 栏的图片说明 ; Peter Fritzsche, *Germans into Nazis* (Cambridge, Mass., 1998), 139-43 ; Hans-Joachim Hildenbrand, 'Der Betrug mit dem Fackelzug', in Rolf Italiander (ed.), *Wir erlebten das Ende der Weimarer Republik: Zeitgenossen berichten* (Düsseldorf, 1982), 165。
3. Wheeler-Bennett, *Hindenburg*, 435。不用说，鲁登道夫根本不在场。
4. *Deutsche Allgemeine Zeitung*, 51（早间版，1933 年 1 月 31 日）头版。
5. *Berliner Börsen-Zeitung*, 51（早间版，1933 年 1 月 31 日）头版第 2 栏。
6. *Deutsche Allgemeine Zeitung*, 51（早间版，1933 年 1 月 31 日）头版第 3 栏。
7. *Deutsche Zeitung*, 27a（早间版，1933 年 2 月 1 日）头版头条。
8. 引用于 Jochmann (ed.) *Nationalsozialismus und Revolution*, 429 ; Fritzsche, *German*, 141。
9. Herbst, *Das nationalsozialistische Deutschland*, 59-60.
10. Fröhlich (ed.) *Die Tagebücher* I/II., 357-9（1933 年 1 月 31 日）。
11. *Deutsche Zeitung*, 26a（早间版，1933 年 1 月 31 日）标题页第 1-2 栏。
12. 两个例子，参见 Bernd Burkhardt, *Eine Stadt wird braun: Die nationalsozialistische Machtergreifung in der Provinz. Eine Fallstudie* (Hamburg, 1980) 在米尔阿克（Mühlacker）的小镇施瓦比安（Swabian）; Allen, *The Nazi Seizure of Power* 第 153-4 页在北方小镇诺特海姆。
13. *Deutsche Zeitung*, 26b（晚间版,1933 年 1 月 31 日）头版第 3 栏; *Vossische Zeitung*, 52（晚间版，1933 年 1 月 31 日）第 3 版第 1 栏。
14. Jochmann, *Nationalsozialismus und Revolution*, 423.
15. Maschmann, *Account Rendered*, 11-12,（英译已校改）。
16. 引用于 *Deutsche Zeitung*, 27a（早间版，1933 年 2 月 1 日）头版第 1 栏。
17. *Deutsche Zeitung*, 26b（晚间版，1933 年 1 月 31 日）第 3 版第 2 栏 : 'Wieder zwei Todesopfer der roten Mordbestien'。
18. *Berliner Börsen-Zeitung*, 52（晚间版，1933 年 1 月 31 日）第 2 版第 2-3 栏。
19. *Welt am Abend*, 26（1933 年 1 月 31 日）, 1-2。
20. Hans-Joachim Althaus *et al.*, *'Da ist nirgends nichts gewesen ausser hier' : Das 'rote Mössingen' im Generalstreik gegen Hitler. Geschichte eines schwäbischen Arbeiterdorfes* (Berlin, 1982).
21. Allan Merson, *Communist Resistance in Nazi Germany* (London, 1985), 25-8; Winkler, *Der Weg*, 867-75.
22. Josef and Ruth Becker (eds.), *Hitlers Machtergreifung: Dokumente vom Machtantritt Hitlers 30. Januar 1933 bis zur Besiegelung des Einparteienstaates 14. Juli 1933* (2nd edn., Munich, 1992 [1983]),45.
23. *Die Welt am Abend*, 27(1933 年 2 月 1 日)头版头条; *Die Rote Fahne*, 27(1933 年 2 月 1 日）头版头条。
24. Jochmann, *Nationalsozialismus und Revolution*, 421.

25. Camill Hoffmann, 1933 年 1 月 30 日的日记，引用于 Johann Wilhelm Brügel 与 Norbert Frei 合编的 'Berliner Tagebuch, 1932-1934: Aufzeichnungen des tschechoslowakischen Diplomaten Camill Hoffmann', VfZ 36 (1988), 131-83 页，引语在第 159 页。

26. Ministère des affaires étrangères (ed.) *Documents Diplomatiques Français, 1932-1939*, ser. 1, vol. II (Paris, 1966) 第 552 页，弗朗索瓦—蓬塞 1933 年 2 月 1 日致邦库尔（Boncour）的信。这是 Gotthard Jasper, *Die gescheiterte Zähmung: Wege zur Machtergreifung Hitlers 1930-1934* (Frankfurt am Main, 1986) 的中心论题，尤其是第 126-71 页。有一句经常被引用的鲁登道夫当时的“预言”，说希特勒将把德国拖进深渊（例如 Kershaw, *Hitler*, I. 427），这是汉斯·弗兰克后来杜撰的：参见 Fritz Tobias, 'Ludendorff, Hindenburg, Hitler: Das Phantasieprodukt des Ludendorff-Briefes vom 30. Januar 1933', in Uwe Backes *et al.* (eds.) *Die Schatten der Vergangenheit: Impulse zur Historisierung des Nationalsozialismus* (Frankfurt am Main, 1990), 319-43，以及 Lothar Gruchmann, 'Ludendorffs "prophetischer" Brief an Hindenburg vom Januar/Februar 1933', VfZ 47 (1999), 559-62。

27. Robert J. O'Neill, *The German Army and the Nazi Party 1933-1939* (London, 1966), 34-5.

28. Klaus-Jürgen Müller, *The Army, Politics and Society in Germany 1933-1945: Studies in the Army's Relation to Nazism* (Manchester, 1987), 29-44。O'Neill, *The German Army*, 35-45；Wolfgang Sauer, *Die Mobilmachung der Gewalt* (vol. III of Bracher *et al.*, *Die nationalsozialistische Machtergreifung*), 41-84；Andreas Wirsching, '"Man kann nur Boden germanisieren"：Eine neue Quelle zu Hitlers Rede vor den Spitzen der Reichswehr am 3. Februar 1933', VfZ 49 (2001), 516-50。这篇文章引述的希特勒 1933 年 2 月 3 日对军官讲话的完整版，最近在莫斯科的前克格勃档案馆被发现，可能是哈默施泰因的女儿提供的，她是共产党的同情者。关于希特勒稍早时候所做的与之类似的一套承诺，参见 Thilo Vogelsang, 'Hitlers Brief an Reichenau vom 4. Dezember 1932', VfZ 7 (1959), 429-37。

29. Martin Broszat, 'The Concentration Camps 1933-1945', in Helmut Krausnick *et al.*, (eds.), *Anatomy of the SS State* (London, 1968 [1965]), 397-504, at 400-401; Bessel, Political Violence, 98-9.

30. Siegfried Bahne, 'Die Kommunistische Partei Deutschlands', in Matthias and Morsey (eds.), *Das Ende*, 655-739, at 690; Berghahn, Der Stahlhelm, 252.

31. Matthias, 'Die Sozialdemokratische Partei Deutschlands', in Matthias and Morsey (eds.), *Das Ende*, 101-278, at 101-50.

32. Winkler, *Der Weg*, 867-875。《前进报》的引语出处同前，第 867 页。

33. Broszat, *Der Staat Hitlers*, 94.

34. 格热辛斯基于 1933 年 2 月 24 日致 Klupsch 等人的信，参见 Matthias, 'Die Sozialdemokratische Partei Deutschlands' 中的第 25 份文件，文章收录于 Matthias and Morsey (eds.) *Das Ende*, 234-5。

35. Winkler, *Der Weg*, 876-8.

36. Martin Kitchen, *The Coming of Austrian Fascism* (London, 1980), 202-81; Francis L. Carsten, *Fascist Movements in Austria: From Schönerer to Hitler* (London, 1977), 249-70.

37. Winkler, *Der Weg*, 868.

38. Domarus, *Hitler*, I. 247.

39. 出处同上，第 254 页。

40. 出处同上，第 253 页。

41. Morsey, ‘Die Deutsche Zentrumspartei’, in Matthias and Morsey (eds.), *Das Ende*, 339-54; Broszat, *Der Staat Hitlers*, 95.

42. Domarus, *Hitler*, I. 256; Broszat, *Der Staat Hitlers*, 249.

43. Domarus, *Hitler*, I. 170.

44. 出处同上，第 249 页 (1933 年 2 月 10 日)。

45. 出处同上，第 247-50 页。

46. Jochmann (ed.), *Nationalsozialismus und Revolution*, 431.

47. Domarus, *Hitler*, I. 250-51.

48. Turner, *German Big Business*, 330-32.

49. Paul, *Aufstand*, 111-13.

50. Printed in Bahne, ‘Die Kommunistische Partei Deutschlands’, in Matthias and Morsey (eds.), *Das Ende*, document 3, 728-31, at 731.

51. 出处同上，第 686-96 页。

52. Hans Mommsen, ‘Van der Lubbes Weg in den Reichstag - der Ablauf der Ereignisse’, in Uwe Backes *et al.*, *Reichstagsbrand: Aufklärung einer historischen Legende* (Munich, 1986), 33-57, at 42-7.

53. Harry Graf Kessler, *Tagebücher 1918-1937* (ed. Wolfgang Pfeiffer-Belli, Frankfurt am Main, 1961), 707-9.

54. Horst Karasek, *Der Brandstifter: Lehr- und Wanderjahre des Maurergesellen Marinus van der Lubbe, der 1933 auszog, den Reichstag anzuzünden* (Berlin, 1980); Martin Schouten, *Marinus van der Lubbe (1909-1934): Eine Biographie* (Frankfurt, 1999 [1986])；以及 Fritz Tobias, *The Reichstag Fire: Legend and Truth* (London, 1962)。

55. Mommsen, ‘Van der Lubbes Weg’, 33-42.

56. Fröhlich (ed.), *Die Tagebücher*, part I, vol. II, p. 383.

57. Rudolf Diels, *Lucifer ante Portas: Es spricht der erste Chef der Gestapo* (Stuttgart, 1950), 192-3.

58. Mommsen, ‘Van der Lubbes Weg’; Karasek, *Der Brandstifter*; Tobias, *The Reichstag Fire*。后来，共产党试图证明纳粹党在幕后策划了纵火案，但范德吕伯的口供和相关文件的真实性似乎无懈可击。而且，在用于证明纳粹涉案的文件证据中，发现了大量伪造和篡改的内容。关于举证纳粹应为纵火案负责的材料，参见德国法西斯运动受害者世界委员会（World Committee for the Victims of German Fascism，主席为爱因斯坦）编辑的 *The Brown Book of the Hitler Terror and the Burning of the Reichstag* (London, 1933), 54-142；Walther Hofer and Alexander Bahar (eds.) *Der Reichstagsbrand: Eine wissenschaftliche Dokumentation* (Freiburg im Breisgau, 1992 [1972, 1978])；指出该书不足之处的是 Backes *et al.*, *Reichstagsbrand*；Karl-Heinz Janssen, ‘Geschichte aus der Dunkelkammer: Kabalen um dem Reichstagsbrand. Eine unvermeidliche Enthüllung’, *Die Zeit*, 38 (14 September 1979), 45-8; 39 (21 September 1979), 20-24; 40 (28 September 1979), 49-52; 41 (5 October 1979), 57-60；Tobias, *The Reichstag Fire*, 尤其是第 59-78 页，以及 Hans Mommsen, ‘Der Reichstagsbrand und seine politischen Folgen’, VfZ 12 (1964), 351-413。最近有一篇文章

认为纳粹党策划了纵火案，其立论是基于以前各种论文中对于紧急处置权与国会纵火法令之间相似性的夸大：见 Alexander Bahar and Wilfried Kugel, 'Der Reichstagsbrand: Neue Aktenfunde entlarven die NS-Täter', *Zeitschrift für Geschichtswissenschaft*, 43 (1995), 823-32，以及 Jurgen Schmadeke *et al.*, 'Der Reichstagsbrand im neuen Licht', *Historische Zeitschrift*, 269 (1999), 603-51。Tobias 和 Mommsen 关于范德吕伯是单独行动的结论，至今依然未被撼动。

59. Diels, *Lucifer*, 193-5.

60. 出处同上，第 180-2 页。戈培尔显然已销毁 2 月最后几天的日记原稿，此事引起那些支持纳粹党纵火论者的怀疑。在篡改过的版本、以"*Vom Kaiserhof zur Reichskanzlei*"为题发表的日记中，他说出事的那个夜晚，"元首一刻也不曾失去镇静，令人敬佩"（Fröhlich [ed.] *Die Tagebücher*, I/II., 383）。

61. Diels, *Lucifer*, 193-5.

62. Karl-Heinz Minuth (ed.), *Akten der Reichskanzlei: Die Regierung Hitler*, I: *1933-1934* (2 vols., Boppard, 1983), I. 123; Ulrich Kolbe, 'Zum Urteil über die "Reichstagsbrand-Notverordnung" vom 2.8. 2. 1933', *Geschichte in Wissenschaft und Unterricht*, 16 (1965), 359-70; Broszat, *Der Staat Hitlers*, 92。关于居特纳，参见 Lothar Gruchmann, *Justiz im Dritten Reich 1933-1940: Anpassung und Unterwerfung in der Ära Gürtner* (Munich, 1988), 70-83。

63. Minuth (ed.), *Die Regierung Hitler 1933-1934*, I. 128-31; Kolbe, 'Zum Urteil', 359-70.

64. Minuth (ed.), *Die Regierung Hitler 1933-1934*, I. 128-31; Broszat, 'The Concentration Camps', 400-402.

65. Minuth (ed.), *Die Regierung Hitler 1933-1934*, I. 131.

66. 引用于 Noakes and Pridham (eds.) *Nazism*, I. 142。近期的分析文章，参见 Thomas Reithel and Irene Strenge, 'Die Reichstagsbrandverordnung: Grundlegung der Diktatur mit den Instrumenten des Weimarer Ausnahmezustandes', VfZ 48 (2000), 413-60。

67. Jochmann (ed.), *Nationalsozialismus und Revolution*, 427.

68. Evans, *Rituals*, 618-24.

69. AT 31, Merkl, *Political Violence*, 545（已重新英译）。"突击队"是冲锋队的基本组织单位。

70. Mason, *Social Policy*, 73-87.

71. Bahne, 'Die Kommunistische Partei', in Matthias and Morsey (eds.), *Das Ende*, 693-4, 699-700; Winkler, *Der Weg*, 876-89; Weber, *Die Wandlung*, 246; World Committee (ed.), *The Brown Book*, 184; Broszat, *Der Staat Hitlers*, 101-2。

72. Merson, *Communist Resistance*, 57; Detlev J. K. Peukert, *Die KPD im Widerstand: Verfolgung und Untergrundarbeit an Rhein und Ruhr, 1933 bis 1945* (Wuppertal, 1980), 75-8。另见 Horst Duhnke, *Die KPD von 1933 bis 1945* (Cologne, 1972), 101-9；同作者的 *Die KPD und das Ende von Weimar: Das Scheitern einer Politik 1932-1935* (Frankfurt am Main, 1976), 34-42。

73. Diels, *Lucifer*, 222。另见 Hans Bernd Gisevius, *To the Bitter End* (London, 1948)。

74. 'Bericht des Obersten Parteigerichts an den Ministerpräsidenten Generalfeldmarschall Goring, 13. 2. 1939', document ND 3063-PS in *Der Prozess gegen die Hauptkriegsverbrecber vor*

dem Internationalen Militärgerichtshof, Nürnberg (Nuremberg, 1949), XXIII. 20-29, at 26.

75. Paul, *Aufstand*, 111-13.

76. Allen, *The Nazi Seizure of Power*, 156-61.

77. Fröhlich (ed.), *Die Tagebücher*, I/II. 387 (5 March 1933).

78. Allen, *The Nazi Seizure of Power*, 160 是地方选情的一个典型例子。

79. Falter *et al.*, *Wahlen*, 41, 44; Falter, *Hitlers Wähler*, 38-9.

80. 出处同上，第 40 页；关于天主教会，参见 Oded Heilbronner, *Catholicism, Political Culture and the Countryside: A Social History of the Nazi Party in South Germany* (Ann Arbor, 1998), 239。

81. Bessel, *Political Violence*, 101-2.

82. Ulrich Klein, 'SA-Terror und Bevölkerung in Wuppertal 1933/34', in Detlev Peukert and Jürgen Reulecke (eds.), *Die Reihen fast geschlossen: Beiträge zur Geschichte des Alltags unterm Nationalsozialismus* (Wuppertal, 1981), 45-64, at 51.

83. Winkler, *Der Weg*, 890-91; World Committee (ed.), *The Brown Book*, 204-5; Schneider, *Unterm Hakenkreuz*, 56-73.

84. Dieter Rebentisch and Angelika Raab (eds.), *Neu-Isenburg zwischen Anpassung und Widerstand; Dokumente über Lebensbedingungen und politisches Verhalten 1933-1934* (Neu-Isenburg, 1978), 79.

85. Gerlinde Grahn, 'Die Enteignung des Vermögens der Arbeiterbewegung und der politischen Emigration 1933 bis 1945', *1999: Zeitschrift fiir Sozialgeschichte des 20. und 21. Jahrhunderts*, 12 (1997), 13-38; Broszat, *Der Staat Hitlers*, 118.

86. Klein, *'SA-Terror'* , 51-3.

87. Broszat, Der Staat Hitlers, 256.

88. 出处同上，第 136-8 页。

89. Winkler, *Der Weg*, 888-93, 898-900.

90. 出处同上，第 916-18 页。

91. 出处同上，第 929-32 页；Broszat, *Der Staat Hitlers*, 118-19。

92. Harold Marcuse, *Legacies of Dachau: The Uses and Abuses of a Concentration Camp, 1933-2001* (Cambridge, 2001), 21-3; Hans-Günter Richardi, *Schule der Gewalt: Das Konzentrationslager Dachau, 1933-1934* (Munich, 1983), 48-87，以及 Johannes Tuchel, *Organisationsgeschichte und Funktion der 'Inspektion der Konzentrationslager' 1933-1938* (Boppard, 1991), 121-58.

93. Bley, *Namibia under German Rule*, 151, 198; Krüger, *Kriegsbewältigung*, 138-44; Joachim Zeller, '"Wie Vieh wurden Hunderte zu Getriebenen und wie Vieh begraben" : Fotodokumente aus dem deutschen Konzentrationslager in Swakopmund/Namibia 1904-1908', *Zeitschrift für Geschichtswissenschaft*, 49 (2001), 226-43.

94. Marcuse, *Legacies of Dachau*, 21-2; Tuchel, *Organisationsgeschichte*, 35-7; Andrej Kaminski, *Konzentrationslager 1896 bis heute: Eine Analyse* (Stuttgart, 1982), 34-38。关于希特勒或者希姆莱借鉴了苏俄的劳改营形式，并无令人信服的证据（参见 Evans, *In Hitler's Shadow*, 24-46）。

95. 关于集中营属于即兴方案的观点，参见 Broszat, 'The Concentration Camps', 400-6。

96. Bessel, *Political Violence*, 117.

97. Friedrich Schlotterbeck, *The Darker the Night, the Brighter the Stars: A German Worker Remembers (1933-1945)* (London, 1947), 22-36。关于纳粹暴力的更多资料，参见 Lindenberger and Lüdtke (eds.) *Physische Gewalt*，以及 Bernd Weisbrod, 'Gewalt in der Politik: Zur politischen Kultur in Deutschland zwischen den beiden Weltkriegen', *Geschichte in Wissenschaft und Unterricht*, 43 (1992), 391-404。

98. 大量案例详见德国法西斯运动受害者世界委员会编辑的 *The Brown Book*, 216-18；扬科夫斯基的案例在第 210-11 页。另见 Diels, *Lucifer*, 222。

99. Günter Morsch, 'Oranienburg – Sachsenhausen, Sachsenhausen – Oranienburg', in Ulrich Herbert (eds.), *Die nationalsozialistischen Konzentrationslager: Entwicklung und Struktur* (2 vols., Göttingen, 1998), 111-34, at 119.

100. Tuchel, *Organisationsgeschichte*, 103; Karin Orth, *Das System der nationalsozialistischen Konzentrationslager* (Hamburg, 1999), 23-6.

101. Bahne, 'Die Kommunistische Partei Deutschlands', in Matthias and Morsey (eds.), *Das Ende*, 693-4, 699-700; Winkler, *Der Weg*, 876-89; Broszat, 'The Concentration Camps', 406-7; Broszat *et al.* (eds.), *Bayern*, I. 24-41.

102. Fieberg (ed.) *Im Name*, 68；德国法西斯运动受害者世界委员会编辑的 *The Brown Book*, 332 列出了截至 6 月的 500 例杀戮案。

103. Domarus, *Hitler*, I. 263；Mason, *Social Policy*, 76 认为希特勒真的担心出现混乱局面；他还写道，纳粹领导层一直知晓暴力事件的性质和发生范围。

104. Broszat, *Der Staat Hitlers*, III.

105. Rudolf Morsey (ed.), *Das 'Ermächtigungsgesetz' vom 24. März 1933: Quellen zur Geschichte und Interpretation des 'Gesetzes zur Bebebung der Not von Volk und Reich'* (Düsseldorf, 1992)，以及 Michael Frehse, *Ermächtigungsgesetzgebung im Deutschen Reich 1914-1933* (Pfaffenweiler, 1985), 145。

106. Matthias and Morsey (eds.), *Das Ende*, xiii.

107. Klaus-Jürgen Müller, 'Der Tag von Potsdam und das Verhältnis der preussischdeutschen Militär-Elite zum Nationalsozialismus', in Bernhard Kröner (ed.), *Potsdam – Stadt, Armee, Residenz in der preussisch-deutschen Militärgeschichte* (Frankfurt am Main, 1993), 435-49; Frohlich (ed.), *Die Tagebücher*, II. 395-7 (22 March 1933); Werner Freitag, 'Nationale Mythen und kirchliches Heil: Der "Tag von Potsdam"', *Westfällische Forschungen*, 41 (1991), 379-430。希特勒的演讲见 Domarus, *Hitler*, I. 272-4。

108. 出处同上，第 270 页。

109. Bracher, *Stufen*, 213-36; Hans Schneider, 'Das Ermächtigungsgesetz vom 24. März 1933', VfZ I (1953), 197-221, esp. 207-8.

110. Junker, *Die Deutsche Zentrumspartei*, 171-89; Morsey, 'Die Deutsche Zentrumspartei', in Matthias and Morsey (eds.), *Das Ende*, 281-453; Josef Becker, 'Zentrum und Ermächtigungsgesetz 1933: Dokumentation' VfZ 9 (1961), 195-210; Rudolf Morsey, 'Hitlers Verhandlungen mit der Zentrumsführung am 31. Januar 1933', VfZ 9 (1961), 182-94.

111. Wilhelm Hoegner, *Der schwierige Aussenseiter: Erinnerungen eines Abgeordneten, Emigranten und Ministerpräsidenten* (Munich, 1959), 92.

112. Becker, 'Zentrum und Ermächtigungsgesetz 1933'; Konrad Repgen, 'Zur vatikanischen Strategie beim Reichskonkordat', VfZ 31 (1983), 506-35; Brüning, *Memoiren*, 655-57; Domarus, *Hitler*, I. 275-85.

113. Winkler, *Der Weg*, 901-6; Hans J. L. Adolph, *Otto Wels und die Politik der deutschen Sozialdemokratie 1934-1939: Einepolitische Biographie* (Berlin, 1971), 262-4; Willy Brandt, *Erinnerungen* (Frankfurt am Main, 1989), 96; Hoegner, *Der Schwierige Aussenseiter*, 93.

114. Broszat, *Der Staat Hitlers*, 117 and n。把《授权法》置于魏玛共和国之授权法立法程序的语境中进行论述，参见 Jörg Biesemann, *Das Ermächtigungsgesetz als Grundlage der Gesetzgebung im nationalsozialistischen Deutschland: Ein Beitrag zur Stellung des Gesetzes in der Verfassungsgeschichte 1919- 1945* (Münster, 1992. [1985])。

115. Matthias, 'Die Sozialdemokratische Partei Deutschlands', in Matthias and Morsey (eds.) *Das Ende*, 176-80 ; Winkler, *Der Weg*, 867-98 ; Schumann, *Nationalsozialismus und Gewerkschaftsbewegung* ; Hannes Heer, *Burgfrieden oder Klassenkampf: Zur Politik der sozialdemokratischen Gewerkschaften 1930-1933* (Neuwied, 1971), 对工会领导层颇多批评 ; Bernd Martin, 'Die deutschen Gewerkschaften und die nationalsozialistische Machtübernahme', *Geschichte in Wissenschaft und Unterricht*, 36 (1985), 605-31 ; Henryk Skzrypczak, 'Das Ende der Gewerkschaften', in Wolfgang Michalka (ed.) *Die nationalsozialistische Machtergreifung* (Paderborn, 1984), 97-110。

116. 国家社会主义工厂车间组织的德文是 Nationalsozialistische Betriebszellenorganisation。

117. Winkler, *Der Weg*, 898-909; Gunther Mai, 'Die Nationalsozialistische Betriebszellen-Organisation: Zum Verhältnis von Arbeiterschaft und Nationalsozialismus', VfZ 31 (1983), 573-613.

118. Schneider, *Unterm Hakenkreuz*, 76-106, 引语出自第 89 页 ; Winkler, *Der Weg*, 898-909; Herbst, *Das nationalsozialistische Deutschland*, 68-70。

119. Wieland Elfferding, 'Von der proletarischen Masse zum Kriegsvolk: Massenaufmarsch und Öffentlichkeit im deutschen Faschismus am Beispiel des I. Mai 1933', in Neue Gesellschaft für bildende Kunst (ed.), *Inszenierung der Macht: Ästhetische Faszination im Faschismus* (Berlin, 1987), 17-50.

120. Peter Jahn (ed.), *Die Gewerkschaften in der Endphase der Republik 1930-1933* (Cologne, 1988), 888-92, 897-8, 916.

121. Dieter Fricke, *Kleine Geschichte des Ersten Mai: Die Maifeier in der deutschen und internationalen Arbeiterbewegung* (Berlin, 1980), 224-9; Fritzsche, *Germans*, 215-35.

122. Goebbels, *Vom Kaiserhof*, 299，以及 Fröhlich (ed.) *Die Tagebücher*, I/II., 408 (1933 年 4 月 17 日)。

123. Winkler, *Der Weg*, 909-29; Michael Schneider, *A Brief History of the German Trade Unions* (Bonn, 1991 [1989]), 204-10.

124. Fröhlich (ed.), *Die Tagebücher*, I/II. 416 (3 May 1933).

125. Winkler, *Der Weg*, 929-32; Grahn, 'Die Enteignung'; Beate Dapper and Hans-Peter Rouette, 'Zum Ermittelungsverfahren gegen Leipart und Genossen wegen Untreue vom 9.

Mai 1933', *Internationale Wissenschaftliche Korrespondenz zur Geschichte der deutschen Arbeiterbewegung*, 20 (1984), 509-35; Schneider, *Unterm Hakenkreuz*, 107-17.

126. Winkler, *Der Weg*, 931-40; Matthias, 'Die Sozialdemokratische Partei Deutschlands', in Matthias and Morsey (ed.), *Die Ende*, 168-75, 166-75；关于普菲尔夫的自杀，见第 254 页 n. 6；Broszat, *Der Staat Hitlers*, 120。

127. Fröhlich (ed.) *Die Tagehücher* I/II. 437 (1933 年 6 月 23 日)。

128. Schüler, *Auf der Flucht erschossen*, 241-8.

129. 详见 Max Klinger（Curt Geyer 的笔名）, *Volk in Ketten* (Karlsbad, 1934), 尤其是第 96-7 页；Winkler, *Der Weg*, 943-7；Franz Osterroth and Dieter Schuster, *Chronik der deutscben Sozialdemokratie* (Hanover, 1963), 381 页；文件参见 Erich Matthias, 'Der Untergang der Sozialdemokratie 1933', VfZ 4 (1956), 179-116，评论在第 250-86 页；关于柏林市及其郊区的情况，参见 Reinhard Rürup (ed.) *Topographie des Terrors: Gestapo, SS und Reichssicherheitshauptamt auf dem 'PrinzAlbert-Gelände' : Eine Dokumentation* (Berlin, 1987)，以及 Hans-Norbert Burkert *et al.*, *'Machtergreifung' Berlin 1933: Stätten der Geschichte Berlins in Zusammenarbeit mit dem Pädagogischen Zentrum Berlin* (Berlin, 1982), 20-94。

130. Bessel, *Political Violence*, 41, 117-118; Paul Lobe, *Der Weg war lang: Lebenserinnerungen von Paul Löbe* (Berlin, 1954 [1950]), 221-9.

131. Beth A. Griech-Polelle, *Bishop von Galen: German Catholicism and National Socialism* (New Haven, 2002), 9-18.

132. 出处同上，第 31-2 页；Richard Steigmann-Gall, *The Holy Reich: Nazi Conceptions of Christianity, 1919-1945* (New York, 2003), 51-85。

133. Hans Müller (ed.), *Katholische Kirche und Nationalsozialismus: Dokumente 1930-1935* (Munich, 1963), 79.

134. Thomas Fandel, 'Konfessionalismus und Nationalsozialismus', in Olaf Blaschke (ed.), *Konfessionen im Konflikt: Deutschland zwischen 1800 und 1970: Ein zweites konfessionelles Zeitalter* (Göttingen, 2002), 199-334, at 314-15; Günther Lewy, *The Catholic Church and Nazi Germany* (New York, 1964), 94-112.

135. Müller, *Katholische Kirche*, 168；更全面的论述，参见 Scholder, *The Churches*。

136. Morsey, 'Die Deutsche Zentrumspartei', in Matthias and Morsey (eds.), *Das Ende*, 383-6, 引自 *Kölnische Volkszeitung* on 12 May 1933。

137. Broszat, 'The Concentration Camps', 409-11.

138. Lewy, *The Catholic Church*, 45-79.

139. Morsey, 'Die Deutsche Zentrumspartei', in Matthias and Morsey (eds.), *Das Ende*, 387-411; Lewy, *The Catholic Church*, 7-93.

140. Griech-Polelle, *Bishop von Galen*, 45-6, 137-9.

141. Morsey, 'Die Deutsche Staatspartei', in Matthias and Morsey (eds.) *Das Ende*, 55-72；Jones, *German Liberalism*, 462-75（还有关于人民党的情况）。

142. Hans Booms, 'Die Deutsche Volkspartei', in Matthias and Morsey (eds.), *Das Ende*, 521-39.

143. Hiller von Gaertringen, 'Die Deutschnationale Volkspartei', in Matthias and Morsey (eds.) *Das Ende*, 576-99；Larry Eugene Jones, '"The Greatest Stupidity of My Life"：Alfred Hugenberg and the Formation of the Hitler Cabinet', *Journal of Contemporary History*, 27 (1992), 63-87；胡根贝格的辞呈以及其他文件，参见 Anton Ritthaler, 'Eine Etappe auf Hitlers Weg zur ungeteilten Macht: Hugenbergs Riicktritt als Reichsminister', VfZ 8 (1960), 193-219。

144. Hiller von Gaertringen, 'Die Deutschnationale Volkspartei', in Matthias and Morsey (eds.), *Das Ende*, 599-603.

145. 出处同上，第 607-15 页。

146. Berghahn, *Der Stahlhelm*, 253-70; Broszat, *Der Staat Hitlers*, 121.

147. Hiller von Gaertringen, 'Die Deutschnationale Volkspartei', in Matthias and Morsey (eds.), *Das Ende*, 603-7; Bessel, *Political Violence*, 120-21; Berghahn, *Der Stahlhelm*, 268-74, 286.

148. Fröhlich (ed.), *Die Tagebücher* I/II. 440 (28 June 1933).

149. Hans-Georg Stümke, *Homosexuelle in Deutschland: Eine politische Geschichte* (Munich, 1989).

150. 目击者的叙述，收录于 Hans-Georg Stümke and Rudi Finkler, *Rosa Winkel, Rosa Listen: Homosexuelle und 'Gesundes Volksempfinden' von Auschwitz bis heute* (Hamburg, 1981), 163-66，被译成英文并引用于 Burleigh and Wippermann, *The Racial State* 第 189-90 页，另见 Burkhard Jellonek, *Homosexuelle unter dem Hakenkreuz: Verfolgung von Homosexuellen im Dritten Reich* (Paderborn, 1990)。个人证言，收录于 Richard Plant, *The Pink Triangle: The Nazi War against Homosexuals* (Edinburgh, 1987)。

151. Wolff, *Magnus Hirschfeld*, 414.

152. Grossmann, *Reforming Sex*, 149-50; Gaby Zürn, '"Von der Herbertstrasse nach Auschwitz"', in Angelika Ebbinghaus (ed.), *Opfer und Täterinnen: Frauenbiographien des Nationalsozialismus* (Nördlingen, 1987), 91-101, at 93; Annette F. Timm, 'The Ambivalent Outsider: Prostitution, Promiscuity, and VD Control in Nazi Berlin', in Gellately and Stoltzfus (eds.), *Social Outsiders*, 192-211; Christl Wickert, *Helene Stöcker 1869-1943: Frauenrechtlerin, Sexualreformerin und Pazifistin. Eine Biographie* (Bonn, 1991), 135-40；综述参见 Gabriele Czarnowski, *Das kontrollierte Paar: Ehe- und Sexualpolitik im Nationalsozialismus* (Weinheim, 1991)。

153. Grossmann, *Reforming Sex*, 136-61.

154. Hong, *Welfare*, 261-5；Burleigh, *Death and Deliverance*, 11-42；Jochen-Christoph Kaiser *et al.* (eds.) *Eugenik, Sterilisation, 'Euthanasie'：Politische Biologie in Deutschland 1893-1945* (Berlin, 1992), 100-102；同一作者的 *Sozialer Protestantismus im 20. Jahrbundert: Beiträge zur Geschichte der Inneren Mission 1914-1945* (Munich, 1989)。

155. Ayass, *'Asoziale' im Nationalsozialismus*, 57-60.

156. Elizabeth Harvey, *Youth Welfare and the State in Weimar Germany* (Oxford, 1993), 274-8; Ayass, *'Asoziale' in Nazionalsozialismus*, 13-23，同一作者的 'Vagrants and Beggars', 211-17；另见 Marcus Gräser, *Der blockierte Wohlfahrtsstaat: Unterschichtjugend und Jugendfürsorge in der Weimarer Republik* (Göttingen, 1995), 216-30。

157. Wagner, *Volksgemeinschaft*, 193-213.

158. Patrick Wagner, *Hitlers Kriminalisten: Die deutsche Kriminalpolixei und der Nationalsozialismus* (Munich, 2002), 57-8.

159. Nikolaus Wachsmann, 'From Indefinite Confinement to Extermination: "Habitual Criminals" in the Third Reich', in Gellately and Stoltzfus (eds.) *Social Outsider*, 165-91 ; Wachsmann, *Hitler's Prisons* 第 2 章。

160. Robert N. Proctor, *Racial Hygiene: Medicine under the Nazis* (Cambridge, Mass., 1988), 101.

161. Crew, *Germans on Welfare*, 208-12.

162. Broszat, 'The Concentration Camps', 409-11.

163. Caplan, *Government*, 139-41.

164. Noakes and Pridham (eds.), *Nazism*, II. 26-31.

165. 引用于 Hans Mommsen, *Beamtentum im Dritten Reich: Mit ausgewählten Quellen zur nationalsozialistischen Beamtenpolitik* (Stuttgart, 1966), 162。

166. Broszat, *Der Staat Hitlers*, 254 ; Jürgen W. Falter, '"Die Märzgefallenen" von 1933: Neue Forschungsergebnisse zum sozialen Wandel innerhalb der NSDAPMITGLIEDSCHAFT während der Machtergreifungsphase', *Geschichte und Gesellschaft*, 24 (1998), 595-616, at 616.

167. Caplan, *Government*, 143-7; Bracher, *Stufen*, 244.

168. Bracher, *Stufen*, 245-6; Fieberg (ed.), *Im Namen*, 87-94; Lothar Gruchmann, 'Die Überleitung der Justizverwaltung auf das Reich 1933-1935', in *Vom Reichsjustizamt zum Bundesministerium der Justiz; Festschrift zum hundertjährigen Gründungstag des Reichsjustizamts* (Cologne, 1977) and Horst Göppinger, *Juristen jüdischer Abstammung im 'Dritten Reich' : Entrechtung und Verfolgung* (Munich, 1990 [1963]), 183-373.

169. Fieberg (ed.), *Im Namen*, 76-9, 272; Lothar Gruchmann, 'Die Überteitung', in *Vom Reichsjustizamt zum Bundesministerium der Justiz*, 119-60.

170. Bracher, *Stufen*, 264-7; Hayes, *Industry and Ideology*, 85-9.

171. Evans, *The Feminist Movement*, 255-60.

172. Allen, *The Nazi Seizure of Power*, 218-32.

173. Haffner, *Defying Hitler*, 111, 114.

第六章　希特勒的文化革命

1. Josef Wulf, *Musik im Dritten Reich: Eine Dokumentation (Gütersloh, 1963), 31; Fritz Busch, Aus dem Leben eines Musikers* (Zurich, 1949), 188-209; Levi, Music, 42-3; World Committee (ed.), *The Brown Book*, 180.

2. Michael H. Kater, *The Twisted Muse: Musicians and their Music in the Third Reich* (New York, 1997) , 120-24 更正了布施回忆录中的叙述。关于纳粹党在萨克森州的夺权，参见 Szejnmann, *Nazism*, 33-4。

3. Gerhard Splitt, *Richard Strauss 1933-1935: Aesthetik und Musikpolitik zu Beginn der nationalsozialistischen Herrschaft* (Pfaffenweiler, 1987), 42-59; Bruno Walter, *Theme and*

Variations: An Autobiography (New York, 1966), 295-300; Brigitte Hamann, *Winifred Wagner oder Hitlers Bayreuth* (Munich, 2002), 117-56.

4. Peter Heyworth, *Otto Klemperer: His Life and Times*, I: *1885-1933* (Cambridge, 1983), 413, 415.

5. Levi, *Music*, 44-5；Christopher Hailey, *Franz Schreker, 1878-1934: A Cultural Biography* (Cambridge, 1993), 273, 288；由于不断受到反犹骚扰，施雷克已于 1932 年辞去柏林音乐学院总监的职务。

6. Wulf, *Musik*, 28 转载的汉堡爱乐协会 1933 年 4 月 6 日致德意志文化斗争同盟柏林分部（Kampfbund für deutsche Kultur, Gruppe Berlin）的信。

7. Levi, *Music*, 39-41, 86, 107；参见综述 Reinhold Brinkmann and Christoph Wolff (eds.) *Driven into Paradise: The Musical Migration from Germany to the United States* (Berkeley, 1999)。

8. Kater, *The Twisted Muse*, 89-91, 120；另见 Michael Meyer, *The Politics of Music in the Third Reich* (New York, 1991), 19-26。

9. David Welch, *The Third Reich: Politics and Propaganda* (2nd edn., London, 2002 [1993]), 172-82, at 173-4.

10. Minuth (ed.) *Die Regierung Hitler*, I. 193-5。见 Wolfram Werner, 'Zur Geschichte des Reichsministeriums für Volksaufklärung und Propaganda und zur Überlieferung', 收录于同作者编辑的 *Findbücher zu Beständen des Bundesarchivs, XV: Reichsministerium für Volksaufklärung und Propaganda* (Koblenz, 1979)。

11. 关于戈培尔被普遍视为"社会主义者"，可参阅 Jochmann (ed.) *Nationalsozialismus und Revolution*, 407-8。

12. 1933 年 3 月 15 日演讲，引用于 Welch, *The Third Reich*, 174-5；1932 年关于设立宣传部的讨论，参见 Frohlich (ed.) *Die Tagebücher*, I/II. 113-14, 393 (1933 年 3 月 15 日)。

13. Frohlich, 'Joseph Goebbels', in Smelser and Zitelmann (eds.), *The Nazi Elite*, 55.

14. *Völkischer Beobachter*, 1933 年 3 月 23 日，译成英文并引用于 Welch, *The Third Reich*, 22-3。

15. 引用于 Reuth, *Goebbels*, 269。

16. 引用于 Welch, *The Third Reich*, 175。

17. 引用于同上，第 176 页。

18. Reuth, *Goebbels*, 271；Frohlich (ed.) *Die Tagebücher*, I/II. 388 (1933 年 3 月 6 日), 393 (1933 年 3 月 13 日), 395-7 (1933 年 3 月 22 日)；Ansgar Diller, *Rundfunkpolitik im Dritten Reich* (Munich, 1980), 89；Zbynek A.B. Zeman, *Nazi Propaganda* (2nd edn., Oxford, 1973 [1964]), 40。关于宣传部的组织结构，参见 Welch, *The Third Reich*, 29-31。

19. West, *The Visual Arts*, 183-4，引语也出自此处。

20. Levi, *Music*, 246 n.5.

21. Fred K. Prieberg, *Trial of Strength: Wilhelm Furtwängler and the Third Reich* (London, 1991), 166-9 引用了已出版和未出版的通信和备忘录。关于富特文格勒对各种问题的看法，参见 Michael Tanner (ed.) *Wilhelm Furtwängler, Notebooks 1924-1945* (London, 1989)。

22. 关于富特文格勒的人生与观点，参见 Prieberg, *Trial of Strength* 全书各处；对此书的保留意见，参见 Evans, *Rereading*, 187-93。

23．这番交流转载于 Wulf, *Musik*, 81-2。马克斯·赖因哈特（Max Reinhardt）是著名的戏剧导演。

24．Levi, *Music*, 199-201.

25．*Berliner Lokal-Anzeiger*, 1933 年 4 月 11 日，转载于 Wulf, *Musik*, 82-3。

26．Levi, *Music*, 198-202; Peter Cossé, ‘Die Geschichte’, in Paul Badde *et al.* (eds.), *Das Berliner Philharmonische Orchester* (Stuttgart, 1987), 10-17.

27．Kater, *Different Drummers*, 29-33.

28．出处同上，第 47-110 页。

29．Jelavich, *Berlin Cabaret*, 228-258；《赫尔曼》在第 229 页。

30．Volker Kühn (ed.), *Deutschlands Erwachen: Kabarett unterm Hakenkreuz 1933-1945* (Weinheim, 1989), 335；综述参见 Christian Goeschel, ‘Methodische Überlegungen zur Geschichte der Selbsttötung im Nationalsozialismus’, in Hans Medick (ed.) *Selbsttötung als kulturelle Praxis* (Berlin, 2004)。

31．Josef Wulf, *Theater und Film im Dritten Reich: Eine Dokumentation* (Gütersloh, 1964), 265-306.

32．David Thomson, *The New Biographical Dictionary of Film* (4th edn., 2002 [1975])。玛琳·黛德丽的一些传记以及她的自传称，她出于政治原因而离开德国，并且希特勒曾亲自介入劝她回国。对于这种说法，大可存疑。

33．David Welch, ‘Propaganda and the German Cinema 1933-1945’ (unpublished Ph.D. dissertation, London University, 1979), appendix I.

34．Birgit Bernard, ‘“Gleichschaltung” im Westdeutschen Rundfunk 1933/34’, in Dieter Breuer and Gertrude Cepl-Kaufmann (eds.), *Moderne und Nationalsozialismus im Rheinland* (Paderborn, 1997), 301-10; Jochen Klepper, *Unter dem Schatten deiner Flügel: Aus den Tagebüchern der Jahre 1932-1942* (Stuttgart, 1956), 46, 65; Josef Wulf, *Presse und Funk im Dritten Reich: Eine Dokumentation* (Gütersloh, 1964), 277-9, 280-84.

35．Fulda, ‘Press and Politics’, 231-3, 241-2.

36．Welch, *The Third Reich*, 46 页；法律文本参见 Wulf, *Presse und Funk*, 72-3 页。

37．出处同上，第 19-38 页。

38．Welch, *The Third Reich*, 43-8.

39．Grossmann, *Ossietzky*, 224-74.

40．出处同上，第 267 页；Chris Hirte, *Erich Mühsam: ‘Ihr seht mich nicht feige’. Biografie* (Berlin, 1985), 431-50。关于他死于谋杀还是自杀，说法不一；前者的可能性似乎更大。

41．Dieter Distl, *Ernst Toller: Eine politische Biographie* (Schrobenhausen, 1993), 146-78.

42．Kelly, *All Quiet*, 39-56.

43．Inge Jens (ed.) *Thomas Mann an Ernst Bertram: Briefe aus den Jahren 1910-1955* (Pfullingen, 1960), 178（1933 年 11 月 18 日信件）以及 Robert Faesi (ed.) *Thomas Mann–Robert Faesi: Briefwechsel* (Zurich, 1962), 23（托马斯·曼 1933 年 6 月 28 日致 Faesi 的信）; Klaus Harpprecht, *Thomas Mann: Eine Biographie* (Reinbek, 1995), 707-50；Kurt Sontheimer,

'Thomas Mann als politischer Schriftsteller', VfZ 6 (1958), 1-44 ; Josef Wulf, *Literatur und Dichtung im Dritten Reich : Eine Dokumentation* (Gütersloh, 1963), 24。

44. Ritchie, *German Literature*, 187-99 ; Wulf, *Literatur*, 见全书各处。

45. Robert E. Norton, *Secret Germany: Stefan George and His Circle* (Ithaca, NY, 2002) 目前是关于斯特凡 · 格奥尔格的权威传记。恩斯特 · 容格尔传记，参见 Paul Noack, *Ernst Junger: Eine Biographie* (Berlin, 1998), 121-51。

46. 引用于 Wulf, *Literatur*, 132 ; 另见 Ritchie, *German Literature*, 9-10, 48-9, 111-32。

47. Frederic Spotts, *Hitler and the Power of Aesthetics* (London, 2002), 152 ; 引语及其上下文，参见 West, *The Visual Arts*, 183-4 ; Hitler, *Mein Kampf*, 235。

48. Rosamunde Neugebauer, '"Christus mit der Gasmaske" von George Grosz, oder: Wieviel Satire konnten Kirche und Staat in Deutschland um 1930 ertragen?', in Maria Rüger (ed.), *Kunst und Kunstkritik der dreissiger Jahre : Standpunkte zu künstlerischen und ästhetischen Prozessen und Kontroversen* (Dresden, 1990), 156-65.

49. Josef Wulf, *Die Bildenden Künste im Dritten Reich: Eine Dokumentation* (Gütersloh, 1963), 49-51.

50. Peter Adam, *Arts of the Third Reich* (London, 1992), 59.

51. Jonathan Petropoulos, *The Faustian Bargain: The Art World in Nazi Germany* (London, 2000), 217 页。另见 Brandon Taylor and Wilfried van der Will (eds.) *The Nazification of Art: Art, Design, Music, Architecture and Film in the Third Reich* (Winchester, 1990)。

52. Spotts, *Hitler*, 153-5.

53. Petropoulos, *The Faustian Bargain*, 14-16.

54. Adam, *Arts*, 49-50; Wulf, *Die Bildenden Künste, 36; Günter Busch, Max Liebermann: Maler, Zeichner, Graphiker* (Frankfurt am Main, 1986), 146; Peter Paret, *An Artist against the Third Reich: Ernst Barlach 1933-1938* (Cambridge, 2003), 77-92。利伯曼的葬礼是在政治警察的严密监视下举行的（Petropoulos, *The Faustian Bargain*, 217）。

55. Sean Rainbird (ed.), *Max Beckmann* (London, 2003), 157-64, 273-4; Adam, *Arts*, 53; Petropoulos, *The Faustian Bargain*, 216-21.

56. Wulf, *Die Bildenden Künste*, 39-45; Koehler, '*The Bauhaus*', 292-3; Igor Golomstock, *Totalitarian Art in the Soviet Union, Third Reich, Fascist Italy and the People's Republic of China* (London, 1990), 21; West, *The Visual Arts*, 83-133.

57. Ritchie, *German Literature*, 187.

58. 出处同上，第 189 页 ; Harpprecht, *Thomas Mann*, 722-50。

59. Ritchie, *German Literature*, 第 58-61 页 ; Lothar Gall, *Bürgertum in Deutschland* (Berlin, 1989) 第 466 页是关于巴塞曼及其家庭的综述。约斯特很快被任命为剧院的联合导演。参见 Boguslaw Drewniak, *Das Theater im NSStaat: Szenarium deutscher Zeitgeschichte 1933-1945* (Düsseldorf, 1983) , 46-7 ; 综论参见 Glen W. Gadberry (ed.) *Theatre in the Third Reich, the Prewar Years: Essays on Theatre in Nazi Germany* (Westport, Conn., 1995) 以及 John London (ed.) *Theatre under the Nazis* (Manchester, 2000)。

60. Ritchie, *German Literature*, 58-61; 'Wenn ich Kultur höre, entsichere ich meinen Browning' (Wulf, *Literatur*, 113).

61. Knowles (ed.) *The Oxford Dictionary of Quotations*, 418，引语在第 17 页；德国法西斯运动受害者世界委员会编辑的 *The Brown Book*, 160-93 首次详细记录了“毁灭文化的战争”。

62. Hugo Ott, *Martin Heidegger: A Political Life* (London, 1993), 13-139.

63. 出处同上，第 140-48 页。

64. Martin Heidegger, *Die Selbstbehauptung der deutschen Universität: Rede, gehalten bei der feierlichen Übernahme des Rektorats der Universität Freiburg i. Br. am 27.5.1933* (Breslau, 1934), 5, 7,14-15. 22.

65. Hans Sluga, *Heidegger' s Crisis: Philosophy and Politics in Nazi Germany* (Cambridge, Mass., 1993), 1-4; Guido Schneeberger, Nachlese zu Heidegger: Dokumente zu seinem Leben und Denken (Berne, 1962), 49-57。另见传记 Rüdiger Safranski, *Ein Meister aus Deutschland: Heidegger und seine Zeit* (Munich, 1994)。

66. Ott, *Martin Heidegger*, 169, 198-9.

67. 出处同上，第 185 页。

68. 所有学科中仅有一位教授参加了胡塞尔的葬礼，即历史学家格哈德·里特尔（Gerhard Ritter）。参见 Cornelissen, *Gerhard Ritter*, 239。

69. Ott, *Martin Heidegger*, 引语在第 164 页；作者在第 165-6 页讨论了海德格尔的现代崇拜者们极力为其观点开脱的诡辩之辞。Bernd Martin (ed.) *Martin Heidegger und das 'Dritte Reich' Ein Kompendium* (Darmstadt, 1989) 是一部有参考价值的研究论文集。

70. Remy, *The Heidelberg Myth*, 14.

71. Ott, *Martin Heidegger*, 235-351.

72. Noakes and Pridham (eds.) *Nazism* II. 249-250；两部关于当地大学情况的研究佳作，见 Uwe Dietrich Adam, *Hochschule und Nationalsozialismus: Die Universität Tühingen im Dritten Reich* (Tübingen, 1977)，以及 Notker Hammerstein, *Die Johann Wolfgang Goethe-Universität: Von der Stiftungsuniversität zur staatlichen Hochschule* (2 vols., Neuwied, 1989) I. 171-211。

73. Klaus Fischer, 'Der quantitative Beitrag der nach 1933 emigrierten Naturwissenschaftler zur deutschsprachigen physikalischen Forschung', *Berichte zur Wissenschaftsgeschichte*, 11 (1988), 83-104 稍微修改了以下作品中较高的数字：Alan D. Beyerchen, *Scientists under Hitler: Politics and the Physics Community in the Third Reich* (New Haven, 1977), 43-7，以及 Norbert Schnappacher, 'Das Mathematische Institut der Universität Göttingen'，和 Alf Rosenow, 'Die Göttinger Physik unter dem Nationalsozialismus'，两文均收录于 Heinrich Becker *et al.* (eds.) *Die Universität Göttingen unter dem Nationalsozialismus: Das verdrängte Kapitel ihrer 250 jährigen Geschichte* (Munich, 1987), 345-73, 374-409。

74. Ute Deichmann, *Biologists under Hitler* (Cambridge, Mass., 1996 [1992.]), 26.

75. Beyerchen, *Scientists*, 43.

76. Max Born (ed.), *The Born-Einstein Letters: Correspondence between Albert Einstein and Max and Hedwig Born from 1916 to 1955* (London, 1971), 113-14.

77. Fritz Stern, *Dreams and Delusions: The Drama of German History* (New York, 1987), 51-76（'Fritz Haber: The Scientist in Power and in Exile'); Margit *Szöllösi-Janze, Fritz Haber 1868-1934: Eine Biographie* (Munich, 1998), 643-91.

78. Max Planck, 'Mein Besuch bei Hitler', *Physikalische Blätter*, 3 (1947), 143; Fritz Stern, *Einstein's German World* (London, 2000 [1999]), 34-58.

79. Remy, *The Heidelberg Myth*, 17-18。综述参见 Fritz Köhler, 'Zur Vertreibung humanistischer Gelehrter 1933/34', *Blätter für deutsche und internationale Politik*, II (1966), 696-707。

80. Beyerchen, *Scientists*, 15-17, 63-4, 199-210.

81. Remy, *The Heidelberg Myth*, 24-9；另见 Christian Jansen, *Professoren und Politik: Politisches Denken und Handeln der Heidelberger Hochschullehrer 1914-1935* (Göttingen, 1992)。

82. 引用于 Noakes and Pridham (eds.) *Nazism*, II. 252。

83. 出处同上，II. 第 250 页；Turner, *German Big Business*, 337。

84. Remy, *The Heidelberg Myth*, 20.

85. 出处同上，第 31 页。

86. Grüttner, *Studenten*, 71-4.

87. 出处同上，第 81-6 页。

88. Axel Friedrichs (ed.), *Die nationalsozialistische Revolution 1933* (Dokumente der deutschen Politik, I, Berlin, 1933), 277; Fröhlich (ed.), *Die Tagebücher*, I/II. 419 (11 May 1933).

89. 各种版本收录于 Gerhard Sauder (ed.) *Die Bücherverbrennung: Zum 10. Mai 1933* (Munich, 1983), 89-95。

90. Clemens Zimmermann, 'Die Bücherverbrennung am 17. Mai 1933 in Heidelberg: Studenten und Politik am Ende der Weimarer Republik', in Joachim-Felix Leonhard (ed.), *Bücherverbrennung. Zensur, Verbot, Vernichtung unter dem Nationalsozialismus in Heidelberg* (Heidelberg, 1983), 55-84.

91. Wolfgang Strätz, 'Die studentische "Aktion wider den undeutschen Geist"', VfZ 16 (1968), 347-72（错误地把此行动归因于宣传部）; Jan-Pieter Barbian, *Literaturpolitik im 'Dritten Reich': Institutionen, Kompetenzen, Betätigungsfelder* (Frankfurt am Main, 1993), 54-60, 128-42；Hildegard Brenner, *Die Kunstpolitik des Nationalsozialismus* (Hamburg, 1963), 186。

92. Leonidas E. Hill, 'The Nazi Attack on "Un-German" Literature, 1933-1945', in Jonathan Rose (ed.) *The Holocaust and the Book* (Amherst, Mass., 2001), 9-46；Sauder (ed.) *Die Bücherverbrennung*, 9-16；另见 Anselm Faust, 'Die Hochschulen und der "undeutsche Geist": Die Bücherverbrennung am 10. Mai 1933 und ihr Vorgeschichte', in Horst Denkler and Eberhard Lämmert (eds.) *'Das war ein Vorspiel nur...': Berliner Kolloquium zur Literaturpolitik im 'Dritten Reich'* (Berlin, 1985), 31-50；Grüttner, Studenten, 75-77 指出，学生会的档案中没有发现来自宣传部的指令，戈培尔日记中也没有说自己策划了此次焚书行动。

93. Rebentisch and Raab (eds.), *Neu-Isenburg*, 86-7.

94. 关于瓦尔特堡事件，参见 Wehler, *Deutsche Gesellschaftsgeschichte*, II. 334-6；海涅在瓦尔特堡事件之后所写的这句名言在他出版于 1823 年的诗集《阿尔曼索》(*Almansor*, 245, 引用于 Knowles (ed.) *The Oxford Dictionary of Quotation*, 368，也收录于其他许多名言集。火刑当时仍然在普鲁士州用于处决纵火杀人犯，最后一次使用是在 1812 年的柏林（Evans, *Rituals*, 213-14）。

95. Michael Wildt, 'Violence against Jews in Germany, 1933-1939', in David Bankier (ed.) *Probing the Depths of German Antisemitism: German Society and the Persecution of the Jews 1933-1941* (Jerusalem, 2000), 181-209, at 181-2; Saul Friedlander, *Nazi Germany and the Jews: The Years of Persecution 1933-1939* (London, 1997), 107-10; Walter, *Antisemitische Kriminalität*, 236-43。当时的文献档案，参见 Comité des Delegations Juives (ed.), *Das Schwarzbuch: Tatsachen und Dokumente. Die Lage der Juden in Deutschland 1933* (Paris, 1934)。综述参见 Shulamit Volkov, 'Antisemitism as a Cultural Code: Reflections on the History and Historiography of Antisemitism in Imperial Germany', *Year Book of the Leo Baeck Institute*, 23 (1978), 25-46。

96. Longerich, *Politik der Vernichtung*, 26-30.

97. Gruchmann, *Justiz*, 126; Longerich, *Der ungeschriebene Befehl*, 43-4.

98. Haffner, *Defying Hitler*, 125.

99. Halbmonatsbericht des Regierungspräsidenten von Niederbayern und der Oberpfalz, 30. 3. 1933, in Broszat *et al.* (eds.), *Bayern*, I. 432.

100. Friedländer, *Nazi Germany and the Jews*, 41-2.

101. World Committee (ed.), *The Brown Book*, 237，关于迫害犹太人的综述，见第 222-69 页。

102. Friedländer, *Nazi Germany and the Jews*, 17-18.

103. Minuth (ed.), *Die Regierung Hitler*, I. 270-71; Longerich, *Der ungeschriebene Befehl*, 44-6.

104. Frohlich (ed.), *Die Tagebücher*, I/II. 398 (27 March 1933).

105. Moshe R. Gottlieb, *American Anti-Nazi Resistance, 1933-1941: An Historical Analysis* (New York, 1982), 15-24; Deborah E. Lipstadt, *Beyond Belief: The American Press and the Coming of the Holocaust, 1933-1945* (New York, 1986).

106. Fröhlich (ed.), *Die Tagebücher*, I/II. 398-401; Reuth, *Goebbels*, 281; Klemperer, *I Shall Bear Witness*, 9-10.

107. Longerich, *Politik der Vernichtung, 36-9; more generally, Avraham Barkai, From Boycott to Annihilation: The Economic Struggle of German Jews, 1933-1945* (Hanover, NH, 1989), 17-25; Helmut Genschel, *Die Verdrängung der Juden aus der Wirtschaft im Dritten Reich* (Berlin, 1966), 47-70.

108. Friedländer, *Nazi Germany and the Jews*, 21-2; Broszat *et al.* (eds.), *Bayern*, I. 433-5; Klemperer, *I Shall Bear Witness*, 10.

109. Friedländer, *Nazi Germany and the Jews*, 24-5; Haffner, *Defying Hitler*, 131-3.

110. Longerich, *Politik der Vernichtung*, 39-41.

111. Friedländer, *Nazi Germany and the Jews*, 26-31.

112. Longerich, *Der ungeschriebene Befehl*, 46.

113. Longerich, *Politik der Vernichtung*, 41-5.

114. Friedländer, *Nazi Germany and the Jews*, 35-7.

115. Allen, *The Nazi Seizure of Power*, 218-22.

116. Konrad Kwiet and Helmut Eschwege, *Selbstbehauptung und Widerstand: Deutsche Juden im Kampf um Existenz und Menschenwürde 1933-1945* (Hamburg, 1984), 50-56.

117. Klemperer, *I Shall Bear Witness*, 5-9；同一作者的 *Tagebücher 1933-1934 (Ich will Zeugnis ablegen bis zum Letzten)*, I (Berlin, 1999 [1995]), 6-15。本书所参考的德文版平装本中的有些材料，不见于该书的英文版。

118. Norbert Frei, '"Machtergreifung"：Anmerkungen zu einem historischen Begriff', VfZ 31 (1983), 136-45。"夺权"一词实际上是因 Bracher、Schulz 和 Sauer 的大部头著作《纳粹夺权》(*Die nationalsozialistische Machtergreifung*) 而被广泛使用；但是从这部巨著的内容可以清楚地看出，他们的"夺权"概念所涵盖的时间范围是从 1933 年 1 月 30 日**之后**至同年的夏末。

119. "权力真空"是 Bracher 的经典著作 *Die Auflösung* 中的核心内容之一。

120. 见 Turner, *Hitler's Thirty Days*, 172-6 的有趣推测；在我看来，这些推测低估了德国军官团的种族主义和反犹主义，也低估了军官团重新"谋求德国的世界霸权"的欲望，这是它在 20 世纪初曾强烈支持的事业；然而进行历史假设时，我们只能完全借助猜测，因此无从判断我的推测是否比 Turner 的有道理。关于我对这些问题的思考，参见 Richard J. Evans, 'Telling It Like It Wasn't', *BBC History Magazine*, 3 (2002), no. 12, 22-5。

121. Volker Rittberger (ed.), *1933: Wie die Republik der Diktatur erlag* (Stuttgart, 1983), esp. 217-21; Martin Blinkhorn, *Fascists and Conservatives: The Radical Right and the Establishment in Twentieth-Century Europe* (London, 1990); idem, *Fascism and the Right in Europe 1919-1945* (London, 2000); Payne, *A History of Fascism*, 14-19.

122. Paul, *Aufstand*, 255-63; Richard Bessel, 'Violence as Propaganda: The Role of the Storm Troopers in the Rise of National Socialism', in Thomas Childers (ed.), *The Formation of the Nazi Constituency, 1919-1933* (London, 1986), 131-46.

123. Geoff Eley, 'What Produces Fascism: Pre-Industrial Traditions or a Crisis of the Capitalist State?', in idem, *From Unification to Nazism*, 254-84; Gessner, *Agrarverbände in der Weimarer Republik*; Geyer, 'Professionals and Junkers'; Peukert, *The Weimar Republic*, 275-81。Winkler, *Weimar*, 607 强调了"工业化以前的"精英人士的作用。

124. Erdmann and Schulze (eds.), *Weimar*; Heinz Höhne, *Die Machtergreifung: Deutschlands Weg in die Hitler-Diktatur* (Reinbek, 1983), chapter 2 ('Selbstmord einer Demokratie')。

125. Joseph Goebbels, *Der Angriff: Aufsätze aus der Kampfzeit* (Munich, 1935), 61.

126. Bracher, *The German Dictatorship*, 246.

127. 出处同上，第 248-50 页。

128. Thomas Balistier, *Gewalt und Ordnung: Kalkül und Faszination der SA* (Münster, 1989).

129. *Der Prozess*, XXVI. 300-301 (783-PS)，以及 Broszat, 'The Concentration Camps', 406-23。

130. 可参阅 Lothar Gruchmann, 'Die bayerische Justiz im politischen Machtkampf 1933/34: Ihr Scheitern bei der Strafverfolgung von Mordfällen in Dachau', in Broszat *et al.* (eds.) *Bayern*, II. 415-28。

131. Wachsmann, *Hitler's Prisons*, chapter 2。

132. Haffner, *Defying Hitler*, 103-25. Dirk Schumann, *Politische Gewalt in der Weimarer Republik: Kampf um die Strasse und Furcht vor dem Bürgerkrieg* (Essen, 2001), esp. 271-368.

133. Hitler, *Hitler: Reden, Schriften, Anordnungen*, III. 434-51, at 445.

134. Bessel, *Political Violence*, 123-5.

135. Ludwig Binz, 'Strafe oder Vernichtung?', *Völkischer Beobachter*, 5 January 1929.

136. Hermann Rauschning, *Germany's Revolution of Destruction* (London, 1939 [1938]), 94, 97-9, 127.

137. Bracher, *Stufen*, 21-2.

138. Richard Bessel, '1933: A Failed Counter-Revolution', in Edgar E. Rice (ed.), *Revolution and Counter-Revolution* (Oxford, 1991), 109-227; Horst Möller, 'Die nationalsozialistische Machtergreifung: Konterrevolution oder Revolution?', VfZ 31 (1983), 25-51; Jeremy Noakes, 'Nazism and Revolution', in Noel O'Sullivan (ed.), *Revolutionary Theory and Political Reality* (London, 1983), 73-100; Rainer Zitelmann, *Hitler: The Policies of Seduction* (London, 1999 [1987]).

139. 最重要的参考书是 Jacob L. Talmon, *The Origins of Totalitarian Democracy* (London, 1952)。

140. Bracher, *Stufen*, 25-6.

141. Minuth (ed.), *Die Regierung Hitler*, I. 630.

142. 出处同上，第 634 页。

143. AT 6 and 99, in Merkl, *Political Violence*, 469.

144. Bracher, *Stufen*, 48.

145. Leon Trotsky, *The History of the Russian Revolution* (3 vols., London, 1967 [1933-4]), III. 289.

146. Domarus, *Hitler*, I. 487.

147. Richard Löwenthal, 'Die nationalsozialistische "Machtergreifung" - eine Revolution? Ihr Platz unter den totalitären Revolutionen unseres Jahrhunderts', in Martin Broszat *et al.* (eds.), *Deutschlands Weg in die Diktatur* (Berlin, 1983), 42-74.

参考文献

Abel, Theodore, *Why Hitler Came to Power* (Cambridge, Mass, 1986 [1938]).

Abrams, Lynn, *Workers' Culture in Imperial Germany: Leisure and Recreation in the Rhineland and Westphalia* (London, 1992).

Ackermann, Josef, *Himmler als Ideologe* (Göttingen, 1970).

——, 'Heinrich Himmler: Reichsfuhrer-SS', in Smelser and Zitelmann (eds.), *The Nazi Elite*, 98-112.

Adam, Peter, *Arts of the Third Reich* (London, 1992).

Adam, Uwe Dietrich, *Hochschule und Nationalsozialismus: Die Universität Tübingen im Dritten Reich* (Tübingen, 1977).

Adolph, Hans J. L., *Otto Wels und die Politik der deutschen Sozialdemokratie 1934-1939: Eine politische Biographie* (Berlin, 1971).

Afflerbach, Holger, *Falkenhayn: Politisches Denken und Handeln im Kaiserreich* (Munich, 1994).

Albrecht, Richard, 'Symbolkampf in Deutschland 1932: Sergej Tschachotin und der "Symbolkrieg" der drei Pfeile gegen den Nationalsozialismus als Episode im Abwehrkampf der Arbeiterbewegung gegen den Faschismus in Deutschland', *Internationale Wissenschaftliche Korrespondenz zur Geschichte der deutscben Arbeiterbewegung*, 22 (1986), 498-533.

Aldcroft, Derek H., *From Versailles to Wall Street 1919-1929* (London, 1977).

Allen, William S., *The Nazi Seizure of Power: The Experience of a Single German Town, 1922-1945* (New York, 1984 [1965]).

Althaus, Hans-Joachim, *et al.*, *'Da ist nirgends nichts gewesen ausser hier' : Das 'rote Mössingen' im Generalstreik gegen Hitler. Geschichte eines schwäbischen*

Arbeiterdorfes (Berlin, 1982).

Ambrosius, Lloyd E., *Wilsonian Statecraft: Theory and Practice of Liberal Internationalism during World War I* (Wilmington, Del., 1991).

Andersch, Alfred, *Der Vater eines Mörders: Eine Schulgeschichte* (Zurich, 1980).

Anderson, Margaret L., *Practicing Democracy: Elections and Political Culture in Imperial Germany* (Princeton, 2000).

Angell, Norman, *The Story of Money* (New York, 1930).

Angermund, Ralph, *Deutsche Richterschaft 1918-1945: Krisenerfahrung, Illusion, Politische Rechtsprechung* (Frankfurt am Main, 1990).

Angress, Werner, *Stillborn Revolution: The Communist Bid for Power in Germany, 1921-1923* (Princeton, 1963).

Arendt, Hannah, *The Origins of Totalitarianism* (New York, 1958).

Aschheim, Steven E., *Brothers and Strangers: The East European Jew in German and German Jewish Consciousness 1800-1923* (Madison, 1982).

——, *The Nietzsche Legacy in Germany 1890-1990* (Berkeley, 1992). Auerbach, Helmuth, 'Hitlers politische Lehrjahre und die Münchner Gesellschaft 1919-1923,' VfZ 25 (1977), I-45.

Ayass, Wolfgang, 'Vagrants and Beggars in Hitler's Reich', in Evans (ed.), *The German Underworld*, 210-37.

——, *'Asoziale' im Nationalsozialismus* (Stuttgart, 1995).

Ayçoberry, Pierre, *The Nazi Question: An Essay on the Interpretations of National Socialism (1922-1975)* (New York, 1981).

Bacharach, Walter Zwi, *Anti-Jewish Prejudices in German-Catholic Sermons* (Lewiston, Pa., 1993).

Backes, Uwe, *et al.*, *Reichstagsbrand: Aufklärung einer historischen Legende* (Munich, 1986).

Badde, Paul, *et al.* (eds.), *Das Berliner Philharmonische Orchester* (Stuttgart, 1987).

Bahar, Alexander, and Kugel, Wilfried, 'Der Reichstagsbrand: Neue Aktenfunde entlarven die NS-Täter', *Zeitschrift für Geschichtswissenschaft*, 43 (1995), 823-32.

Bahne, Siegfried, 'Die Kommunistische Partei Deutschlands', in Matthias and Morsey (eds.), *Das Ende*, 655-739.

Bajohr, Frank (ed.), *Norddeutschland im Nationalsozialismus* (Hamburg, 1993).

Balderston, Theo, *The Origins and Course of the German Economic Crisis, 1923-1932* (Berlin, 1993).

——, *Economics and Politics in the Weimar Republic* (London, 2002).

Balistier, Thomas, *Gewalt und Ordnung: Kalkül und Faszination der SA* (Münster, 1989).

Baranowski, Shelley, *The Sanctity of Rural Life: Nobility, Protestantism and Nazism in Weimar Prussia* (New York, 1995).

Barbian, Jan-Pieter, *Literaturpolitik im 'Dritten Reich' : Institutionen, Kompetenzen, Betätigungsfelder* (Frankfurt am Main, 1993).

Barkai, Avraham, *From Boycott to Annihilation: The Economic Struggle of German Jews, 1933-1945* (Hanover, NH, 1989).

Barth, Erwin, *Joseph Goebbels und die Formierung des Führer-Mythos 1917 bis 1934* (Erlangen, 1999).

Bartsch, Günter, *Zwischen drei Stühlen: Otto Strasser. Eine Biographie* (Koblenz, 1990).

Becker, Heinrich, *et al.* (eds.), *Die Universität Göttingen unter dem Nationalsozialismus: Das verdrängte Kapitel ihrer 250 jährigen Geschichte* (Munich, 1987).

Becker, Howard, *German Youth: Bond or Free?* (New York, 1946).

Becker, Josef, 'Zentrum und Ermächtigungsgesetz 1933: Dokumentation' VfZ 9 (1961), 195-210.

——, and Becker, Ruth (eds.), *Hitlers Machtergreifung: Dokumente vom Machtantritt Hitlers 30. Januar 1933 bis zur Besiegelung des Einparteienstaates 14. Juli 1933* (2nd edn., Munich, 1992 [1983]).

Bennett, Edward W., *German Rearmament and the West, 1932-1933* (Princeton, 1979).

Benz, Wolfgang (ed.), *Jüdisches Leben in der Weimarer Republik* (Tübingen, 1998).

Berg, Nicolas, *Der Holocaust und die westdeutschen Historiker: Erforschung und Erinnerung* (Cologne, 2003).

Berger, Stefan, *Social Democracy and the Working Class in Nineteenth-and Twentieth-Century Germany* (London, 2000).

Berghahn, Volker R., *Der Stahlhelm: Bund der Frontsoldaten 1918-1935* (Düsseldorf, 1966).

——, *Der Tirpitz-Plan: Genesis und Verfall einer innenpolitischen Krisenstrategie unter Wilhelm II.* (Düsseldorf, 1971).

——, *Germany and the Approach of War in 1914* (London, 1973).

—— (ed.), *Militarismus* (Cologne, 1975).

——, *Militarism: The History of an International Debate 1861-1979* (Cambridge, 1984 [1981]).

Bergmann, Klaus, *Agrarromantik und Grossstadtfeindschaft* (Meisenheim, 1970).

'Bericht des Obersten Parteigerichts an den Ministerpräsidenten Generalfeldmarschall Goring, 13.1.1939', document ND 3063-PS in *Der Prozess*, XXII. 20-29.

Bering, Dietz, *The Stigma of Names: Antisemitism in German Daily Life, 1812- 1933* (Cambridge, 1992 [1987]).

Berliner Börsen-Zeitung 1933.

Berliner Illustrierte Nachtausgabe 1933.

Berliner Lokal Anzeiger 1933.

Berliner Morgenpost 1923.

Berliner Tageblatt 1930.

Bernard, Birgit, "'Gleichschaltung" im Westdeutschen Rundfunk 1933/34', in Dieter Breuer and Gertrude Cepl-Kaufmann (eds.), *Moderne und Nationalsozialismus im Rheinland* (Paderborn, 1997), 301-10.

Bessel, Richard, 'The Potempa Murder', *Central European History*, 10 (1977), 241-54.

——, 'The Rise of the NSDAP and the Myth of Nazi Propaganda', *Wiener Library Bulletin*, 33 (1980), 20-29.

——, *Political Violence and the Rise of Nazism: The Storm Troopers in Eastern Germany 1925-1934* (London, 1984).

——, 'Violence as Propaganda: The Role of the Storm Troopers in the Rise of National Socialism', in Thomas Childers (ed.), *The Formation of the Nazi Constituency, 1919-1933* (London, 1986), 131-46.

——, 'Why did the Weimar Republic Collapse?', in Kershaw (ed.), *Weimar*, 120-34.

——, '1933: A Failed Counter-Revolution', in Edgar E. Rice (ed.), *Revolution and Counter-Revolution* (Oxford, 1991), 109-227.

——, 'Militarisierung und Modernisierung: Polizeiliches Handeln in der Weimarer Republik', in Alf Lüdtke (ed.), *'Sicherbeit' und 'Wohlfahrt' : Polizei, Gesellschaft und Herrschaft im 19. und 20. Jahrhundert* (Frankfurt am Main, 1992), 323-43.

——, *Germany after the First World War* (Oxford, 1993).

Beyer, Hans, *Von der Novemberrevolution zur Räterepublik in München* (Berlin, 1957).

Beyerchen, Alan D., *Scientists under Hitler: Politics and the Physics Community in the Third Reich* (New Haven, 1977).

Biesemann, Jörg, *Das Ermächtigungsgesetz als Grundlage der Gesetzgebung im nationalsozialistischen Deutschland: Ein Beitrag zur Stellung des Gesetzes in der Verfassungsgeschichte 1919-1945* (Münster, 1992 [1985]).

Binding, Karl, and Hoche, Alfred, *Die Freigabe der Vernichtung lebensunwerten Lebens: Ihr Mass und ihre Form* (Leipzig, 1920).

Binion, Rudolph, *Frau Lou: Nietzsche' s Wayward Disciple* (Princeton, 1968).

Birkenfeld, Werner, 'Der Rufmord am Reichsprasidenten: Zu Grenzformen des politischen Kampfes gegen die frühe Weimarer Republik 1919-1925', *Archiv für Sozialgeschichte*, 15 (1965), 453-500.

Blackbourn, David, 'Roman Catholics, the Centre Party and Anti-Semitism in Imperial Germany', in Paul Kennedy and Anthony Nicholls (eds.), *Nationalist and Racialist Movements in Britain and Germany before 1914* (London, 1981), 106-29.

——, *Populists and Patricians: Essays in Modern German History* (London, 1987).

——, *Marpingen: Apparitions of the Virgin Mary in Bismarckian Germany* (Oxford, 1993).

——, *The Fontana History of Germany 1780-1918: The Long Nineteenth Century* (London, 1997).

——, and Eley, Geoff, *The Peculiarities of German History: Bourgeois Society and Politics in Nineteenth-Century Germany* (Oxford, 1984).

——, and Evans, Richard J. (eds.), *The German Bourgeoisie: Essays on the Social History of the German Middle Class from the Late Eighteenth to the Early Twentieth Century* (London, 1991).

Blaich, Fritz, *Die Wirtschaftskrise 1925/26 und die Reichsregierung: Von der Erwerbslosenfürsorge zur Konjunkturpolitik* (Kallmünz, 1977).

——, *Der scbwarze Freitag: Inflation und Wirtschaftskrise* (Munich, 1985).

Blaschke, Olaf, *Katholizismus und Antisemitismus im Deutschen Kaiserreich* (Göttingen, 1997).

—— (ed.), *Konfessionen im Konflikt: Deutschland zwischen 1800 und 1970; Ein zweites konfessionelles Zeitalter* (Göttingen, 2002).

——, and Mattioli, Aram (eds.), *Katholischer Antisemitismus im 19. Jahrhundert: Ursachen und Traditionen im internationalen Vergleich* (Zurich, 2000).

Bley, Helmut, *Namibia under German Rule* (Hamburg, 1996 [1968]).

Blinkhorn, Martin, *Fascists and Conservatives: The Radical Right and the Establishment in Twentieth-Century Europe* (London, 1990).

——, *Fascism and the Right in Europe 1919-1945* (London, 2000).

Boak, Helen L., '"Our Last Hope" : Women's Votes for Hitler - A Reappraisal', *German Studies Review*, 12. (1989), 289-310.

Boemeke, Manfred F., *et al.* (eds.), *The Treaty of Versailles: A Reassessment after 75 Years* (Washington, DC, 1998).

Bohrmann, Hans (ed.), *Politische Plakate* (Dortmund, 1984).

Boldt, Harald, 'Der Artikel 48 der Weimarer Reichsverfassung: Sein historischer Hintergrund und seine politische Funktion', in Michael Stürmer (ed.), *Die Weimarer Republik: Belagerte Civitas* (Königstein im Taunus, 1980), 288-309.

Bollmus, Reinhard, 'Alfred Rosenberg: National Socialism's "Chief Ideologue"', in Smelser and Zitelman (eds.), *The Nazi Elite*, 183-93.

Booms, Hans, 'Die Deutsche Volkspartei', in Matthias and Morsey (eds.), *Das Ende*, 521-39.

Borchardt, Knut, 'Zwangslagen und Handlungsspielräume in der grossen Wirtschaftskrise der frühen dreissiger Jahre: Zur Revision des überlieferten Geschichtsbildes', in idem, *Wachstum, Krisen, Handlungsspielräume der Wirtschaftspolitik* (Göttingen, 1982), 165-82.

——, *Perspectives on Modern German Economic History and Policy* (Cambridge, 1991).

Born, Karl Erich, *Staat und Sozialpolitik seit Bismarcks Sturz 1890-1914: Ein Beitrag zur Geschichte der innenpolitischen Entwicklung des deutschen Reiches 1890-1914* (Wiesbaden, 1957).

Born, Max (ed.), *The Born-Einstein Letters: Correspondence between Albert Einstein and Max and Hedwig Born from 1916 to 1955* (London, 1971).

Bosworth, Richard J. B., *Mussolini* (London, 2002).

Böttger, Marcus, *Der Hochverrat in der höchstrichterlichen Rechtsprechung der Weimarer Republik: Ein Fall politischer Instrumentalisierung von Strafgesetzen?* (Frankfurt am Main, 1998).

Bowlby, Chris, 'Blutmai 1929: Police, Parties and Proletarians in a Berlin Confrontation', *Historical Journal*, 29 (1986), 137-58.

Boyer, John W., *Political Radicalism in Late Imperial Vienna: Origins of the Christian Social Movement, 1848-1897* (Chicago, 1981).

Bracher, Karl Dietrich, *Die Auflosung der Weimarer Republik: Eine Studie zum Problem des Machtverfalls in der Demokratie* (3rd edn., Villingen, 1960 [1955]).

——, *The German Dictatorship: The Origins, Structure, and Consequences of National Socialism* (New York, 1970 [1969]).

——, 'Brünings unpolitische Politik und die Auflösung der Weimarer Republik', VfZ 19 (1971), 113-23.

——, *Die totalitäre Erfahrung* (Munich, 1987).

——, *et al.*, *Die nationalsozialistische Machtergreifung: Studien zur Errichtung des totalitären Herrschaftssystems in Deutschland 1933/34* (Frankfurt am Main, 1974 [1960]), I: *Stufen der Machtergreifung (Bracher), II: Die Anfänge des totalitären Massnahmestaates* (Schulz); III: *Die Mobilmachung der Gewalt* (Sauer).

Brady, Robert, *The Rationalization Movement in Germany: A Study in the Evolution of Economic Planning* (Berkeley, 1933).

Brandenburg, Hans-Christian, *Die Geschichte der HJ. Wege und Irrwege einer Generation* (Cologne, 1968).

Brandt, Willy, *Erinnerungen* (Frankfurt am Main, 1989).

Brecht, Arnold, 'Gedanken über Brünings Memoiren', *Politische Vierteljahresschrift*, 12 (1971), 607-40.

Bredel, Willi, *Ernst Thälmann: Beitrag zu einem politischen Lebensbild* (Berlin, 1948).

Brendon, Piers, *The Dark Valley: A Panorama of the 1930s* (London, 2000).

Brenner, Arthur D., *Emil J. Gumbel: Weimar German Pacifist and Professor* (Boston, 2001).

Brenner, Hildegard, *Die Kunstpolitik des Nationalsozialismus* (Hamburg, 1963).

Bresciani-Turroni, Constantino, *The Economics of Inflation; A Study of Currency Depreciation in Post-War Germany* (London, 1937).

Breuer, Stefan, *Ordnung der Ungleichheit—die deutsche Rechte im Widerstreit ihrer Ideen 1871-1945* (Darmstadt, 2001).

Bridenthal, Renate, and Koonz, Claudia, 'Beyond *Kinder, Küche, Kirche*: Weimar Women in Politics and Work', in Renate Bridenthal *et al.* (eds.), *When Biology Became Destiny: Women in Weimar and Nazi Germany* (New York, 1984), 33-65.

Brinkmann, Reinhold, and Wolff, Christoph (eds.), *Driven into Paradise: The Musical Migration from Germany to the United States* (Berkeley, 1999).

Broszat, Martin, 'Die Anfänge der Berliner NSDAP 1926/27', VfZ 8 (1960), 85-118.

——, 'The Concentration Camps 1933-1945', in Helmut Krausnick *et al.*, *Anatomy of the SS State* (London, 1968 [1965]), 397-496.

——, *Der Staat Hitlers: Grundlegung und Entwicklung seiner inneren Verfassung* (Munich, 1969).

——, 'Betrachtungen zu "Hitlers Zweitem Buch"', VfZ 9 (1981), 417-29.

——, *Hitler and the Collapse of Weimar Germany* (Oxford, 1987 [1984]).

——, *et al.*, (eds.), *Bayern in der NS-Zeit* (6 vols., Munich, 1977-83).

Browder, George C., *Hitler's Enforcers: The Gestapo and the SS Security Service in the Nazi Revolution* (New York, 1996).

Brown, Brendan, *Monetary Chaos in Europe: The End of an Era* (London, 1988).

Brügel, Johann Wilhelm, and Frei, Norbert (eds.), 'Berliner Tagebuch, 1932-1934: Aufzeichnungen des tschechoslowakischen Diplomaten Camill Hoffmann', VfZ 36 (1988), 131-83.

Brüning, Heinrich, *Memoiren 1918-1934* (ed. Claire Nix and Theoderich Kampmann, Stuttgart, 1970).

Brustein, William, *The Logic of Evil: The Social Origins of the Nazi Party, 1925-1933* (New Haven, 1996).

Bucher, Peter, *Der Reichswehrprozess: Der Hochverrat der Ulmer Reichswehroffiziere 1929-30* (Boppard, 1967).

Buchheim, Hans, 'The SS - Instrument of Domination', in Helmut Krausnick *et al.*, *Anatomy of the SS State* (London, 1968 [1965]), 127-203.

Buchwitz, Otto, *50 Jahre Funktionär der deutschen Arbeiterbewegung* (Stuttgart, 1949).

Buder, Johannes, *Die Reorganisation der preussischen Polizei 1918/1923* (Frankfurt am Main, 1986).

Bullivant, Keith, 'Thomas Mann and Politics in the Weimar Republic', in idem (ed.), *Culture and Society in the Weimar Republic* (Manchester, 1977), 24-38.

Bullock, Alan, *Hitler: A Study in Tyranny* (London, 1953).

Burkert, Hans-Norbert, *et al.*, *'Machtergreifung' Berlin 1933: Stätten der Geschichte Berlins in Zusammenarbeit mit dem Pädagogischen Zentrum Berlin* (Berlin, 1982).

Burkhardt, Bernd, *Eine Stadt wird braun: Die nationalsozialistische Machtergreifung in der Provinz. Eine Fallstudie* (Hamburg, 1980).

Burleigh, Michael, *Death and Deliverance: 'Euthanasia' , in Germany 1900-1945* (Cambridge, 1994).

——, *The Third Reich: A New History* (London, 2000).

——, and Wippermann, Wolfgang, *The Racial State: Germany 1933-1945* (Cambridge, 1991).

Busch, Fritz, *Aus dem Leben eines Musikers* (Zurich, 1949).

Busch, Günter, *Max Liebermann: Maler, Zeichner, Graphiker* (Frankfurt am Main, 1986).

Büsch, Otto, *Militärsystem und Sozialleben im alten Preussen 1713-1807: Die Anfänge der sozialen Militarisierung der preussisch-deutschen Gesellschaft* (Berlin, 1962).

Butler, Rohan d'Olier, *The Roots of National Socialism 1783-1933* (London, 1941).

Caplan, Jane, *Government without Administration: State and Civil Service in Weimar and Nazi Germany* (Oxford, 1988).

——, 'The Historiography of National Socialism', in Michael Bentley (ed.), *Companion to Historiography* (London, 1997), 545-90.

Carsten, Francis L., *The Reichswehr and Politics 1918-1933* (Oxford, 1966).

——, *Revolution in Central Europe 1918-1919* (London, 1972).

——, *Fascist Movements in Austria: From Schönerer to Hitler* (London, 1977).

——, *August Bebel und die Organisation der Massen* (Berlin, 1991).

Cecil, Hugh, and Liddle, Peter (eds.), *At the Eleventh Hour: Reflections, Hopes and Anxieties at the Closing of the Great War, 1918* (Barnsley, 1998).

Cecil, Robert, *The Myth of the Master Race: Alfred Rosenberg and Nazi Ideology* (London, 1972).

Chamberlain, Houston Stewart, *Die Grundlagen des XIX. Jahrhunderts* (2 vols., Munich, 1899).

Chickering, Roger, *Imperial Germany and a World without War: The Peace Movement and German Society, 1892-1914* (Princeton, 1975).

——, *We Men Who Feel Most German: A Cultural Study of the Pan-German League 1886-1914* (London, 1984).

——, *Imperial Germany and the Great War, 1914-1918* (Cambridge, 1998). Childers, Thomas, The Nazi Voter: *The Social Foundations of Fascism in Germany, 1919-1933* (Chapel Hill, NC, 1981).

Clark, Christopher, *Kaiser Wilhelm II* (London, 2000).

Clavin, Patricia, *The Great Depression in Europe, 1929-1939* (London, 2000).

Coetzee, Marilyn S., *The German Army League: Popular Nationalism in Wilhelmine Germany* (New York, 1990).

Cohen, Deborah, *The War Come Home: Disabled Veterans in Britain and Germany, 1914-1918* (Berkeley, 2001).

Cohn, Norman, *Warrant for Genocide: The Myth of the Jewish World-Conspiracy and the Protocols of the Elders of Zion* (London, 1967).

Comité des Delegations Juives (ed.), *Das Schwarzbuch: Tatsachen und Dokumente. Die Lage der Juden in Deutschland 1933* (Paris, 1934).

Conze, Werner, review of the first edition of Bracher, *Die Auflösung der Weimarer Republik*, in *Historische Zeitschrift*, 183 (1957), 378-82.

Cornelissen, Christoph, Gerhard Ritter: *Geschichtswissenschaft und Politik im 20. Jahrhundert* (Düsseldorf, 2001).

Corni, Gustavo, 'Richard Walther Darré: The Blood and Soil Ideologue', in Smelser and Zitelmann (eds.), *The Nazi Elite*, 18-27.

Cornwell, John, *Hitler's Pope: The Secret History of Pius XII* (London, 1999).

Cossé, Peter, 'Die Geschichte', in Badde *et al.* (eds.), *Das Berliner Philharmonische Orchester*, 10-17.

Craig, Gordon A., 'Briefe Schleichers an Groener', *Die Welt als .Geschichte*, 11 (1951), 122-33.

——, *The Politics of the Prussian Army 1640-1945* (New York, 1964 [1955]).

Crew, David F., *Germans on Welfare: From Weimar to Hitler* (New York, 1998).

Crook, Paul, *Darwinism, War and History: The Debate over the Biology of War from the 'Origin of Species' to the First World War* (Cambridge, 1994).

Czarnowski, Gabriele, *Das kontrollierte Paar: Ehe- und Sexualpolitik im Nationalsozialismus* (Weinheim, 1991).

Daim, Wilfried, *Der Mann, der Hitler die Ideen gab: Die sektiererischen Grundlagen des Nationalsozialismus* (Vienna, 1985 [1958]).

Danner, Lothar, *Ordnungspolizei Hamburg: Betrachtungen zu ihrer Geschichte 1918-1933* (Hamburg, 1958).

Dapper, Beate, and Rouette, Hans-Peter, 'Zum Ermittelungsverfahren gegen Leipart und Genossen wegen Untreue vom 9. Mai 1933', *Internationale Wissenschaftliche Korrespondenz zur Geschichte der deutschen Arbeiterbewegung*, 20 (1984), 509-35.

Dedering, Tilman, '"A Certain Rigorous Treatment of all Parts of the Nation" : The Annihilation of the Herero in German Southwest Africa 1904', in Mark Levene and Penny Roberts (eds.), *The Massacre in History* (New York, 1999), 205-22.

Dehio, Ludwig, *Germany and World Politics* (London, 1959 [1955]).

Deichmann, Ute, *Biologists under Hitler* (Cambridge, Mass., 1996 [1992.]).

Deist, Wilhelm, *Flottenpolitik und Flottenpropaganda: Das Nachrichtenbüro des*

Reichsmarineamts 1897-1914 (Stuttgart, 1976).

——, 'Censorship and Propaganda in Germany during the First World War', in Jean-Jacques Becker and Stéphane Audoin-Rouzeau (eds.), *Les Sociétés européennes et la guerre de 1914-1918* (Paris, 1990), 199-210.

——, 'The Military Collapse of the German Empire: The Reality Behind the Stab-inthe-Back Myth', *War in History*, 3 (1996), 186-207.

Demeter, Karl, *Das deutsche Offizierkorps in Gesellschaft und Staat 1650-1945* (Frankfurt am Main, 1962.).

Deuerlein, Ernst, 'Hitlers Eintritt in die Politik und die Reichswehr', VfZ 7 (1959), 203-5.

—— (ed.), *Der Hitler-Putsch: Bayerische Dokumente zum 8./9. November 1923* (Stuttgart, 1962).

—— (ed.), *Der Aufstieg der NSDAP in Augenzeugenberichten* (Munich, 1974).

Deutsche Allgemeine Zeitung 1933.

Deutsche Zeitung 1933.

Diehl, James M., *Paramilitary Politics in Weimar Germany* (Bloomington, Ind., 1977).

Diels, Rudolf, *Lucifer ante Portas: Es spricht der erste Chef der Gestapo* (Stuttgart, 1950).

Dijkstra, Bram, *Idols of Perversity: Fantasies of Female Evil in Fin-de-Siècle Culture* (New York, 1986).

Diller, Ansgar, *Rundfunkpolitik im Dritten Reich* (Munich, 1980).

Distl, Dieter, Ernst Toller: *Eine politische Biographie* (Schrobenhausen, 1993).

Domarus, Max (ed.), *Hitler: Speeches and Proclamations 1932-1945: The Chronicle of a Dictatorship* (4 vols., London, 1990- [1962-3]).

Dorpalen, Andreas, *Hindenburg and the Weimar Republic* (Princeton, 1964).

——, *German History in Marxist Perspective: The East German Approach* (Detroit, 1988).

Dowe, Dieter, and Witt, Peter-Christian, *Fredrich Ebert 1871-1925: Vom Arbeiterführer zum Reichspräsidenten* (Bonn, 1987).

Drewniak, Boguslav, *Das Theater im NS-Staat: Szenarium deutscher Zeitgeschichte 1933-1945* (Düsseldorf, 1983).

Duhnke, Horst, *Die KPD von 1933 bis 1945* (Cologne, 1972).

——, *Die KPD und das Ende von Weimar: Das Scheitern einer Politik 1932-1935* (Frankfurt am Main, 1976).

Dülffer, Jost, *Nazi Germany 1933-1945: Faith and Annihilation* (London, 1996 [1992]).

Düsterberg, Theodor, *Der Stahlhelm und Hitler* (Wolfenbüttel, 1949).

Ebeling, Frank, *Geopolitik: Karl Haushofer und seine Raumwissenschaft 1919-1945* (Berlin, 1994).

Ebert, Friedrich, *Schriften, Aufzeichnungen, Reden* (2 vols., Dresden, 1936).

Ehni, Hans-Peter, *Bollwerk Preussen? Preussen-Regierung, Reich-Länder-Problem und Sozialdemokratie 1928-1932* (Bonn, 1975).

Ehrt, Adolf, *Bewaffneter Aufstand! Enthüllungen über den kommunistischen Umsturzversuch am Vorabend der nationalen Revolution* (Berlin, 1933).

Eichengreen, Barry, *Golden Fetters: The Gold Standard and the Great Depression, 1919-1939* (Oxford, 1992).

Eisner, Freya, *Kurt Eisner: Die Politik der libertären Sozialismus* (Frankfurt am Main, 1979).

Eksteins, Modris, *The Limits of Reason: The German Democratic Press and the Collapse of Weimar Democracy* (Oxford, 1975).

Eley, Geoff, *Reshaping the German Right: Radical Nationalism and Political Change after Bismarck* (London, 1980).

——, *From Unification to Nazism: Reinterpreting the German Past* (London, 1986).

Elfferding, Wieland, 'Von der proletarischen Masse zum Kriegsvolk: Massenaufmarsch und Öffentlichkeit im deutschen Faschismus am Beispiel des I. Mai 1933', in Neue Gesellschaft für bildende Kunst (ed.), *Inszenierung der Macht: Ästhetische Faszination im Faschismus* (Berlin, 1987), 17-50.

Eliasberg, George, *Der Ruhrkrieg von 1920* (Bonn, 1974).

Engelberg, Ernst, *Bismarck* (2 vols., Berlin, 1985 and 1990).

Epstein, Klaus, review of William L. Shirer, *The Rise and Fall of the Third Reich*, in *Review of Politics*, 23 (1961), 130-45.

Erdmann, Karl Dietrich, and Schulze, Hagen (eds.), *Weimar: Selbstpreisgabe einer-Demokratie. Eine Bilanz heute* (Düsseldorf, 1980).

Erger, Johannes, *Der Kapp-Lüttwitz-Putsch: Ein Beitrag zur deutschen Innenpolitik 1919/20* (Düsseldorf, 1967).

Eschenburg, Theodor, 'Franz von Papen', VfZ I (1953), 153-69.

——, 'Die Rolle der Persönlichkeit in der Krise der Weimarer Republik: Hindenburg, Brüning, Groener, Schleicher', VfZ 9 (1961), 1-29.

——, *Die improvisierte Demokratie* (Munich, 1963).

Eschenhagen, Wieland (ed.), *Die 'Machtergreifung' : Tagebuch einer Wende nach Presseberichten vom I. Januar bis 6. März 1933* (Darmstadt, 1982).

Evans, Richard J., 'German Women and the Triumph of Hitler', *Journal of Modern History*, 48 (1976), 123-75.

——, *The Feminist Movement in Germany 1894-1933* (London, 1976).

—— (ed.), *Society and Politics in Wilhelmine Germany* (London, 1978).

——, *Death in Hamburg: Society and Politics in the Cholera Years 1830-1910* (Oxford, 1987).

——, *Rethinking German History: Nineteenth-Century Germany and the Origins of the Third Reich* (London, 1987).

—— (ed.), *The German Underworld: Deviants and Outcasts in German History* (London,1988).

——, *In Hitler's Shadow: West German Historians and the Attempt to Escape from the Nazi Past* (New York, 1989).

—— (ed.), *Kneipengespräche im Kaiserreich: Die Stimmungsberichte der Hamburger Politischen Polizei 1892-1914* (Reinbek, 1989).

——, *Rituals of Retribution: Capital Punishment in Germany 1600-1987* (Oxford, 1996).

——, review of Maria Tatar, *Lustmord: Sexual Murder in Weimar Germany* (Princeton, 1995), in *German History*, 14 (1996), 414-15.

——, *Rereading German History: From Unification to Reunification 1800-1996* (London,1997).

——, *Tales from the German Underworld: Crime and Punishment in the Ninteenth Century* (London, 1998).

——, 'Hans von Hentig and the Politics of German Criminology', in Angelika Ebbinghaus and Karl Heinz Roth (eds.), *Grenzgänge: Deutsche Geschichte des 20. Jahrhunderts im Spiegel von Publizistik, Rechtsprechung und historischer Forschung* (Lüneburg, 1999), 238-64.

——, *Telling Lies About Hitler: The Holocaust, History, and the David Irving Trial* (London, 2002).

——, 'History, Memory, and the Law: The Historian as Expert Witness', *History and Theory*, 41 (2002), 277-96.

——, 'Telling It Like It Wasn't', *BBC History Magazine*, 3 (2002), no. 12,22-5.

——, and Geary, Dick (eds.), *The German Unemployed: Experiences and Consequences of Mass Unemployment from the Weimar Republic to the Third Reich* (London,1987).

Eyck, Erich, *A History of the Weimar Republic* (2 vols., Cambridge, 1962-4 [1953-6]).

Faesi, Robert (ed.), *Thomas Mann - Robert Faesi: Briefwechsel* (Zurich, 1962).

Falter, Jürgen W., 'Die Wähler der NSDAP 1928-1933: Sozialstruktur und parteipolitische Herkunft', in Wolfgang Michalka (ed.), *Die nationalsozialistische Machtergreifung* (Paderborn, 1984), 47-59.

——, *et al.*, *Wahlen und Abstimmungen in der Weimarer Republik: Materialien zum Wahlverhalten 1919-1933* (Munich, 1986).

——, *Hitlers Wähler* (Munich, 1991).

——, 'How Likely were Workers to Vote for the NSDAP?', in Conan Fischer (ed.), *The Rise of National Socialism and the Working Classes in Weimar Germany* (Oxford, 1996), 9-45.

——, '"Die Märzgefallenen" von 1933: Neue Forschungsergebnisse zum sozialen

Wandel innerhalb der NSDAP-Mitgliedschaft während der Machtergreifungsphase', *Geschichte und Gesellschaft*, 24 (1998), 595-616.

Fandel, Thomas, 'Konfessionalismus und Nationalsozialismus', in Blaschke (ed.), *Konfessionen*, 299-334.

Farquharson, John E., *The Plough and the Swastika: The NSDAP and Agriculture in Germany, 1928-1945* (London, 1976).

Farr, Ian, 'Populism in the Countryside: The Peasant Leagues in Bavaria in the 1890s', in Evans (ed.), *Society and Politics*, 136-59.

Fattmann, Rainer, *Bildungsbürger in der Defensive: Die akademische Beamtenschaft und der 'Reichsbund der höheren Beamten' in der Weimarer Republik* (Göttingen, 2001).

Faust, Anselm, *Der Nationalsozialistische Deutsche Studentenbund: Studenten und Nationalsozialismus in der Weimarer Republik* (Düsseldorf, 1973).

——, 'Die Hochschulen und der "undeutsche Geist" : Die Bucherverbrennung am 10.

Mai 1933 und ihr Vorgeschichte', in Horst Denkler and Eberhard Lämmert (eds.), *'Das war ein Vorspiel nur...' : Berliner Kolloquium zur Literaturpolitik im 'Dritten Reich'* (Berlin, 1985), 31-50.

Feder, Gottfried, *Das Programm der NSDAP und seine weltanschaulichen Grundgedanken* (Munich, 1934).

Feinstein, Charles H., *et al.*, *The European Economy between the Wars* (Oxford, 1997).

Feldman, Gerald D., *Army, Industry and Labor in Germany, 1914-1918* (Princeton, 1966).

——, 'The Origins of the Stinnes-Legien Agreement: A Documentation', *Internationale Wissenschaftliche Korrespondenz zur Geschichte der deutschen Arbeiterbewegung*, 19/20 (1973), 45-104.

—— (ed.), *Die Nachwirkungen der Inflation auf die deutsche Geschichte 1924-1933* (Munich, 1985).

——, *The Great Disorder: Politics, Economic, and Society in the German Inflation, 1914-1924* (New York, 1993).

——, 'Right-Wing Politics and the Film Industry: Emil Georg Strauss, Alfred Hugenberg, and the UFA, 1917-1933', in Christian Jansen *et al.* (eds.), *Von der Aufgabe der Freiheit: Politische Verantwortung und bürgerliche Gesellschaft im 19. und 20. Jahrhundert: Festschrift für Hans Mommsen zum 5. November 1995* (Berlin, 1995), 219-30.

——, *Hugo Stinnes: Biographie eines Industriellen 1870-1924* (Munich, 1998).

Fenske, Hans, 'Monarchisches Beamtentum und demokratischer Rechtsstaat: Zum Problem der Bürokratie in der Weimarer Republik', in *Demokratie und*

Verwaltung: 25 Jahre Hochschule für Verwaltung Speyer (Berlin, 1972), 117-36.

Ferguson, Niall, *Paper and Iron: Hamburg Business and German Politics in the Era of Inflation, 1897-1927* (Oxford, 1995).

——, *The World' s Banker: The History of the House of Rothschild* (London, 1998).

Fest, Joachim C., *The Face of the Third Reich* (London, 1979 [1970]).

——, 'Joseph Goebbels: Eine Porträtskizze', VfZ 43 (1995), 565-80.

Feuchtwanger, Edgar, *Bismarck* (London, 2002.).

Fieberg, Gerhard (ed.), *Im Namen des deutschen Volkes: Justiz und Nationalsozialismus* (Cologne, 1989).

Field, Geoffrey G., *Evangelist of Race: The Germanic Vision of Houston Stewart Chamberlain* (New York, 1981).

Figes, Orlando, *A People' s Tragedy: The Russian Revolution 1891-1924* (London, 1996).

Fischer, Conan, 'Ernst Julius Röhm: Chief of Staff of the SA and Indispensable Outsider', in Smelser and Zitelmann (eds.), *The Nazi Elite*, 173-82.

——, *The Ruhr Crisis 1923-1924* (Oxford, 2003).

Fischer, Fritz, *Germany's Aims in the First World War* (London, 1967 [1961]).

——, *War of Illusions: German Politics from 1911 to 1914* (London, 1975 [1969]).

Fischer, Klaus, 'Der quantitative Beitrag der nach 1933 emigrierten Naturwissenschaftler zur deutschsprachigen physikalischen Forschung', *Berichte zur Wissenschaftsgeschichte*, II (1988), 83-104.

Flemming, Jens, *Landwirtschaftliche Interessen und Demokratie: Ländliche Gesellschaft, Agrarverbände und Staat 1890-1925* (Bonn, 1978).

Fout, John C., 'Sexual Politics in Wilhelmine Germany: The Male Gender Crisis, Moral Purity, and Homophobia', *Journal of the History of Sexuality*, 2 (1992), 388-421.

Fowkes, Ben, *Communism in Germany under the Weimar Republic* (London, 1984).

Fraenkel, Ernst, *The Dual State* (New York, 1941).

Frank, Hans, *Im Angesicht des Galgens: Deutung Hitlers und seiner Zeit auf Grund eigener Erlebnisse und Erkenntnisse* (2nd edn., Neuhaus, 1955 [1953]).

Franz-Willing, Georg, *Ursprung der Hitlerbewegung 1919-1922* (Preussisch Olendorf, 1974 [1962]).

——, *Krisenjahr der Hitlerbewegung 1923* (Preussisch Oldendorf, 1975).

——, *Putsch und Verbotszeit der Hitlerbewegung November 1923 - Februar 1925* (Preussisch Olendorf, 1977).

Frehse, Michael, *Ermächtigungsgesetzgebung im Deutschen Reich 1914-1933* (Pfaffenweiter, 1985).

Frei, Norbert, '"Machtergreifung" : Anmerkungen zu einem historischen Begriff',

VfZ 31 (1983), 136-45.

——, *National Socialist Rule in Germany: The Führer State 1933-1945* (Oxford, 1993 [1987]).

——, *Der Fiihrerstaat: Nationalsozialistische Herrschaft 1933 bis 1945* (Munich, 2001 [1987]).

Freitag, Werner, 'Nationale Mythen und kirchliches Heil: Der "Tag von Potsdam"', *Westfälische Forschungen*, 41 (1991), 379-430.

Frevert, Ute, 'Bourgeois Honour: Middle-Class Duellists in Germany from the Late Eighteenth to the Early Twentieth Century', in Blackbourn and Evans (eds.), *The German Bourgeoisie*, 255-92.

——, *Ehrenmänner: Das Duell in der bürgerlichen Gesellschaft* (Munich, 1991).

——, *Die kasernierte Nation: Militärdienst und Zivilgesellschaft in Deutschland* (Munich, 2001).

Fricke, Dieter, *Kleine Geschichte des Ersten Mai: Die Maifeier in der deutschen und internationalen Arbeiterbewegung* (Berlin, 1980).

Friedlander, Henry, *The Origins of Nazi Genocide: From Euthanasia to the Final Solution* (Chapel Hill, NC, 1995).

Friedlander, Saul, 'Die politischen Veränderungen der Kriegszeit und ihre Auswirkungen auf die Judenfrage', in Werner E. Mosse (ed.), *Deutsches Judentum in Krieg und Revolution 1916-1923* (Tübingen, 1971), 27-63.

——, *Nazi Germany and the Jews: The Years of Persecution 1933-1939* (London, 1997).

Friedrich, Carl J., and Brzezinski, Zbigniew K., *Totalitarian Dictatorship and Autocracy* (New York, 1963).

Friedrichs, Axel (ed.), *Die nationalsozialistische Revolution 1933* (Dokumente der deutschen Politik, I, Berlin, 1933).

Fritzsche, Peter, *Germans into Nazis* (Cambridge, Mass., 1998).

Fröhlich, Elke, 'Joseph Goebbels und sein Tagebuch: Zu den handschriftlichen Aufzeichnungen von 1924 bis 1941, VfZ 35 (1987), 489-522.

—— (ed.), *Die Tagebücher von Joseph Goebbels: Sämtliche Fragmente*. part I: *Aufzeichnungen 1924-1941* (Munich, 1987).

——, 'Joseph Goebbelsi The Propagandist', in Smelser and Zitelmann (eds.), *The Nazi Elite*, 48-61.

Fulda, Bernhard, 'Press and Politics in Berlin, 1924-1930'(Ph.D. dissertation, University of Cambridge, 2003).

——, 'Horst Wessel: Media, Myth and Memory' (unpublished paper to be delivered to the Research Seminar in Modern European History, Cambridge University, November 2003).

Gadberry, Glen W. (ed.), *Theatre in the Third Reich, the Prewar Years: Essays on*

Theatre in Nazi Germany (Westport, Conn., 1995).

Gall, Lothar, *Bismarck: The White Revolutionary* (2 vols., London, 1986 [1980]).

——, *Bürgertum in Deutschland* (Berlin, 1989).

Galos, Adam, *et al.*, *Die Hakatisten: Der Deutsche Ostmarkenverein 1894-1934* (Berlin, 1966).

Gay, Peter, *Weimar Culture: The Outsider as Insider* (London, 1969).

Geary, Dick, 'Unemployment and Working-Class Solidarity: The German Experience 1929-33', in Evans and Geary (eds.), *The German Unemployed*, 261-80.

——, 'Employers, Workers, and the Collapse of the Weimar Republic', in Kershaw (ed.), *Weimar*, 92-119.

——, 'Nazis and Workers before 1933', *Australian Journal of Politics and History*, 48 (2002), 40-51.

Gebhardt, Manfred, *Max Hoelz: Wege und Irrwege eines Revolutionärs* (Berlin, 1983).

Geiss, Imanuel (ed.), July 1914: *The Outbreak of the First World War. Selected Documents* (London, 1967 [1965]).

——, 'Kritischer Rückblick auf Friedrich Meinecke', in idem, *Studien über Geschichte und Geschichtswissenschaft* (Frankfurt am Main, 1972), 89-107.

Gellately, Robert, *The Politics of Economic Despair: Shopkeepers and German Politics, 1890-1914* (London, 1974).

——, *The Gestapo and German Society: Enforcing Racial Policy 1933-1945* (Oxford, 1990).

——, and Stoltzfus, Nathan (eds.), *Social Outsiders in Nazi Germany* (Princeton, 2001).

Genschel, Helmut, *Die Verdrängung der Juden aus der Wirtschaft im Dritten Reich* (Berlin, 1966).

Gerlach, Hellmuth von, *Von rechts nach links* (Hildesheim, 1978 [1937]).

Gessner, Dieter, *Agrarverbände in der Weimarer Republik: Wirtschaftliche und soziale Voraussetzungen agrarkonservativer Politik vor 1933* (Diisseldorf, 1976).

——, *Agrardepression und Präsidialregierungen in Deutschland 1930-1933: Probleme des Agrarkapitalismus am Ende der Weimarer Republik* (Düsseldorf, 1977).

Geyer, Martin, *Verkehrte Welt: Revolution, Inflation, und Moderne. München 1914-1924* (Göttingen, 1998).

Geyer, Michael, 'Die Geschichte des deutschen Militärs von 1860-1956: Ein Bericht über die Forschungslage (1945-1975)', in Hans-Ulrich Wehler (ed.), *Die modern deutsche Geschichte in der internationalen Forschung 1945-1975* (Göttingen, 1978), 256-86.

——, *Aufrüstung oder Sicherheit: Reichswehr in der Krise der Machtpolitik, 1924-1936* (Wiesbaden, 1980).

——, 'Professionals and Junkers: German Rearmament and Politics in the Weimar Republic', in Richard Bessel and Edgar Feuchtwanger (eds.), *Social Change and Political Development in Weimar Germany* (London, 1981), 77-113.

Gies, Horst, R. *Walther Darré und die nationalsozialistische Bauernpolitik 1930 bis 1933* (Frankfurt am Main, 1966).

Giles, Geoffrey J., 'The Rise of the National Socialist Students' Association and the Failure of Political Education in the Third Reich', in Peter Stachura (ed.), *The Shaping of the Nazi State* (London, 1978), 160-85.

——, *Students and National Socialism in Germany* (Princeton, 1985).

Gilman, Sander L., *On Blackness without Blacks: Essays on the Image of the Black in Germany* (Boston, 1982).

Gisevius, Hans Bernd, *To the Bitter End* (London, 1948).

Goebbels, Joseph, *Der Angriff: Aufsätze aus der Kampfzeit* (Munich, 1935).

——, Vom Kaiserhof zur Reichskanzlei: Eine historische Darstellung in Tagebuchblattern (*vom 1. Januar 1932 bis zum I. Mai 1933*) (Munich, 1937 [1934]).

Goeschel, Christian, 'Methodische Überlegungen zur Geschichte der Selbsttötung im Nationalsozialismus', in Hans Medick (ed.), *Selbsttötung als kulturelle Praxis* (Berlin, 2004).

Goldbach, Marie-Luise, *Karl Radek und die deutsch-sowjetischen Beziehungen 1918-1923* (Bonn, 1973).

Goldhagen, Daniel J., *Hitler' s Willing Executioners: Ordinary Germans and the Holocaust* (New York, 1996).

Goldstein, Robert J., *Political Repression in Nineteenth-Century Europe* (London, 1983).

Golomstock, Igor, *Totalitarian Art in the Soviet Union, Third Reich, Fascist Italy and the People's Republic of China* (London, 1990).

Göppinger, Horst, *Juristen jüdischer Abstammung im 'Dritten Reich' : Entrechtung und Verfolgung* (Munich, 1990 [1963]).

Gordon, Harold J., *The Reichswehr and the German Republic 1919-26* (Princeton, 1957).

——, *Hitler and the Beer Hall Putsch* (Princeton, 1972).

Gottlieb, Moshe R., *American Anti-Nazi Resistance, 1933-1941: An Historical Analysis* (New York, 1982).

Graf, Christoph, *Politische Polizei zwischen Demokratie und Diktatur* (Berlin, 1983).

Grahn, Gerlinde, 'Die Enteignung des Vermögens der Arbeiterbewegung und der politischen Emigration 1933 bis 1945', *1999: Zeitschrift für Sozialgeschichte des 20. und 21. Jahrhunderts*, 12. (1997), 13-38.

Gräser, Marcus, *Der blockierte Wohlfahrtsstaat: Unterschichtjugend und*

Jugendfürsorge in der Weimarer Republik (Göttingen, 1995).

Grau, Bernhard, *Kurt Eisner 1867-1919: Eine Biographie* (Munich, 2001).

Griech-Polelle, Beth A., *Bishop von Galen: German Catholicism and National Socialism* (New Haven, 2002).

Griffin, Roger, *International Fascism—Theories, Causes and the New Consensus* (London, 1998).

Grimm, Hans, *Volk ohne Raum* (Munich, 1926).

Gritschneider, Otto, *Bewährungsfrist für den Terroristen Adolf H.: Der Hitler-Putsch und die bayerische Justiz* (Munich, 1990).

——, *Der Hitler-Prozess und sein Richter Georg Neithardt: Skandalurteil von 1924 ebnet Hitler den Weg* (Munich, 2001).

Gross, Babette, *Willi Miinzenberg: Eine politische Biographie* (Stuttgart, 1967).

Grossmann, Atina, '"Girlkultur" or Thoroughly Rationalized Female: A New Woman in Weimar Germany', in Judith Friedlander *et al.* (eds.), *Women in Culture and Politics: A Century of Change* (Bloomington, Ind., 1986), 62-80.

——, *Reforming Sex: The German Movement for Birth Control and Abortion Reform 1920-1950* (New York, 1995).

Grossmann, Kurt R., *Ossietzky: Ein deutscher Patriot* (Munich, 1963).

Gruchmann, Lothar, 'Die Überleitung der Justizverwaltung auf das Reich 1933-1935', in *Vom Reichsjustizamt zum Bundesministerium der Justiz: Festschrift zum hundertjährigen Gründungstag des Reichsjustizamts* (Cologne, 1977).

——, 'Die bayerische Justiz im politischen Machtkampf 1933/34: Ihr Scheitern bei der Strafverfolgung von Mordfällen in Dachau,' in Broszat *et al.* (eds.), *Bayern*, II. 415-428.

——, *Justiz im Dritten Reich 1933-1940: Anpassung und Unterwerfung in der Ära Gürtner* (Munich, 1988).

——, 'Ludendorffs "prophetischer" Brief an Hindenburg vom Januar/Februar 1933', VfZ 47 (1999), 559-62.

——, and Weber, Reinhard (eds.), *Der Hitler-Prozess 1924: Wortlaut der Hauptverhandlung vor dem Volksgericht München 1* (2 vols., Munich, 1997, 1999).

Grunwald, Henning, 'Political Lawyers in the Weimar Republic', (Ph.D. dissertation, Cambridge, 2002).

Grüttner, Michael, 'Working-Class Crime and the Labour Movement: Pilfering in the Hamburg Docks, 1888-1923', in Richard J. Evans (ed.), *The German Working Class 1888-1933: The Politics of Everyday Life* (London, 1982), 54-79.

——, *Studenten im Dritten Reich* (Paderborn, 1995).

Gumbel, Emil J., *Vier Jahre politischer Mord* (Berlin, 1924).

——, *Verschwörer: Zur Geschichte und Soziologie der deutschen nationalistischen Geheimbünde 1918-1924* (Heidelberg, 1979 [1924]).

Guratzsch, Dankwart, *Macht durch Organisation: Die Grundlegung des Hugenbergschen Presseimperiums* (Düsseldorf, 1974).

Gusy, Christoph, *Die Weimarer Reichsverfassung* (Tübingen, 1997).

Guttsman, Wilhelm L., *Workers' Culture in Weimar Germany: Between Tradition and Commitment* (Oxford, 1990).

Haffner, Sebastian, *Defying Hitler: A Memoir* (London, 2002).

Hagen, William W., *Germans, Poles, and Jews: The Nationality Conflict in the Prussian East, 1772-1914* (Chicago, 1980).

Hagenlücke, Heinz, *Die deutsche Vaterlandspartei: Die nationale Rechte am Ende des Kaiserreiches* (Düsseldorf, 1997).

Hailey, Christopher, *Franz Schreker, 1878-1934: A Cultural Biography* (Cambridge, 1993).

Hall, Alex, 'By Other Means: The Legal Struggle against the SPD in Wilhelmine Germany 1890-1900', *Historical Journal*, 17 (1974), 365-86.

——, *Scandal, Sensation and Social Democracy: The SPD Press and Wilhelmine Germany 1890-1914* (Cambridge, 1977).

Hamann, Brigitte, *Hitler's Vienna: A Dictator's Apprenticeship* (Oxford, 2000).

——, *Winifred Wagner oder Hitlers Bayreuth* (Munich, 2002).

Hamburger, Ernest, 'Betrachtungen über Heinrich Brünings Memoiren', *Internationale Wissenschaftliche Korrespondenz zur Geschichte der deutschen Arbeiterbewegung*, 8 (1972), 18-39.

Hamel, Iris, *Völkischer Verband und nationale Gewerkschaft: Der Deutschnationale Handlungsgehilfenverband, 1893-1933* (Frankfurt am Main, 1967).

Hamilton, Richard F., *Who Voted for Hitler?* (Princeton, 1981).

Hammer, Hermann, 'Die deutschen Ausgaben von Hitlers "Mein Kampf"', VfZ4 (1956), 161-78.

Hammerstein, Notker, *Die Johann Wolfgang Goethe-Universität: Von der Stiftungsuniversität zur staatlichen Hochschule* (2 vols., Neuwied, 1989).

Hanfstaengl, Ernst, *Zwischen Weissenz und Braunem Haus: Memoiren eines politiscben Aussenseiters* (Munich, 1970).

Hänisch, Dirk, 'A Social Profile of the Saxon NSDAP Voters', in Szejnmann, Nazism, 219-31.

Hankel, Gerd, *Die Leipziger Prozesse: Deutsche Kriegsverbrechen und ihre strafrechtliche Verfolgung nach dem Ersten Weltkrieg* (Hamburg, 2003).

Hannover, Heinrich and Hannover-Drück, Elisabeth, *Politische Justiz 1918-1933* (Frankfurt am Main, 1966).

Hansen, Ernst W., Reichswehr und Industrie: *Rüstungswirtschaftliche Zusammenarbeit und wirtschaftliche Mobilmachungsvorbereitungen 1923-1932* (Boppard, 1978).

Harpprecht, Klaus, *Thomas Mann: Eine Biographie* (Reinbek, 1995).

Harris, James F., *The People Speak! Anti-Semitism and Emancipation in Nineteenth-Century Bavaria* (Ann Arbor, 1994).

Harsch, Donna, *German Social Democracy and the Rise of Nazism* (Chapel Hill, NC, 1993).

Harvey, Elizabeth, 'Youth Unemployment and the State: Public Policies towards Unemployed Youth in Hamburg during the World Economic Crisis', in Evans and Geary (eds.), *The German Unemployed*, 142-70.

——, 'Serving the Volk, Saving the Nation: Women in the Youth Movement and the Public Sphere in Weimar Germany', in Larry Eugene Jones and James Retallack (eds.), *Elections, Mass Politics, and Social Change in Modern Germany: New Perspectives* (New York, 1992), 201-22.

——, *Youth Welfare and the State in Weimar Germany* (Oxford, 1993).

Hassell, Ulrich von, *Die Hassell-Tagebücher 1938-1944* (ed. Friedrich Freiherr Hiller von Gaertringen, Berlin, 1989).

Hattenhauer, Hans, 'Wandlungen des Richterleitbildes im 19. und 20. Jahrhundert', in Ralf Dreier and Wolfgang Sellert (eds.), *Recht und Justiz im 'Dritten Reich'* (Frankfurt am Main, 1989), 9-33.

Hayes, Peter, *Industry and Ideology: I.G. Farben in the Nazi Era* (Cambridge, 1987).

Hearnshaw, Fossey J. C., *Germany the Aggressor throughout the Ages* (London, 1940).

Heberle, Rudolf, *Landbevölkerung und Nationalsozialismus: Eine soziologiscbe Untersuchung der politischen Willensbildung in Schleswig-Holstein 1918 bis 1932* (Stuttgart, 1963).

——, *From Democracy to Nazism: A Regional Case Study on Political Parties in Germany* (New York, 1970 [1945]).

Heer, Hannes, *Burgfrieden oder Klassenkampf: Zur Politik der sozialdemokratischen Gewerkschaften 1930-1933* (Neuwied, 1971).

——, *Ernst Thälmann in Selbstzeugnissen und Bilddokumenten* (Reinbek, 1975).

Heiber, Helmut (ed.), *The Early Goebbels Diaries: The Journal of Josef Goebbels from 1925-1926* (London, 1962).

Heidegger, Martin, *Die Selbstbehauptung der deutschen Universität: Rede, gehalten bei der feierlichen Übernahme des Rektorats der Universität Freiburg i. Br. am 27.5. 1933* (Breslau, 1934).

Heiden, Konrad, *Geschichte des Nationalsozialismus: Die Karriere einer Idee* (Berlin, 1932.).

——, *Adolf Hitler: Das Zeitalter der Verantwortungslosigkeit. Eine Biographie* (Zurich, 1936).

Heilbronner, Oded, *Catholicism, Political Culture and the Countryside: A Social History of the Nazi Party in South Germany* (Ann Arbor, 1998).

Hein, Annette, *'Es ist viel "Hitler" in Wagner' : Rassismus und antisemitische Deutschtumsideologie in den 'Bayreuther Blättern' (1878-1938)* (Tübingen, 1996).

Heinemann, Ulrich, *Die verdrängte Niederlage: Politische Offentlichkeit und Kriegsschuldfrage in der Weimarer Republik* (Göttingen, 1983).

Heitzer, Horstwalter, *Der Volksverein für das katholische Deutschland im Kaiserreich 1890-1918* (Mainz, 1979).

Hennig, Diethard, *Johannes Hoffmann: Sozialdemokrat und Bayerischer Ministerpräsident: Biographie* (Munich, 1990).

Hentschel, Volker, *Geschichte der deutschen Sozialpolitik (1880-1980)* (Frankfurt am Main, 1983).

Herbert, Ulrich, *Hitler's Foreign Workers: Enforced Foreign Labor in Germany under the Third Reich* (Cambridge, 1997 [1985]).

——, *Best: Biographische Studien über Radikalismus, Weltanscbauung und Vernunft 1903-1989* (Bonn, 1996).

——*et al.* (eds.), *Die nationalsozialischer Konzentrationslager: Entwicklung und Struktur* (2 vols., Göttingen, 1998).

Herbst, Ludolf, *Das nationalsozialistische Deutschland 1933 -1945* (Frankfurt am Main, 1996).

Hermand, Jost, and Trommler, Frank, *Die Kultur der Weimarer Republik* (Munich, 1978).

Hertz-Eichenröde, Dieter, *Politik und Landwirtschaft in Ostpreussen 1919-1930: Untersuchung eines Strukturproblems in der Weimarer Republik* (Opladen, 1969).

——, *Wirtschaftskrise und Arbeitsbeschaffung: Konjunkturpolitik 1925/26 und die Grundlagen der Krisenpolitik Brünings* (Frankfurt am Main, 1982).

Hess, Wolf Rudiger (ed.), *Rudolf Hess: Briefe 1908-1933* (Munich, 1987).

Heyworth, Peter, *Otto Klemperer: His Life and Times, I: 1885-1933* (Cambridge, 1983).

Hildenbrand, Hans-Joachim, 'Der Betrug mit dem Fackelzug', in Rolf Italiander (ed.), *Wir erlebten das Ende der Weimarer Republik: Zeitgenossen berichten* (Düsseldorf, 1982), 165.

Hill, Leonidas E., 'The Nazi Attack on "un-German" Literature, 1933-1945', in Jonathan Rose (ed.), *The Holocaust and the Book* (Amherst, Mass., 2001), 9-46.

Hiller von Gaertringen, Friedrich Freiherr, 'Die Deutschnationale Volkspartei', in Matthias and Morsey (eds.), Das Ende, 541-652.

——, '"Dolchstoss-Diskussion" und "Dolchstosslegende" im Wandel von vier Jahrzehnten', in Waldemar Besson and Friedrich Freiherr Hiller von Gaertringen (eds.), *Geschichts- und Gegenwartsbewusstsein* (Göttingen, 1963), 122-60.

Hillmayr, Heinrich, *Roter und weisser Terror in Bayern nach 1918: Erscheinungsformen und Folgen der Gewaltätigkeiten im Verlauf der revolutionären Ereignisse nach dem Ende des Ersten Weltkrieges* (Munich, 1974).

Hindenburg, Paul von, *Aus meinem Leben* (Leipzig, 1920).

Hirte, Chris, *Erich Mühsam: 'Ihr seht mich nicht feige' . Biografie* (Berlin, 1985).

Hitler, Adolf, Mein Kampf (trans. Ralph Manheim, introd. D. C. Watt, London, 1969 [1925/6]).

——, *Hitler's Secret Book* (New York, 1961).

——, *Hitler's Table Talk 1941-1944: His Private Conversations* (London, 1973 [1953]).

——, *Hitler: Reden, Schriften, Anordnungen. Februar 1925 bis Januar 1933* (5 vols., Institut für Zeitgeschichte, Munich, 1992-8).

Hitzer, Friedrich, *Anton Graf Arco: Das Attentat auf Kurt Eisner und die Schüsse im Landtag* (Munich, 1988).

Hobsbawm, Eric J., *Age of Extremes: The Short Twentieth Century 1914-1991* (London,1994).

Hoegner, Wilhelm, *Der schwierige Aussenseiter: Erinnerungen eines Abgeordneten, Emigranten und Ministerpräsidenten* (Munich, 1959).

Hoepke, Klaus-Peter, *Die deutsche Rechte und der italienische Faschismus: Ein Beitrag zum Selbstverständnis und zur Politik von Gruppen und Verbänden der deutschen Rechten* (Düsseldorf, 1968).

Hofer, Walther, and Bahar, Alexander (eds.), *Der Reichstagsbrand: Eine wissenschaftliche Dokumentation (Freiburg im Breisgau, 1992* [1972, 1978]).

Hohne, Heinz, *The Order of the Death's Head: The Story of Hitler's SS* (Stanford, Calif., 1971 [1969]).

——, *Die Machtergreifung: Deutschlands Weg in die Hitler-Diktatur* (Reinbek, 1983).

Höhnig, Klaus, *Der Bund Deutscher Frauenvereine in der Weimarer Republik 1919-1923* (Egelsbach, 1995).

Holtfrerich, Carl-Ludwig, *The German Inflation, 1914-1923: Causes and Effects in International Perspective* (New York, 1986 [1980]).

——, 'Economic Policy Options and the End of the Weimar Republic', in Kershaw (ed.), *Weimar*, 58-91.

Hömig, Herbert, *Brüning: Kanzler in der Krise der Republik. Eine Weimarer Biographie* (Paderborn, 2000).

Hong, Young-Sun, *Welfare, Modernity, and the Weimar State, 1919-1933* (Princeton, 1998).

Horn, Daniel, 'The National Socialist *Schülerbund* and the Hitler Youth, 1929-1933', *Central European History*, II (1978), 355-75.

Horne, John, and Kramer, Alan, *German Atrocities 1914: A History of Denial* (London, 2001).

Hornung, Klaus, *Der Jungdeutsche Orden* (Düsseldorf, 1958).

Hosking, Geoffrey, *Russia: People and Empire 1552-1917* (London, 1997).

Höss, Rudolf, *Commandant of Auschwitz* (London, 1959 [1951]).

Hubatsch, Walter, *Hindenburg und der Staat: Aus den Papieren des Generalfeldmarschalls und Reichspräsidenten von 1878 bis 1934* (Göttingen, 1966).

Huber, Ernst Rudolf, *Deutsche Verfassungsgeschichte seit 1789*, V-VII (Stuttgart, 1978-84).

Hunt, Richard N., *German Social Democracy 1918-1933* (New Haven, 1964).

Iggers, Georg G. (ed.), *Marxist Historiography in Transformation: New Orientations in Recent East German History* (Oxford, 1992).

Jablonsky, David, *The Nazi Party in Dissolution: Hitler and the Verbotszeit 1923-1925* (London, 1989).

Jäckel, Eberhard, *Hitler's Weltanschauung: A Blueprint for Power* (Middletown, Conn., 1972 [1969]).

——, and Kuhn, Axel (eds.), *Hitler: Sämtliche Aufzeichnungen 1905-1924* (Stuttgart, 1980).

Jacobsen, Hans-Adolf, *Karl Haushofer: Leben und Werk* (2 vols., Boppard, 1979).

Jahn, Peter (ed.), *Die Gewerkschaften in der Endphase der Republik 1930-1933* (Cologne, 1988).

Jahr, Christoph, *Gewöhnliche Soldaten: Desertion und Deserteure im deutschen und britischen Heer 1914-1918* (Göttingen, 1998).

James, Harold, *The German Slump: Politics and Economics, 1924-1936* (Oxford, 1986).

——, 'Economic Reasons for the Collapse of the Weimar Republic', in Kershaw (ed.), *Weimar*, 30-57.

Jansen, Christian, *Professoren und Politik: Politisches Denken und Handeln der Heidelberger Hochschullehrer 1914-1935* (Göttingen, 1992).

Janssen, Karl-Heinz, 'Geschichte aus der Dunkelkammer: Kabalen um den Reichstagsbrand. Eine unvermeidliche Enthüllung', *Die Zeit*, 38 (14 September 1979), 45-8; 39 (21 September 1979), 20-24; 40 (28 September 1979), 49-52; 41 (5 October 1979), 57-60.

Jarausch, Konrad H., *Deutsche Studenten 1800-1970* (Frankfurt am Main, 1984).

Jasper, Gotthard, *Der Schutz der Republik* (Tübingen, 1963).

——, *Die gescheiterte Zähmung: Wege zur Machtergreifung Hitlers 1930-1934* (Frankfurt am Main, 1986).

Jászi, Oszkár, *Revolution and Counter-Revolution in Hungary* (London, 1924).

Jefferies, Matthew, *Imperial Culture in Germany, 1871-1918* (London, 2003).

Jelavich, Peter, *Munich and Theatrical Modernism: Politics, Playwriting, and*

Performance 1890-1914 (Cambridge, Mass., 1985).

——, *Berlin Cabaret* (Cambridge, Mass., 1993).

Jellonek, Burkhard, *Homosexuelle unter dem Hakenkreuz: Verfolgung von Homosexuellen im Dritten Reich* (Paderborn, 1990).

Jens, Inge (ed.), *Thomas Mann an Ernst Bertram: Briefe aus den Jahren 1910-1955* (Pfullingen, 1960).

Jesse, Eckard (ed.), *Totalitarismus im 20. Jahrhundert* (Baden-Baden, 1996).

Jetzinger, Franz, *Hitler's Youth* (London, 1958 [1956]).

Joachimsthaler, Anton, *Hitlers Weg begann in München 1913-1923* (Munich, 2000 [1989]).

Jochmann, Werner (ed.), *Nationalsozialismus und Revolution: Ursprung und Geschichte der NSDAP in Hamburg 1922-1933* (Frankfurt am Main, 1963).

——, 'Brünings Deflationspolitik und der Untergang der Weimarer Republik', in Dirk Stegmann *et al.* (eds.), *Industrielle Gesellschaft und politisches System: Beiträge zur politischen Sozialgeschichte. Festschrift für Fritz Fischer zum siebzigsten Geburtstag* (Bonn, 1978), 97-112.

——, *Gesellschaftskrise und Judenfeindschaft in Deutschland 1870-1945* (Hamburg, 1988).

Jones, Larry Eugene, *German Liberalism and the Dissolution of the Weimar Party System, 1918-1933* (Chapel Hill, NC, 1988).

——, '"The Greatest Stupidity of My Life" : Alfred Hugenberg and the Formation of the Hitler Cabinet', *Journal of Contemporary History*, 27 (1992), 63-87.

Jünger, Ernst, *In Stahlgewittern: Aus dem Tagebuch eines Stosstruppführers* (Hanover, 1920); English edn., Storm of Steel (London, 2003).

Junker, Detlef, *Die Deutsche Zentrumspartei und Hitler: Ein Beitrag zur Problematik des politischen Katholizismus in Deutschland* (Stuttgart, 1969).

Kaes, Anton, *et al.* (eds.), *The Weimar Republic Sourcebook* (Berkeley, 1994).

Kai, Michel, *Vom Poeten zum Demagogen: Die schriftstellerischen Versuche Joseph Goebbels'* (Cologne, 1999).

Kaiser, Jochen-Christoph, *Sozialer Protestantismus im 20. Jahrhundert: Beiträge zur Geschichte der Inneren Mission 1914-1945* (Munich, 1989).

——, *et al.* (eds.), *Eugenik, Sterilisation, 'Euthanasie' : Politische Biologie in Deutschland 1893-1945* (Berlin, 1992).

Kaminski, Andrej, *Konzentrationslager 1896 bis heute: Eine Analyse* (Stuttgart, 1982).

Kampe, Norbert, *Studenten und 'Judenfrage' im deutschen Kaiserreich: Die Entstehung einer akademischen Trägerschicht des Antisemitismus* (Gottingen, 1988).

Kaplan, Marion A., 'The Acculturation, Assimilation, and Integration of Jews in

Imperial Germany', *Year Book of the Leo Baeck Institute*, 27 (1982), 3-35.

Karasek, Horst, *Der Brandstifter: Lehr- und Wanderjahre des Maurergesellen Marinus van der Lubbe, der 1933 auszog, den Reichstag anzuzünden* (Berlin, 1980).

Kasischke-Wurm, Daniela, *Antisemitismus im Spiegel der Hamburger Presse während des Kaiserreichs (1884-1914)* (Hamburg, 1997).

Kater, Michael H., *Studentenschaft und Rechtsradikalismus in Deutschland 1918-1933: Eine sozialgeschichtliche Studie zur Bildungskrise in der Weimarer Republik* (Hamburg, 1975).

——, 'The Work Student: A Socio-Economic Phenomenon of Early Weimar Germany', *Journal of Contemporary History*, 10 (1975), 71-94.

——, *The Nazi Party: A Social Profile of Members and Leaders, 1919-1945* (Oxford, 1983).

——, *Different Drummers: Jazz in the Culture of Nazi Germany* (New York, 1992).

——, *The Twisted Muse: Musicians and their Music in the Third Reich* (New York, 1997).

Katz, Jacob, *The Darker Side of Genius: Richard Wagner's Anti-Semitism* (Hanover, 1986).

——, *From Prejudice to Destruction: Anti-Semitism, 1700-1933* (Cambridge, Mass., 1980).

Kauders, Anthony, *German Politics and the Jews: Düsseldorf and Nuremberg 1910-1933* (Oxford, 1996).

Kaufmann, Doris, *Katholisches Milieu in Münster 1928-1933* (Düsseldorf, 1984).

Kelly, Andrew, *Filming All Quiet on the Western Front - 'Brutal Cutting, Stupid Censors, Bigoted Politicos'* (London, 1998), 平装本的书名为 *All Quiet on the Western Front: The Story of a Film* (London, 2002).

Kent, Bruce, *The Spoils of War: The Politics, Economics and Diplomacy of Reparations 1918-1932.* (Oxford, 1989).

Kershaw, Ian, *Popular Opinion and Political Dissent in the Third Reich: Bavaria 1933-1945* (Oxford, 1983).

——, 'Ideology, Propaganda, and the Rise of the Nazi Party', in Peter D. Stachura (ed.), *The Nazi Machtergreifung, 1933* (London, 1983), 162-81.

—— (ed.), *Weimar: Why did German Democracy Fail?* (London, 1990).

——, *Hitler*, I: *1889-1936: Hubris* (London, 1998).

——, *Hitler*, II: *1936-1945: Nemesis* (London, 2000).

——, *The Nazi Dictatorship: Problems and Perspectives of Interpretation* (4th edn., London, 2000 [1985]).

——, and Lewin, Moshe (eds.), *Stalinism and Nazism: Dictatorships in Comparison* (Cambridge, 1997).

Kertzer, David, *Unholy War: The Vatican's Role in the Rise of Modern Anti-Semitism* (London, 2001).

Kessler, Harry Graf, *Tagebücher 1918-1937* (ed. Wolfgang Pfeiffer-Belli, Frankfurt am Main, 1961).

Kettenacker, Lothar, 'Der Mythos vom Reich', in Karl H. Bohrer (ed.), *Mythos und Moderne* (Frankfurt am Main, 1983), 262-89.

Kiesewetter, Hubert, *Industrielle Revolution in Deutschland 1815-1914* (Frankfurt am Main, 1989).

Kindleberger, Charles P., *The World in Depression 1929-1939* (Berkeley, 1987 [1973]).

Kirkpatrick, Clifford, *Nazi Germany: Its Women and Family Life* (New York, 1938).

Kissenkoetter, Udo, *Gregor Strasser und die NSDAP* (Stuttgart, 1978).

——, 'Gregor Strasser: Nazi Party Organizer or Weimar Politician?', in Smelser and Zitelmann (eds.), *The Nazi Elite*, 224-34.

Kitchen, Martin, *The German Officer Corps 1890-1914* (Oxford, 1968).

——, *A Military History of Germany from the Eighteenth Century to the Present Day* (London, 1975).

——, *The Silent Dictatorship: The Politics of the German High Command under Hindenburg and Ludendorff, 1916-1918* (London, 1976).

——, *The Coming of Austrian Fascism* (London, 1980).

Klaus, Martin, *Mädchen in der Hitlerjugend: Die Erziehung zur 'deutschen Frau'* (Cologne, 1980).

Klein, Gotthard, *Der Volksverein für das katholische Deutschland 1890-1933: Geschichte, Bedeutung, Untergang* (Paderborn, 1996).

Klein, Ulrich, 'SA-Terror und Bevölkerung in Wuppertal 1933/34, in Detlev Peukert and Jürgen Reulecke (eds.), *Die Reihen fast geschlossen: Beiträge zur Geschichte des Alltags unterm Nationalsozialismus* (Wuppertal, 1981) 45-64.

Kleist-Schmenzin, Ewald von, 'Die letzte Möglichkeit: Zur Ernennung Hitlers zur Reichskanzler an 30. Januar 1933', *Politische Studien*, 10 (1959), 89-92.

Klemperer, Victor, LTI: *Notizbuch eines Philologen* (Leipzig, 1985 [1946]).

——, *Leben sammeln, nicht fragen wozu und warum*, I: *Tagebücher 1919-1925*; II: *Tagebücher 1925-1932* (Berlin, 1996).

——, *Curriculum Vitae: Erinnerungen 1881-1918* (2 vols., Berlin, 1996 [1989]).

——, *I Shall Bear Witness: The Diaries of Victor Klemperer 1933-1941* (London, 1998).

——, *Tagebücher 1933-1934* (*Ich will Zeugnis ablegen bis zum Letzten*, I); Berlin, 1999 [1995]).

Klepper, Jochen, *Unter dem Schatten deiner Flügel: Aus den Tagebüchern der Jahre 1932-1942* (Stuttgart, 1956).

Klepsch, Thomas, *Nationalsozialistische Ideologie: Eine Beschreibung ihrer Struktur vor 1933* (Münster, 1990).

Klessmann, Christoph, 'Hans Frank: Party Jurist and Governor-General in Poland', in Smelser and Zitelmann (eds.), *The Nazi Elite*, 39-47.

Klier, John D., and Lambroza, Shlomo (eds.), *Pogroms: Anti-Jewish Violence in Modern Russian History* (Cambridge, 1992).

Klinger, Max (pseud.; i.e. Curt Geyer), *Volk in Ketten* (Karlsbad, 1934).

Klönne, Arno, *Jugend im Dritten Reich: Dokumente und Analysen* (Cologne, 1982).

Kluke, Paul, 'Der Fall Potempa', VfZ 5 (1957), 279-97.

Knock, Thomas J., *To End All Wars: Woodrow Wilson and the Quest for a New World Order* (New York, 1992).

Knowles, Elizabeth (ed.), *The Oxford Dictionary of Quotations* (5th edn., Oxford, 1999).

Kocka, Jürgen, 'German History Before Hitler: The Debate about the German *Sonderweg*', *Journal of Contemporary History*, 23 (1988), 3-16.

Koehler, Karen, 'The Bauhaus, 1919-1928: Gropius in Exile and the Museum of Modern Art, N. Y., 1938', in Richard A. Etlin (ed.), *Art, Culture and Media under the Third Reich* (Chicago, 2002), 287-315.

Kohl, Horst (ed.), *Die politischen Reden des Fürsten Bismarck* (14 vols., Stuttgart, 1892-1905).

Kohler, Eric D., 'The Crisis in the Prussian Schutzpolizei 1930-32', in George L. Mosse (ed.), *Police Forces in History* (London, 1975), 131-50.

Köhler, Fritz, 'Zur Vertreibung humanistischer Gelehrter 1933/34', *Blätter für deutsche und internationale Politik*, II (1966), 696-707.

Kohn, Hans, *The Mind of Germany: The Education of a Nation* (London, 1961).

—— (ed.), *German History: Some New German Views* (Boston, 1954).

Kolb, Eberhard, *The Weimar Republic* (London, 1988).

——, 'Die Reichsbahn vom Dawes-Plan bis zum Ende der Weimarer Republik', in Lothar Gall and Manfred Pohl (eds.), *Die Eisenbahn in Deutschland: Von den Anfängen bis zur Gegenwart* (Munich, 1999), 109-64.

Kolbe, Ulrich, 'Zum Urteil über die "Reichstagsbrand-Notverordnung" vom 28. 2. 1933', *Geschichte in Wissenschaft und Unterricht*, 16 (1965), 359-70.

Könnemann, Erwin, *et al.* (eds.), *Arbeiterklasse siegt über Kapp und Lüttwitz* (2 vols., Berlin, 1971).

Koonz, Claudia, *Mothers in the Fatherland: Women, the Family, and Nazi Politics* (London, 1987).

Koszyk, Kurt, *Deutsche Presse im 19. Jahrhundert: Geschichte der deutschen Presse*, II (Berlin, 1966).

——, *Deutsche Presse 1914-1945: Geschichte der deutschen Presse*, III (Berlin,

1972).

Kotowski, Georg, *Friedrich Ebert: Eine politische Biographie, I: Der Aufstieg eines deutschen Arbeiterführers 1871 bis 1917* (Wiesbaden, 1963).

Kracauer, Siegfried, *From Caligari to Hitler: A Psychological History of the German Film* (Princeton, 1947).

Kramer, Helgard, 'Frankfurt's Working Women: Scapegoats or Winners of the Great Depression?', in Evans and Geary (eds.), *The German Unemployed*, 108-41.

Kraul, Margret, *Das deutsche Gymnasium 1780-1980* (Frankfurt am Main, 1984).

Krause, Thomas, *Hamburg wird braun: Der Aufstieg der NSDAP 1921-1933* (Hamburg, 1987).

Kreutzahler, Birgit, *Das Bild des Verbrechers in Romanen der Weimarer Republik: Eine Untersuchung vor dem Hintergrund anderer gesellschaftlicher Verbrecherbilder und gesellschaftlicher Grundzüge der Weimarer Republik* (Frankfurt am Main, 1987).

Kritzer, Peter, *Die bayerische Sozialdemokratie und die bayerische Politik in den Jahren 1918-1923* (Munich, 1969).

Krohn, Klaus-Dieter, *Stabilisierung und ökonomische Interessen: Die Finanzpolitik des deutschen Reiches 1923-1927* (Düsseldorf, 1974).

Krüger, Gerd, '"Ein Fanal des Widerstandes im Ruhrgebiet" : Das "Unternehmen Wesel" in der Osternacht des Jahres 1923. Hintergründe eines angeblichen "Husarenstreiches"', *Mitteilungsblatt des Instituts fur soziale Bewegungen*, 4 (2000), 95-140.

Kruger, Gesine, *Kriegsbewältigung und Geschichtsbewusstsein: Realität, Deutung und Verarbeitung des deutschen Kolonialkrieges in Namibia 1904 bis 1907* (Gottingen, 1999).

Kruse, Wolfgang, 'Krieg und Klassenheer: Zur Revolutionierung der deutschen Armee im Ersten Weltkrieg', *Geschichte und Gesellschaft*, 22 (1996), 530-61.

Kube, Alfred, *Pour le mérite und Hakenkreuz: Hermann Goering im Dritten Reich* (2nd edn., Munich, 1987 [1986]).

——, 'Hermann Goering: Second Man in the Third Reich', in Smelser and Zitelmann (eds.), *The Nazi Elite*, 62-73.

Kubizek, August, *Adolf Hitler: Mein Jugendfreund* (Graz, 1953).

Kühn, Volker (ed.), *Deutschlands Erwachen: Kabarett unterm Hakenkreuz 1933-1945* (Weinheim, 1989).

Kurz, Thomas, *'Blutmai' : Sozialdemokraten und Kommunisten im Brennpunkt der Berliner Ereignisse von 1929* (Bonn, 1988).

Kwiet, Konrad, and Eschwege, Helmut, *Selbstbehauptung und Widerstand: Deutsche Juden im Kampf um Existenz und Menschenwürde 1933-1945* (Hamburg, 1984).

Lamberti, Marjorie, *State, Society and the Elementary School in Imperial Germany* (New York, 1989).

——, 'Elementary School Teachers and the Struggle against Social Democracy in Wilhelmine Germany', *History of Education Quarterly*, 12 (1992), 74-97.

Lane, Barbara Miller, *Architecture and Politics in Germany, 1918-1945* (Cambridge, Mass., 1968).

——, and Rupp, Leila J. (eds.), *Nazi Ideology before 1933. 'A Documentation* (Manchester, 1978).

Lang, Jochen von, 'Martin Bormann: Hitler's Secretary', in Smelser and Zitelmann (eds.), *The Nazi Elite*, 7-17.

Langbehn, Julius, *Rembrandt als Erzieher* (38th edn., Leipzig, 1891 [1890]), 292.

——, *Der Rembrandtdeutsche: Von einem Wahrheitsfreund* (Dresden, 1892).

Lange, Karl, 'Der Terminus "Lebensraum" in Hitler's *Mein Kampf*', VfZ 13 (1965), 426-37.

Langer, Michael, *Zwischen Vorurteil und Aggression: Zum Judenbild in der deutschsprachigen katholischen Volksbildung des 19. Jahrhunderts* (Freiburg, 1994).

Laqueur, Walter, *Young Germany: A History of the German Youth Movement* (London, 1962).

——, *Russia and Germany: A Century of Conflict* (London, 1965).

——, *Weimar: A Cultural History 1918-1933* (London, 1974).

Large, David Clay, *Where Ghosts Walked: Munich's Road to the Third Reich* (New York, 1997).

——, '"Out with the Ostjuden" : The Scheunenviertel Riots in Berlin, November 1923', in Werner Bergmann *et al.* (eds.), *Exclusionary Violence: Antisemitic Riots in Modern Germany* (Ann Arbor, 2002), 123-40.

Laski, Harold, *The Germans - are they Human?* (London, 1941).

Laursen, Karsten, and Pedersen, Jürgen, *The German Inflation 1918-1923* (Amsterdam, 1964).

Lebeltzer, Gisela, 'Der "Schwarze Schmach" : Vorurteile - Propaganda - Mythos', *Geschichte und Gesellschaft*, 11 (1985), 37-58.

Lehnert, Detlef, *Sozialdemokratie zwischen Protestbewegung und Regierungspartei 1848-1983* (Frankfurt am Main, 1983).

Lenman, Robin, 'Julius Streicher and the Origins of the NSDAP in Nuremberg, 1918-1923', in Nicholls and Matthias (eds.), *German Democracy*, 161-74.

——, 'Art, Society and the Law in Wilhelmine Germany: The Lex Heinze', *Oxford German Studies*, 8 (1973), 86-113.

Lepsius, M. Rainer, 'Parteisystem und Sozialstruktur: Zum Problem der Demokratisierung der deutschen Gesellschaft', in Gerhard A. Ritter (ed.), *Die deutschen Parteien vor 1918* (Cologne, 1973), 56-80.

Lerner, Warren, *Karl Radek: The Last Internationalist* (Stanford, Calif., 1970).

Lessing, Hellmut, and Liebel, Manfred, *Wilde Cliquen: Szenen einer anderen Arbeiterbewegung* (Bensheim, 1981).

Lessing, Theodor, Haarmann: *Die Geschichte eines Werwolfs. Und andere Kriminalreportagen* (ed. Rainer Marwedel, Frankfurt am Main, 1989).

Lessmann, Peter, *Die preussische Schutzpolizei in der Weimarer Republik: Streifendienst und Strassenkampf* (Düsseldorf, 1989).

Leuschen-Seppel, Rosemarie, *Sozialdemokratie und Antisemitismus im Kaiserreich: Die Auseinandersetzung der Partei mit den konservativen und völkischen Strömungen des Antisemitismus 1871-1914* (Bonn, 1978).

Levi, Erik, *Music in the Third Reich* (London, 1994).

Levy, Richard S., *The Downfall of the Anti-Semitic Political Parties in Imperial Germany* (New Haven, 1975).

Lewy, Günther, *The Catholic Church and Nazi Germany* (New York, 1964).

Liang, Hsi-Huey, *The Berlin Police Force in the Weimar Republic* (Berkeley, 1970).

Lidtke, Vernon L., *The Outlawed Party: Social Democracy in Germany, 1878-1890* (Princeton, 1966).

——, *The Alternative Culture: Socialist Labor in Imperial Germany* (New York, 1985).

Liepach, Martin, *Das Wahlverhalten der jüdischen Bevölkerung: Zur politischen Orientierung der Juden in der Weimarer Republik* (Tübingen, 1996).

Lindenberger, Thomas, and Lüdtke, Alf (eds.), *Physische Gewalt: Studien zur Geschichte der Neuzeit* (Frankfurt am Main, 1995).

Link, Arthur S. (ed.), *The Papers of Woodrow Wilson* (69 vols., Princeton, 1966-).

Lipstadt, Deborah E., *Beyond Belief: The American Press and the Coming of the Holocaust, 1933-1945* (New York, 1986).

Liulevicius, Vejas Gabriel, *War Land on the Eastern Front: Culture, National Identity and German Occupation in World War I* (Cambridge, 2000).

Lobe, Paul, *Der Weg war lang: Lebenserinnerungen von Paul Löbe* (Berlin, 1954 [1950]).

Lohalm, Uwe, *Völkischer Radikalismus: Die Geschichte des Deutschvölkischen Schutz- und Trutzbundes, 1919-1923* (Hamburg, 1970).

London, John, *Theatre under the Nazis* (Manchester, 2000).

Longerich, Peter, *Die braunen Bataillone: Geschichte der SA* (Munich, 1989).

——, *Politik der Vernichtung: Eine Gesamtdarstellung der nationalsozialistischen Judenverfolgung* (Munich, 1998).

——, *Der ungeschriebene Befehl: Hitler und der Weg zur 'Endlösung'* (Munich,

2001).

Löwenthal, Richard, 'Die nationalsozialistische "Machtergreifung" - eine Revolution? Ihr Platz unter den totalitären Revolutionen unseres Jahrhunderts', in Martin Broszat *et al.* (eds.), *Deutschlands Weg in die Diktatur* (Berlin, 1983), 42-74.

Lowry, Bullitt, *Armistice 1918* (Kent, Ohio, 1996).

Lucas, Erhard, *Märzrevolution im Ruhrgebiet* (3 vols., Frankfurt am Main, 1970-78).

Ludendorff, Erich, *Kriegführung und Politik* (Berlin, 1922).

Lyttelton, Adrian, *The Seizure of Power: Fascism in Italy 1919-1929* (London, 1973).

Macartney, Carlile A., *The Habsburg Empire 1790-1918* (London, 1968).

McElligott, Anthony, 'Mobilising the Unemployed: The KPD and the Unemployed Workers' Movement in Hamburg-Altona during the Weimar Republic', in Evans and Geary (eds.), *The German Unemployed*, 228-60.

——, *Contested City: Municipal Politics and the Rise of Nazism in Altona, 1917-1937* (Ann Arbor, 1998).

Macmillan, Margaret, *Peacemakers: The Paris Conference of 1919 and its Attempt to End War* (London, 2001).

Mai, Gunther, 'Die Nationalsozialistische Betriebszellen-Organisation: Zum Verhältnis von Arbeiterschaft und Nationalsozialismus', VfZ 31 (1983), 573-613.

Mallmann, Klaus-Michael, *Kommunisten in der Weimarer Republik: Sozialgeschichte einer revolutionären Bewegung* (Darmstadt, 1996).

——, 'Gehorsame Parteisoldaten oder eigensinnige Akteure? Die Weimarer Kommunisten in der Kontroverse - eine Erwiderung', VfZ 47 (1999), 401-15.

Mannes, Astrid Luise, *Heinrich Brüning: Leben, Wirken, Schicksal* (Munich, 1999).

Manstein, Peter, *Die Mitglieder und Wähler der NSDAP 1919-1933: Untersuchungen zu ihrer schichtmässigen Zusammensetzung* (Frankfurt am Main, 1990 [1987]).

Marcuse, Harold, *Legacies of Dachau: The Uses and Abuses of a Concentration Camp, 1933-2001* (Cambridge, 2001).

Marks, Sally, 'Black Watch on the Rhine: A Study in Propaganda, Prejudice and Prurience', *European Studies Review*, 13 (1983), 297-334.

Marquis, Alice Goldfarb, 'Words as Weapons: Propaganda in Britain and Germany during the First World War', *Journal of Contemporary History*, 13 (1978), 467-98.

Marr, Wilhelm, *Der Sieg des Judenthums über das Germanenthum vom nicht konfessionellen Standpunkt aus betrachtet* (Berlin, 1873).

——, *Vom jüdischen Kriegsschauplatz: Eine Streitschrift* (Berne, 1879).

Martens, Stefan, *Hermann Goering: 'Erster Paladin des Führers' und 'Zweiter Mann im Reich'* (Paderborn, 1985).

Martin, Bernd, 'Die deutschen Gewerkschaften und dic nationalsozialistische Machtübernahme', *Geschichte in Wissenschaft und Unterricht*, 36 (1985), 605-31.

—— (ed.), *Martin Heidegger und das 'Dritte Reich' : Ein Kompendium* (Darmstadt, 1989).

Marx, Karl, *The Eighteenth Brumaire of Louis Bonaparte* (1852), in Lewis Feuer (ed.), *Marx and Engels: Basic Writings on Politics and Philosophy* (New York, 1959), 358-88.

——, 'Randglossen zum Programm der deutschen Arbeiterpartei' (Kritik des Gothaer Programms, 1875), in Karl Marx and Friedrich Engels, *Ausgewählte Schriften* (2 vols., East Berlin, 1968), II. 11-28.

Maschmann, Melita, *Account Rendered: A Dossier on my Former Self* (trans. Geoffrey Strachan, London, 1964).

Maser, Werner, *Die Frühgeschichte der NSDAP: Hitlers Weg bis 1924* (Frankfurt am Main, 1965).

——, *Hitlers Mein Kampf: Geschichte, Auszüge, Kommentare* (Munich, 1966).

——, *Hermann Göring: Hitlers janusköpfiger Paladin. Die politische Biographie* (Berlin, 2000).

Mason, Tim W., *Social Policy in the Third Reich: The Working Class and the 'National Community'* (ed. Jane Caplan, Providence, RI, 1993 [1977]).

——, *Nazism, Fascism and the Working Class: Essays by Tim Mason* (ed. Jane Caplan, Cambridge, 1995).

Massing, Paul W., *Rehearsal for Destruction* (New York, 1949).

Matthias, Erich, 'Der Untergang der Sozialdemokratie 1933', VfZ 4 (1956), 179- 226 and 250-86.

——, 'Hindenburg zwischen den Fronten 1932', VfZ 8 (1960), 75-84.

——, and Morsey, Rudolf (eds.), *Das Ende der Parteien 1933: Darstellungen und Dokumente* (Düsseldorf, 1960).

——, 'Die Sozialdemokratische Partei Deutschlands', in Matthias and Morsey (eds.), *Das Ende*, 101-278.

Maurer, Trude, *Ostjuden in Deutschland, 1918-1933* (Hamburg, 1986).

Mayer, Arno J., *Politics and Diplomacy of Peacemaking: Containment and Counterrevolution at Versailles 1918-1919* (2nd edn., New York, 1969 [1967]).

Mazower, Mark, *Dark Continent: Europe' s Twentieth Century* (London, 1998).

Medalen, Charles, 'State Monopoly Capitalism in Germany: The Hibernia Affair', *Past and Present*, 78 (February 1978), 82-112.

Meinecke, Friedrich, 'Bismarck und das neue Deutschland', in idem, *Preussen und Deutschland im 19. und 20. Jahrhundert* (Munich, 1918).

——, *Die deutsche Katastrophe* (Wiesbaden, 1946).

——, *The German Catastrophe: Reflections and Recollections* (Cambridge, Mass., 1950).

Meiring, Kerstin, *Die christlich-jüdische Mischehe in Deutschland, 1840-1933*

(Hamburg, 1998).

Meissner, Otto, *Staatssekretär unter Ebert - Hindenburg - Hitler: Der Schicksalsweg des deutschen Volkes von 1918- 1945, wie ich ihn erlebte* (Hamburg, 1950), 216-17.

Mergel, Thomas, *Parlamentarische Kultur in der Weimarer Republik: Politische Kommunikation, symbolische Politik und Öffentlichkeit im Reichstag* (Düsseldorf, 2002).

Merkl, Peter H., *Political Violence under the Swastika: 581 Early Nazis* (Princeton, 1975).

Merson, Allan, *Communist Resistance in Nazi Germany* (London, 1985).

Meyer, Folkert, *Schule der Untertanen: Lehrer und Politik in Preussen 1848-1900* (Hamburg, 1976).

Meyer, Michael, *The Politics of Music in the Third Reich* (New York, 1991).

Michalka, Wolfgang, and Niedhart, Gottfried, *Die ungeliebte Republik: Dokumente zur Innen- und Aussenpolitik Weimars 1918-1933* (Munich, 1980).

Mierendorff, Carlo, 'Der Hindenburgsieg 1932', *Sozialistische Monatshefte*, 4 April 1932, 197.

Milatz, Alfred, 'Das Ende der Parteien im Spiegel der Wahlen 1930 bis 1933', in Matthias and Morsey (eds.), *Das Ende*, 743-93.

——, *Wähler und Wahlen in der Weimarer Republik* (Bonn, 1965).

Miller, Max, *Eugen Bolz* (Stuttgart, 1951).

Miller, Susanne, and Potthoff, Heinrich, *A History of German Social Democracy: From 1848 to the Present* (Leamington Spa, 1986 [1983]).

Milward, Alan, and Saul, Samuel B., *The Development of the Economies of Continental Europe 1850-1914* (London, 1977).

Ministere des affaires étrangères (ed.), *Documents Diplomatiques Français, 1932-1939*, ser. I, vol. II (Paris, 1966).

Minuth, Karl-Heinz (ed.), *Akten der Reichskanzlei: Weimarer Republik. Das Kabinett von Papen, I. Juni bis 3. December 1932* (Boppard, 1989).

——(ed.), *Akten der Reichskanzlei: Die Regierung Hitler*, I: *1933-1934* (2 vols., Boppard, 1983).

Mitchell, Allan, *Revolution in Bavaria 1918/1919: The Eisner Regime and the Soviet Republic* (Princeton, 1965).

Moeller, Robert G., 'Winners as Losers in the German Inflation: Peasant Protest over the Controlled Economy', in Gerald D. Feldman *et al.* (eds.), *The German Inflation: A Preliminary Balance* (Berlin, 1982), 255-88.

——, 'The Kaiserreich Recast? Continuity and Change in Modern German Historiography', *Journal of Social History*, 17 (1984), 655-83.

Moeller van den Bruck, Arthur, *Das Dritte Reich* (3rd edn., Hamburg, 1931 [Berlin, 1923]).

Möller, Horst, 'Die nationalsozialistische Machtergreifung: Konterrevolution oder Revolution?', VfZ 31 (1983), 25-51.

Mommsen, Hans, 'Der Reichstagsbrand und seine politischen Folgen', VfZ 12 (1964), 351-4113.

——, *Beamtentum im Dritten Reich: Mit ausgewählten Quellen zur nationalsozialistischen Beamtenpolitik* (Stuttgart, 1966).

——, 'Betrachtungen zu den Memoiren Heinrich Brünings', *Jahrbuch für die Geschichte Mittel- und Ostdeutschlands*, 22 (1973), 270-80.

——, 'Van der Lubbes Weg in den Reichstag- der Ablauf der Ereignisse', in Backes *et al.*, *Reichstagsbrand*, 33-57.

——, *Der Nationalsozialismus und die deutsche Gesellschaft: Ausgewählte Aufsdtze* (Reinbek, 1991).

——, *From Weimar to Auschwitz: Essays in German History* (Princeton, 1991).

——, *The Rise and Fall of Weimar Democracy* (Chapel Hill, NC, 1996 [1989]).

——, 'Das Jahr 1930 als Zäsur in der deutschen Entwicklung der Zwischenkriegszeit', in Lothar Ehrlich and Jürgen John (eds.), *Weimar 1930: Politik und Kultur im Vorfeld der NS-Diktatur* (Cologne, 1998), 1-13.

Mommsen, Wolfgang J., *Das Ringen um den nationalen Staat: Die Gründung und der innere Ausbau des Deutschen Reiches unter Otto von Bismarck 1850-1890* (Berlin, 1993).

——, *Bürgertolz und Weltmachtstreben: Deutschland unter Wilhelm II. 1890 bis 1918* (Berlin, 1995).

Moreau, Patrick, *Nationalsozialismus von 'links' : Die 'Kampfgemeinschaft Revolutionärer Nationalsozialisten' und die 'Schwarze Front' Otto Strassers 1930-1935* (Stuttgart, 1984).

Mork, Andrea, *Richard Wagner als politischer Schriftsteller: Weltanschauung und Wirkungsgeschichte* (Frankfurt am Main, 1990).

Morsch, Günter, 'Oranienburg - Sachsenhausen, Sachsenhausen - Oranienburg', in Herbert *et al.* (eds.), *Die nationalsozialistischen Konzentrationslager*, 111-34.

Morsey, Rudolf, 'Die Deutsche Zentrumspartei', in Matthias and Morsey (eds.), *Das Ende*, 279-453.

——, 'Hitler als Braunschweiger Reigierungsrat', VfZ 8 (1960), 419-48.

——, 'Hitlers Verhandlungen mit der Zentrumsführung am 31. Januar 1933', VfZ 9 (1961), 182-94.

——, 'Zur Geschichte des "Preussenschlags" am 20. Juli 1932', VfZ 9 (1961), 436-9.

——, *Der Untergang des politischen Katholizismus: Die Zentrumspartei zwischen christlichem Selbstverständnis und 'Nationaler Erhebung' 1932/33* (Stuttgart, 1977).

——, 'Beamtenschaft und Verwaltung zwischen Republik und "Neuem Staat"', in

Erdmann and Schulze (eds.), *Weimar*, 151-68.

—— (ed.), *Das 'Ermächtigungsgesetz' vom 24. März 1933: Quellen zur Geschichte und Interpretation des 'Gesetzes zur Behebung der Not von Volk und Reich'* (Düsseldorf, 1992).

Mosse, George L., *The Crisis of German Ideology: Intellectual Origins of the Third Reich* (London, 1964).

——, *The Nationalization of the Masses: Political Symbolism and Mass Movements in Germany from the Napoleonic Wars through the Third Reich* (New York, 1975).

Mosse, Werner E., *Jews in the German Economy: The German-Jewish Economic Élite 1820-1935* (Oxford, 1987).

——, *The German-Jewish Economic Élite 1820-1935: A Socio-Cultural Profile* (Oxford, 1989).

Mühlberger, Detlef, 'A Social Profile of the Saxon NSDAP Membership before 1933', in Szejnmann, *Nazism*, 211-19.

——, *Hitler' s Followers: Studies in the Sociology of the Nazi Movement* (London, 1991).

Mühlhausen, Walter, *Friedrich Ebert: Sein Leben, sein Werk, seine Zeit* (Heidelberg, 1999).

Müller, Dirk, *Arbeiter, Katholizismus, Staat: Der Volksverein für das katholische Deutschland und die katholischen Arbeiterorganisationen in der Weimarer Republik* (Bonn, 1996).

Müller, Fritz Ferdinand, *Deutschland-Zanzibar-Ostafrika: Geschichte einer deutschen Kolonialeroberung 1884-1890* (Berlin, 1990 [1959]).

Müller, Hans (ed.), *Katholische Kirche und Nationalsozialismus: Dokumente 1930-1935* (Munich, 1963).

Müller, Ingo, *Hitler' s Justice: The Courts of the Third Reich* (London, 1991 [1987]).

Müller, Klaus-Jürgen, *The Army, Politics and Society in Germany 1933-1945: Studies in the Army' s Relation to Nazism* (Manchester, 1987).

——, 'Der Tag von Potsdam und das Verhältnis der preussisch-deutschen Militär-Elite zum Nationalsozialismus', in Bernhard Kröner (ed.), *Potsdam - Stadt, Armee, Residenz in der preussisch-deutschen Militärgeschichte* (Frankfurt am Main, 1993), 435-49.

Müller-Jabusch, Maximilian (ed.), *Handbuch des öffentlichen Lebens* (Leipzig, 1931).

Nahel, Irmela, *Fememorde und Fememordprozesse in der Weimarer Republik* (Cologne, 1991).

Nationalsozialistischer Deutscher Frontkämpferbund (ed.), *Der NSDFB (Stahlhelm): Geschichte, Wesen und Aufgabe des Frontsoldatenbundes* (Berlin, 1935).

Nelles, Dieter, 'Jan Valtins "Tagebuch der Hölle" - Legende und Wirklichkeit eines

Schlüsselromans der Totalitarismustheorie', *1999: Zeitschrift für Sozialgeschichte des 20. und 21. Jahrhunderts*, 9 (1994), 11-45.

Nelson, Keith, '"The Black Horror on the Rhine" : Race as a Factor in Post-World War I Diplomacy', *Journal of Modern History*, 42 (1970), 606-27.

Neugebauer, Rosamunde, '"Christus mit der Gasmaske" von George Grosz, oder: Wieviel Satire konnten Kirche und Staat in Deutschland um 1930 ertragen?', in Maria Rüger (ed.), *Kunst und Kunstkritik der dreissiger Jahre: 29 Standpunkte zu künstlerischen und ästhetischen Prozessen und Kontroversen* (Dresden, 1990), 156-65.

Neumann, Franz, *Behemoth: The Structure and Practice of National Socialism* (New York, 1942).

Nicholls, Anthony J., 'Die höhere Beamtenschaft in der Weimarer Zeit: Betrachtungen zu Problemen ihrer Haltung und ihrer Fortbildung', in Lothar Albertin and Werner Link (eds.), *Politische Parteien auf dem Weg zur parlamentarischen Demokratie in Deutschland: Entwicklungslinien bis zur Gegenwart* (Düsseldorf, 1981), 195-207.

——, *Weimar and the Rise of Hitler* (4th edn., London, 2000 [1968]).

——, and Matthias, Erich (eds.), *German Democracy and the Triumph of Hitler: Essays in Recent German History* (London, 1971).

Niehuss, Merith, 'From Welfare Provision to Social Insurance: The Unemployed in Augsburg 1918-27', in Evans and Geary (eds.), *The German Unemployed*, 44-72.

Niewyk, Donald L., *The Jews in Weimar Germany* (Baton Rouge, La., 1980).

Nipperdey, Thomas, *Germany from Napoleon to Bismarck* (Princeton, 1986 [1983]).

——, *Deutsche Geschichte 1866-1918*, I: *Arbeitswelt und Bürgergeist* (Munich, 1990).

——, *Deutsche Geschichte 1866-1918*, II: *Machtstaat vor der Demokratie* (Munich, 1992).

Nitschke, August, *et al.* (eds.), *Jahrhundertwende: Der Aufbruch in die Moderne 1880-1930* (2 vols., Reinbek, 1990).

Noack, Paul, *Ernst Jünger: Eine Biographie* (Berlin, 1998).

Noakes, Jeremy, *The Nazi Party in Lower Saxony 1921-1933* (Oxford, 1971).

——, 'Nazism and Revolution', in Noel O'Sullivan (ed.), *Revolutionary Theory and Political Reality* (London, 1983), 73-100.

——, 'Nazism and Eugenics: The Background to the Nazi Sterilization Law of 14 July 1933', in Roger Bullen *et al.* (eds.), *Ideas into Politics: Aspects of European History 1880-1950* (London, 1984), 75-94.

——, and Pridham, Geoffrey (eds.), *Nazism 1919-1945* (4 vols., Exeter 1983-98 [1974]).

Nolan, Mary, *Visions of Modernity: American Business and the Modernization of Germany* (New York, 1994).

Nolte, Ernst, *Three Faces of Fascism: Action Française, Italian Fascism, National Socialism* (New York, 1969 [1963]).

——, *Der europäische Bürgerkrieg 1917-1945; Nationalsozialismus und Bolschewismus* (Frankfurt am Main, 1987).

Nonn, Christoph, *Eine Stadt sucht einen Mörder: Gerücht, Gewalt und Antisemitismus im Kaiserreich* (Göttingen, 2002).

Norton, Robert E., *Secret Germany: Stefan George and his Circle* (Ithaca, NY, 2002).

Nowak, Kurt, and Raulet, Gérard (eds.), *Protestantismus und Antisemitismus in der Weimarer Republik* (Frankfurt am Main, 1994).

Nuss, Karl, *Militär und Wiederaufrüstung in der Weimarer Republik: Zur politischen Rolle und Entwicklung der Reichswehr* (Berlin, 1977).

Oertel, Thomas, *Horst Wessel. Untersuchung einer Legende* (Cologne, 1988).

O'Neill, Robert J., *The German Army and the Nazi Party 1933-1939* (London, 1966).

Orlow, Dietrich, *The History of the Nazi Party*, I: *1919-1933* (Newton Abbot, 1971 [1969]).

——, *Weimar Prussia 1918-1925: The Unlikely Rock of Democracy* (Pittsburgh, 1986).

——, 'Rudolf Hess: Deputy Führer', in Smelser and Zitelmann (eds.), *The Nazi Elite*, 74-84.

Orth, Karin, *Das System der nationalsozialistischen Konzentrationslager* (Hamburg, 1999).

Osterroth, Franz, and Schuster, Dieter, *Chronik der deutschen Sozialdemokratie* (Hanover, 1963).

Ostwald, Hans, *Sittengeschichte der Inflation: Ein Kulturdokument aus den Jahren des Marksturzes* (Berlin, 1931).

Ott, Hugo, *Martin Heidegger: A Political Life* (London, 1993).

Overy, Richard, *Goering: The 'Iron Man'* (London, 1984).

Owen, Richard, 'Military-Industrial Relations: Krupp and the Imperial Navy Office', in Evans (ed.), *Society and Politics*, 71-89.

Paret, Peter, *An Artist against the Third Reich: Ernst Barlach 1933-1938* (Cambridge, 2003).

Passmore, Kevin, *Fascism: A Very Short Introduction* (Oxford, 2002).

Patch, William L., Jr., *Heinrich Brüning and the Dissolution of the Weimar Republic* (Cambridge, 1998).

Paul, Gerhard, *Aufstand der Bilder: Die NS-Propaganda vor 1933* (Bonn, 1990).

Payne, Stanley G., *A History of Fascism 1914-1945* (London, 1995).

Peal, David, 'Antisemitism by Other Means? The Rural Cooperative Movement in Late 19th Century Germany', in Herbert A. Strauss (ed.), *Hostages of Modernization: Studies on Modern Antisemitism 1870-1933/39 : Germany –*

Great Britain – France (Berlin, 1993), 128-49.

Petropoulos, Jonathan, *The Faustian Bargain: The Art World in Nazi Germany* (London, 2000).

Petzina, Dietmar, 'The Extent and Causes of Unemployment in the Weimar Republic', in Peter D. Stachura (ed.), *Unemployment and the Great Depression in Weimar Germany* (London, 1986), 29-48.

——, *et al.*, *Sozialgeschichtliches Arbeitsbuch, III: Materialien zur Geschichte des Deutschen Reiches 1914-1945* (Munich, 1978).

Petzold, Joachim, *Franz von Papen: Ein deutsches Verhängnis* (Munich, 1995).

Peukert, Detlev J. K., *Die KPD im Widerstand: Verfolgung und Untergrundarbeit an Rhein und Ruhr, 1933 bis 1945* (Wuppertal, 1980).

——, *Grenzen der Sozialdisziplinierung: Aufstieg und Krise der deutschen Jugendfiirsorge 1878 bis 1932* (Cologne, 1986).

——, 'The Lost Generation: Youth Unemployment at the End of the Weimar Republic', in Evans and Geary (eds.), *The German Unemployed*, 172-93.

——, *Jugend zwiscben Krieg und Krise: Lebenswelten von Arbeiterjungen in der Weimarer Republik* (Cologne, 1987).

——, *Inside Nazi Germany: Conformity, Opposition and Racism in Everyday Life* (London, 1989 [1982.]).

——, *The Weimar Republic: The Crisis of Classical Modernity* (London, 1991 [1987]).

Pflanze, Otto, *Bismarck* (3 vols., Princeton, 1990).

Phelps, Reginald H., 'Aus den Groener Dokumenten', *Deutsche Rundschau*, 76 (1950), 1019, and 77 (1951), 26-9.

——, '"Before Hitler Came" : Thule Society and Germanen Orden', *Journal of Modern History*, 35 (1963), 145-61.

——, 'Hitler als Parteiredner im Jahre 1920', VfZ 11 (1963), 274-330.

Pikart, Eberhard, 'Preussische Beamtenpolitik 1918-1933', VfZ 6 (1958), 119-37.

Planck, Max, 'Mein Besuch bei Hitler', *Physikalische Blätter*, 3 (1947), 143.

Planert, Ute, *Antifeminismus im Kaiserreich: Diskurs, soziale Formation und politische Mentalität* (Göttingen, 1998).

——, *Nation, Politik und Geschlecht: Frauenbewegungen und Nationalismus in der Moderne* (Frankfurt am Main, 2000).

Plant, Richard, *The Pink Triangle: The Nazi War against Homosexuals* (Edinburgh, 1987).

Plewnia, Margarete, *Auf dem Weg zu Hitler: Der völkische Publizist Dietrich Eckart* (Bremen, 1970).

Pogge-von Strandmann, Hartmut, 'Staatsstreichpläne, Alldeutsche und Bethmann Hollweg', in idem and Imanuel Geiss, *Die Erforderlichkeit des Unmöglichen: Deutschland am Vorabend des ersten Weltkrieges* (Frankfurt am Main, 1965),

7-45.

Pommerin, Reiner, *'Sterilisierung der Rheinlandbastarde' : Das Schicksal einer farbigen deutschen Minderheit 1918-1937* (Düsseldorf, 1979).

Preller, Ludwig, *Sozialpolitik in der Weimarer Republik* (Düsseldorf, 1978 [1949]).

Pridham, Geoffrey, *Hitler's Rise to Power: The Nazi Movement in Bavaria 1923-1933* (London, 1973).

Prieberg, Fred K., *Trial of Strengthi Wilhelm Furtwängler and the Third Reich* (London, 1992).

Proctor, Robert N., *Racial Hygiene: Medicine under the Nazis* (Cambridge, Mass., 1988).

Der Prozess gegen die Hauptkriegsverbrecher vor dem Internationalen Militärgerichtshof (Nuremberg, 1947).

Puhle, Hans-Jürgen, *Agrarische Interessenpolitik und preussischer Konservatismus im wilhelminischen Reich 1893-1914: Ein Beitrag zur Analyse des Nationalismus in Deutschland am Beispiel des Bundes der Landwirte und der Deutsch-Konservativen Partei* (Hanover, 1967).

Pulzer, Peter J. G., *The Rise of Political Anti-Semitism in Germany and Austria* (New York, 1964).

——, 'Der Anfang vom Ende', in Arnold Paucker (ed.), *Die Juden im nationalsozialistischen Deutschland 1933-1944* (Tübingen, 1986), 3-15.

——, *Jews and the German State: The Political History of a Minority, 1848-1933* (Oxford, 1992).

——, 'Jews and Nation-Building in Germany 1815-1918', *Year Book of the Leo Baeck Institute*, 41 (1996), 199-224.

Pyta, Wolfram, 'Konstitutionelle Demokratie statt monarchischer Restauration: Die verfassungspolitische Konzeption Schleichers in der Weimarer Staatskrise', VfZ 47 (1999), 417-41.

Rabenau, Friedrich von, *Seeckt - aus seinem Leben 1918-1936* (Leipzig, 1940).

Radkau, Joachim, *Das Zeitalter der Nervosität: Deutschland zwischen Bismarck und Hitler* (Munich, 1998).

Rahden, Till van, *Juden und andere Breslauer: Die Beziehungen zwischen Juden, Protestanten und Katholiken in einer deutschen Grossstadt von 1860 bis 1925* (Göttingen, 2000).

Rainbird, Sean (ed.), *Max Beckmann* (London, 2003).

Rauschning, Hermann, *Germany's Revolution of Destruction* (London, 1939 [1938]).

Rebentisch, Dieter, and Raab, Angelika (eds.), *Neu-Isenburg zwischen Anpassung und Widerstand: Dokumente über Lebensbedingungen und politisches Verhalten 1933-1934* (Neu-Isenburg, 1978).

Reiche, Eric G., *The Development of the SA in Nürnberg, 1922-1934* (Cambridge,

1986).

Reimann, Aribert, *Der grosse Krieg der Sprachen: Untersuchungen zur historischen Semantik in Deutschland und England zur Zeit des Ersten Weltkriegs* (Essen, 2000).

Reimer, Klaus, *Rheinlandfrage und Rheinlandbewegung (1918-1933): Ein Beitrag zur Geschichte der regionalistischen Bewegung in Deutschland* (Frankfurt am Main, 1979).

Reithel, Thomas, and Strenge, Irene, 'Die Reichstagsbrandverordnung: Grundlegung der Diktatur mit den Instrumenten des Weimarer Ausnahmezustandes', VfZ 48 (2000), 413-60.

Remy, Steven P., *The Heidelberg Myth: The Nazification and Denazification of a German University* (Cambridge, Mass., 2002).

Repgen, Konrad, 'Zur vatikanischen Strategie beim Reichskonkordat,' VfZ 31 (1983), 506-35.

Retallack, James N., *Notables of the Right: The Conservative Party and Political Mobilization in Germany, 1876-1918* (London, 1988).

Reulecke, Jürgen, "'Hat die Jugendbewegung den Nationalsozialismus vorbereitet?" Zum Umgang mit einer falschen Frage', in Wolfgang R. Krabbe (ed.), *Politische Jugend in der Weimarer Republik* (Bochum, 1993), 222-43.

——, *'Ich möchte einer werden so wie die ...' Männerbünde im 20. Jahrhundert* (Frankfurt am Main, 2001).

Reuth, Ralf Georg, *Goebbels: Eine Biographie* (Munich, 1995).

Richardi, Hans-Günter, *Schule der Gewalt: Das Konzentrationslager Dachau, 1933-1934* (Munich, 1983).

Richarz, Monika, *Jüdisches Leben in Deutschland, II: Selbstzeugnisse zur Sozialgeschichte im Kaiserreich* (Stuttgart, 1979).

Richter, Ludwig, 'Das präsidiale Notverordnungsrecht in den ersten Jahren der Weimarer Republik. Friedrich Ebert und die Anwendung des Artikels 48 der Weimarer Reichsverfassung', in Eberhard Kolb (ed.), *Friedrich Ebert als Reichspräsident: Amtsführung und Amtsverständnis* (Munich, 1997), 207-58.

Riebicke, Otto, *Was brauchte der Weltkrieg? Tatsachen und Zahlen aus dem deutschen Ringen 1914-18* (Berlin, 1936).

Rietzler, Rudolf, *'Kampf in der Nordmark' : Das Aufkommen des Nationalsozialismus in Schleswig-Holstein (1919-1928)* (Neumünster, 1982).

Ritchie, James M., *German Literature under National Socialism* (London, 1983).

Rittberger, Volker (ed.), *1933: Wie die Republik der Diktatur erlag* (Stuttgart, 1983).

Ritter, Gerhard, *Europa und die deutsche Frage: Betrachtungen über die geschichtliche Eigenart des deutschen Staatsgedankens* (Munich, 1948).

——, 'The Historical Foundations of the Rise of National-Socialism', in Maurice

Beaumont *et al.*, *The Third Reich: A Study Published under the Auspices of the International Council for Philosophy and Humanistic Studies with the Assistance of UNESCO* (New York, 1955), 381-416.

Ritter, Gerhard A., 'Kontinuität und Umformung des deutschen Parteiensystems 1918-1920', in Eberhard Kolb (ed.), *Vom Kaiserreich zur Weimarer Republik* (Cologne, 1972), 218-43.

——, *Wahlgeschichtliches Arbeitsbuch: Materialien zur Statistik des Kaiserreichs 1871-1918* (Munich, 1980).

——, *Sozialversicherung in Deutschland und England: Entstehung und Grundzüge im Vergleich* (Munich, 1983).

——, *Die deutschen Parteien 1830-1914: Parteien und Gesellschaft im konstitutionellen Regierungssystem* (Göttingen, 1985).

—— and Miller, Susanne (eds.), *Die deutsche Revolution 1918-1919: Dokumente* (Frankfurt am Main, 1968),

Ritthaler, Anton, 'Eine Etappe auf Hitlers Weg zur ungeteilten Machti Hugenbergs Rücktritt als Reichsminister', VfZ 8 (1960), 193-219.

Rohe, Karl, *Das Reicbsbanner Schwarz Rot Gold: Ein Beitrag zur Geschichte und Struktur der politischen Kampfverbände zur Zeit der Weimarer Republik* (Düsseldorf, 1966).

——, *Wahlen und Wählertraditionen in Deutschland* (Frankfurt am Main, 1992).

Röhl, John C. G. (ed.), *From Bismarck to Hitler: The Problem of Continuity in German History* (London, 1970).

Röhm, Ernst, *Die Geschichte eines Hochverräters* (Munich, 1928).

Rohrwasser, Michael, *Der Stalinismus und die Renegaten: Die Literatur der Exkommunisten* (Stuttgart, 1991).

Rolfs, Richard W., *The Sorcerer's Apprentice: The Life of Franz von Papen* (Lanham, Md., 1996).

Rosenberg, Alfred (ed.), *Dietrich Eckart: Ein Vermächtnis* (4th edn., Munich, 1937 [1928]).

——, *Selected Writings* (ed. Robert Pois, London, 1970).

Rosenberg, Arthur, *The Birth of the German Republic* (Oxford, 1931 [1930]).

——, *A History of the German Republic* (London, 1936 [1935]).

Rosenhaft, Eve, 'Working-Class Life and Working-Class Politics: Communists, Nazis, and the State in the Battle for the Streets, Berlin, 1918-1932', in Richard Bessel and Edgar J. Feuchtwanger (eds.), *Social Change and Political Development in Weimar Germany* (London, 1981), 207-40.

——, 'Organising the "Lumpenproletariat" : Cliques and Communists in Berlin during the Weimar Republic', in Richard J. Evans (ed.), *The German Working Class 1888-1933: The Politics of Everyday Life* (London, 1982), 174-219.

——, *Beating the Fascists? The German Communists and Political Violence 1929-1933* (Cambridge, 1983).

——, 'The Unemployed in the Neighbourhood: Social Dislocation and Political Mobilisation in Germany 1929-33', in Evans and Geary (eds.), *The German Unemployed*, 194-227.

——, 'Links gleich rechts? Militante Strassengewalt um 1930', in Lindenberger and Lüdtke (eds.), *Physische Gewalt*, 239-75.

Rosenow, Ulf, 'Die Göttinger Physik unter dem Nationalsozialismus', in Becker *et al.* (eds.), *Die Universität Göttingen*, 345-409.

Rote Fahne, Die, 1933.

Roth, Karl Heinz, 'Schein-Alternativen im Gesundheitswesen: Alfred Grotjahn (1869-1931) - Integrationsfigur etablierter Sozialmedizin und nationalsozialistischer "Rassenhygiene"', in Karl Heinz Roth (ed.), *Erfassung zur Vernichtung: Von der Sozialhygiene zum 'Gesetz über Sterbehilfe'* (Berlin, 1984), 31-56.

Rousso, Henry, *The Haunting Past: History, Memory, and Justice in Contemporary France* (Philadelphia, 2002 [1998]).

Ruck, Michael, *Bibliographie zum Nationalsozialismus* (2 vols., Darmstadt, 2000 [1995]).

Runge, Wolfgang, *Politik und Beamtentum in Parteienstaat: Die Demokratisierung der politischen Beamten in Preussen zwischen 1918 und 1933* (Stuttgart, 1965).

Rupieper, Hermann J., *The Cuno Government and Reparations 1922-1923: Politics and Economics* (The Hague, 1979).

Ruppert, Karsten, *Im Dienst am Staat von Weimar: Das Zentrum als regierende Partei in der Weimarer Demokratie 1923-1930* (Düsseldorf, 1992).

Rürup, Reinhard, 'Entstehung und Grundlagen der Weimarer Verfassung', in Eberhard Kolb (ed.), *Vom Kaiserreich zur Weimarer Republik* (Cologne, 1972), 218-43.

—— (ed.), *Topographie des Terrors: Gestapo, SS und Reichssicherheitshauptamt auf dem 'Prinz-Albrecht-Gelände' : Eine Dokumentation* (Berlin, 1987).

Sabrow, Martin, *Der Rathenaumord: Rekonstruktion einer Verschwörung gegen die Republik von Weimar* (Munich, 1994).

Safranski, Rüdiger, *Ein Meister aus Deutschland: Heidegger und seine Zeit* (Munich, 1994).

Sailer, Joachim, *Eugen Bolz und die Krise des politischen Katholizismus in der Weimarer Republik* (Tübingen, 1994).

Sauder, Gerhard (ed.), *Die Bücherverbrennung: Zum 10. Mai 1933* (Munich, 1983).

Saul, Klaus, 'Der Staat und die "Mächte des Umsturzes" : Ein Beitrag zu den Methoden antisozialistischer Repression und Agitation vom Scheitern des Sozialistengesetzes bis zur Jahrhundertwende', *Archiv für Sozialgeschichte*, 12

(1972), 293-350.

Schade, Franz, *Kurt Eisner und die bayerische Sozialdemokratie* (Hanover, 1961).

Schairer, Erich, 'Alfred Hugenberg', *Mit anderen Augen: Jahrbuch der deutschen Sonntagszeitung* (1929), 18-21.

Schanbacher, Eberhard, *Parlamentarische Wahlen und Wahlsystem in der Weimarer Republik: Wahlgesetzgebung und Wahlreform im Reich und in den Ländern* (Düsseldorf, 1982).

Schappacher, Norbert, 'Das Mathematische Institut der Universität Göttingen', in Becker *et al.* (eds.), *Die Universität Göttingen*, 345-73.

Scheck, Raffael, *Mothers of the Nation: Right-Wing Women in German Politics, 1918-1923* (London, 2004).

Scheil, Stefan, *Die Entwicklung des politischen Antisemitismus in Deutschland zwischen 1881 und 1912: Eine wahlgeschichtliche Untersuchung* (Berlin, 1999).

Schirach, Baldur von, *Die Feier der neuen Front* (Munich, 1929).

Schirmann, Leon, *Altonaer Blutsonntag 17. Juli 1932: Dichtung und Wahrheit* (Hamburg, 1994).

Schlotterbeck, Friedrich, *The Darker the Night, the Brighter the Stars: A German Worker Remembers (1933-1945)* (London, 1947).

Schmädeke, Jürgen, *et al.*, 'Der Reichstagsbrand im neuen Licht', *Historische Zeitschrift*, 269 (1999), 603-51.

Schmelz, Usiel O., 'Die demographische Entwicklung der Juden in Deutschland von der Mitte des 19. Jahrhunderts bis. 1933', *Bulletin des Leo Baeck Instituts*, 83 (1989), 15-62.

Schmidt, Christoph, 'Zu den Motiven "alter Kämpfer" in der NSDAP', in Detlev J. K. Peukert and Jürgen Reulecke (eds.), *Die Reihen fast geschlossen: Beiträge zur Geschichte des Alltags unterm Nationalsozialismus* (Wuppertal, 1981), 21-44.

Schmuhl, Hans-Walter, *Rassenhygiene, Nationalsozialismus, Euthanasie: Von der Verhütung zur Vernichtung 'lebensunwerten Lebens' , 1890-1945* (Göttingen, 1987).

Schneeberger, Guido, *Nachlese zu Heidegger: Dokumente zu seinem Leben und Denken* (Berne, 1962).

Schneider, Hans, 'Das Ermächtigungsgesetz vom 24. März 1933', Vfz I (1953), 197-221.

Schneider, Michael, *A Brief History of the German Trade Unions* (Bonn, 1991 [1989]).

——, *Unterm Hakenkreuz: Arbeiter und Arbeiterbewegung 1933 bis 1939* (Bonn, 1999).

Schneider, Werner, *Die Deutsche Demokratische Partei in der Weimarer Republik, 1924-1930* (Munich, 1978).

Schoenbaum, David, *Zabern 1913: Consensus Politics in Imperial Germany* (London,

1982).

Scholder, Klaus, *The Churches and the Third Reich* (2 vols., London, 1987-8 [1977, 1985]).

Schönhoven, Klaus, *Die Bayerische Volkspartei 1924-1932* (Düsseldorf, 1972).

Schorske, Carl E., *Fin-de-Siècle Vienna: Politics and Culture* (New York, 1980).

Schotte, Walter, *Der neue Staat* (Berlin, 1932).

Schouten, Martin, *Marinus van der Lubbe (1909-1934): Eine Biographie* (Frankfurt, 1999 [1986]).

Schreiber, Georg, *Brüning, Hitler, Schleicher: Das Zentrum in der Opposition* (Cologne, 1932).

Schiiddekopf, Otto-Ernst, *Das Heer und die Republik - Quellen zur Politik der Reichswehrführung 1918 bis 1933* (Hanover, 1955).

Schüler, Hermann, *Auf der Flucht erschossen: Felix Fechenbach 1894-1933. Eine Biographie* (Cologne, 1981).

Schüler, Winfried, *Der Bayreuther Kreis von seiner Entstehung bis zum Ausgang der wilhelminischen Ara* (Münster, 1971).

Schüler-Springorum, Stefanie, *Die jüdische Minderheit in Königsberg, Preussen 1871-1945* (Göttingen, 1996).

Schulte, Regina, *Sperrbezirke: Tugendhaftigkeit und Prostitution in der bürgerlichen Welt* (Frankfurt am Main, 1979).

Schulz, Gerhard, *Zwischen Demokratie und Diktatur: Verfassungspolitik und Reichsreform in der Weimarer Republik* (3 vols., Berlin, 1963-92).

——, 'Artikel 48 in politisch-historischer Sicht', in Ernst Fraenkel (ed.), *Der Staatsnotstand* (Berlin, 1965), 39-71.

—— (ed.), *Ploetz Weimarer Republik: Eine Nation im Umbruch* (Freiburg, 1987).

Schulze, Hagen, *Freikorps und Republik 1918-1920* (Boppard, 1969).

——, *Otto Braun oder Preussens demokratische Sendung* (Frankfurt am Main, 1977).

——, *Weimar: Deutschland 1917-1933* (Berlin, 1982).

Schumann, Hans-Gerhard, *Nationalsozialismus und Gewerkschaftsbewegung: Die Vernichtung der deutschen Gewerkschaften und der Aufbau der 'Deutschen Arbeitsfront'* (Hanover, 1958).

Schuster, Kurt G. P., *Der Rote Frontkämpferbund 1924-1929: Beiträge zur Geschichte und Organisationsstruktur eines politischen Kampfbundes* (Düsseldorf, 1975).

Schwabe, Klaus (ed.), *Die Ruhrkrise 1923: Wendepunkt der internationalen Beziehungen nach dem Ersten Weltkrieg* (Paderborn, 1985).

——, 'Die deutsche Politik und die Juden im Ersten Weltkrieg', in Hans Otto Horch (ed.), *Judentum, Antisemitismus und europäische Kultur* (Tübingen, 1988), 255-66.

Schwarz, Johannes, *Die bayerische Polizei und ihre historische Funktion bei der*

Aufrechterhaltung der öffentlichen Sicherheit in Bayern von 1919 bis 1933 (Munich, 1977).

Schwerin von Krosigk, Lutz Graf, *Es geschah in Deutschland: Menschenbilder unseres Jahrhunderts* (Tübingen, 1951).

Service, Robert, *Lenin: A Political Life* (3 vols., London, 1985-95).

Shapiro, Leonard, *Totalitarianism* (London, 1972).

Sharp, Alan, *The Versailles Settlement: Peacekeeping in Paris, 1919* (London, 1991).

Sheehan, James J., *German History 1770-1866* (Oxford, 1989).

Shirer, William L., *The Rise and Fall of the Third Reich: A History of Nazi Germany* (New York, 1960).

Siggemann, Jürgen, *Die kasernierte Polizei und das Problem der inneren Sicherheit in der Weimarer Republik: Eine Studie zum Auf- und Ausbau des innerstaatlichen Sicherheitssystems in Deutschland 1918/19-1933* (Frankfurt am Main, 1980).

Skzrypczak, Henryk, 'Das Ende der Gewerkschaften', in Wolfgang Michalka (ed.), *Die nationalsozialistische Machtergreifung* (Paderborn, 1984), 97-110.

Sluga, Hans, *Heidegger's Crisis: Philosophy and Politics in Nazi Germany* (Cambridge, Mass., 1993).

Smelser, Ronald, and Zitelmann, Rainer (eds.), *The Nazi Elite* (London, 1989).

Smith, Bradley F., *Heinrich Himmler 1900-1926: A Nazi in the Making* (Stanford, Calif., 1971).

Smith, Denis Mack, *Mussolini* (London, 1981).

Smith, Helmut Walser, The Learned and the Popular Discourse of Anti-Semitism in the Catholic Milieu in the Kaiserreich', *Central European History*, 27 (1994), 315-28.

——, *The Butcher's Tale: Murder and Anti-Semitism in a German Town* (New York, 2002).

Smith, Woodruff D., *The German Colonial Empire* (Chapel Hill, NC, 1978).

——, *The Ideological Origins of Nazi Imperialism* (New York, 1986).

Snell, John L. (ed.), *The Nazi Revolution - Germany's Guilt or Germany's Fate?* (Boston, 1959).

Sollner, Alfons (ed.), *Totalitarismus: Eine Ideengeschichte des 20. Jahrhunderts* (Berlin, 1997).

Sontheimer, Kurt, 'Thomas Mann als politischer Schriftsteller', VfZ 6 (1958), 1-44.

——, *Antidemokratisches Denken in der Weimarer Republik* (Munich, 1978 [1962]).

Sösemann, Bernd, 'Die Tagesaufzeichnungen des Joseph Goebbels und ihre unzulänglichen Veröffentlichungen', *Publizistik*, 37 (1992), 213-44.

Speier, Hans, *German White-Collar Workers and the Rise of Hitler* (New Haven, 1986).

Spengler, Oswald, *Der Untergang des Abendlandes: Umrisse einer Morphologie der*

Weltgeschichte, I: Gestalt und Wirklichkeit (Vienna, 1918).
——, *Spengler Letters 1913-1936* (ed. Arthur Helps, London, 1966).
Splitt, Gerhard, *Richard Strauss 1933-1935: Aesthetik und Musikpolitik zu Beginn der nationalsozialistischen Herrschaft* (Pfaffenweiler, 1987).
Spotts, Frederic, *Hitler and the Power of Aesthetics* (London, 2002).
Stachura, Peter D., *Nazi Youth in the Weimar Republic* (Santa Barbara, Calif., 1975).
——, *The German Youth Movement, 1900-1945: An Interpretative and Documentary History* (London, 1981).
——, *Gregor Strasser and the Rise of Nazism* (London, 1983).
—— (ed.), *Unemployment and the Great Depression in Weimar Germany* (London, 1986).
Stackelberg, Roderick, and Winkle, Sally A. (eds.), *The Nazi Germany Sourcebook: An Anthology of Texts* (London, 2002).
Staewen-Ordermann, Gertrud, *Menschen der Unordnung: Die proletarische Wirklichkeit im Arbeitsschicksal der ungelernten Grossstadtjugend* (Berlin, 1933).
Staff, Ilse, *Justiz im Dritten Reich: Eine Dokumentation* (2nd edn., Frankfurt am Main, 1978 [1964]).
Stansfield, Agnes, 'Das Dritte Reich: A Contribution to the Study of the "Third Kingdom" in German Literature from Herder to Hegel', *Modern Language Review*, 34 (1934), 136-72.
Stargardt, Nicholas, *The German Idea of Militarism 1866-1914* (Cambridge, 1994).
Stark, Gary D., 'Pornography, Society and the Law in Imperial Germany', *Central European History*, 14 (1981), 200-220.
——, *Entrepreneurs of Ideology: Neo-Conservative Publishers in Germany, 1890-1933* (Chapel Hill, NC, 1981).
Steakley, James D., *The Homosexual Emancipation Movement in Germany* (New York, 1975).
Steger, Bernd, 'Der Hitlerprozess und Bayerns Verhältnis zum Reich 1923/24', VfZ 23 (1977), 441-66.
Stegmann, Dirk, *Die Erben Bismarcks: Parteien und Verbände in der Spätphase des Wilhelminischen Deutschlands: Sammlungspolitik 1897-1914* (Cologne, 1970).
——, 'Zwischen Repression und Manipulation: Konservative Machteliten und Arbeiterund Angestelltenbewegung 1910-1918. Ein Beitrag zur Vorgeschichte der DAP/NSDAP', *Archiv für Sozialgescbichte*, 12 (1972), 351-433.
Steigmann-Gall, Richard, *The Holy Reich: Nazi Conceptions of Christianity, 1919-1945* (New York, 2003).
Steinberg, Michael S., *Sabers and Brown Shirts: The German Students' Path to National Socialism, 1918-1935* (Chicago, 1977).
Steinle, Jürgen, 'Hitler als "Betriebsunfall in der Geschichte"', *Geschichte in*

Wissenschaft und Unterricht, 45 (1994), 288-302.

Stenographischer Bericht über die öffentlichen Verhandlungen des 15. Untersuchungsausschusses der verfassungsgebenden Nationalversammlung, II (Berlin, 1920).

Stephenson, Jill, *The Nazi Organisation of Women* (London, 1981).

Stern, Fritz, *The Politics of Cultural Despair: A Study in the Rise of the German Ideology* (New York, 1961).

——, *Gold and Iron: Bismarck, Bleichröder and the Building of the German Empire* (New York, 1977).

——, *Dreams and Delusions: The Drama of German History* (New York, 1987).

——, *Einstein's German World* (London, 2000 [1999]).

Stoakes, Geoffrey, *Hitler and the Quest for World Dominion* (Leamington Spa, 1987).

Stoehr, Irene, 'Neue Frau und alte Bewegung? Zum Generationskonflikt in der Frauenbewegung der Weimarer Republik', in Jutta Dalhoff *et al.* (eds.), *Frauenmacht in der Geschichte* (Düsseldorf, 1986), 390-400.

Strachan, Hew, *The First World War*, I: *To Arms* (Oxford, 2001).

Strätz, Wolfgang, 'Die studentische "Aktion wider den undeutschen Geist"', VfZ 16 (1968), 347-72.

Striefler, Christian, *Kampf um die Macht: Kommunisten und Nationalsozialisten am Ende der Weimarer Republik* (Berlin, 1993).

Stümke, Hans-Georg, *Homosexuelle in Deutschland: Eine politische Geschichte* (Munich, 1989).

——, and Finkler, Rudi, *Rosa Winkel, Rosa Listen: Homosexuelle und 'Gesundes Volksempfinden' von Auschwitz bis heute* (Hamburg, 1981).

Suhr, Elke, *Carl von Ossietzky: Eine Biographie* (Cologne, 1988).

Suval, Stanley, *Electoral Politics in Wilhelmine Germany* (Chapel Hill, NC, 1985).

Szejnmann, Claus-Christian W., *Nazism in Central Germany: The Brownshirts in 'Red' Saxony* (New York, 1999).

Szöllösi-Janze, Margit, *Fritz Haber 1868-1934: Eine Biographie* (Munich, 1998).

Talmon, Jacob L., *The Origins of Totalitarian Democracy* (London, 1952).

Tanner, Michael (ed.), *Wilhelm Furtwängler, Notebooks 1924-1945* (London, 1989).

Tatar, Maria, *Lustmord: Sexual Murder in Weimar Germany* (Princeton, 1995).

Taureck, Bernhard H. F., *Nietzsche und der Faschismus: Ein Politikum* (Leipzig, 2000).

Taylor, Alan J. P., *The Course of German History* (London, 1945).

——, *Bismarck: The Man and the Statesman* (London, 1955).

Taylor, Brandon, and Will, Wilfried van der (eds.), *The Nazification of Art: Art, Design, Music, Architecture and Film in the Third Reich* (Winchester, 1990).

Taylor, Simon, *Germany 1918-1933: Revolution, Counter-Revolution and the Rise of Hitler* (London, 1983).

Temperley, Harold (ed.), *A History of the Peace Conference of Paris* (6 vols., London, 1920-24).

Thälmann, Irma, *Erinnerungen an meinen Vater* (Berlin, 1955).

Thamer, Hans-Ulrich, *Verführung und Gewalt: Deutschland 1933-1945* (Berlin, 1986).

Theweleit, Klaus, *Male Fantasies* (2 vols., Cambridge, 1987 and 1989 [1978]).

Thomas, Richard Hinton, *Nietzsche in German Politics and Society 1890-1918* (Manchester, 1983).

Thompson, Alastair, *Left Liberals, the State, and Popular Politics in Wilhelmine Germany* (Oxford, 2000).

Thomson, David, *The New Biographical Dictionary of Film* (4th edn., 2002 [1975]).

Thoss, Bruno, *Der Ludendorff-Kreis: 1919-1923. München als Zentrum der mitteleuropäischen Gegenrevolution zwischen Revolution und Hitler-Putsch* (Munich, 1978).

Timm, Annette F., 'The Ambivalent Outsider: Prostitution, Promiscuity, and VD Control in Nazi Berlin', in Gellately and Stoltzus (eds.), *Social Outsiders*, 192-211.

Tims, Richard W., *Germanizing Prussian Poland: The H-K-T Society and the Struggle for the Eastern Marches in the German Empire 1894-1919* (New York, 1941).

Tobias, Fritz, *The Reichstag Fire: Legend and Truth* (London, 1962).

——, 'Ludendorff, Hindenburg, Hitler: Das Phantasieprodukt des Ludendorff-Briefes vom 30. Januar 1933', in Uwe Backes *et al.* (eds.), *Die Schatten der Vergangenheit: Impulse zur Historisierung des Nationalsozialismus* (Frankfurt am Main, 1990), 319-43.

Tooze, J. Adam, 'Big Business and the Continuities of German History, 1900-1945', in Panikos Panayi (ed.), *Weimar and Nazi Germany: Continuities and Discontinuities* (London, 2001), 173-98.

Toury, Jacob, *Soziale und politische Geschichte der Juden in Deutschland 1847-1871: Zwischen Revolution, Reaktion und Emanzipation* (Düsseldorf, 1977).

Trevor-Roper, Hugh R., *The Last Days of Hitler* (London, 1947).

——, 'The Mind of Adolf Hitler', in Hitler, *Hitler' s Table-Talk*, vii-xxxv. Trotsky, Leon, *The History of the Russian Revolution* (3 vols., London, 1967 [1933-4]).

Tuchel, Johannes. *Organisationsgeschichte und Funktion der 'Inspektion der Konzentrationslager' 1933-1938* (Boppard, 1991).

Turner, Henry Ashby, Jr., *Gustav Stresemann and the Politics of the Weimar Republic* (Princeton, 1965 [1963]).

——, *German Big Business and the Rise of Hitler* (New York, 1985).

——, *Hitler' s Thirty Days to Power: January 1933* (London, 1996).

Tyrell, Albrecht (ed.), *Führer befiehl...: Selbstzeugnisse aus der 'Kampfzeit' der NSDAP* (Düsseldorf, 1969).

——, *Vom 'Trommler' zum 'Führer' : Der Wandel von Hitlers Selbsverständnis zwischen 1919 und 1924 und die Entwicklung der NSDAP* (Munich, 1975).

Ullrich, Volker, *Die nervöse Grossmacht 1871-1918: Aufstieg und Untergang des deutschen Kaiserreichs* (Frankfurt am Main, 1997).

——, *Der ruhelose Rebell: Karl Plättner 1893-1945. Eine Biographie* (Munich, 2000).

Usborne, Cornelie, *The Politics of the Body in Weimar Germany: Women's Reproductive Rights and Duties* (London, 1991).

Valtin, Jan (pseud.; i.e. Richard Krebs), *Out of the Night* (London, 1941, reprinted with postscript by Lyn Walsh *et al.*, London, 1988).

Verhey, Jeffrey, *The Spirit of 1914: Militarism, Myth and Mobilization in Germany* (Cambridge, 2000).

Vermeil, Edmond, *Germany in the Twentieth Century* (New York, 1956).

Viereck, Peter, *Metapolitics: From the Romantics to Hitler* (New York, 1941).

Vogelsang, Thilo (ed.), 'Neue Dokumente zur Geschichte der Reichswehr, 1930-1933', VfZ 2 (1954), 397-436.

——, 'Zur Politik Schleichers gegenüber der NSDAP 1932', VfZ 6 (1958), 86-118.

——, 'Hitlers Brief an Reichenau vom 4. Dezember 1932', VfZ 7 (1959),429-37.

——, *Reichswehr, Staat und NSDAP: Beiträge zur deutschen Geschichte 1932-1933* (Stuttgart, 1962).

Völkischer Beobachter 1933.

Volkov, Shulamit, 'Antisemitism as a Cultural Code: Reflections on the History and Historiography of Antisemitism in Imperial Germany', *Year Book of the Leo Baeck Institute*, 23 (1978), 25-46.

——, *Jüdisches Leben und Antisemitismus im 19. und 20. Jahrhundert* (Munich, 1990).

——, *Die Juden in Deutschland 1780-1918* (Munich, 1994).

Vossische Zeitung 1933.

Wachsmann, Nikolaus, 'Marching under the Swastika? Ernst Jünger and National Socialism, 1918-33', *Journal of Contemporary History*, 33 (1998), 573-89.

——, 'From Indefinite Confinement to Extermination: "Habitual Criminals" in the Third Reich', in Gellately and Stoltzfus (eds.), *Social Outsiders*, 165-91.

——, *Hitler's Prisons: Legal Terror in Nazi Germany* (forthcoming, 2004).

——, *et al.*, '"Die soziale Prognose wird damit sehr trübe ..." : Theodor Viernstein und die Kriminalbiologische Sammelstelle in Bayern', in Michael Farin (ed.), *Polizeireport München 1799-1999* (Munich, 1999), 250-87.

Wagner, Cosima, *Die Tagebücher* (ed. Martin Gregor-Dellin and Dietrich Mack, Munich, 1977).

Wagner, Patrick, *Volksgemeinschaft ohne Verbrecher: Konzeptionen und Praxis der Kriminalpolizei in der Zeit der Weimarer Republik und des Nationalsozialismus* (Hamburg, 1996).

——, *Hitlers Kriminalisten: Die deutsche Kriminalpolizei und der Nationalsozialismus* (Munich, 2002).

Waite, Robert G. L., *Vanguard of Nazism: The Free Corps Movement in Postwar Germany 1918-1923* (Cambridge, Mass., 1952).

Waldenfels, Ernst von, *Der Spion, der aus Deutschland kam: Das geheime Leben des Seemanns Richard Krebs* (Berlin, 2003).

Walter, Bruno, *Theme and Variations: An Autobiography* (New York, 1966).

Walter, Dirk, *Antisemitische Kriminalität und Gewalt: Judenfeindschaft in der Weimarer Republik* (Bonn, 1999).

Walworth, Arthur, *Wilson and his Peacemakers: American Diplomacy at the Paris Peace Conference, 1919* (New York, 1986).

Watt, Donald Cameron, 'Die bayerischen Bemühungen um Ausweisung Hitlers 1924', VfZ 6 (1958), 270-80.

Watt, Richard M., *The Kings Depart: The German Revolution and the Treaty of Versailles 1918-19* (London, 1973 [1968]).

Webb, Steven B., *Hyperinflation and Stabilization in Weimar Germany* (Oxford, 1989).

Weber, Hermann, *Die Wandlung des deutschen Kommunismus: Die Stalinisierung der KPD in der Weimarer Republik* (2 vols., Frankfurt am Main, 1969).

Weber, Max, 'Der Nationalstaat und die Volkswirtschaftspolitik', in idem, *Gesammelte politische Schriften* (3rd edn., Tübingen, 1971).

Wehler, Hans-Ulrich, *Deutsche Gesellschaftsgeschichte, II: Von der Reformära bis zur industriellen und politischen 'Deutschen Doppelrevolution' 1815-1845/49* (Munich, 1987).

——, *Deutsche Gesellschaftsgeschichte, III: Von der 'Deutschen Doppelrevolution' bis zum Beginn des Ersten Weltkrieges 1849-1914* (Munich, 1995).

Weidenfeller, Gerhard, VDA: *Verein für das Deutschtum im Ausland: Allgemeiner Deutscher Schulverein (1881-1918). Ein Beitrag zur Geschichte des deutschen Nationalismus und Imperialisms im Kaiserreich* (Berne, 1976).

Weiland, Ruth, *Die Kinder der Arbeitslosen* (Eberswalde-Berlin, 1933).

Weindling, Paul, *Health, Race and German Politics between National Unification and Nazism 1870-1945* (Cambridge, 1989).

Weingart, Peter, *et al.*, *Rasse, Blut und Gene: Geschichte der Eugenik und Rassenhygiene in Deutschland* (Frankfurt am Main, 1992 [1988]).

Weisbrod, Bernd, *Schwerindustie in der Weimarer Republik: Interessenpolitik zwischen Stabilisierung und Krise* (Wuppertal, 1978).

——, 'The Crisis of German Unemployment Insurance in 1928/29 and its Political Repercussions', in Wolfgang J. Mommsen (ed.), *The Emergence of the Welfare State in Britain and Germany, 1850-1950* (London, 1981), 188-204.

——, 'Industrial Crisis Strategy in the Great Depression', in Jürgen Freiherr von Krudener (ed.), *Economic Crisis and Political Collapse: The Weimar Republic, 1924-1933* (New York, 1990), 45-62.

——, 'Gewalt in der Politik: Zur politischen Kultur in Deutschland zwischen den beiden Weltkriegen', *Geschichte in Wissenschaft und Unterricht*, 43 (1992), 391-404.

Weiss, Sheila F., *Race Hygiene and National Efficiency: The Eugenics of Wilhelm Schallmayer* (Berkeley, 1987).

——, 'The Race Hygiene Movement in Germany, 1904-1945', in Mark B. Adams (ed.), *The Wellborn Science: Eugenics in Germany, France, Brazil, and Russia* (New York, 1990), 8-68.

Weitz, Eric D., *Creating German Communism, 1890-1990: From Popular Protests to Socialist State* (Princeton, 1997).

Welch, David, 'Propaganda and the German Cinema 1933-1945' (unpublished Ph.D. dissertation, London University, 1979).

——, *Germany, Propaganda and Total War, 1914-1978: The Sins of Omission* (London, 2000).

——, *The Third Reich: Politics and Propaganda* (2nd edn., London, 2002 [1993]).

Welt am Abend, Die, 1933.

Wendt, Bernd-Jürgen, *Deutschland 1933-1945: Das Dritte Reich. Handbuch zur Geschichte* (Hanover, 1995).

Werner, Wolfram, 'Zur Geschichte des Reichsministeriums fur Volksaufklärung und Propaganda und zur Überliererung', in idem (ed.), *Findbücher zu Beständen des Bundesarchivs, XV: Reichsministerium für Volksaufklärung und Propaganda* (Koblenz, 1979).

Wertheimer, Jack, *Unwelcome Strangers: East European Jews in Imperial Germany* (New York, 1987).

West, Shearer, *The Visual Arts in Germany 1890-1936: Utopia and Despair* (Manchester, 2000).

Wette, Wolfram, *Gustav Noske: Eine politische Biographie* (Düsseldorf, 1987).

Wetzell, Richard F., *Inventing the Criminal: A History of German Criminology 1880-1945* (Chapel Hill, NC, 2000).

Whalen, Robert W., *Bitter Wounds: German Victims of the Great War, 1914-1939* (Ithaca, NY, 1984).

Wheeler-Bennett, John W., *Hindenburg: The Wooden Titan* (London, 1936).

——, *The Nemesis of Power: The German Army in Politics 1918-1945* (London, 1953).

Whiteside, Andrew G., *Austrian National Socialism before 1918* (The Hague, 1962).

——, *The Socialism of Fools: Georg von Schönerer and Austrian Pan-Germanism* (Berkeley, 1975).

Whitford, Frank, *The Bauhaus* (London, 1984).

Wickert, Christl, *Helene Stöcker 1869-1943: Frauenrechtlerin, Sexualreformerin und Pazifistin. Eine Biographie* (Bonn, 1991).

Widdig, Bernd, *Culture and Inflation in Weimar Germany* (Berkeley, 2001).

Wildt, Michael, 'Violence against Jews in Germany, 1933-1939', in David Bankier (ed.), *Probing the Depths of German Antisemitism: German Society and the Persecution of the Jews 1933-1941* (Jerusalem, 2000), 181-209.

——, *Generation des Unbedingten: Das Führungskorps des Reichssicherheitshauptamtes* (Hamburg, 2002).

William II, *My Memoirs 1878-1918* (London, 1922).

Wilson, Stephen, *Ideology and Experience: Antisemitism in France at the Time of the Dreyfus Affair* (New York, 1982 [1980]).

Wingler, Hans, *The Bauhaus - Weimar, Dessau, Berlin, Chicago 1919-1944* (Cambridge, Mass., 1978).

Winkler, Heinrich August, 'Die deutsche Gesellschaft der Weimarer Republik und der Antisemitismus', in Bernd Martin and Ernst Schulin (eds.), *Die Juden als Minderheit in der Geschichte* (Munich, 1981), 271-89.

——, *Von der Revolution zur Stabilisierung: Arbeiter und Arbeiterbewegung in der Weimarer Republik 1918 bis 1924* (Bonn, 1984).

——, *Der Schein der Normalität: Arbeiter und Arbeiterbewegung in der Weimarer Republik 1924 bis 1930* (Bonn, 1985).

——, *Der Weg in die Katastrophe: Arbeiter und Arbeiterbewegung in der Weimarer Republik 1930 bis 1933* (Bonn, 1987).

——, *Weimar 1918-1933: Die Geschichte der ersten deutschen Demokratie* (Munich, 1999).

——, *Der lange Weg nach Westen*, I: *Deutsche Geschichte vom Ende des Alten Reiches bis zum Untergang der Weimarer Republik*; II: *Deutsche Geschichte vom 'Dritten Reich' bis zur Wiedervereinigung* (Munich, 2000).

——, *The Long Shadow of the Reich: Weighing up German History* (The 2001 Annual Lecture of the German Historical Institute, London; London, 2002).

Wippermann, Wolfgang, 'Friedrich Meineckes "Die deutsche Katastrophe" : Ein Versuch zur deutschen Vergangenheitsbewältigung', in Michael Erbe (ed.), *Friedrich Meinecke heute: Bericht über ein Gedenk-Colloquium zu seinem 25.*

Todestag am 5. und 6. April 1979 (Berlin, 1981), 101-21.

Wirsching, Andreas, '"Stalinisierung" oder entideologisierte "Nischengesellschaft" ? Alte Einsichten und neue Thesen zum Charakter der KPD in der Weimarer Republik', VfZ 45 (1997), 449-66.

——, '"Man kann nur Boden germanisieren" : Eine neue Quelle zu Hitlers Rede vor den Spitzen der Reichswehr am 3. Februar 1933', VfZ 49 (2001), 516-50.

Witt, Peter-Christian, 'Finanzpolitik als Verfassungs- und Gesellschaftspolitik: Überlegungen zur Finanzpolitik des Deutschen Reiches in den Jahren 1930 bis 1932', *Geschichte und Gesellschaft*, 8 (1982), 387-414.

Wohlfeil, Rainer, 'Heer und Republik', in Hans Meier-Welcker and Wolfgang von Groote (eds.), *Handbuch zur deutschen Militärgeschichte 1648-1939*, VI (Frankfurt am Main, 1970), 11-304.

Wolff, Charlotte, *Magnus Hirschfeld: A Portrait of a Pioneer in Sexology* (London, 1986).

Woltmann, Ludwig, *Politische Anthropologie* (ed. Otto Reche, Leipzig, 1936 [1900]).

World Committee for the Victims of German Fascism (President Einstein) (ed.), *The Brown Book of the Hitler Terror and the Burning of the Reichstag* (London, 1933).

Wortmann, Michael, 'Baldur von Schirach: Student Leader, Hitler Youth Leader, Gauleiter in Vienna' in Smelser and Zitelmann (eds.), *The Nazi Elite*, 202-11.

Woycke, James, *Birth Control in Germany 1871-1933* (London, 1988).

Wright, Jonathan, *Gustav Stresemann: Weimar's Greatest Statesman* (Oxford, 2002).

Wulf, Josef, *Musik im Dritten Reich: Eine Dokumentation* (Gütersloh, 1963).

——, *Die Bildenden Künste im Dritten Reich: Eine Dokumentation* (Gütersloh, 1963).

——, *Literatur und Dichtung im Dritten Reich: Eine Dokumentation* (Gütersloh, 1963).

——, *Theater und Film im Dritten Reich: Eine Dokumentation* (Gütersloh, 1964).

——, *Presse und Funk im Dritten Reich: Eine Dokumentation* (Gütersloh, 1964).

Zalka, Siegfried, *Polizeigeschichte: Die Exekutive im Lichte der historischen Konfliktforschung. Untersuchungen über die Theorie und Praxis der preussischen Schutzpolizei in der Weimarer Republik zur Verhinderung und Bekämpfung innerer Unruhen* (Lübeck, 1979).

Zechlin, Egmont, *Die deutsche Politik und die Juden im Ersten Weltkrieg* (Gottingen, 1969).

Zeidler, Manfred, *Reichswehr und Rote Armee 1920-1933: Wege und Stationen einer ungewöhnlichen Zusammenarbeit* (Munich, 1993).

Zeller, Joachim, '"Wie Vieh wurden Hunderte zu Getriebenen und wie Vieh begraben" : Fotodokumente aus dem deutschen Konzentrationslager in

Swakopmund/Namibia 1904-1908', *Zeitschrift für Geschichtswissenschaft*, 49 (2001), 226-43.

Zeman, Zbynek A, B., *Nazi Propaganda* (2nd edn., Oxford, 1973 [1964]).

Ziemann, Benjamin, 'Fahnenflucht im deutschen Heer 1914-1918', *Militärgeschichtliche Mitteilungen*, 55 (1996), 93-130.

Zimmermann, Clemens, 'Die Bücherverbrennung am 17. Mai 1933 in Heidelberg: Studenten und Politik am Ende der Weimarer Republik', in Joachim-Felix Leonhard (ed.), *Bücherverbrennung: Zensur, Verbot, Vernichtung unter dem Nationalsozialismus in Heidelberg* (Heidelberg, 1983), 55-84.

Zimmermann, Moshe, *Wilhelm Marr: The Patriarch of Anti-Semitism* (New York, 1986).

Zimmermann, Peter, 'Literatur im Dritten Reich', in Jan Berg *et al.* (eds.), *Sozialgeschichte der deutschen Literatur von 1918 bis zur Gegenwart* (Frankfurt am Main, 1981), 361-416.

Zitelmann, Rainer, *Hitler: The Policies of Seduction* (London, 1999 [1987]).

Zürn, Gaby, '"Von der Herbertstrasse nach Auschwitz"', in Angelika Ebbinghaus (ed.), *Opfer und Täterinnen: Frauenbiographien des Nationalsozialismus* (Nördlingen, 1987), 91-101.

索 引

（粗体数字表示该页为地图）

B

E

G

O

P

S

M 译丛

imaginist [MIRROR]

001　没有宽恕就没有未来
[南非] 德斯蒙德 · 图图 著

002　漫漫自由路：曼德拉自传
[南非] 纳尔逊 · 曼德拉 著

003　断臂上的花朵：人生与法律的奇幻炼金术
[南非] 奥比 · 萨克斯 著

004　历史的终结与最后的人
[美] 弗朗西斯 · 福山 著

005　政治秩序的起源：从前人类时代到法国大革命
[美] 弗朗西斯 · 福山 著

006　事实即颠覆：无以名之的十年的政治写作
[英] 蒂莫西 · 加顿艾什 著

007　苏联的最后一天：莫斯科，1991 年 12 月 25 日
[爱尔兰] 康纳 · 奥克莱利 著

008　耳语者：斯大林时代苏联的私人生活
[英] 奥兰多 · 费吉斯 著

009　零年：1945，现代世界诞生的时刻
[荷] 伊恩 · 布鲁玛 著

010　大断裂：人类本性与社会秩序的重建
[美] 弗朗西斯 · 福山 著

011　政治秩序与政治衰败：从工业革命到民主全球化
[美] 弗朗西斯 · 福山 著

012　罪孽的报应：德国和日本的战争记忆
[荷] 伊恩 · 布鲁玛 著

013　档案：一部个人史
[英] 蒂莫西 · 加顿艾什 著

014　布达佩斯往事：冷战时期一个东欧家庭的秘密档案
[美] 卡蒂 · 马顿 著

015　古拉格之恋：一个爱情与求生的真实故事
[英] 奥兰多 · 费吉斯 著

016　信任：社会美德与创造经济繁荣
[美] 弗朗西斯 · 福山 著

017　奥斯维辛：一部历史
[英] 劳伦斯 · 里斯 著

018　活着回来的男人：一个普通日本兵的二战及战后生命史
[日] 小熊英二 著

019　我们的后人类未来：生物科技革命的后果
[美] 弗朗西斯 · 福山 著

020　奥斯曼帝国的衰亡：一战中东，1914-1920
[英]尤金·罗根 著

021　国家构建：21世纪的国家治理与世界秩序
[美]弗朗西斯·福山 著

022　战争、枪炮与选票
[英]保罗·科利尔 著

023　金与铁：俾斯麦、布莱希罗德与德意志帝国的建立
[美]弗里茨·斯特恩 著

024　创造日本：1853—1964
[荷]伊恩·布鲁玛 著

025　娜塔莎之舞：俄罗斯文化史
[英]奥兰多·费吉斯 著

026　日本之镜：日本文化中的英雄与恶人
[荷]伊恩·布鲁玛 著

027　教宗与墨索里尼：庇护十一世与法西斯崛起秘史
[美]大卫·I. 科泽 著

028　明治天皇：1852—1912
[美]唐纳德·基恩 著

029　八月炮火
[美]巴巴拉·W. 塔奇曼 著

030　资本之都：21世纪德里的美好与野蛮
[英]拉纳·达斯古普塔 著

031　回访历史：新东欧之旅
[美]伊娃·霍夫曼 著

032　克里米亚战争：被遗忘的帝国博弈
[英]奥兰多·费吉斯 著

033　拉丁美洲被切开的血管
[乌拉圭]爱德华多·加莱亚诺 著

034　不敢懈怠：曼德拉的总统岁月
[南非]纳尔逊·曼德拉、曼迪拉·兰加 著

035　圣经与利剑：英国和巴勒斯坦——从青铜时代到贝尔福宣言
[美]巴巴拉·W. 塔奇曼 著

036　战争时期日本精神史：1931—1945
[日]鹤见俊辅 著

037　印尼Etc.：众神遗落的珍珠
[美]伊丽莎白·皮萨尼 著

038　第三帝国的到来
[英]理查德·J. 埃文斯 著